KB219296

처음 시작하는 웹툰 작가를 위한

웹툰 드로잉

무작정 따라하기

처음 시작하는 웹툰 작가를 위한

웹툰 드로잉 무작정 따라하기

Making Webtoon by Drawing

초판 발행 · 2020년 1월 2일
초판 5쇄 발행 · 2023년 5월 1일

지은이 · 성윤수
발행인 · 이종원
발행처 · (주)도서출판 길벗
출판사 등록일 · 1990년 12월 24일
주소 · 서울시 마포구 월드컵로 10길 56(서교동)
대표 전화 · 02)332-0931 | **팩스** · 02)323-0586
홈페이지 · www.gilbut.co.kr | **이메일** · gilbut@gilbut.co.kr

기획 및 책임 편집 · 정미정, 최근혜 | **표지 디자인** · 배진웅 | **제작** · 이준호, 손일순, 이진혁, 김우식
영업 마케팅 · 전선하, 차명환, 박민영 | **영업관리** · 김명자 | **독자지원** · 윤정아, 최희창

편집 진행 · 방세근 | **본문 디자인** · 이용희 | **전산 편집** · 김효진 | **CTP 출력 및 인쇄** · 두경M&P | **제본** · 경문제책

ISBN 979-11-6050-972-4 03000
(길벗 도서번호 007034)

이 도서의 국립중앙도서관 출판사도서목록(CIP)은 서지정보유통지원시스템 홈페이지(http://seoji.nl.go.kr)와 국가자료공동목록시스템(http://www.nl.go.kr/kolisnet)에서 이용하실 수 있습니다(CIP제어번호 : CIP2019042223).

정가 25,000원

독자의 1초를 아껴주는 정성 길벗출판사
길벗 IT교육서, IT단행본, 경제경영서, 어학&실용서, 인문교양서, 자녀교육서 · www.gilbut.co.kr
길벗스쿨 국어학습, 수학학습, 어린이교양, 주니어 어학학습, 학습단행본 · www.gilbutschool.co.kr
페이스북 · www.facebook.com/gilbutzigy
네이버 포스트 · post.naver.com/gilbutzigy

제게 있어 웹툰 작업은 이런저런 어려움에도 불구하고 기쁨의 연속입니다. 장면을 떠올리며 재미있어 하고, 그 장면들을 연결하며 생기는 개연성에 심장이 두근거리며, 그림을 그려가며 눈앞에서 상상한 것이 펼쳐지는 기쁨을 맛보고, 그것을 또 독자들과 공유하면서 느끼는 행복은 말 그대로 기쁨 덩어리에요.

하지만 이를 달리 말하자면, 작가가 할 일이 너무 많은 것도 사실입니다. 아이디어도 짜고, 스토리도 쓰고, 무엇보다 그것들을 다 '그림'으로 연출해 내야 하니까요.

이 드로잉 교재는 웹툰 작가를 꿈꾸고 있는 분들 혹은 현재 웹툰을 작업하고 있는 분들에게 그림에 대한 고민을 조금이나마 덜어드리기 위해 진행하게 되었습니다. 사실 드로잉 자체를 잘하는 방법에 대해서는 이미 많은 훌륭한 작가들이 책이나 인터넷 동영상 등을 통해 친절하게 설명하고 있습니다.

이 책은 '일반적인 드로잉이 아닌,' '웹툰을 위한 드로잉'을 잘하는 법에 대해 좀 더 중점을 두고 이야기하고자 합니다. 즉, 스토리를 전달하기 위해, 메시지를 전달하기 위해, 컷 연출을 고려해 그림을 그린다는 전제하에 어떻게, 어떤 방향으로 드로잉 내공을 늘리면 좋을까에 대해 제가 직접 원고를 그리며 나름 터득한 요령들을 정리하였습니다.

저 역시 열정만 있고 아무것도 모르던 초심자 때부터 무수히 많은 도움을 받아 창작에 대한 나름의 내공을 쌓아온 만큼, 이 책을 읽는 분들 모두 창작 내공을 키우는 데 조금이라도 도움이 되었으면 좋겠습니다.

저자 성윤수

이 책은 웹툰 드로잉을 위해 필요한 내용을 파트와 챕터로 구분하여 소개합니다. 웹툰을 그리는 기본적인 내용부터 클로즈업 컷을 위한 얼굴 · 손 · 발 그리기, 근거리 컷을 위한 전신 그리기, 원경 컷을 위한 배경 그리기로 구성되어 있습니다.

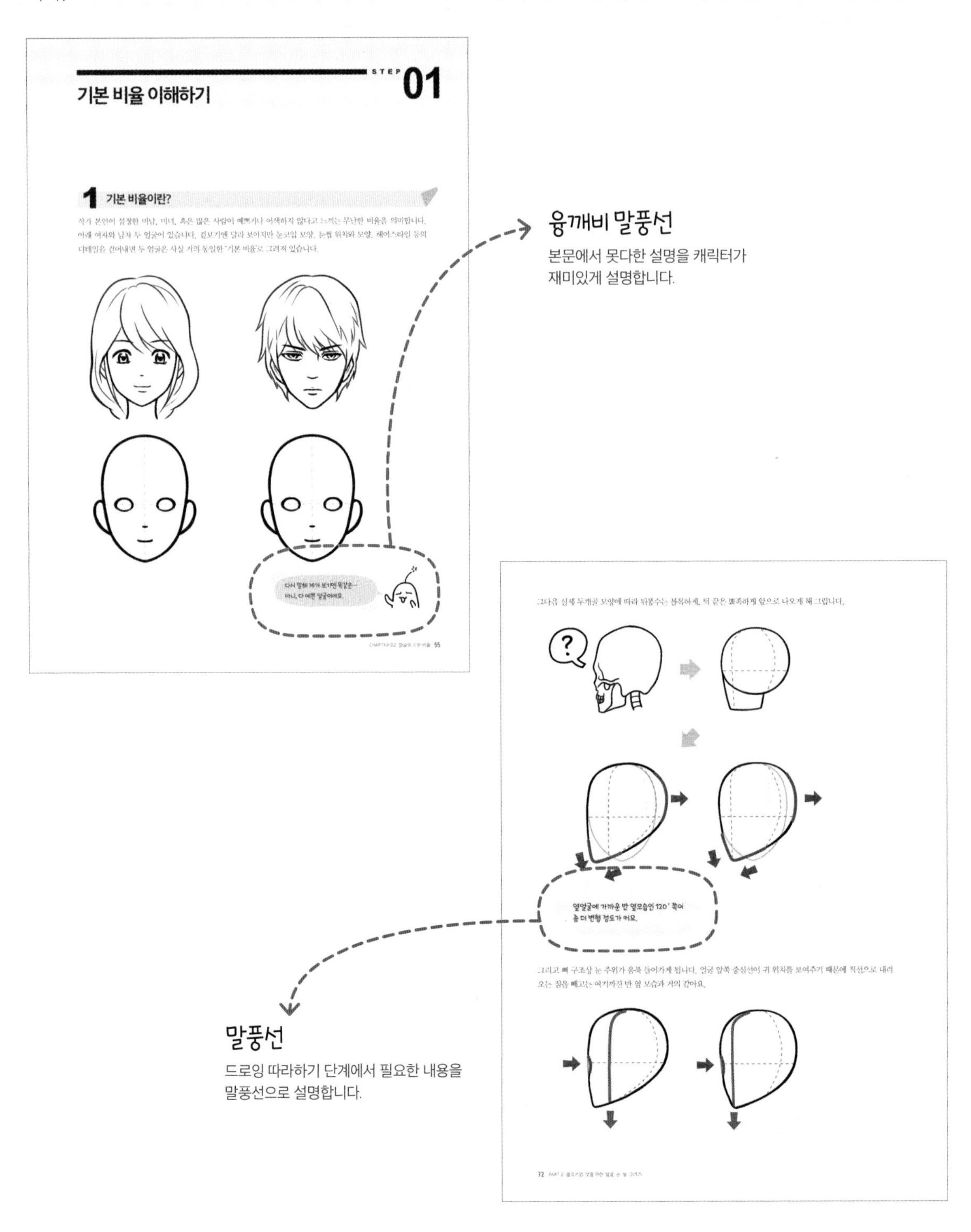

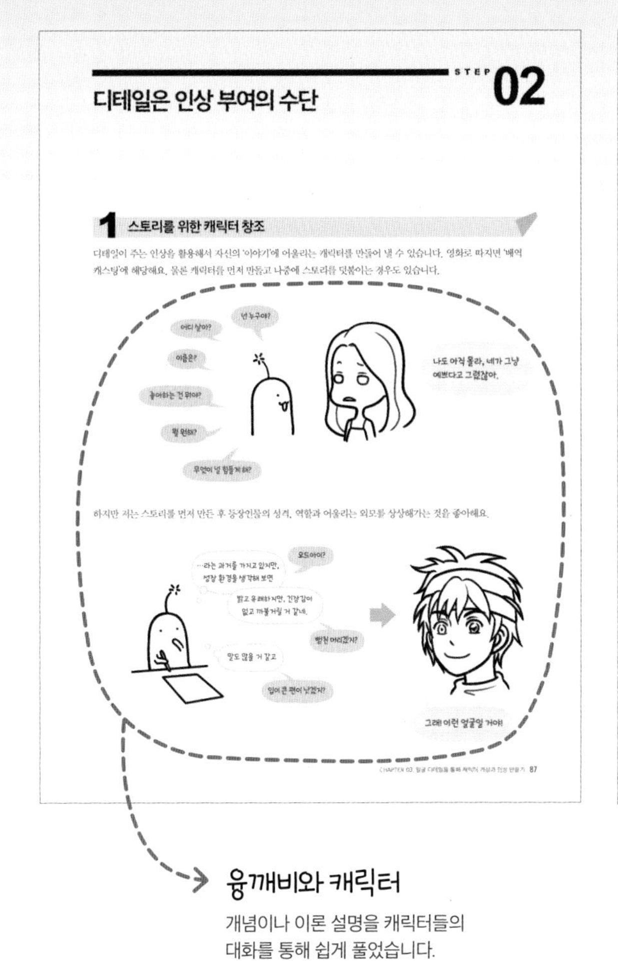

STEP 02

디테일은 인상 부여의 수단

1 스토리를 위한 캐릭터 창조

디테일이 주는 인상을 활용해서 자신의 '이야기'에 어울리는 캐릭터를 만들어 낼 수 있습니다. 영화로 따지면 '배역 캐스팅'에 해당해요. 물론 캐릭터를 먼저 만들고 나중에 스토리를 덧붙이는 경우도 있습니다.

하지만 저는 스토리를 먼저 만든 후 등장인물의 성격, 역할과 어울리는 외모를 상상해가는 것을 좋아해요.

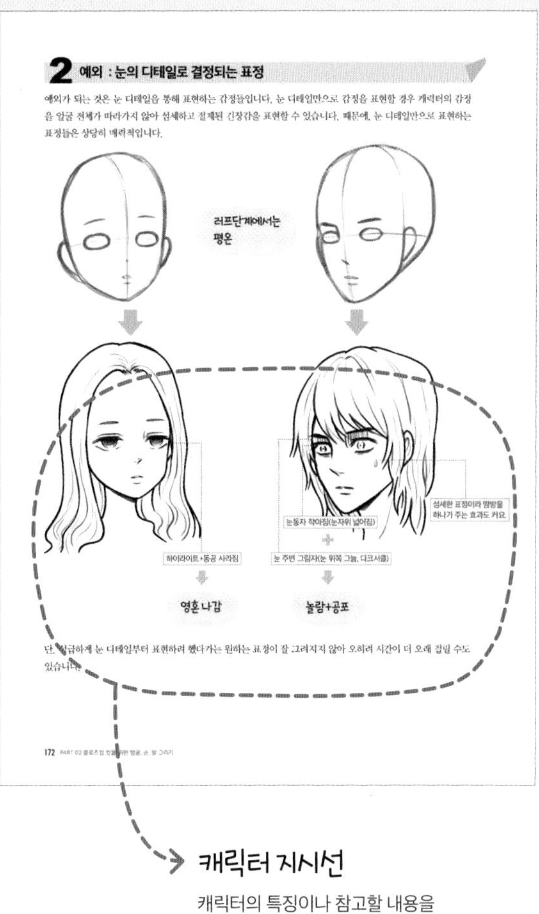

2 예외 : 눈의 디테일로 결정되는 표정

예외가 되는 것은 눈 디테일을 통해 표현하는 감정들입니다. 눈 디테일만으로 감정을 표현할 경우 캐릭터의 감정을 얼굴 전체가 따라가지 않아 섬세하고 절제된 긴장감을 표현할 수 있습니다. 때문에, 눈 디테일만으로 표현하는 표정들은 상당히 매력적입니다.

단, 성급하게 눈 디테일부터 표현하려 했다가는 원하는 표정이 잘 그려지지 않아 오히려 시간이 더 오래 걸릴 수도 있습니다.

융깨비와 캐릭터

개념이나 이론 설명을 캐릭터들의 대화를 통해 쉽게 풀었습니다.

캐릭터 지시선

캐릭터의 특징이나 참고할 내용을 박스로 처리해서 설명합니다.

SPECIAL TIP

얼굴에 개성을 부여하는 기타 수단들

1. 수염

2. 문신, 흉터, 점

3. 붙박이 장신구

SPECIAL TIP

본문 외에 알아두면 좋는 유용한 팁입니다.

PART 01 웹툰 드로잉 준비하기

웹툰을 그리는 아날로그, 디지털 도구들에 대한 간단한 소개와 함께 웹툰 드로잉, 즉 웹툰에 어울리는 드로잉은 어떤 방향으로 하면 좋은지 생각해 봅니다.

스토리에 맞는 그림

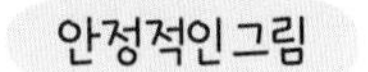

컷 연출을 생각하는 그림

PART 02 클로즈업 컷을 위한 얼굴, 손, 발 그리기

클로즈업 컷의 연출 효과에 대한 설명과 함께 클로즈업 컷을 그리는 데 유용한 얼굴, 손, 발 그리기에 대한 내용을 담았습니다.

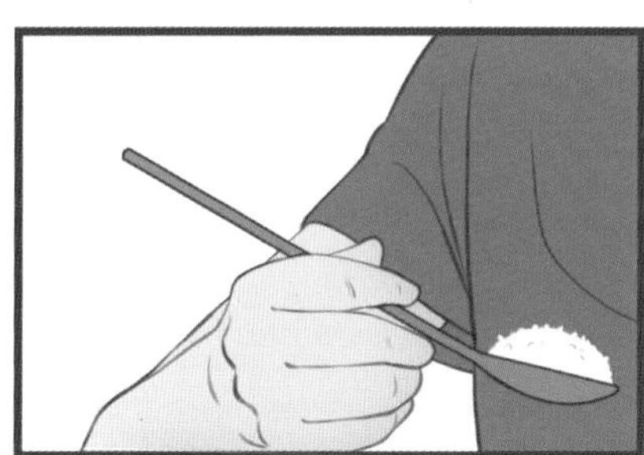

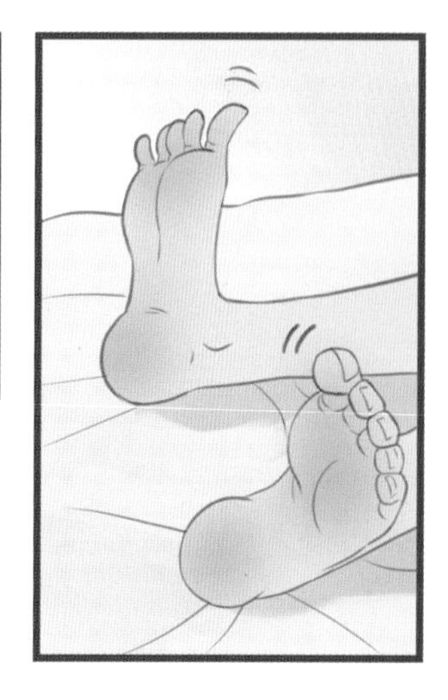

PART 03 근거리 컷을 위한 전신 그리기

근거리 컷의 연출 효과에 대한 설명과 함께 근거리 컷을 보다 편하게 그릴 수 있도록, 안정감 있게 몸 그리는 방법을 담았습니다.

PART 04 원경 컷을 위한 배경 그리기

원경 컷의 연출 효과에 대한 설명과 함께 원경 컷을 사용하기 위해 꼭 필요한 배경 그리는 방법을 담았습니다.

PART 05 실전 웹툰 그리기

설정 단계에서 유용하게 쓰이는 캐릭터 시트 작성 방법과 실제 원고 작업을 어떻게 하는지, 그 과정을 보여드립니다.

PART 01 웹툰 드로잉 준비하기

PART 02 클로즈업 컷을 위한 얼굴, 손, 발 그리기

목차

PART 03 근거리 컷을 위한 전신 그리기

PART 04 원경 컷을 위한 배경 그리기

PART 05 실전 웹툰 그리기

PART

01

웹툰 드로잉 준비하기

본격적인 웹툰 드로잉에 앞서 좋은 웹툰을 그리기 위해 알아두어야 할
이론적인 내용과 웹툰을 그리는 도구의 장단점을 알아봅니다.

CHAPTER

01

좋은 웹툰 드로잉이란?

좋은 웹툰 드로잉이란, 안정적인 컷을 연출하고 스토리에 맞는 그림을 그리는 것을 말합니다. 이번 장에서는 안정적인 컷 연출과 스토리에 맞는 그림을 어떻게 그려야 하는지에 대해 간략히 소개하겠습니다.

STEP 01

웹툰 드로잉, 어떻게 하면 잘하는 걸까?

1 웹툰 드로잉이 일반 드로잉과 다른 점

웹툰의 그림은 '스토리'를 보여주기 위한 그림입니다. 오랜 시간 공들여 '한 장면'을 멋지게 그려 완성하는 일러스트레이션과 달리, 웹툰은 '여러 장면'이 모이고 말풍선, 효과음 등과 조합되어 이야기를 전달함으로써 비로소 완성됩니다.

일러스트

웹툰

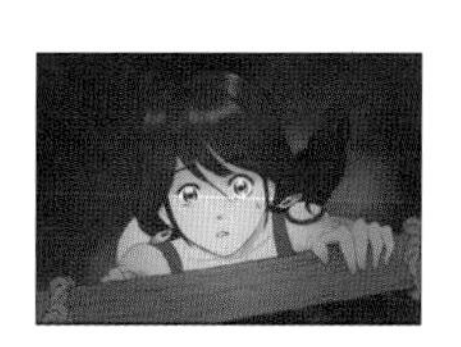

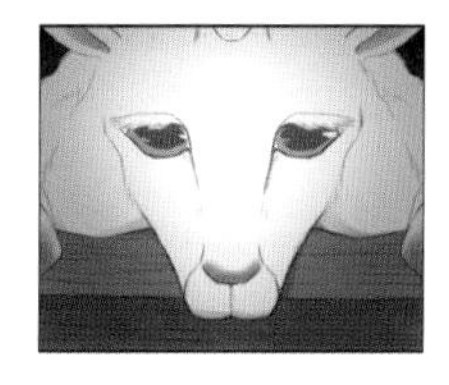

웹툰 드로잉을 잘한다는 것은 형태 묘사, 해부학적 지식, 투시가 정확하다거나 명암, 색, 등을 능숙하게 다루는 '일반적인 의미의 드로잉'을 잘하는 것과는 조금 다릅니다. 좋은 웹툰 드로잉에는 대략 다음과 같은 세 가지 특징이 있습니다. 첫 번째는 스토리와 어울리는 그림을 그리는 것이고, 두 번째는 안정적인 그림을 그리는 것, 세 번째는 컷 연출을 생각하며 그림을 그리는 것입니다.

STEP 02

스토리에 맞는 그림 그리기

1 스토리에 맞는 그림이란?

하고자 하는 이야기와 분위기가 어울리는 그림을 의미합니다. 원하는 그림체와 스토리가 잘 매치될수록 독자 역시 이야기에 쉽게 빠져들고 부담 없이 몰입하는 경향이 있습니다.

공포 스릴러

예컨대 무섭거나 소름 끼치는 정서를 표현한 웹툰을 보고 싶은 독자들은 예쁘거나 정교한 그림이 아닌 투박한 그림체, 화려한 색상이 아닌 모노톤의 색상에 끌립니다.

일상, 힐링

동화적인 힐링을 느끼고 싶은 독자들은 간단한 그림체에 배경도 아주 단순한 것에 끌립니다. 즉, 아름답거나 정확하거나 화려한 그림도 좋지만 이런 식으로 '무난하게' 스토리 분위기와 어울리는 그림이 웹툰에서는 더 좋은 드로잉이라고 할 수 있습니다.

2 예외적인 경우

'이 스토리에는 반드시 이 화풍이어야 해!'라는 절대법칙은 없습니다. 스토리도, 그림체도 본질적으로는 작가의 개성입니다. 실제로 스토리와 전혀 어울리지도 않고, 스토리를 상상하기 어려운 그림체로 본인의 개성을 나타내는 작가들도 있습니다.

예) 선천적 얼간이들

그림체는 4차원
내용은 개그 일상툰

다만 이런 예외에는 위험부담이 있습니다. 위 예의 작품처럼 강렬한 개성 덕에 대박이 날 수도 하지만, 낯설거나 이상하다고 외면당할 수도 있습니다.

본인이 하고 싶은 이야기와
그에 어울리는 그림체가 무언지
생각해 보세요.

STEP 03

안정적으로 그리기

1 안정적인 그림이란?

웹툰 드로잉은 '멋진' 것보다는 '매 컷마다 안정적'인 것이 중요합니다. 예컨대 한 컷에서 매우 근사하게 등장인물을 드로잉 해놓고 다음 컷에서 뭔가 미묘하게 망가지는 것보다는 전체적으로 잘 그리는 것이 중요합니다.

응?? 다리 길이가??

머리는 왜
또 이렇게 커졌어?

그려야 할 컷이 많고, 각도도 다양하기 때문에 이런 일이 실제로 발생합니다. 하지만 그림은 좀 더 단순해도, 카메라가 어떤 위치에 있건 컷마다 그 인물의 형태나 비례가 '안정적'으로 유지되도록 하는 것이 웹툰에서는 보다 프로다운 드로잉입니다.

어떤 그림체이건 컷마다 인물의 형태, 비례가 들쭉날쭉하면 개성이라는 느낌보다는 '서툴다'는 느낌을 주게 되고, 최악의 경우 동일한 캐릭터가 다르게 표현되어 이야기 몰입에 방해가 될 수도 있습니다.

2 안정적으로 그리기 위한 방법

이 책은 앞으로 웹툰을 안정적으로 그리는 방법을 비중 있게 보여드립니다. 먼저 얼굴, 두상의 경우 '기본 비율'을 중심으로 그립니다.

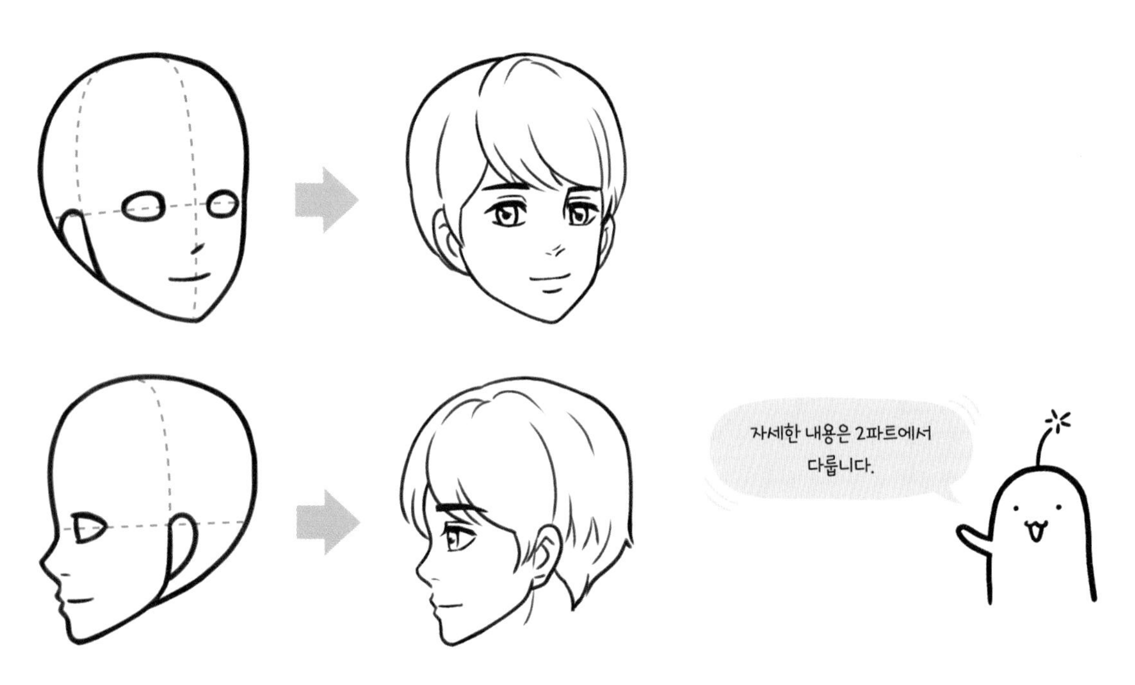

반신, 전신을 안정적으로 그리기 위해서는 '기본 틀' 및 '관절 포인트'의 높이와 비율을 눈여겨보는 것이 중요합니다.

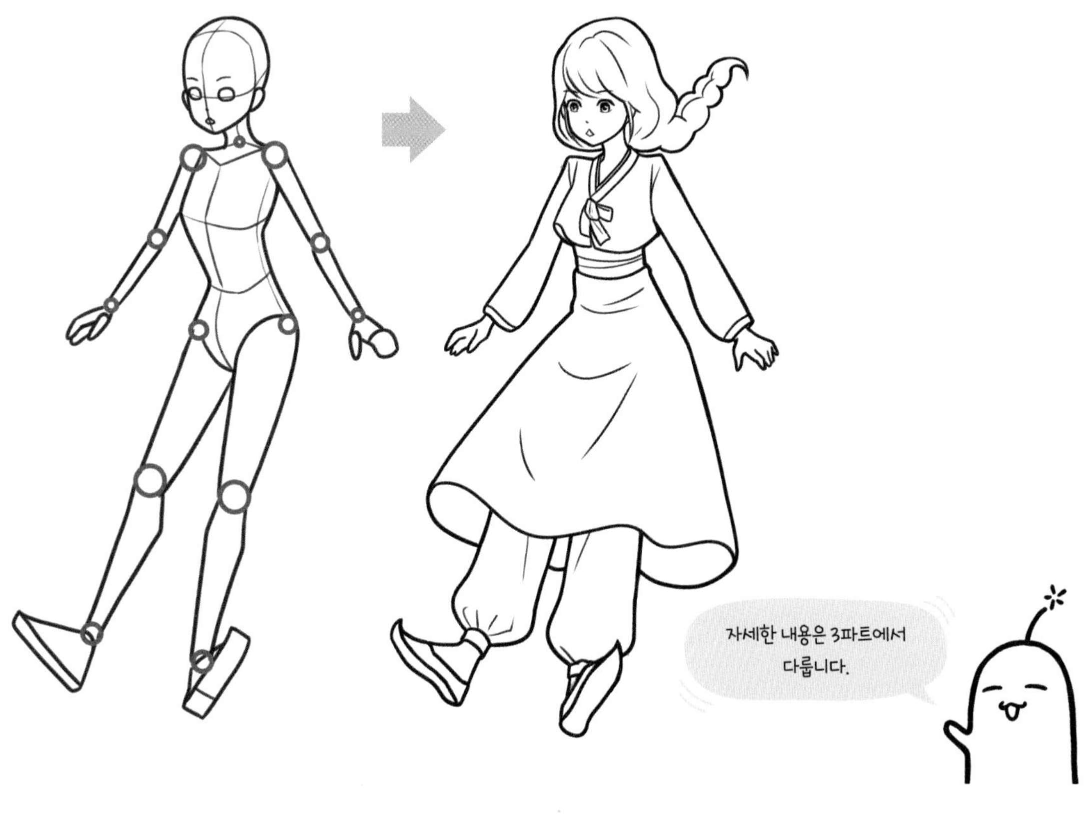

이런 방법은 어느 그림체에서나 적용할 수 있습니다. 다음 그림은 상당히 독특한 그림체인데도 웹툰 드로잉으로서 뛰어납니다. 해부학적 지식을 쓰지도 않고 미형도 아니지만 컷마다 캐릭터 비율이 깔끔하게 안정되어 보입니다. 게다가 개성도 강하게 표현됩니다.

예) 인수니즘 코믹스

STEP 04

컷 연출을 생각하는 그림 그리기

1 컷 연출이란?

웹툰은 매 컷마다 인물과 배경을 비추는 카메라가 있는 셈입니다. 이 카메라 위치가 곧 컷 연출이 됩니다.

카메라와 등장인물의 거리가 달라지거나 위아래 각도가 달라질 경우, 같은 시나리오에서 나온 동일한 상황이라도 전달되는 느낌이 조금씩 달라집니다.

상황 1 카메라와 등장인물의 거리가 다른 경우

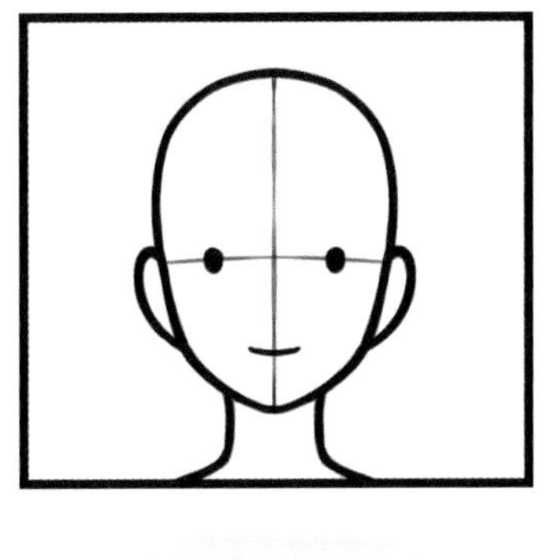

클로즈업

근거리(전신, 반신)

원경

상황 2 위아래 각도가 달라질 경우

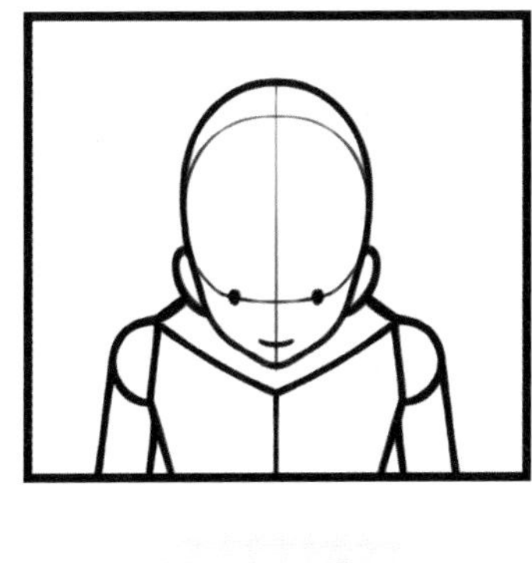

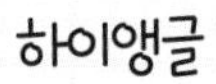

하이앵글

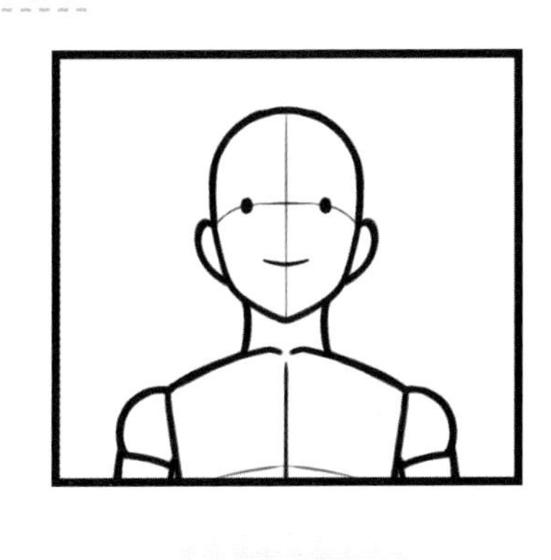

로우앵글

상황 3 좌우 각도가 달라질 경우

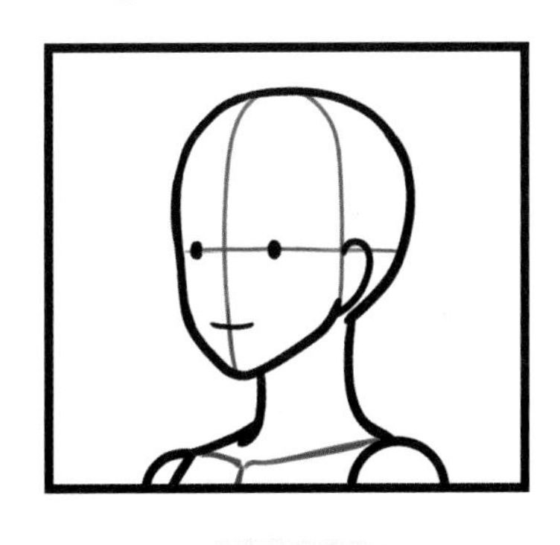

반 옆모습

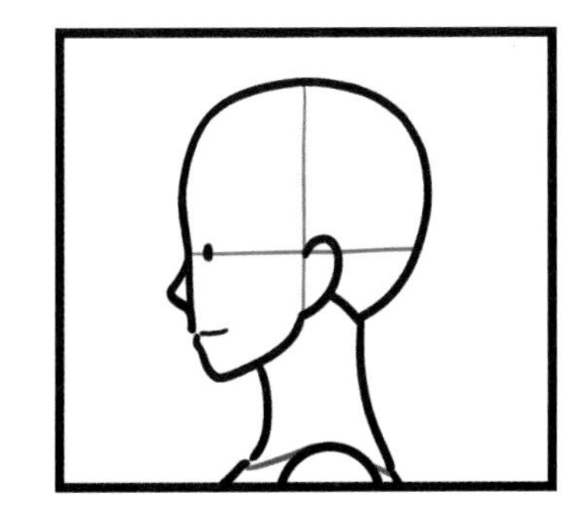

옆모습

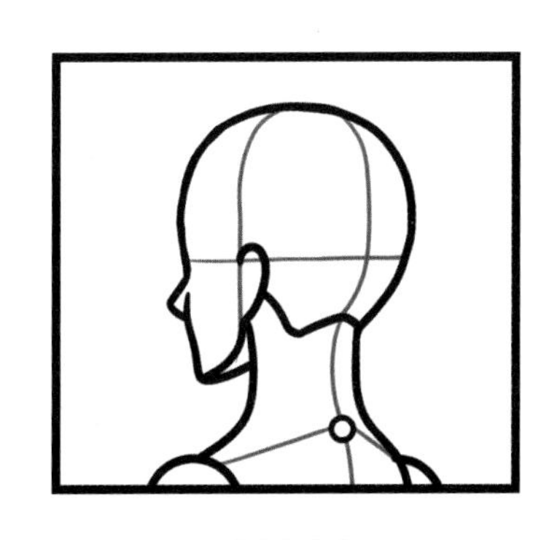

반 뒷모습

2 컷 연출의 효과

다음은 컷 연출에 따라 미묘하게 내용이 달라지는 실제 예입니다.

동일한 상황, 다른 느낌

시나리오 "형님…"
"어린애처럼 굴지 마!"

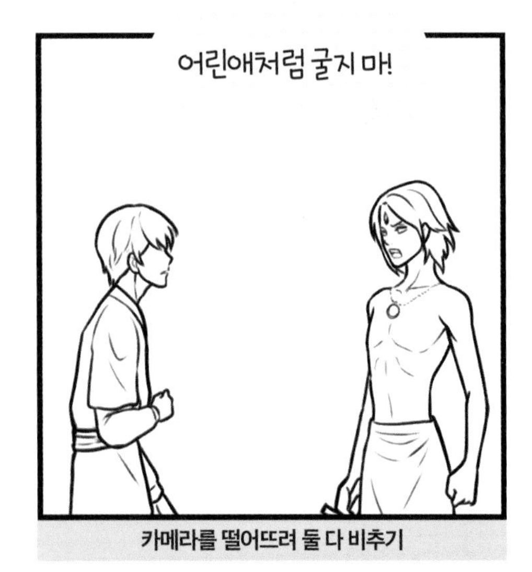

카메라를 떨어뜨려 둘 다 비추기

형이 동생을 다그치는 상황을 객관적으로 설명하는 느낌입니다.

로우앵글 + 앞모습 + 클로즈업

위압적으로 다그치는 느낌이 강조되었습니다.

하이앵글 + 반 옆모습 + 클로즈업

위압감이 약해지고, 그만큼 형의 심리에 대해 다른 해석이 가능한 느낌입니다.

상대방(동생)을 클로즈업

싫은 소릴 들은 동생의 반응이 강조됩니다.

3 컷 연출을 생각하는 그림 그리기

연출력이 좋은 만화, 웹툰은 카메라 위치를 세심하게 고려해 만들어지기 때문에 독자들에게 '매끄럽게' 읽힙니다.

'소년이 달아나는 뒷모습만 먼 카메라로 잡을까?', '소년과 소녀를 둘 다 비출까?', '아예 원경 컷으로 배경을 비출까?'와 같은 고민을 하게 됩니다.

컷 연출을 고민하지 않으면 아무리 그림을 한 장 한 장 잘 그려도 단조로워지거나 산만해져서 읽기가 어려워집니다.

단조로운 경우

산만한 경우

4 컷 연출을 위한 드로잉

컷 연출은 작가 개개인의 센스, 취향의 영역이기도 합니다. 다만 이 책에서는 어떤 컷 연출을 사용하건 참고할 수 있도록 컷 연출의 기본 효과 및 컷 연출을 하는 데 유용한 드로잉 방법을 정리했습니다.

2파트는 클로즈업의 연출 효과에 대한 간단한 설명과 함께, 클로즈업 컷을 그리는 데 유용한 얼굴의 개성 표현 및 표정 그리기, 손, 발 그리기에 대한 이야기를 담았습니다.

3파트는 근거리 컷의 연출 효과에 대한 간단한 설명과 함께, 근거리 컷을 보다 편하게 그릴 수 있도록, 안정감 있게 몸 그리는 방법을 담았습니다.

4파트는 원경 컷의 연출 효과에 대한 설명과 함께, 원경 컷을 사용하기 위해 꼭 필요한 배경 그리는 방법을 보여드립니다.

CHAPTER 02

웹툰을 그리는 도구 알아보기

웹툰을 그리는 도구들을 소개하고 장단점을 비교해 보겠습니다.

STEP 01

드로잉 도구 비교하기

1 종이 vs 디지털 도구

웹툰을 그리는 방법은 크게 두 가지로 나눌 수 있습니다. 종이에 그린 후 컴퓨터로 옮겨 완성하는 것과 100% 디지털 도구를 이용해 그리는 방법입니다.

종이에 그리고 컴퓨터로 옮기기

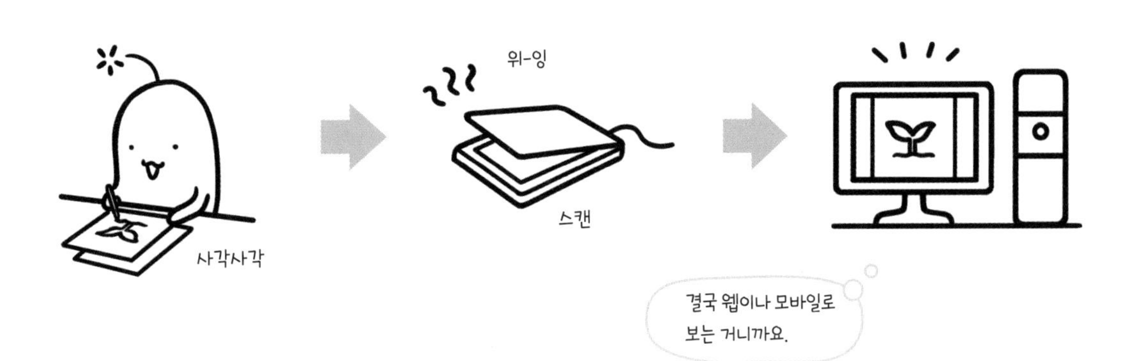

디지털 도구로 그리기

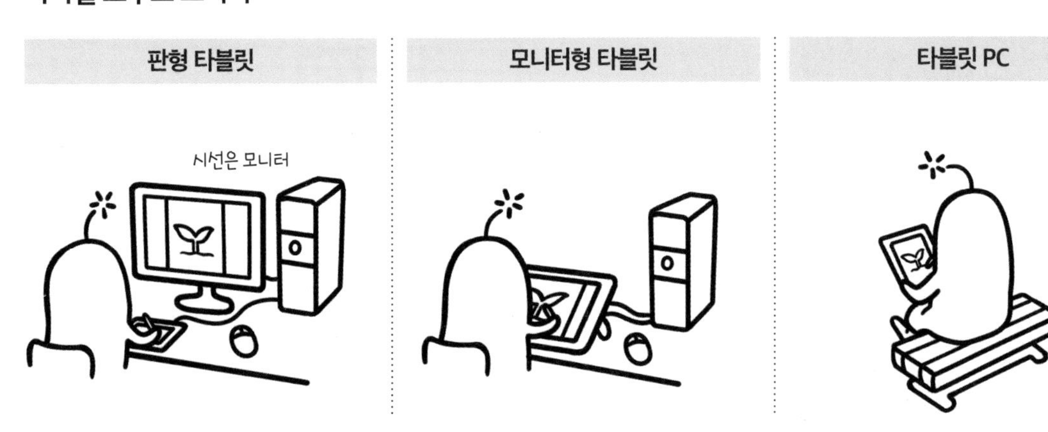

2 종이에 그리는 것의 장점과 단점

종이 그림은 비싸지 않은 재료로도 쉽게 그릴 수 있고, 휴대도 쉽고, 무엇보다 실력 늘리기에 좋습니다. 수정이 어려운 만큼 드로잉 내공이 길러지고, 재료와 필압에 따라 다채로운 효과가 나기 때문에 작가 고유의 개성을 만들기에도 좋습니다. 모든 디지털 도구들은 종이가 가진 깊고 풍부한 느낌을 따라오기 위해 열심히 발전했다고 해도 과언이 아닙니다.

다만 실제 원고작업을 할 경우 종이가 엄청 많아진다는 것이 단점입니다. 연습 단계이거나 아직 디지털 장비를 구매할 상황이 못 될 때는 종이 드로잉이 좋지만, 실제 원고는 100% 디지털 도구로 하는 것을 추천합니다.

3 디지털 도구의 종류

가장 널리 사용되는 디지털 드로잉 도구들은 크게 세 부류로 나눌 수 있습니다.

판형 타블릿

마치 마우스나 키보드를 쓰듯 손은 타블릿을 조종하고 시선은 화면을 보게 되어 있습니다. 일러스트레이션 그리는 분들이 많이 사용해요.

모니터형 타블릿

화면에 직접 그려요. 웹툰 그리는 분들이 많이 사용해요.

타블릿 PC

전용 펜을 지원하는 아이패드, 혹은 갤럭시 탭 등을 의미합니다. 많은 장점을 가지고 빠르게 발전해 왔어요.

4 디지털 도구의 사용법

앞에서 보여드린 디지털 도구들의 설치 및 사용법은 다음과 같습니다.

타블릿 PC

가장 간단합니다. 핸드폰처럼 충전해서 전원을 켜고, 드로잉 애플리케이션(프로그램)을 설치하여 구동시키면 공책에 그리듯 바로 그림을 그릴 수 있습니다.

판형 타블릿

마우스나 키보드처럼 판을 컴퓨터 본체에 연결한 뒤, 연결된 펜을 판 위에서 마우스처럼 움직이며 사용합니다.

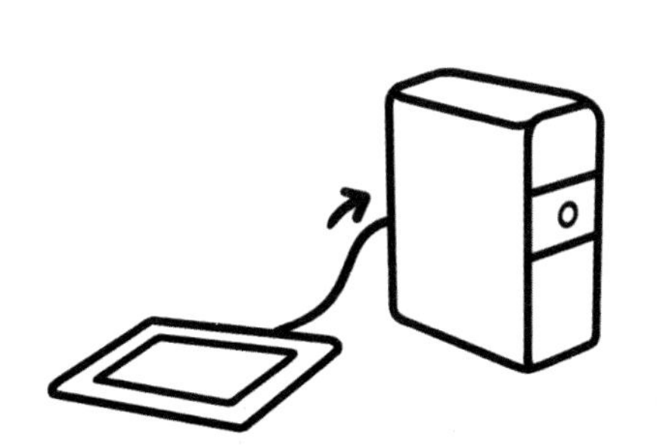

물론 마우스보다 훨씬 조절이 섬세하고 그림도 잘 그려져요.

모니터도 연결

포토샵이나 클립 스튜디오 같은 드로잉 프로그램을 깔아서 사용합니다.

모니터형 타블릿

설치가 가장 복잡합니다. 연결선이 기본적으로 두 가지 이상입니다.

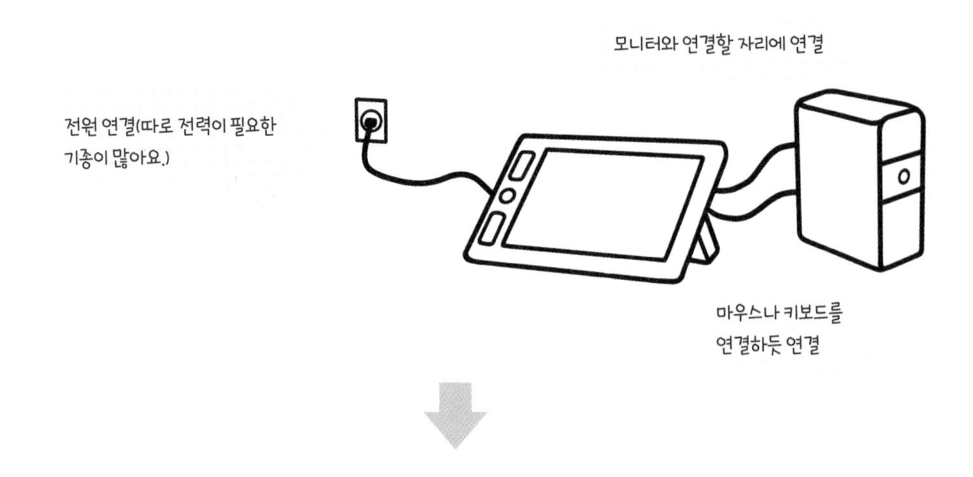

모니터 화면이 타블릿에 나타나면 그 위에서 대고 연결된 펜으로 직접 그립니다.

판형 타블릿과 마찬가지로
본체에 드로잉 프로그램을 깔아서
사용합니다.

물론 위에서 보여드린 내용은 가장 기본적인 설치 방법이고, 실제로는 기종마다 조금씩 차이가 있습니다. 인터넷에 '타블릿'이라는 키워드로 검색해 보면 대표적인 타블릿 브랜드와 함께 보다 자세한 설치 방법, 사용법, 사용 후기 등을 많이 볼 수 있습니다.

실제 타블릿 매장에 가서
직접 체험해 보고 직원에게 이것저것
상담하는 것도 좋은 방법이에요.

5 디지털 도구 장단점 비교

이 세 도구의 장단점을 비교해 보면 대략 다음과 같이 정리할 수 있습니다.

가격대

판형 타블릿	타블릿 PC	모니터형 타블릿

종이에 그리다가 갈아탔을 때의 어색함

타블릿 PC	모니터형 타블릿	판형 타블릿

단, 이 부분은 개인마다
느끼는 게 다를 수도 있어요.

휴대성

타블릿 PC

나 혼자 최고

노트북보다 가볍고 배터리도 오래가요.

판형 타블릿

가능하긴 해

노트북이랑 연결해 들고 다니면
묵직하긴 해도 그럭저럭…

모니터형 타블릿

못 움직여

책상 붙박이용, 컴퓨터랑 같이 써야 해.

전문 작업을 위한 성능

모니터형 타블릿 / 판형 타블릿

우수함

웹툰 전문

일러스트 전문

연결된 컴퓨터가 좋으면 우리도 좋아

타블릿 PC

아쉬움

컴퓨터(데스크톱)에 비하면
성능이 대략…70% 수준

요약하자면, 드로잉 연습, 가벼운 일러스트, 혹은 아이디어 스케치, 콘티 등 용량 부담이 낮은 원고작업을 할 때는 타블릿 PC가 편하고, 실제 원고를 완성하는 용량이 큰 작업은 작업대에 앉아 판형, 모니터형 타블릿으로 하는 것이 편하다고 할 수 있습니다.

단, 디지털 도구들은 앞으로도 빠른 속도로 발전할 가능성이 높은 만큼(편해지거나, 가벼워지거나, 성능이 좋아지거나, 가격이 내려가거나) 앞에서 비교한 내용도 달라질 수 있답니다.

STEP 02

드로잉 프로그램 훑어보기

1 컴퓨터(데스크톱)용 프로그램

기기가 갖추어졌다 해도 컴퓨터에 드로잉 프로그램이 설치되어 있어야 그림을 그리고 원고를 작성할 수 있습니다. 예전에는 포토샵이 대표적이었지만 최근에는 많은 프로그램이 가격, 성능을 놓고 경쟁하고 있습니다. 그중 가장 널리 쓰이고 제가 직접 체험해 본 프로그램 세 가지(포토샵, 클립 스튜디오, 사이툴)를 비교해 보겠습니다.

	Ps 포토샵	클립 스튜디오	사이툴
가격대	나 은근히 비싼 프로그램이야…	중간	가장 저렴 클립 스튜디오의 4분의 1 가격
프로그램의 무게(용량 부담)	묵직	중간	기능도 깔끔 심플한 편이어서 그림 연습하기 좋음
웹툰 그리기용 성능	무난하지만 복잡함	우수하고 간편함	간편하지만 아쉬움

포토샵은 원래 사진 보정용 프로그램입니다. 기능이 워낙 광대하기 때문에 원고를 완성하는 데 큰 무리는 없지만, 웹툰 드로잉, 원고 제작 기능은 전문적인 것일수록 복잡하게 분산되어 있어서, 공부와 노하우가 필요합니다.
사이툴은 말풍선이 없는 그림, 일러스트 같은 한 장짜리 그림을 완성하는 데는 부담이 없지만, 긴 원고는 완성하기 어렵습니다.

반면 클립 스튜디오는 대놓고 만화 원고 제작을 위해 만들어진 프로그램입니다. 용지 제작, 칸과 말풍선 쉽게 그리기, 투시자, 대칭자, 만화용 패턴 지원 등, 원고 제작에 긴요하고, 편리하게 접근할 수 있는 전문 기능을 매우 많이 가지고 있습니다. 다른 프로그램에는 없는 3D 배경, 소품 지원도 됩니다.

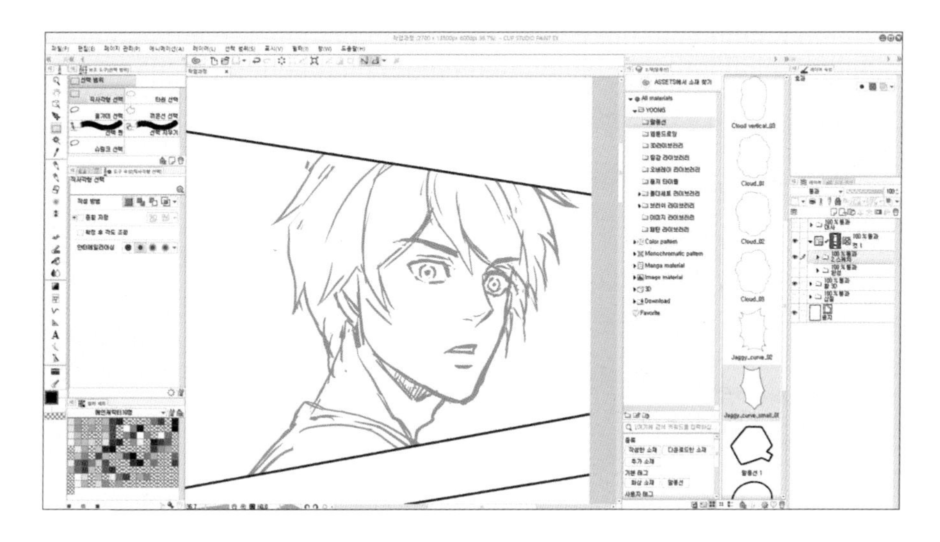

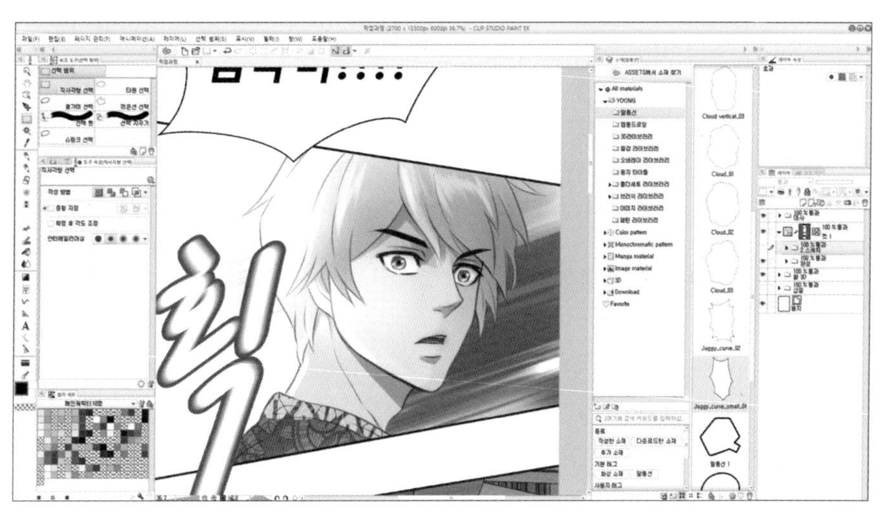

이 책에서 나오는 드로잉 프로그램도 클립 스튜디오를 기준으로 하고 있습니다.

2 타블릿 PC용 애플리케이션

데스크톱 쪽보다도 훨씬 많은 드로잉 프로그램, 즉 애플리케이션이 있습니다. 앱스토어(플레이스토어)에서 다운받아 설치한 뒤 사용할 수 있습니다.

포토샵, 클립 스튜디오 같은 데스크톱용 프로그램에 비하면 조작법이 매우 간편하고 알기 쉽게 되어 있습니다. 또한 무료, 혹은 부분 유료화 구조로 되어 있기 때문에 체험해 보고 마음에 드는 애플리케이션을 고를 수 있습니다.

이비스 페인트를 이용해 스케치하고
채색 중인 일러스트에요.

그리고 개인적으로는 아이디어 스케치를 하거나 콘티를 짤 때는 '그림 그리는' 애플리케이션보다 '노트 필기용' 애플리케이션을 선호합니다. 펜은 다양하지 않지만, 그리는 느낌이 가볍고 빠르고 페이지 추가나 편집이 훨씬 쉽습니다.

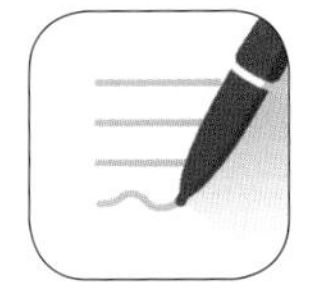

굿노트

노타빌리티

굿노트로 작업했던 교재
초안의 일부에요.

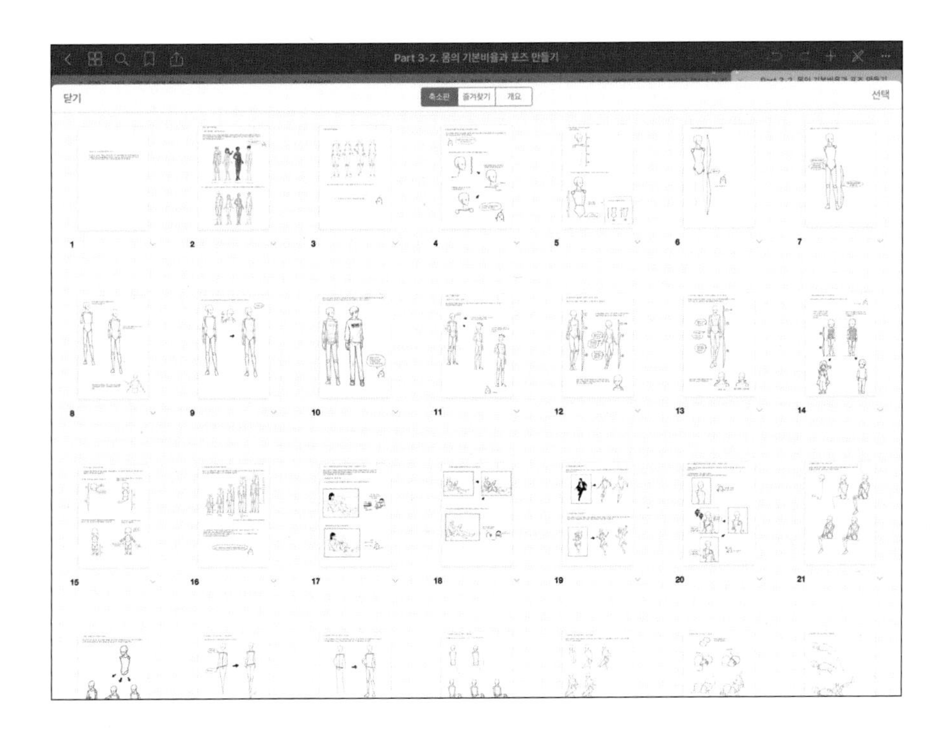

타블릿 PC용 애플리케이션은 종류가 많다고 당황하거나 스트레스 받기보다는 이것저것 가볍게 사용해 보는 것을 추천합니다.

타블릿 PC를 사용한다는 전제 하에…
본인에게 맞는 것을 하나쯤은
발견할 수 있을 거예요.

PART

02

클로즈업 컷을 위한 얼굴, 손, 발 그리기

클로즈업 컷의 묘사력을 키우기 위해 개성과 표현을 살리는
얼굴, 손, 발 그리는 방법들을 살펴보겠습니다.

CHAPTER

01

이야기 몰입도를 높이는 클로즈업 컷

클로즈업 컷이 가지는 몰입 효과와 웹툰에서 차지하는 비중을 알아보고
클로즈업 컷을 효과적으로 활용하는 방법을 살펴봅니다.

STEP 01

클로즈업 컷 이해하기

1 클로즈업 컷의 범위

클로즈업 컷은 카메라와 등장인물이 아주 가까이 있습니다. 얼굴 쪽에 카메라를 비출 경우 어깨까지만 나오거나 그보다 가까워서 눈, 코, 입 등 얼굴 일부만 보이기도 합니다. 다른 신체 부위의 경우 손, 발에 카메라를 비출 때가 가장 많습니다.

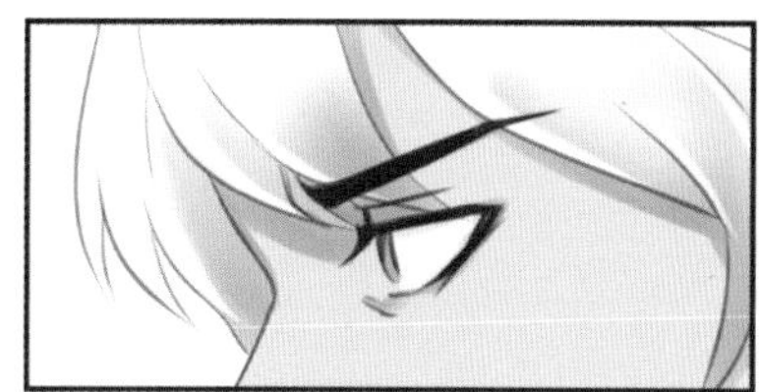

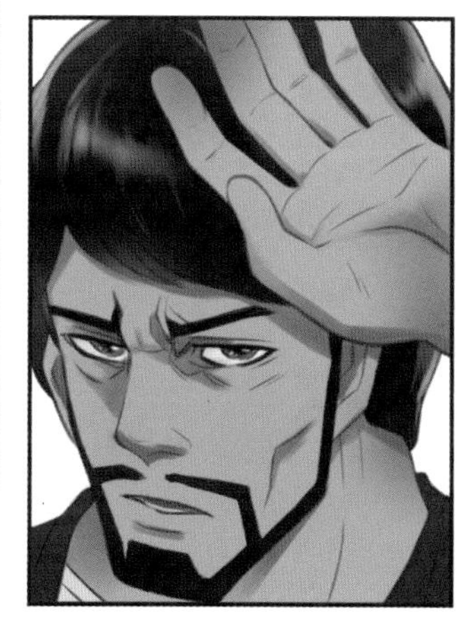

STEP 02

클로즈업 컷의 효과

1 클로즈업 컷의 몰입 효과

클로즈업 컷에는 몰입 효과가 있습니다. 등장인물의 주관이 강조되고 내면을 엿보게 해 줍니다. 카메라가 가까울수록 독자도 등장인물과 가까이 있는 셈이기 때문입니다.

그래서 등장인물의 내면 묘사에 유리하고, 액션 씬과 같은 장면에서도 효과가 좋습니다.

2 클로즈업 컷의 비중

몰입도가 높아 스토리 전달에 효과적이면서도 배경이나 몸 전체를 그릴 필요가 없기 때문에 클로즈업 컷은 만화 컷 전체에서 차지하는 비중이 높습니다. 출판만화의 경우 작가마다 다르지만 60~80%를 차지하는 경우도 있고, 웹툰에서도 애용됩니다. 저도 개인적으로 클로즈업 컷을 많이 활용합니다.

출판만화

웹툰

3 클로즈업 컷의 약점

다만, 클로즈업 컷 비중이 지나치게 높으면 공간이 설명되지 않고 답답해 보이기 때문에 근거리 컷, 원경 컷을 적절히 섞어서 숨통을 틔우고 공간을 보여주는 센스가 필요합니다. 적어도 5~6컷마다 한 컷 이상은 배경 공간이 보여야 읽기 편해집니다.

두 사람이 어디서 대화하는 거야?!
교실? 카페? 길거리?

STEP 03

클로즈업 컷을 잘 활용하는 방법

1 묘사력 키우기

클로즈업 컷은 쉬우면서도 한편으로는 까다로운 구석이 있습니다. 잘 활용하기 위해서는 묘사력이 필요하기 때문입니다. 보여주는 부분이 얼마 없는 만큼 보여주는 부분은 잘 그려야 합니다. 정확하거나 자세한 것보다는 개성과 특징을 보여주는 것이 중요합니다.

2 얼굴 개성 드러내기

얼굴을 클로즈업할 경우, 캐릭터 간의 개성이 잘 드러날수록 이야기가 한결 편하게 전달됩니다.

3 표정을 잘 표현하기

표정만으로도 스토리 흐름을 전달할 수 있다는 게 클로즈업 컷의 가장 큰 매력입니다.

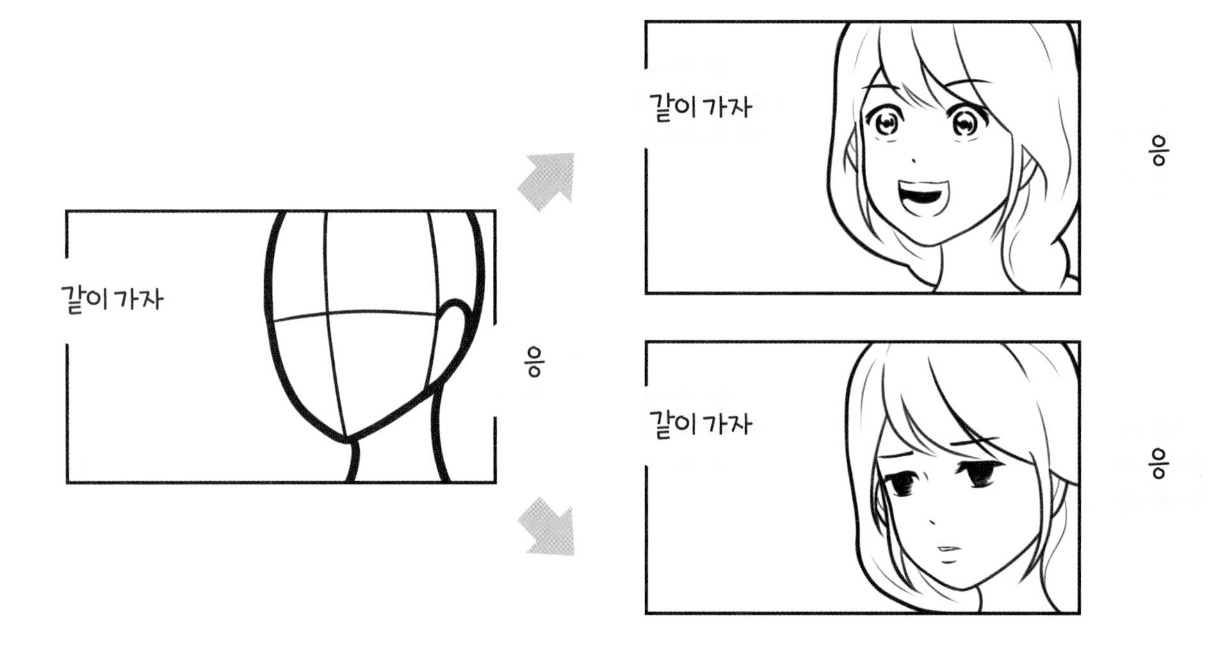

4 손발의 표정 활용하기

표정에는 얼굴의 표정뿐 아니라 손, 발의 표정도 포함됩니다.

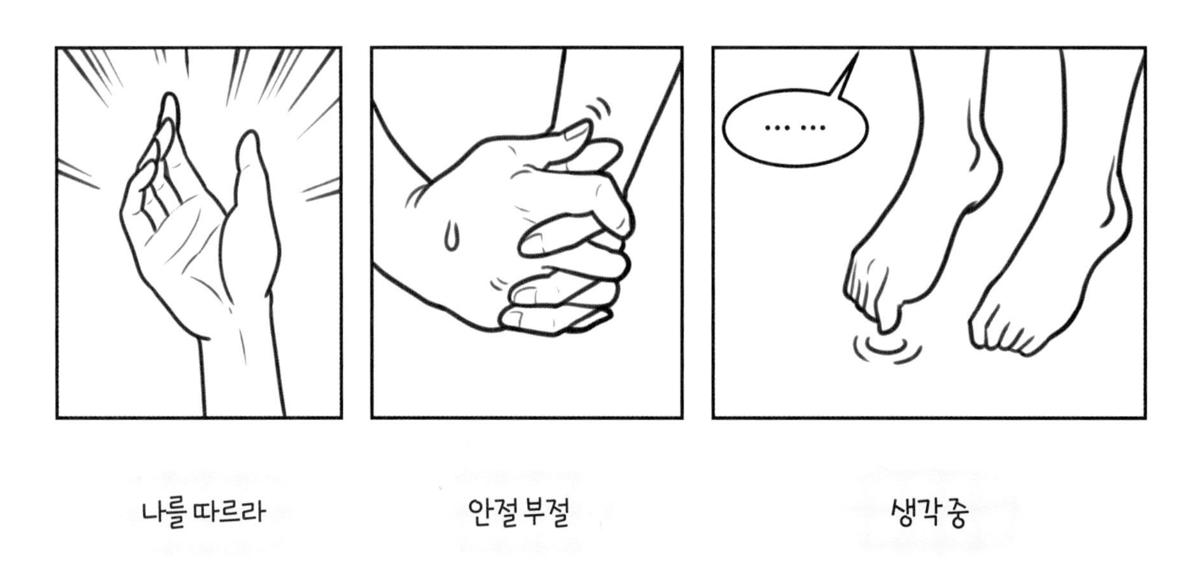

나를 따르라

안절부절

생각 중

얼굴의 표정을 통한 심리묘사가 소설의 '직접 화법'이라면 손, 발의 표정을 통한 심리묘사는 '간접화법'에 해당합니다. 직접 묘사, 간접 묘사를 적절히 섞으면 이야기를 더 풍부한 느낌으로 전달할 수 있습니다.

그는 분노했다.

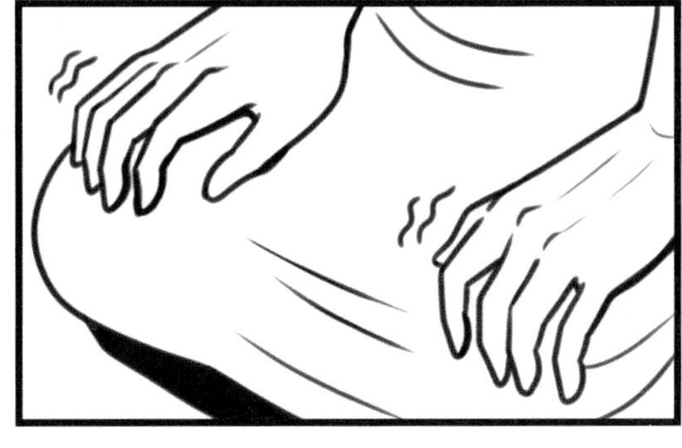

그의 손이
부들부들 떨렸다.

웹툰에서 클로즈업 컷은 70% 이상을 차지합니다. 앞으로 배울 얼굴의 개성 만들기와 표정 그리기 그리고 손발 그리기를 능숙하게 하게 되면, 클로즈업 컷을 활용하는 방법도 쉽게 익힐 수 있습니다. 앞으로 보여드릴 얼굴, 손, 발 그리기 방법은 절대법칙이기보단 개인적 방법이지만, 자신만의 그림체를 가꾸 는 데 도움이 되었으면 좋겠습니다.

CHAPTER

02

얼굴의 기본 비율

러프 스케치 단계에서 캐릭터 얼굴을 그릴 때 뼈대, 즉, '기본 비율'을 잡는 방법을 보여드리겠습니다. 기본 비율은 예쁘고 개성 있는 캐릭터 얼굴을 여러 각도에서도 안정감 있게 그리는 데, 큰 역할을 합니다.

STEP 01

기본 비율 이해하기

1 기본 비율이란?

작가 본인이 설정한 미남, 미녀, 혹은 많은 사람이 예쁘거나 어색하지 않다고 느끼는 무난한 비율을 의미합니다. 아래 여자와 남자 두 얼굴이 있습니다. 겉보기엔 달라 보이지만 눈코입 모양, 눈썹 위치와 모양, 헤어스타일 등의 디테일을 걷어내면 두 얼굴은 사실 거의 동일한 '기본 비율'로 그려져 있습니다.

다시 말해 제가 보기엔 똑같은…
아니, 다 예쁜 얼굴입니다.

2 기본 비율 이해하기 ❶ : 예쁘거나 개성 있는 캐릭터 만들고 싶을 때

기본 비율 내에서 그리면 소위 말하는 '미형'의, '예쁜' 얼굴이 됩니다. 기본 비율에서 멀어질수록 개성 있는 캐릭터가 됩니다. 비율을 달리해가며 그리면 정말 풍부한 등장인물들을 그려낼 수 있고, 캐릭터 간의 구분도 쉬워집니다.

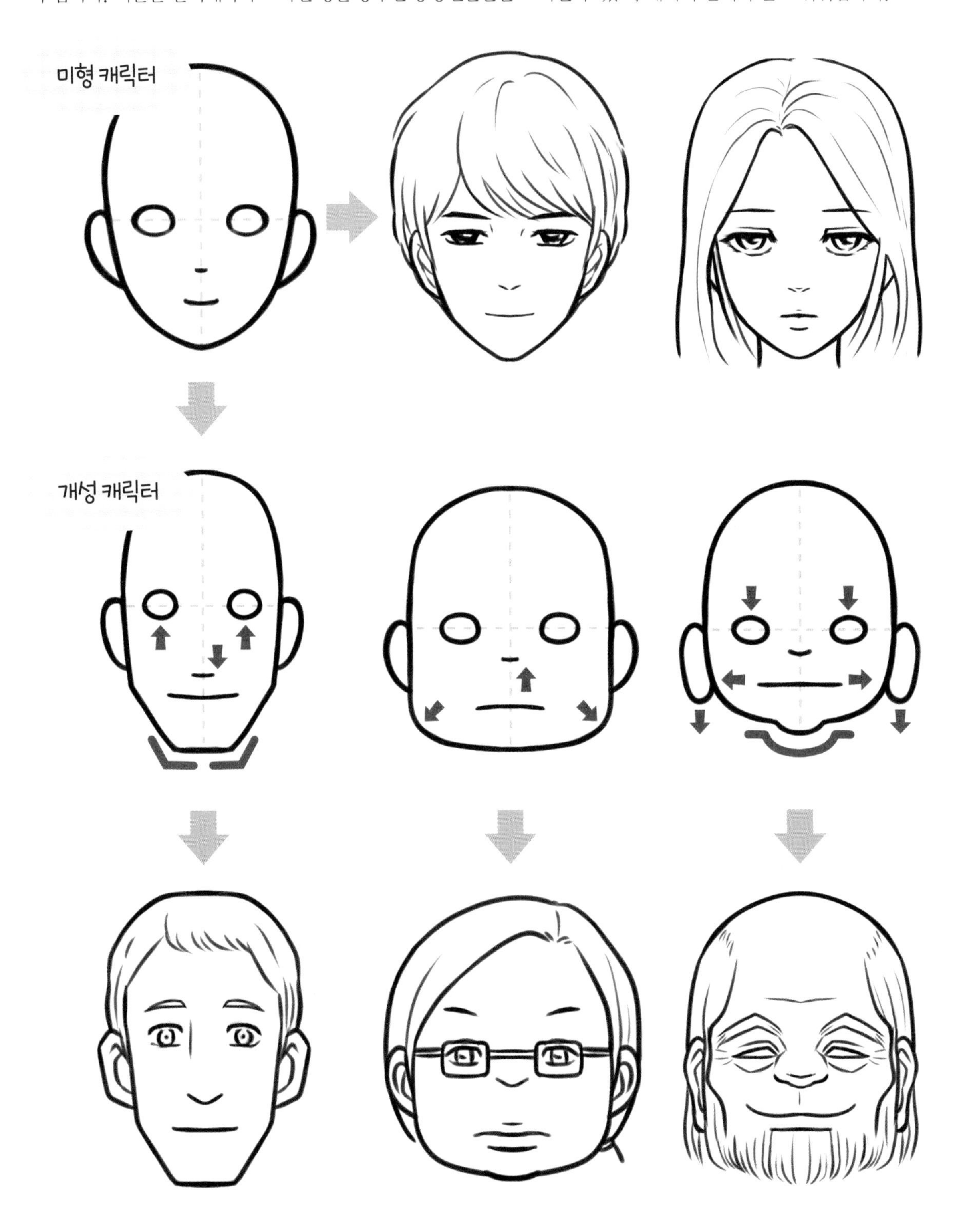

3 기본 비율 이해하기 ❷ : 안정적으로 빠르게 그리고 싶을 때

기본 비율을 생각하며 그리면 어떤 앵글, 어떤 컷에서도 안정적이고 빠르게 러프 스케치를 그리는 데 도움이 됩니다. 물론, 선이 지저분한 스케치 초기 단계에서 '눈'으로 확인하는 비율이기 때문에 자로 잰 듯이 정확할 필요는 없고, 대충 어색하지만 않으면 됩니다.

STEP 02

기본 비율
앞모습

1 얼굴 윤곽

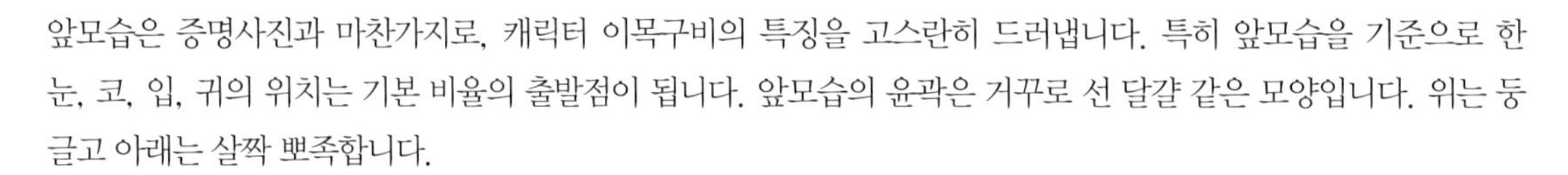

앞모습은 증명사진과 마찬가지로, 캐릭터 이목구비의 특징을 고스란히 드러냅니다. 특히 앞모습을 기준으로 한 눈, 코, 입, 귀의 위치는 기본 비율의 출발점이 됩니다. 앞모습의 윤곽은 거꾸로 선 달걀 같은 모양입니다. 위는 둥글고 아래는 살짝 뾰족합니다.

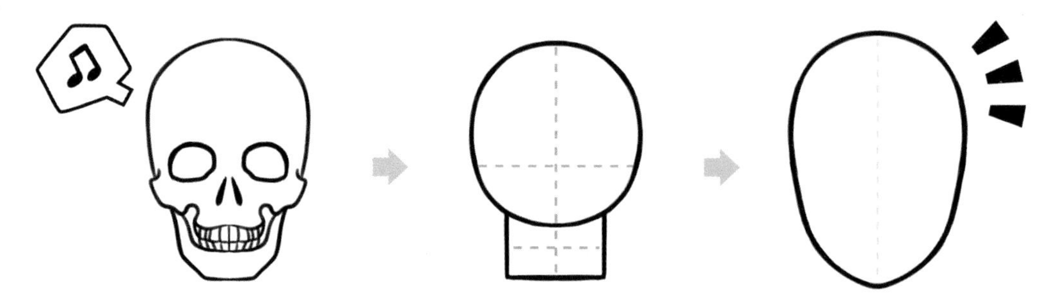

그림체에 따라 아래가 뾰족한 정도는 다르고, 캐릭터에 따라 길이가 조금씩 다르기도 합니다. 얼굴 길이가 길 때는 어른스러운 느낌, 얼굴 길이가 좀 짧을 때는 귀엽고 어린 느낌이 듭니다.

2 눈, 코, 입, 귀

달걀모양의 얼굴을 반으로 가로지르는 가로선을 긋고, 또 그 가로선을 세로로 4등분하면 눈의 위치가 됩니다.

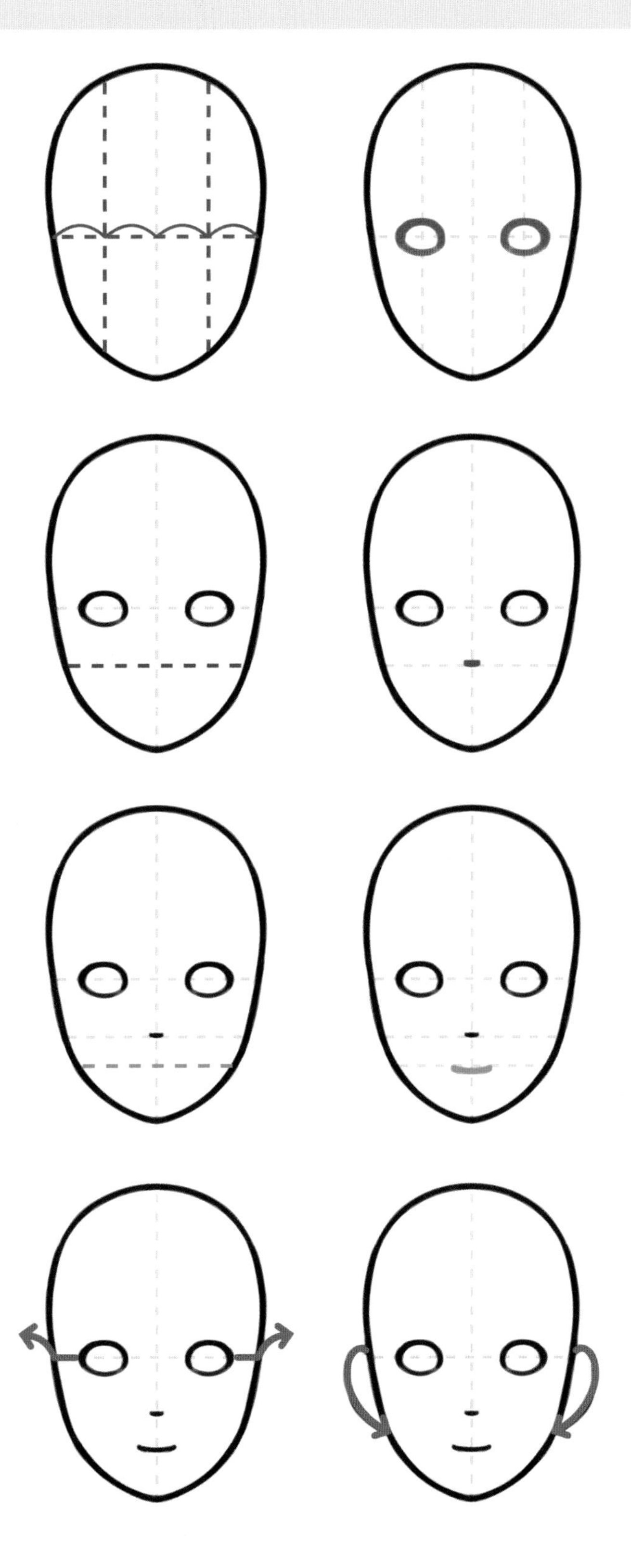

눈과 턱 사이 기준선을 또 반으로 나누면 코의 위치가 됩니다.

다시 코와 턱 사이 기준선을 반으로 나누면 입의 위치가 됩니다.
그리고 귀! 귀는 눈과 같은 높이에서 출발해서 코와 같은 높이에서 끝납니다.
즉 눈은 얼굴의 반, 코는 얼굴의 반의반, 입은 얼굴의 반의반의 반 높이에 있고, 귀는 눈과 코 높이에 있습니다.

이렇게 기본적인 비율을 기억하며
그리면 가장 쉬운 거 같아요.

3 기본 비율에 들어가지 않는 것 ❶ : 눈썹

개인적으로 눈썹의 위치는 개성을 부여하는 중요한 수단이 될 수 있기 때문에 기본 비율로 넣지 않습니다. 다음은 눈썹과 눈 간격이 먼 예와 눈썹과 눈 간격이 좁은 예입니다. 눈썹을 그릴 때 눈, 코, 입, 귀, 얼굴 윤곽 등의 디테일도 다듬어 가며 그림체, 캐릭터만의 개성이 드러나게 해 줍니다.

눈썹과 눈 간격이 먼 예

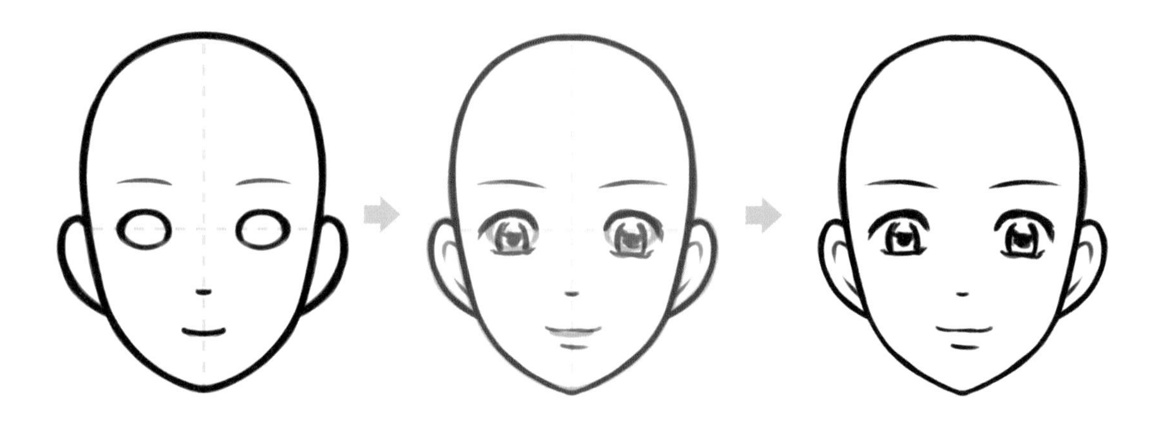

눈썹과 눈 간격이 좁은 예

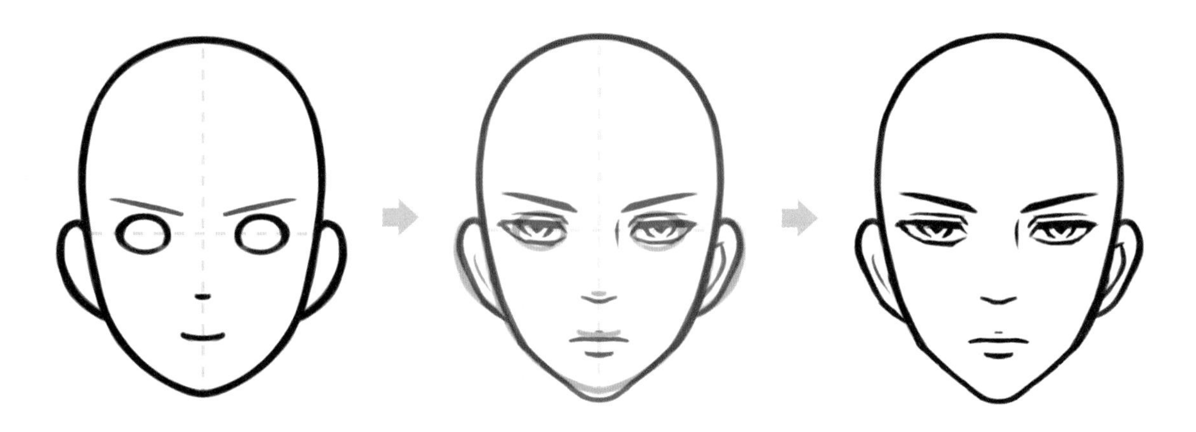

눈썹의 위치와 캐릭터의 인상은 4장에서 다룹니다.

4 기본 비율에 들어가지 않는 것 ❷ : 머리카락

머리카락 역시 개성 부여의 수단이기 때문에 기본 비율에 넣지 않습니다. 머리카락 자체의 두께가 있기 때문에 대머리에 씌우는 느낌으로 기준점과 주요 흐름을 생각하며 그립니다.

기본 비율

옆모습

STEP 03

1 얼굴 윤곽

옆얼굴은, 아무리 미형 캐릭터라도 캐릭터 각각의 개성에 따라 코와 입의 실루엣이 조금씩 달라집니다. 그 부분에 대해서는 2파트의 7장에서 자세히 다루겠습니다. 여기서는 기본 비율에 맞춰 옆얼굴을 그리는 방법을 살펴보겠습니다. 실제 해골 모양에 따라 달걀의 뒤통수는 볼록하게, 턱 끝은 앞으로 나오게 그립니다.

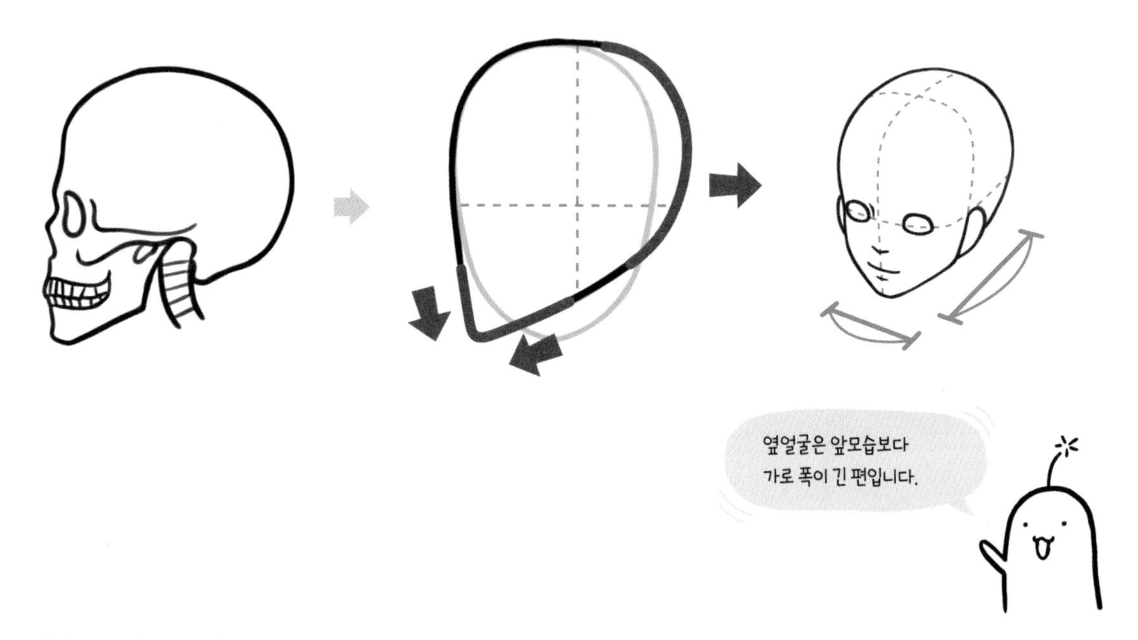

또, 뼈의 구조 상 눈 주위가 움푹 들어가게 됩니다.

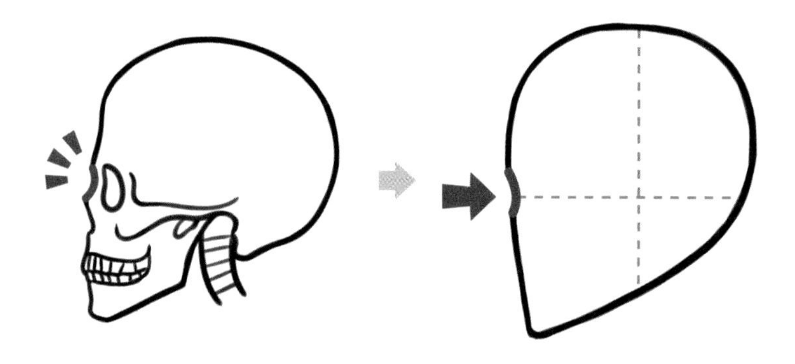

2 눈, 코, 입, 귀, 턱

눈은 얼굴의 반 높이에 그립니다. 눈이 얼굴의 4분의 1지점보다 좀 더 앞쪽으로 치우쳐 있습니다. 옆모습을 그릴 때 눈의 기본 모양이 달라져서 안구를 덮은 눈꺼풀을 단순화해서 그립니다.

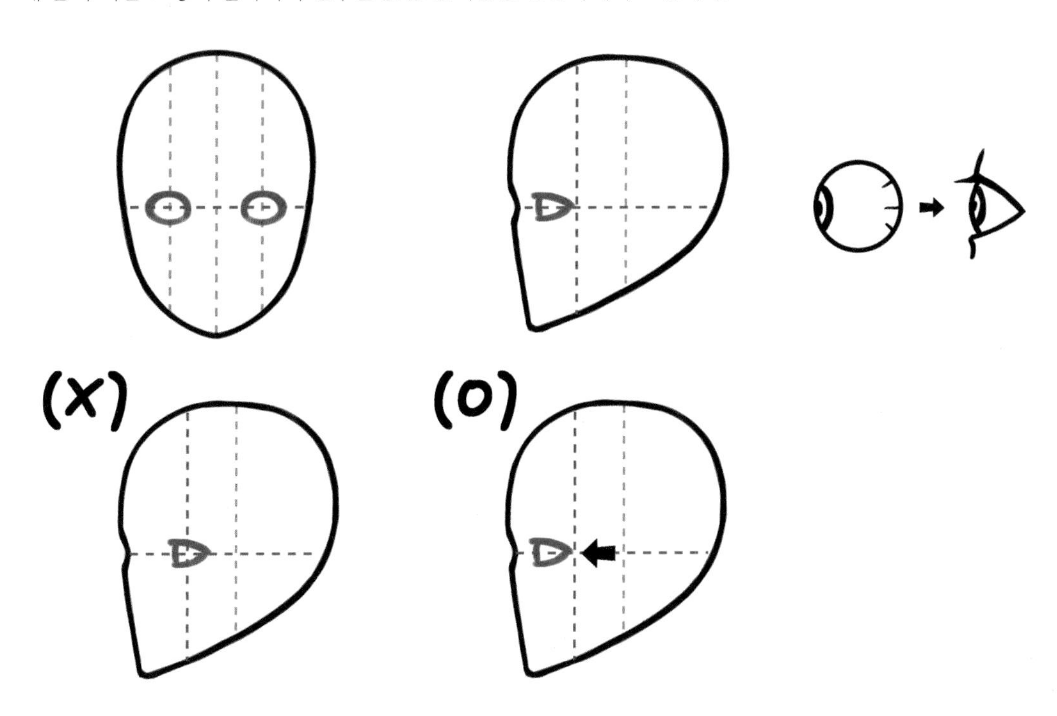

코는 눈 높이의 반에 그립니다. 앞모습의 코는 정확히 '코 그늘'의 위치입니다. 코에서 가장 또렷하게 보이는 부분입니다.

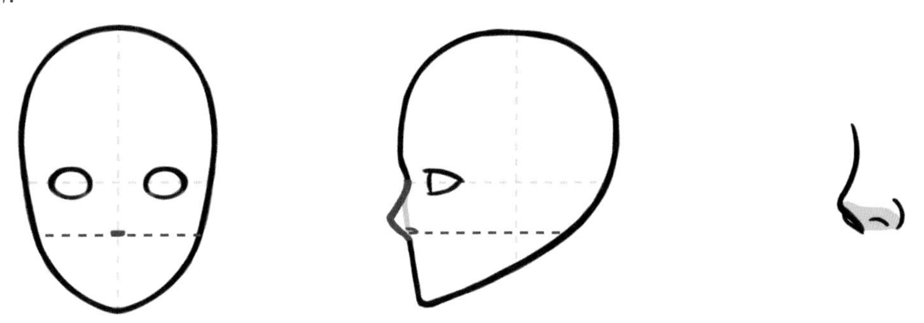

입은 코 높이의 반에 그립니다. 치아 형태 때문에 윗입술이 조금 더 튀어나옵니다.

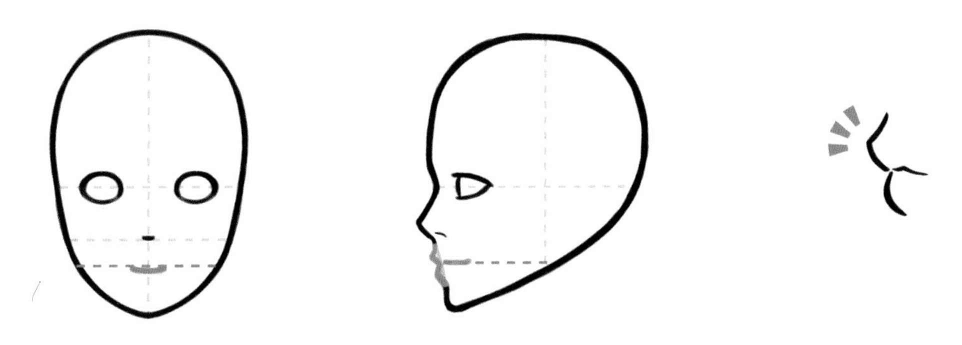

귀는 옆얼굴의 중앙에 있습니다. 눈높이에서 출발해 코와 같은 높이에서 끝납니다. 그래야 안경다리가 걸릴 수 있습니다.

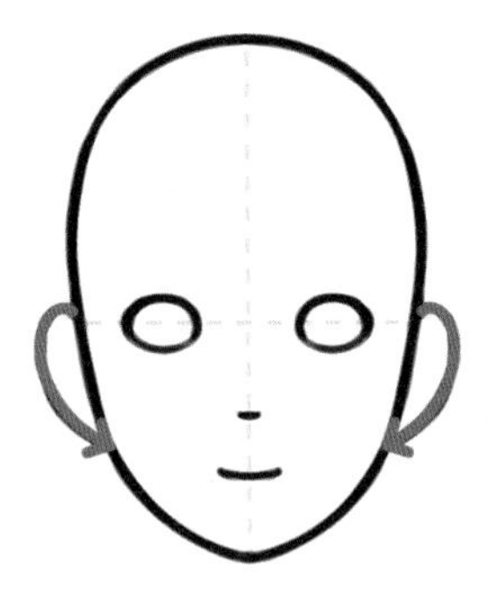
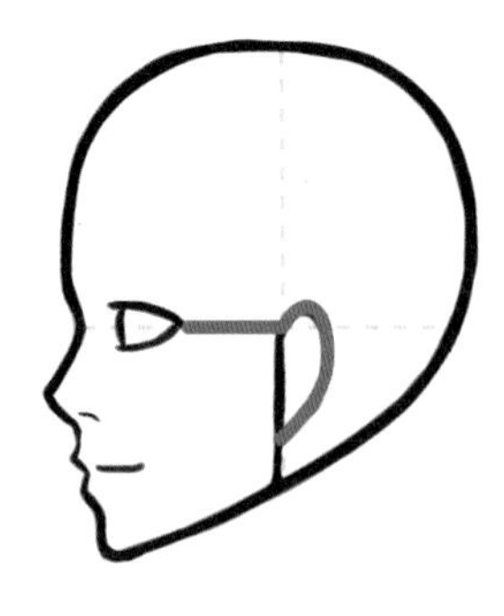
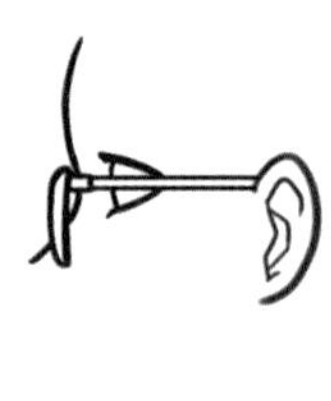

끝으로, 앞모습에 맞춰서 좀 더 갸름하게, 쑥 들어가게 턱 선을 다듬어 줍니다.

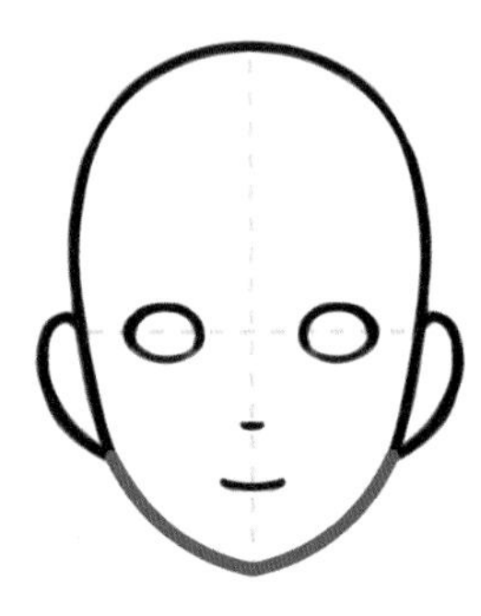
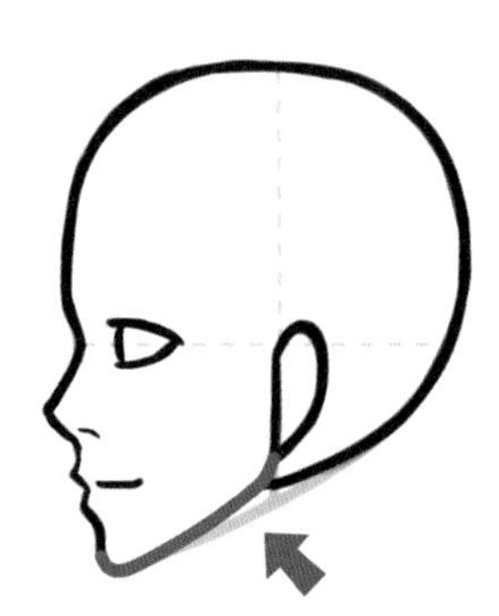

만약 정면에서 보이는 턱이 사각에 가까우면 옆에서 본 턱은 내려오게 됩니다.

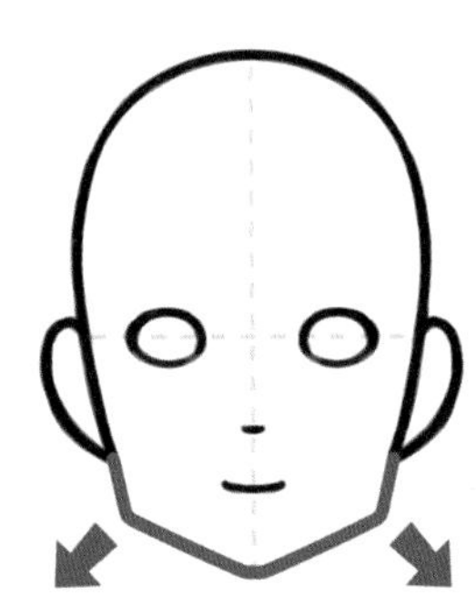
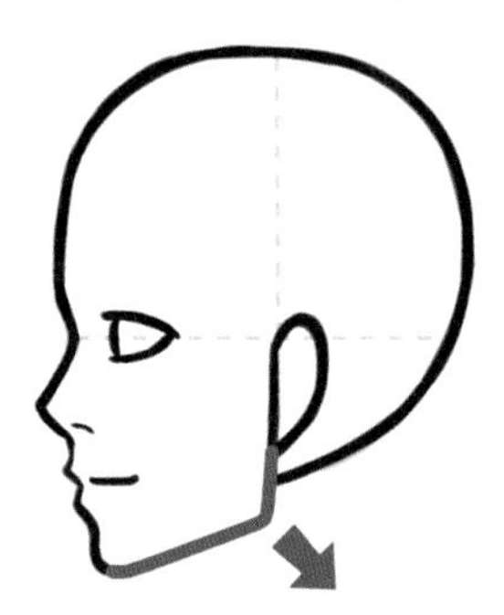

얼굴 윤곽을 변형시키는 방법은
2파트 8장에서 다룹니다.

STEP 04

기본 비율
반 옆모습

1 반 옆모습의 특징

카메라가 정면과 옆모습 사이에 있으면 모두 반 옆모습이기 때문에 매우 다양한 각도와 조금씩 다른 모양이 나올 수 있습니다. 하지만 다음의 두 각도를 대표로 삼으면 특징을 간단하게 살펴볼 수 있습니다.

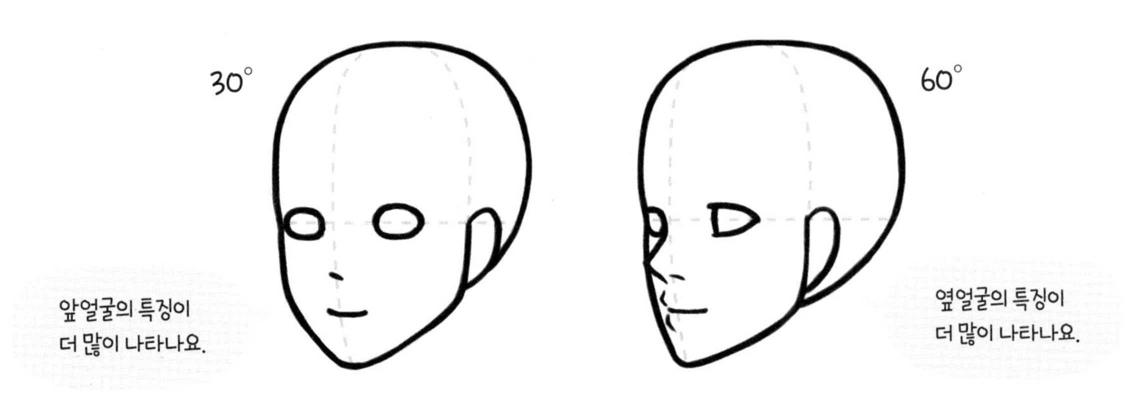

2 얼굴 윤곽

달걀에 중심선을 그어주세요. 이때, 입체로 그어주는 것이 중요합니다.

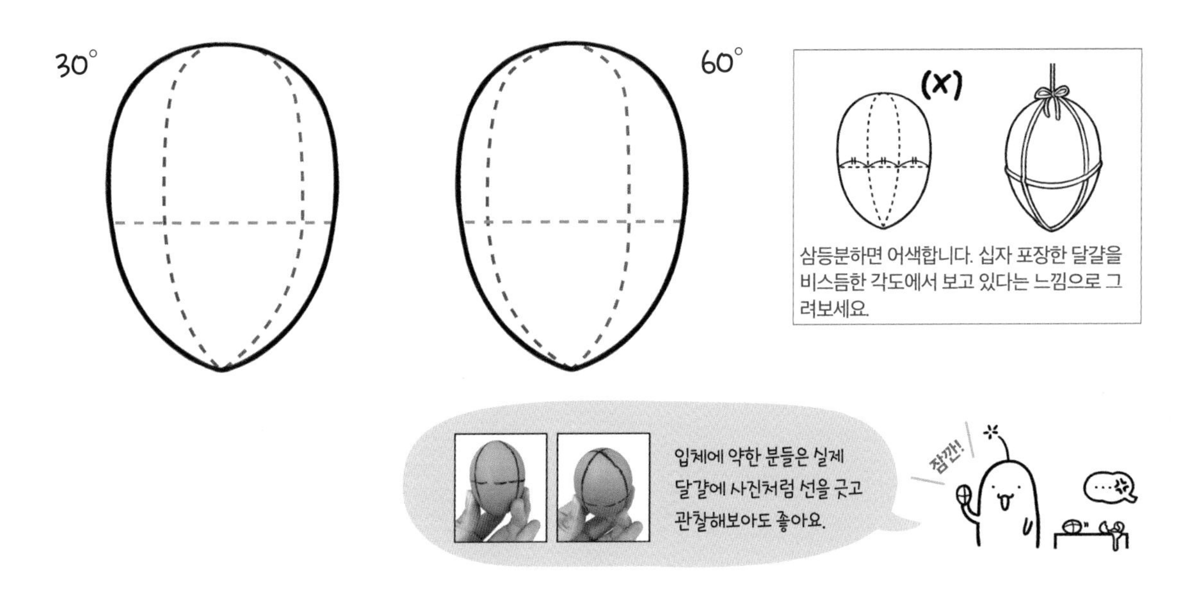

삼등분하면 어색합니다. 십자 포장한 달걀을 비스듬한 각도에서 보고 있다는 느낌으로 그려보세요.

그 다음, 실제 두개골 모양에 따라, 뒤통수 쪽은 볼록하게, 턱 끝은 아래로 내려줍니다.

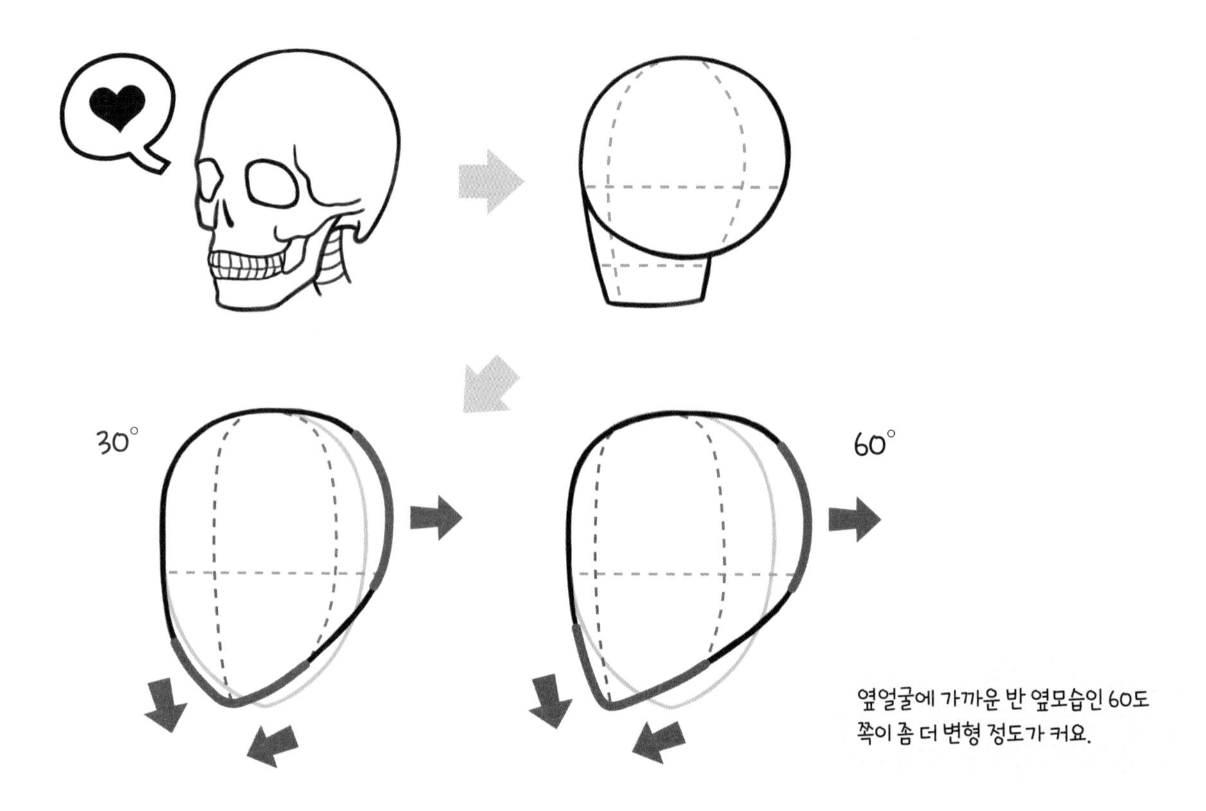

그리고 뼈 구조상 눈 주위가 움푹 들어가게 됩니다.

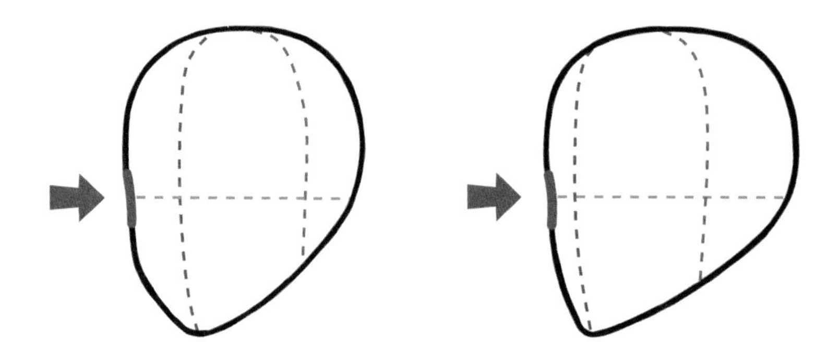

3 눈, 코, 입, 귀

눈은 얼굴의 반 높이에 그립니다.

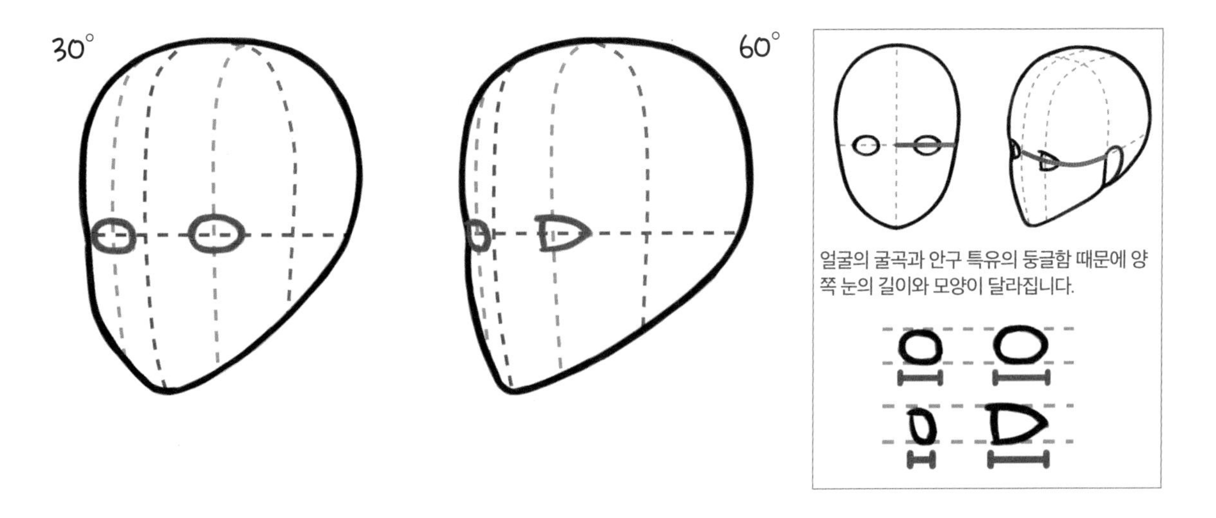

코는 눈높이의 반 정도 되는 높이에 그립니다. 60도 각도에서 본 코 모양은 옆모습과 비슷하게 그리면 자연스러워집니다.

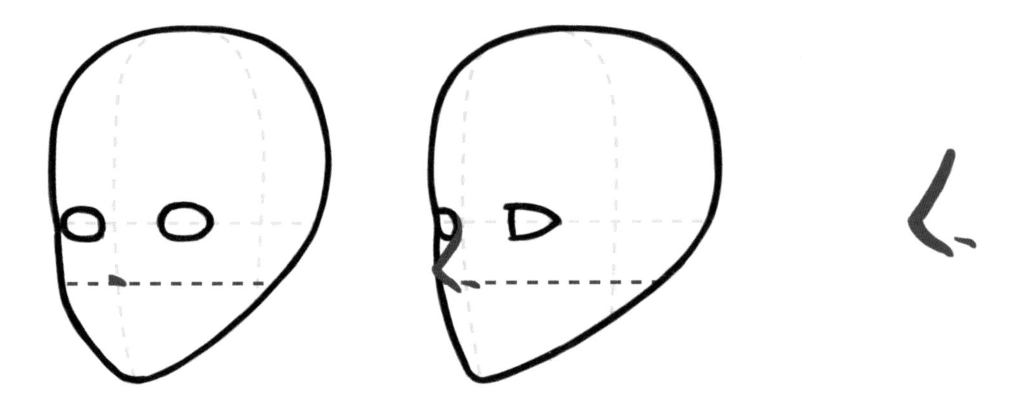

입은 코 높이의 반에 그립니다. 60도 각도에서 본 입모양도 옆모습과 비슷하게 그리면 자연스럽습니다.

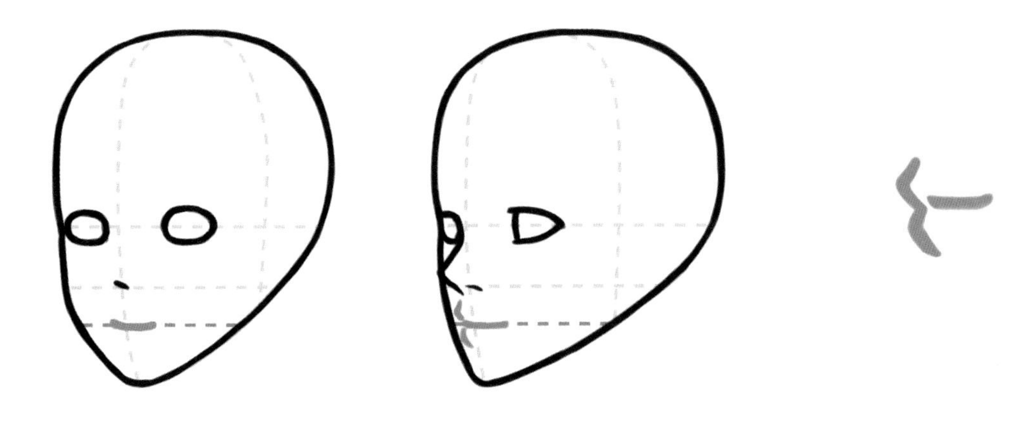

귀는 옆얼굴의 중앙에 있습니다. 눈높이에서 출발해 코와 같은 높이에서 끝납니다.

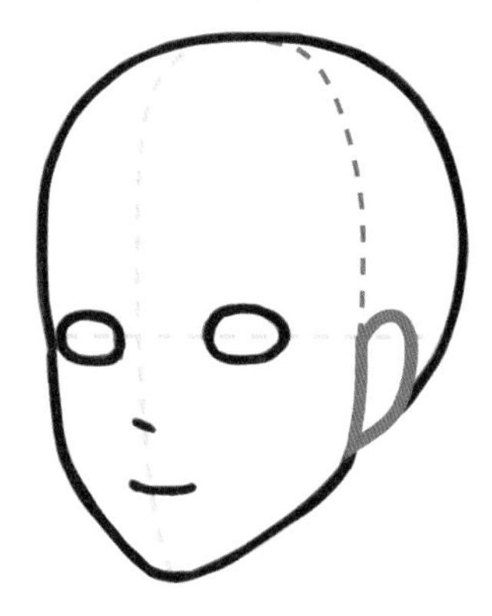

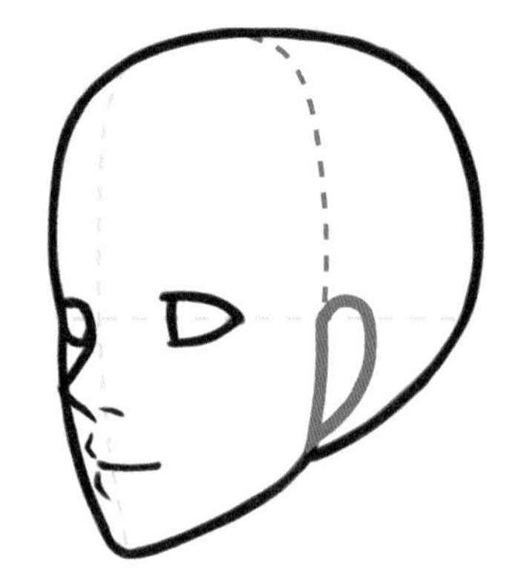

반 옆모습이 사용될 때

30도 각도의 반 옆모습은 웹툰이나 일러스트에서 가장 많이 쓰이고, 낙서할 때도 무심코 그리게 되는 각도에요.

60도 각도의 반 옆모습은 그만큼 자주 그리지 않기 때문에 좀 까다로워요. 하지만 얼굴 윤곽을 세련되게 보여주는 효과가 있답니다.

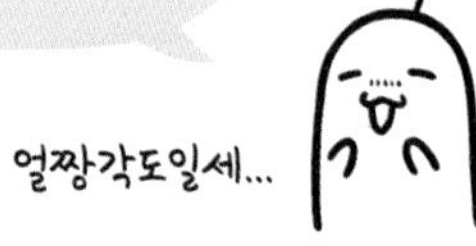

STEP 05

기본 비율
뒷모습

1 얼굴 윤곽

일러스트와 달리 웹툰은 뒷모습, 반 뒷모습도 쓸 기회가 많습니다. 뒷모습은 평소 관찰을 많이 하지 않는 부분이라 낯설 수 있지만, 묘사 포인트가 적어 그리기 어렵지 않습니다. 뒷모습도 앞모습과 똑같은 달걀에서 출발합니다.

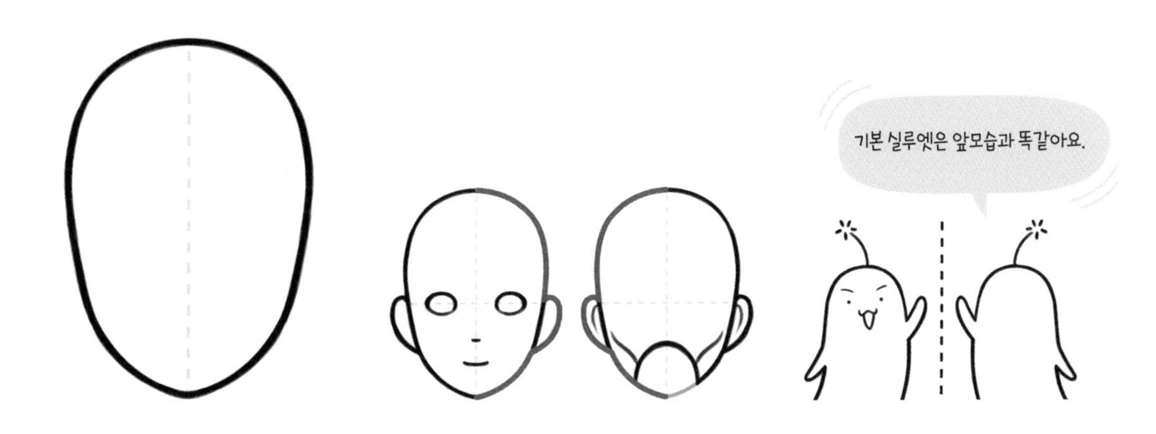

2 귀

귀는 얼굴의 가로 중심선에 맞춰 출발하여 그 선의 절반 높이에서 귀 그리기를 끝냅니다. 여기까지는 앞모습과 윤곽이 같습니다.

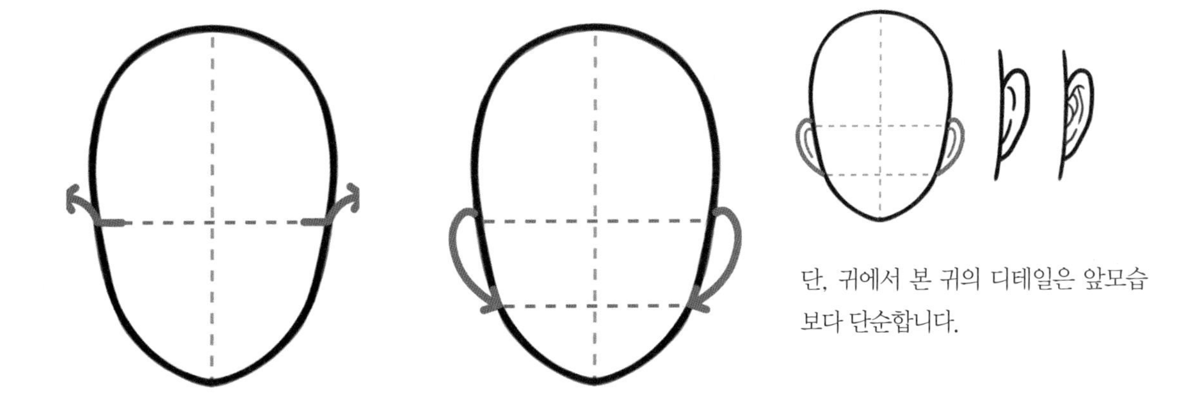

단, 귀에서 본 귀의 디테일은 앞모습보다 단순합니다.

3 목덜미

귓불과 비슷한 위치에서부터 목과 머리의 경계가 내려옵니다.

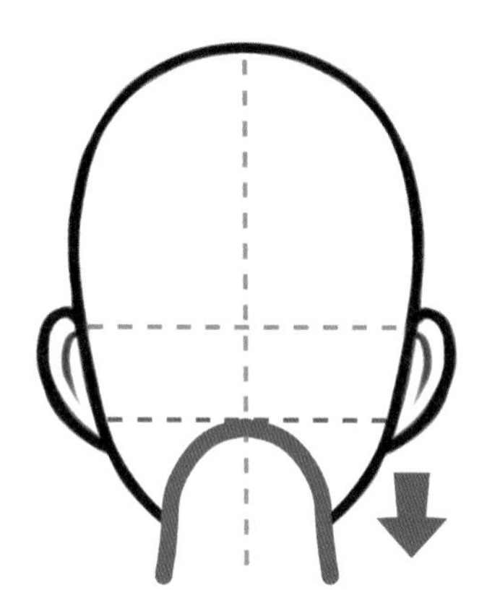

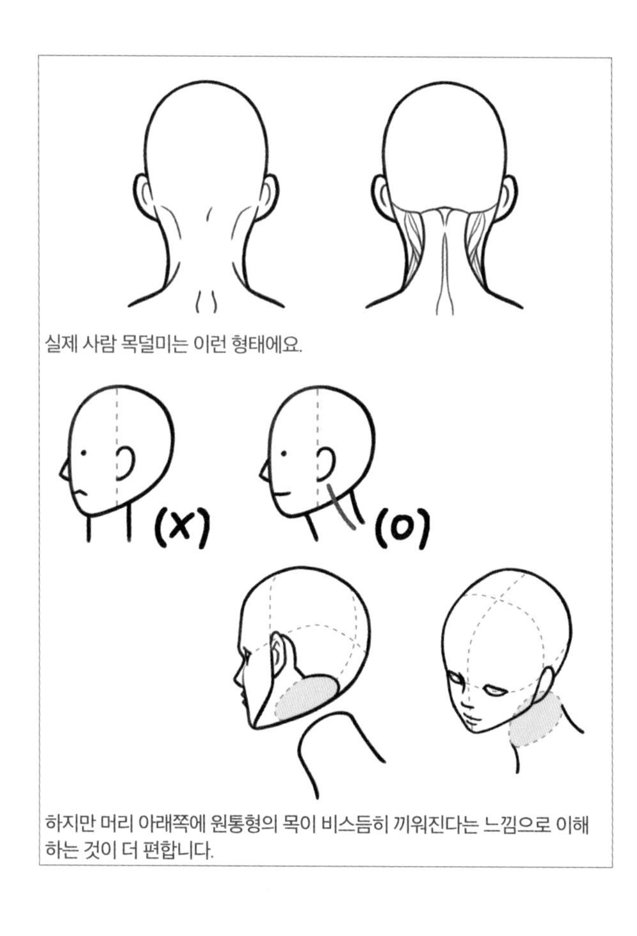

실제 사람 목덜미는 이런 형태에요.

하지만 머리 아래쪽에 원통형의 목이 비스듬히 끼워진다는 느낌으로 이해하는 것이 더 편합니다.

4 머리카락이 자라는 영역

끝으로 머리카락이 나는 영역에 맞춰 두피 선을 살짝 묘사해 주면 완성됩니다.

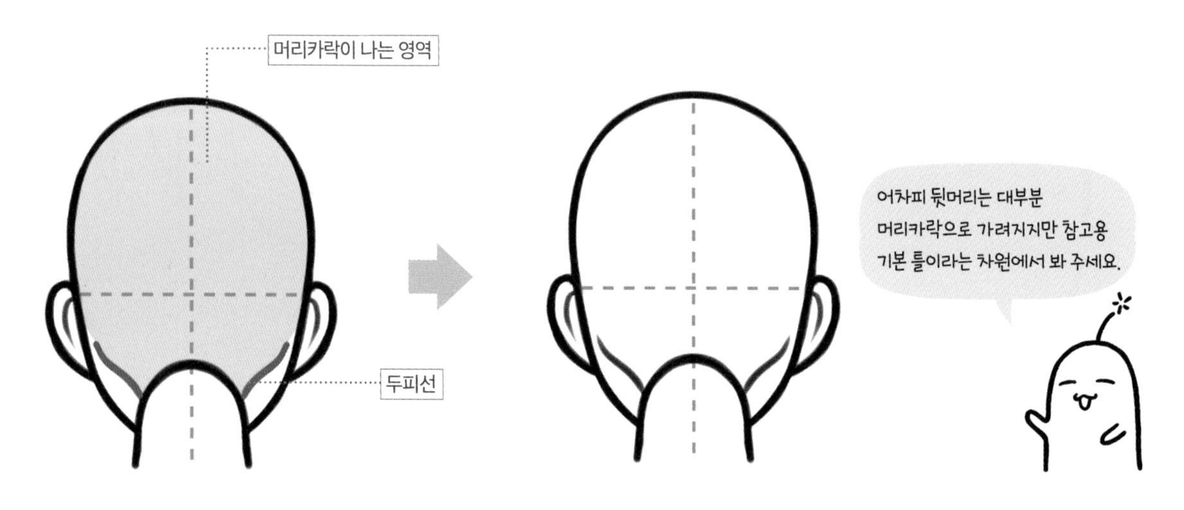

STEP 06

기본 비율

반 뒷모습

1 반 뒷모습의 특징

앞에서 설명했듯이, 웹툰은 뒷모습 그리고 반 뒷모습을 쓸 기회가 은근히 많습니다. 반 뒷모습은 눈, 코, 입이 살짝 보이는 각도(120도)와 그렇지 않은 각도(150도) 크게 두 가지로 나누어 살펴볼 수 있습니다.

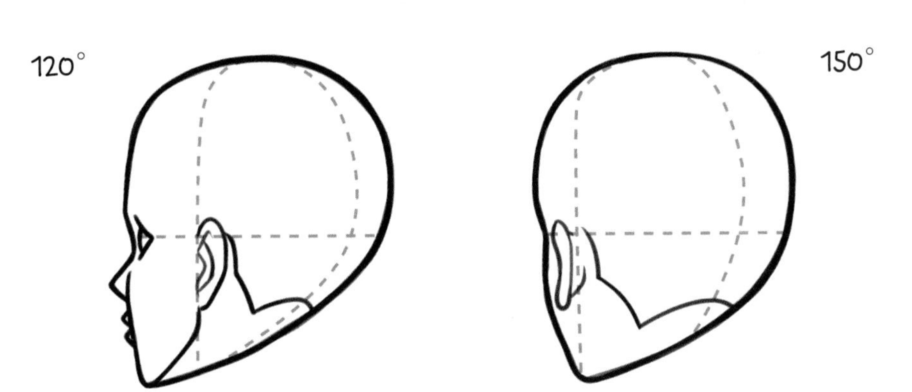

2 얼굴 윤곽

반 뒷모습도 반 옆모습과 마찬가지로 입체감 있는 달걀에서 출발합니다.

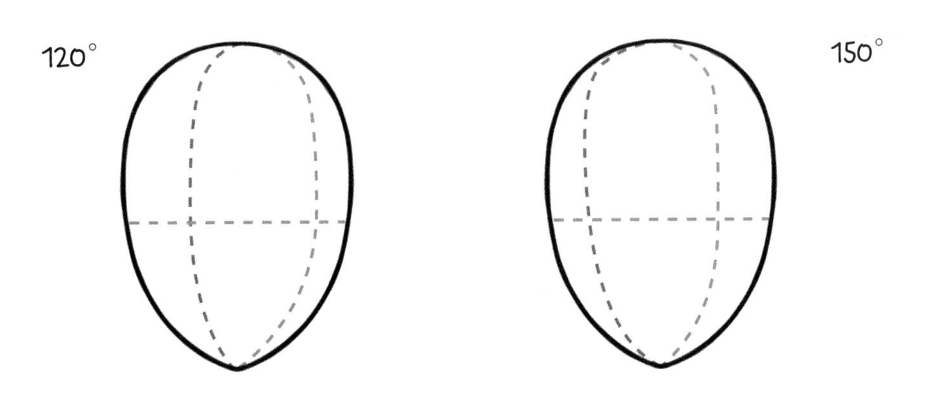

그다음 실제 두개골 모양에 따라 뒤통수는 볼록하게, 턱 끝은 뾰족하게 앞으로 나오게 그립니다.

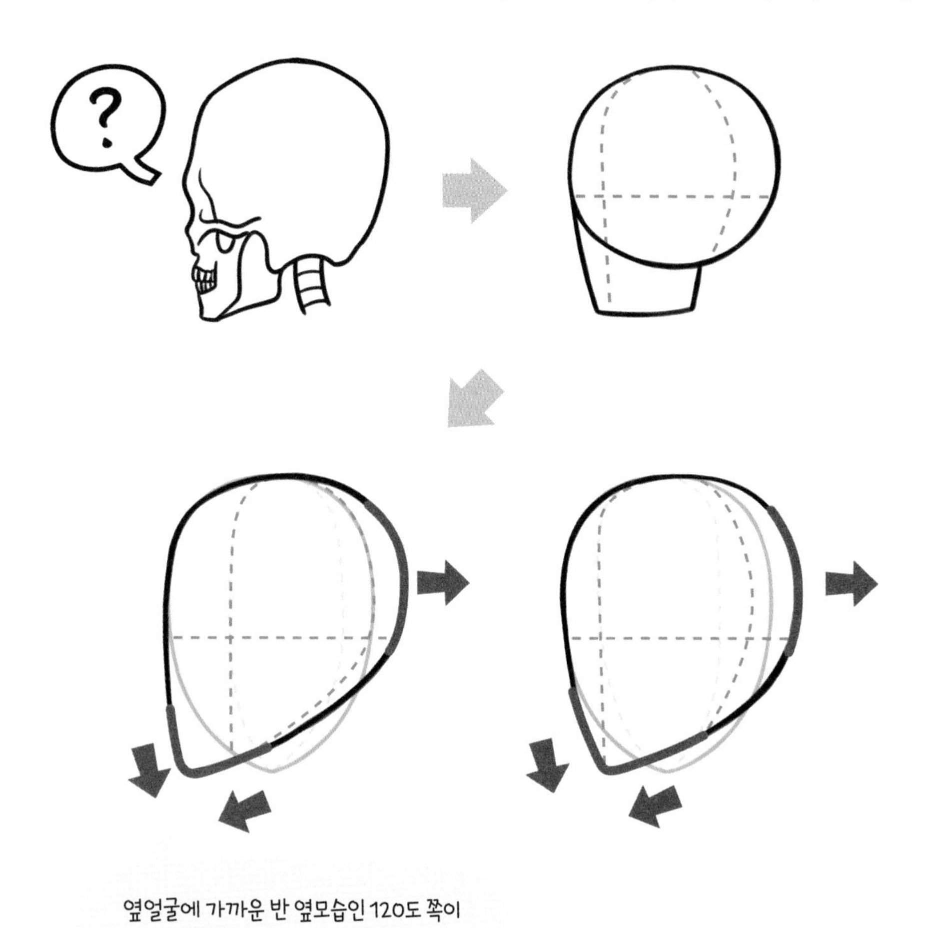

그리고 뼈 구조상 눈 주위가 움푹 들어가게 됩니다. 얼굴 앞쪽 중심선이 귀 위치를 보여주기 때문에 직선으로 내려오는 점을 빼고는 여기까진 반 옆 모습과 거의 같습니다.

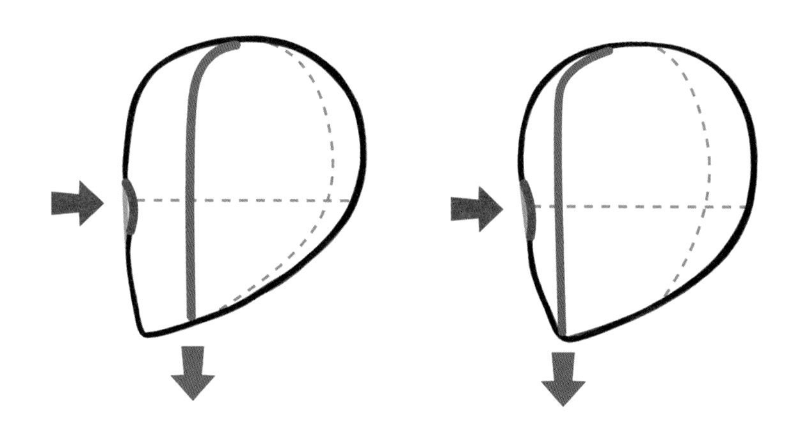

3 눈, 코, 입, 귀

얼굴 높이의 반에 눈을, 그 절반 높이에 코를, 그 절반 높이에 입을 그립니다. 앞에서 설명했듯이 150도 각도는 얼굴 윤곽에 가려 눈코입이 보이지 않는 각도입니다.

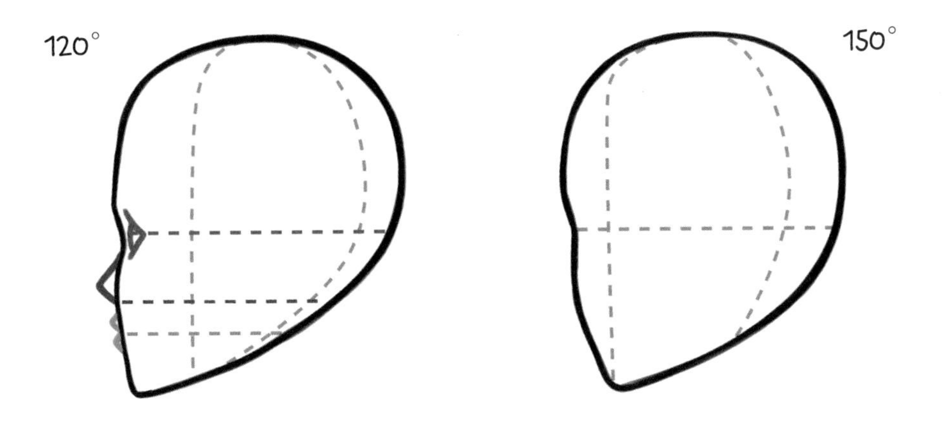

얼굴 중심선에 맞춰 귀를 그립니다. 귀는 눈과 같은 위치에서 출발해 코와 같은 높이에서 끝납니다.

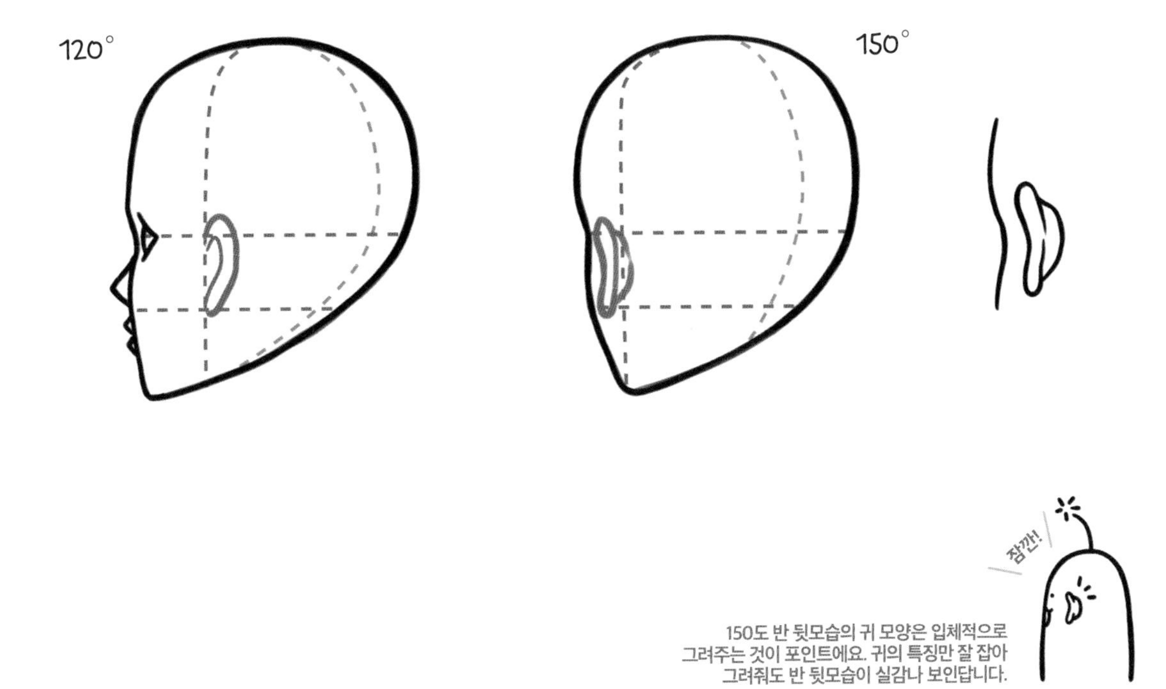

잠깐!

150도 반 뒷모습의 귀 모양은 입체적으로 그려주는 것이 포인트에요. 귀의 특징만 잘 잡아 그려줘도 반 뒷모습이 실감나 보인답니다.

4 턱선, 머리카락이 자라는 영역

그림체에 따라 턱 선을 다듬어 주고, 머리카락이 자라는 영역에 맞춰 두피 선을 묘사하면 아래 그림처럼 완성됩니다.

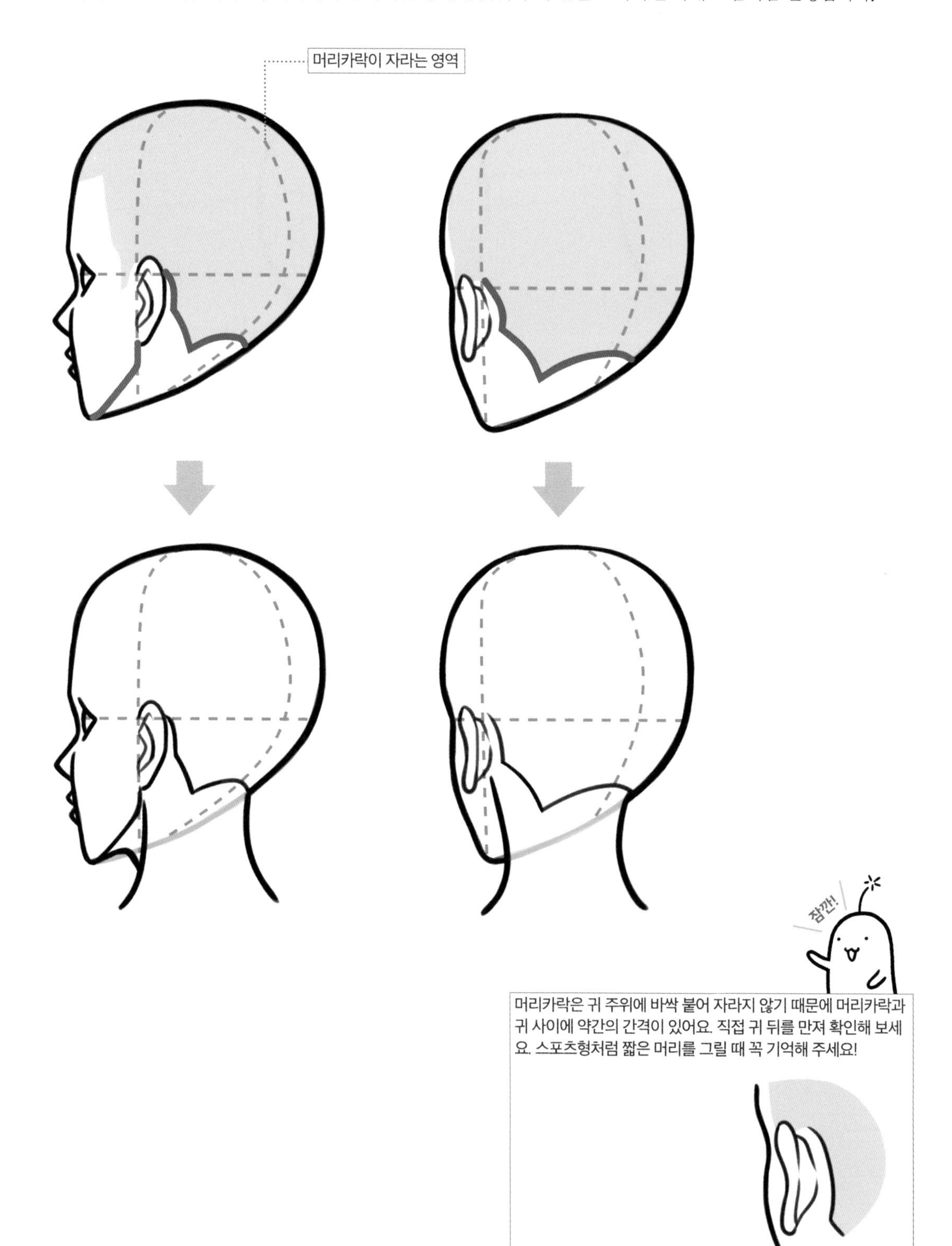

머리카락은 귀 주위에 바싹 붙어 자라지 않기 때문에 머리카락과 귀 사이에 약간의 간격이 있어요. 직접 귀 뒤를 만져 확인해 보세요. 스포츠형처럼 짧은 머리를 그릴 때 꼭 기억해 주세요!

STEP 07

기본 비율
로우앵글과 하이앵글

1 눈높이 뷰, 로우앵글, 하이앵글

지금까지는 눈높이 뷰, 즉 캐릭터와 독자의 눈높이가 일치하는 각도에서 카메라를 좌우로 움직였습니다. 실제로 웹툰은 일러스트에 비하면 눈높이 뷰 비중이 높은 편입니다.

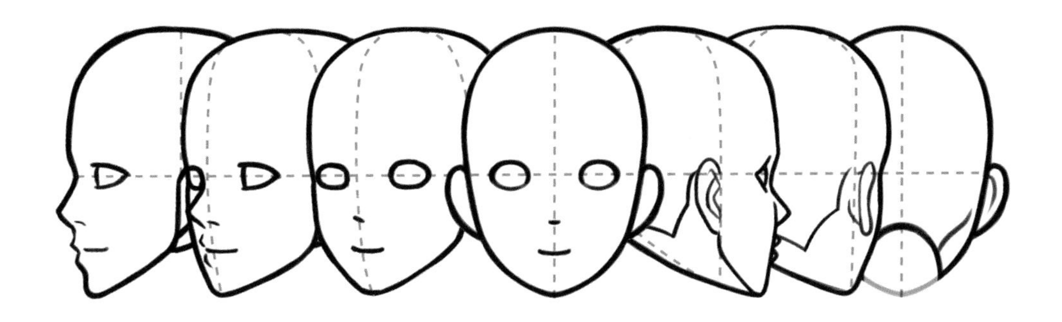

지금부터는 카메라를 위아래로도 움직여 보겠습니다.

아래에서 올려다보는
카메라 각도는 로우앵글

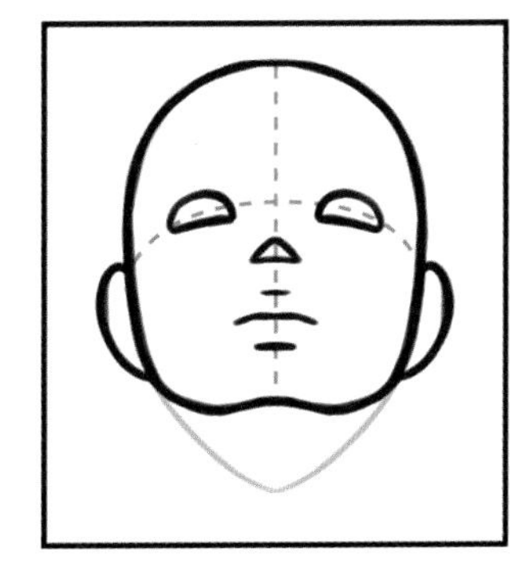

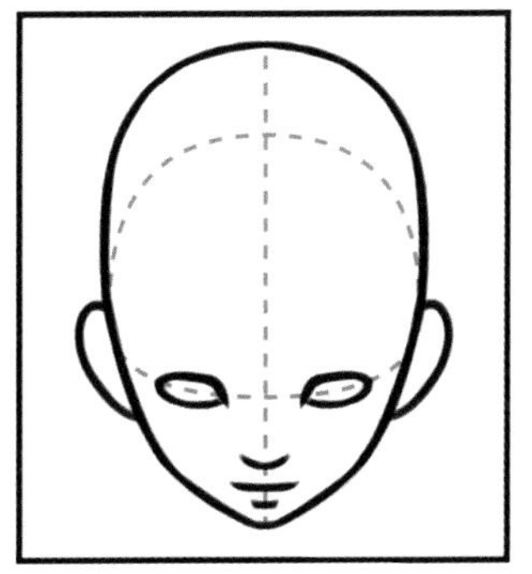

위에서 내려다보는 카메라
각도는 하이앵글이라고 불러요.

2 로우앵글 그리는 방법

실제 달걀을 돌려봐도 알 수 있듯이 얼굴을 가로지르는 선들이 입체화되어 위로 불룩 부풀어 오르기 때문에 그것에 맞춰 눈, 코, 입, 귀의 위치를 지정해 주는 것이 묘사원리입니다.

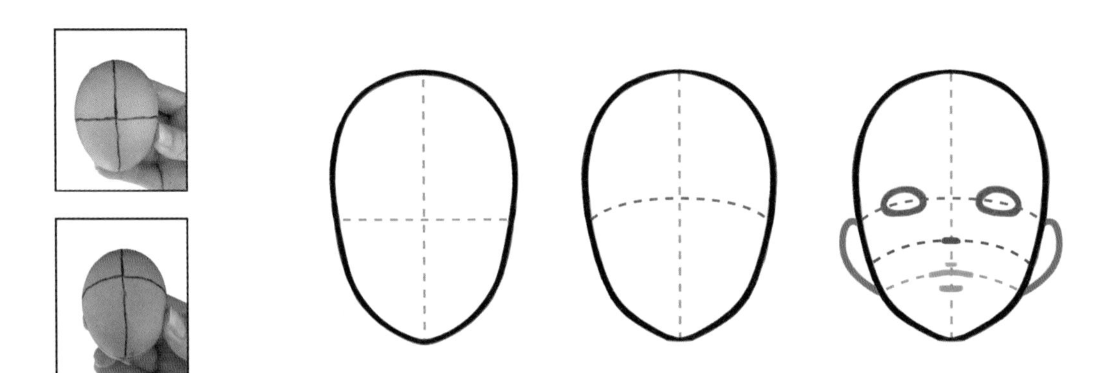

좀 더 방법을 설명하면 얼굴 가운데에 위치한 묘사 포인트일수록 올라가게, 가장자리에 위치한 묘사 포인트일수록 내려가게 그린다고 기억해도 좋습니다.

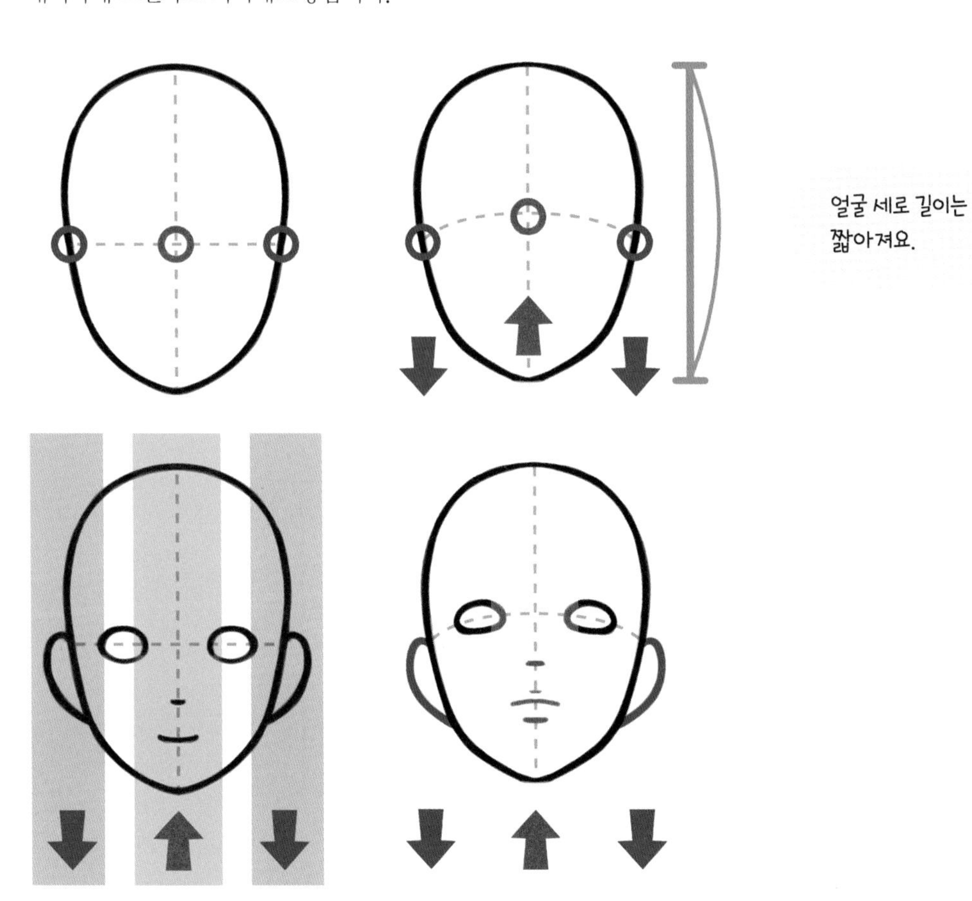

앞모습이나 반 옆모습의 경우, 눈보다 귀의 위치만 확실하게 낮게 그려도 로우앵글 느낌이 납니다.

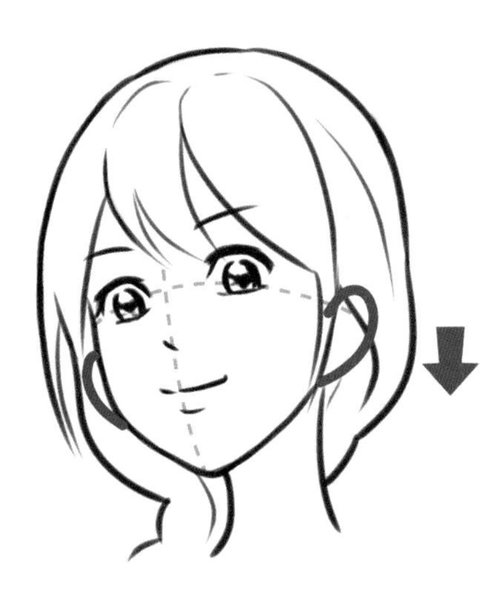

3 로우앵글 각도가 커질 경우

앵글이 커지면 얼굴 고유의 입체적 모양새 때문에 얼굴 윤곽이나 눈코입 모양도 조금씩 바뀌게 됩니다.

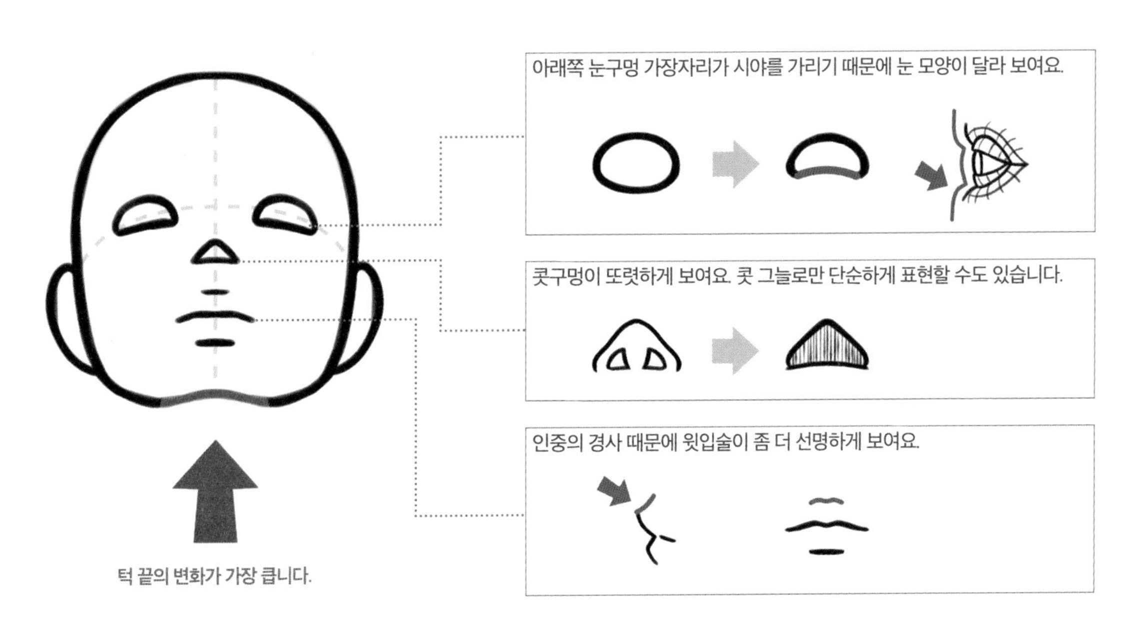

로우앵글로 그린 기본 비율 얼굴들

로우앵글로 그린 얼굴들을 모아봤습니다. 눈높이 뷰와 비교하며 얼굴 윤곽의 모양, 눈, 코, 입, 턱의 위치와 모양이 변하는 걸 직접 확인해 보세요.

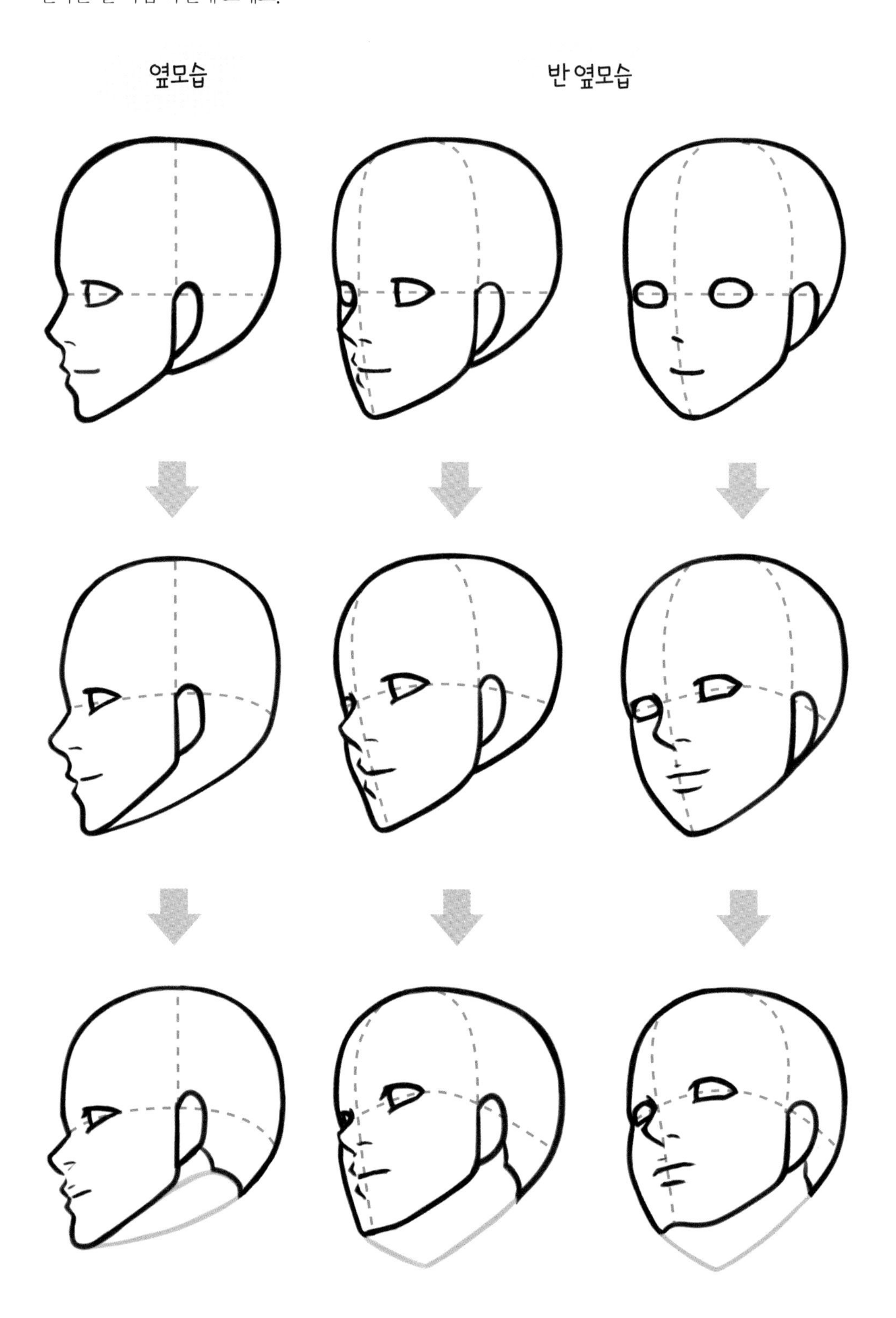

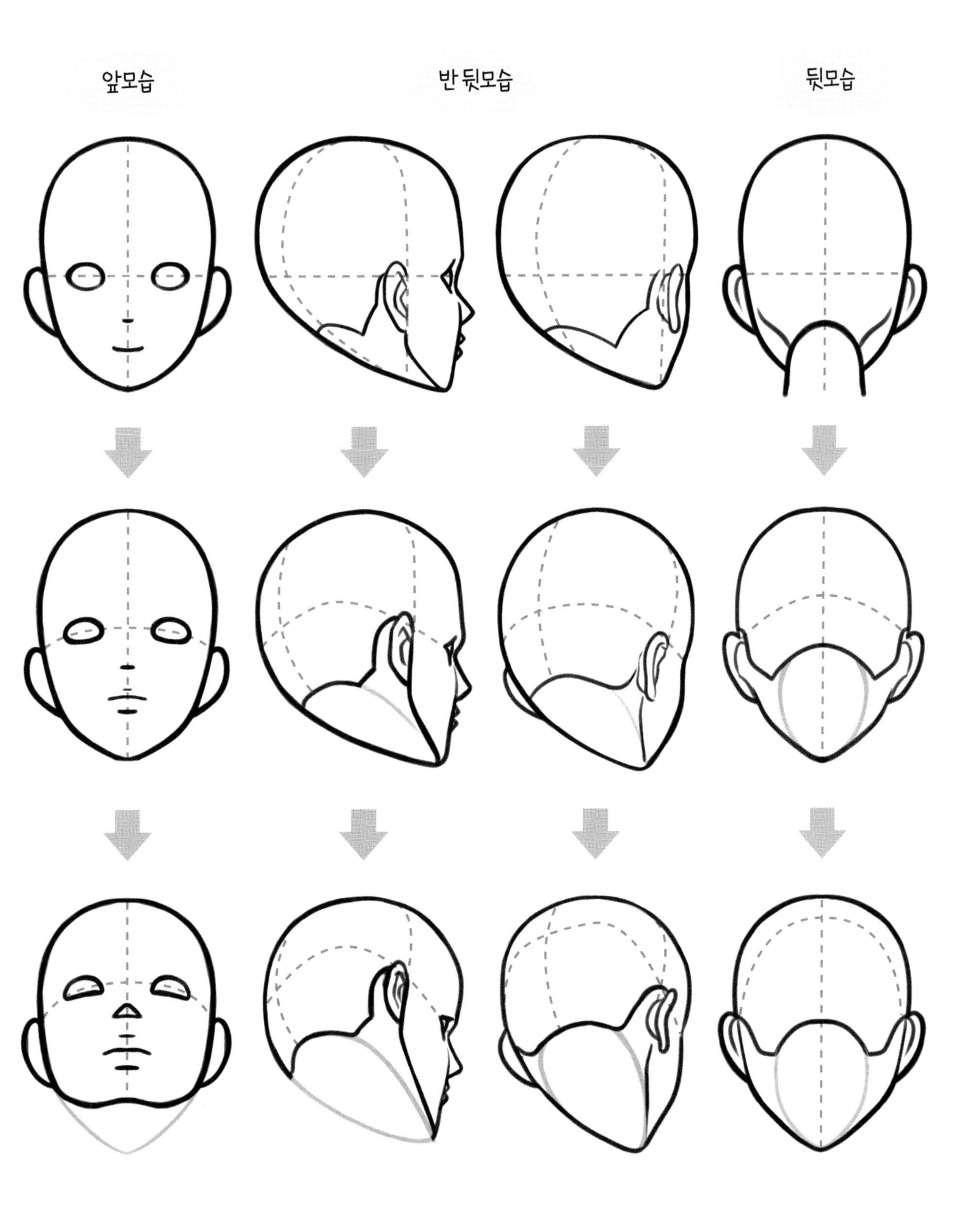
앞모습
반 뒷모습
뒷모습

5 하이앵글 그리는 방법

로우앵글과 마찬가지로 얼굴을 가로지르는 선을 입체적 곡선으로 파악하고, 선을 따라 눈코입을 그리는 것이 원리입니다.

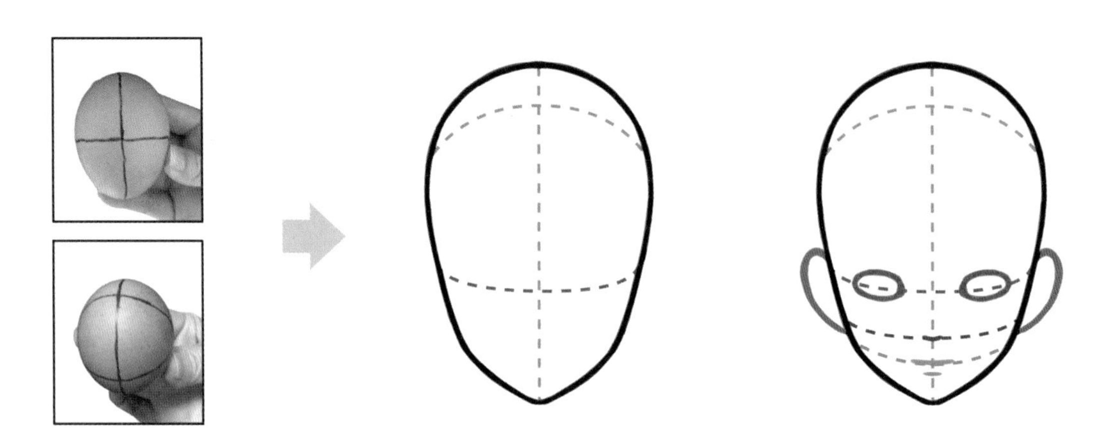

로우앵글과 반대로 얼굴 가운데에 위치한 묘사 포인트일수록 내려가게, 가장자리에 위치한 묘사 포인트일수록 올라가게 그린다고 기억해도 좋습니다.

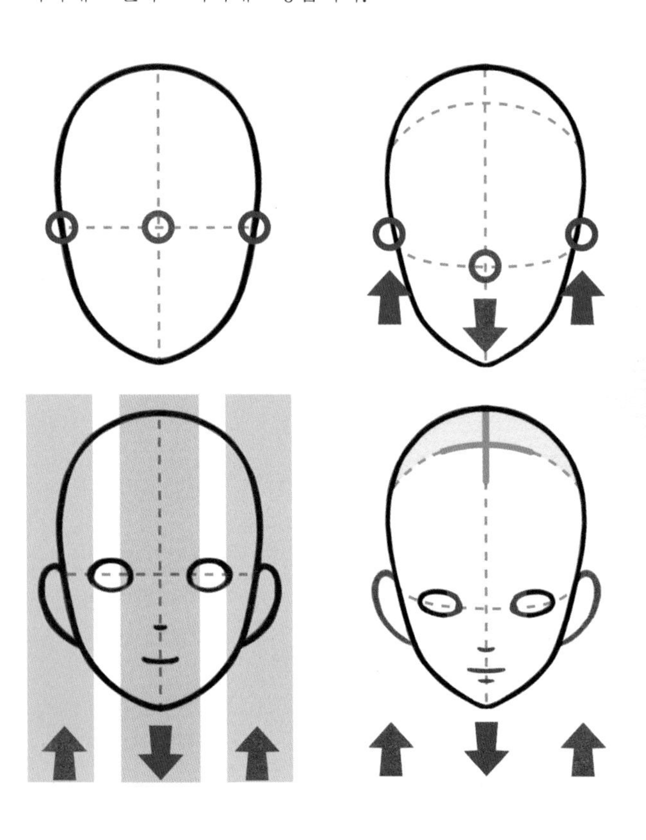

정수리와 뒤통수
일부가 보이게 돼요.

옆모습이나 반 앞모습의 경우, 눈보다 귀의 위치만 확실하게 높게 그려줘도 하이앵글 느낌이 납니다.

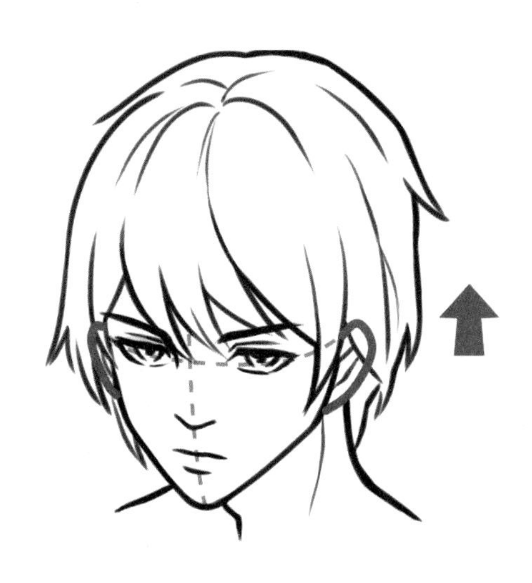

6 하이앵글 각도가 커질 경우

하이앵글도 각도가 커지면 얼굴 특유의 입체적 윤곽 때문에 눈코입 모양, 턱선 등이 조금씩 변합니다.

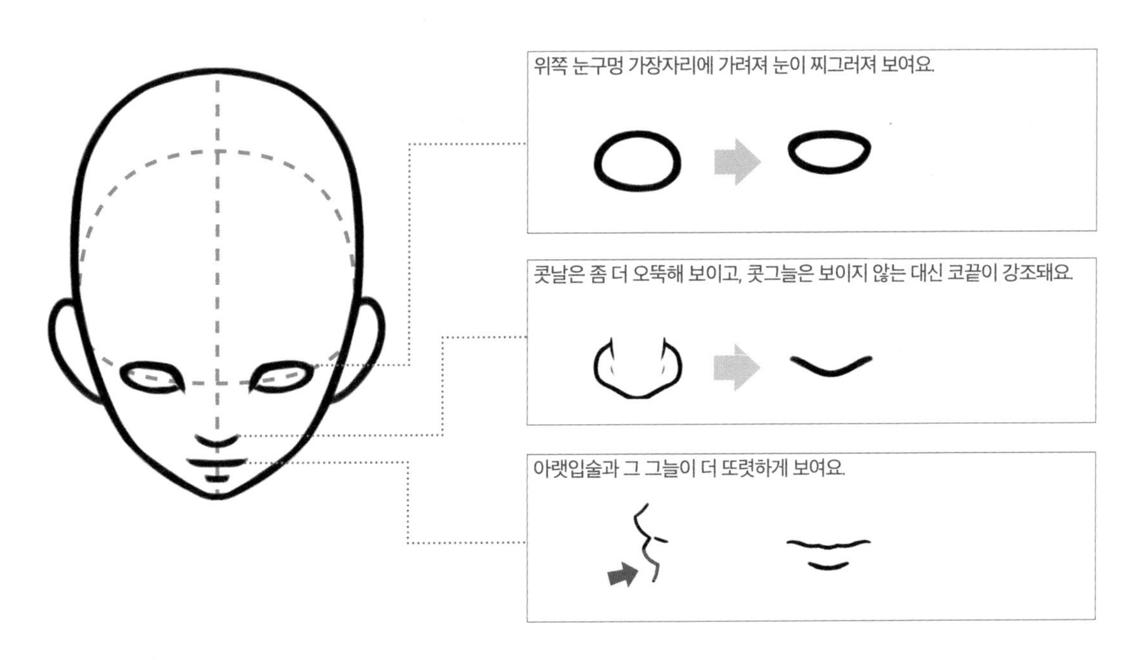

7 하이앵글로 그린 기본 비율 얼굴들

하이앵글로 그린 머리들도 쭉 모아 봤습니다. 눈, 코, 입, 턱, 정수리, 얼굴윤곽 등의 위치와 모양을 확인해 보세요.

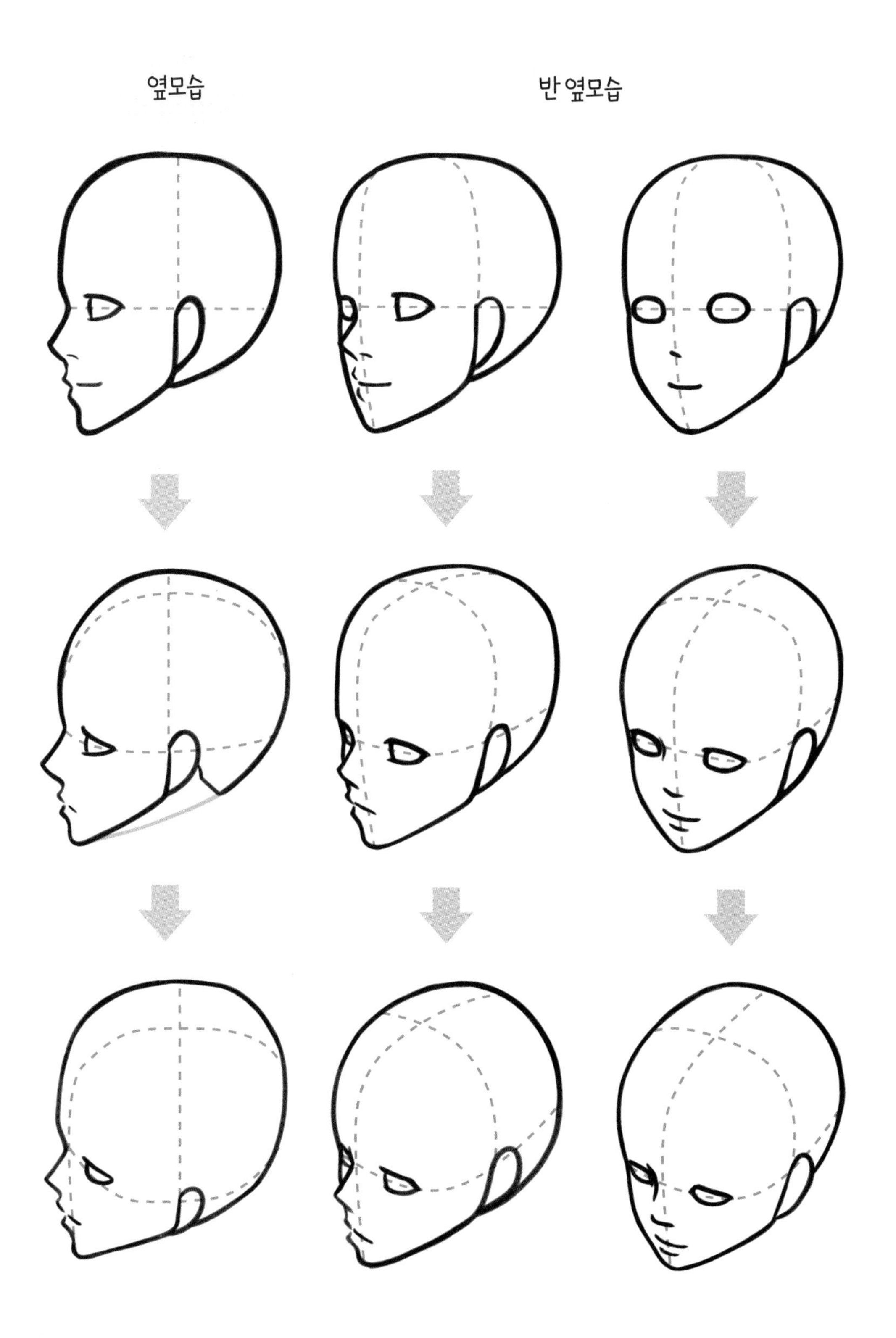

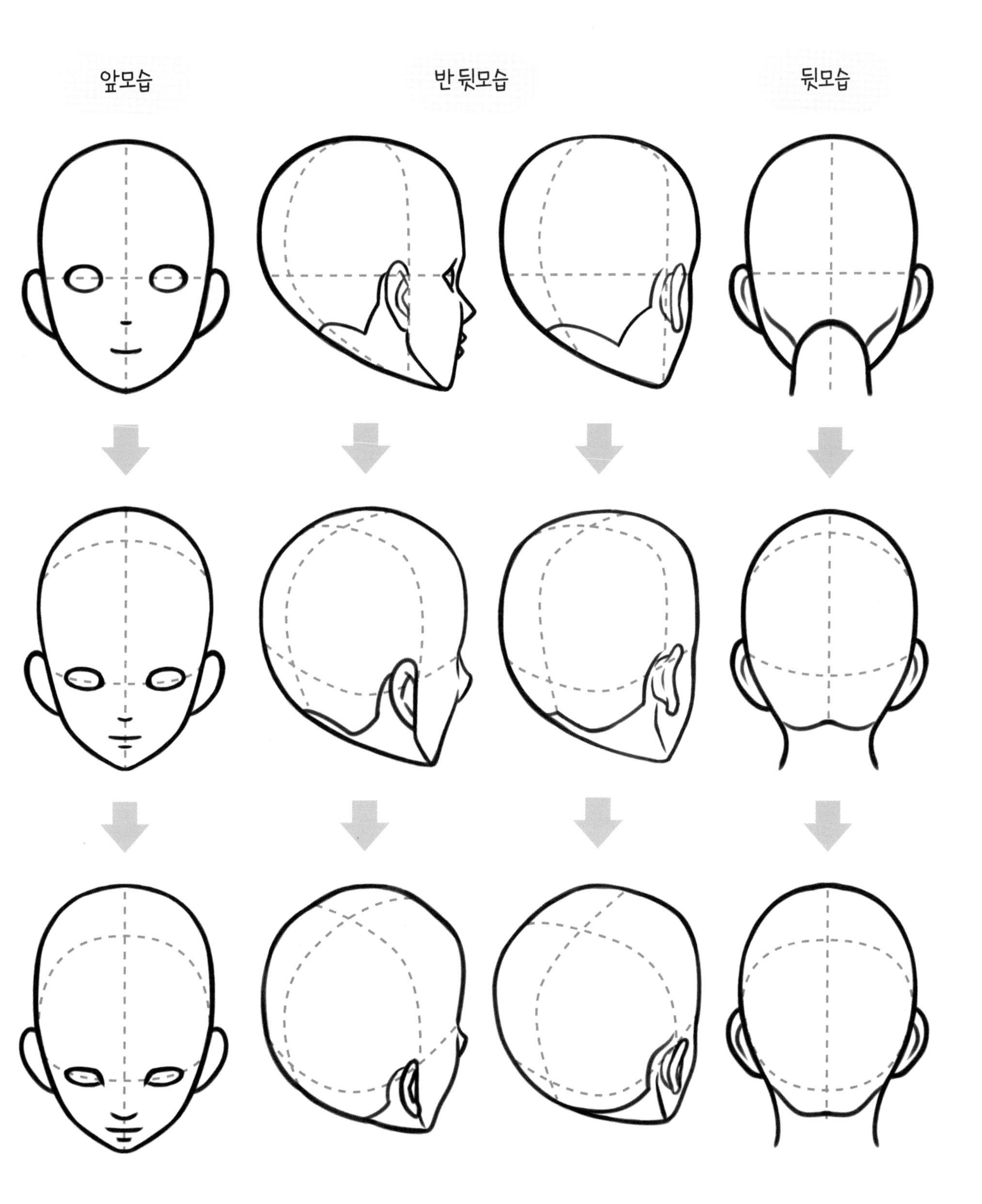
앞모습
반 뒷모습
뒷모습

CHAPTER

03

얼굴 디테일을 통해 캐릭터 개성과 인상 만들기

기본 비율 위에 눈썹, 눈, 코, 입, 머리 모양 등의 디테일을 씌우면 비로소 캐릭터에 개성이 생깁니다. 그림체의 개성과 인상을 부여하는 디테일을 만드는 방법과 노하우를 알아봅니다.

STEP 01

디테일은 개성 부여의 수단

1 디테일에 따라 달라지는 그림체의 개성

그림체는 작가의 수만큼 다양합니다. 그런데 대부분의 경우 그림체의 특징은 눈, 코, 입, 귀를 그리는 방식, 머리 모양, 혹은 선을 쓰는 방법, 즉 '디테일'에서 드러납니다.

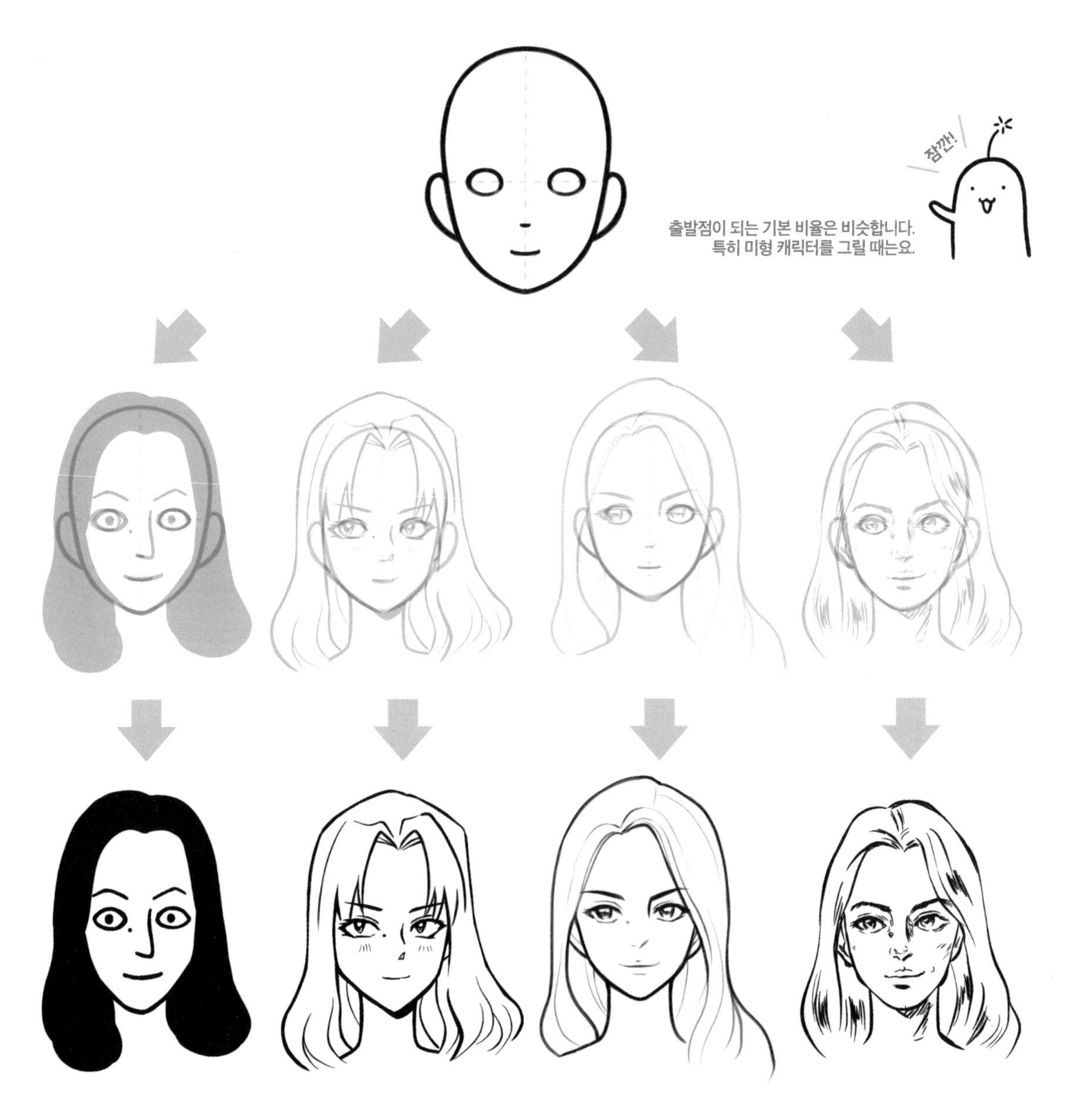

2 디테일에 따라 달라지는 캐릭터의 개성

앞 장에서 설명했듯이 기본 비율에 맞춰 그리면 미형의 무난한 캐릭터가 됩니다. 하지만 기본 비율 내에서도 눈, 코, 입, 눈썹, 머리 모양 등의 디테일을 통해 다양한 얼굴을 그릴 수 있습니다.

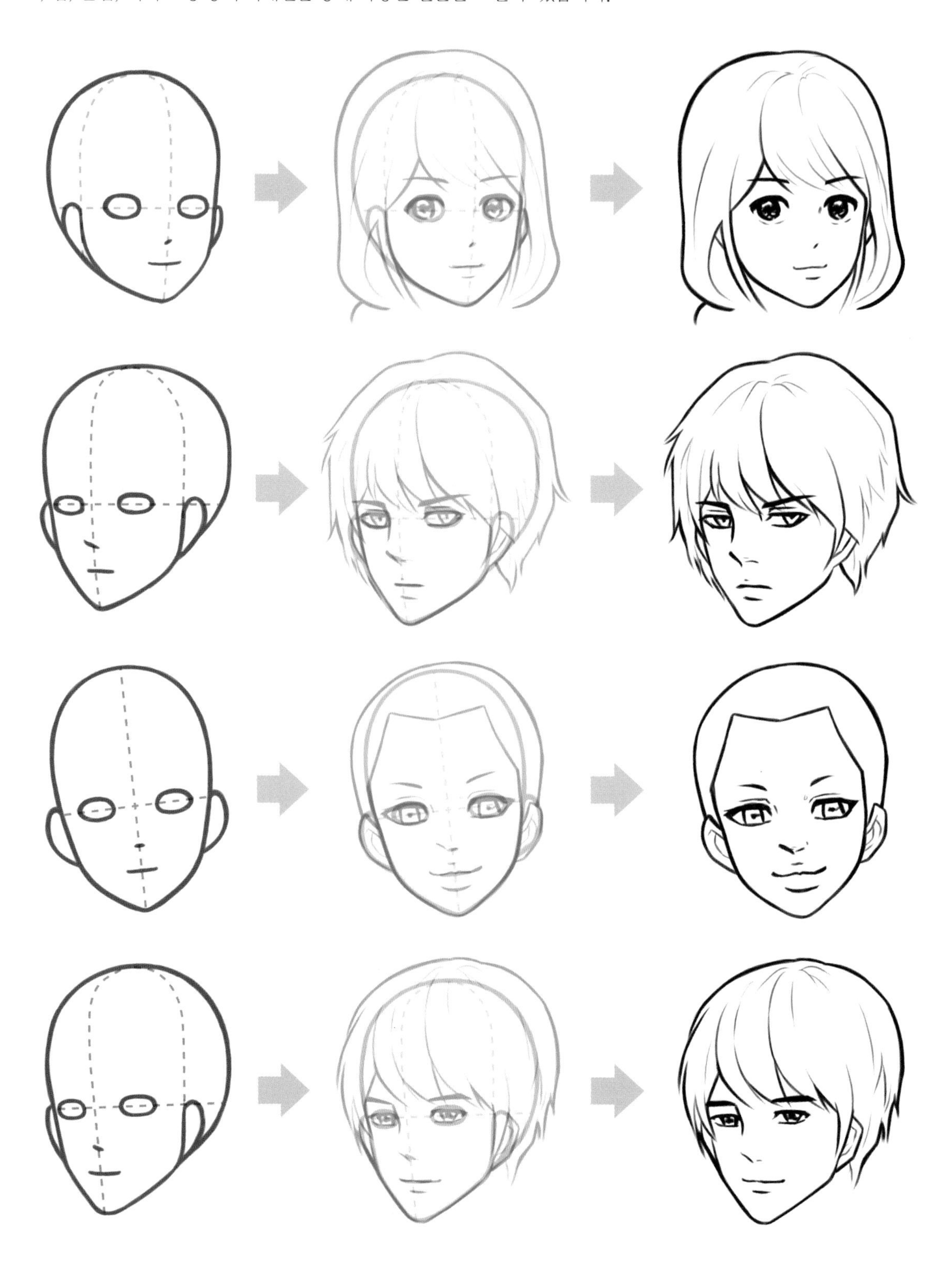

STEP 02

디테일은 인상 부여의 수단

스토리를 위한 캐릭터 창조

디테일이 주는 인상을 활용해서 자신의 '이야기'에 어울리는 캐릭터를 만들어 낼 수 있습니다. 영화로 따지면 '배역 캐스팅'에 해당합니다. 물론 캐릭터를 먼저 만들고 나중에 스토리를 덧붙이는 경우도 있습니다.

하지만 저는 스토리를 먼저 만든 후 등장인물의 성격, 역할과 어울리는 외모를 상상해가는 것을 좋아합니다.

2 스토리를 위해 창조된 캐릭터의 예

앞에서 보여드린 캐릭터들도 모두 시나리오 단계에서 역할을 설정하고, 그에 맞는 외모를 만들어간 예입니다. 다음 장부터 그 방법을 차근차근 설명하겠습니다.

시나리오 단계

순수한, 영리한,
귀여운 인상의 여성

외모는 아시아인

날카로운, 무뚝뚝한,
차가운 인상의 남성

외모는 백인

야성적인
전사 느낌의 여성

외모는 흑인

부드럽고
섬세한 느낌의 남성

외모는 아시아인 혼혈

STEP 03

디테일 내공을 늘리는 방법

1 다양한 얼굴 관찰해 그리기

이 책에서 보여드릴 내용을 참고해 실물이건, 그림이건, 평소 다양한 얼굴들을 관찰합니다. 또한 인상 및 이목구비의 특징을 눈여겨보고, 직접 그림으로 그려 자신만의 느낌으로 표현해 보세요.

인종, 성별, 나이에 상관없이 미인이건 아니건 다양한 얼굴들을 나타내려고 시도할수록 표현력이 풍부해 집니다.

CHAPTER

04

눈썹으로 만드는 캐릭터 인상

앞에서 설명했듯, 개인적으로 눈썹은 개성을 부여하는 중요한 수단으로 보기 때문에 기본 비율로 포함시키지 않았습니다. 이번 장에서는 눈썹을 통해 캐릭터의 인상이 다양해지고, 개성 부여의 수단도 된다는 점을 보여드리겠습니다.

STEP 01

눈썹과 눈 사이 간격

1 눈썹과 눈 사이 간격이 '넓은' 캐릭터가 주는 인상

눈썹과 눈 사이 간격을 넓게 그릴수록 대체로 편안하고 부드러우며 사람 좋은 인상을 주는 캐릭터를 그릴 수 있습니다. 눈썹과 눈 사이가 넓으면 웃는 얼굴, 졸린 얼굴, 어리둥절한 얼굴 등이 연상되기 때문입니다.

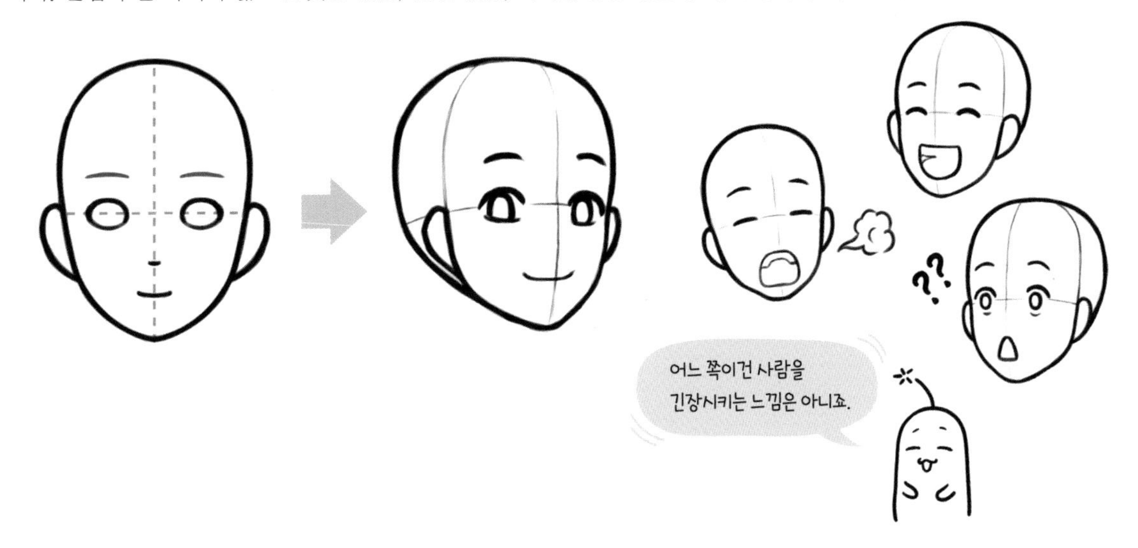

2 눈썹과 눈 사이 간격이 '좁은' 캐릭터가 주는 인상

눈썹과 눈 사이 간격을 좁게 그릴수록 대체적으로 선명하고 날카로우며 집중력이 강한 인상을 주는 캐릭터를 그릴 수 있습니다. 눈썹과 눈 사이 간격이 좁으면 화난 얼굴, 집중하는 얼굴 등이 연상되기 때문입니다.

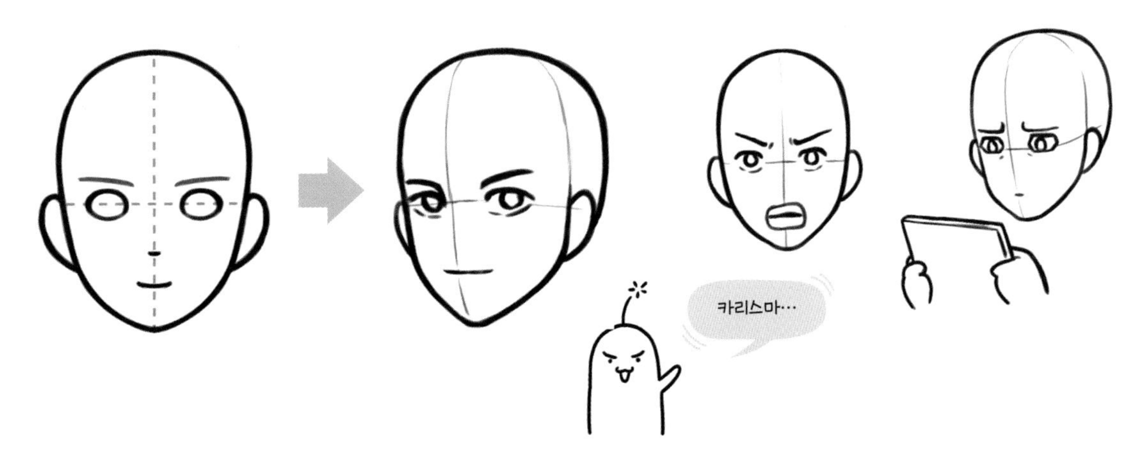

3 캐릭터 인종과 눈썹과 눈 사이 간격

서로 다른 인종을 그릴 때도 눈썹과 눈 사이 간격을 이용할 수 있습니다.

아시아인 캐릭터

눈썹과 눈 사이 간격이 넓으면 아시아인 캐릭터를 그릴 때 효과적입니다. 눈이 상대적으로 작아 보이고, 얼굴 윤곽이 부드러운 느낌을 주기 때문입니다.

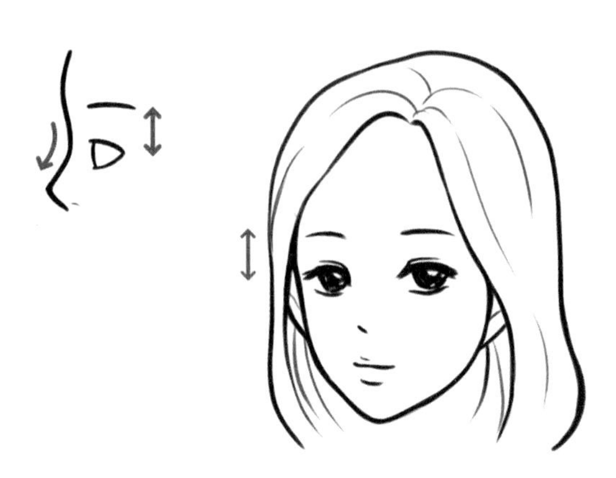

백인 캐릭터

눈썹과 눈 사이 간격이 좁으면 백인 캐릭터를 그릴 때 효과적입니다. 눈이 상대적으로 크고 선명해 보이고, 얼굴 윤곽이 또렷한 느낌을 주기 때문입니다.

흑인 캐릭터

흑인의 경우 눈두덩이 쪽 윤곽이 부드러운 편이기 때문에 눈썹과 눈 사이 간격을 넓게 그려주는 게 효과적입니다.

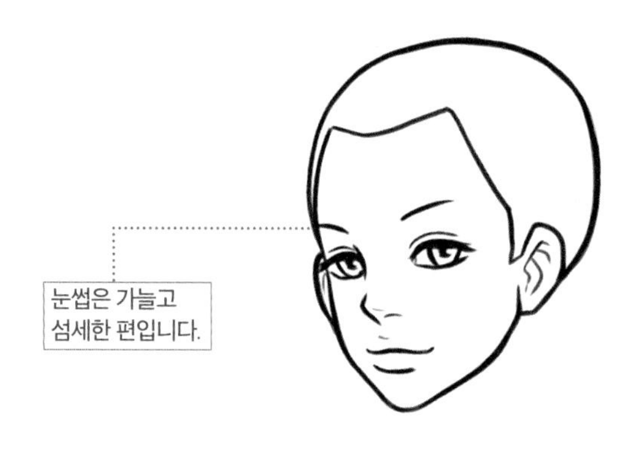

짙은 눈썹에 얼굴 윤곽이 뚜렷한 흑인은 백인 혼혈인 경우가 많아요.

Afro-American

4 아이와 어른의 눈썹과 눈 사이 간격

아이 캐릭터도 성인보다 눈썹과 눈 간격을 넓게 그리는 것이 좋습니다. 편안한 인상을 주는 데다, 얼굴 골격이 발달하지 않았기 때문에 눈두덩이가 움푹 들어가지도 않았기 때문입니다.

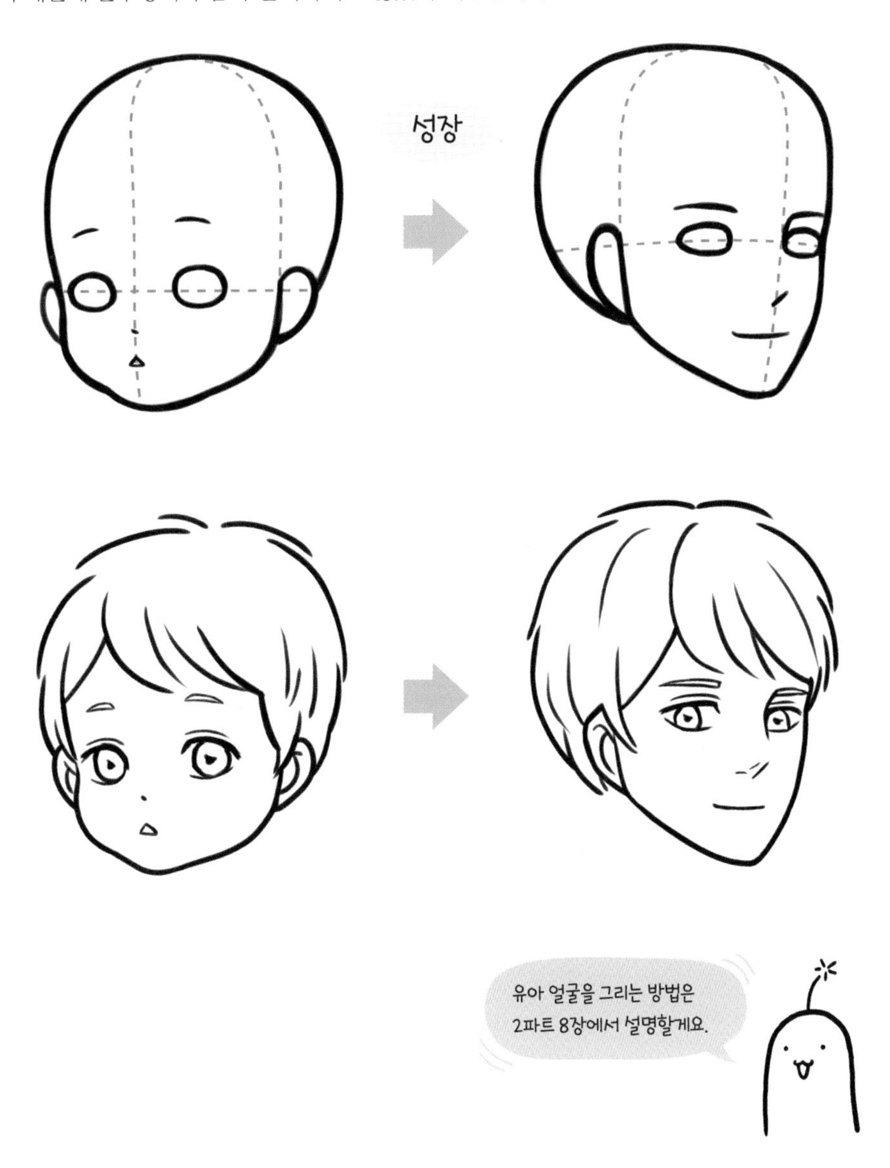

STEP 02

눈썹의 모양 ❶

1 눈썹 모양과 캐릭터 인상

눈썹 모양도 캐릭터 인상에 상당히 영향을 끼칩니다. 눈썹 가장자리가 올라갔는지, 내려갔는지, 일직선인지의 여부가 일차적으로 영향을 줍니다.

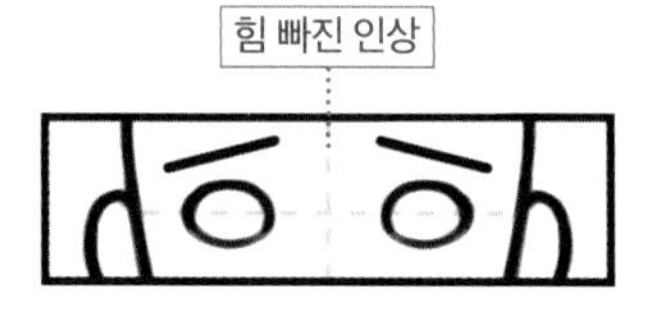

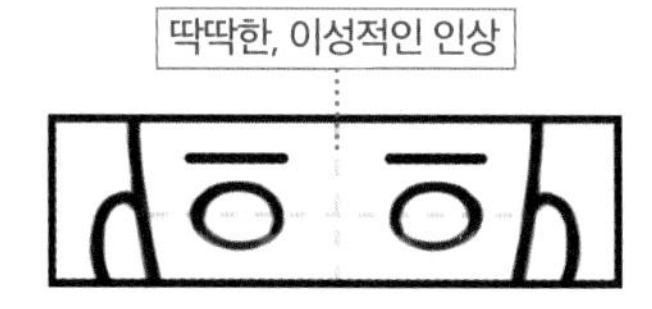

아치형으로 휘게 그릴 경우 위의 인상들을 더욱 경쾌하게, 부드럽게, 친근감 있게 완화시켜줍니다.

2 눈썹의 길이나 굵기

눈썹의 길이나 굵기는 캐릭터의 개성은 되지만 인상, 즉 '성격이 이럴 거 같아…'라는 면에는 크게 영향을 주지 않습니다. 눈썹 모양이 캐릭터의 인상, 즉 성격을 짐작하는 데 영향을 미치는 건 '표정'을 연상시키기 때문입니다.

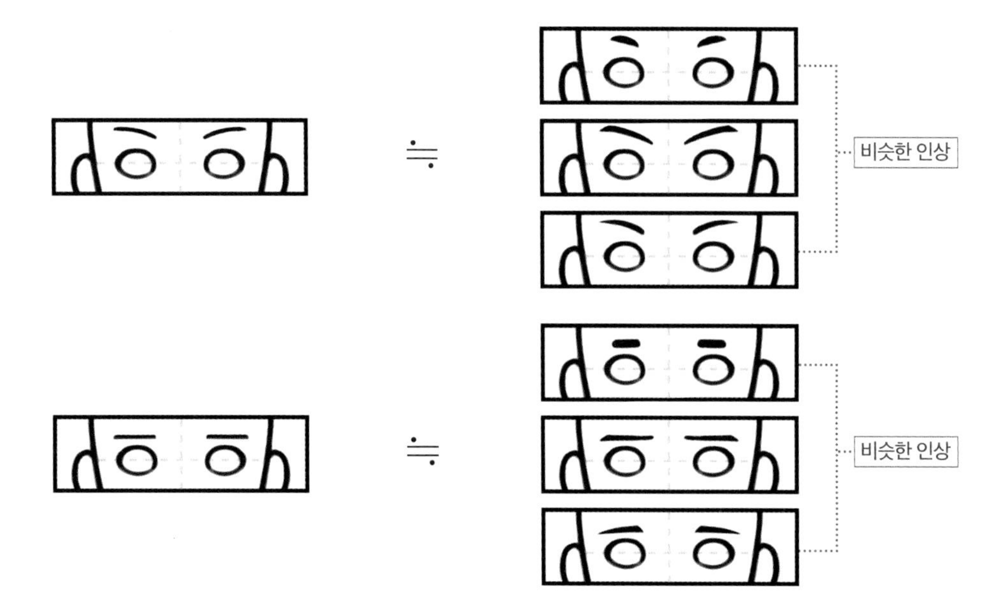

STEP 03

눈썹의 모양 ❷

1 특징 조합을 통해 만들어낸 눈썹

눈썹과 눈 사이의 간격, 눈썹이 올라갔는지, 내려갔는지의 여부로 인상을 결정하고 거기에 길이, 모양, 굵기 등에도 변화를 주면 매우 다양한 눈썹들을 그릴 수 있습니다.

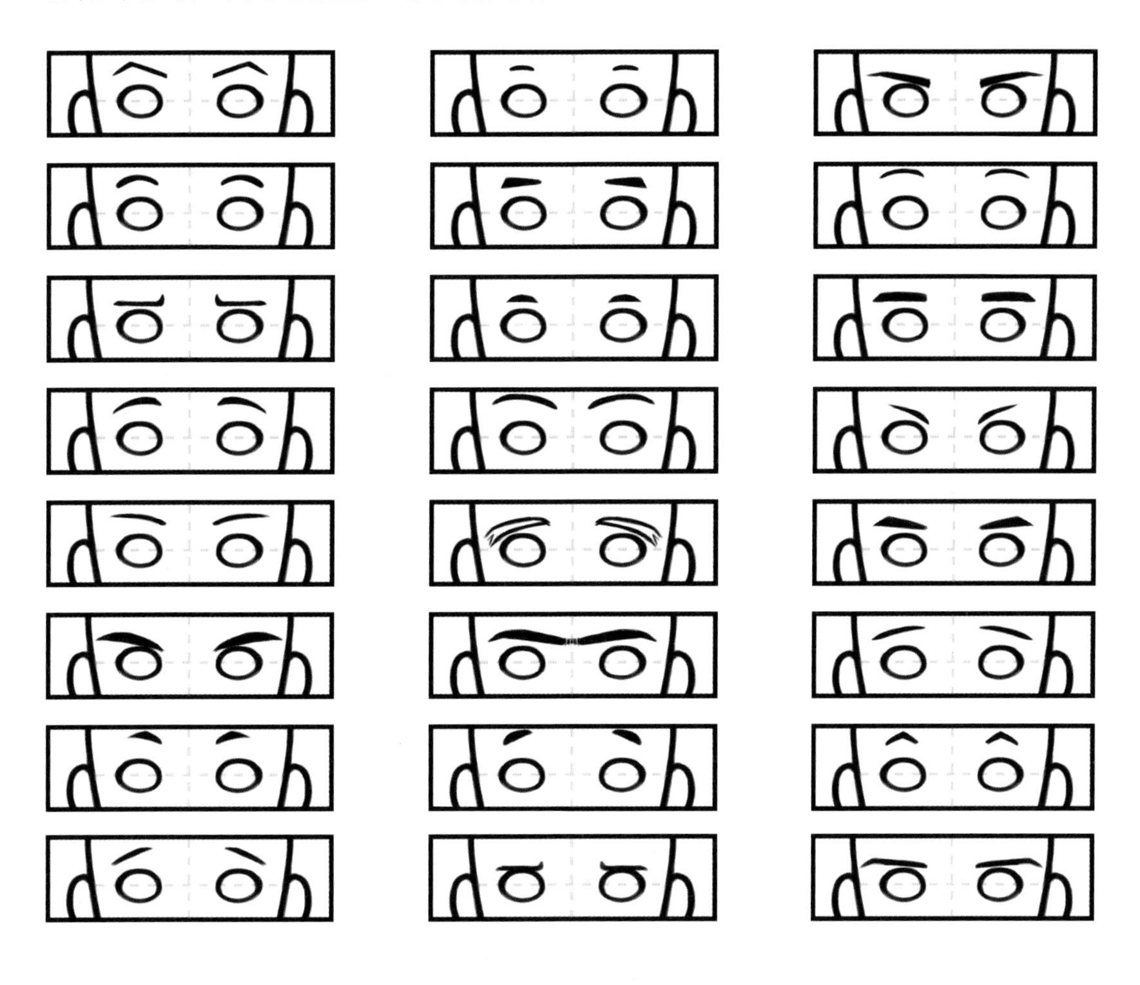

여기에 눈 모양까지 조합되면
만들 수 있는 인상은 폭발적으로 늘어나요!

CHAPTER

05

눈의 개성과 캐릭터 인상

눈은 가장 강력한 개성 부여의 수단이고, 거의 작가마다 그리는 법이 다르기 때문에 설명도 광범위합니다. 이 장에서는 어떤 그림체, 어떤 형태의 눈이라도 실제 눈의 구조에 기반한다는 점과 눈이 캐릭터 인상에 미치는 효과를 알아봅니다.

STEP 01

눈 그리기에 대한 이해

1 그림체만큼 다양한 눈 그리는 방법

눈만큼 그림체마다 다르게 그리는 신체 부위도 드뭅니다. 그만큼 그리는 사람들에게 자주 관찰되는 부위이고 묘사 포인트도 다채롭게 발달했다는 의미입니다. 아래 그림처럼 눈을 어떻게 그리느냐에 따라 캐릭터의 이미지가 크게 달라집니다. 작가마다 그리는 방법이 다르기 때문에 눈은 작가만의 개성을 드러내기에도 좋고, 캐릭터에 개성을 부여할 수 있는 수단이 됩니다.

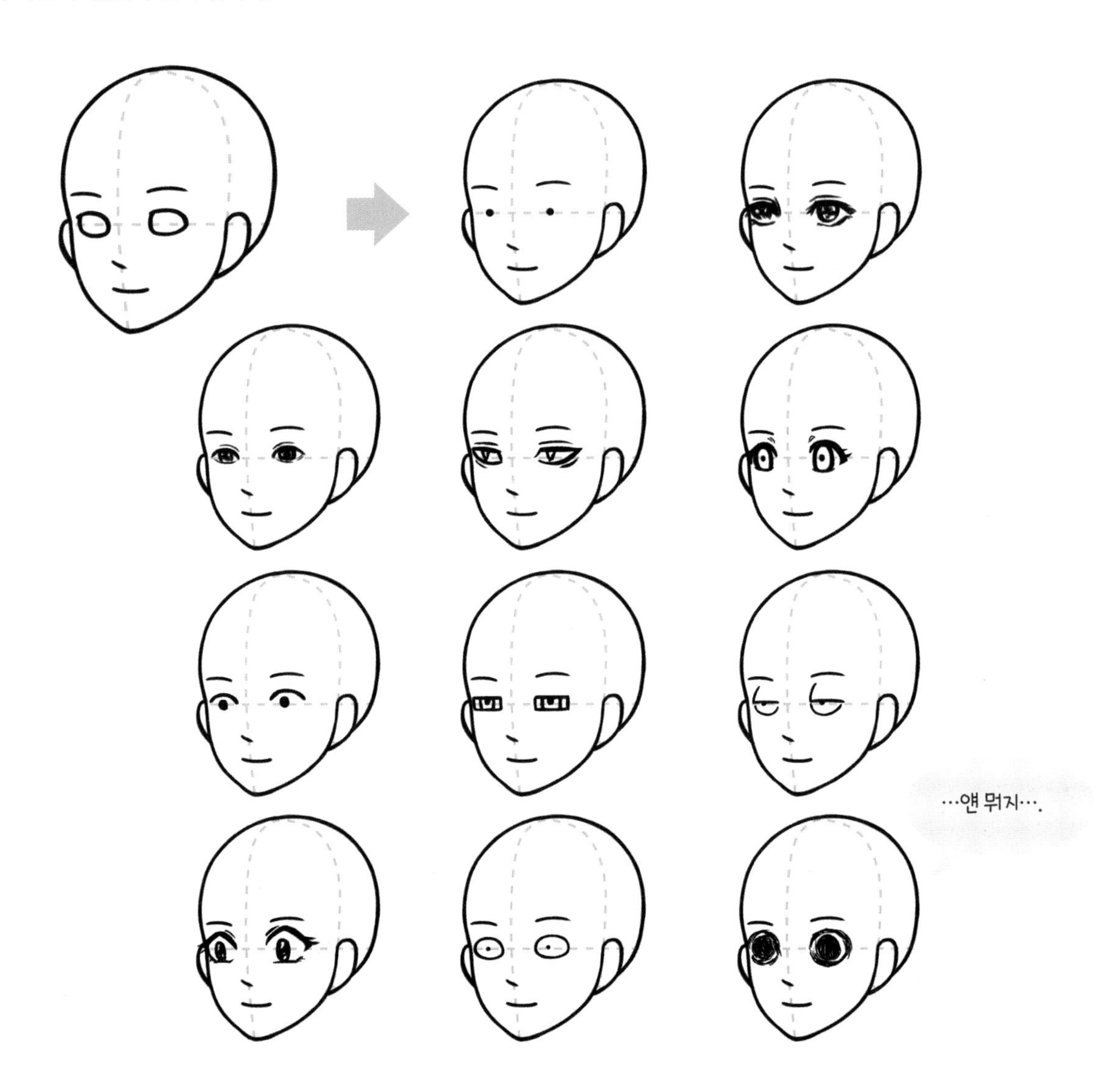

2 눈의 묘사 포인트

어떤 스타일의 눈 그림이건 실제 눈에 존재하는 묘사 포인트들을 과장, 간략화한 것입니다. 따라서 눈의 묘사 포인트들을 하나씩 살펴보겠습니다.

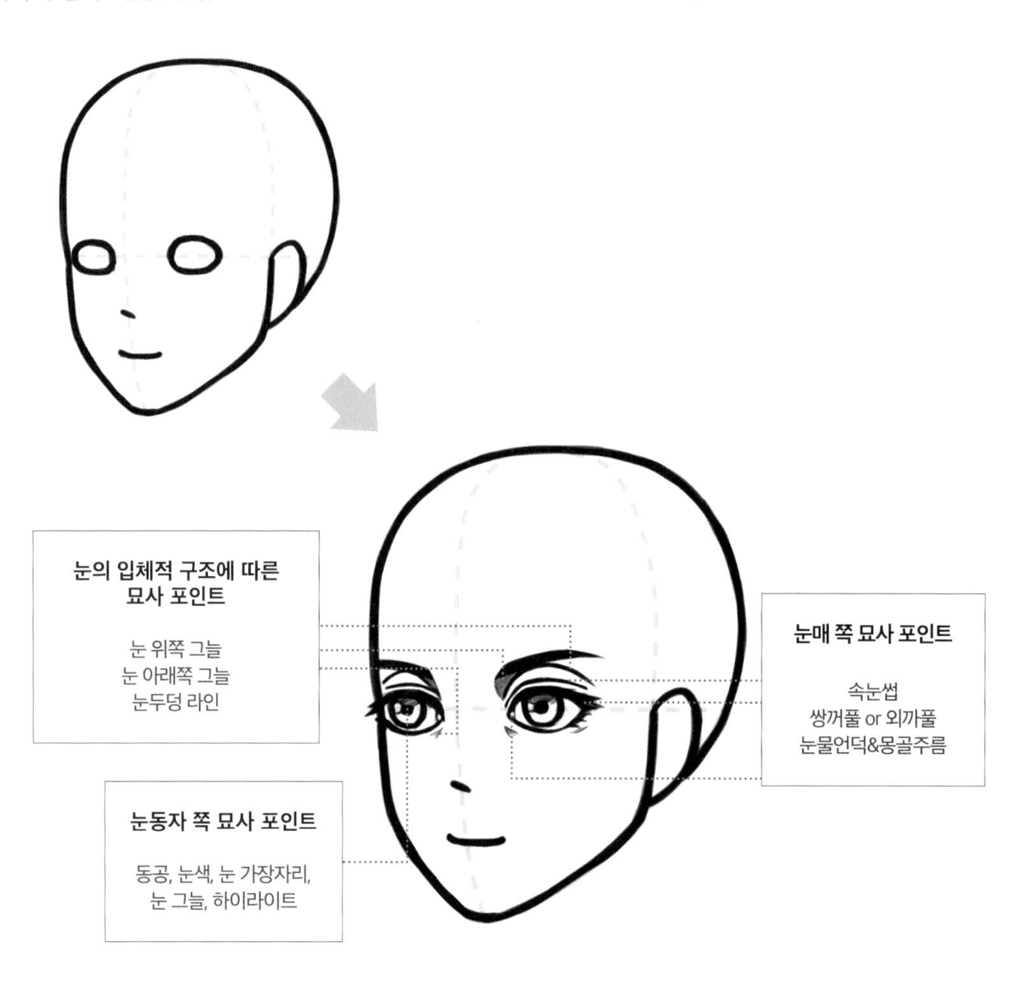

물론, 묘사 포인트들을 모두 알 필요는 없어요. 다른 포인트는 다 생략하고 안구 위에 눈꺼풀만 덮인 심슨 같은 그림체도 있습니다.

자신의 그림체에 쓰고 싶은 부분만 눈여겨 봐주세요.

STEP 02 눈의 입체적 구조와 그에 따른 묘사 포인트

1 눈의 입체적 구조

눈의 입체적인 구조에 대해 자세히 살펴보겠습니다. 눈의 입체적, 해부학적 구조에 의해 나오는 묘사 포인트는 대략 다음의 세 가지입니다.

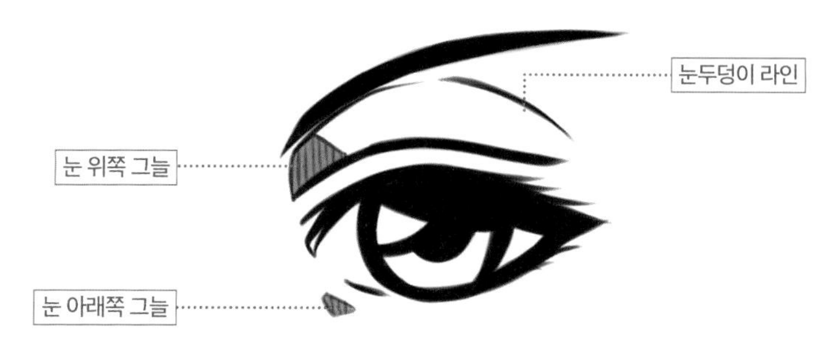

이 묘사 포인트들이 왜 생기는지 이해하기 위해 눈의 해부학적 구조를 살짝 짚어보겠습니다. 눈알(안구)은 해골 눈구멍 안에 쏙 들어가 있습니다. 해골 눈구멍을 둘러싼 얼굴 근육이 안구 일부를 덮어줍니다. 그다음 눈꺼풀 근육과 아래 눈꺼풀 근육이 안구의 나머지를 덮게 됩니다.

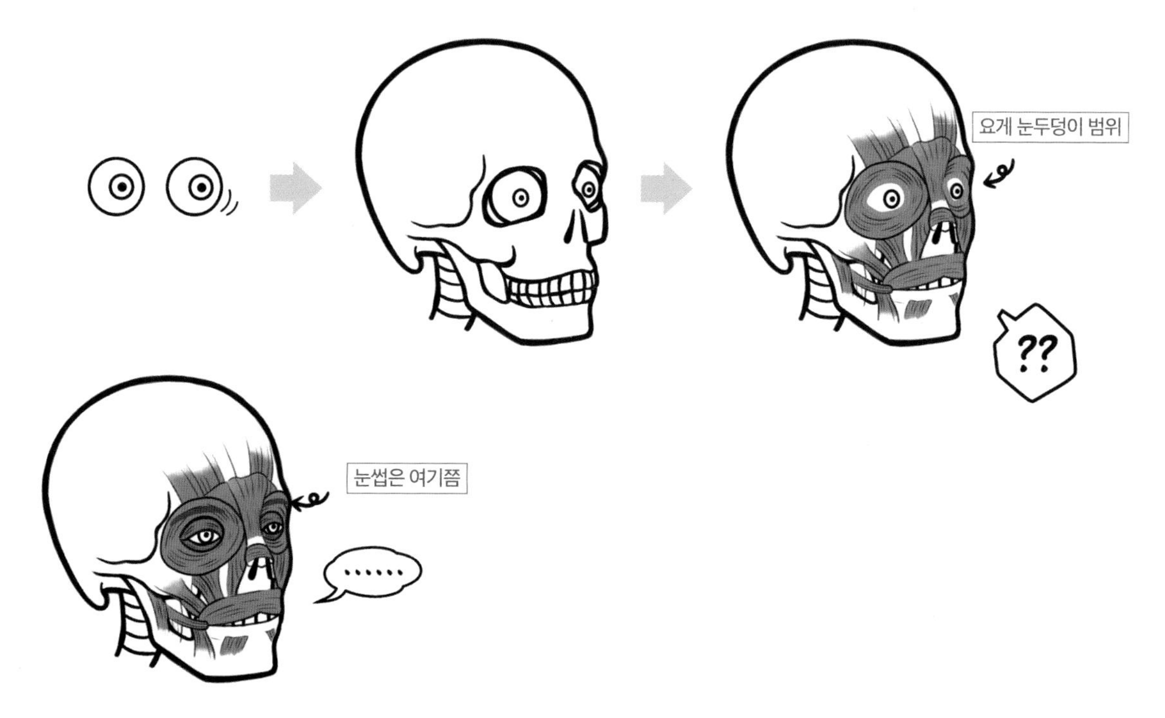

최종적으로 눈의 입체적 구조는 다음과 같은 모습을 띕니다.

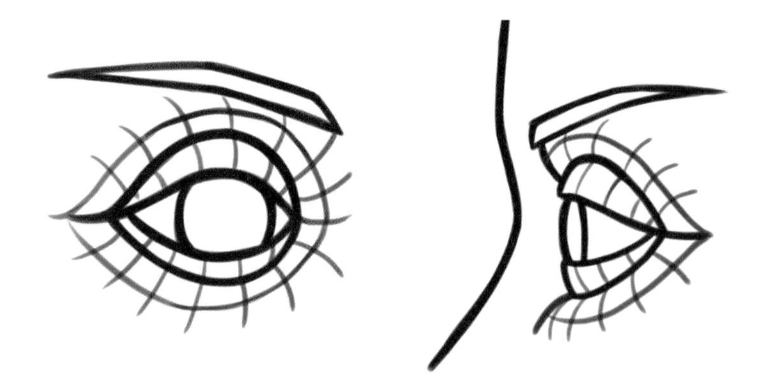

2 눈 위쪽 그늘

눈의 입체적 구조 중 눈두덩이 위쪽의 그늘진 부분이 눈 위쪽 그늘입니다.

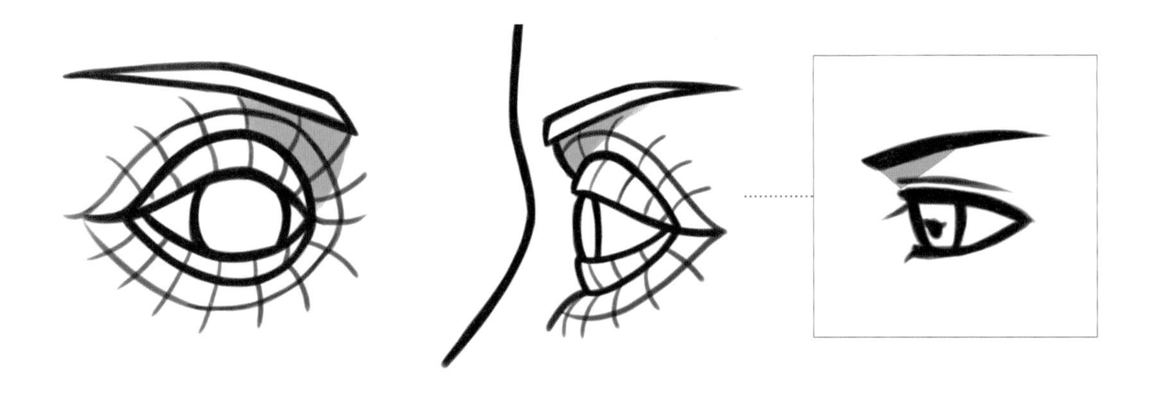

3 눈두덩이 라인

눈꺼풀 위쪽 근육과 눈두덩이 근육이 만나는 이 움푹 파인 선이 눈두덩이 라인입니다.

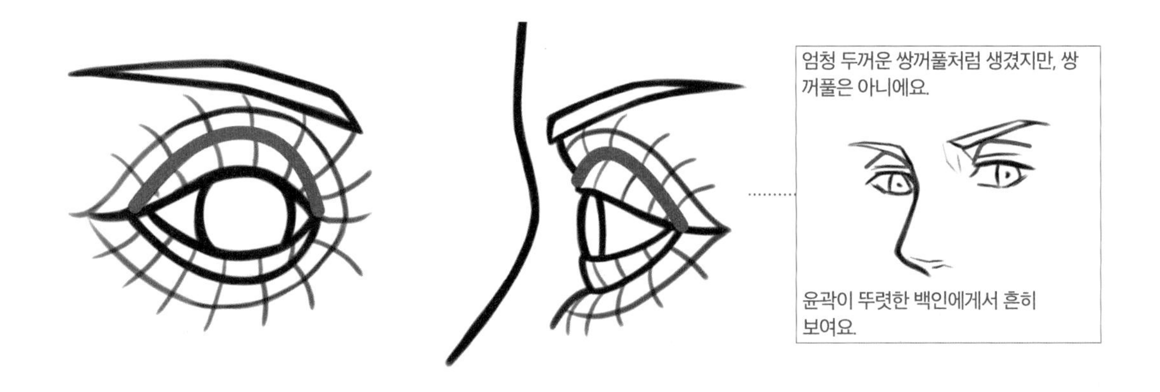

4 눈 아래쪽 그늘

아래 눈꺼풀이 만드는 음영이 눈 아래쪽 그늘입니다. 흔히 다크서클이라 불리는 부위입니다.

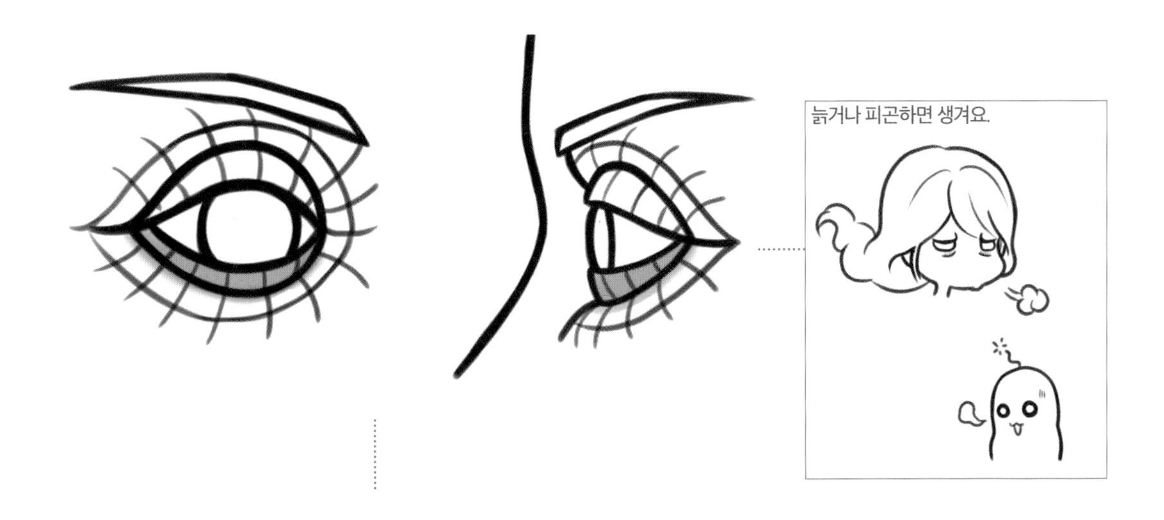

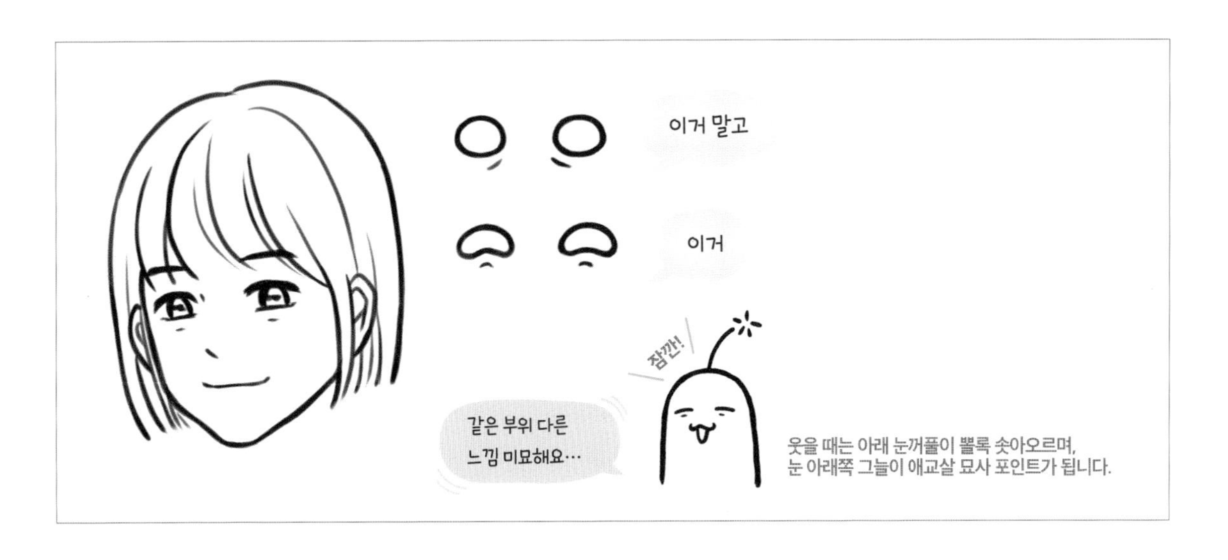

STEP 03

눈매 묘사 포인트 ❶

속눈썹

1 속눈썹의 구조

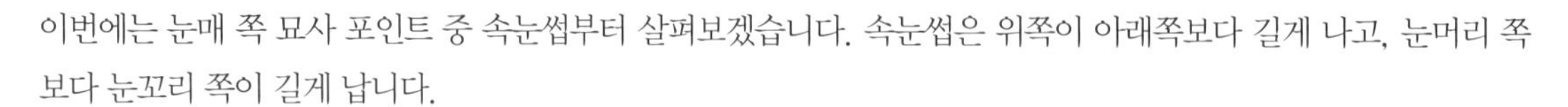

이번에는 눈매 쪽 묘사 포인트 중 속눈썹부터 살펴보겠습니다. 속눈썹은 위쪽이 아래쪽보다 길게 나고, 눈머리 쪽보다 눈꼬리 쪽이 길게 납니다.

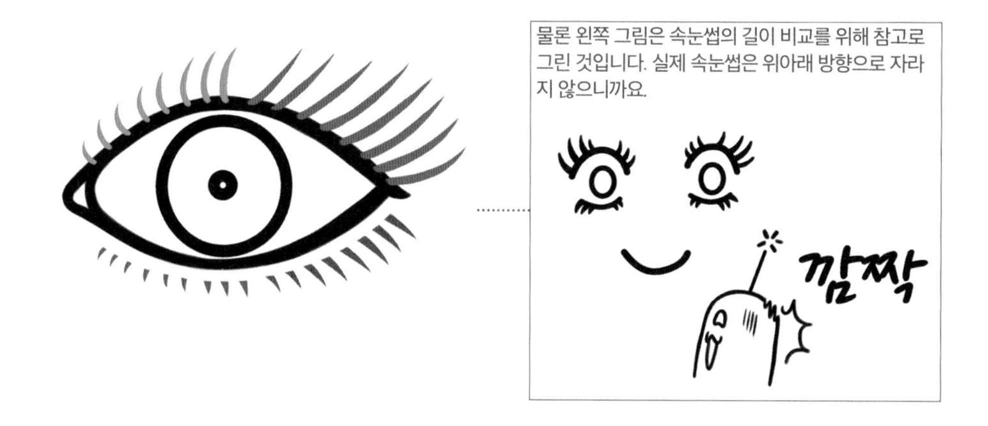

속눈썹은 위아래 방향으로 자라나지 않고, 비스듬히 앞으로 자라납니다. 때문에 속눈썹을 정면에서 보면 대부분 눈꺼풀 끄트머리에서 겹쳐 보이며 짙은 음영, 즉 '아이라인'을 형성합니다.

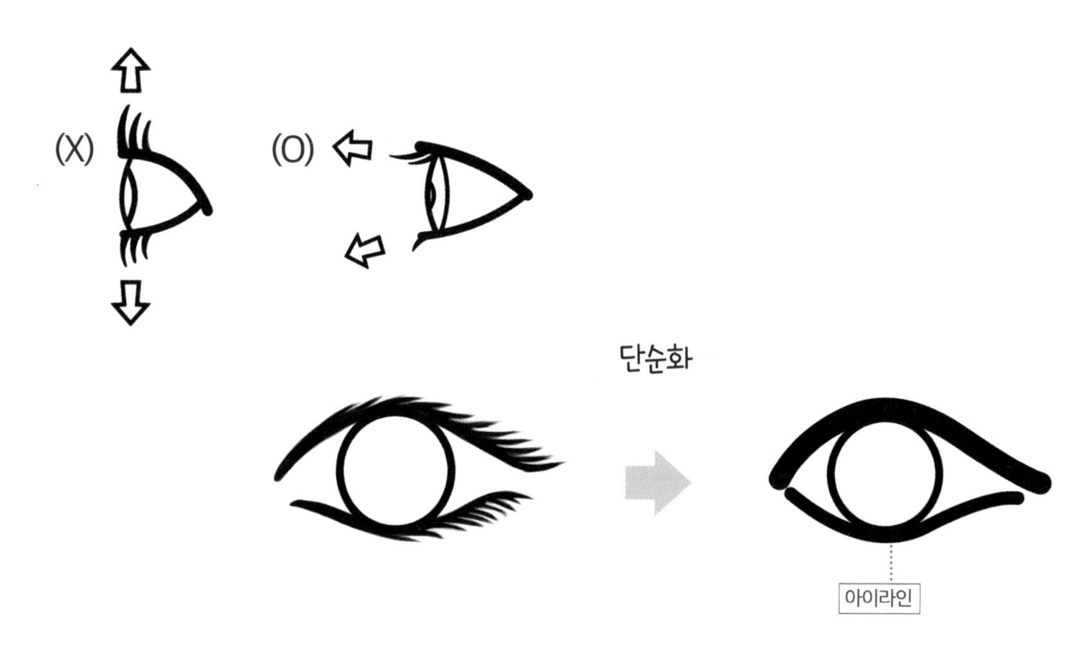

2 속눈썹 그리는 방법 ❶

앞에서 보여드린 속눈썹의 구조를 토대로 속눈썹을 묘사하는 방법은 우선 아이라인을 두껍게 하기와 직접 가닥을 그려 넣기, 크게 이 두 가지로 나뉩니다.

위쪽 속눈썹만 아이라인으로 묘사

아래 속눈썹까지 아이라인으로 묘사

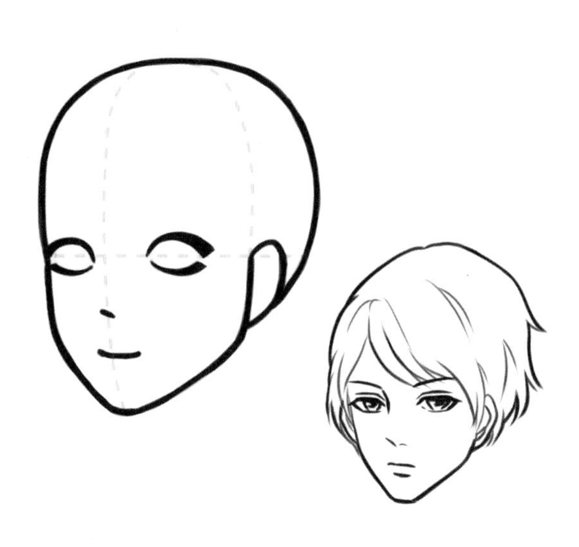

위쪽 속눈썹에 직접 가닥을 그려 넣어 묘사

아래쪽 속눈썹까지 직접 가닥을 그려 넣어 묘사

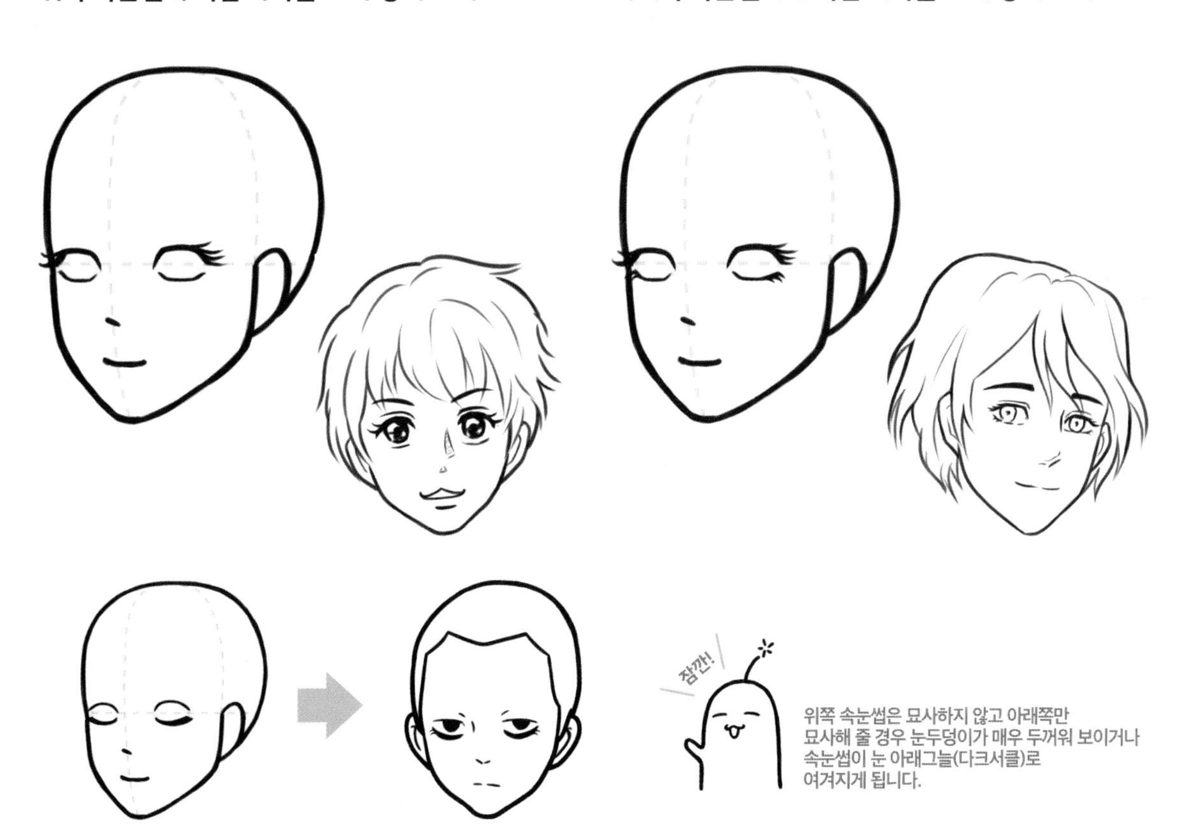

3 속눈썹 그리는 방법 ❷

속눈썹 가닥을 직접 그려 넣을 때, 카메라가 옆으로 돌아갈수록 속눈썹이 눈꼬리 방향이 아닌 앞쪽으로 뻗게 그리는 것이 '사실적'입니다.

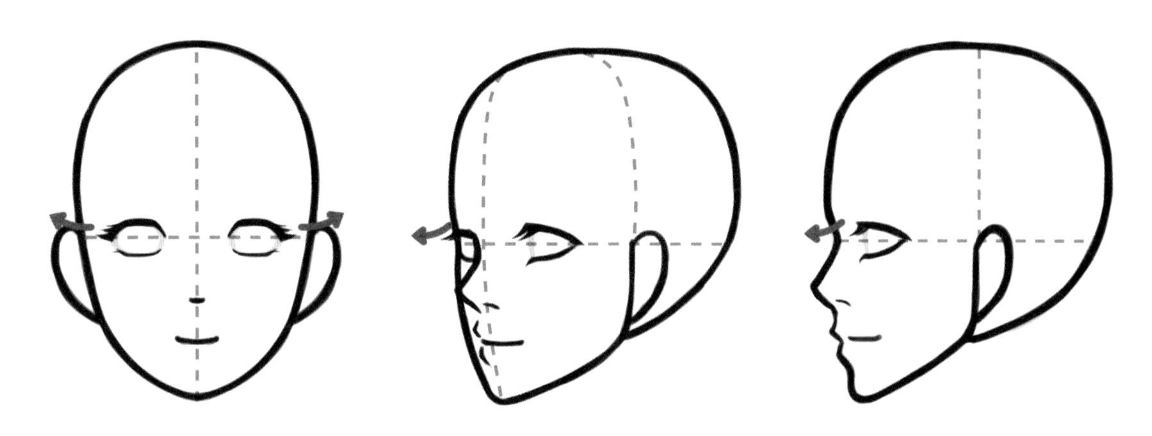

4 속눈썹 길이에 따른 성별 차이와 속눈썹이 주는 효과

일반적인 생각과 달리, 타고나는 속눈썹 길이는 남녀 차이가 없습니다. 여성이 일반적으로 더 길어 보이는 것은 화장으로 인한 착시 효과 때문입니다.

속눈썹이 길거나 풍부하면 눈매가 짙고 선명해 보입니다. 짙고 선명한 눈매는 이성을 유혹하는 효과가 있으며 속눈썹 주위에 붉은 기운을 살짝 터치해 주면 이런 느낌은 훨씬 커집니다.

그리고 이 효과는 남녀 모두 적용합니다.

5 속눈썹 길이에 성별 차이를 크게 두지 않는 그림체

러브라인의 비중이 크거나 캐릭터의 감정선을 균형감 있게 그려내는 작품의 경우 속눈썹을 여성 남성 모두 강조하기로 하고, 혹은 양쪽 모두 강조하지 않기도 합니다.

6 속눈썹 길이에 성별 차이를 크게 두는 그림체

반면 여성만을 성적 대상으로 삼는 시선을 가진 그림체는 남성의 속눈썹은 거의 표현하지 않는 것과 대조적으로 여성의 속눈썹만 매우 강하게 묘사하는 경향이 있습니다.

만약 이런 그림체에서 속눈썹이 강조되는 남성 캐릭터를 등장시키면 비하하거나 희화시키려는 의도를 가진 경우가 많습니다.

STEP 04

눈매 묘사 포인트 ❷

쌍꺼풀과 몽고주름

1 쌍꺼풀 VS 외꺼풀

많은 그림체에서 미인 캐릭터에 쌍꺼풀을 그려 넣곤 합니다. 똑같은 크기의 눈이라도 쌍꺼풀이 있으면 눈이 더 크고 깊어 보이는 착시 효과가 있어 화려하고 예쁜 눈을 그리기 편리하기 때문입니다.

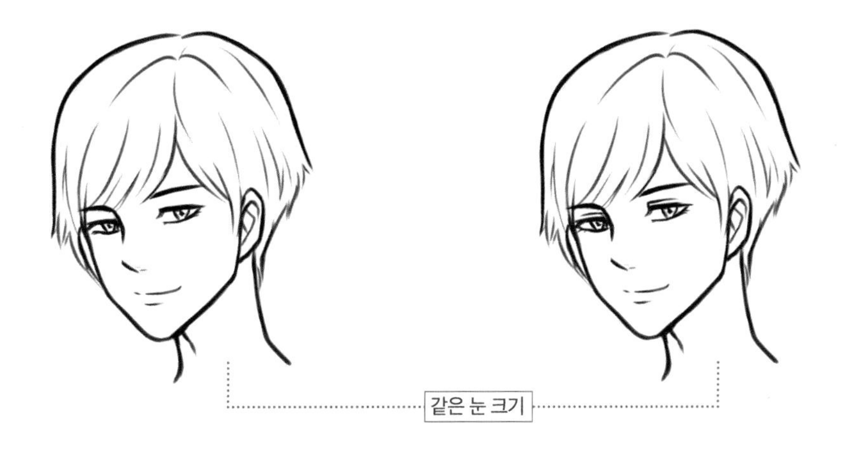

하지만 쌍꺼풀이 있는 눈은 대체로 백인을 기준으로 한 미를 반영합니다. 사실 쌍꺼풀이 없는 외까풀 눈이라도 무조건 균형이 맞지 않거나 작은 눈이 아닙니다. 그렇기 때문에 서구적 미가 절대적인 것이 아니라는 인식이 일반적인 지금은 이미 많은 작가분이 외까풀 미인을 즐겨 그리고, 쌍꺼풀을 강하지 않게 묘사해 주는 추세입니다.

이렇게 눈을 강조하는
그림체인데도 쌍꺼풀 없~다!

2 쌍꺼풀의 종류와 묘사

북방계 아시아인을 제외한 모든 사람은 출발점이 눈매와 떨어져 있는 선명한 쌍꺼풀을 가지고 있습니다. 일명 아웃라인 쌍꺼풀이라 부르며 높낮이, 길이, 모양은 다양합니다.

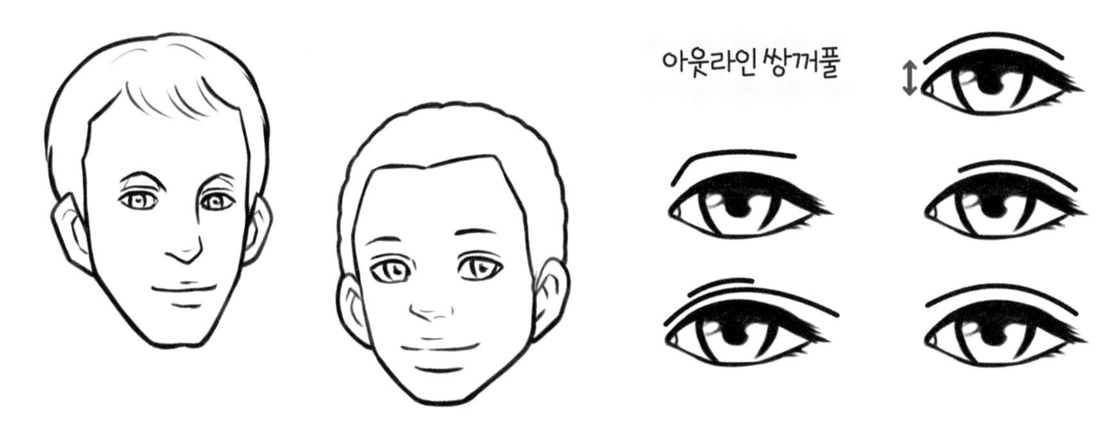

하지만 북방계 아시아인은 추운 시베리아 벌판에서 오래 생활한 결과 몽고주름이라는 피부가 발달해 눈머리를 아래쪽으로 잡아당겨 쌍꺼풀을 풀어버리는 경향이 있습니다.

그렇기 때문에 쌍꺼풀이 완전히 풀린 외까풀 눈이 되거나 쌍꺼풀이 생겨도 얇게, 즉 눈꺼풀 끄트머리에 가깝게 생깁니다.

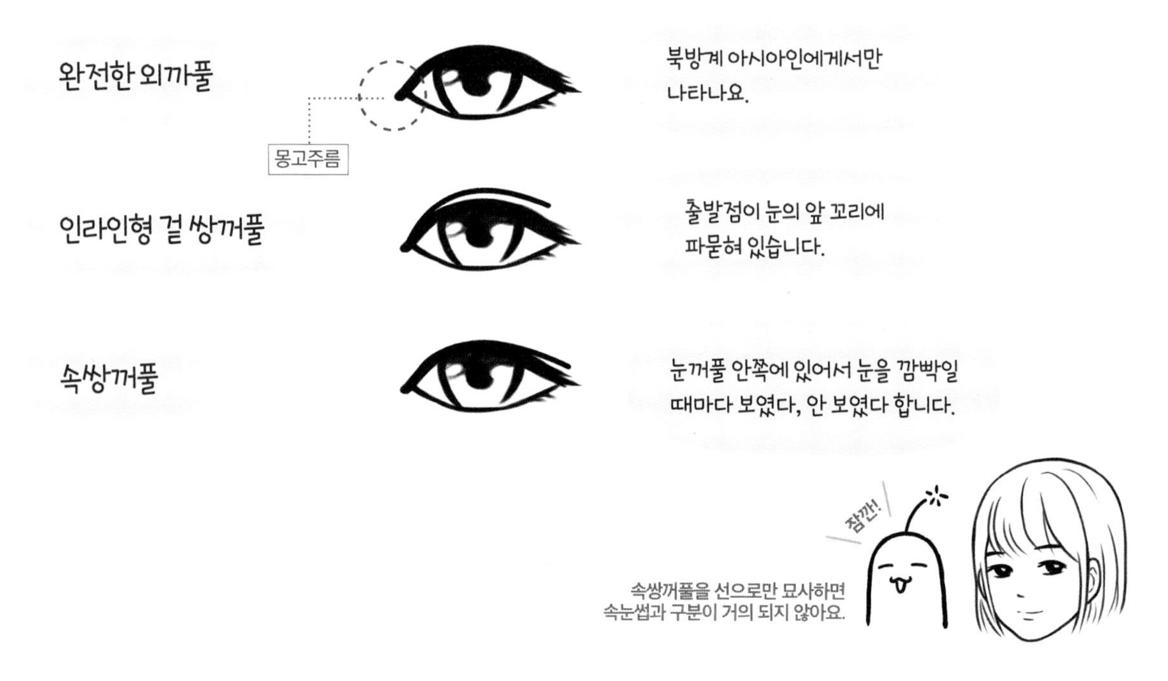

3 쌍꺼풀이 하나 이상인 캐릭터

쌍꺼풀은 주름의 일종이라 전혀 없는 사람도 있지만 한꺼번에 여러 개씩 있는 사람도 있습니다. 이를 그림에 적용하면 캐릭터의 눈이 크고 화려해집니다.

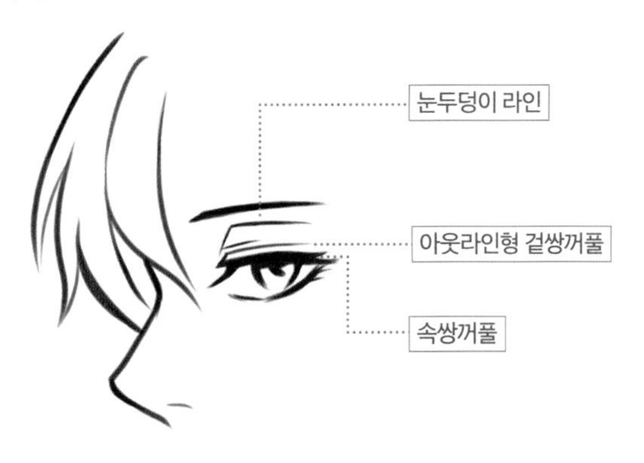

4 눈물샘과 몽고주름

눈물언덕이라고도 부릅니다. 눈 앞꼬리에 자리 잡고 있고, 서양식 극화체에서 묘사되는 경우가 많습니다.

하지만 북방계 아시아인은 눈물언덕이 몽고주름에 덮여 쑥 들어가 버리기 때문에 이 포인트를 묘사해 주는 그림체가 상대적으로 공감을 얻기 힘듭니다. 아예 눈 앞꼬리를 비워놓는 그림체가 많고, 굳이 앞꼬리를 묘사한다면 몽고주름을 묘사 포인트로 삼는 편입니다.

눈 앞꼬리를 비워놓은 그림체

몽고주름을 묘사 포인트로 삼은 그림체

STEP 05

눈동자

1 눈동자가 주는 효과

눈동자는 그 자체로도 감정을 나타낼 수 있어 내면을 비추는 창으로 인식되기 때문에 크고 또렷하고 잘 드러날수록 호감을 줍니다.

단, 속눈썹처럼 이성을 유혹하는 경향성은 낮습니다. 크고 선명한 눈동자는 순수하고 솔직한 인상을 주게 됩니다.

2 눈동자의 구조

눈동자의 구조 및 묘사 포인트는 다음과 같습니다.

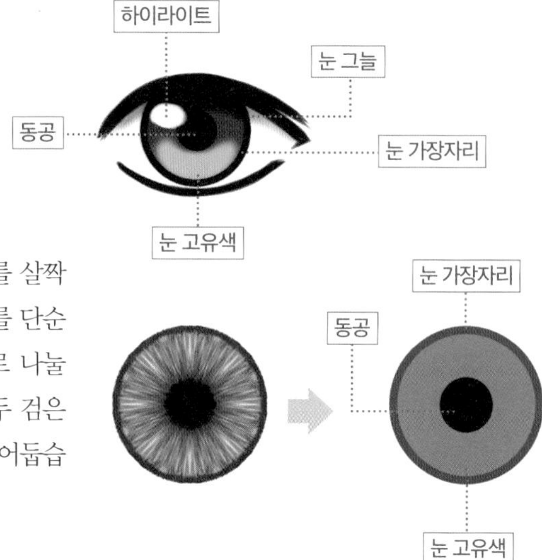

이 묘사 포인트들이 왜 생기는지 이해하기 위해 눈동자의 구조를 살짝 짚어보겠습니다. 아직 눈꺼풀이 덮이지 않은 안구 위의 눈동자를 단순화하면 동공, 눈 가장자리, 눈 고유색(홍채) 이렇게 세 부분으로 나눌 수 있습니다. 동공의 경우, 알비노(백색증)인 눈을 제외하면 모두 검은색이고, 눈 가장자리는 눈동자 색과 같은 계열의 색상으로 조금 어둡습니다.

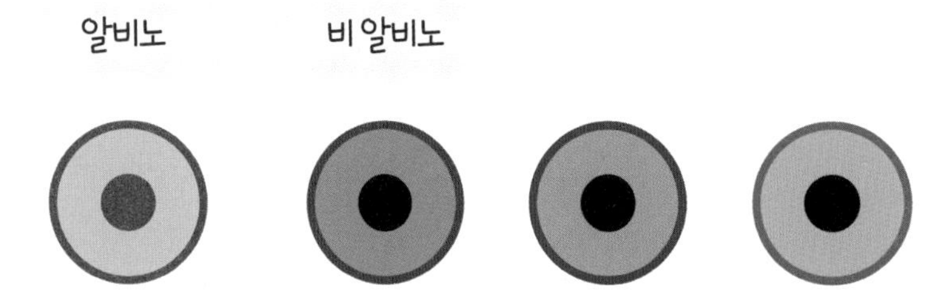

3 눈동자 묘사하는 방법

❶ 밑그림 단계에서는 눈 가장자리를 동공과 함께 검은색으로 묘사합니다. 앞에서 보았듯이 눈 가장자리는 실제로는 검은색이 아니지만 그림을 간단히 그리기 위해서입니다.

❷ 눈 고유색(홍채 색)을 칠한 후 ❸ 눈꺼풀이 드리우는 눈 그늘을 묘사합니다. 눈 그늘 때문에 눈동자 위쪽은 눈 고유색보다 어두워지고, 눈 아랫부분은 선명하게 밝아집니다. ❹ 그 다음 반사광(하이라이트)을 넣어 주면 사실상 눈동자 묘사는 끝납니다. 하이라이트가 있는 눈은 시선이 어딘가를 분명히 향하고 있는 듯하여 생기 있는 느낌을 줍니다.

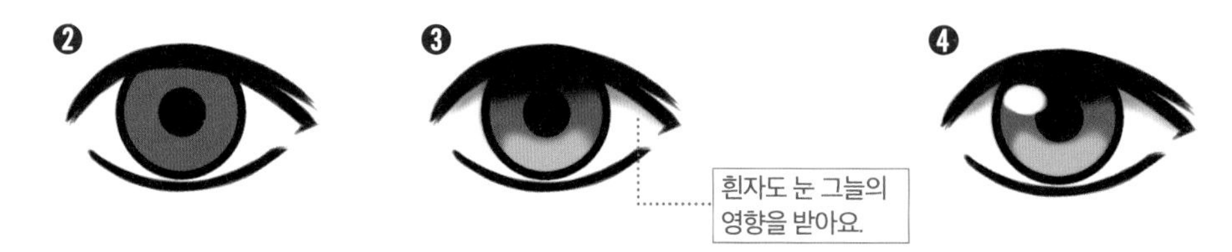

4 눈동자 묘사 스타일

앞에서 설명한 방법을 기본으로, 개개인의 스타일에 따라 눈동자 묘사법은 달라집니다.

눈 그늘을 생략하고 그린 경우

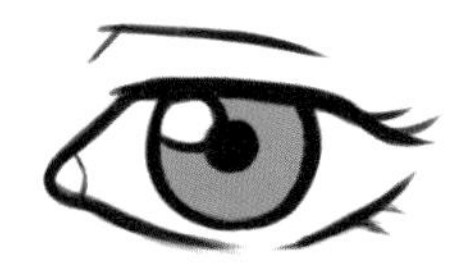

눈 가장자리 구분 없이 눈+하이라이트로만 그린 경우

한국인은 검은(정확히는 어두운 갈색) 눈동자가 많아서 오른쪽 그림처럼 그리는 경우가 많습니다.

눈동자를 강조한 경우

눈 색에 변화를 줄 수도 있습니다. 검은 눈동자를 갈색 등, 좀 더 밝은색으로 바꿀 수도 있고, 더 나아가 장르에 따라 실존하지 않는 눈 색으로 눈동자를 표현할 수도 있습니다.

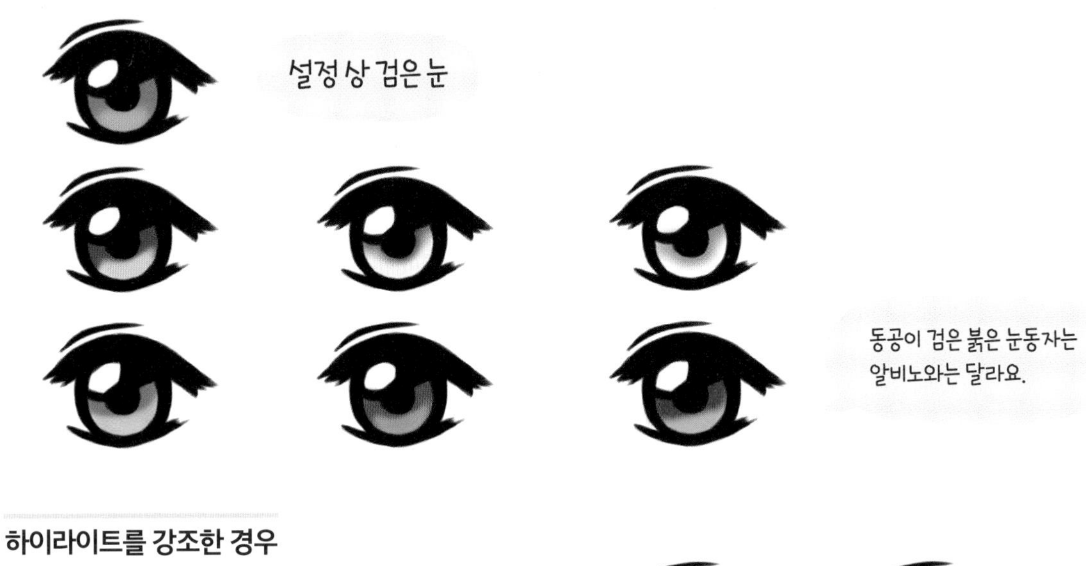

하이라이트를 강조한 경우

눈 그늘이 있을 자리 전체가 하이라이트로 대치될 수도 있고, 하이라이트가 두 군데 이상 들어가기도 합니다.

동공 크기를 과장하여 그린 경우

동공이 과장된 눈동자는 더 크고 깊어 보이는 효과가 있습니다.

STEP 06

눈과 캐릭터 인상

1 눈매와 캐릭터의 인상

앞에서 보여드린 눈의 묘사 포인트들이 그림체의 개성과 관련이 깊다면 눈매, 즉 눈의 모양은 캐릭터 인상에 크게 영향을 주는 묘사 포인트입니다. 눈매는 크게 동그란 눈매, 네모진 눈매로 나누어 볼 수 있고, 거기에 눈꼬리의 모양이 조합됩니다.

동그란 눈매

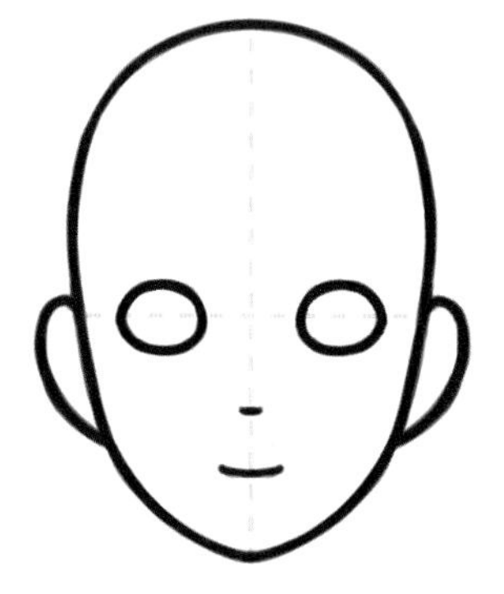

눈동자가 많이 보이기 때문에 대체로 활발, 솔직, 귀여운 느낌을 줍니다.

네모진 눈매

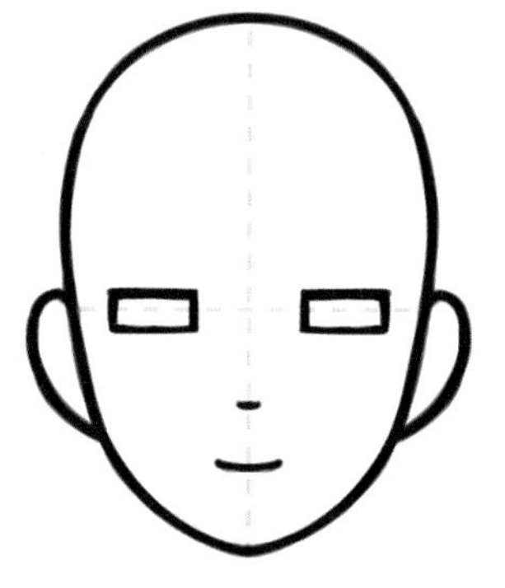

눈꼬리와의 조합에 따라 딱딱하고 차분해 보이기도 하고, 나른해 보이기도 하고, 우울해 보이기도 하고, 음험한 느낌을 주기도 합니다.

눈꼬리가 올라간 눈매

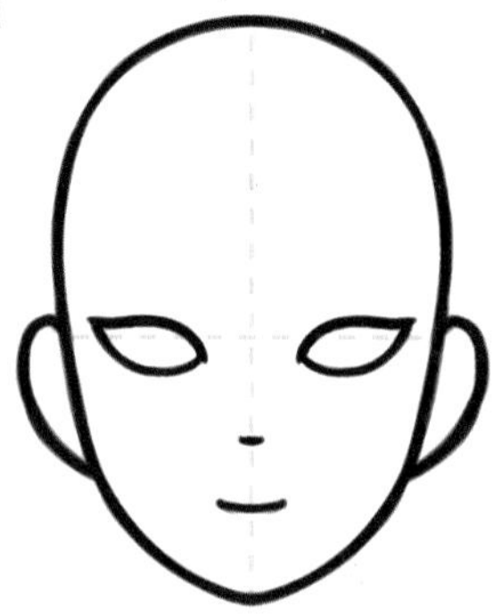

공격적인 인상을 주지만 조합에 따라 신비롭거나 카리스마가 있어 보이기도 하고, 이성을 유혹하는 효과를 내기 좋은 눈매입니다.

눈꼬리가 처진 눈매

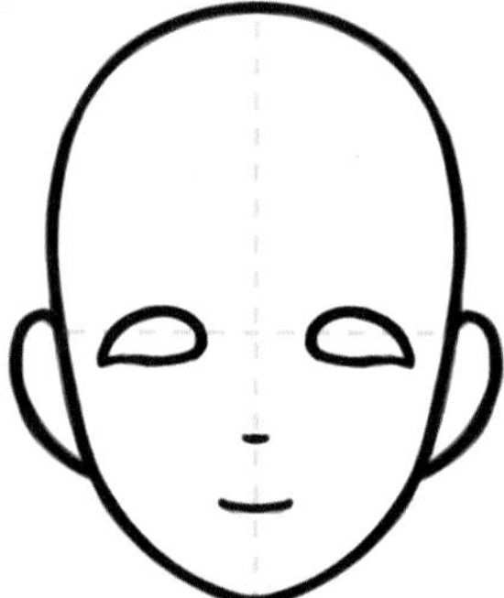

유순하고 편한 인상을 주기 좋습니다. 맥없고 답답한 느낌을 표현하기도 좋습니다.

2 눈썹과 눈의 조합이 주는 인상 예

눈매의 모양과 눈썹 및 기타 묘사 포인트들이 어우러지면서 복합적인 인상을 만들어냅니다. 몇 가지 예를 들어보겠습니다.

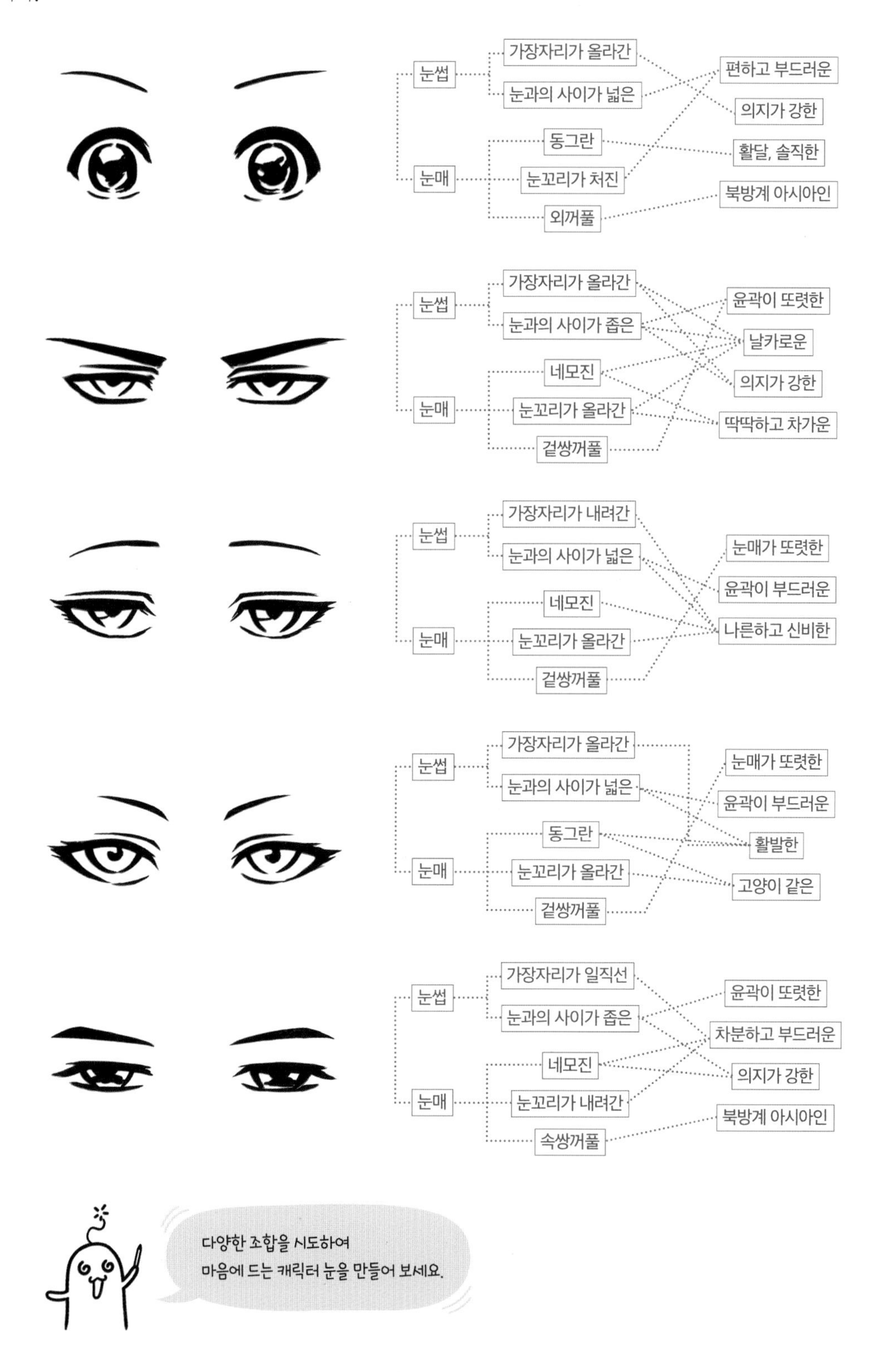

CHAPTER

06

코와 입을 그리는 방법과 캐릭터 인상

코와 입은 눈만큼 개성이 다채롭거나 강조되지는 않는 편이기 때문에,
그리는 방법을 함께 설명합니다. 코와 입을 선화로서 간략화 시키는 방법과
눈과 조화되게 그리는 방법, 그리고 입을 통해 캐릭터 인상을 부여하는 방법을
알아봅니다.

STEP 01

조화로운 코와 입 그리기

1 눈의 분위기와 어울리게 그리기

코와 입은 독립되게 그리기보다는 눈이 만드는 분위기와 어울리게 그리는 것이 일반적입니다. 예를 들어 눈이 단순한 그림체라면 코와 입도 그에 맞춰 단순하게 그리고, 눈이 사실적인 그림체라면 코와 입도 그에 맞춰 사실적으로 그립니다. 그리고, 눈이 강조되는 그림체는 코와 입은 그에 맞춰 작고 간략하게 그립니다.

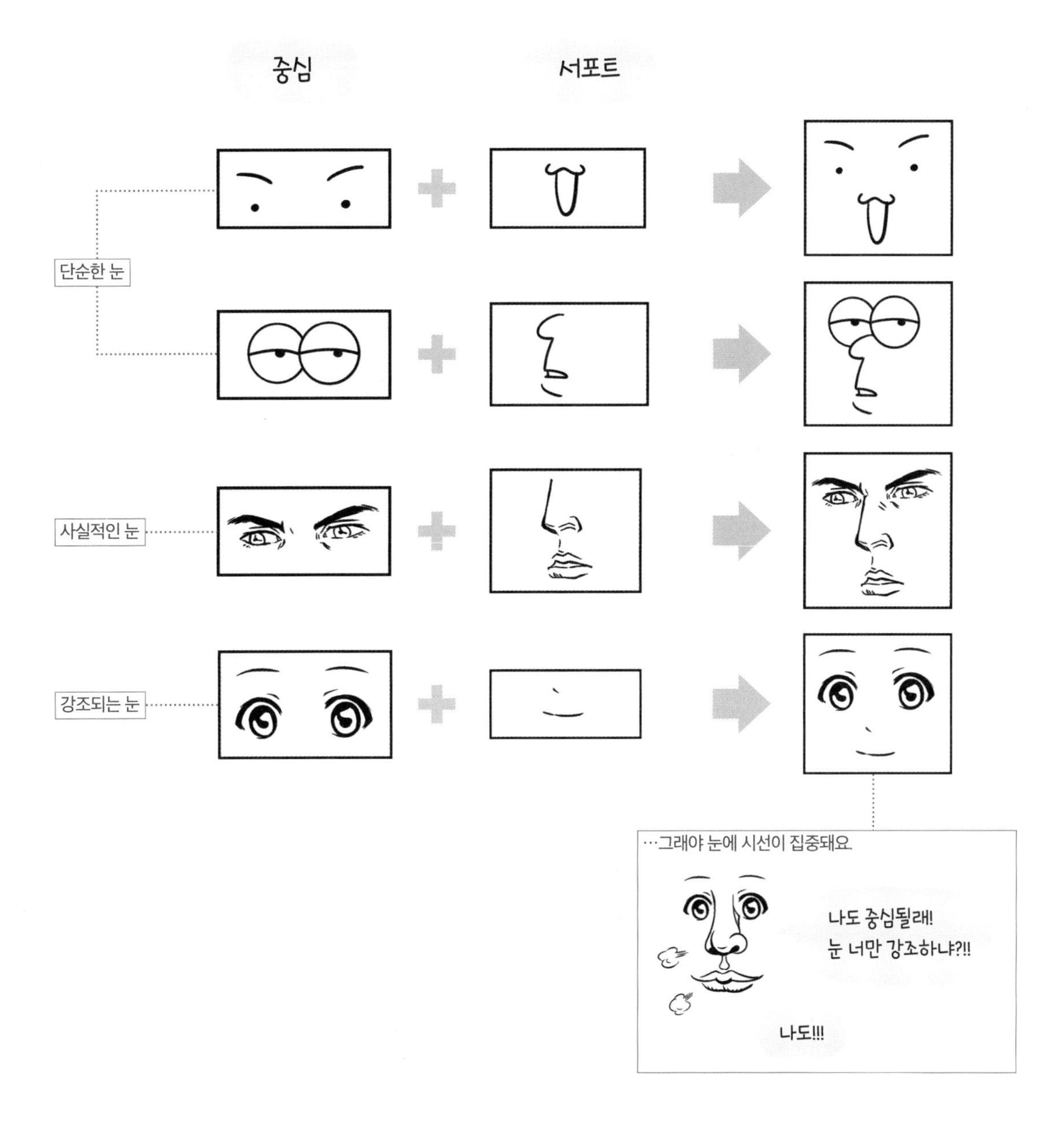

STEP 02

코 그리기 (코를 선화로 간략화하는 방법)

1 코의 주요 묘사 포인트

코의 입체적인 모습을 선으로 간략화하면 주요 묘사 포인트는 다음과 같습니다.

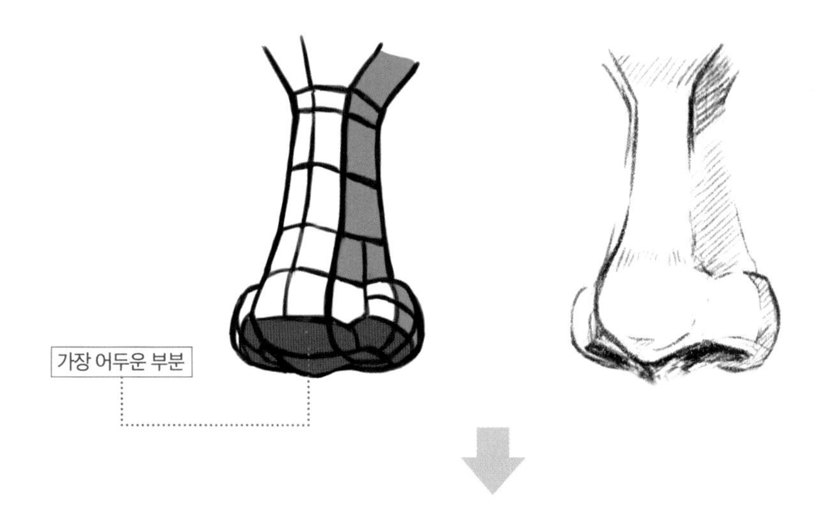

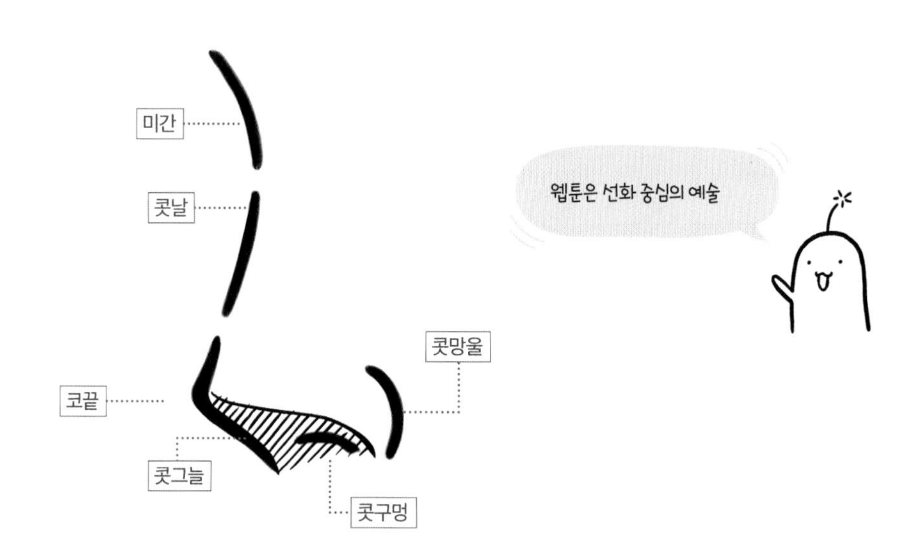

2 그림체에 따른 코 묘사 방법

어떤 스타일로 그리건 코의 묘사 포인트들의 일부를 생략하고 일부만 표현하는 방식으로 그립니다. 코의 입체적 구조에서 보이듯이 코에서 가장 어두운 부분은 코의 그늘입니다. 이 부분을 이용해 다양하게 코를 표현할 수 있습니다.

간단하게 코 그늘만 점을 찍듯 묘사한 경우

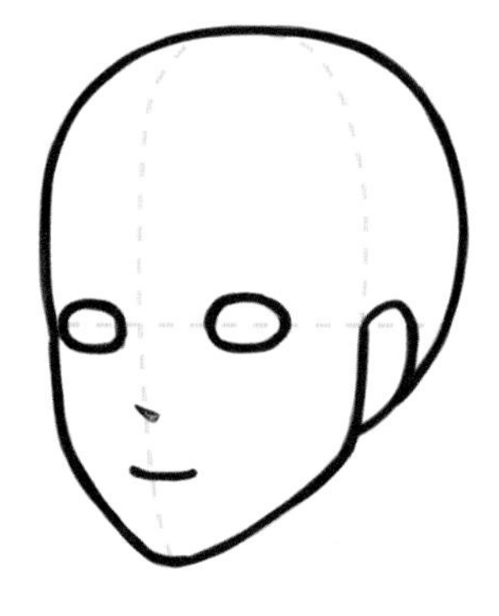

코끝의 모양만 간단하게 묘사한 경우

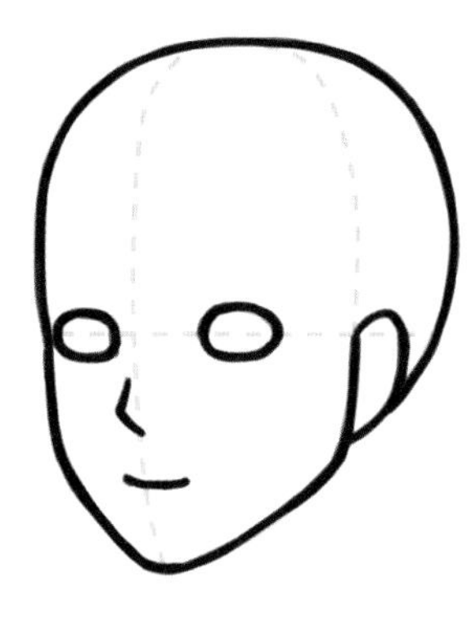

콧구멍을 살짝 묘사한 경우

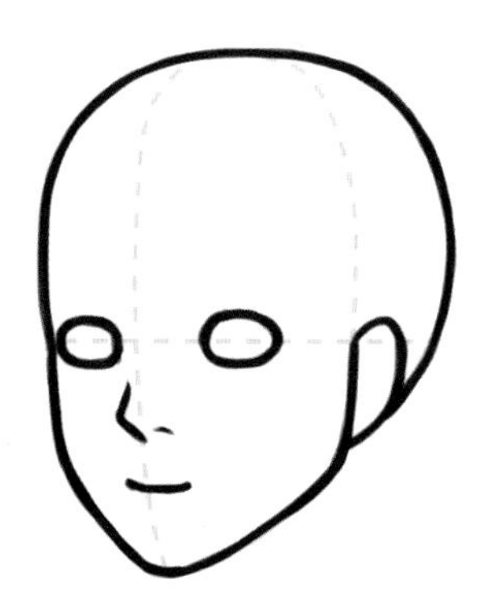

콧그늘 다음으로 어두운 미간까지 묘사한 경우

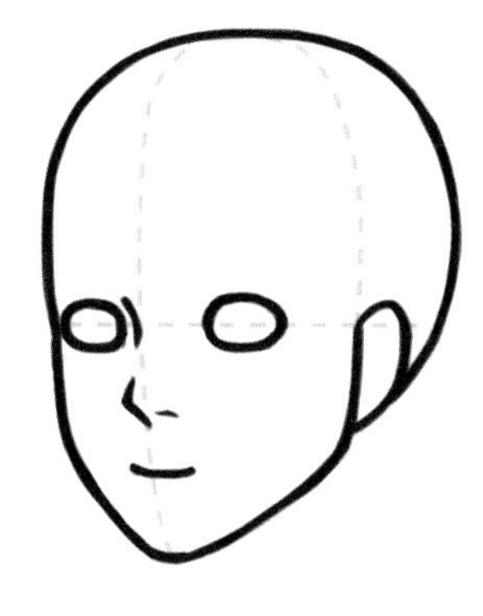

콧날까지 이어 그린 경우

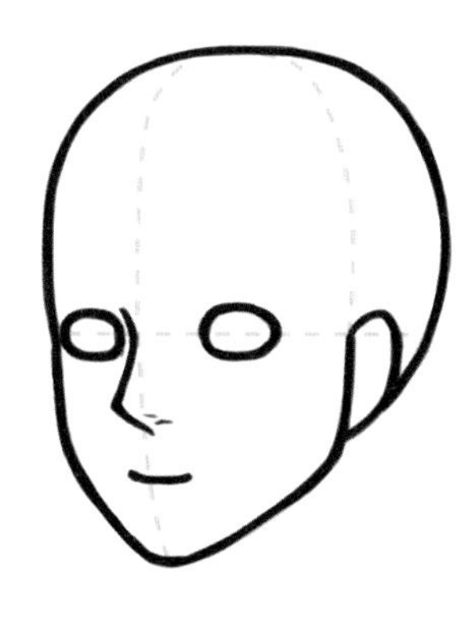

콧날 중심으로 묘사한 경우

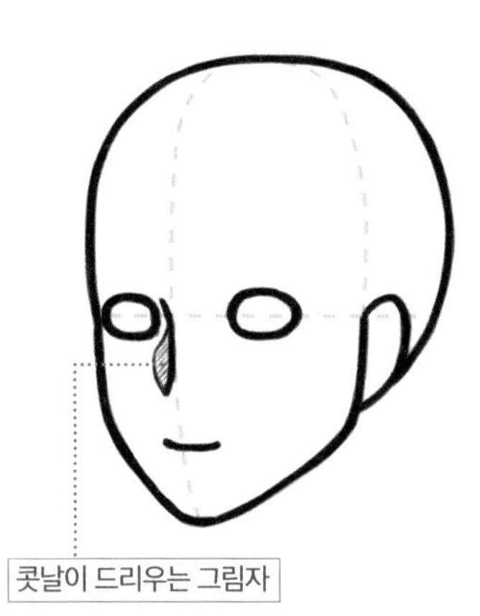

콧날이 드리우는 그림자

미간과 콧날을 묘사하면
캐릭터 얼굴 윤곽이 또렷해 보입니다.

콧망울은 가장 자주 생략됩니다.
실제로는 눈에 잘 띄지만 선화로 그리면
자칫하면 코를 넓적하게 보이게
만들기 때문입니다.

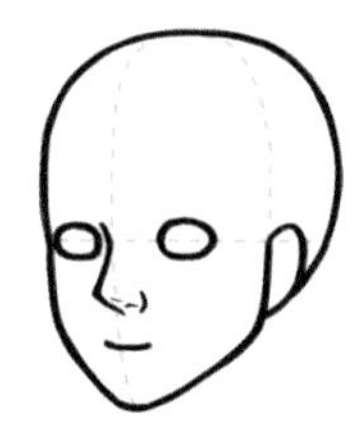

3 카메라 각도에 따른 코 묘사 방법

그림에서는 코의 입체적인 모습을 생략해서 묘사하기 때문에 앵글이 달라질 때마다 묘사 포인트가 조금씩 달라질 수 있습니다.

눈높이 앵글

콧그늘만 그립니다.

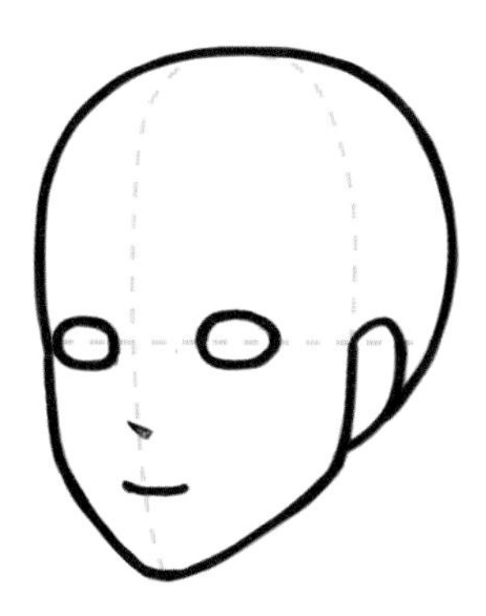

로우앵글

로우앵글은 콧구멍이 더 잘 보이기 때문에 콧구멍을 추가로 묘사합니다.

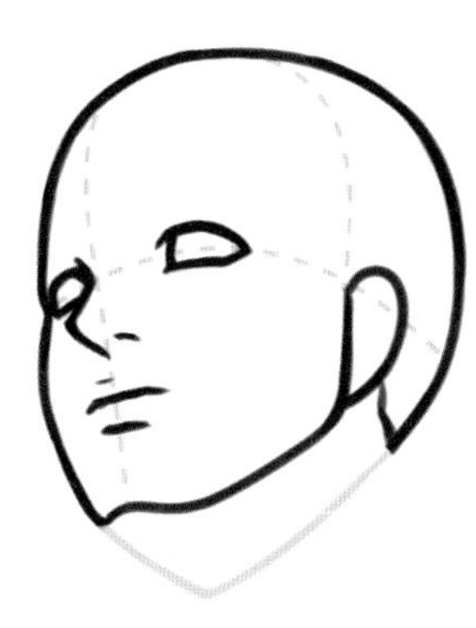

하이앵글

하이앵글은 콧날과 미간이 더 잘 보이기 때문에 콧날과 미간을 추가로 묘사합니다.

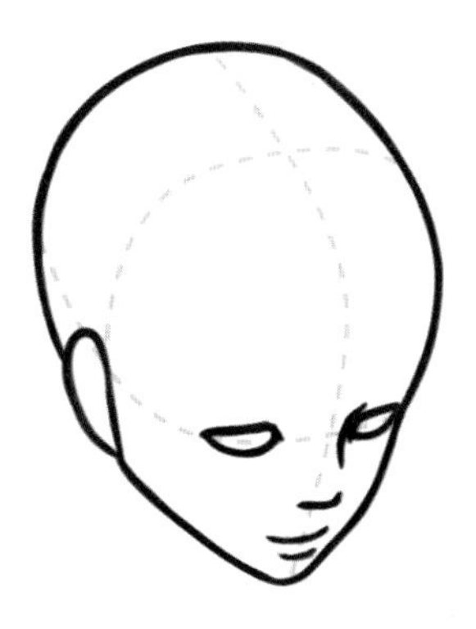

STEP 03

입 그리기

1 입의 주요 묘사 포인트

입은 얼굴에서 가장 다이내믹하게 움직이는 부위지만, 눈을 강조하는 그림체에서는 입선의 움직임 정도로 단순화 되는 경우가 많습니다. 입의 묘사 포인트는 입가와 입 내부로 나누어 볼 수 있습니다.

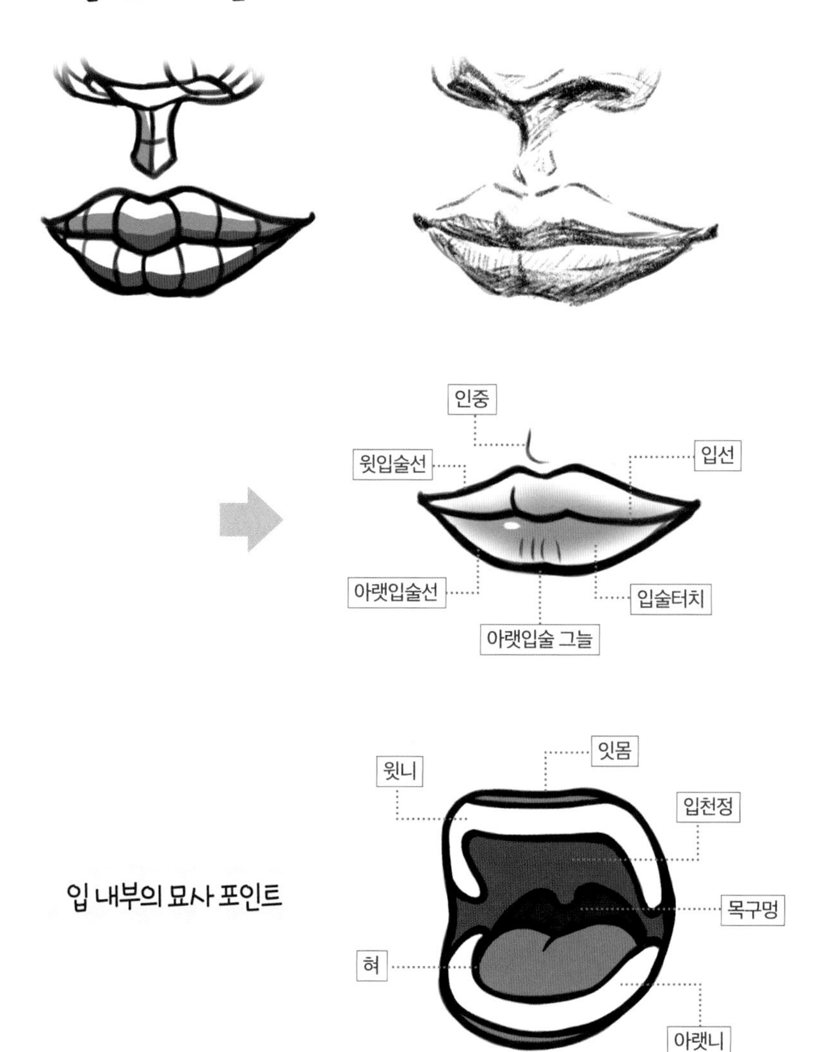

2 입술선 묘사 스타일

입 역시 어떤 스타일로 그리건 묘사 포인트들을 일부는 생략하고 일부만 표현하는 방식으로 그립니다. 입에서 가장 눈에 띄는 부분은 당연히 입이 벌어지는 가장자리(입선)입니다. 이 부분을 이용한 다양한 입술 표현 방법을 살펴보겠습니다.

가장 단순하게 입이 벌어지는 가장자리(입선)만 묘사한 경우

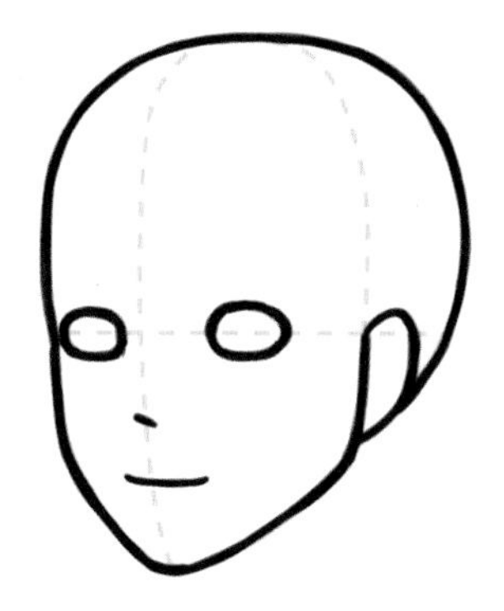

입술선 가운데를 끊거나 갈매기 모양의 굴곡으로 표현한 경우

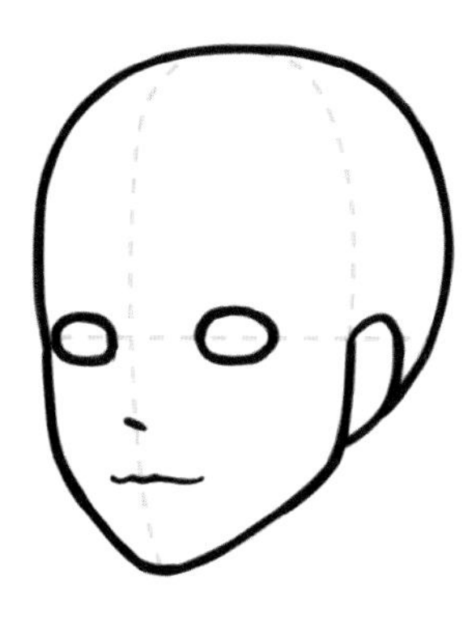

아랫입술의 그늘을 표현한 경우

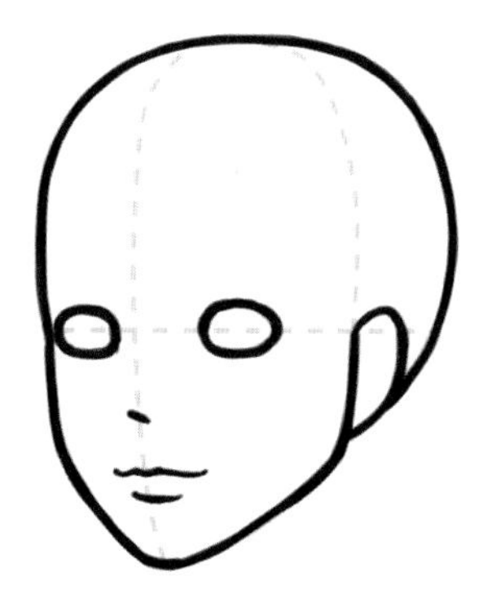

윗입술선의 가운데 부분까지 표현한 경우

윗입술이 인중과 만나는 부분은 윗입술선 중 가장 또렷해요.

웹툰 미형 그림체는 입술을 여기까지만 묘사하는 경우가 가장 많아요. 입술의 입체감도 살리면서 표정 만들기도 쉽거든요.

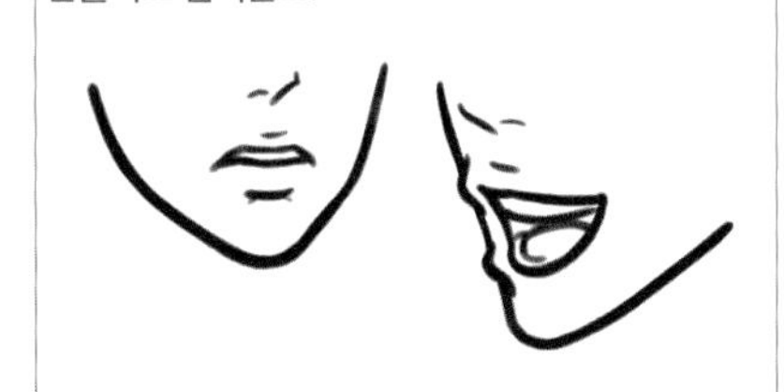

입술선 전체를 묘사한 경우

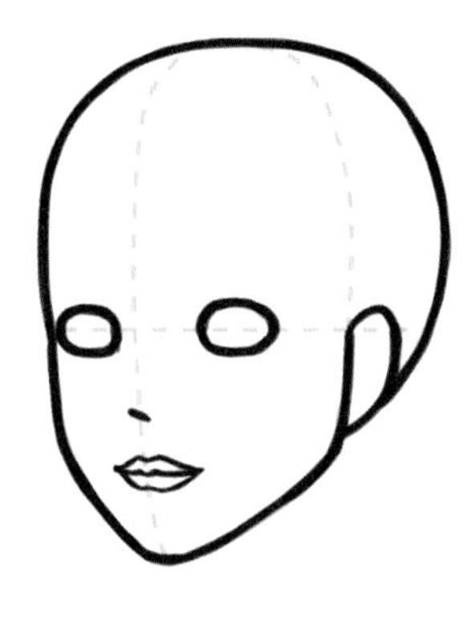

입술 주름 일부도 묘사한 경우

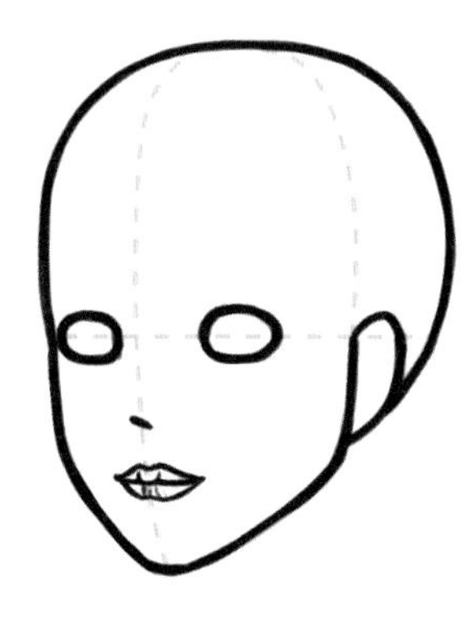

인중까지 묘사한 경우

3 입술 채색

입술은 선 묘사 단계가 올라갈수록 짙게 화장한, 혹은 육감적인, 두꺼운, 외국인 같은 입술이 됩니다. 그래서 웹툰 미형 캐릭터에서 입술 라인 전체를 묘사하는 경우는 상대적으로 적습니다. 대신 입술을 예쁘고 또렷하게 그리고 싶을 경우, 채색을 통해 윤기와 입체감을 살리는 방식이 선호됩니다.

❶ 아랫입술 가운데를 중심으로 시작하여 ❷ 부드러운 브러시로 여러 번 덧칠하며 조금씩 영역을 넓혀 나가되 입술선 가장자리까지는 가지 않습니다. ❸ 적당히 칠한 후 밝은 부분에 하이라이트를 얹으면 반짝이는 느낌이 강조됩니다.

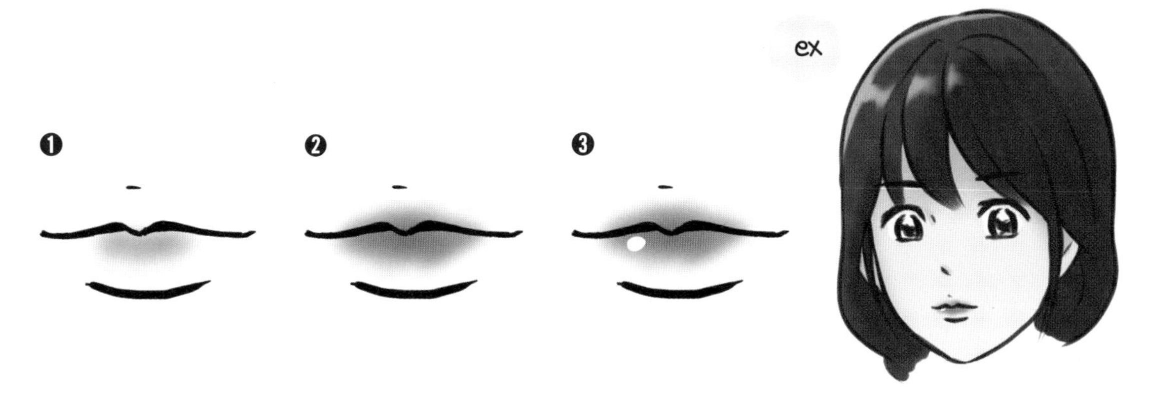

4 벌린 입 안쪽 그리기

입을 크게 벌릴수록 대략 다음과 같은 순서로 입안의 묘사 포인트가 드러납니다. 카메라 각도에 따라 미묘하게 달라지기도 하니 참고로 봐 주세요.

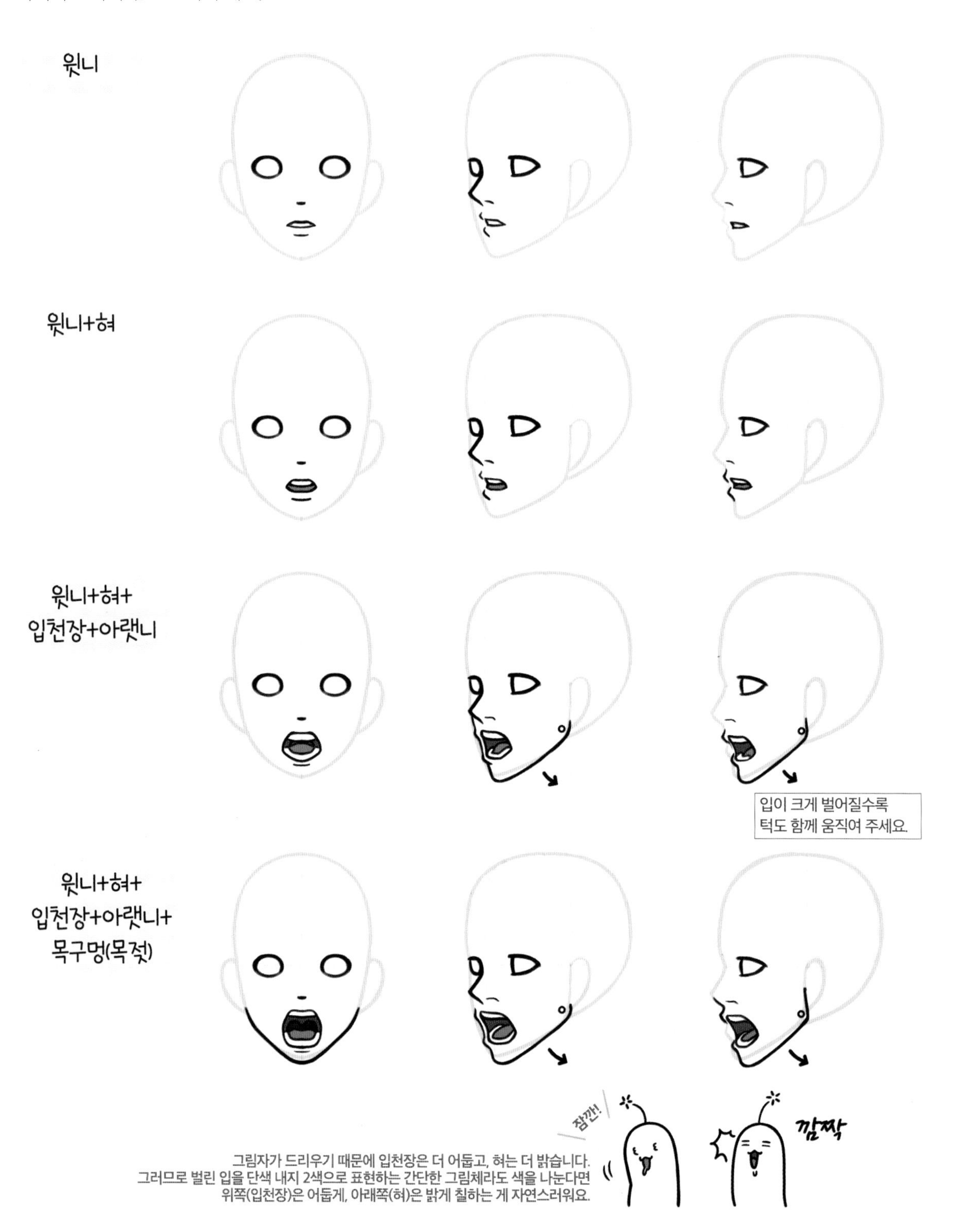

그림자가 드리우기 때문에 입천장은 더 어둡고, 혀는 더 밝습니다.
그러므로 벌린 입을 단색 내지 2색으로 표현하는 간단한 그림체라도 색을 나눈다면
위쪽(입천장)은 어둡게, 아래쪽(혀)은 밝게 칠하는 게 자연스러워요.

5 벌린 입의 입술

입이 벌어질수록 입술이 팽팽하게 당겨져 얇아집니다.

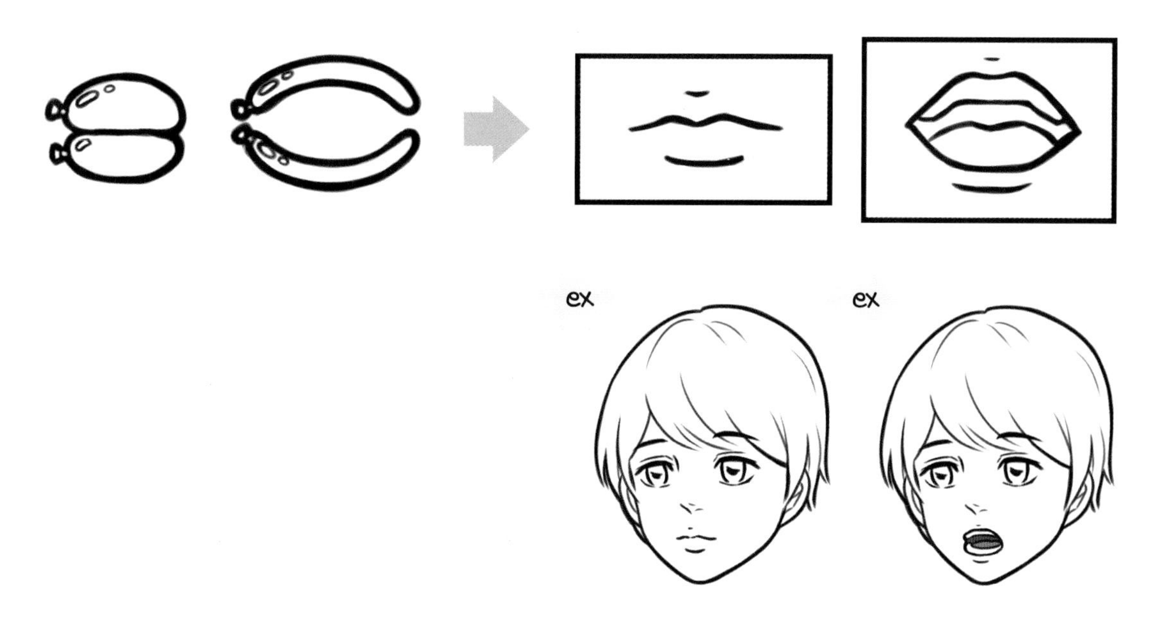

6 이의 묘사 방법

치아의 실제 구조에 따라 이는 소리굽쇠 모양이 됩니다.

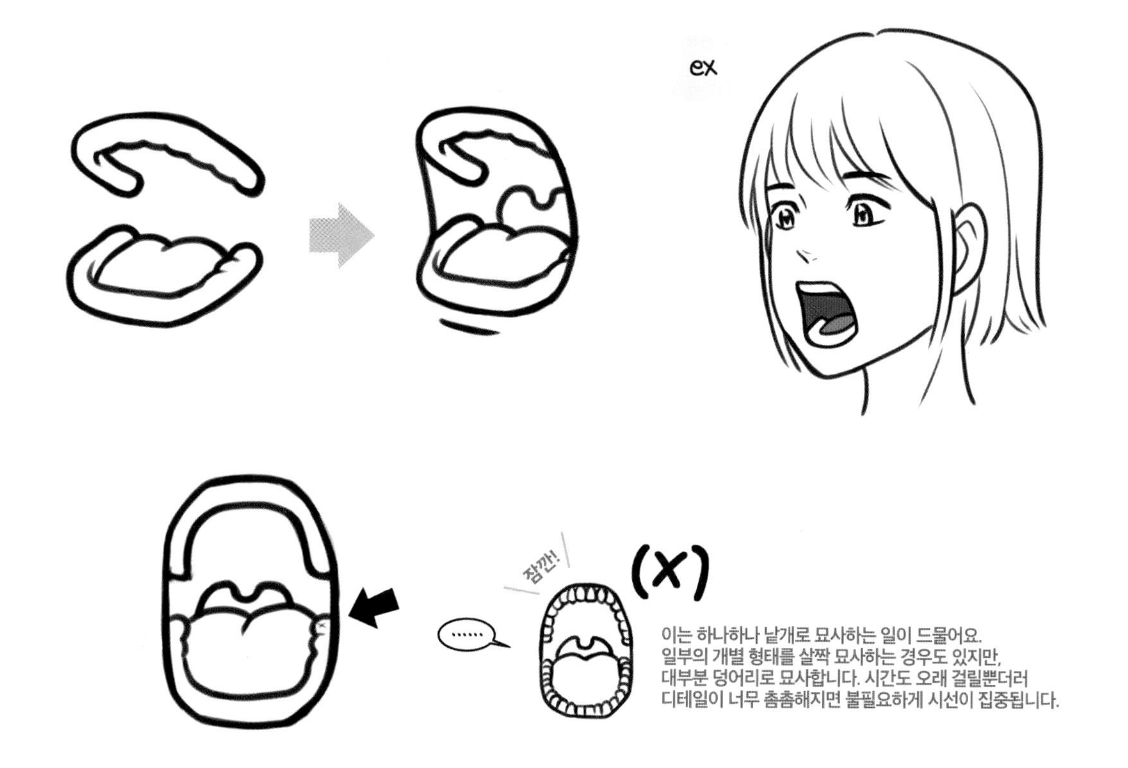

이를 드러낸(웃고 있거나 인상 쓴) 입에서도 이는 거의 덩어리로 묘사됩니다. 위아래만 구분하여 묘사하거나 이조차 선을 반 정도만 그어 구분을 생략하는 경우가 많습니다.

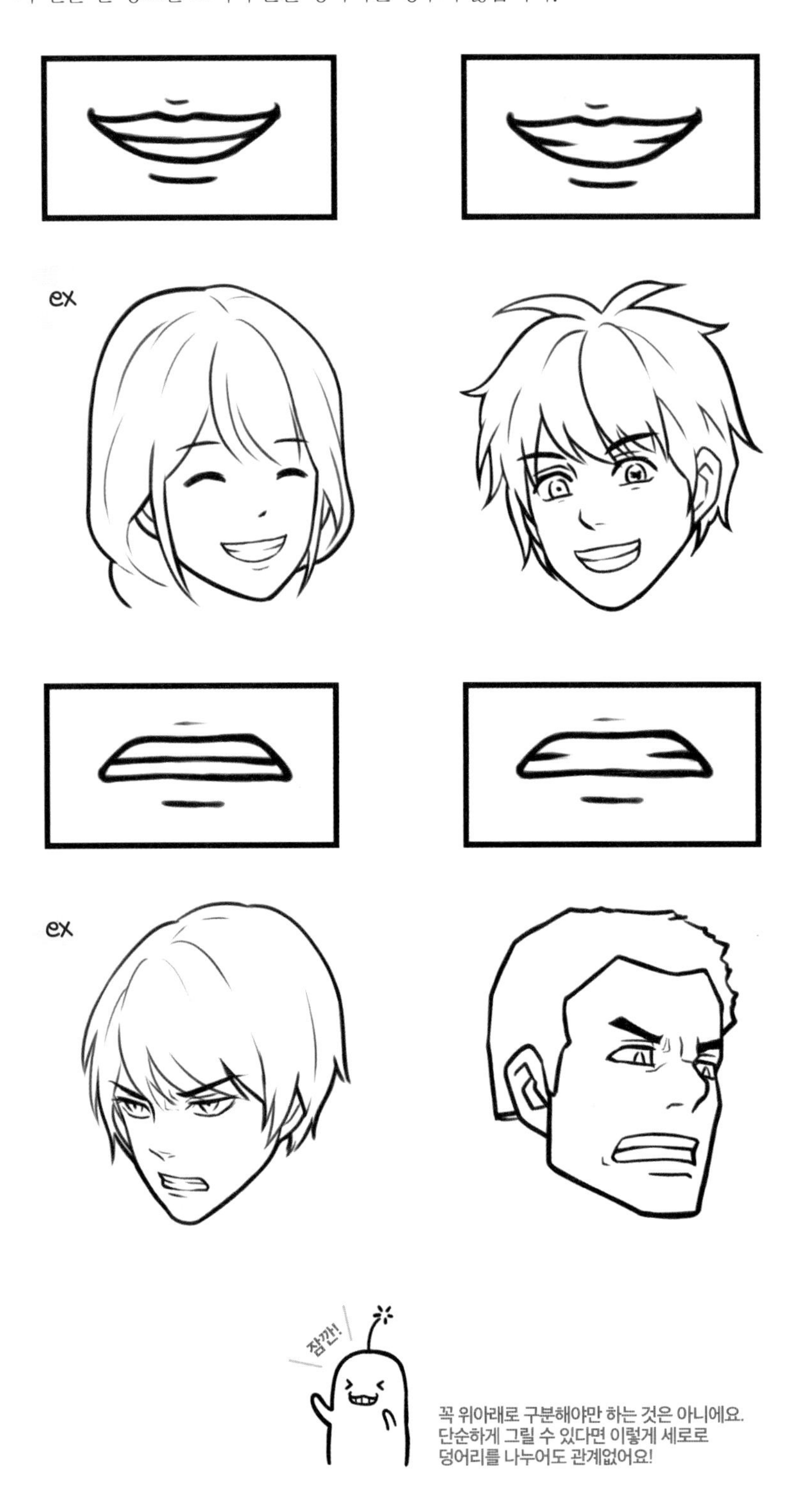

STEP 04

코, 입과 캐릭터 인상

1 캐릭터 성격을 결정하는 것은 입

코와 입 중, 특히 입이 '성격이 이럴 것 같다~'는 느낌을 결정합니다. 눈과 눈썹만으로는 다소 모호할 수도 있는 인상이 입이 합쳐지며 원하는 방향으로 정리됩니다. 코는 성격을 짐작하기보다는 균형을 맞춰주는 역할입니다.

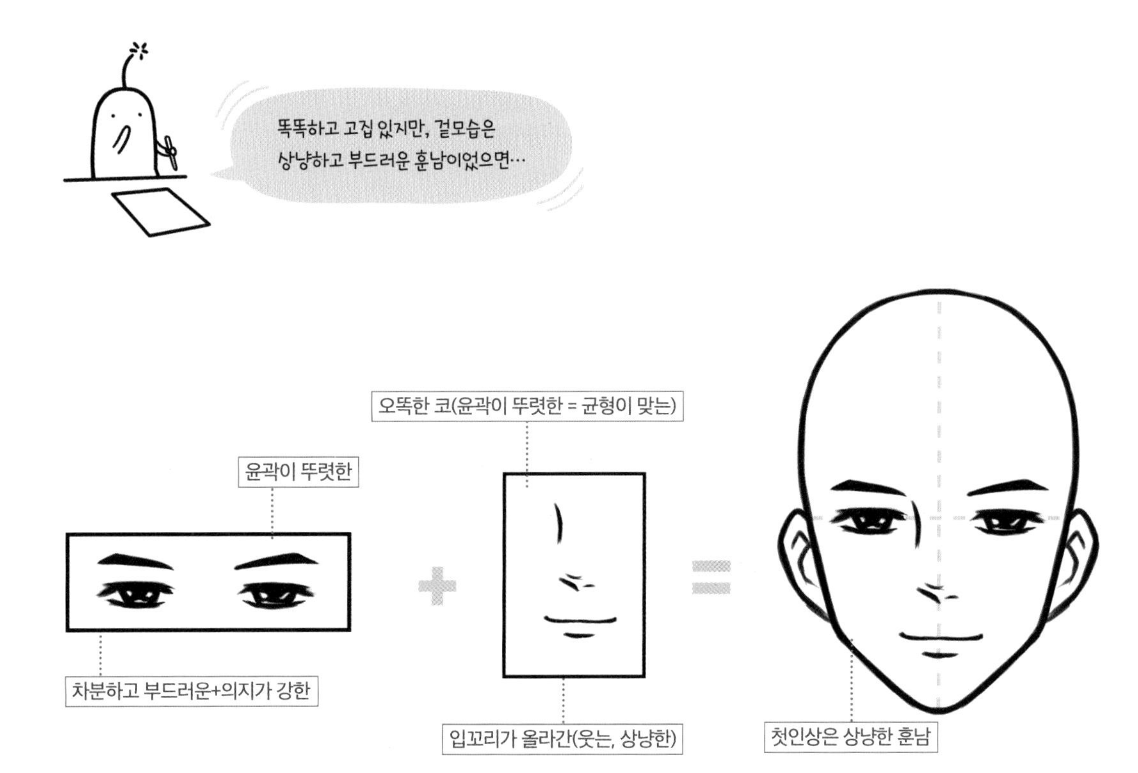

2 입꼬리가 주는 인상

입이 주는 인상은 입꼬리와 인중 길이, 그리고 입 크기의 조합으로 결정됩니다. 그중 입꼬리가 가장 큰 영향을 줍니다.

입꼬리가 올라가게 그린 경우

입꼬리를 올라가게 그리면 밝음, 상냥함, 편안함 등 전반적으로 긍정적인 인상이 됩니다.

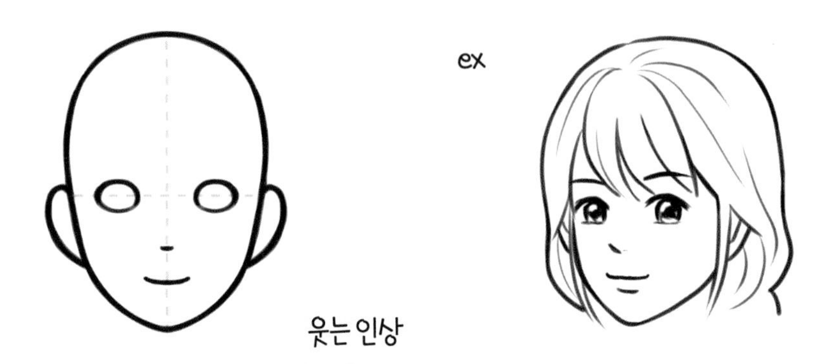

입꼬리가 내려가게 그린 경우

입꼬리를 내려가게 그리면 까다로움, 무뚝뚝함, 침울함 등 전반적으로 부정적인 인상이 됩니다.

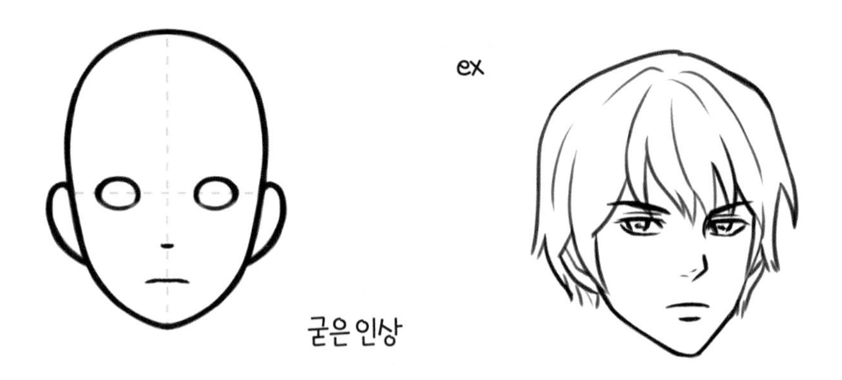

여기에 인중 길이, 입 크기가 더해져 복합적인 입의 인상이 나오게 됩니다.

3 인중 길이가 주는 인상

코와 입의 거리가 인중입니다. 인중 길이에 따라 어떤 느낌이 나는지 살펴보겠습니다.

올라간 입꼬리에서 인중을 짧게 그린 경우

올라간 입꼬리에서 인중을 짧게, 즉 입을 코와 가깝게 그리면 경쾌하거나 장난기 있는 느낌을 줄 수 있습니다.

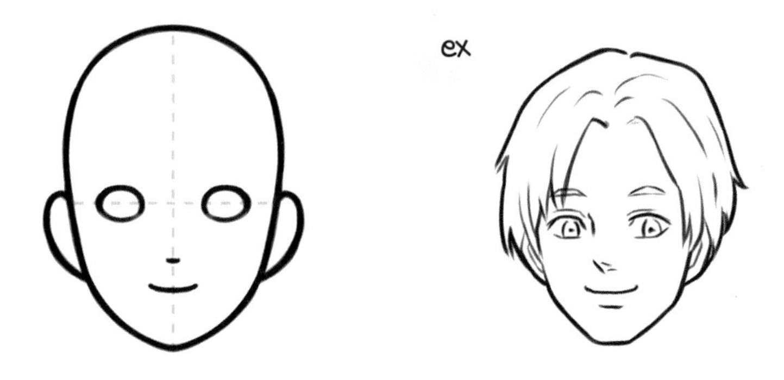

올라간 입꼬리에서 인중을 길게 그린 경우

올라간 입꼬리에서 인중을 길게, 즉 입과 코를 멀게 그리면 차분하고 편안한 느낌을 줄 수 있습니다.

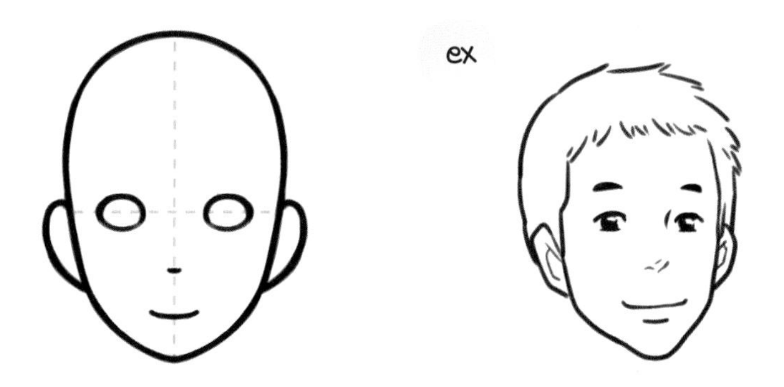

입꼬리가 내려간 상태에서 인중을 짧게 그린 경우

입꼬리가 내려간 상태에서 인중을 짧게 그리면 자칫 까다로운 느낌을 줄 수 있습니다.

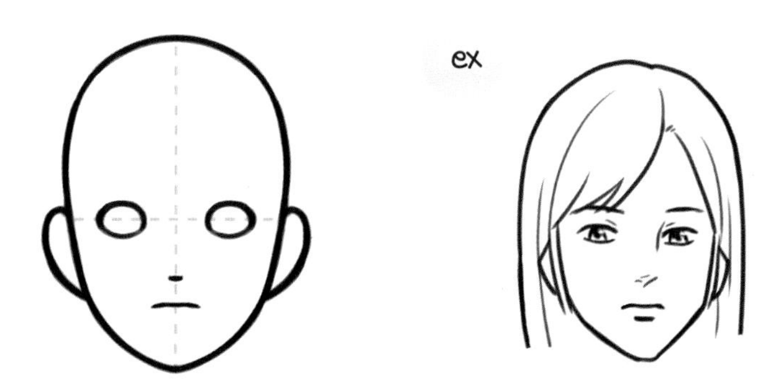

내려간 입꼬리에서 인중을 길게 그린 경우

내려간 입꼬리에서 인중을 길게 그리면 무뚝뚝하거나 소극적인 느낌을 줄 수 있습니다.

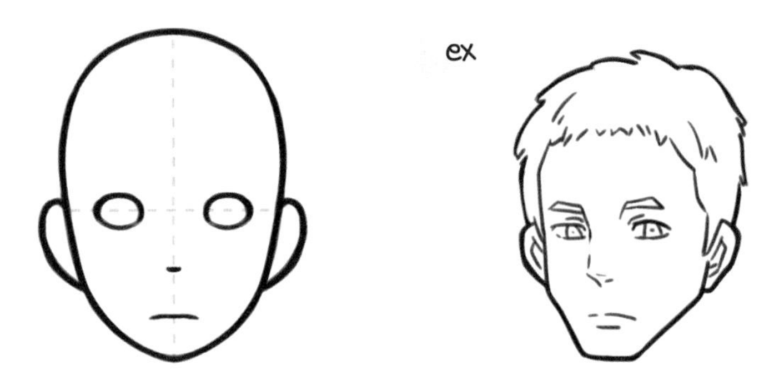

4 입 크기가 주는 인상

입을 작게 그리면 귀엽거나 섬세한 느낌을 줄 수 있고, 입을 크게 그리면 표정이 풍부하고 과장된 느낌을 줄 수 있습니다. 그리고 최종적인 인상은 역시 입꼬리 모양에 크게 영향을 받습니다.

입은 작게 + 입꼬리를 올린 경우

입은 작게 그리고, 입꼬리를 올라가게 그리면 귀엽거나 경쾌한 느낌을 줄 수 있습니다.

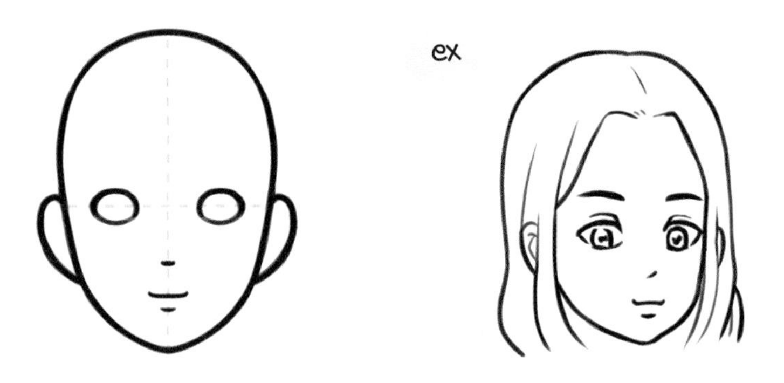

입은 작게 + 입꼬리를 내린 경우

입은 작게 그리고, 입꼬리가 내려가게 그리면 새침하거나 소심한 느낌을 줄 수 있습니다.

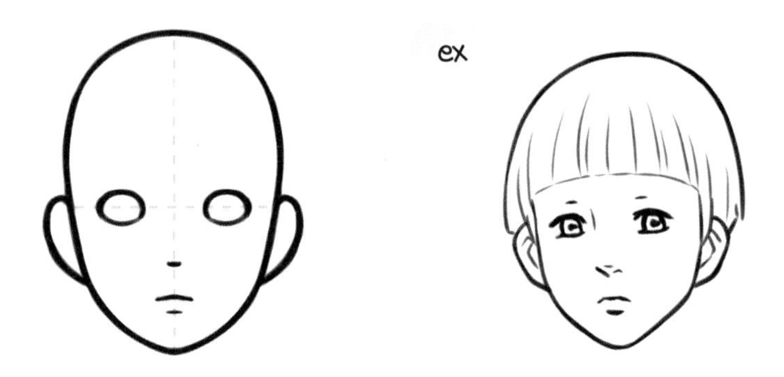

입을 크게 + 입꼬리를 올린 경우

입을 크게 그리고, 입꼬리를 올라가게 그리면 여유롭거나 익살맞은 느낌을 줄 수 있습니다.

입을 크게 + 입꼬리를 내린 경우

입을 크게 그리고, 입꼬리를 내려가게 그리면 우울하거나, 딱딱하거나, 까다로운 느낌이 강화됩니다.

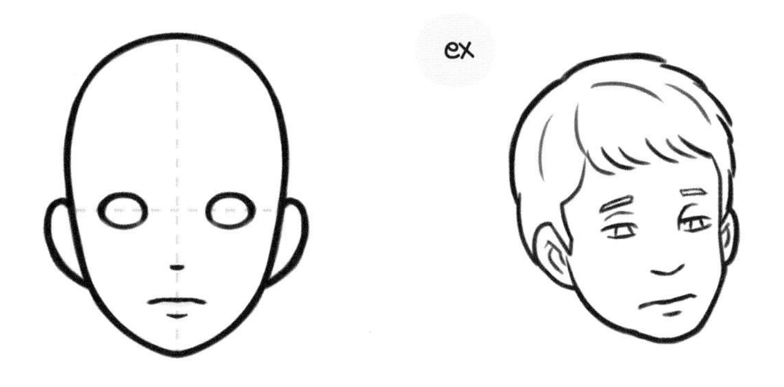

5 입이 주는 인상의 복합적인 실제 예

입과 함께 눈썹, 눈매의 느낌까지 조합했을 때 입이 주는 인상에 대해 몇 가지 예를 더 들어보겠습니다.

올라간 입꼬리 + 짧은 인중 + 작은 입

개구쟁이

내려간 입꼬리 + 짧은 인중 + 큰 입

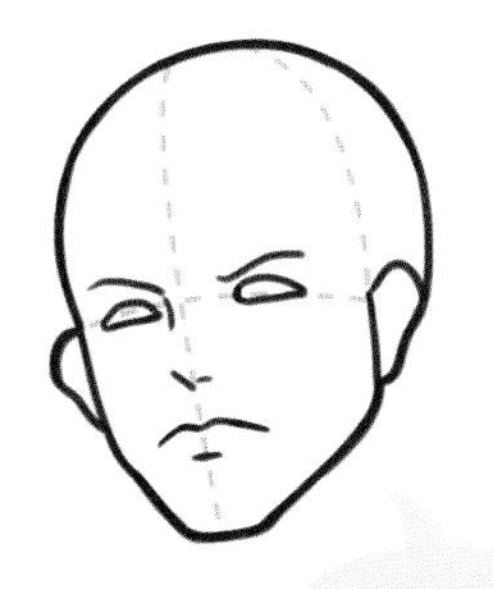

까다로워

올라간 입꼬리 + 긴 인중 + 큰 입

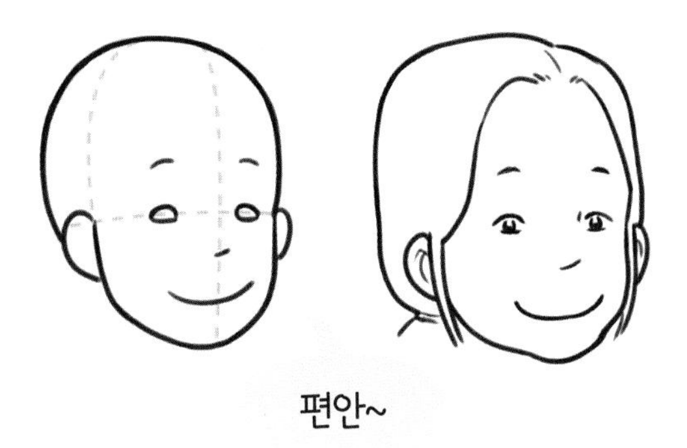

내려간 입꼬리 + 긴 인중 + 큰 입

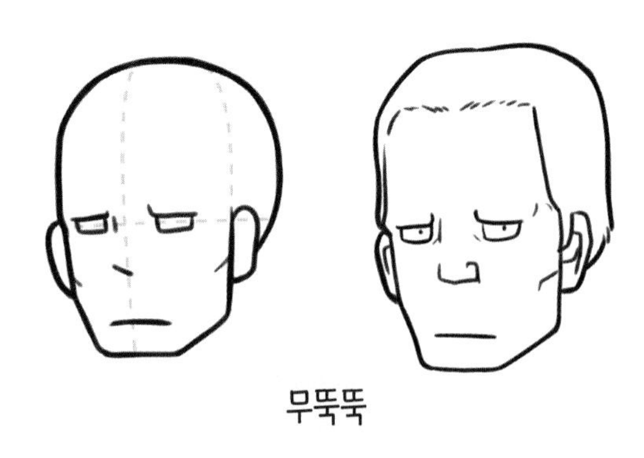

올라간 입꼬리 + 짧은 인중 + 큰 입

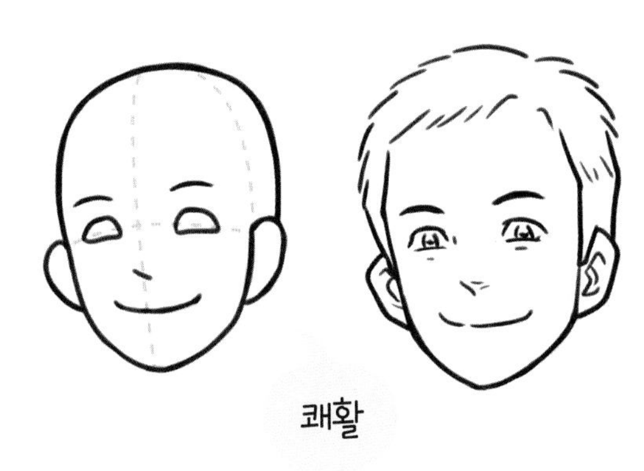

내려간 입꼬리 + 긴 인중 + 작은 입

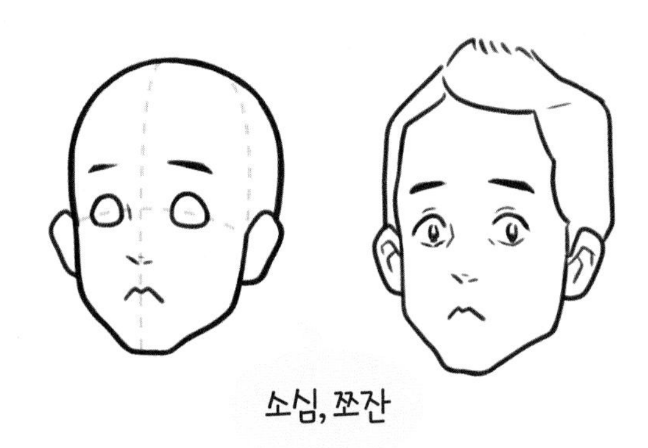

올라간 입꼬리 + 긴 인중 + 작은 입

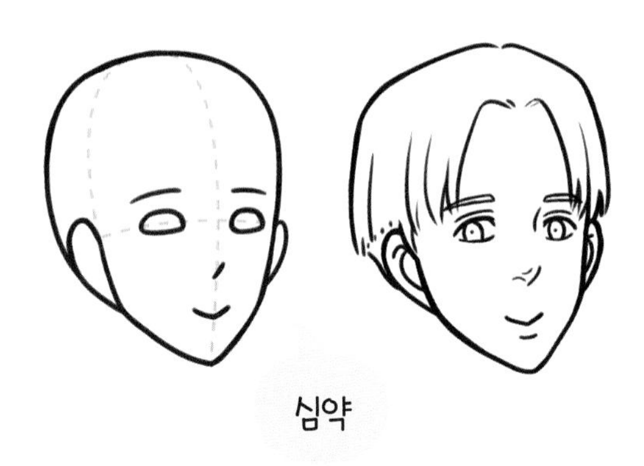

이 외에도 다양한 인상을 줄 수 있어요.

6 코로 얼굴 균형 맞추기

코는 입처럼 인상, 즉 캐릭터 성격을 짐작하게 하는 효과는 별로 없습니다. 자체 표정이 거의 없기 때문입니다. 대신, 얼굴의 정 가운데 있기 때문에 얼굴 윤곽의 균형을 결정하는 중심축 역할을 합니다.

코의 높이와 얼굴 윤곽이 균형이 맞는 경우

미간이나 콧날이 강조되면 코가 높아 보이고 윤곽이 뚜렷해 보여 눈썹과 눈 사이가 좁은 것이 어울립니다.

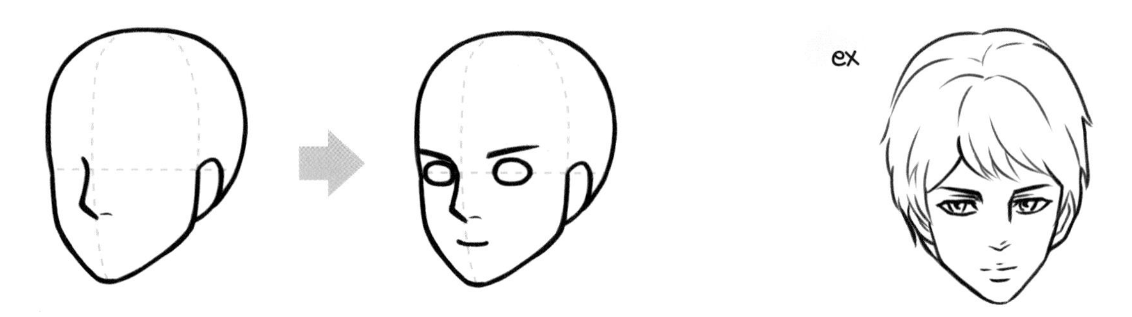

미간과 콧날이 강조되지 않으면 코가 낮아 보이고, 윤곽이 부드러워 보여 눈썹과 눈 사이가 넓은 것이 어울립니다.

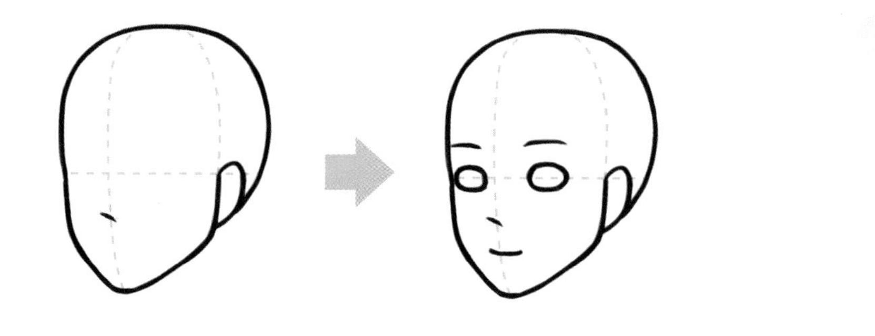

코의 높이와 얼굴 윤곽이 균형이 맞지 않은 경우

반면 코의 높이와 눈과 눈썹 사이 거리가 앞서 보여드린 것과 반대로 조합되면 미형 캐릭터보다는 개성 캐릭터에 가까워집니다. 콧대는 높은데 눈썹과 눈 사이가 넓으면 코가 상당히 길게 느껴집니다.

콧대는 낮은데 눈썹과 눈 사이가 좁으면 코가 납작한 느낌을 줄 수 있습니다.

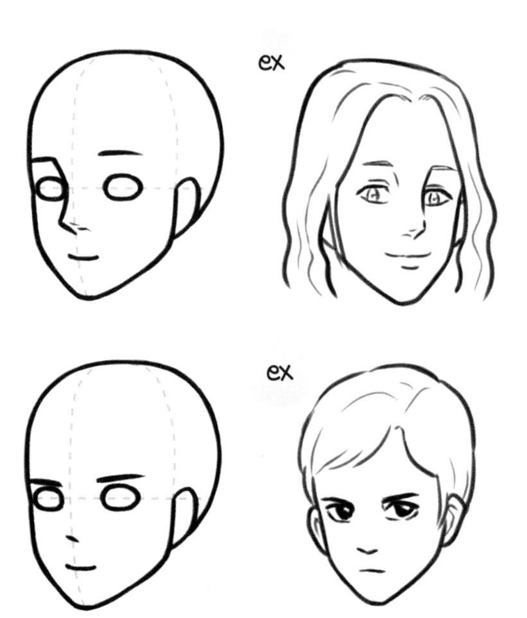

CHAPTER

07

옆얼굴에서 드러나는 캐릭터의 개성

캐릭터의 개성은 이마, 코, 입을 입체적으로 볼 수 있는 옆모습에서 더 잘 드러납니다. 특히 인종별 특성을 관찰하는 데 좋습니다. 동아시아인과 백인, 흑인의 옆모습을 그려봅니다.

옆모습 그리기

STEP 01

1 옆얼굴 디테일의 중요성

옆얼굴은 앞 얼굴만큼 눈코입의 비례가 잘 보이지는 않지만 대신 이마, 코, 입의 모양 등, 앞 얼굴에서 보이지 않는 디테일의 윤곽이 잘 보입니다. 또 미형 캐릭터라 해도 캐릭터 개성에 따라 옆얼굴 윤곽이 조금씩 달라집니다.

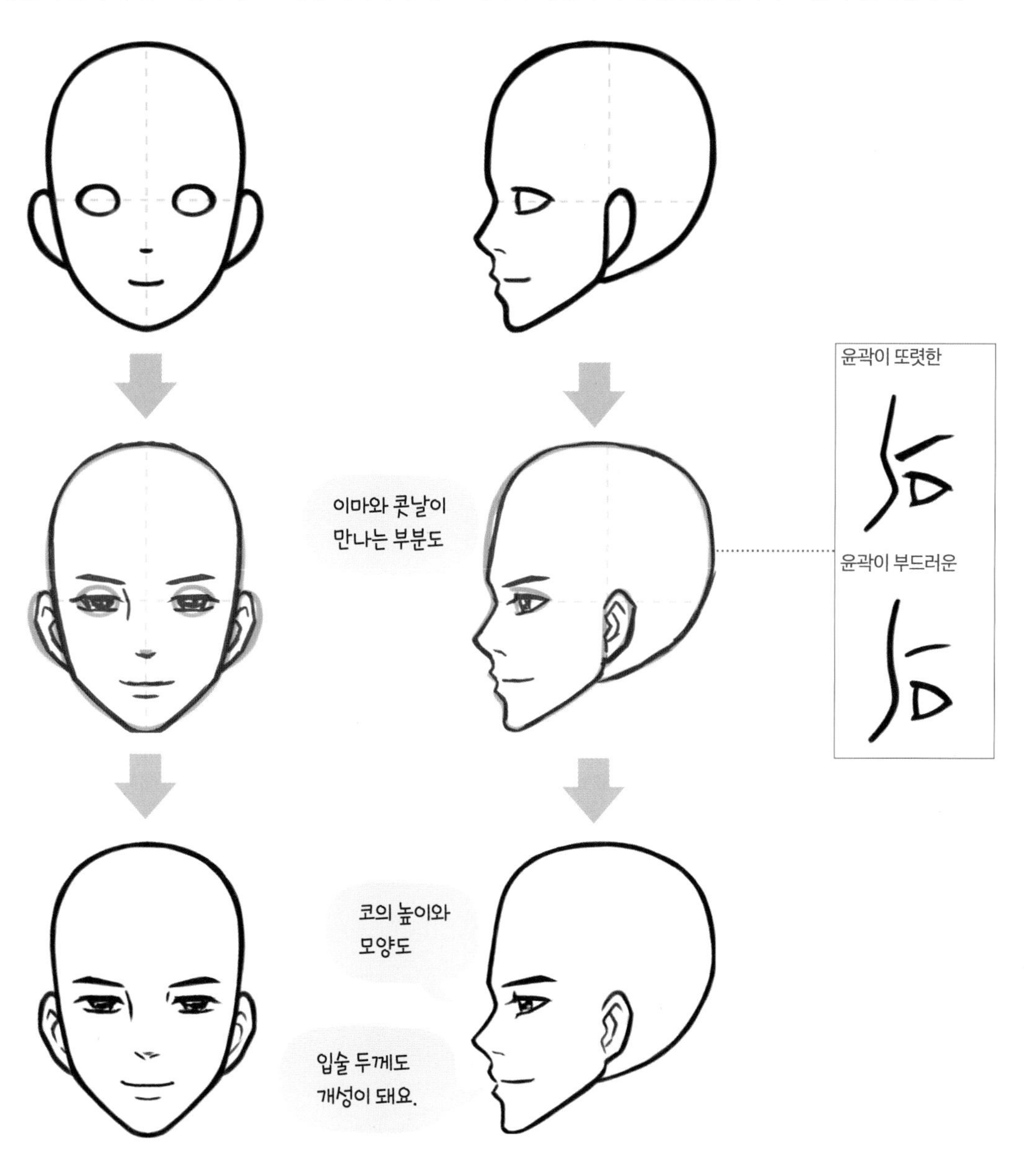

앞모습과 옆모습을 같이 그려보면 양쪽의 모습이 섞여 있는 반 옆모습도 좀 더 탄탄하고 안정감 있게 그려볼 수 있습니다.

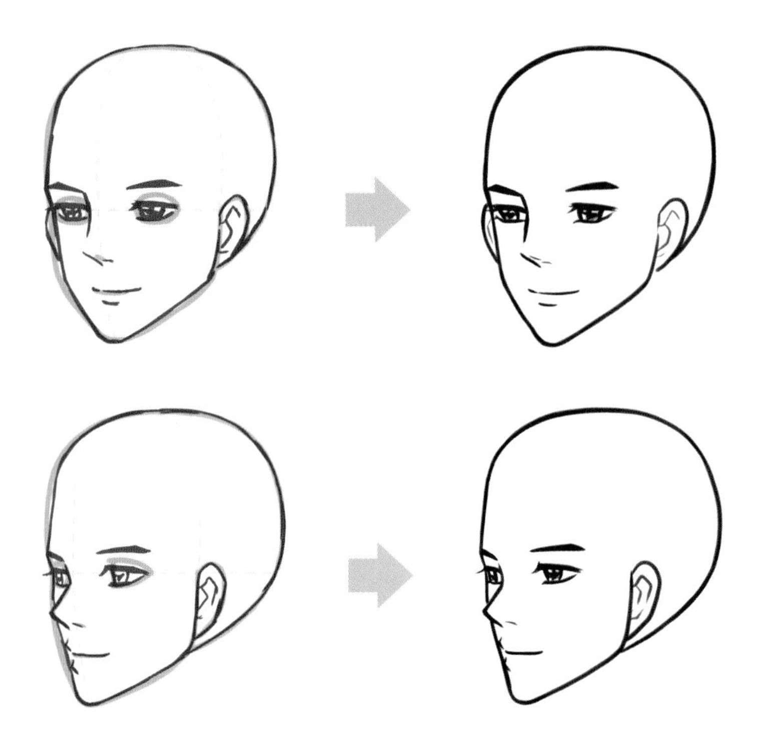

특히, 서로 다른 인종을 캐릭터로 설정할 때는, 옆모습을 함께 그려보는 게 더욱 효과적입니다. 인종별 이목구비 특징은 앞모습보다는 옆모습에서 더 선명하게 나타나기 때문입니다.

인종 구분은 절대 법칙도 아니고 예외도 많지만,
편의상 아시아인(몽골로이드), 백인(코카소이드),
흑인(니그로이드)으로 나누어 살펴볼 수 있습니다.

인종과 캐릭터 개성

STEP 02

 아시아인의 옆모습

동양인, 혹은 동아시아인(몽골로이드)은 얼굴 윤곽이 가장 부드럽습니다. 코가 낮고, 입이 작고, 굴곡이 적어 평면적인 느낌입니다.

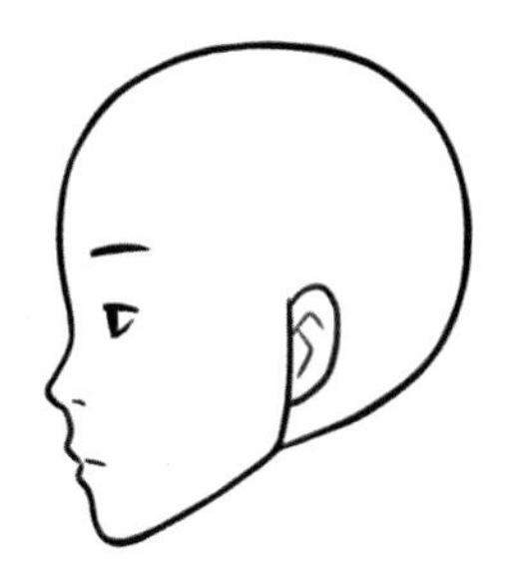

아시아인의 특징을 참고해 미형 캐릭터를 그린 예입니다.

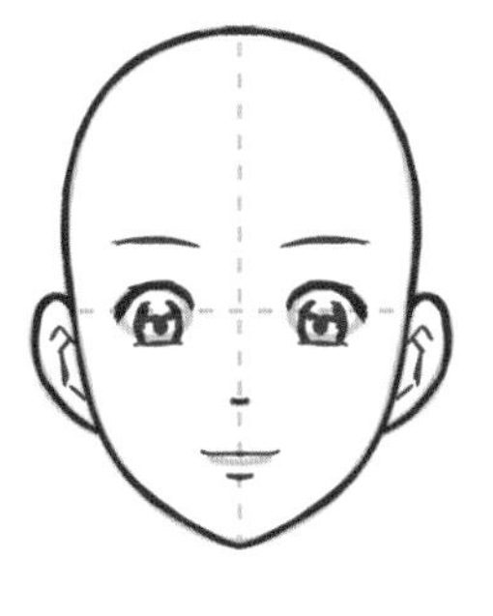

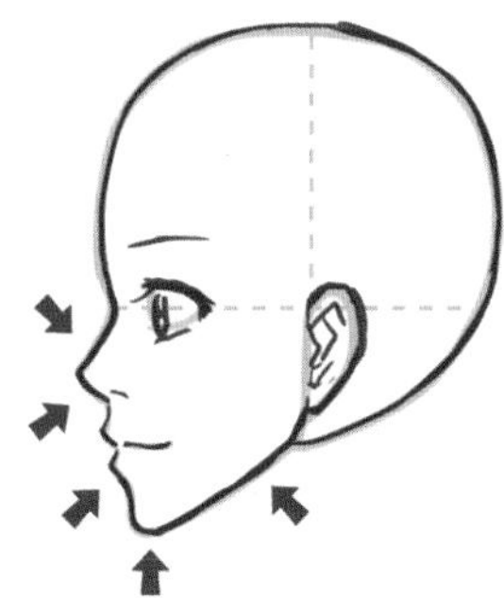

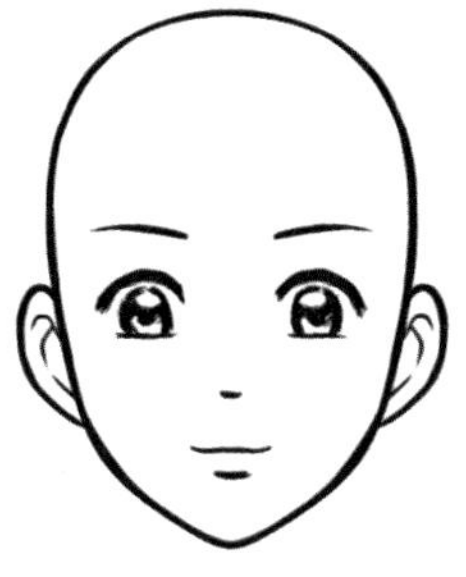

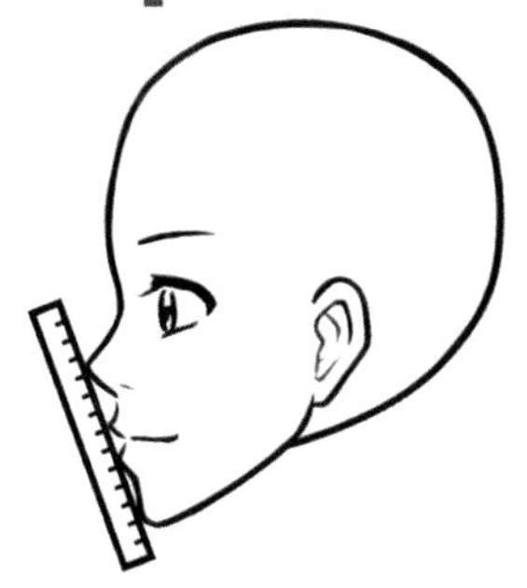

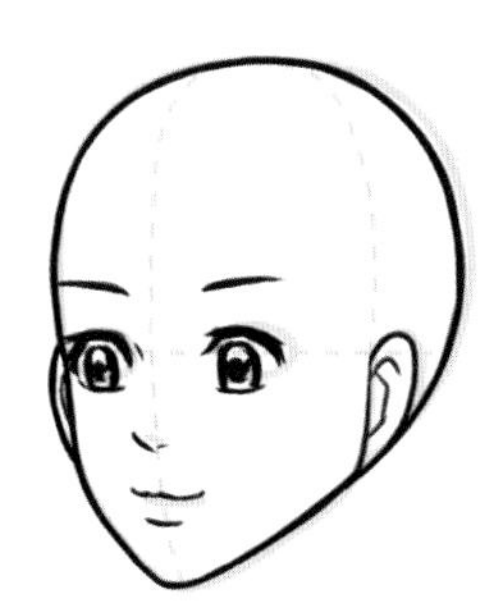

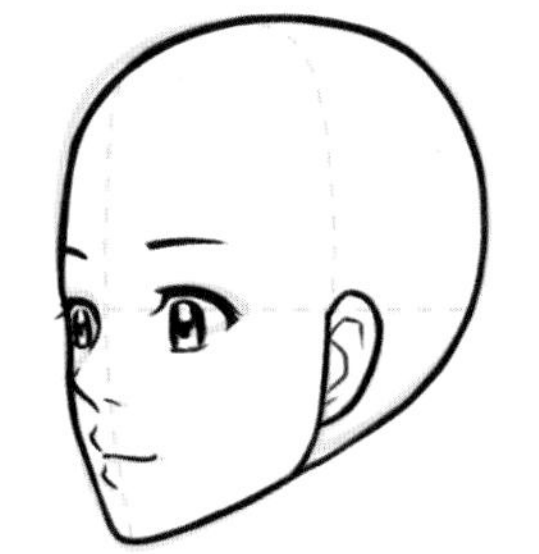

2 백인의 옆모습

유럽인, 서아시아(중동)인, 인도인이 모두 백인(코카소이드)에 포함됩니다. 백인은 윤곽이 또렷합니다. 코가 크고 미간과 턱이 튀어나와 굴곡이 각지고 입체적인 느낌입니다.

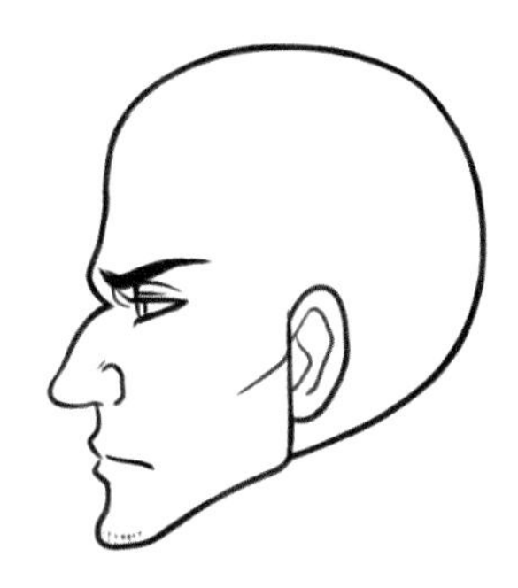

백인의 특징을 참고해 미형 캐릭터를 그린 예입니다.

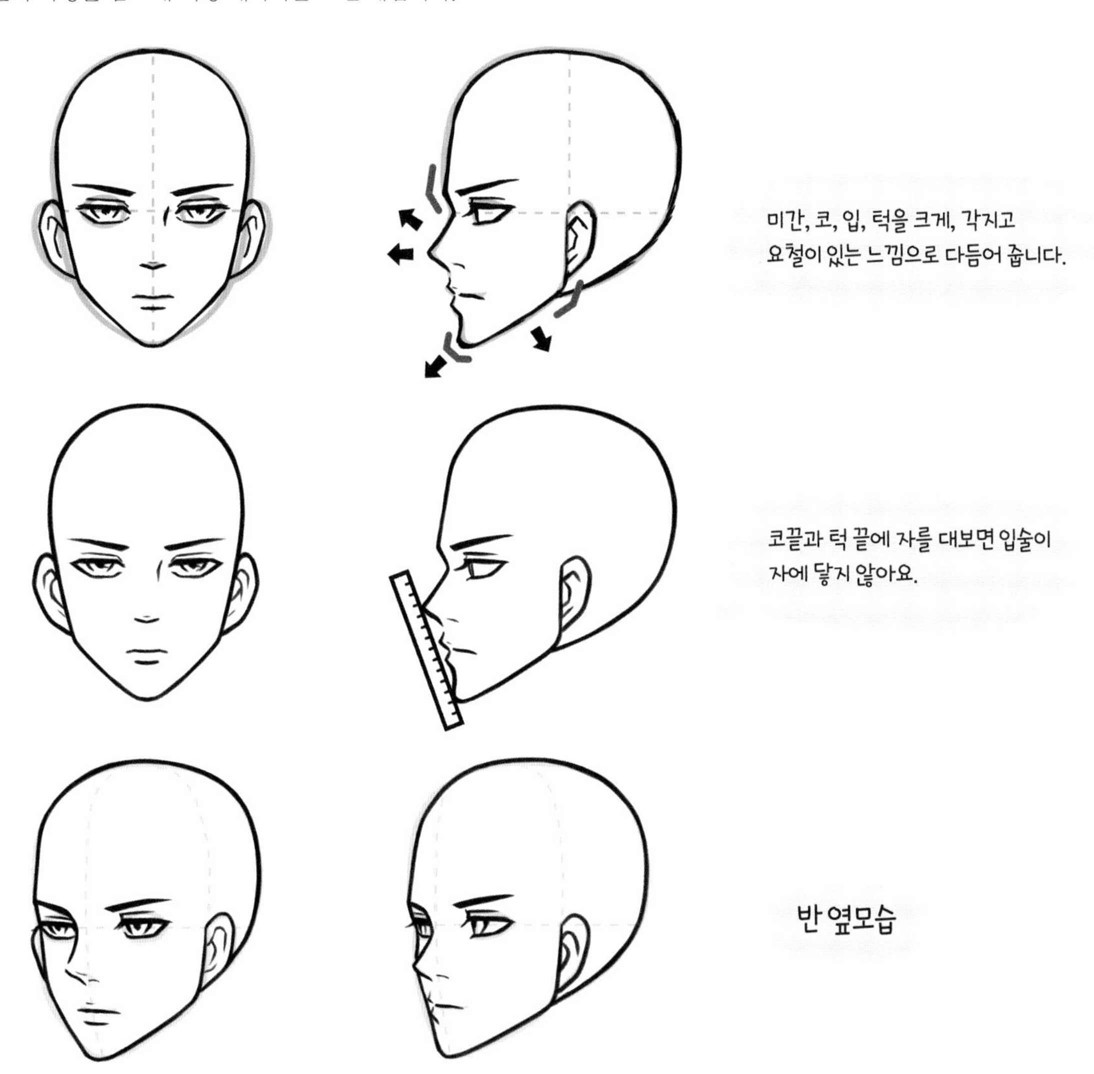

3 흑인의 옆모습

흑인(니그로이드)은 코가 낮고 넓은 편이며 두툼한 입술에 얼굴 윤곽이 입체적이면서도 부드러운 느낌입니다.

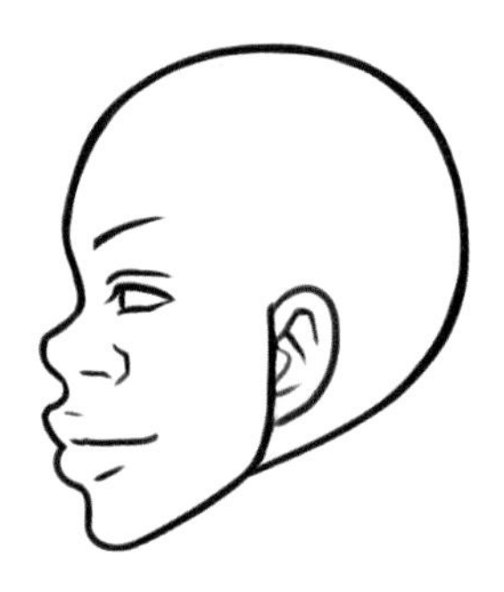

흑인의 특징을 참고해 미형 캐릭터를 그린 예입니다.

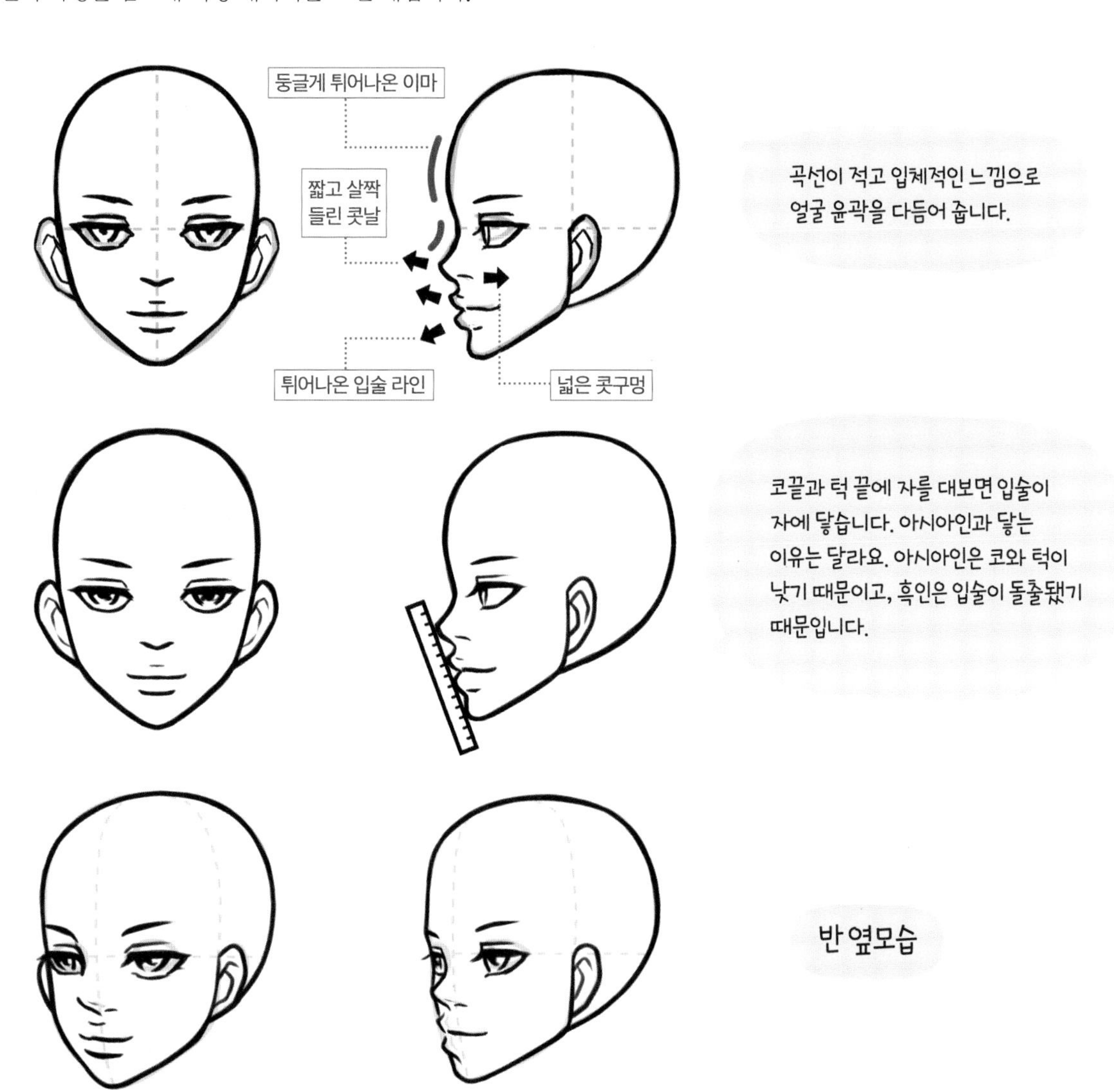

CHAPTER

08

얼굴의 기본 비율 변형하기

이번 장에서는 기본 비율 자체를 변형하는 방법을 보여드리겠습니다.
기본 비율에서 멀어질수록 예쁘거나 무난하다는 느낌은 사라지지만,
훨씬 개성이 강하고 다양한 캐릭터를 그릴 수 있으며 캐릭터의
연령대도 자유롭게 조정할 수 있습니다.

STEP 01

개성 있는 캐릭터 그리기

1 기본 비율을 변형하는 방법

이해를 돕기 위해 일단 얼굴 하나당 특징 하나씩만 변형해 보았습니다.

코가 긴 캐릭터

코가 짧은 캐릭터

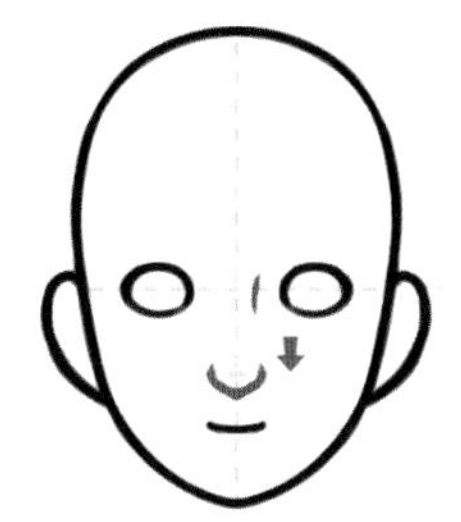

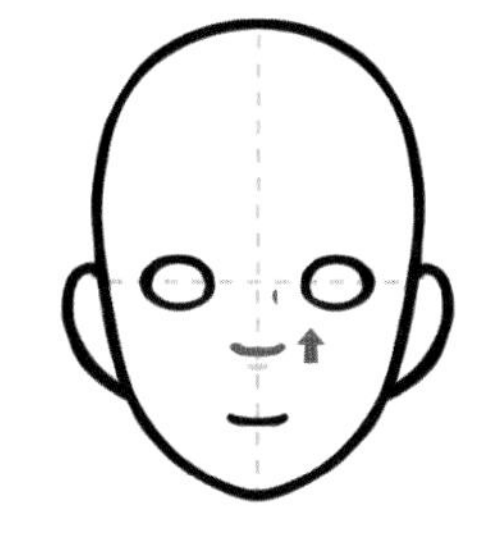

코가 넓은 캐릭터

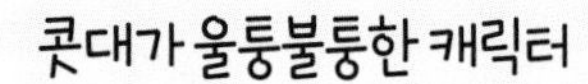

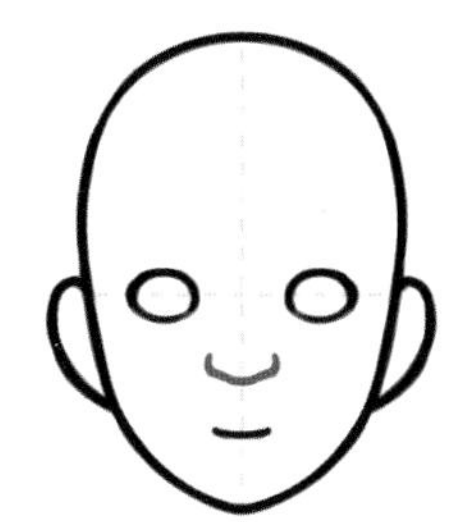

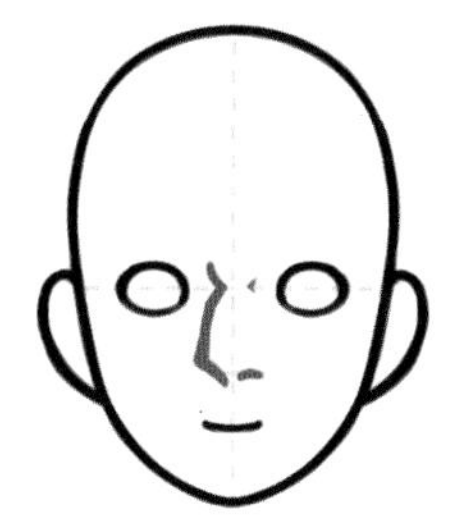

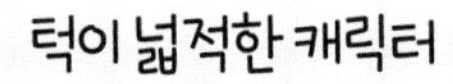

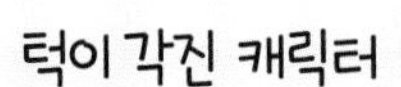

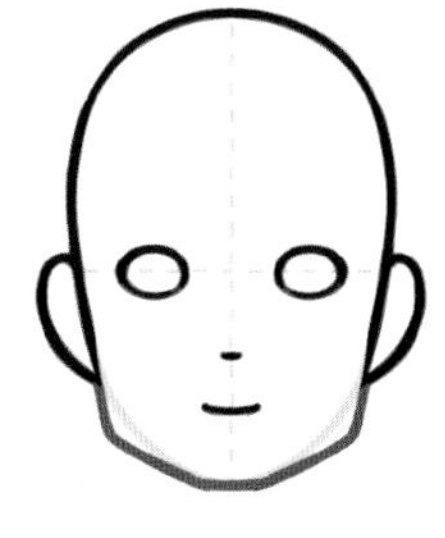

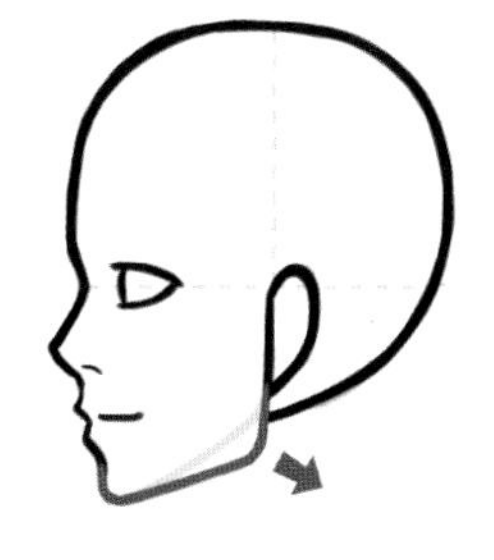

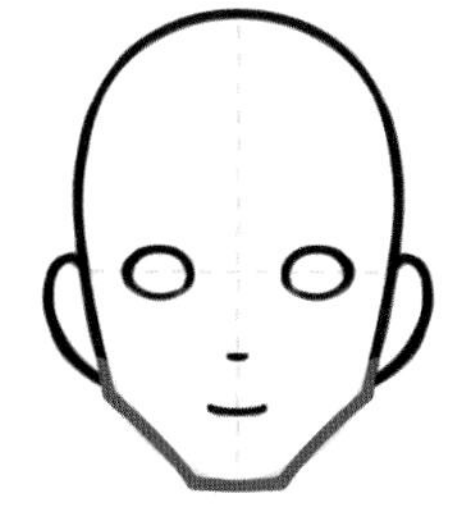

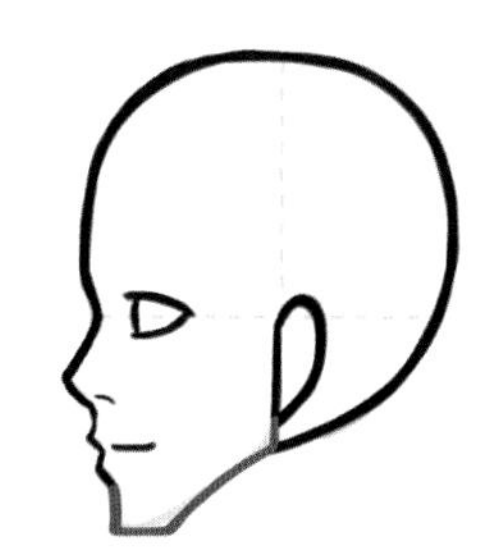

턱이 튀어나온 캐릭터

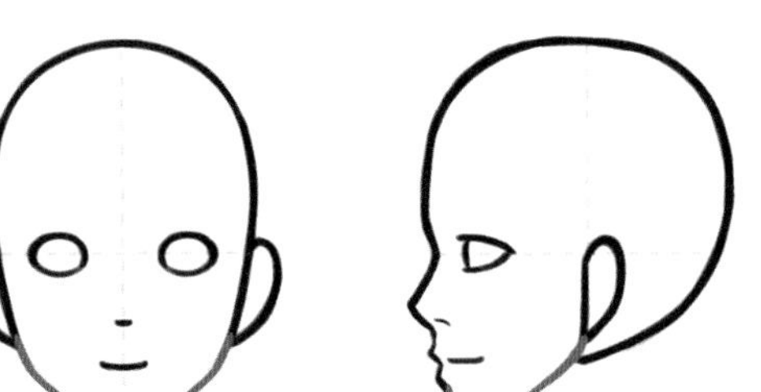

턱이 들어간 캐릭터

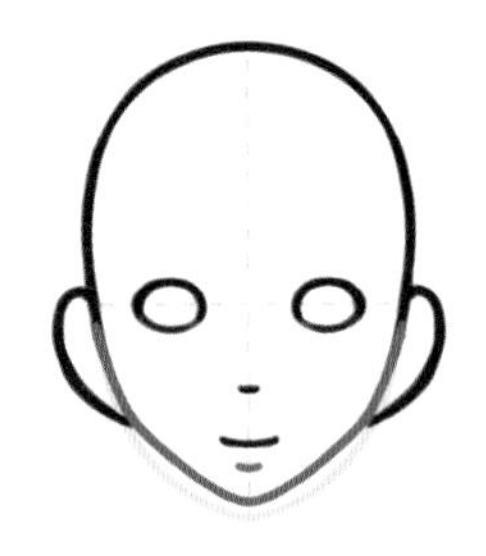

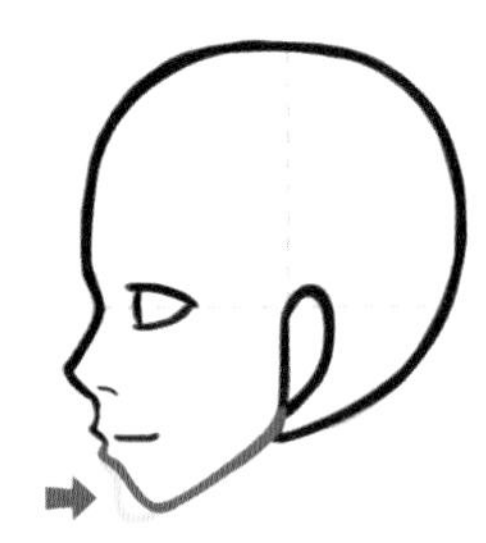

광대뼈가 나온 캐릭터

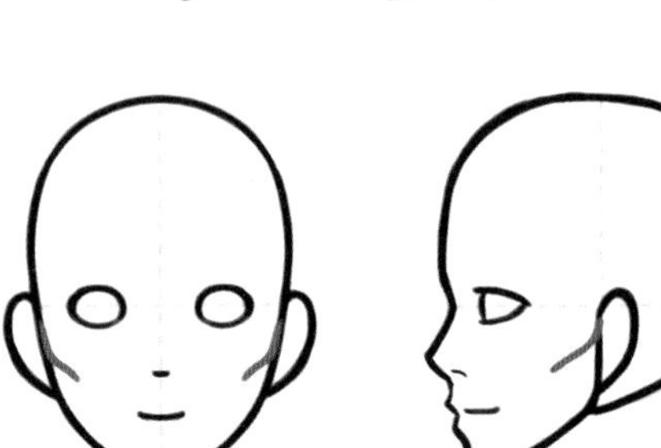

뺨이 푹 꺼진 캐릭터

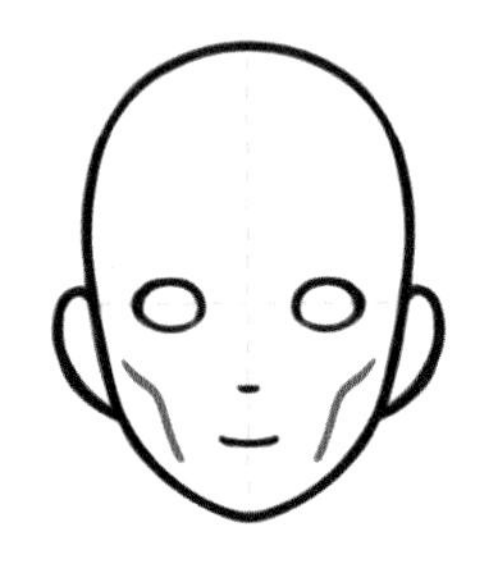

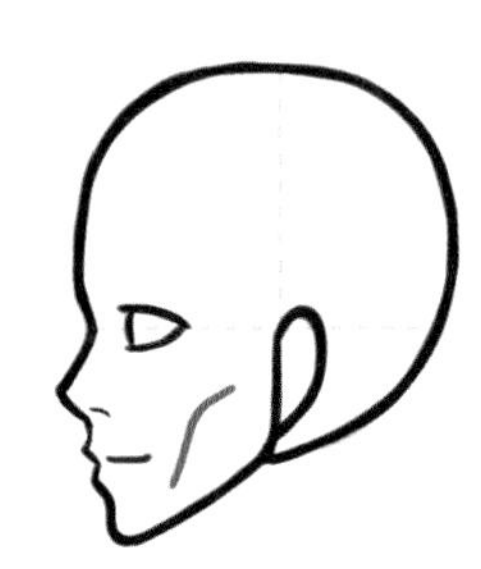

살이 찐 캐릭터

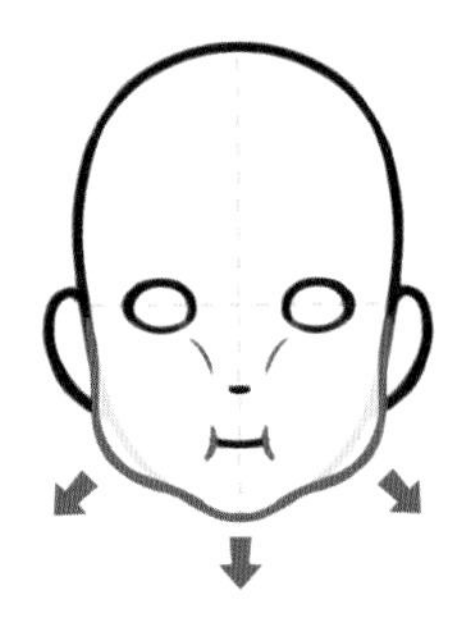

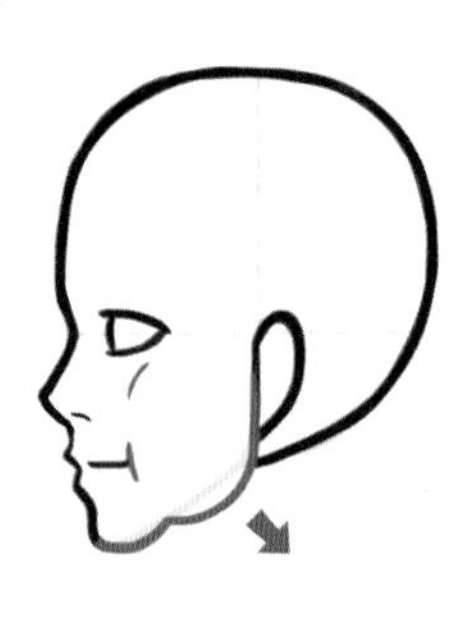

턱살이 처진 캐릭터

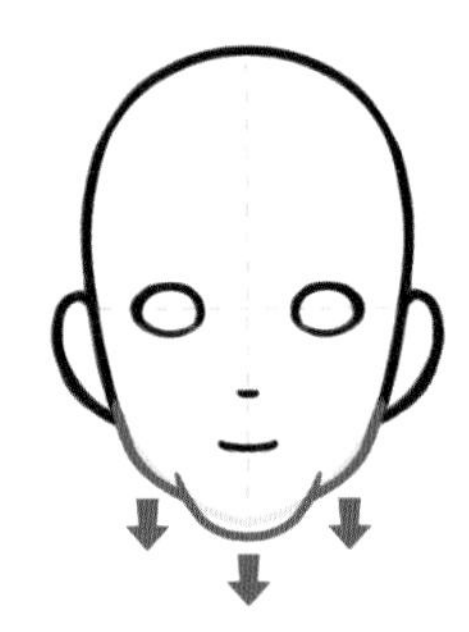

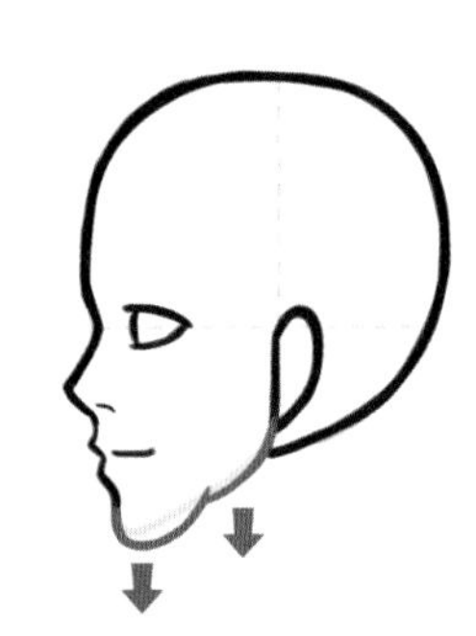

2 개성 있는 캐릭터의 예

실제 개성 있는 캐릭터를 그릴 때는 여러 특징을 한꺼번에 변형해 가면서 비율도 더 자유롭게 조정합니다.

비율 변형은 정면에서 시작하는 것이 더 편합니다.

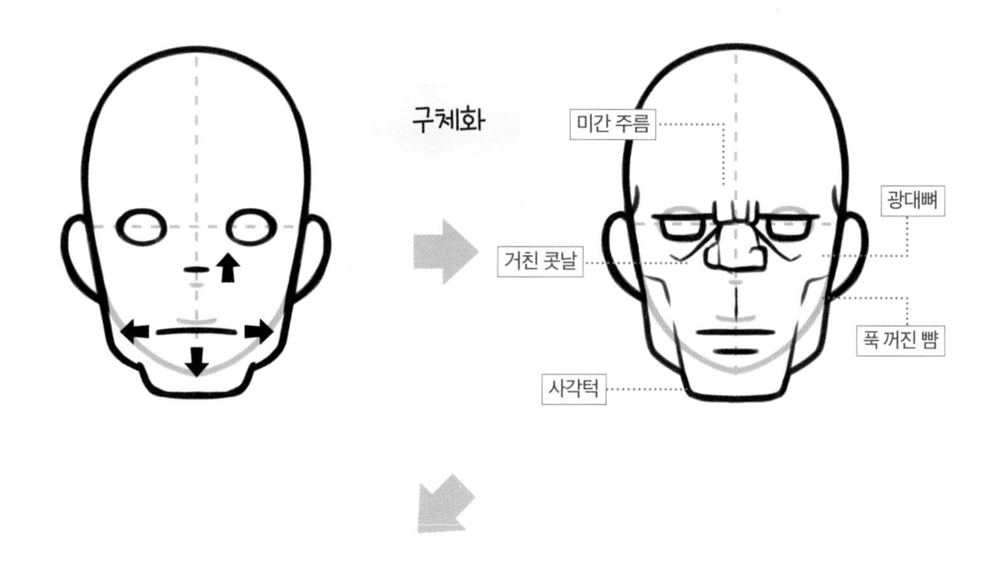

옆얼굴을 함께 그리면 반 옆모습도 안정된 비율로 그릴 수 있습니다.

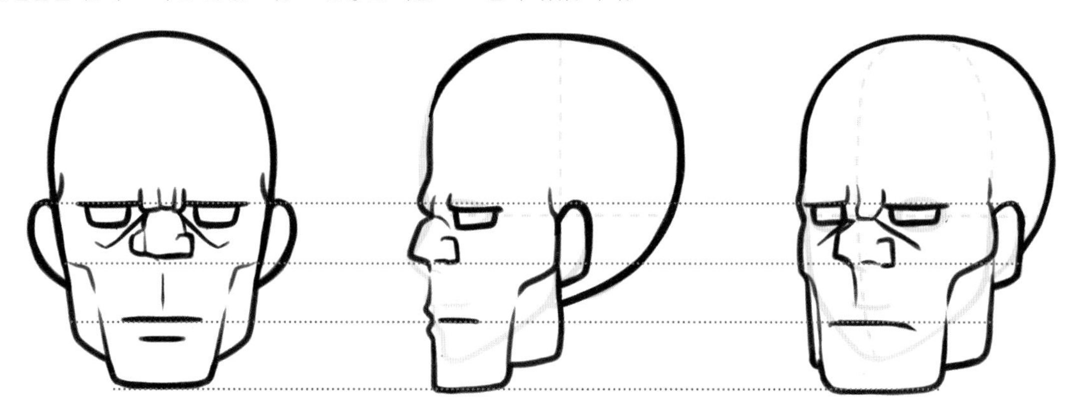

주로 높이를 맞추는 데
신경씁니다.

어떤 얼굴로 변화시키건 눈썹, 눈, 코, 입, 귀, 턱의 높이를 잘 맞춰주면 그럴싸합니다.

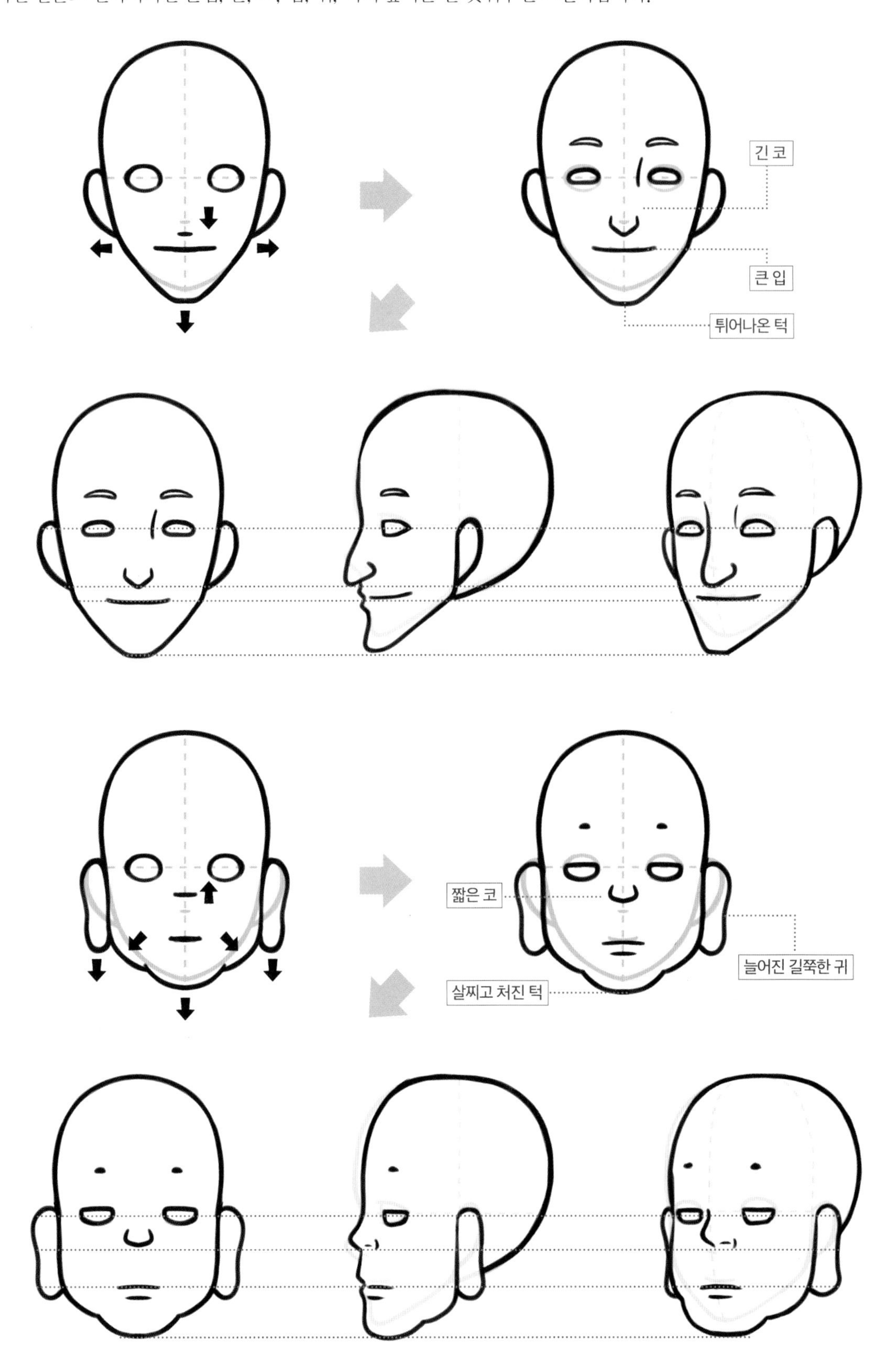

STEP 02

귀여운 얼굴의 캐릭터 그리기

유아 얼굴의 비율

유아 얼굴도 기본 비율에서 벗어날수록 귀엽게 그릴 수 있습니다. 일단 정면에서 본 유아 얼굴은 성인 얼굴에 비해 원형에 가깝습니다.

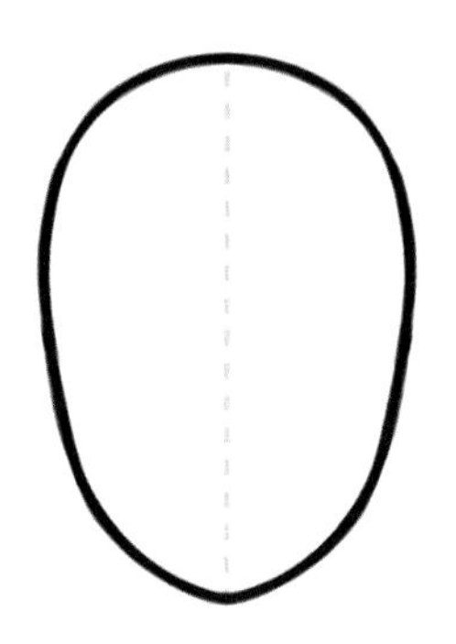

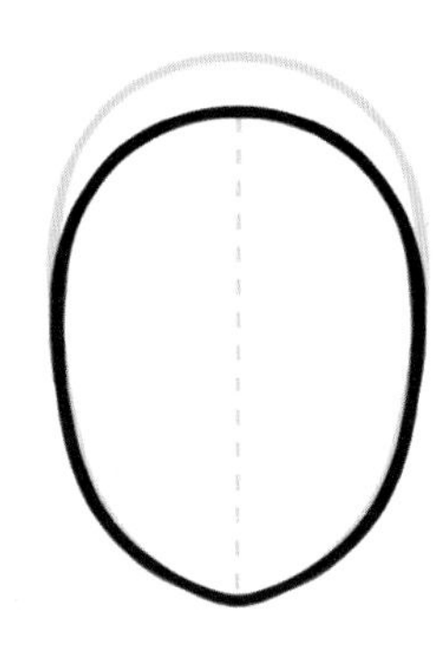

뚱뚱이 계란

눈, 코, 입, 귀는 아래쪽으로 와르르 내려간다는 느낌으로 그립니다.

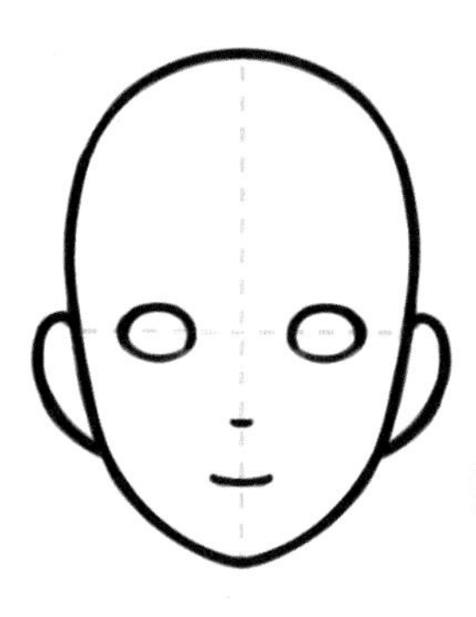

볼은 뽈록 나와요.

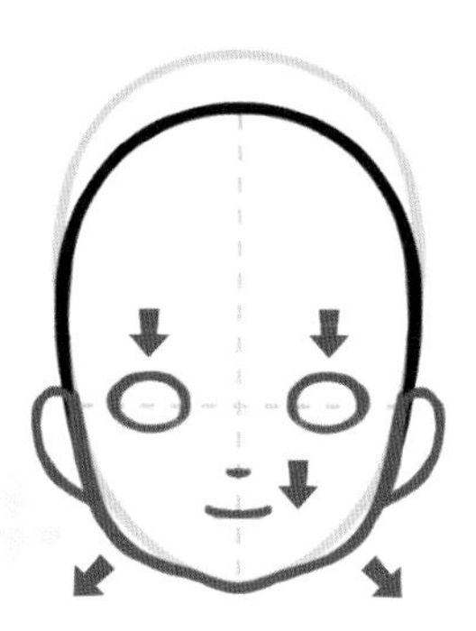

눈, 코, 입간 세로 비율은 유지하면서 납작해집니다.

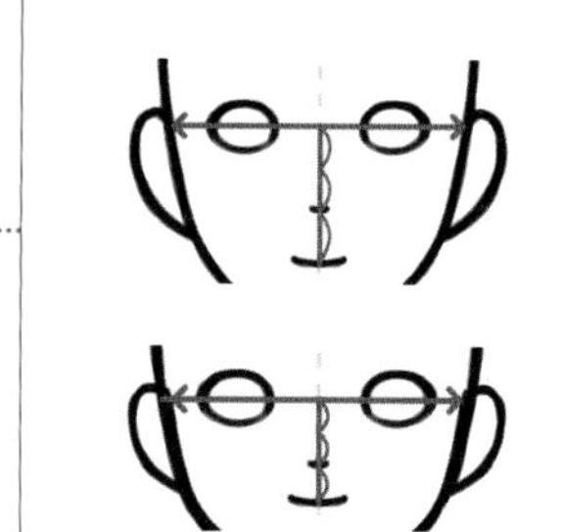

그리고 눈과 눈썹 사이가 성장 후보다 넓어 보입니다.

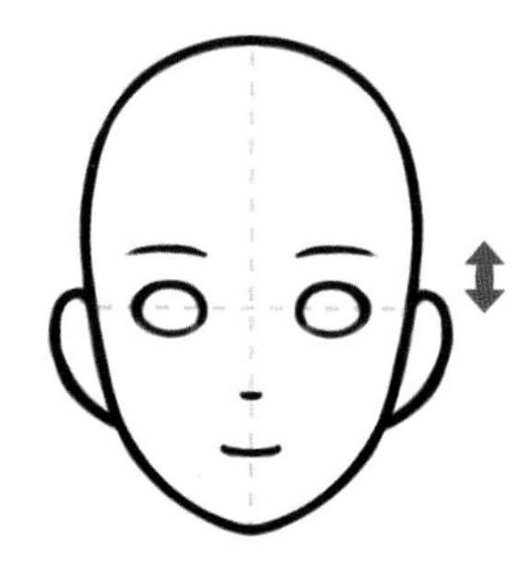

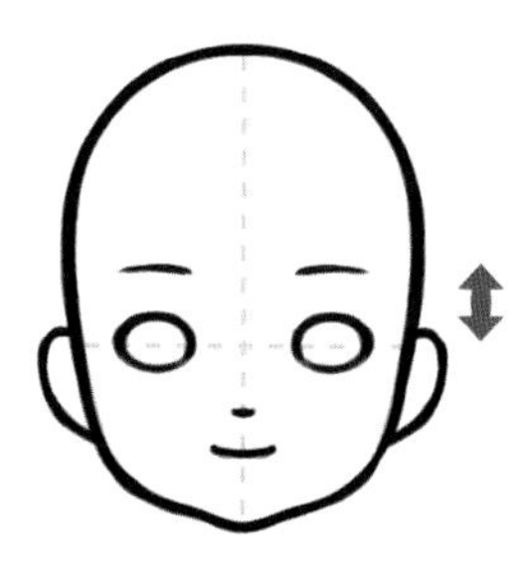

유아의 옆모습은 아직 얼굴 윤곽이 발달하지 못했기 때문에 최대한 부드러운 느낌으로 라인을 동글동글하게 그립니다.

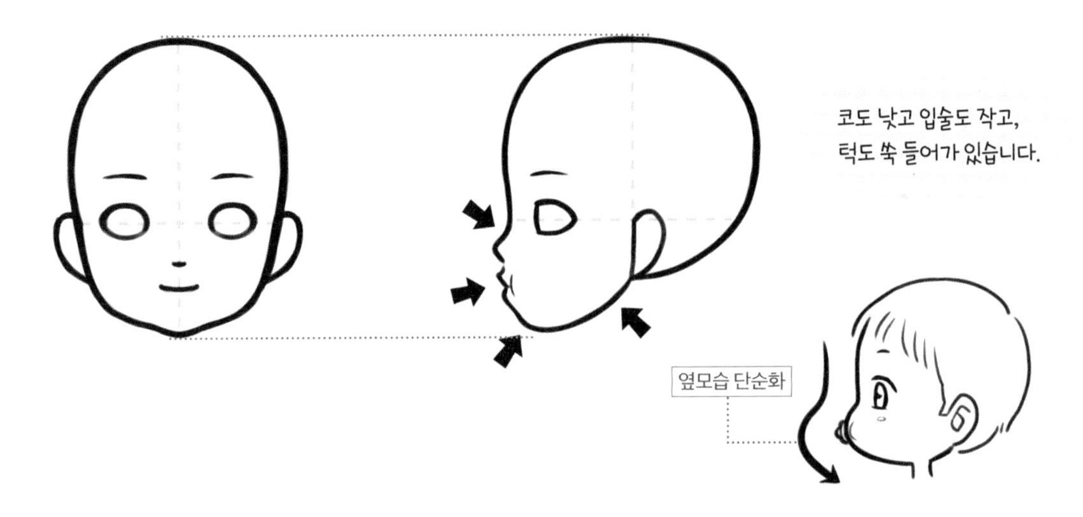

반 옆모습과 반 뒷모습도 눈, 코, 입, 귀의 높이를 유아 비율에 맞춰 그립니다. 땡 그리한 볼은 유아의 특징이자 매력 포인트입니다.

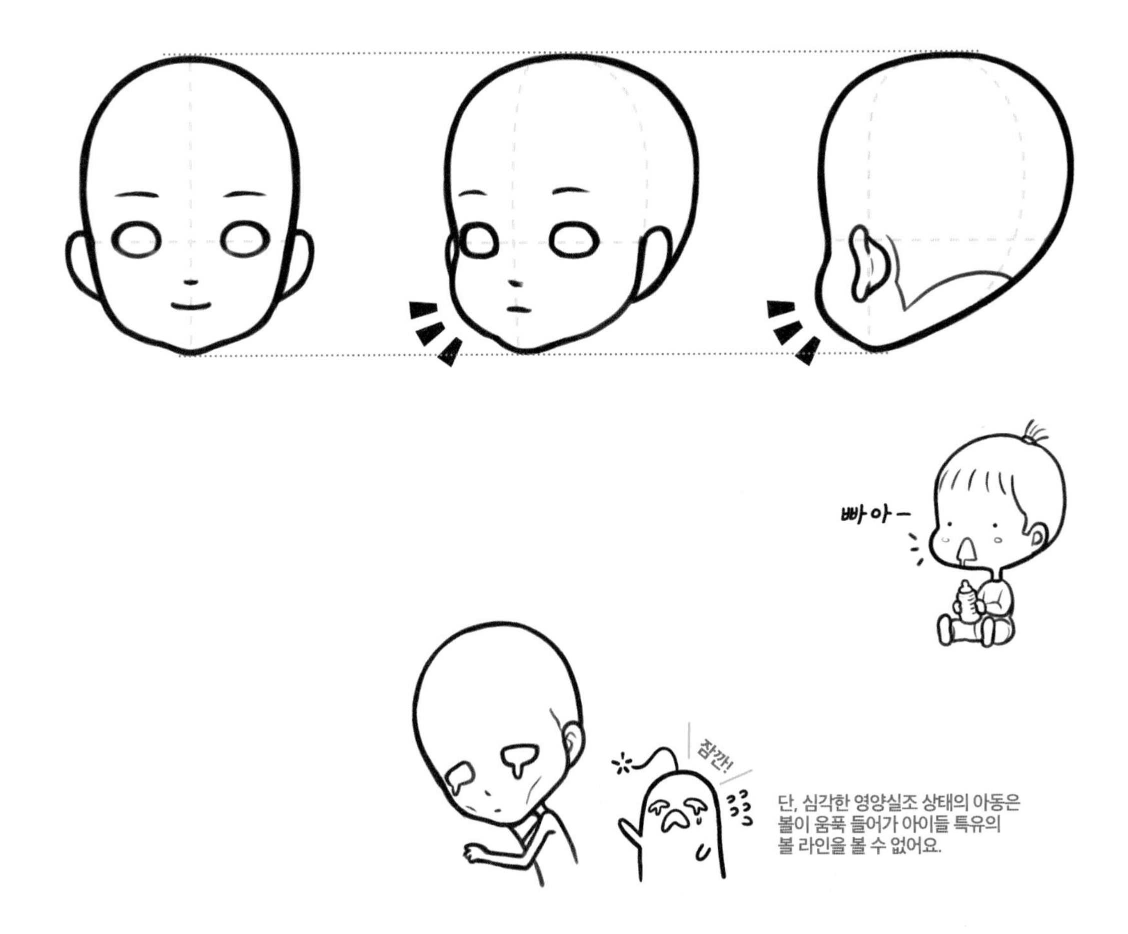

2 동안 비율

아이 느낌을 주는 성인의 얼굴 비율을 동안 비율이라고 부를 수 있습니다. 유아를 그릴 때와 거의 같은 방식으로 그립니다. 즉 이마, 코, 턱의 윤곽은 부드럽게, 기본 비율보다 눈, 코, 입, 귀가 아래로 내려가게 그립니다.

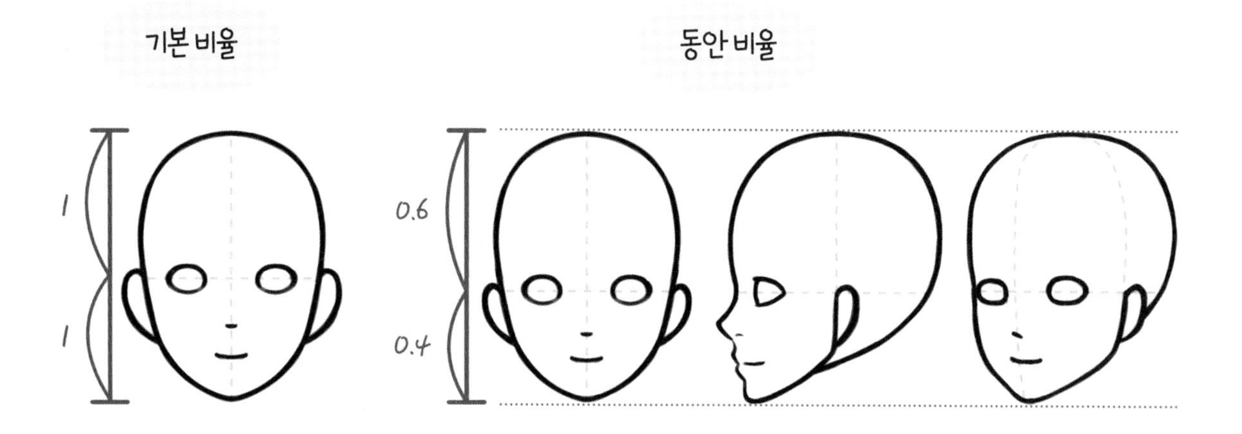

눈썹과 눈 사이 간격은 대체로 넓은 편입니다.

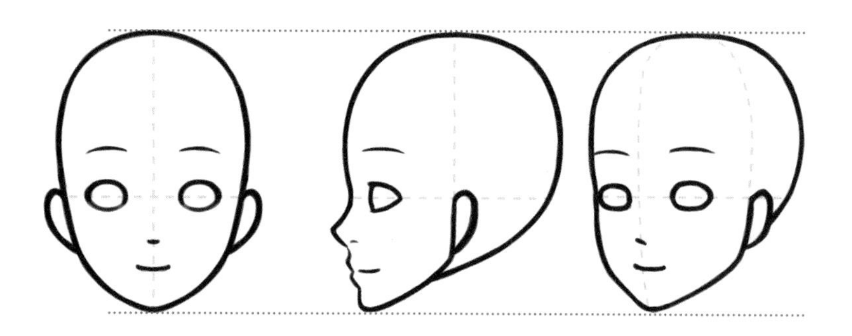

귀여운 느낌의 캐릭터를 그리고 싶으면 동안 비율로 그릴수록 효과적입니다. 자신의 그림체의 기본 비율 자체를 동안 비율로 설정해도 됩니다.

STEP 03

노화가 진행된 얼굴의 캐릭터 그려보기

1 노화가 살짝 진행된 (중년의) 얼굴

노화 속도는 사람(캐릭터)마다 개인차가 있지만, 진행되는 방식은 유사합니다. 처진 턱선은 나이든 얼굴을 실감나게 표현할 수 있는 특징 중 하나이지만 흔히 놓치는 포인트입니다.

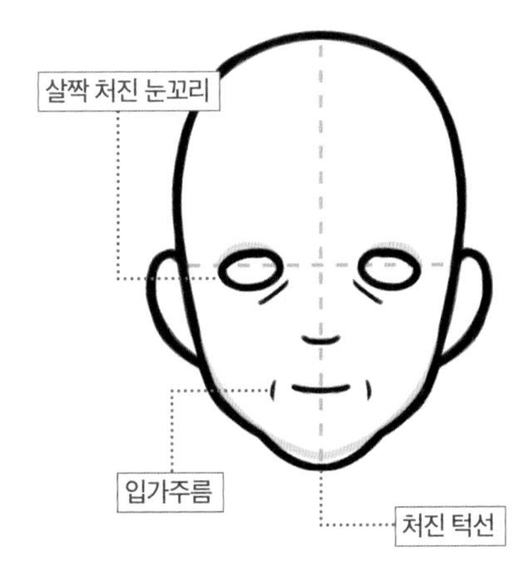

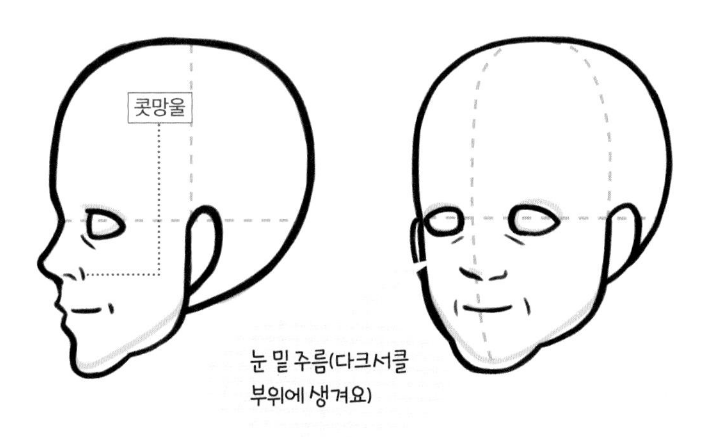

턱선 변화가 없으면 나이든 얼굴이
굉장히 날카롭거나 깡말라 보입니다.

2 노화가 많이 진행된 (노년의) 얼굴

피부가 탄력을 잃고 아래쪽으로 늘어지는 느낌이 강화됩니다.

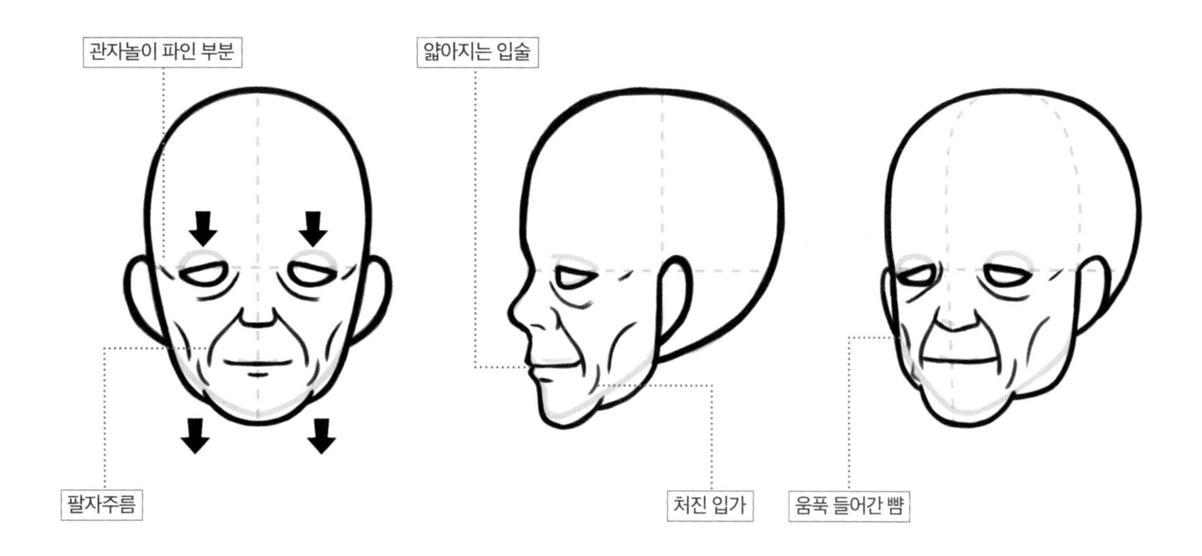

눈가주름, 미간주름, 이마주름 등은 표정 주름에 가깝습니다. 물론 노화가 진행될수록 생길 가능성이 높지만, 반드시 그려 넣어야 하는 것은 아닙니다.

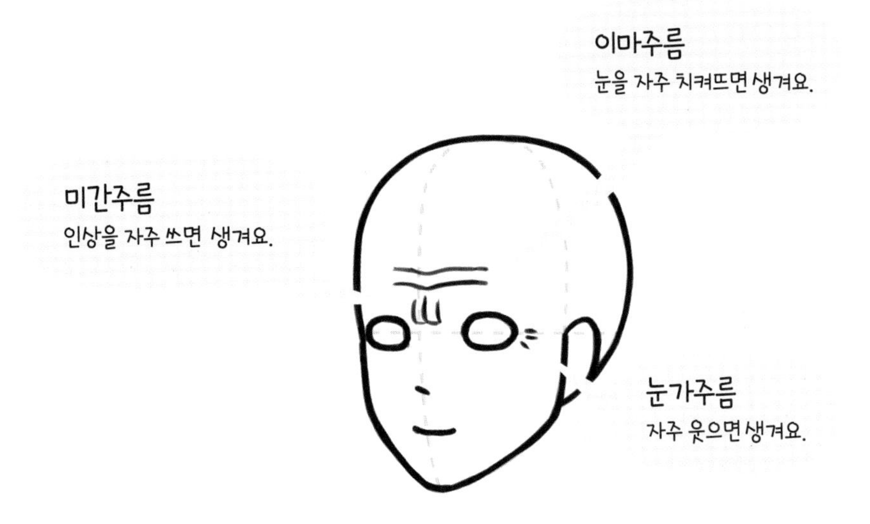

3 노화가 진행된 캐릭터의 예

이 나이에는 반드시 이만큼 노화가 진행되어야 한다는 절대법칙은 없습니다. 다만 실제 사람과 마찬가지로 노화가 진행된 캐릭터는 얼굴 주름의 형태에서 평소 어떤 표정을 자주 지었는가가 드러나며, 캐릭터의 내면, 살아온 환경이나 성격을 엿볼 수 있습니다. 젊은 시절 얼굴을 '기본 틀' 삼아 주름과 콧망울, 눈 처짐, 턱선 늘어짐 등을 추가하는 형태로 그리면 편합니다.

자연적으로 생기는 주름 외에 미간주름이 살짝 있습니다. 평소 진지하게 미간을 찌푸리는 일이 많았다는 것을 알 수 있습니다.

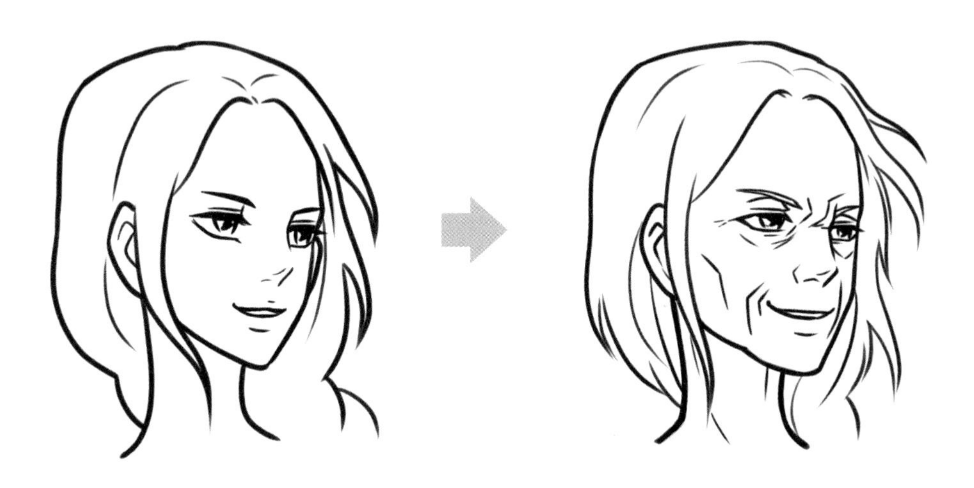

'곱게 늙었다' 는 표현이 어울리는 노화입니다. 자주 웃어서 생기는 눈가주름 외에는 자연적으로 생기는 주름도 크게 두드러지지 않습니다. 뺨이 움푹 패이지 않았다는 것은 영양상태가 좋다(경제적으로 유복하다)는 것을 보여 줍니다.

'타고난 미모가 빛을 잃은' 예입니다. 뺨이 움푹 파이고, 이마주름, 미간주름 등도 두드러지며, 눈썹이나 입가가 굳은 얼굴로 고정되어 있습니다. 얼굴을 자주 찡그리거나, 거친 환경에서 살아온 느낌을 줍니다.

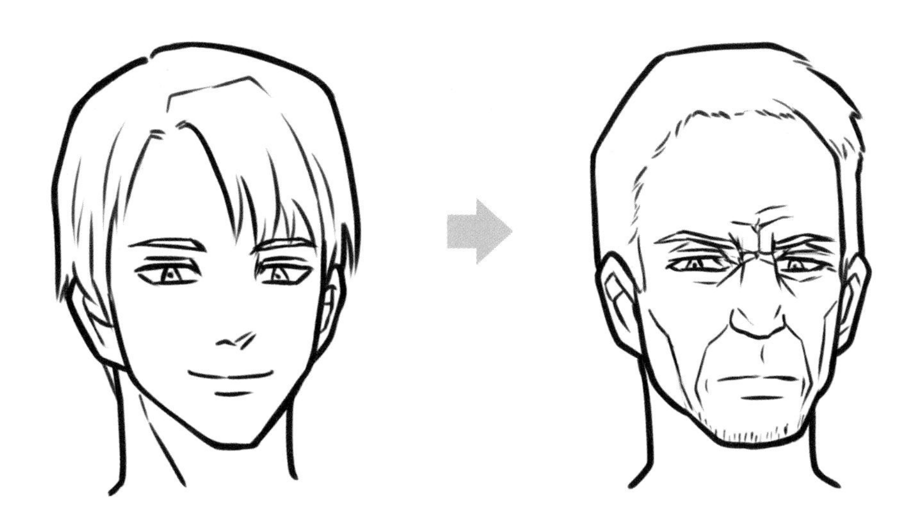

'온화하고 좋은 인상'을 주는 방향으로 노화가 진행된 예입니다. 눈가, 입매 등, 웃어서 생기는 주름이 두드러집니다.

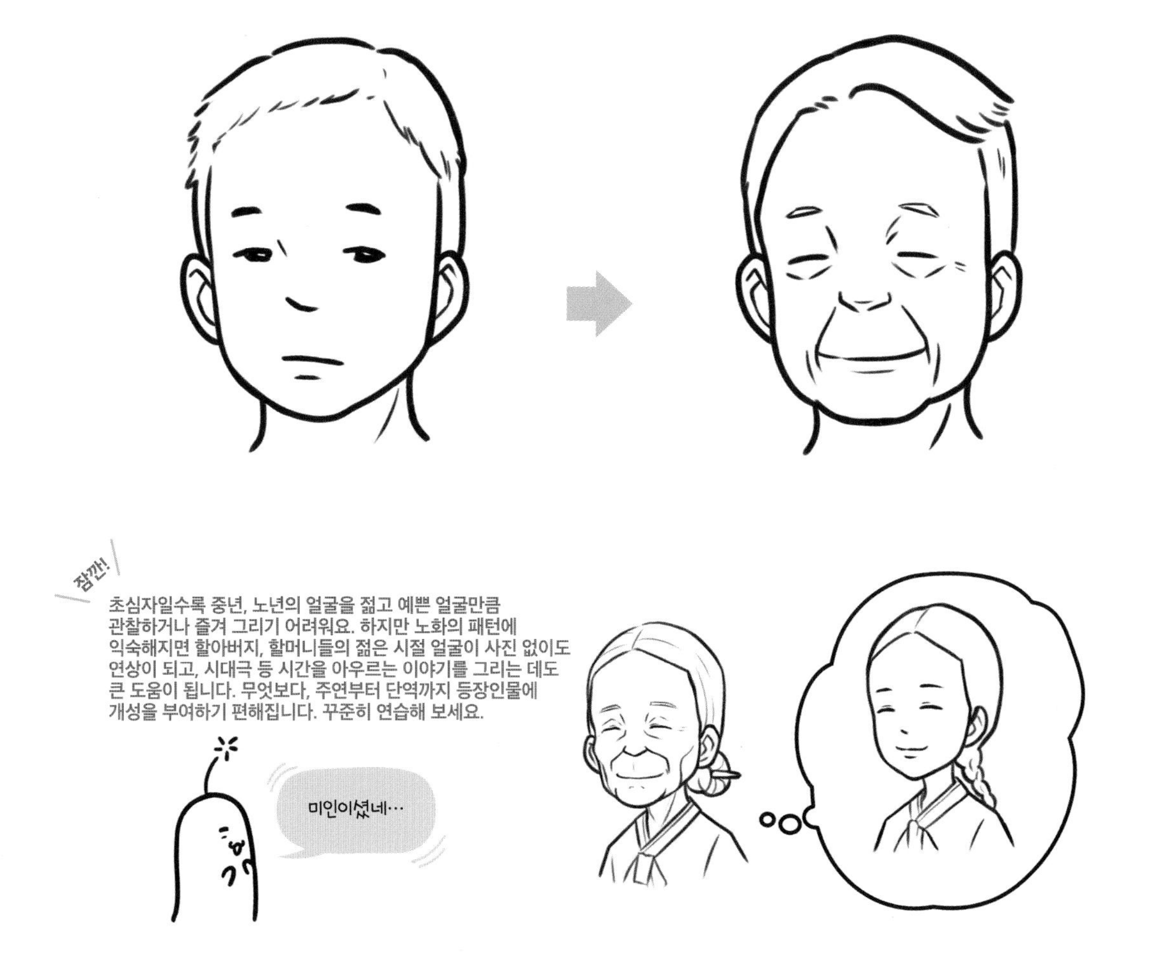

CHAPTER

09

머리카락 씌우기

이번 장에서는 캐릭터의 머리 모양이 주는 인상과 머리카락을 그리는 방법을 설명하겠습니다. 머리카락의 디테일에 신경 쓰는 것도 중요하지만, 그보다는 머리카락의 큰 덩어리와 흐름을 파악할 때 보다 효과적으로 머리카락을 그릴 수 있습니다.

머리 모양과 개성

STEP 01

 머리 모양이 주는 인상의 중요성

머리 모양은 사실 캐릭터 인상의 70%를 결정한다고 할 수 있을 정도로 역할이 큽니다.

예를 들어 눈, 코, 입을 조합해 명랑하고 쾌활한 인상을 만들어낸다고 해도 차분하고 얌전해 보이는 머리와 결합해 그리면 눈코입 없이 뻗친 머리보다도 덜 활동적으로 보입니다.

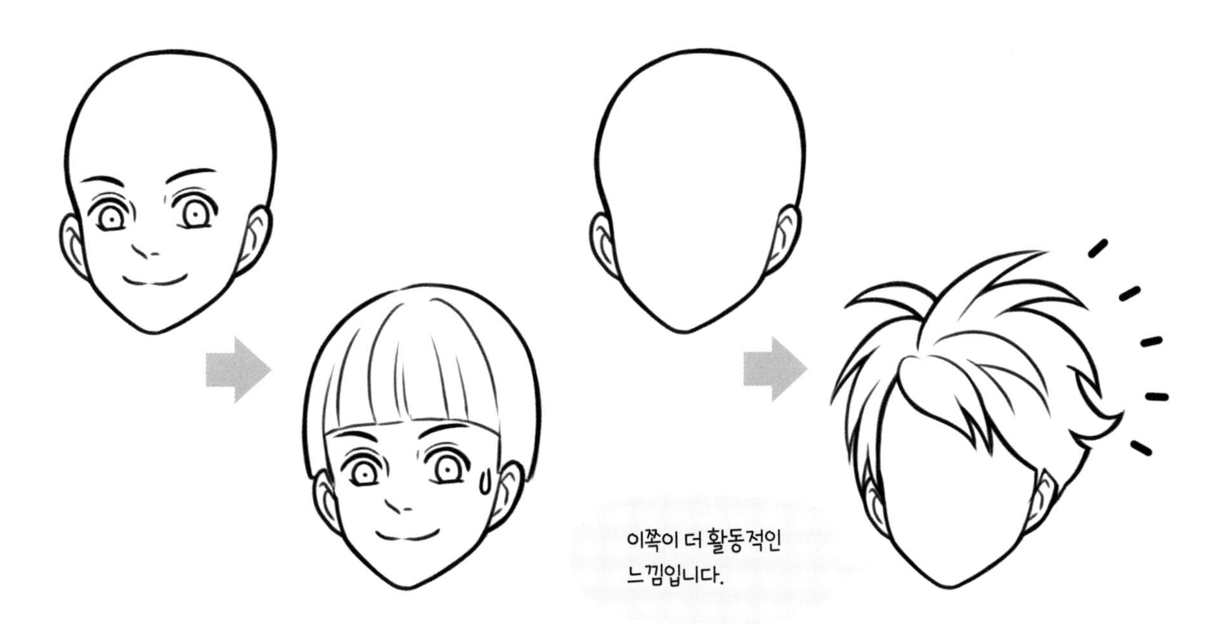

2 머리 모양을 통한 개성 표현의 한계

다만 머리카락이 개성에 미치는 영향에는 명확히 한계가 있습니다. 비유하자면 머리 모양은 마치 옷과 같습니다. 캐릭터가 사는 시대, 나이, 사회적 신분 등의 제약을 받기도 합니다.

조선시대 소녀 **90년대 중학생** **18세기 유럽 귀족 남자**

무엇보다 같은 캐릭터라도 극의 흐름에 따라 머리 모양이 크게 변화를 겪을 수 있습니다.

그러므로 머리 모양과 복장에 너무 의지하기보다는 눈, 코, 입이 주는 개성과 인상을 기본적으로 활용하는 게 좋습니다. 이제부터 머리카락의 구조와 묘사 방법을 살펴보겠습니다.

STEP 02

머리카락의 구조와 기본 묘사 방법

1 머리카락의 큰 틀을 잡는 방법

머리카락은 가닥가닥 디테일에 신경 쓰는 것보다 큰 흐름과 덩어리를 봐 주는 것이 묘사에 훨씬 도움이 됩니다. 다음의 세 가지 묘사 포인트를 중심으로 머리카락의 큰 틀을 잡습니다.

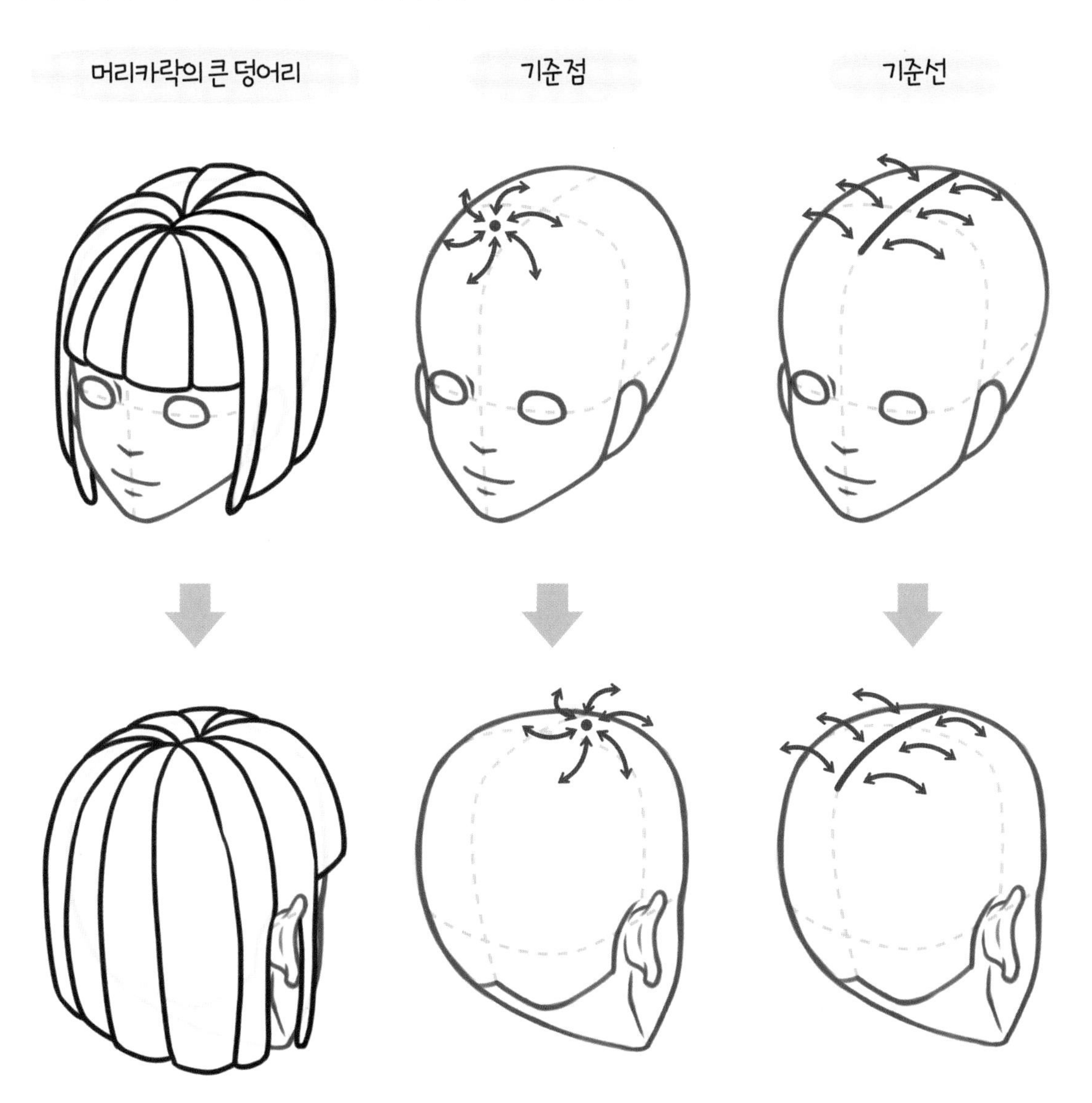

2 머리카락 덩어리의 이해

머리카락 가닥들은 제각각 여러 방향으로 자라나는 것이 아니라 수천, 수만 개의 머리카락이 덩어리로 뭉쳐 한 방향으로 뻗어갑니다. 머리카락이 길수록 오른쪽 그림처럼 뭉침이 잘 발생합니다.

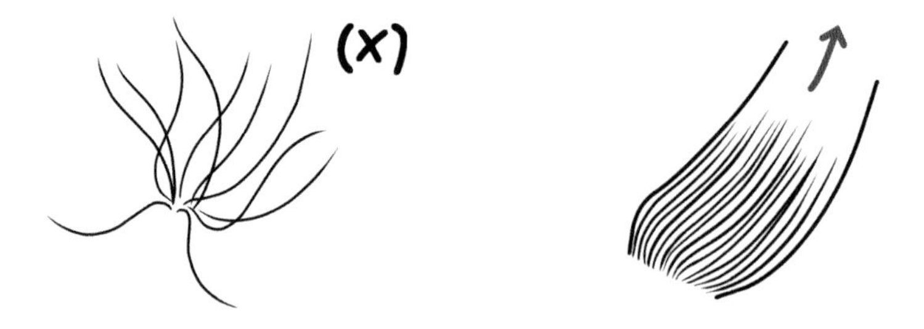

그리고 이런 덩어리가 여러 갈래로 드리워지며 두피를 덮게 됩니다. 이 덩어리는 머리카락 묘사의 기본 틀입니다.

3 머리카락 덩어리를 토대로 묘사하는 방법

덩어리를 통해 머리카락의 형태를 잡은 후 세부 가닥을 그려 넣으며 머리카락을 묘사해 갑니다. 묘사 방식은 그림체마다 다릅니다.

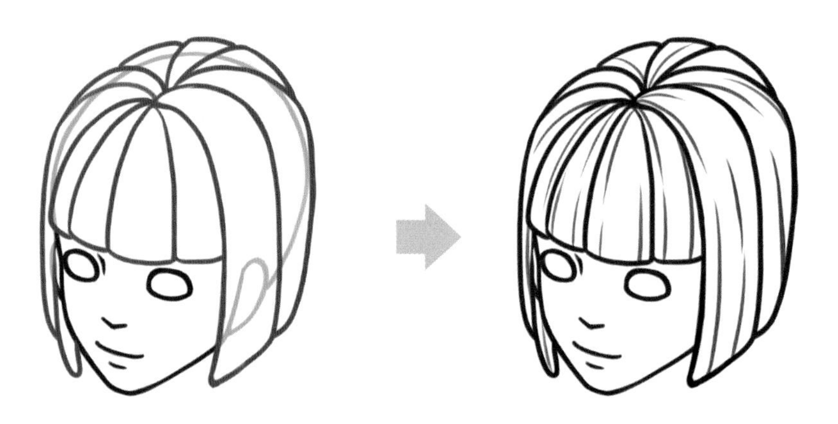

머리카락 덩어리 내부의 세세한 가닥을 촘촘하게 묘사하기

덩어리 내부의 세세한 가닥을 촘촘하게 그릴 수도 있습니다.

머리카락을 띄엄띄엄 그려 묘사하기

상대적으로 띄엄띄엄 그릴 수도 있습니다. 이때 간격에 변화를 주며 세부 가닥을 그려 넣으면 섬세하고 세련된 느낌을 줍니다.

머리카락을 규칙적으로 그어 넣기

머리카락을 규칙적으로 그어 넣으면 단순하고 투박한 느낌을 줍니다.

머리카락 덩어리 경계선을 일부 생략해 묘사하기

또, 덩어리 경계선을 일부 생략할 수도 있습니다.

 덩어리 끄트머리를 묘사하는 방법

머리카락 덩어리의 끄트머리를 마감하는 방법도 그림체마다 다릅니다.

뾰족하게 마무리하기

오픈된 형태로 마무리하기

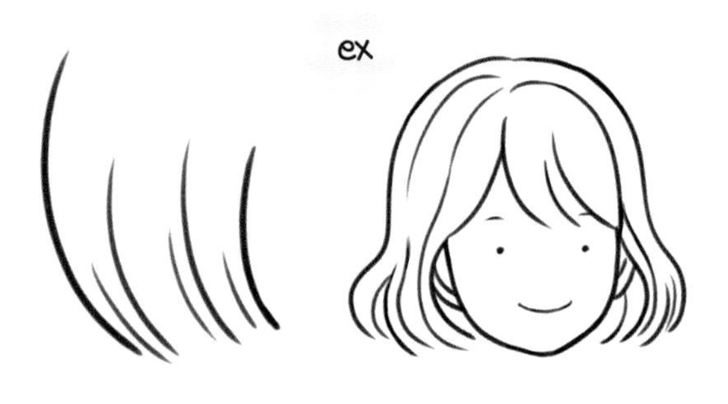

사각형으로 마무리하기

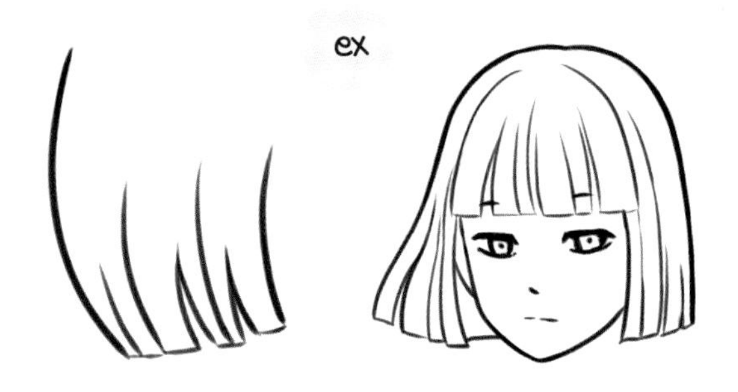

5 머리 모양의 기준선과 기준점

머리카락 덩어리에는 일정한 흐름이 있습니다. 머리카락 덩어리들이 뻗어 나오거나 모여드는 점이 기준점입니다. 기준점은 주로 정수리 쪽에서 방사형으로 뻗어나오고, 머리를 묶으면 모이는 기준점이 생깁니다.

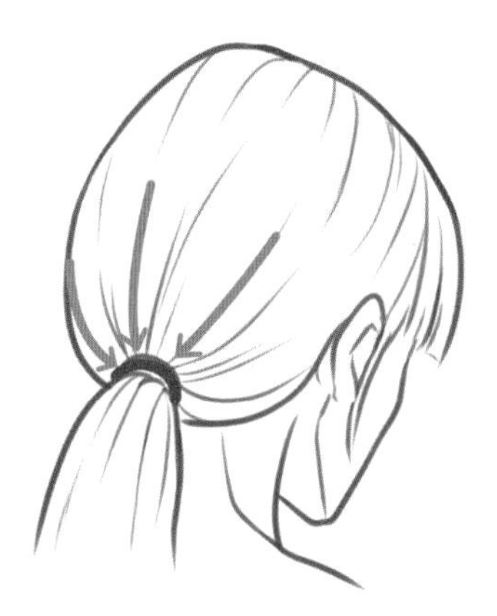

그리고 머리카락 덩어리들이 뻗어 나오거나 파고드는 선이 기준선입니다. 기준선은 정수리 쪽에서 '가르마'의 형태로 양 방향으로 뻗어나오고, 머리를 땋거나 틀면 모이는 기준선이 생깁니다.

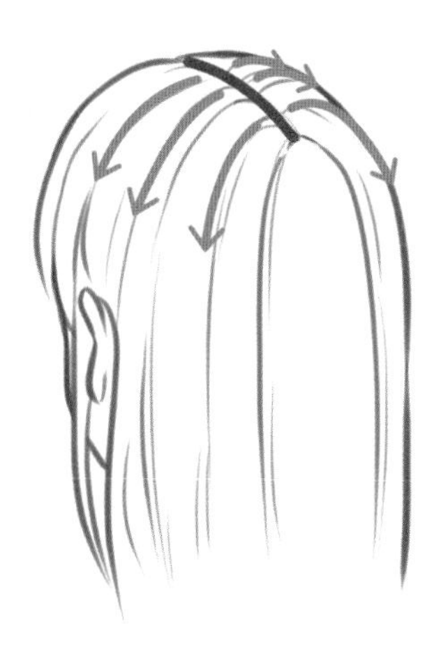

STEP 03

머리 모양에 관한 추가 설명

1 머리 모양이 달라질 때 큰 틀의 변화

머리카락이 자라는 형태는 선천적인 부분도 있지만 머리 모양의 큰 틀은 인위적으로 바꿀 수 있습니다. 즉 같은 캐릭터라도 머리 모양이 달라지면 기준선, 기준점, 머리 덩어리 방향이 얼마든지 변할 수 있습니다.

2 짧은 머리의 구조와 그리는 방법

아주 짧은 머리는 그리는 방식이 조금 다릅니다. 일단 머리카락이 덩어리로 뭉치지 않습니다.

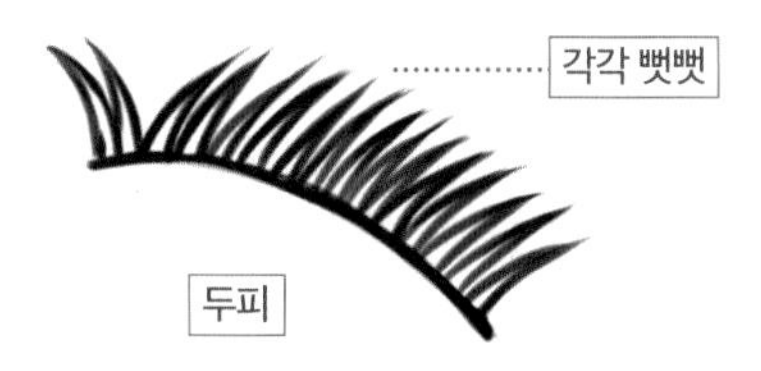

대신 '가마'라는 타고난 신체 부위가 기준점이 되어서 소용돌이 모양으로 머리가 뻗어 나갑니다.

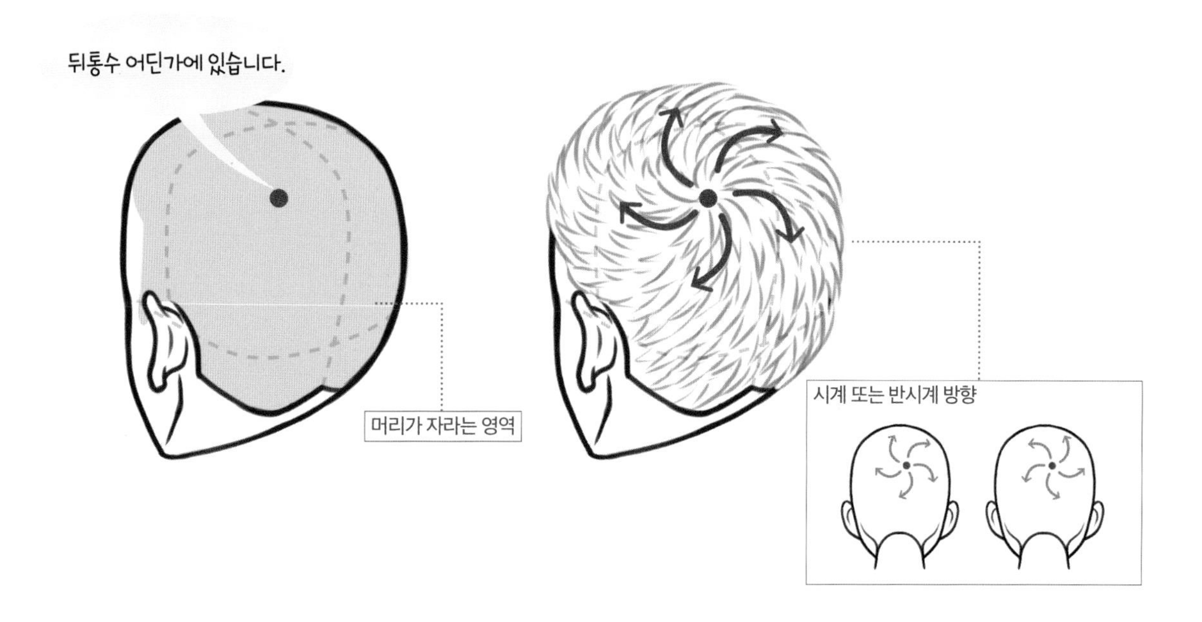

그래서 짧은 머리는 가마를 기준점으로 소용돌이 방향을 따라 머리끝을 일일이 묘사합니다.

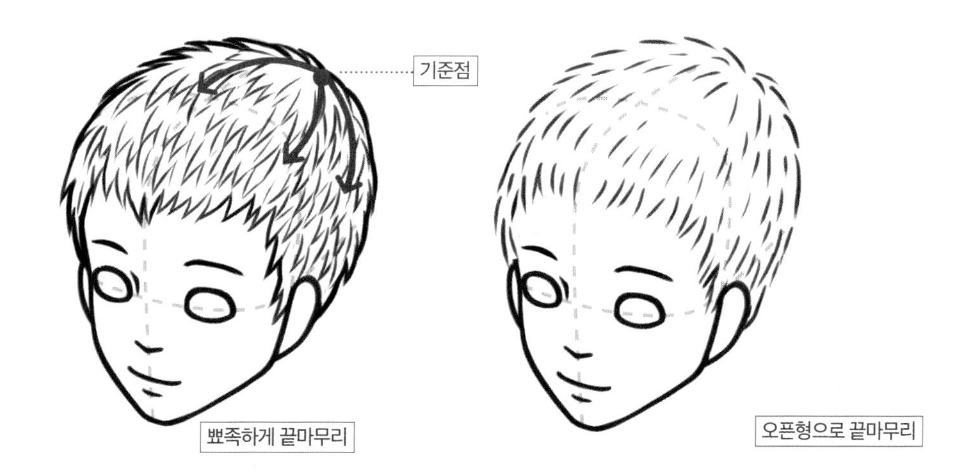

또는 단순하게 대부분 생략해 버리는 방식으로 묘사할 수 있습니다.

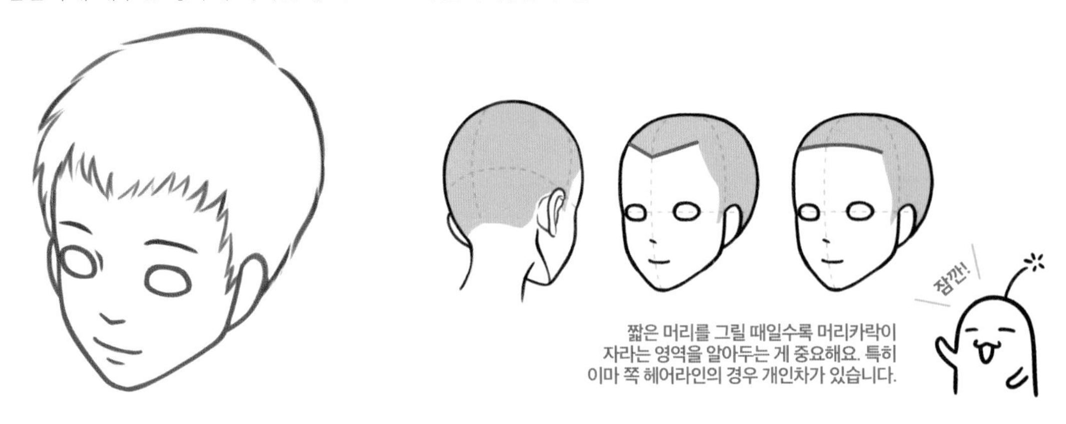

물론 짧은 머리도 젤이나 스프레이, 머리 자르는 방식 등을 이용해 인위적으로 가마 소용돌이와 다른 방향의 흐름을 만들 수 있습니다.

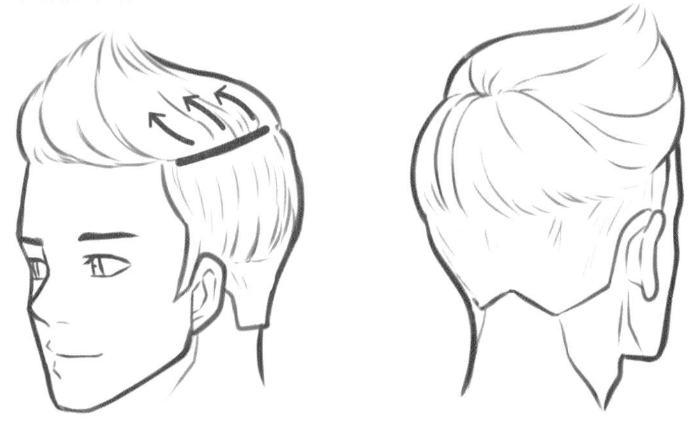

3 머리 모양이 주는 인상

머리 모양이 주는 인상은 캐릭터 각각의 개성만큼이나 다양합니다. 다만 크게 보면 실루엣에 상당히 영향 받습니다.

매끄럽고 아래로 처진 머리 실루엣

머리 실루엣이 매끄럽고 아래로 처질수록 차분하고 정적인 느낌을 줍니다.

굴곡이 많고 위로 올라간 머리 실루엣

머리 실루엣이 굴곡이 많거나 위로 올라갈수록 쾌활하고 동적인 느낌을 줍니다.

중력을 무시하고 그리면 재미있는 느낌이 연출됩니다.

아주 짧은 머리 실루엣

아주 짧은 머리는 수도승, 군인, 운동선수 등을 연상시켜 딱딱하거나 활동적인 느낌을 줍니다.

머리 모양 예시

STEP 04

 느슨하게 땋은 긴 생머리

머리카락 덩어리들이 정수리를 기준점으로 출발해 앞머리, 옆머리, 뒷머리로 방사형으로 내려옵니다. 그러다가 뒷머리는 머리를 땋으며 도로 모여듭니다. 땋은 부분의 매듭 덩어리들이 밧줄처럼 생긴 것을 관찰해보세요.

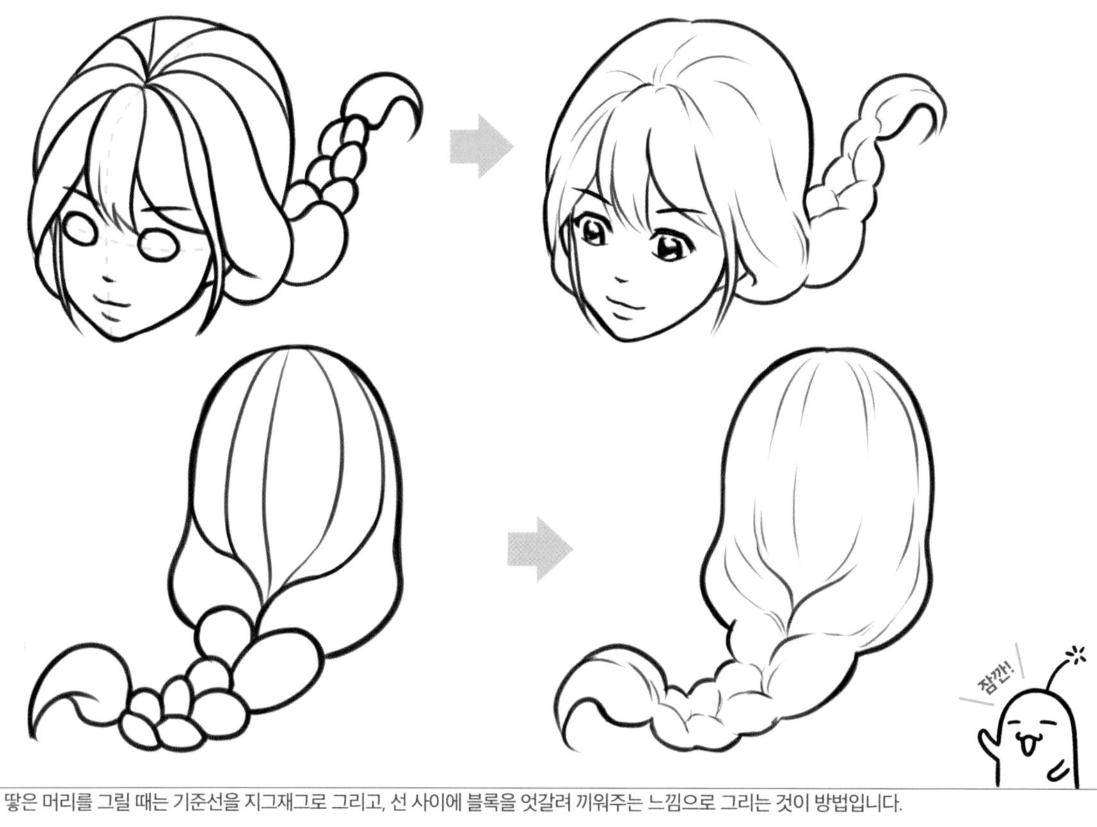

땋은 머리를 그릴 때는 기준선을 지그재그로 그리고, 선 사이에 블록을 엇갈려 끼워주는 느낌으로 그리는 것이 방법입니다.

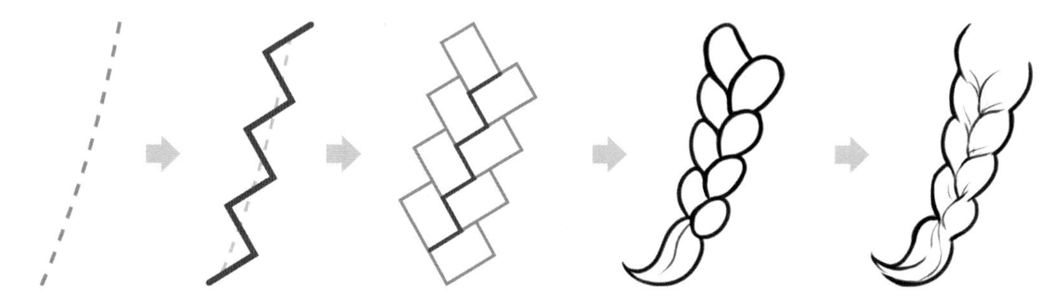

2 목덜미까지 내려오는 뻗친 머리

정수리를 기준점으로 출발한 머리카락 덩어리들이 방사형으로 두피를 덮습니다. 비교적 짧은 머리카락 덩어리들이 층을 지며 자잘하게 나뉘었고 일부는 뻗쳐 올라갔습니다.

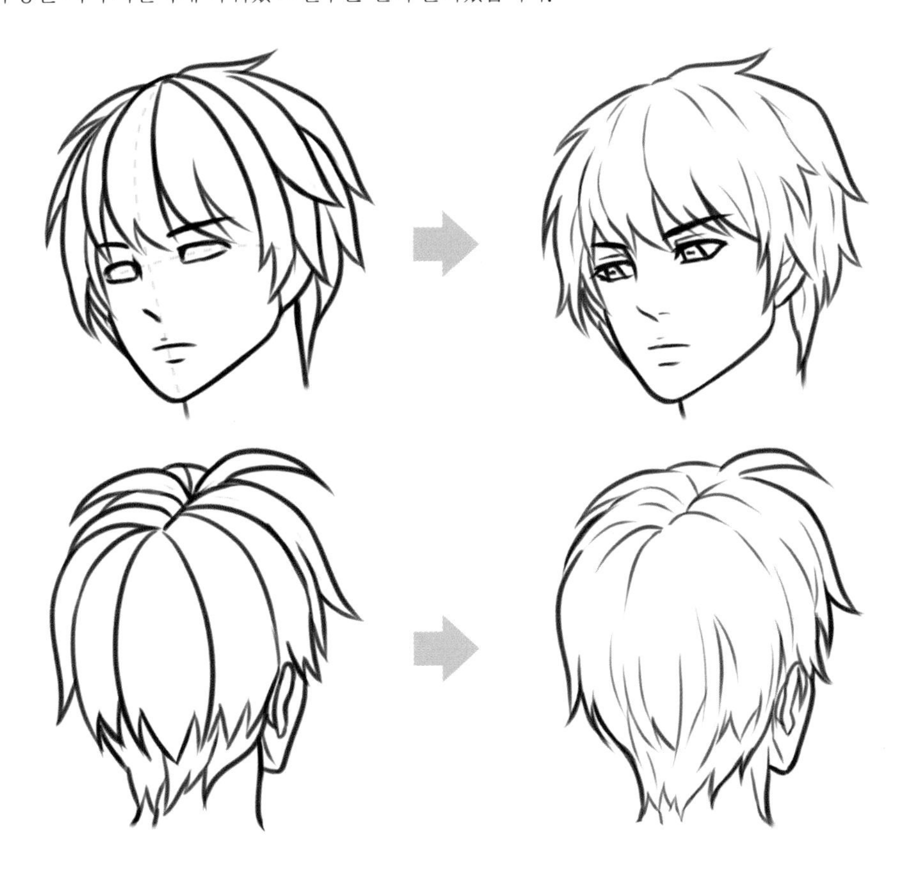

3 늘어뜨린 곱슬머리

지저분해 보이지만, 큰 틀을 보면 의외로 가지런히 늘어뜨린 머리입니다. 가르마를 기준선으로 출발한 머리카락 덩어리들이 양쪽으로 갈라져 내려옵니다.

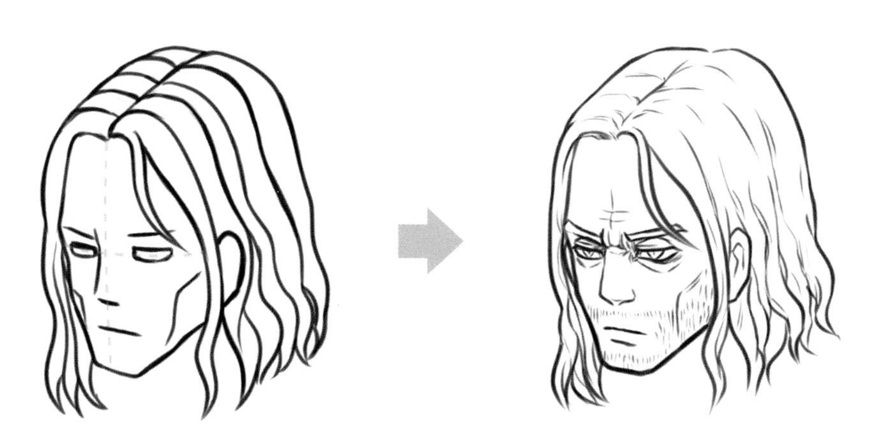

4 올림머리

올림머리의 매듭 덩어리는 소용돌이 모양입니다. 올림머리의 수렴되는 머리카락 덩어리의 흐름과 기본 느낌을 관찰해보세요.

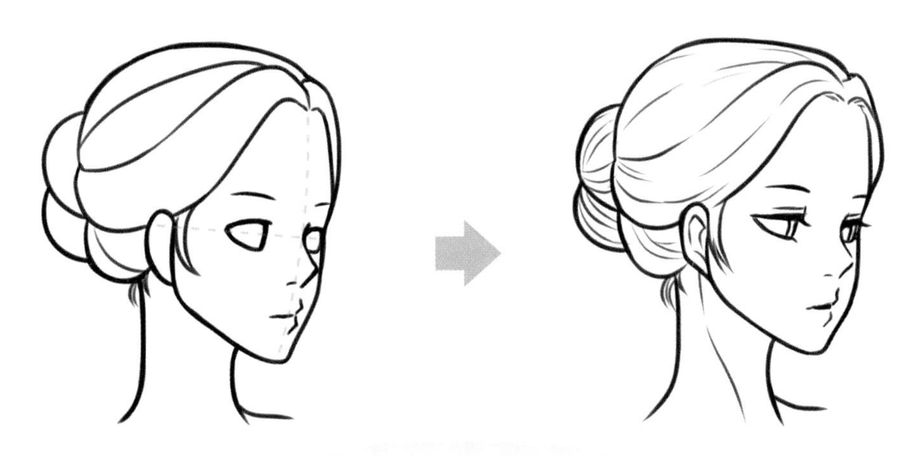

살짝 살짝 이탈한 머리가닥들이
그림을 자연스럽게 만들어 줍니다.

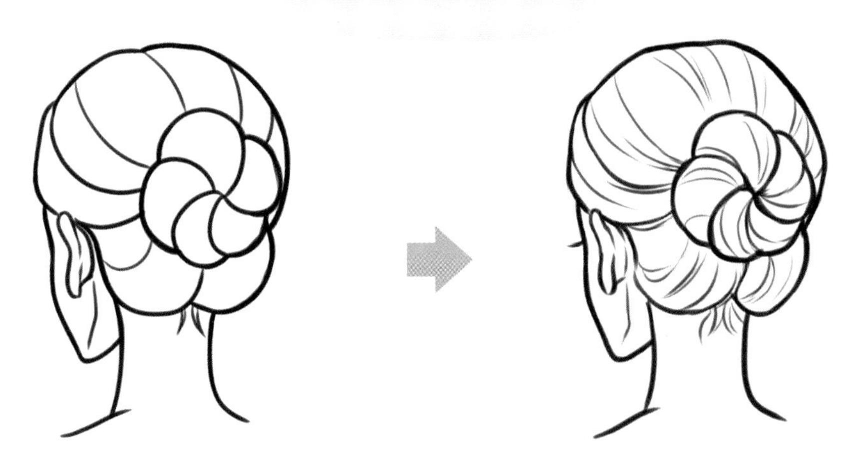

5 아주 짧은 머리

어떻게 보면 가장 그리기 간단한 머리카락입니다. 다만, 두피선, 즉 머리카락이 나는 영역을 신경 써서 그려주세요. 가령 2장에서 설명했듯이 머리카락은 귀 주변에 바싹 붙어 자라지 않습니다.

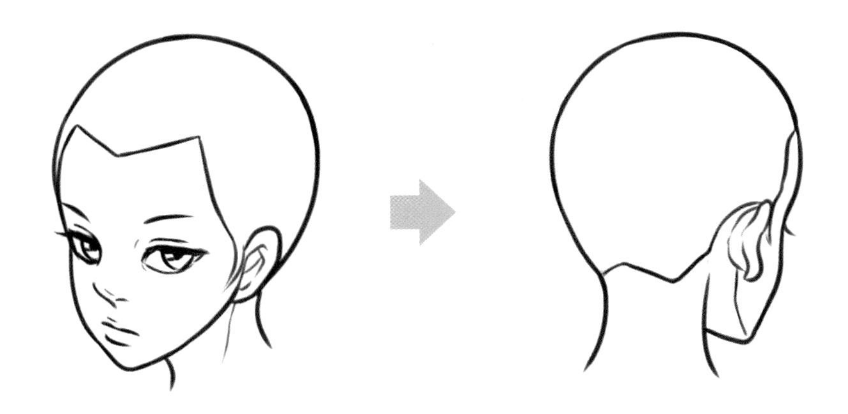

6 가운데가 벗겨진 탈모 머리

본래 정수리가 기준선, 혹은 기준점이지만 탈모로 인해 생략되었다는 느낌으로 그려 줍니다.

머리카락을 그릴 때 자료 참고 방법

사진이나 그림 등을 통해 머리 스타일을 참고할 때도 머리 덩어리와 머리카락의 흐름, 기준선, 기준점 등을 눈여겨보고 그리면, 훨씬 자신의 그림으로 가져오기 편합니다.

CHAPTER

10

캐릭터 얼굴에 표정으로 생명 불어넣기

이번 장에서는 기본 비율+눈썹으로 표정을 살리고, 디테일을 주며,
다양한 감정을 표현하는 복합적인 캐릭터를 그려보겠습니다.
기쁨, 슬픔보다 좀 더 구체적인 상황을 부여해서 캐릭터의 성격을
연출해봅니다.

STEP 01

표정 그리는 방법

1 기본 비율+눈썹 단계에서 결정되는 표정

캐릭터 표정의 80% 이상은 기본 비율+눈썹만 그린 러프 스케치 단계에서 표현할 수 있습니다. 즉, 눈매+입 모양에 눈썹만 더해주는 것만으로도 대부분의 표정에 대한 방향을 결정할 수 있습니다.

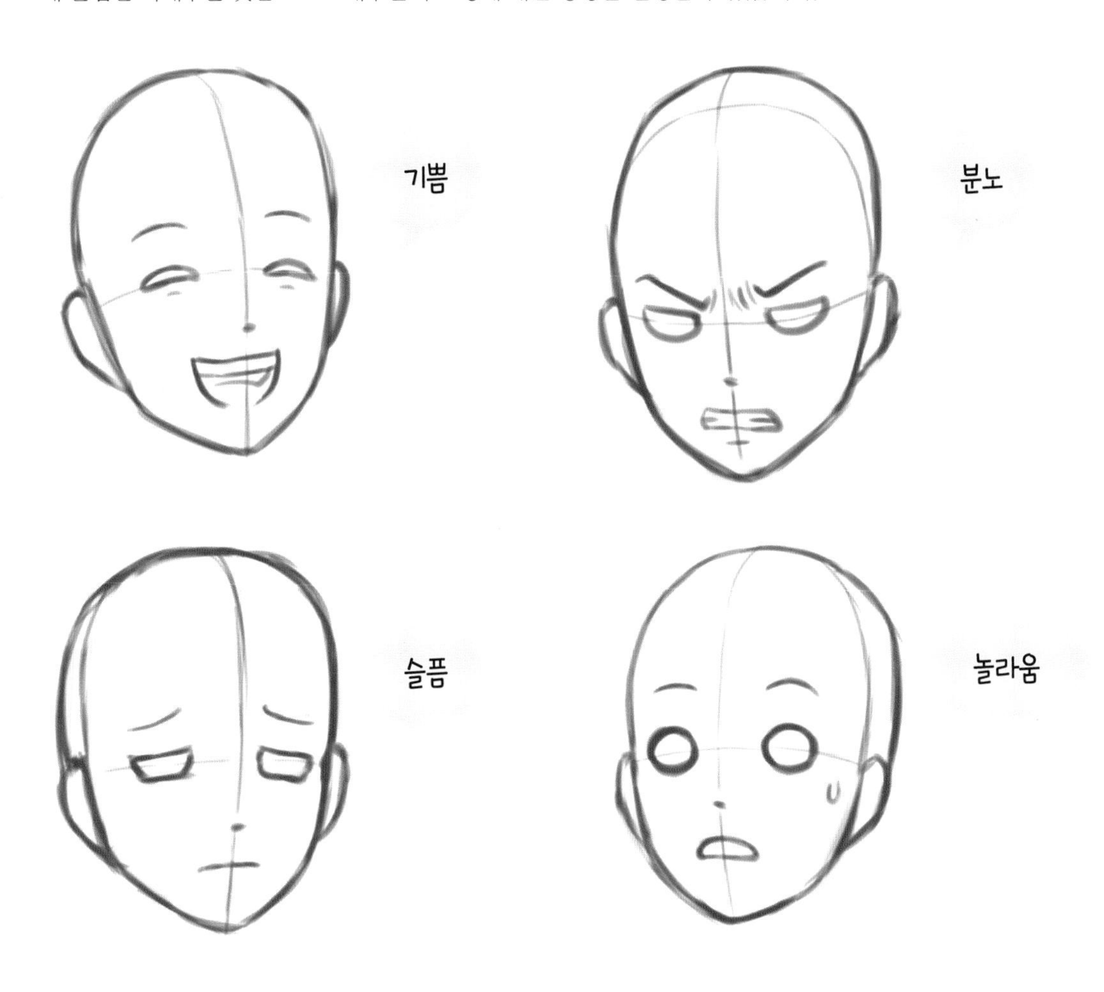

코도 사실 필요 없어요. 콧구멍 벌름거리는 표정이 아닌 바에야.

2 예외 : 눈의 디테일로 결정되는 표정

예외가 되는 것은 눈 디테일을 통해 표현하는 감정들입니다. 눈 디테일만으로 감정을 표현할 경우 캐릭터의 감정을 얼굴 전체가 따라가지 않아 섬세하고 절제된 긴장감을 표현할 수 있습니다. 때문에, 눈 디테일만으로 표현하는 표정들은 상당히 매력적입니다.

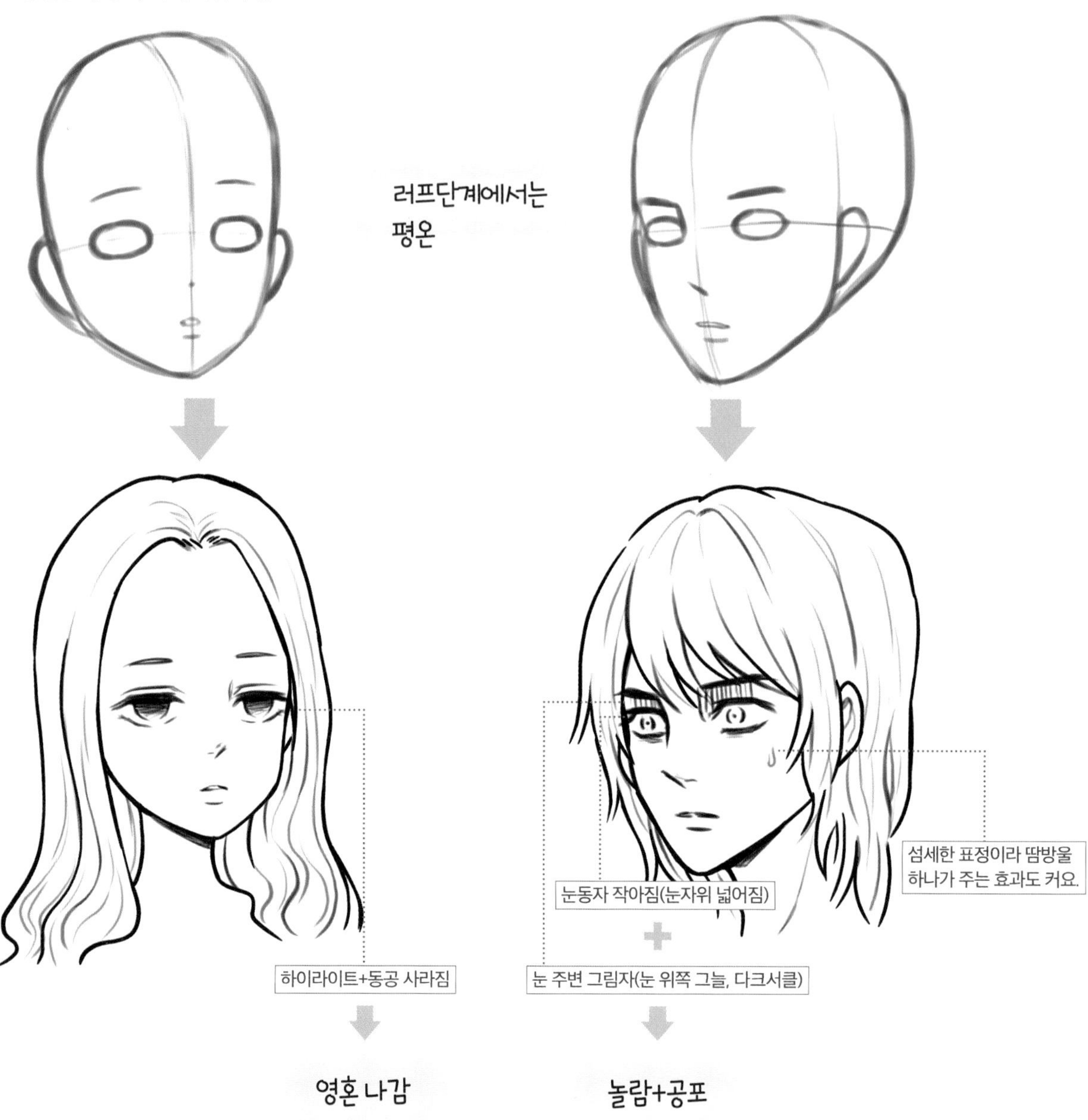

단, 성급하게 눈 디테일부터 표현하려 했다가는 원하는 표정이 잘 그려지지 않아 오히려 시간이 더 오래 걸릴 수도 있습니다.

3 표정을 그리는 일반적인 순서

대부분의 표정은 기본 비율+눈썹에서 큰 느낌이 결정되며 눈 디테일은 결정된 표정을 강화하는 역할을 합니다. 만약 표정이 잘 안 그려지거나 시간이 오래 걸려 고민이라면 눈매+입, 모양+눈썹만 가지고 표정의 방향부터 한번 잡아 보는 것이 좋습니다.

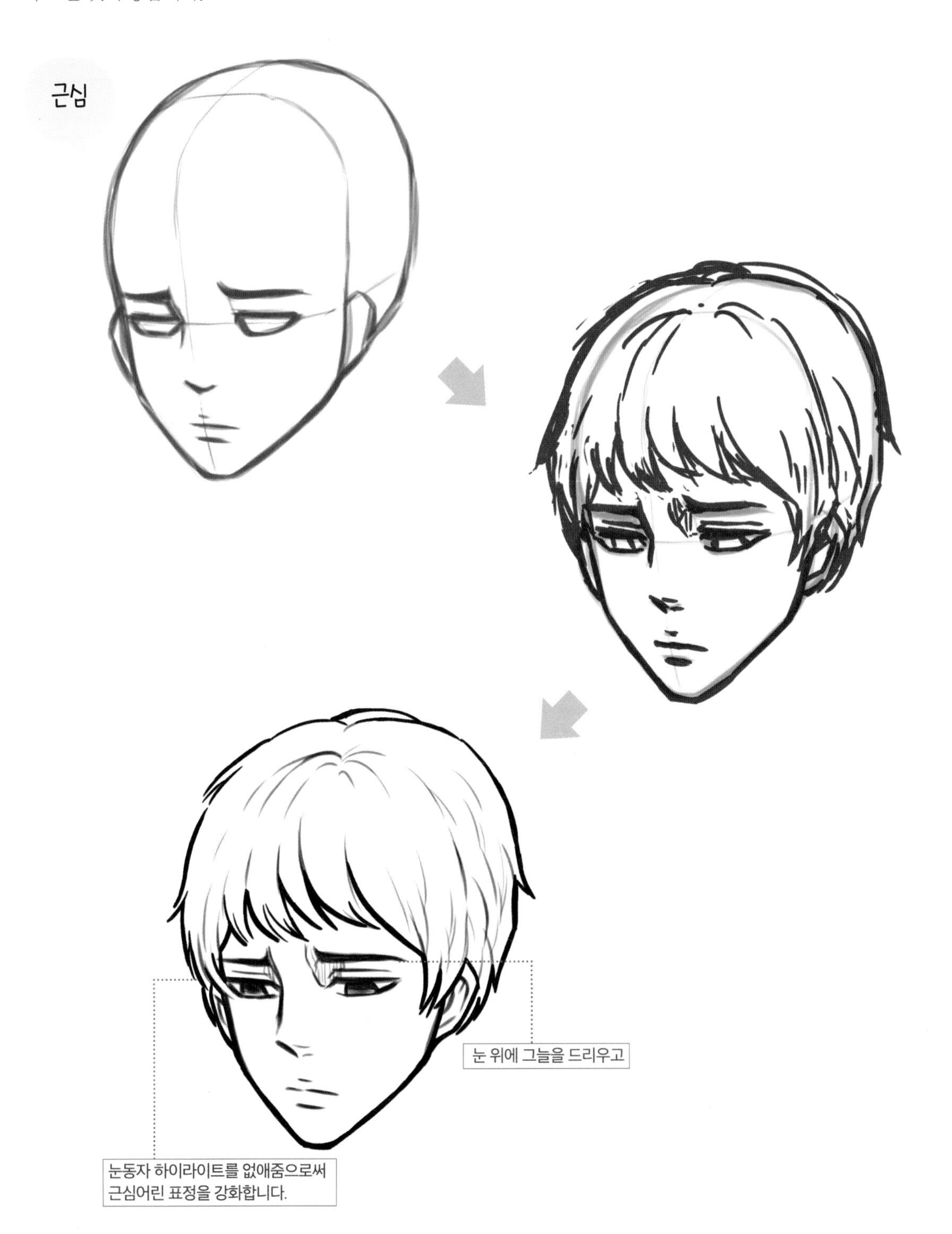

표정과 캐릭터의 내면

STEP 02

1 표정으로 캐릭터 내면 이해하기

실제 사람과 마찬가지로 캐릭터도 표정을 통해 자기 성격과 내면을 드러냅니다. 원고가 진행될수록 캐릭터의 표정은 자연스럽고 풍부해지며 극이 진행될수록 캐릭터가 '탄탄'해집니다. 즉, 작가가 자기 캐릭터의 성격을 충분히 이해하게 됩니다.

탄탄하게 표현된 캐릭터는 이후 작가를 알아서 끌고 다니기도 합니다. 캐릭터에 맞춰 이야기를 풀어낼 수 있게 되기 때문입니다.

그런데, 다양한 표정을 미리 그려보는 것은 원고 초반부터 캐릭터에 탄탄한 생명력을 불어넣는 좋은 방법입니다. 작가 스스로 캐릭터의 내면을 눈으로 확인할 수 있기 때문입니다.

2 표정 그리기의 기본 감정 틀

인간의 감정을 보통 희로애락이라고 합니다. 여기에 놀라움(당황)을 추가해서 기본 감정 틀로 삼습니다. 어떤 표정부터 그려봐야 할지 막막할 때 사용하기 좋습니다.

3 복잡한 캐릭터의 표정

기본 감정 틀만으로는 캐릭터의 내면을 자세히 알아가는 데 한계가 있습니다. 극 속 등장인물의 감정은 실제 사람과 마찬가지로 복잡합니다. 때문에 기본 표정보다는 '구체적인' 상황을 설정하고 표정을 부여해 주는 것이 캐릭터 내면을 들여다보는 데는 더 유용합니다. 저는 주로 두 가지 방법을 사용합니다.

STEP 03

구체적인 표정 그리는 방법 ❶

스토리 속 장면 골라 그려보기

다양한 상황의 표정 연출하기

먼저 캐릭터가 등장하는 스토리(시나리오)의 한 장면을 골라 표정만 그려보는 방법입니다. 앞뒤가 완성되지 않은 장면이라도 괜찮습니다.

정체불명의 위험해 보이는 인간이 마을에 들어왔다

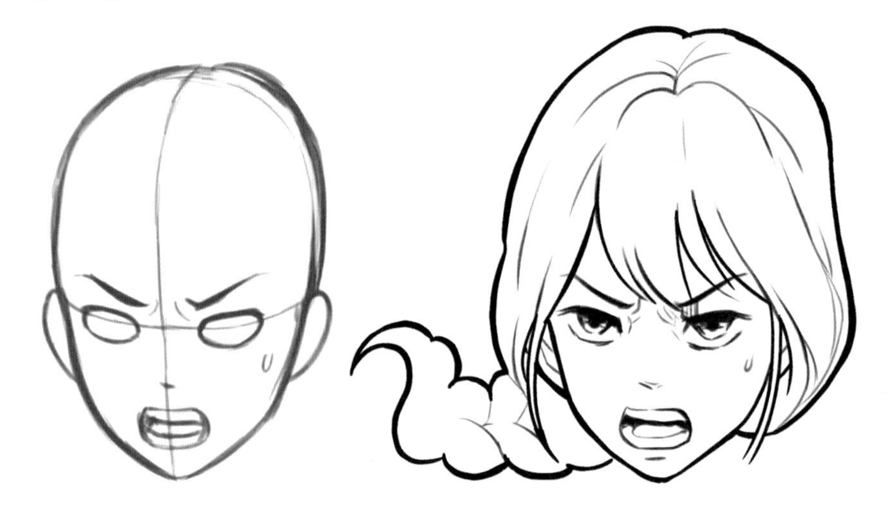

겁은 나지만
용기를 낼 거야

동생 같은 친구가 말을 걸었다

언니 미소

하늘에 난생 처음 보는 광경이 펼쳐져 있다

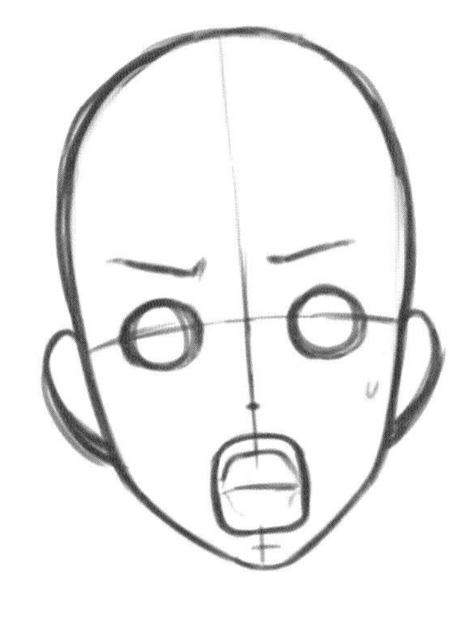

좋아하던 사람의 정체를 알아 버렸다

자존심 상했다

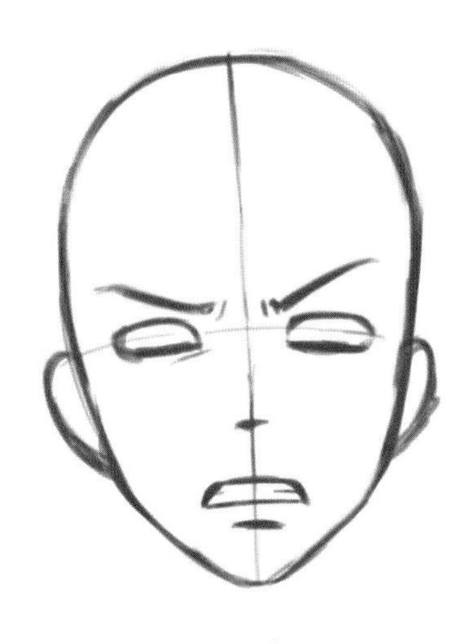

이런 일은 예측하지 못했다

적에게 포위되었다

피식
(덤빌테면 덤벼 봐)

마음이 쓸쓸하지만 표현하기 쑥스럽다

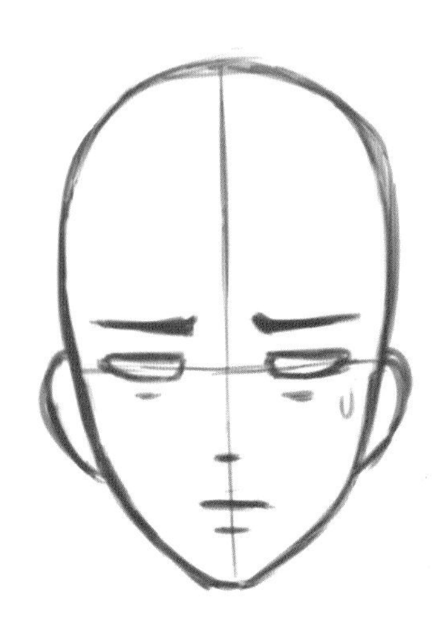

…응석 부리고 싶어

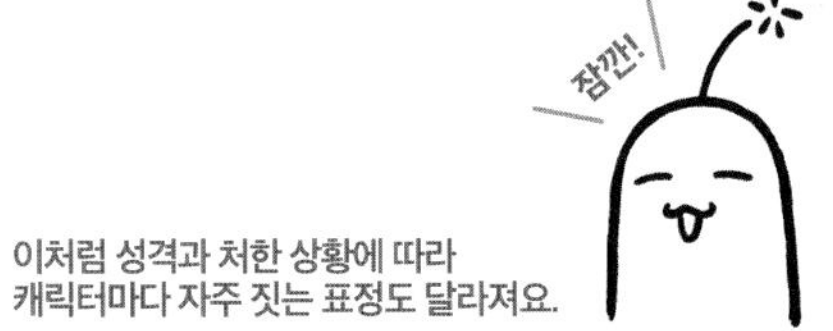

이처럼 성격과 처한 상황에 따라
캐릭터마다 자주 짓는 표정도 달라져요.

항의하고 싶은 어처구니없는 일이 생겼다

이건 좀
아니잖습니까?!

여성 동료들이 반갑게 인사한다

매너 미소

상담을 들어준다

이해는 해, 하지만…

윤곽이 가늘고 섬세한 캐릭터는
주로 눈 디테일로 감정표현을 해 줘요.

잊고 싶은 과거 일이 생각났다

…떠올리고
싶지 않아.

사냥한 동물을 해체 중이다

거기 칼이나
좀 줘!

자신의 행동에 어처구니없어 하는 사람을 마주 본다

?? 이 정도로 뭘?

잠깐!

성격 시원시원하고
표정도 과장된 캐릭터는 입 주변 등
얼굴 근육을 좀 더 움직여 줘요.

원수는 외나무다리에서

용서 못 해!

마음에 드는 남자가 있다

너 완전, 귀엽다?

잠깐!

STEP 04

구체적인 표정 그리는 방법 ❷

여러 캐릭터를 같은 상황에 몰아넣어 보기

1 성격이 다른 캐릭터에 같은 상황 설정하기

그림을 그리면서 일일이 시나리오나 스토리를 들여다보는 건 때론 부담스러울 수도 있고, 딱히 표정으로 그리고 싶은 이야기 속 장면이 없을 때도 있습니다. 이럴 때는 기본 감정을 토대로 그려보되, 성격이 다른 여러 캐릭터에 같은 상황을 주고 각각 어떻게 반응할지 상상하며 표정을 그려보는 방법이 있습니다.

슬픔 : 존경하는 사람이 돌아가셨다

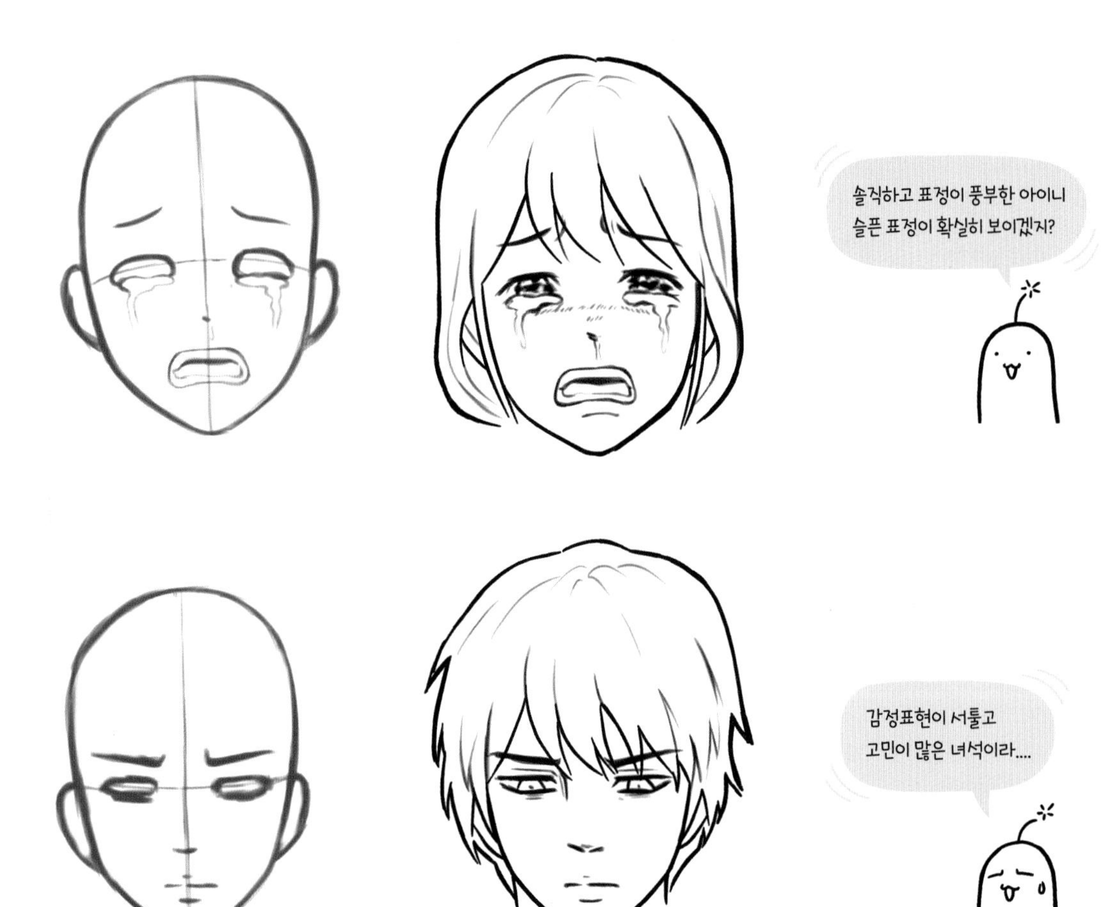

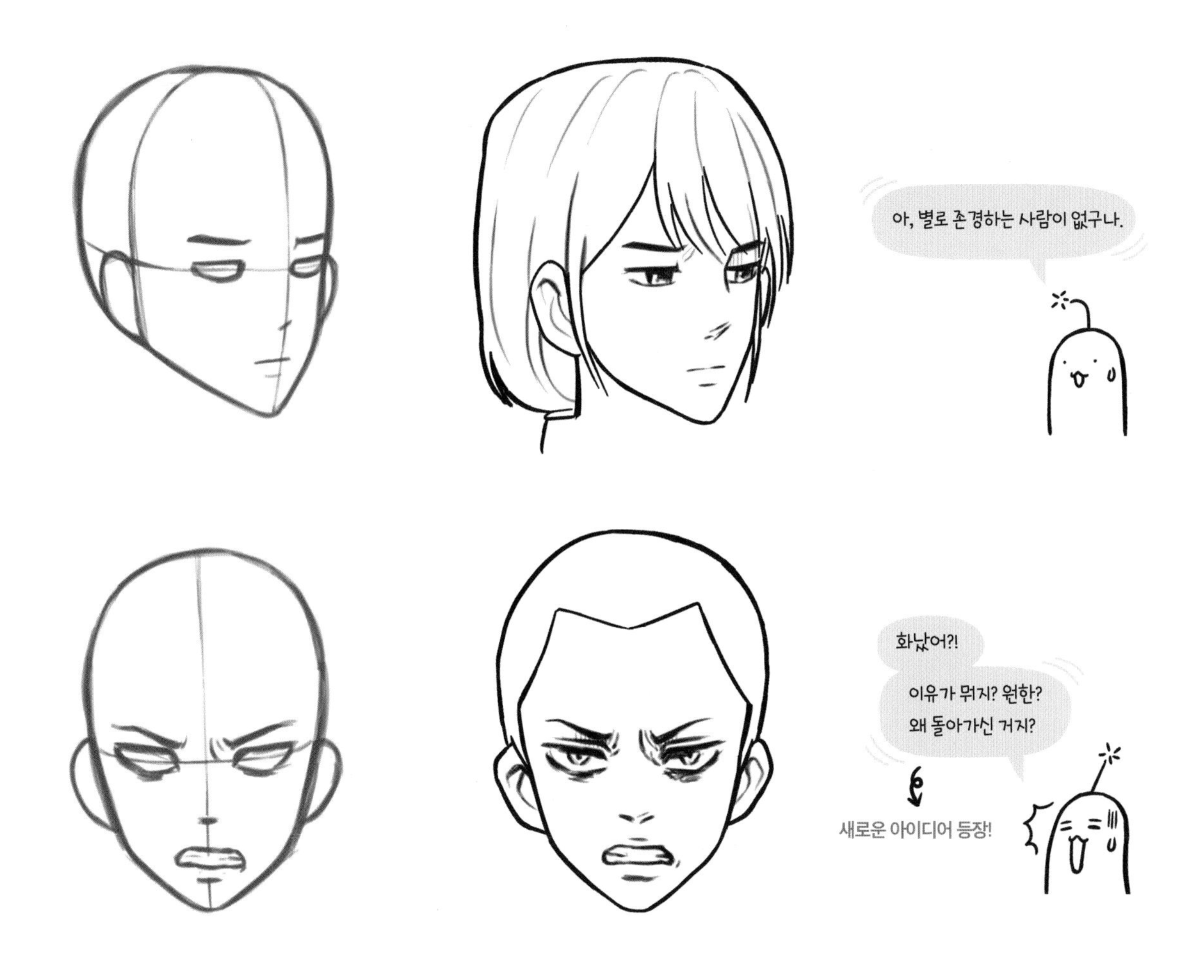

즐거움 : 축제, 노래, 춤추는 사람들, 광장…

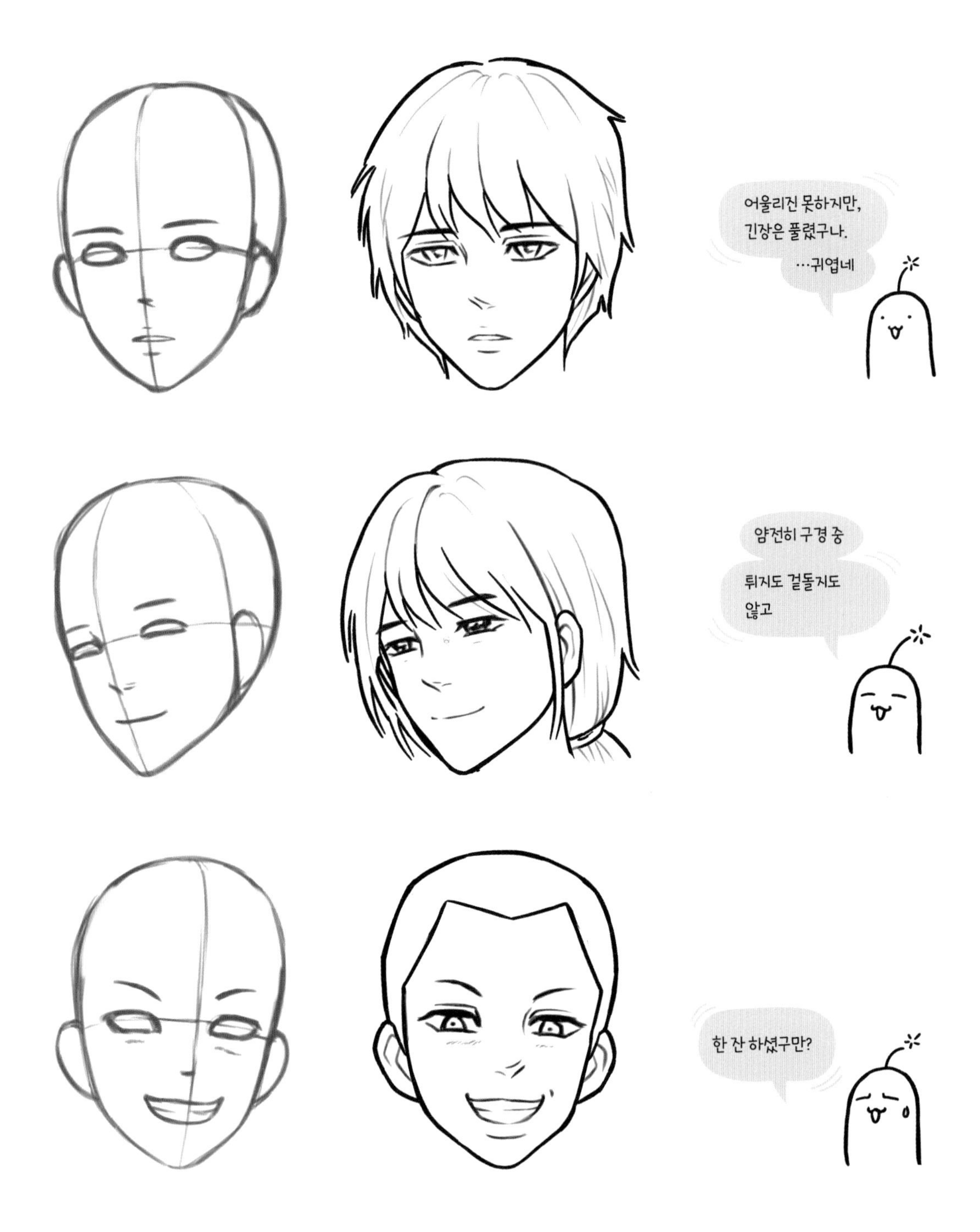
어울리진 못하지만,
긴장은 풀렸구나.
…귀엽네
얌전히 구경 중
튀지도 겉돌지도
않고
한 잔 하셨구만?

놀라움 : 바로 뒤에서 큰 폭발이 일어났다

똑같은 반응을 보이는 상황이라 해도 캐릭터마다 표정이 조금씩 달라요. 재미있어요.

CHAPTER

11

캐릭터 얼굴에 목과 어깨 덧붙이기

어깨는 정확히는 상체의 일부입니다. 하지만 클로즈업 컷에는 목과 어깨까지 포함될 수 있기 때문에, 이 장에서 간단하게 목과 함께 그리는 방법을 설명합니다.

STEP 01

목과 어깨의 비율

1 목과 어깨의 기본 비율

목과 어깨에도 대략의 기본 비율이 있습니다. 목 길이는 얼굴 세로 길이의 3분의 1 정도 됩니다. 목의 굵기는 얼굴 가로 폭의 반 정도입니다. 어깨 폭은 얼굴 가로길이의 2배 정도가 무난합니다.

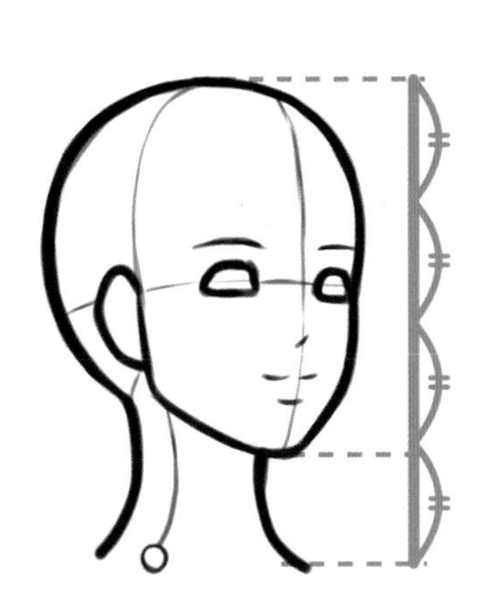

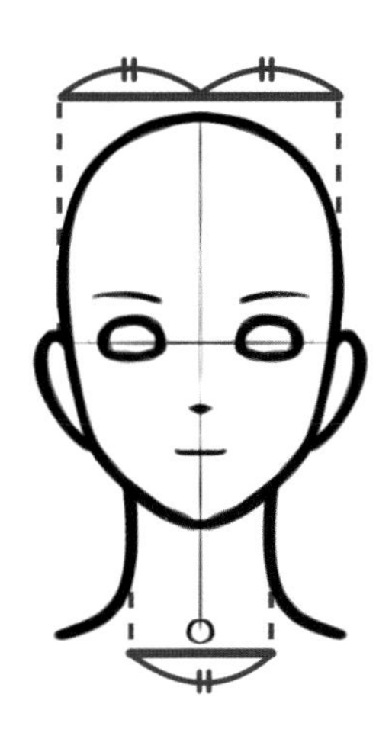

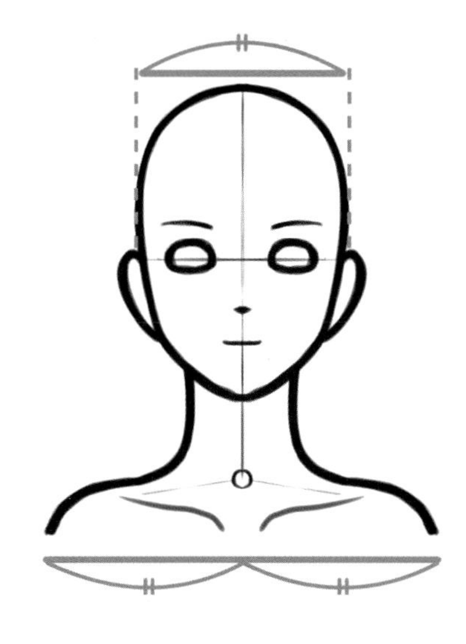

이 비율로 그리면 현실적인 그림체, 즉 6~8등신 캐릭터를 그릴 때 어색하지 않은 목과 어깨너비로 그릴 수 있습니다.

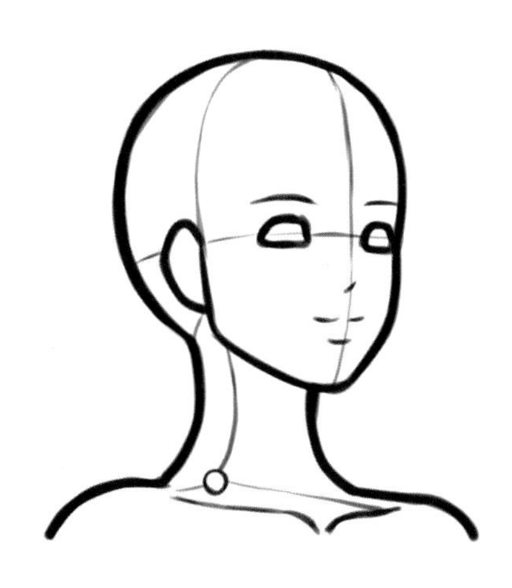

다만, 이 비율은 '출발점' 정도로 생각하는 것이 좋아요.

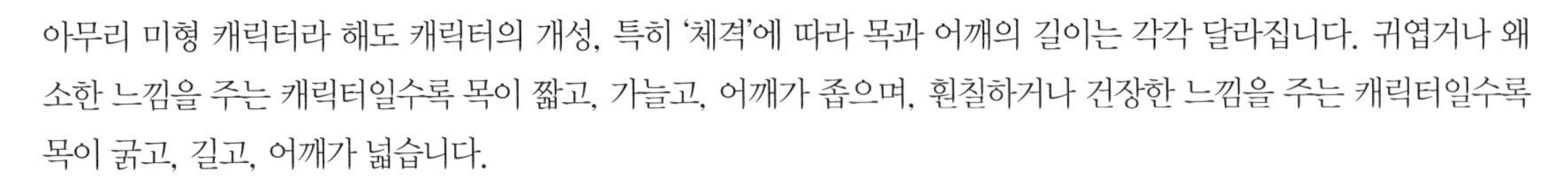

2 캐릭터에 따라 달라지는 목과 어깨의 비율

아무리 미형 캐릭터라 해도 캐릭터의 개성, 특히 '체격'에 따라 목과 어깨의 길이는 각각 달라집니다. 귀엽거나 왜소한 느낌을 주는 캐릭터일수록 목이 짧고, 가늘고, 어깨가 좁으며, 훤칠하거나 건장한 느낌을 주는 캐릭터일수록 목이 굵고, 길고, 어깨가 넓습니다.

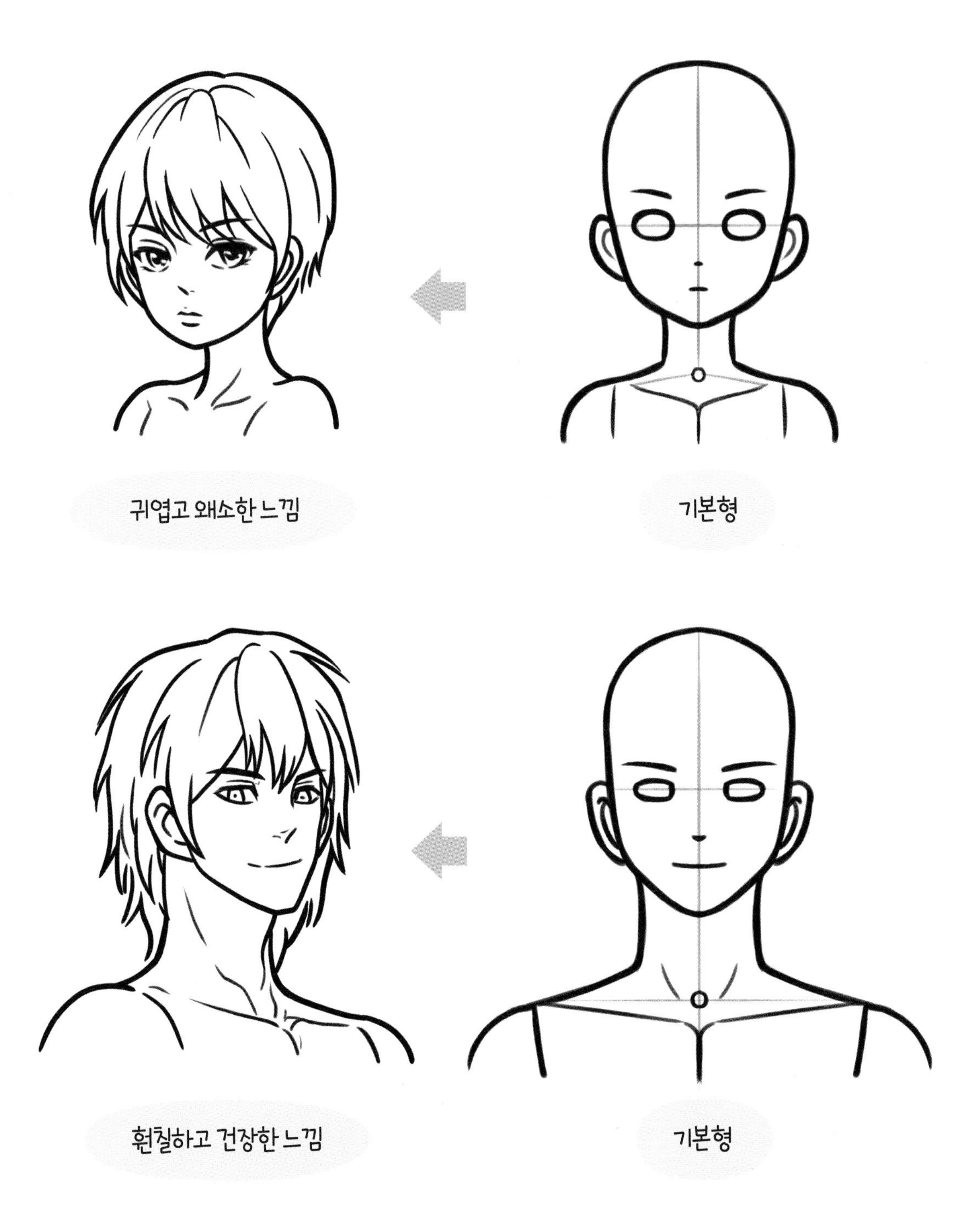

목과 어깨의 기본 틀과 관절 포인트

STEP 02

1 기본 틀이란?

앞에서 설명했듯이 목과 어깨를 그릴 때는 '기본 비율'만으로는 한계가 있습니다. 캐릭터마다 비율이 다르기 때문입니다. 또 목을 돌리거나 어깨를 움직이는 등 관절의 움직임을 표현해야 할 일도 생깁니다. 경험상 목, 어깨, 그 이하 몸을 그릴 때는 얼굴과 달리 '기본 틀'과 '관절 포인트'라는 개념으로 접근하는 편이 훨씬 도움이 됩니다. 기본 틀이란 러프스케치 단계에서 포즈를 잡을 때 크게 도움이 되는, 신체를 단순화시킨 덩어리들을 의미합니다.

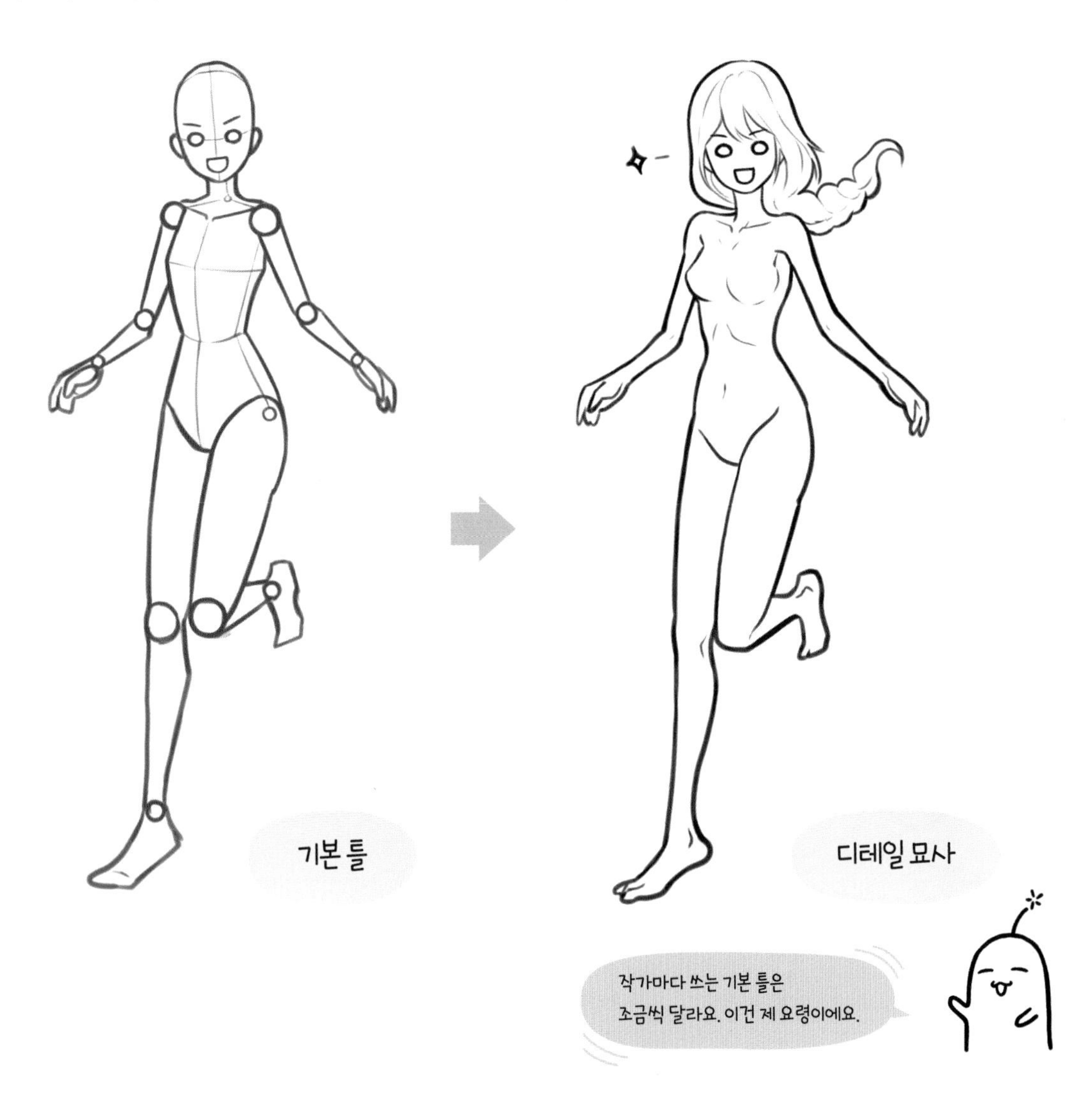

2 관절 포인트란?

신체의 각 부위가 움직이게 하는 관절의 위치를 말합니다. 3파트 2장에서 좀 더 자세히 설명하겠습니다.

3 목과 어깨의 기본 틀과 관절 포인트

해부학적 구조를 토대로 목과 어깨를 가장 단순화한 형태입니다.

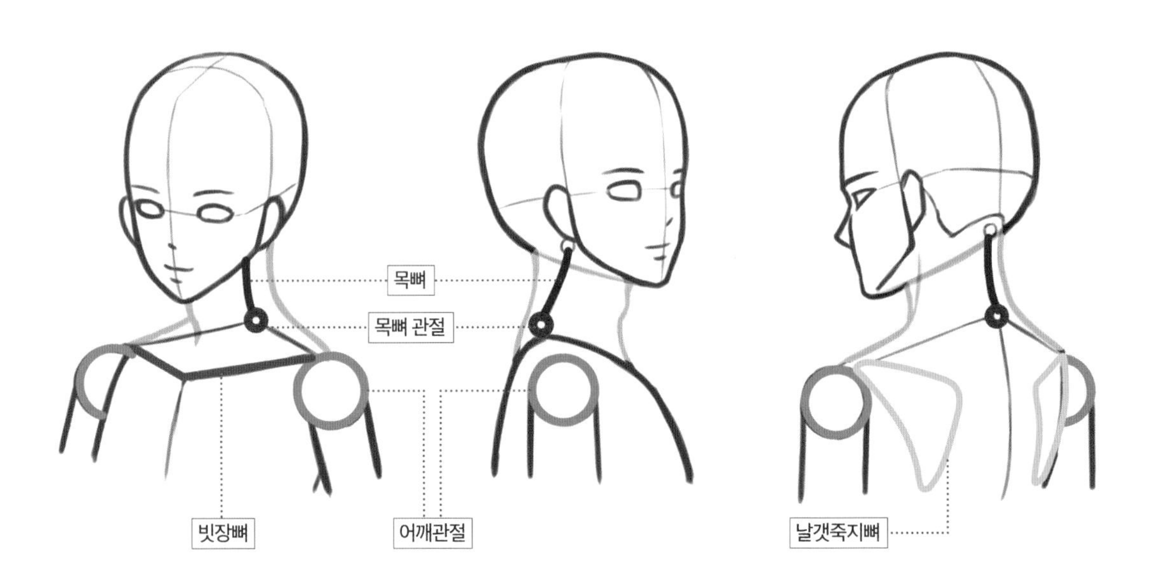

4 그리는 순서

다음은 제가 러프 스케치를 하는 방법입니다. 그림체나 습관의 영역이니, 절대 법칙은 아닙니다. ❶ 먼저 목뼈 관절은 얼굴 길이에서 약 3분의 1 정도 내려간 지점인 목 길이에 맞게 지정합니다. 실제 목뼈처럼 다음과 같이 살짝 앞쪽으로 휘게 그리는 게 포인트입니다. ❷ 그다음 어깨너비와 빗장뼈의 위치를 결정합니다. 그림처럼 마름모가 그려지는 경우가 가장 많지만 앵글에 따라 달라질 수 있습니다.

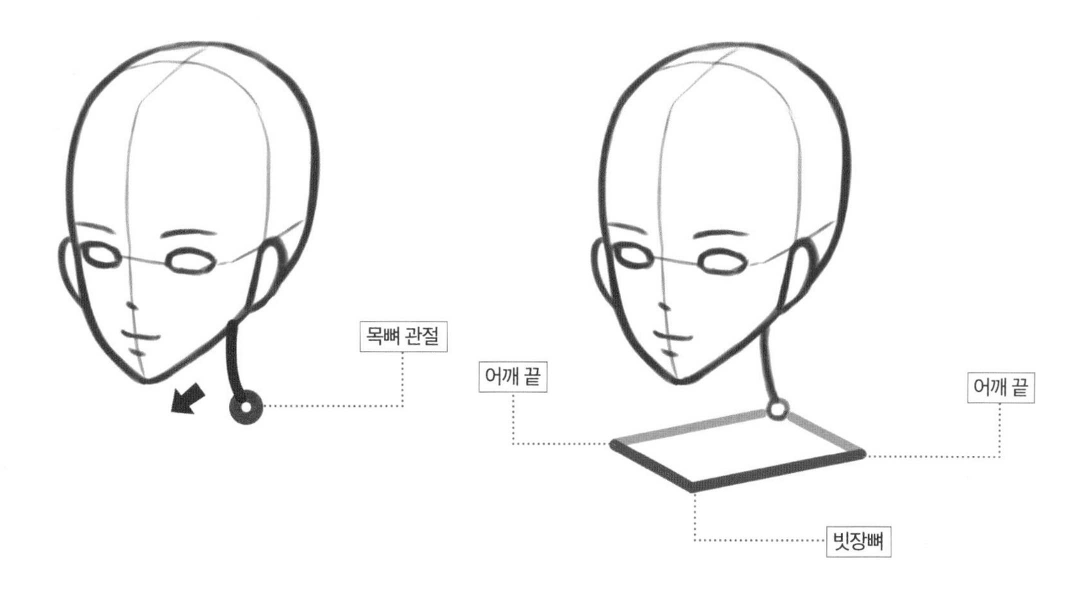

올려다보는 앵글에서는 빗장뼈가 일자나 ㅅ자 모양이 되고, 목뼈 관절은 빗장뼈에 가려지는 경우가 많습니다. 뒷모습에서는 빗장뼈는 안 보이고 어깨와 목뼈 관절을 연결하는 선만 보입니다. 완전한 옆모습은 그냥 몸통 실루엣으로 접근하는 편입니다.

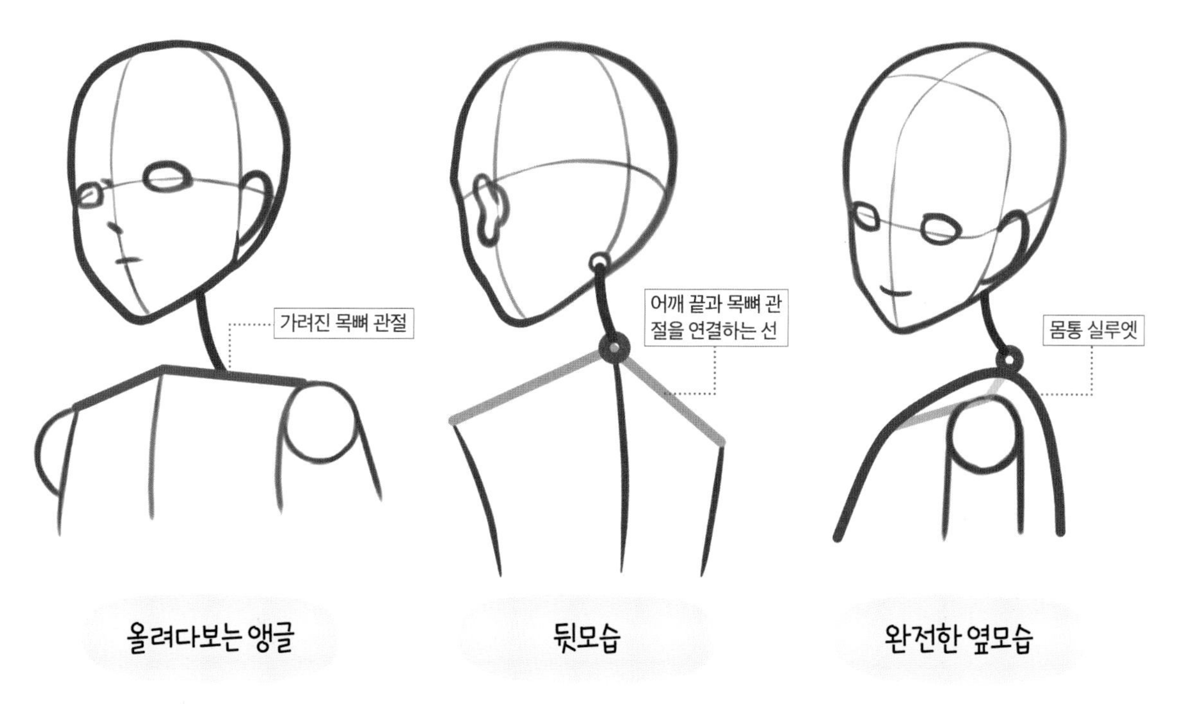

어깨관절 크기는 팔 굵기에 맞춰 잡아줍니다.

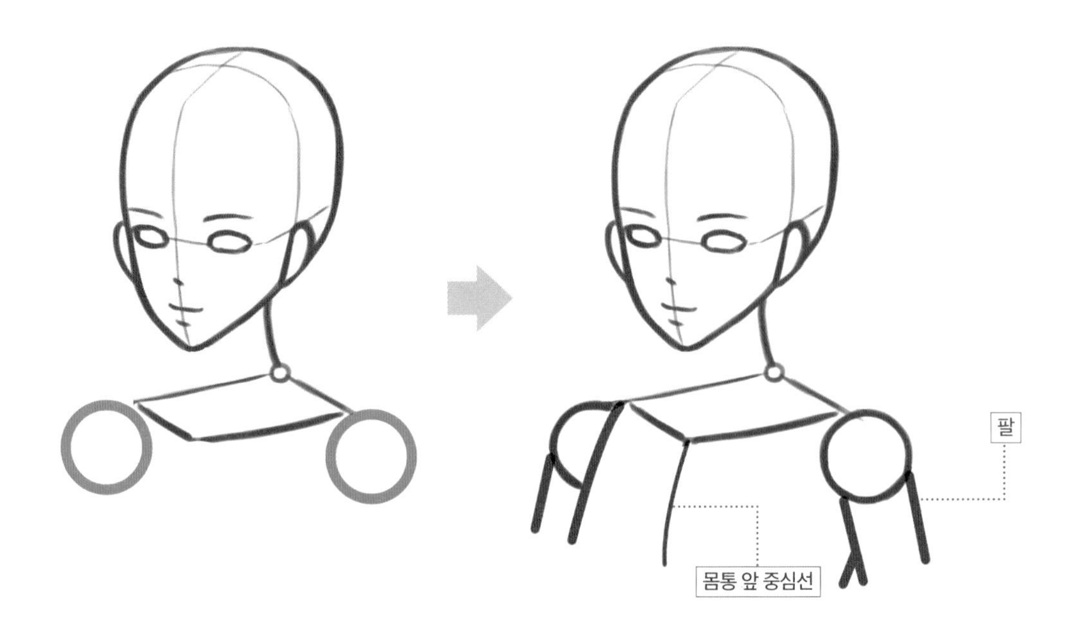

마지막으로 목의 윤곽선을 어깨, 몸통과 연결하면 뼈대가 완성됩니다. 날갯죽지뼈는 '여기쯤 붙어있다'는 이해를 위해 보여드린 것입니다. 사실, 러프 스케치를 할 때 항상 그리지는 않습니다.

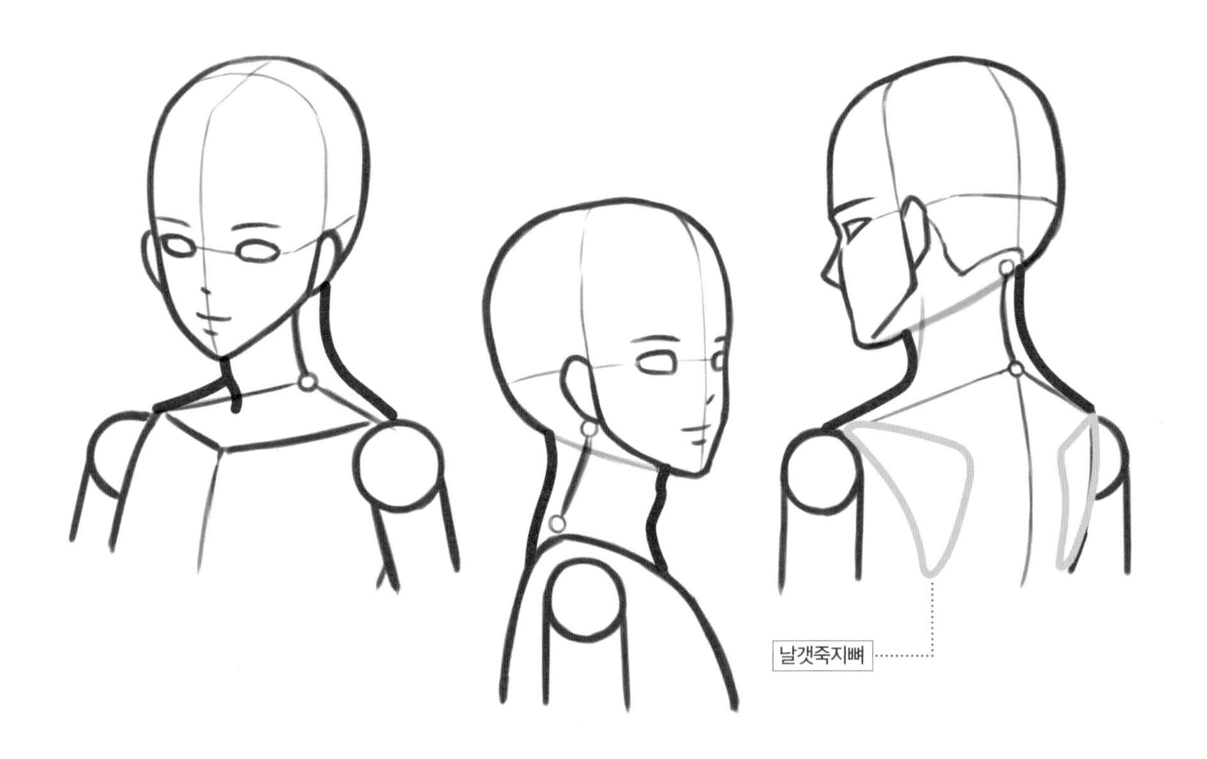

STEP 03

목과 어깨의 해부학적 구조와 묘사 포인트

1 목과 어깨의 주요 뼈

러프스케치 다음 단계인 디테일 묘사에 들어가기 위해서는 해부학적 구조를 약간 알아두면 도움이 됩니다. 클로즈업 컷 묘사에 필요한 뼈들만 간략하게 그려 봤습니다.

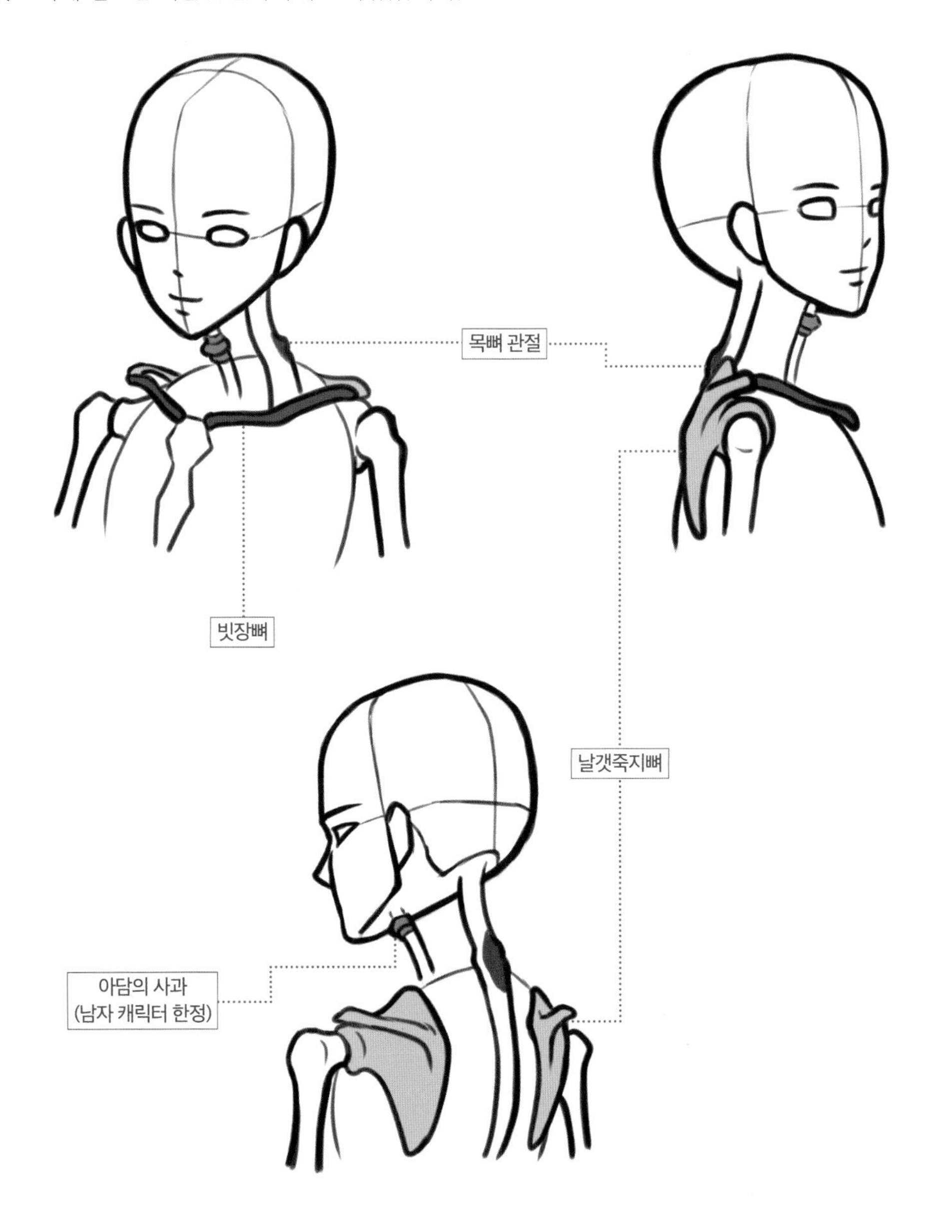

2 빗장뼈

목과 어깨의 형태를 잡아주는 가장 중요한 뼈 중 하나입니다. 활처럼 생겼기 때문에 위에서 내려다볼 때와 아래에서 올려다볼 때의 모습이 달라집니다.

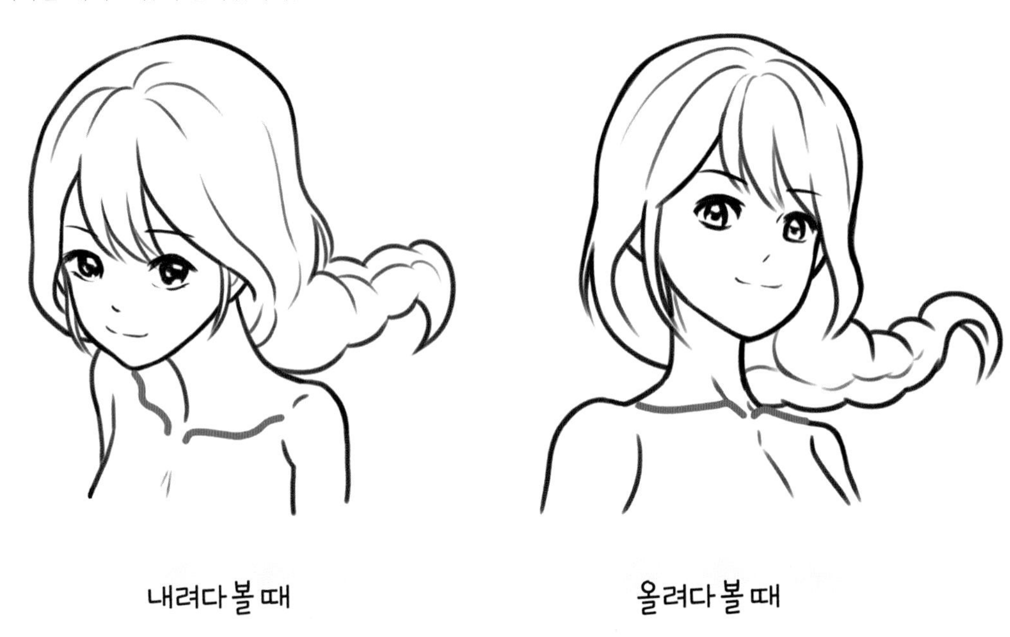

내려다 볼 때

올려다 볼 때

3 날갯죽지뼈

팔과 함께 움직이는 뼈입니다. 움직이는 모양새는 3파트의 3장에서 볼 수 있습니다. 천사 날개를 이 뼈와 연결시켜 그리는 경우가 많아서 날갯죽지뼈라고 부릅니다.

4 아담의 사과

해부학적 명칭은 갑상연골입니다. 호흡기관에 붙어있는 자잘한 뼛조각 중 하나인데 남성의 경우 변성기 무렵 이 뼈가 발달하며 툭 튀어나옵니다.

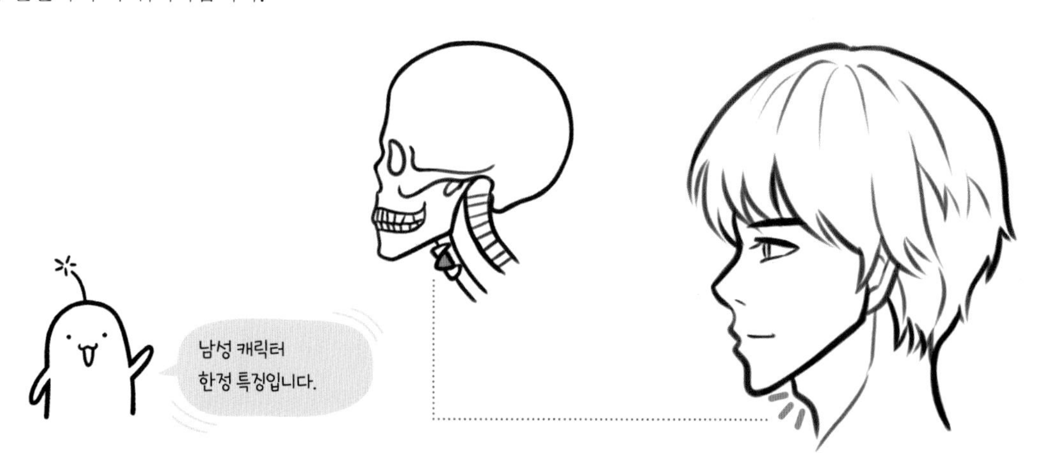

5 목과 어깨의 근육 구조

역시 클로즈업 컷 묘사에 유용한 근육만 간단히 보여드리겠습니다.

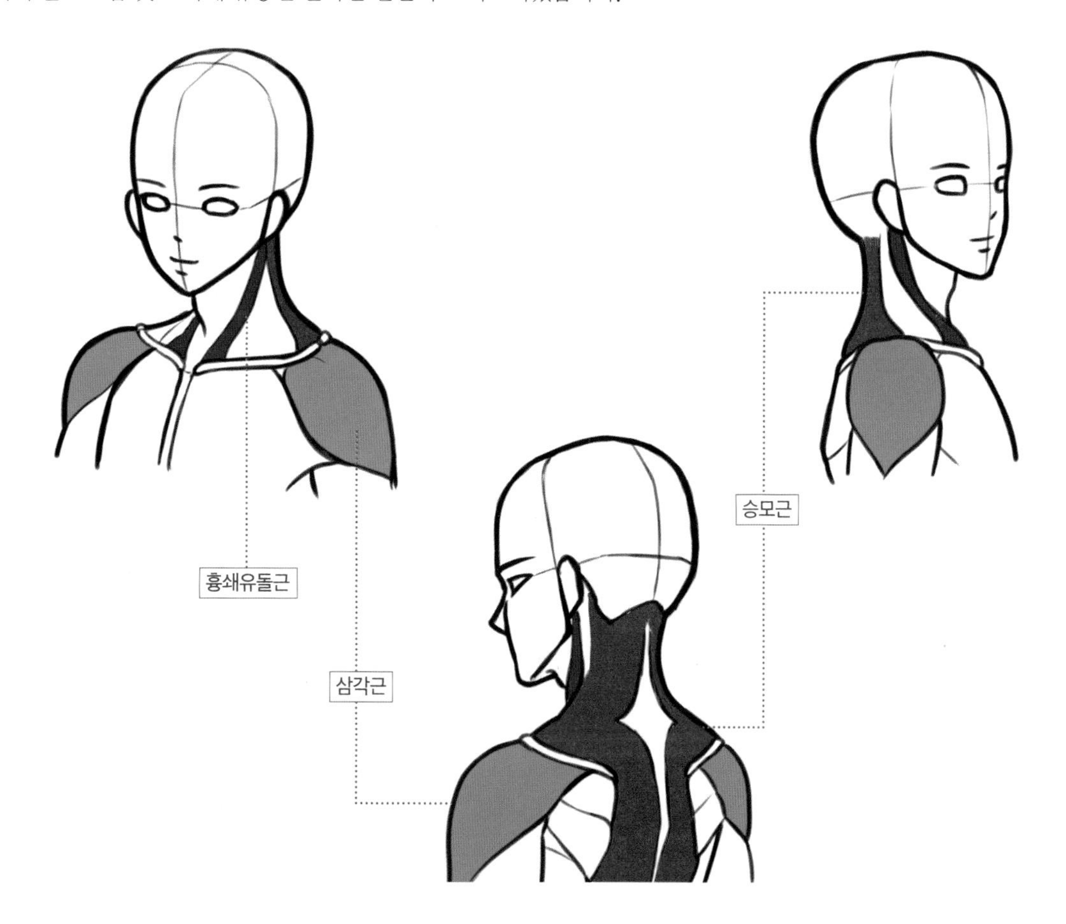

6 흉쇄유돌근

목 앞쪽에서 가장 중요한 묘사 포인트가 되는 근육입니다. 귀 아래와 빗장뼈 사이에 연결되어 있습니다.

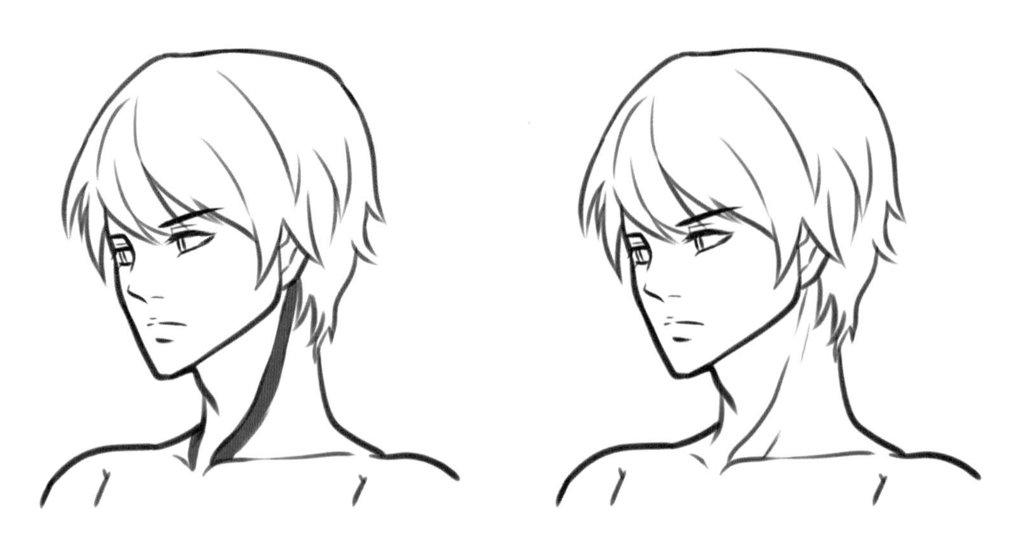

7 삼각근

어깨를 덮는 가장 중요한 근육입니다. 발달하면 팔이 굵어집니다.

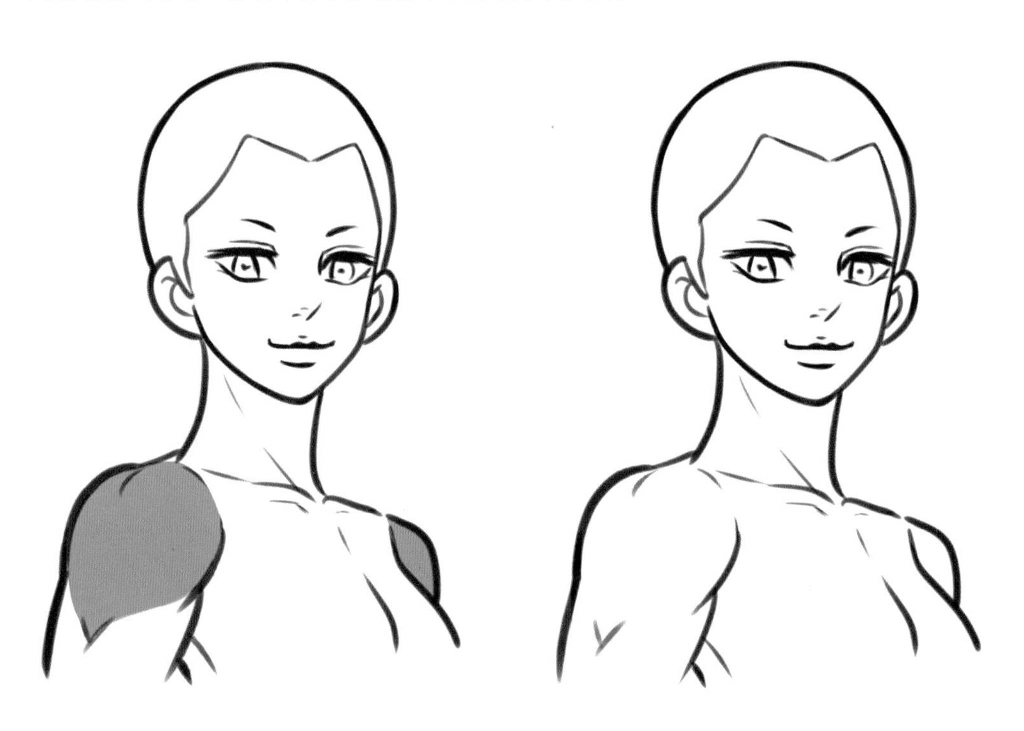

8 승모근

목덜미 전체를 덮는 큰 근육입니다. 발달하면 목덜미가 굵어집니다.

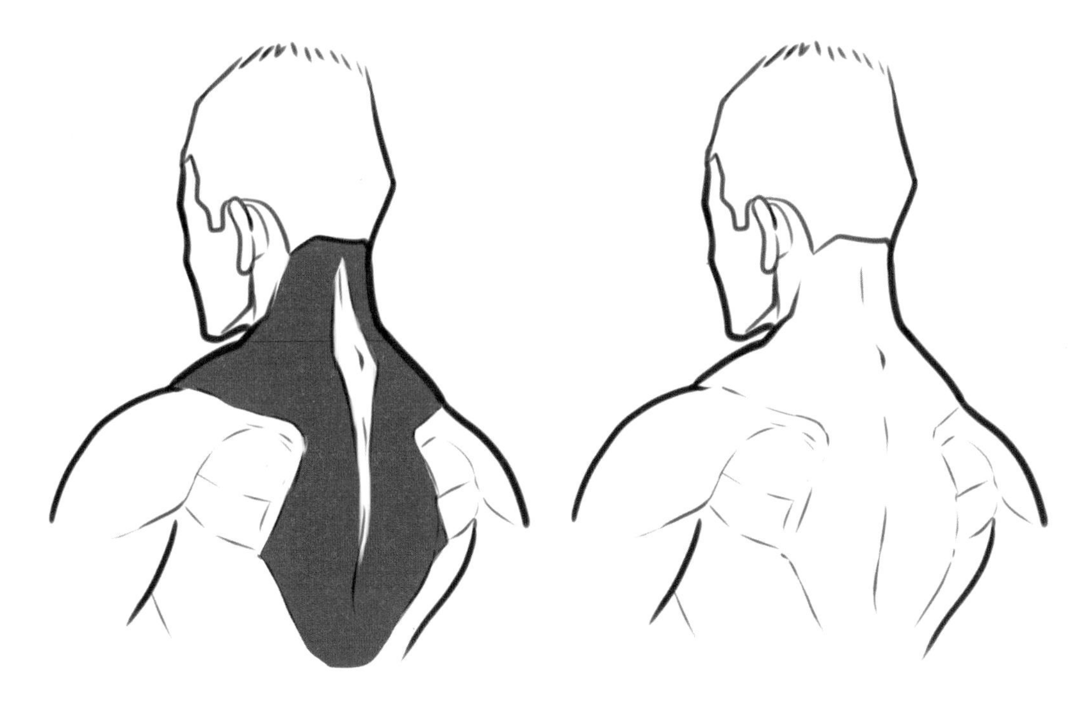

9 해부학적 구조에 기반한 디테일 묘사

앞에서 보여드린 주요 뼈와 근육 구조를 참고해서 디테일을 덧붙여 완성해 봤습니다. 다음 캐릭터는 근육이 살짝 발달한 체형입니다. 체형마다 디테일 묘사는 조금씩 달라집니다.

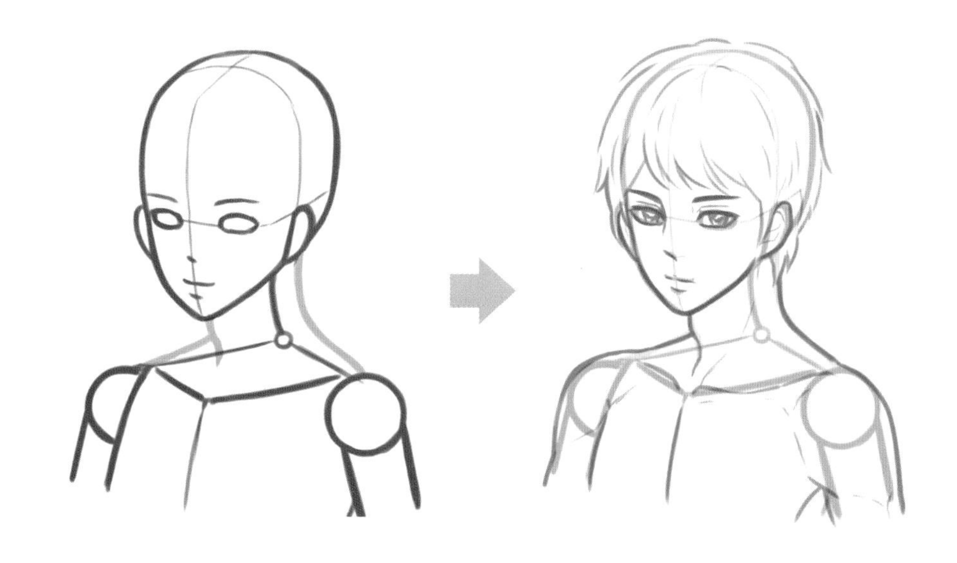

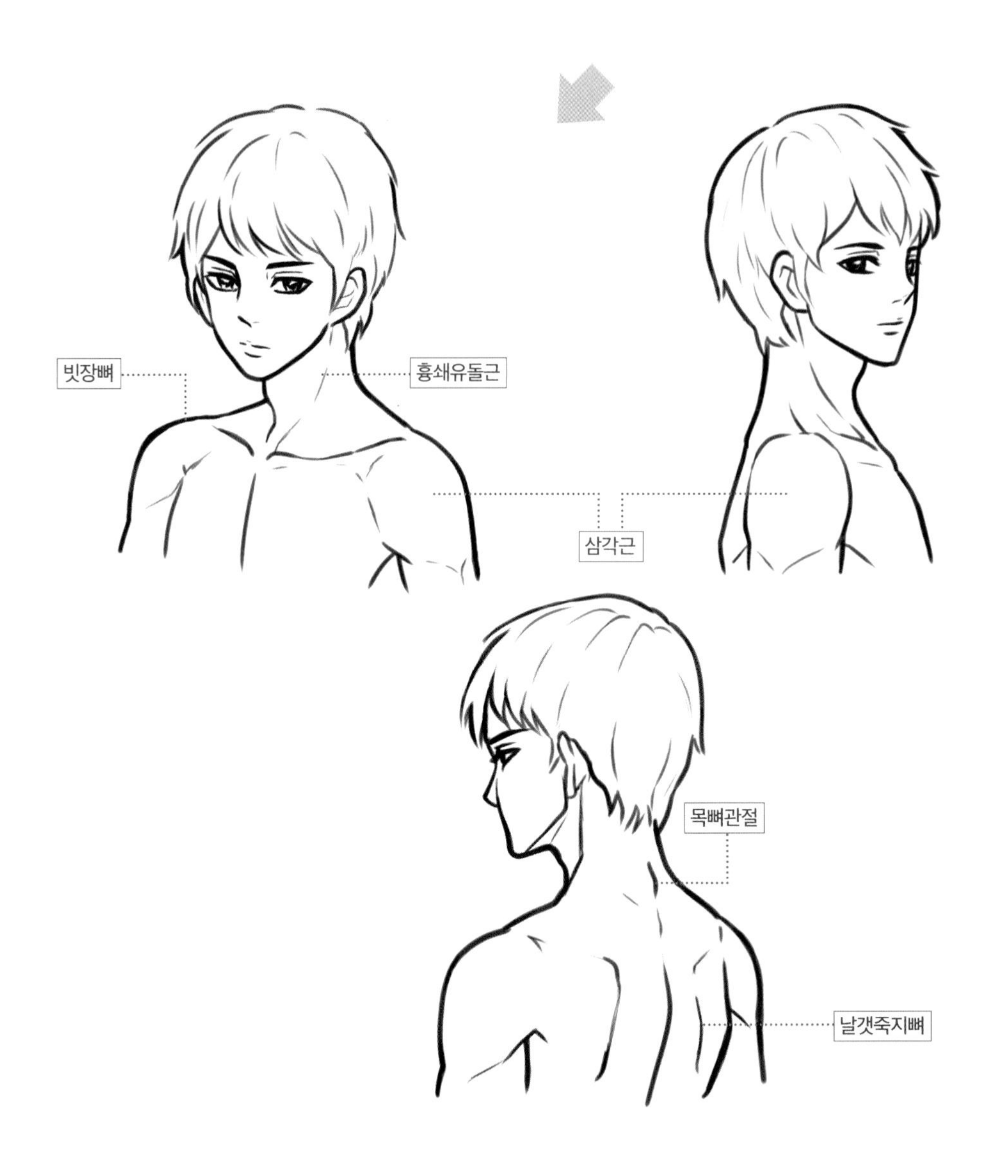

목과 어깨의 기본 틀과 해부학적 구조, 그리고
묘사 포인트는 3파트의 3장과 4장에서 몸통, 팔을
설명할 때 한 번 더 보여드릴 기회가 있을 거예요.

STEP 04

목 움직여 보기

1 목뼈 관절의 움직임

목뼈 관절을 기준으로 위쪽의 목뼈는 아래쪽 등뼈와 달리 고개 돌리는 방향에 따라 부드럽게 움직입니다. 직접 고개를 돌려보며 손으로 뒷목을 만져보세요.

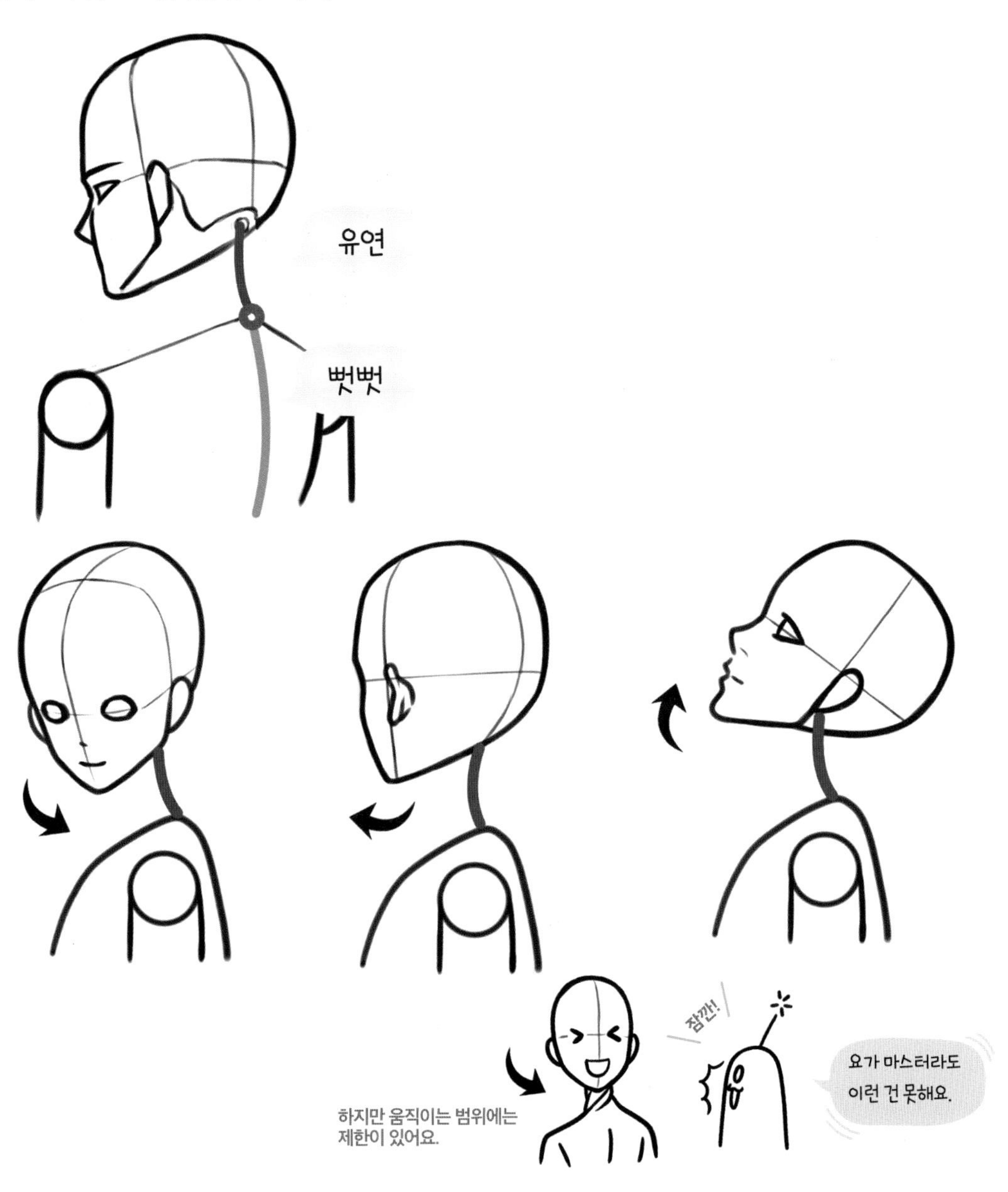

2 목뼈 관절이 움직이는 범위

목뼈만 움직였을 때 올려다보는 것은 약 40도, 내려다보는 것은 약 20도 정도입니다.

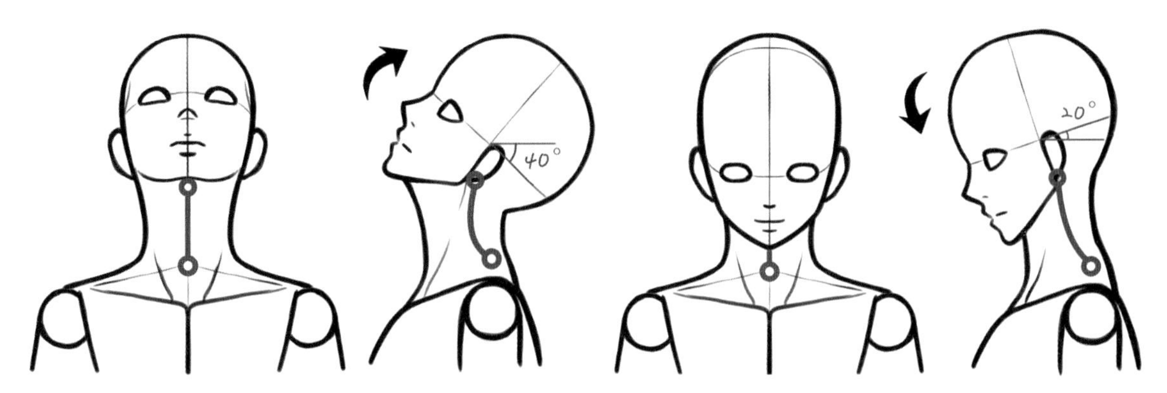

좌우로 갸웃거리는 것은 약 20도 정도가 한계입니다.

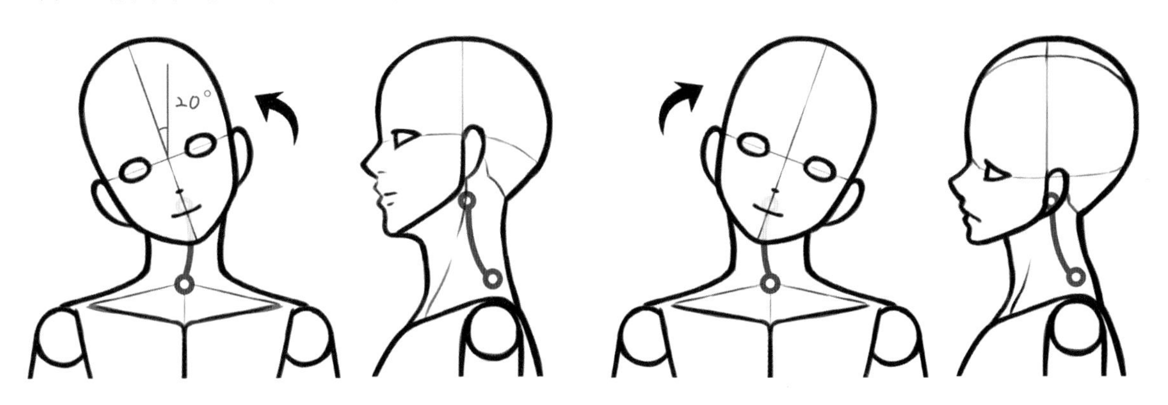

뒤로 돌리는 것은 60도 정도가 한계입니다. 좀 더 뒤를 돌아보고자 욕심내면 고개가 자연스럽게 등 쪽으로 살짝 갸웃하게 기울어집니다.

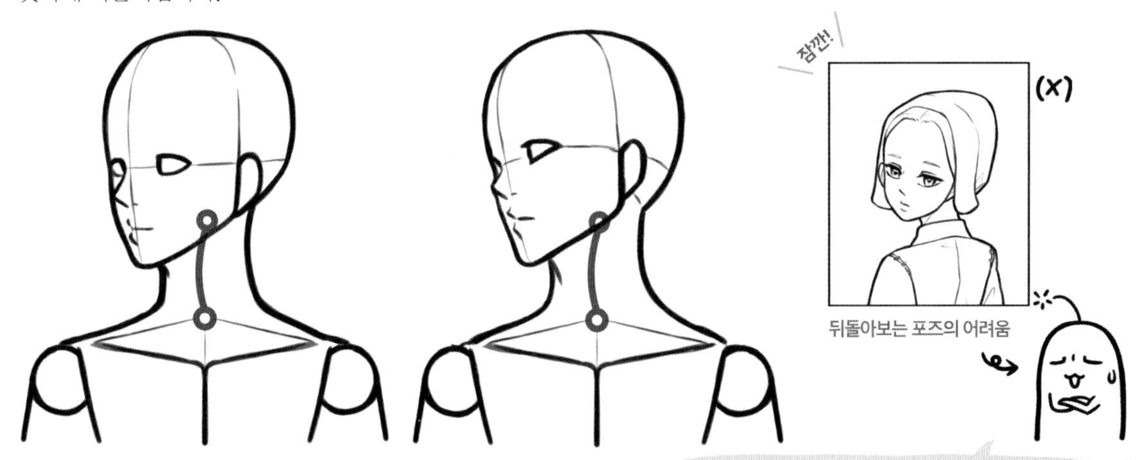

고개를 돌려 뒤를 돌아보는 포즈는 웹툰(만화)과 일러스트에서도 자주 쓰이지만, 고개가 돌아가는 범위는 프로들도 종종 헷갈려요. 지나치게 많이 돌리는 경우가 이따금 있지요.

3 뒤돌아보는 포즈 ❶ : 고개를 단순히 뒤로 돌린 경우

카메라를 돌려가며 보는 것처럼 쭉 보여드리겠습니다. 작업할 때 원하는 각도를 참고해서 사용하세요.

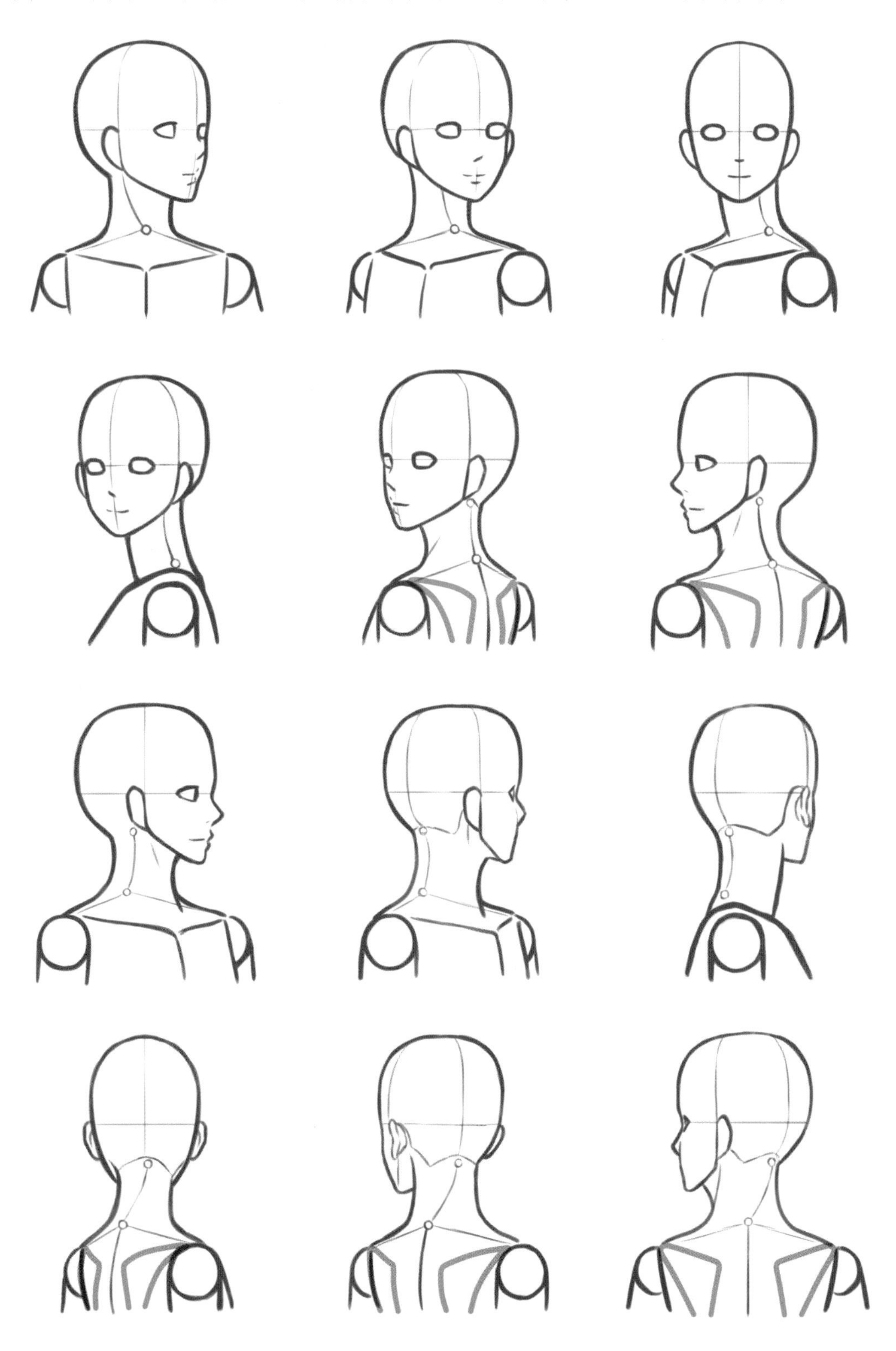

4 뒤돌아보는 포즈 ❷ : 고개를 등 쪽으로 살짝 꺾은 경우

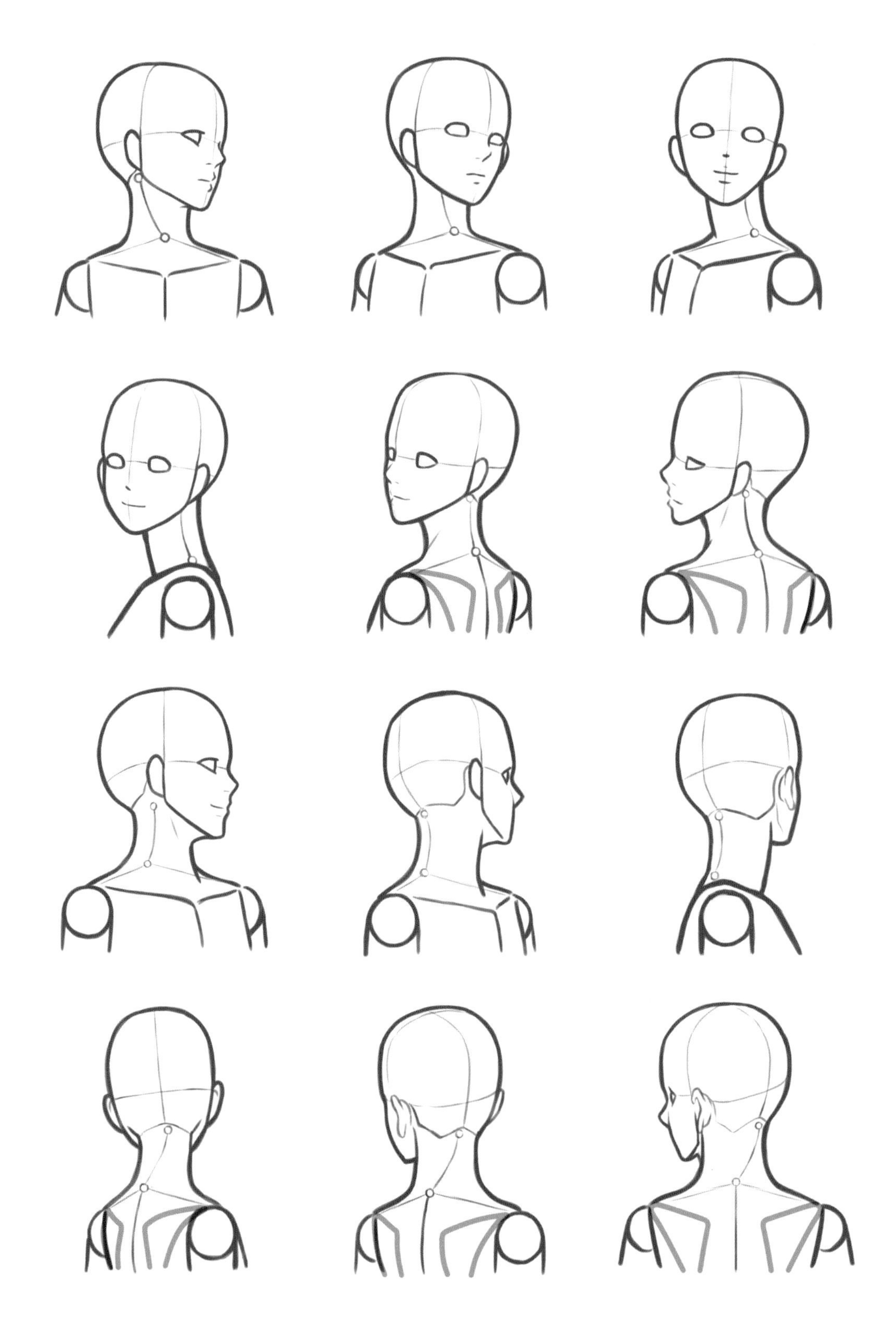

STEP 05

어깨너비와 성별

1 여성과 남성의 어깨너비 차이

2파트의 5장에서 타고난 속눈썹 길이에 남녀차이가 없다고 말씀드렸습니다. 그런데 타고나는 어깨너비도 의외로 남녀차이가 없다고 합니다.

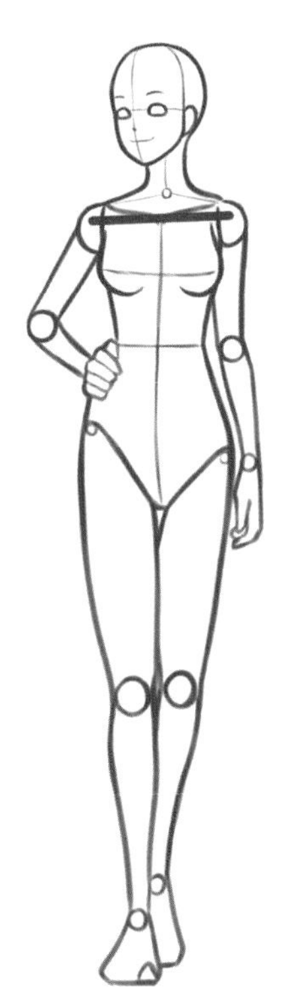

대략 얼굴 가로 폭의 2배 안팎

어깨너비를 결정하는 것은 성별보다는 유전적 요인이나 운동량의 차이입니다.

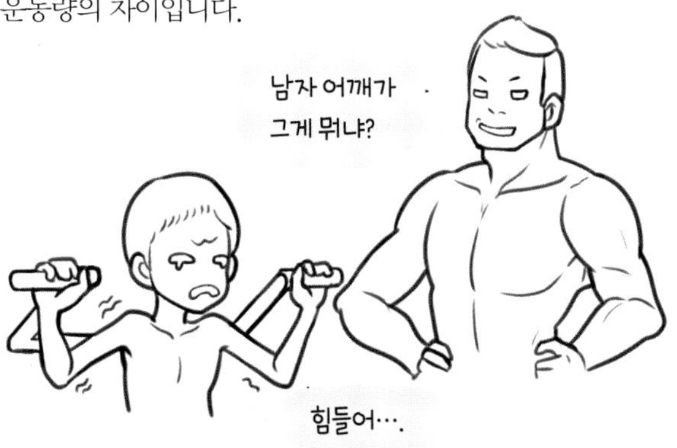

2 남성은 역삼각형, 여성은 삼각형?

흔히 남성의 체형은 '역삼각형', 여성의 체형은 '삼각형'이라고 말합니다.

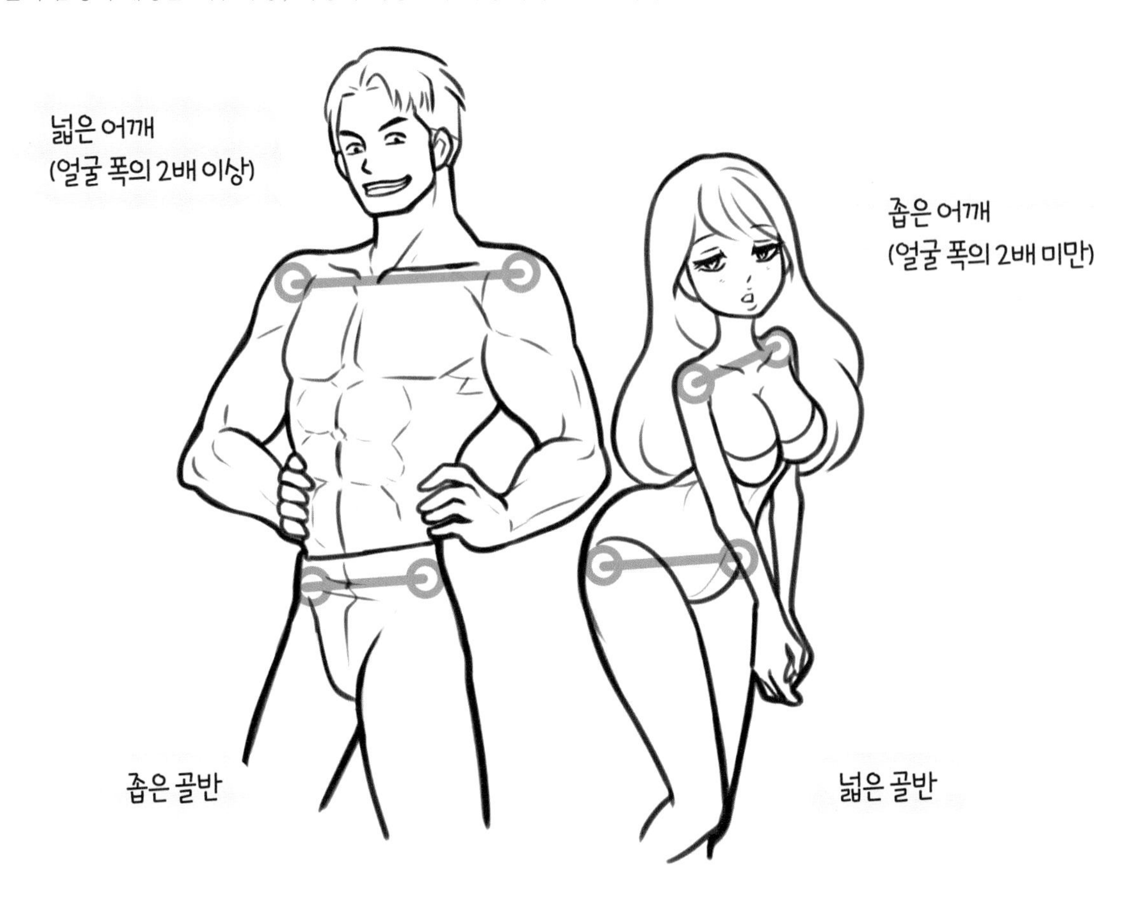

골반의 경우, 여자가 선천적으로 더 넓은 편입니다. 그리고 좀 더 앞으로 기울어져 있습니다.

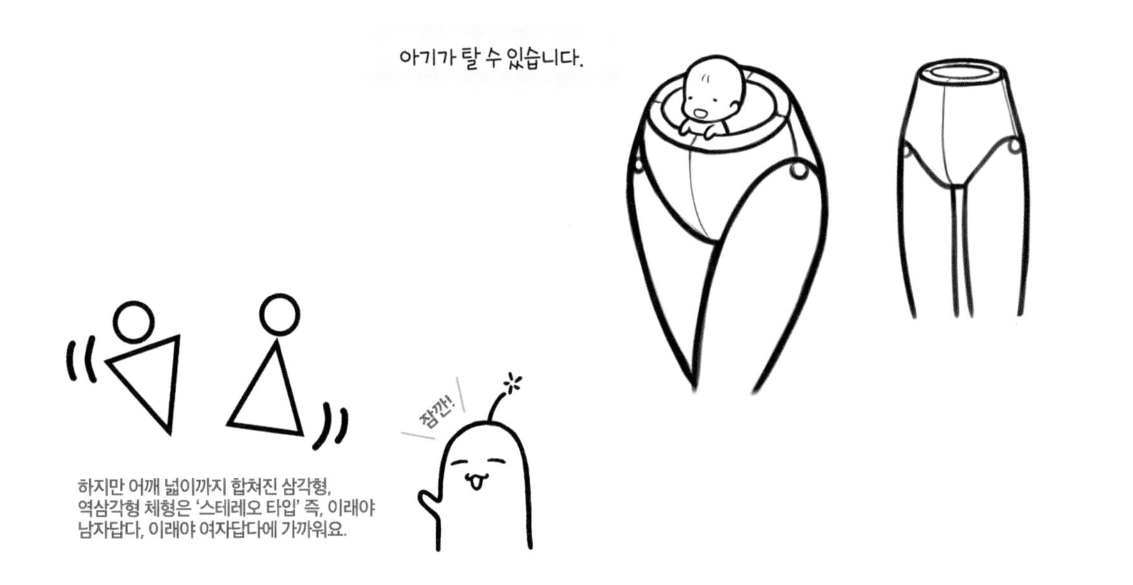

3 스테레오 타입에서 벗어나 보기

개인적으로는 미형 캐릭터라도 스테레오 타입에 고정될 필요는 없다고 생각합니다. 물론 어깨가 좁고 가냘픈 여자 캐릭터도, 어깨가 넓고 근육질인 남자 캐릭터도 멋집니다. 하지만 어깨가 가냘픈 남자 캐릭터도 어깨가 넓은 여자 캐릭터도 멋지게 그릴 수 있습니다. 고정관념을 깨고 자유롭게 표현하고 싶은 캐릭터를 표현하는 것이 중요합니다.

어깨 좁은 여자

어깨 넓은 남자

어깨 좁은 남자

어깨 넓은 여자

CHAPTER 12

손 그리기

손은 인체 다른 어떤 부위보다도 많은 관절이 모여 있어 그만큼 변화무쌍한 모습을 나타내기 때문에 늘 그리기 어려운 부위입니다. 이번 장에서는 다양한 손의 모습을 덩어리로 나누어 관찰하는 방법을 살펴보겠습니다.

STEP 01

손을 그리는 방법

1 외워서 그리기 어려운 손

손은 신체에서 가장 다이내믹하게 변하는 부위이기 때문에 상상만으로 그리기 까다롭습니다. 저도 자주 그려 외우는 포즈가 아니면 자료를 보고 그립니다.

2 자신의 손을 보고 그리기

다행히도 손은 항상 옆에 '자료'가 있습니다. 특히 클로즈업 컷의 경우, 자기 손으로 직접 원하는 포즈를 잡는 것이 사진 자료집을 찾거나 모형을 보는 것보다 빠를 수 있습니다.

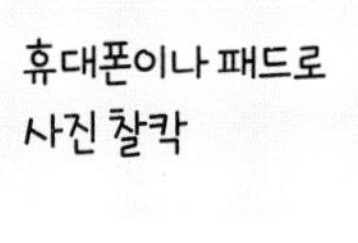

좌우 반전 기능을 활용하면 왼손, 오른손도 자유롭게 바꿀 수 있습니다.

3 기본 틀을 알고 그리기

아무리 자신의 손을 보고 그린다 해도 손은 단순한 구조가 아니기 때문에 아무 사전 지식 없이 그냥 무턱대고 따라 그리면 시간도 오래 걸리고 어색해질 수 있습니다. 그리고 자신의 손을 보고 그리는 만큼 본인 손과 비슷한 손 외에는 그리기 어렵습니다.

제 경우에는 손이 마른 편이라 굵고 튼튼한 손을 그리기 어렵습니다. 이처럼 내 손이 아닌 다른 손도 잘 그리기 위해서는 손의 단순화된 덩어리, 즉 기본 틀을 이해하는 것이 중요합니다. 손의 기본 틀을 이해하면 보고 그릴 때도 덩어리부터 출발하여 세부적인 손 그림을 그릴 수 있는 방법이 생깁니다.

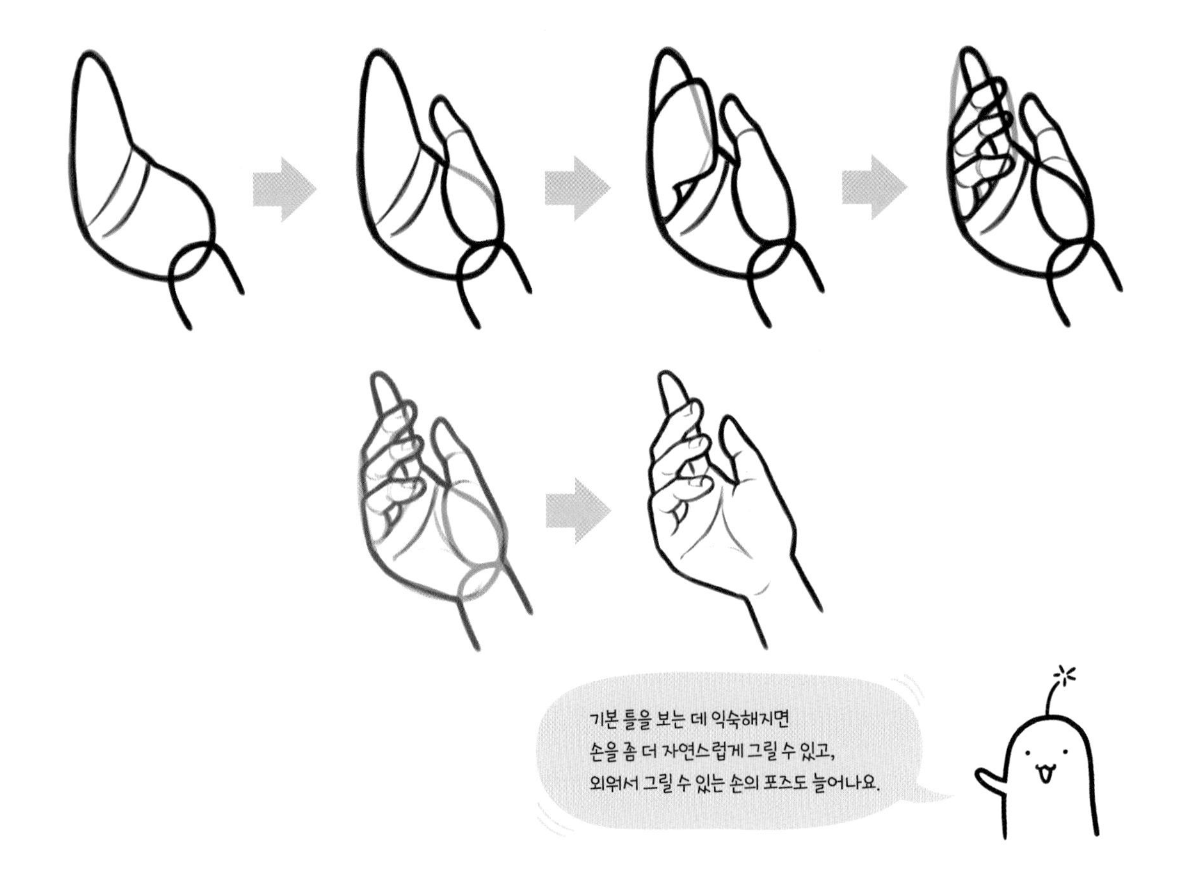

기본 틀을 보는 데 익숙해지면
손을 좀 더 자연스럽게 그릴 수 있고,
외워서 그릴 수 있는 손의 포즈도 늘어나요.

STEP 02

네 손가락을 붙인 손 그리기

1 손등이 보이는 손

우선 비교적 단순한 형태의 벙어리장갑처럼 네 손가락을 붙인 손들을 그리는 방법을 보여드리겠습니다. 엄지손가락을 나중에 따로 그리는 것이 포인트입니다. 엄지손가락을 제외한 손등부터 크게 타원형으로 그린 후 대략 반으로 쪼개줍니다.

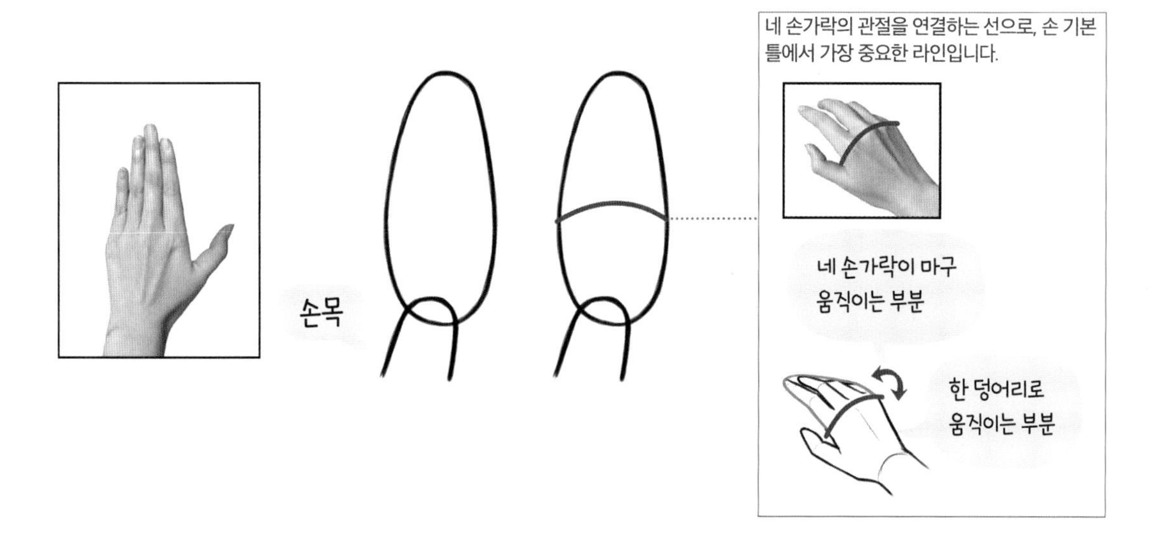

엄지손가락은 모양새나 움직임이 크게 다르기 때문에 별도로 붙여줍니다. 이제 나머지 손가락을 표현해 봅니다. 벙어리장갑 윗부분을 4등분하는 방식으로 손가락을 그립니다. 단순한 만화체의 경우 기본 틀을 여기까지만 잡아줘도 충분합니다.

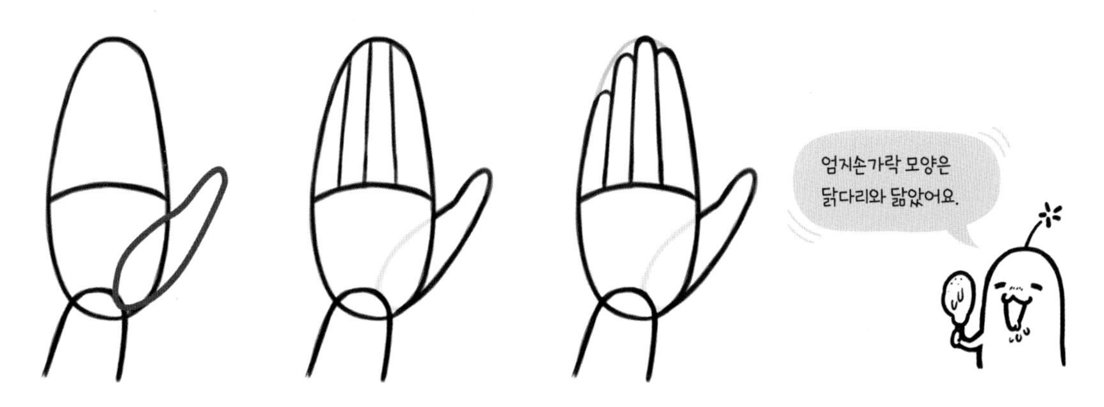

손가락 마디, 즉 관절을 표현해 봅니다. 네 손가락의 반 정도 높이로 나누면 손가락의 중간 관절이 되고, 그것을 다시 반으로 나눠주면 손가락의 끄트머리 관절이 됩니다.

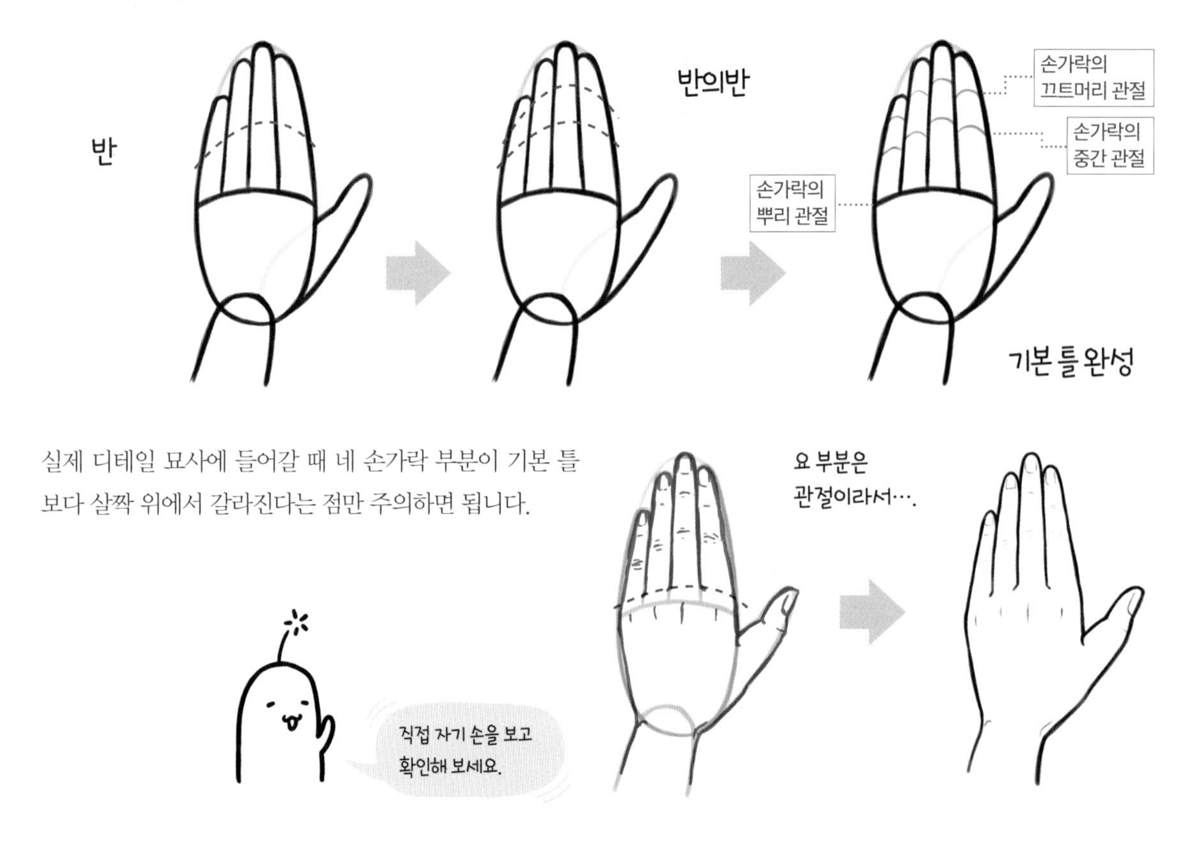

실제 디테일 묘사에 들어갈 때 네 손가락 부분이 기본 틀보다 살짝 위에서 갈라진다는 점만 주의하면 됩니다.

요 부분은 관절이라서….

직접 자기 손을 보고 확인해 보세요.

2 손바닥이 보이는 손

엄지손가락을 제외한 손바닥부터 크게 타원형으로 그린 후 접히는 부분을 반으로 쪼개줍니다. 단 이번에는 두 단계로 쪼개줍니다. 엄지손가락은 그다음에 따로 붙여줍니다.

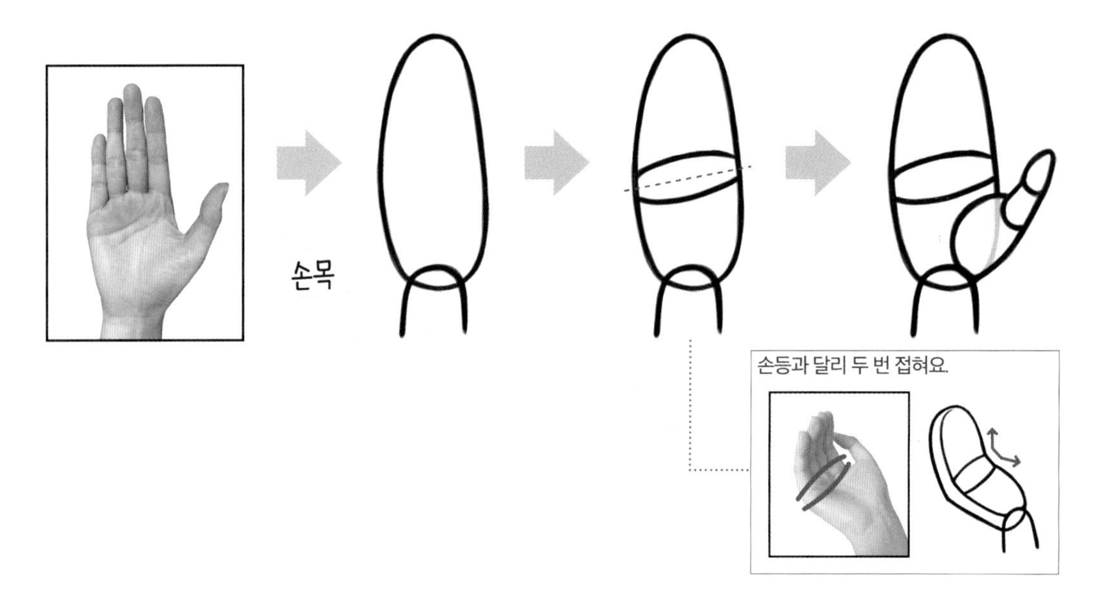

나머지 손가락을 표현해 봅니다. 벙어리장갑 윗부분을 4등분하는 방식으로 손가락을 그립니다.

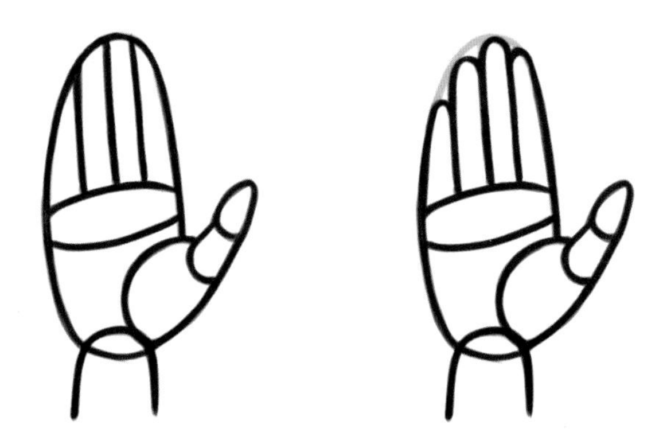

손가락 마디, 즉 관절을 표현해 봅니다. 네 손가락의 반 정도 높이로 나누면 손가락의 중간 관절이 되고, 그것을 다시 반으로 나누면 손가락의 끄트머리 관절이 됩니다.

디테일을 넣어 완성합니다. 손금의 큰 흐름은 기본 틀의 접히는 부분을 따라갑니다. 자기 손바닥을 접었다 펴며 확인해 보세요.

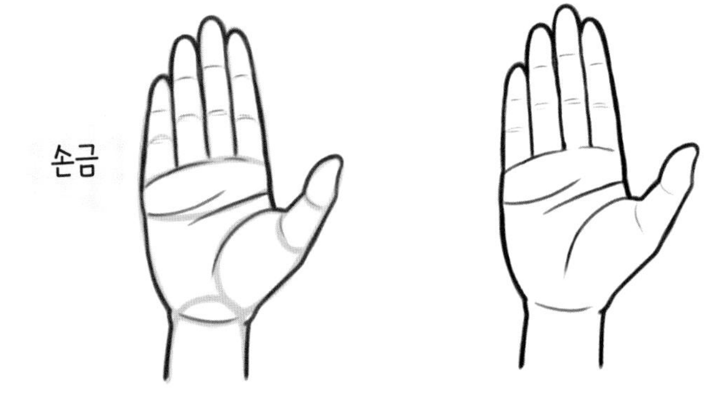

3 옆에서 본 손 : 엄지손가락 쪽

손바닥, 손등과 마찬가지 순서로 큰 덩어리에서 출발해 세부적인 느낌을 찾아갑니다. 가장 앞에 보이는 엄지와 검지의 형태를 잘 잡아주면 뒤에 겹쳐진 세 손가락들은 적당히 생략해도 괜찮습니다.

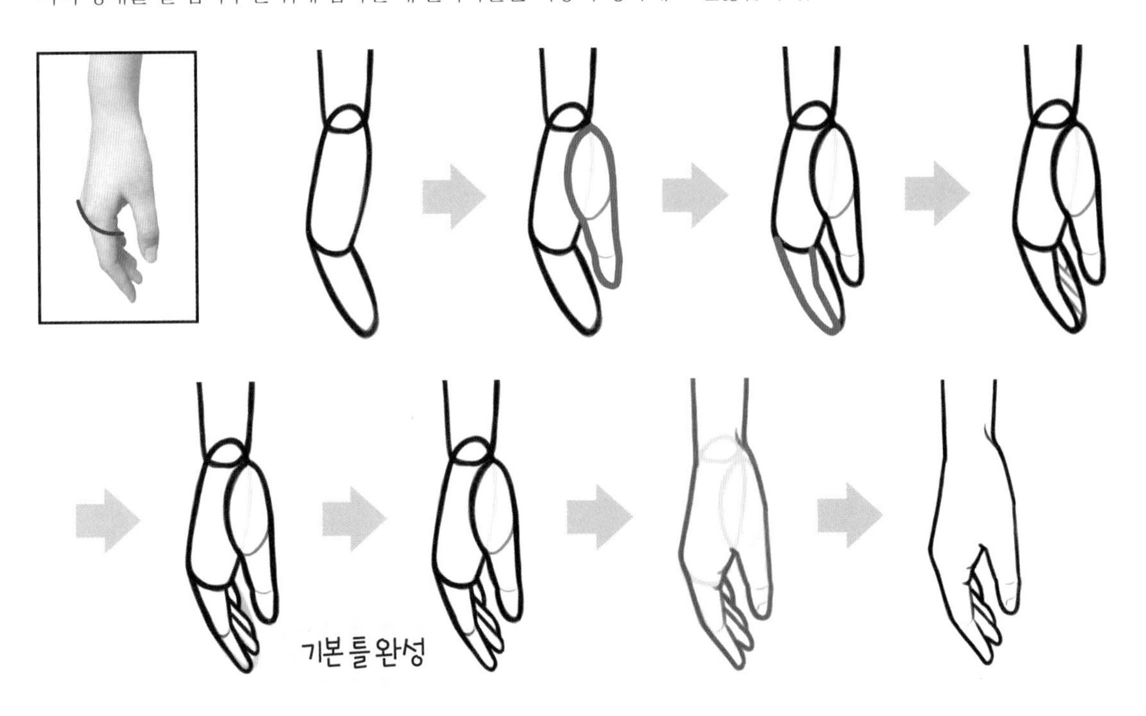

4 옆에서 본 손 : 새끼손가락 쪽

맨 앞에 있는 새끼손가락의 형태를 잘 잡아주는 것이 중요합니다. 나머지 세 손가락이 겹쳐지는 부분은 너무 꼼꼼하게 덩어리를 나누지 않아도 되며 생략해도 됩니다.

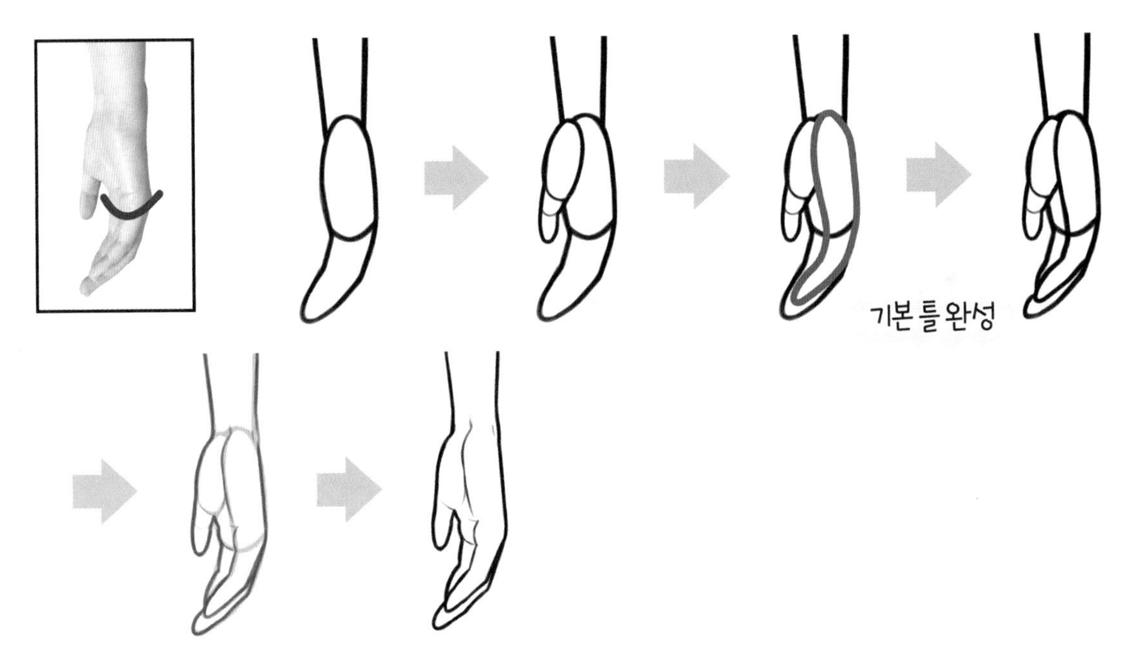

5 비스듬히 본 손 : 손등 쪽

약간 비스듬한 각도로 바라본 손입니다. 마찬가지로 큰 덩어리에서 출발해 세부적인 느낌을 찾아갑니다. 손가락을 4등분할 때 뒤에 있는 손가락들이 살짝 겹쳐지는 느낌이 나도록 그려줍니다.

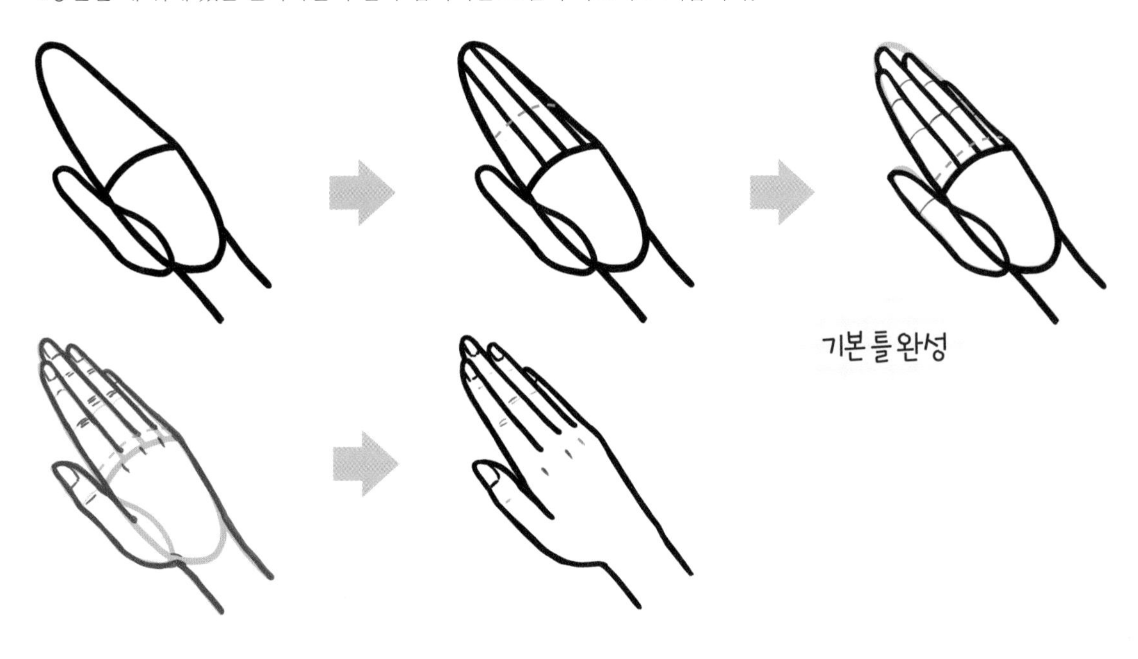

6 비스듬히 본 손 : 손바닥 쪽

마찬가지로 손가락을 4등분할 때 뒤에 있는 손가락들이 살짝 겹쳐지는 느낌이 나도록 그려줍니다. 그리고 손바닥은 손등과 달리 두 번 접히고 손금이 그 기본 틀을 따라간다는 것을 체크합니다.

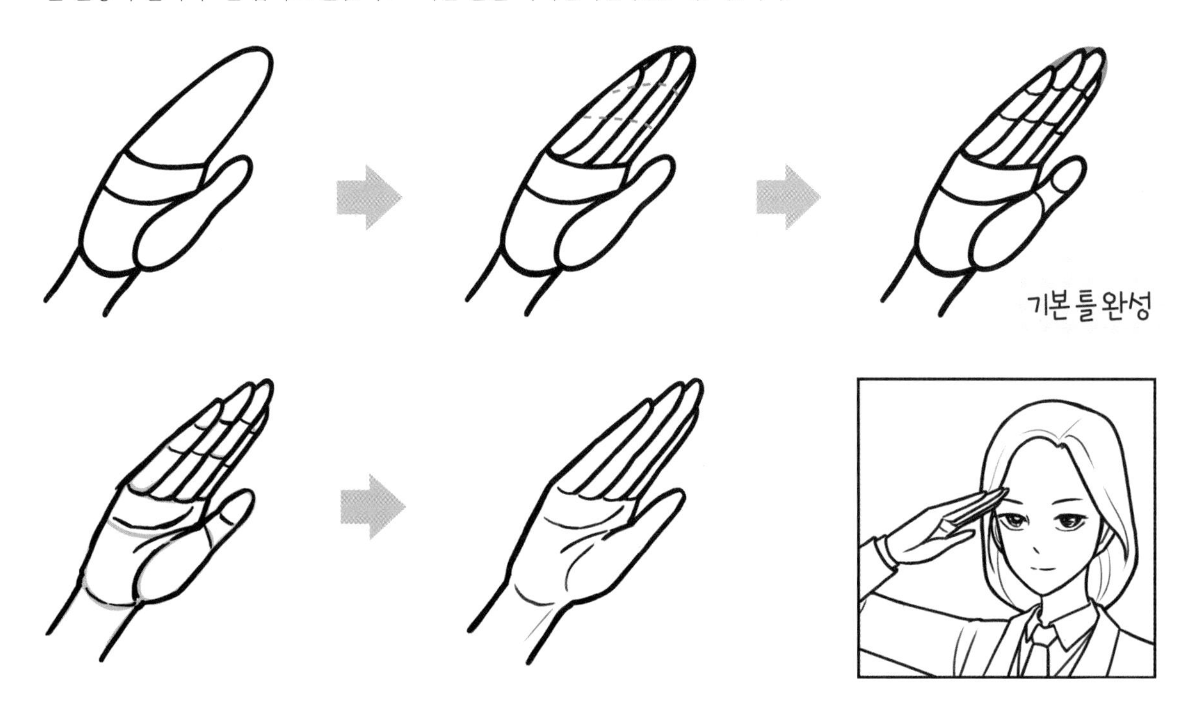

STEP 03

주먹 쥔 손 그리기

1 주먹 쥔 손 : 앞에서 본 모습 ❶

주먹 쥔 손은 엄지를 제외한 손가락 4개를 하나의 덩어리로 그린 다음 그 덩어리를 4등분하는 것으로 큰 흐름을 잡을 수 있습니다.

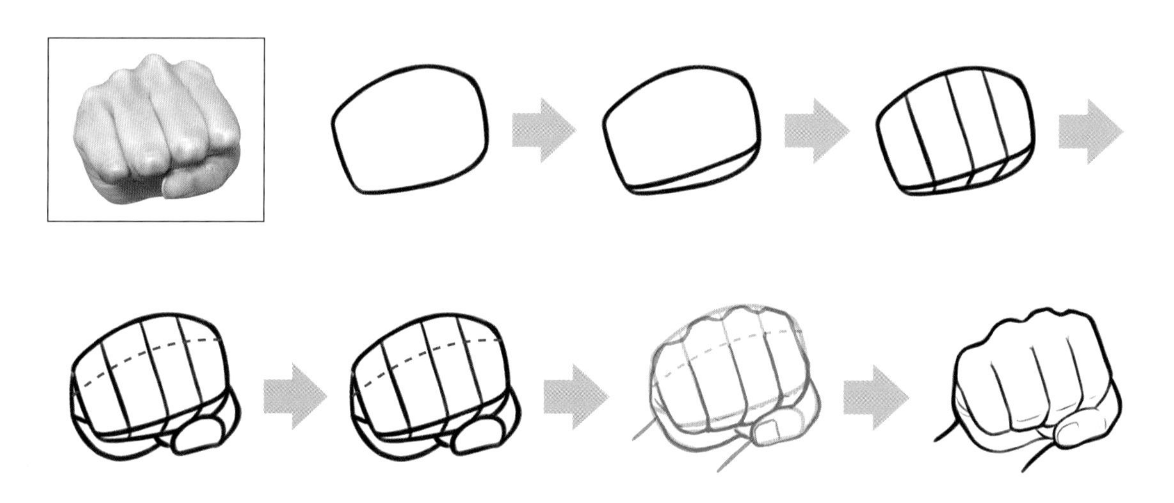

2 주먹 쥔 손 : 앞에서 본 모습 ❷

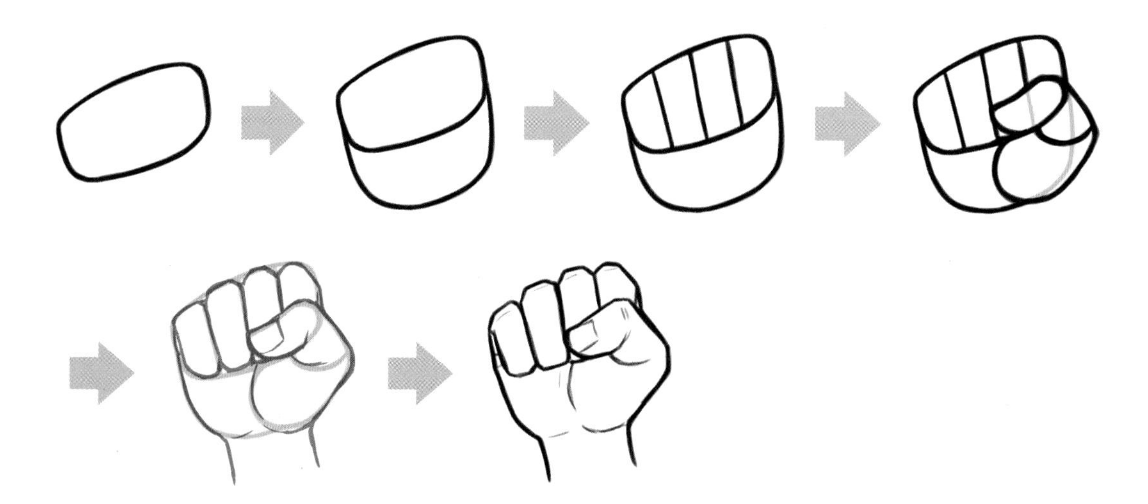

3 주먹 쥔 손 : 앞에서 본 모습 ❸

4 주먹 쥔 손 : 반쯤 앞에서 본 모습

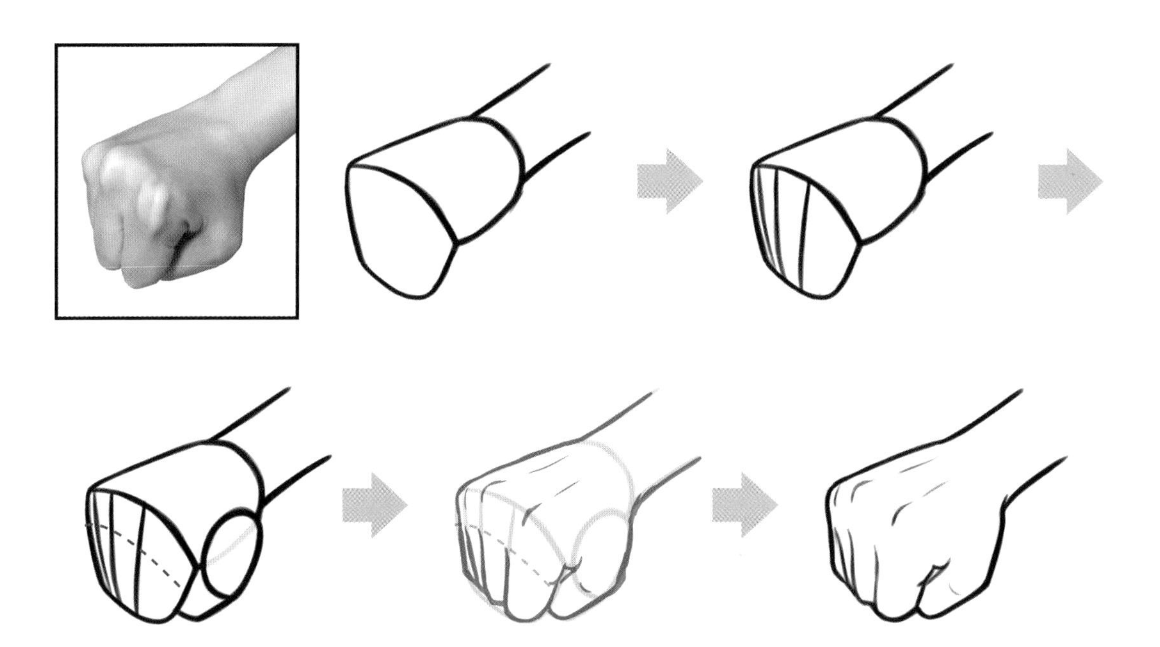

5 주먹 쥔 손의 옆모습

주먹 쥔 손의 옆모습은 조금 어렵습니다. 손가락 관절들이 접히면서 생기는 특유의 주름 형태를 알아두면 좋습니다.

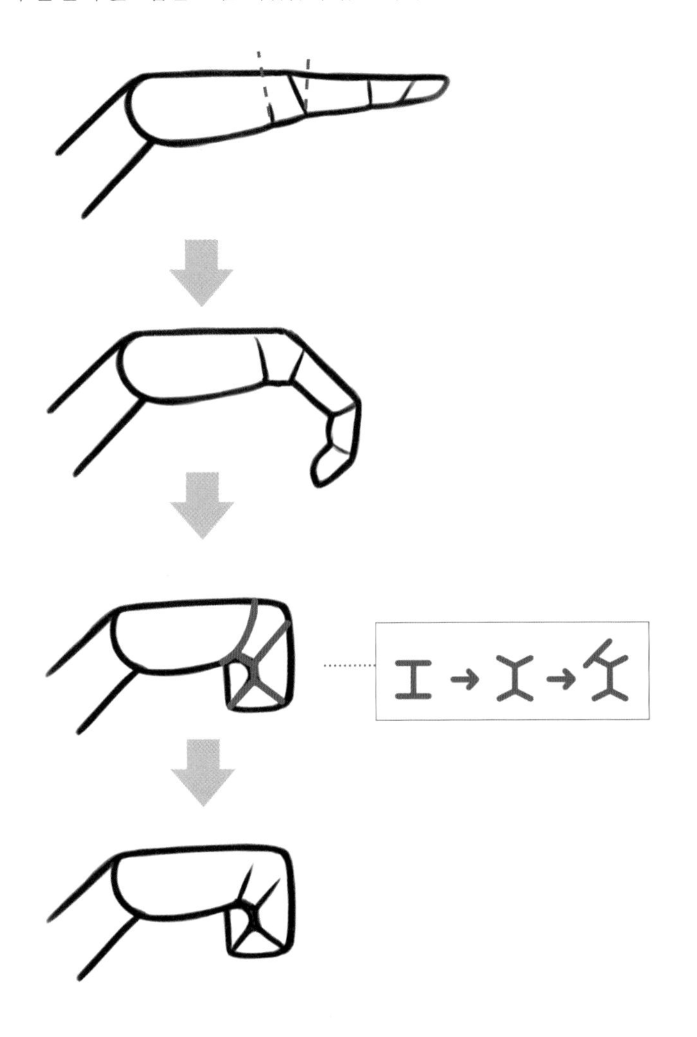

엄지손가락을 제외한 나머지 네 개의 손가락이 접히는 모양새에요. 여기서 엄지손가락을 앞에 붙이면, 엄지쪽 주먹의 모습이 되고, 엄지손가락을 뒤에 붙이면 새끼 손가락 쪽 주먹의 모습이 됩니다.

6 주먹 쥔 손의 옆모습 : 엄지손가락 쪽

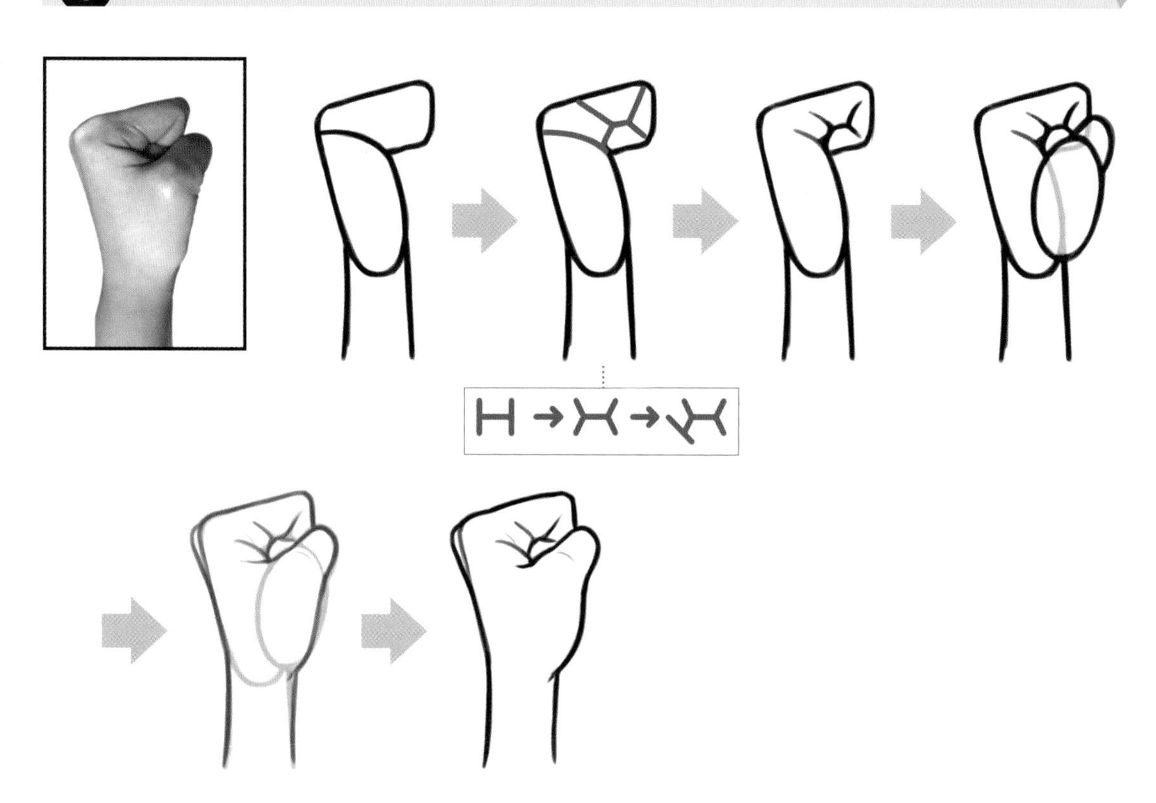

7 주먹 쥔 손의 옆모습 : 새끼손가락 쪽

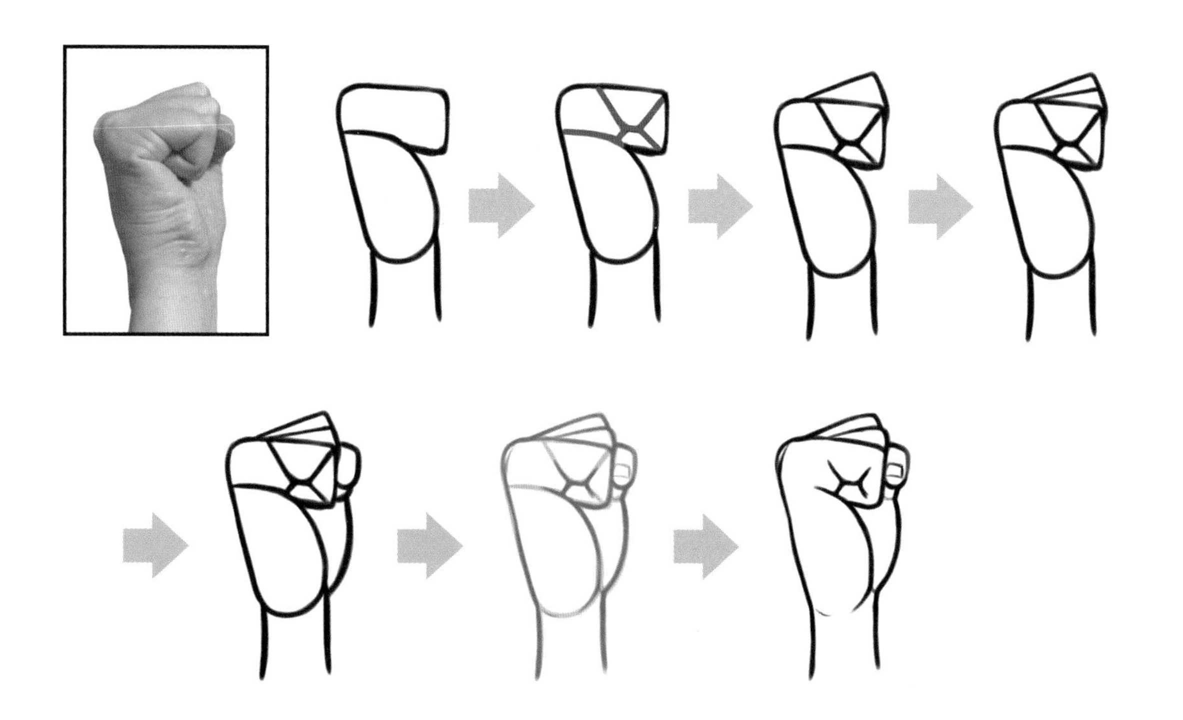

STEP 04

네 손가락이 붙어있지 않은 손 그리기

1 네 손가락이 붙어있지 않은 손을 그리는 두 가지 방법

네 손가락이 붙어있지 않은 손을 그릴 때는 앞에서 보여드린 포즈들처럼 벙어리장갑을 4등분하여 그리는 방식으로 접근하기 어렵습니다. 대신 두 가지 방법이 있습니다. ❶ 네 손가락을 '구부러진 철사'로 여기고 틀을 잡는 방식과 ❷ 벙어리장갑 자체를 쪼개는 방식입니다. 편한 방식을 찾아 그려보세요.

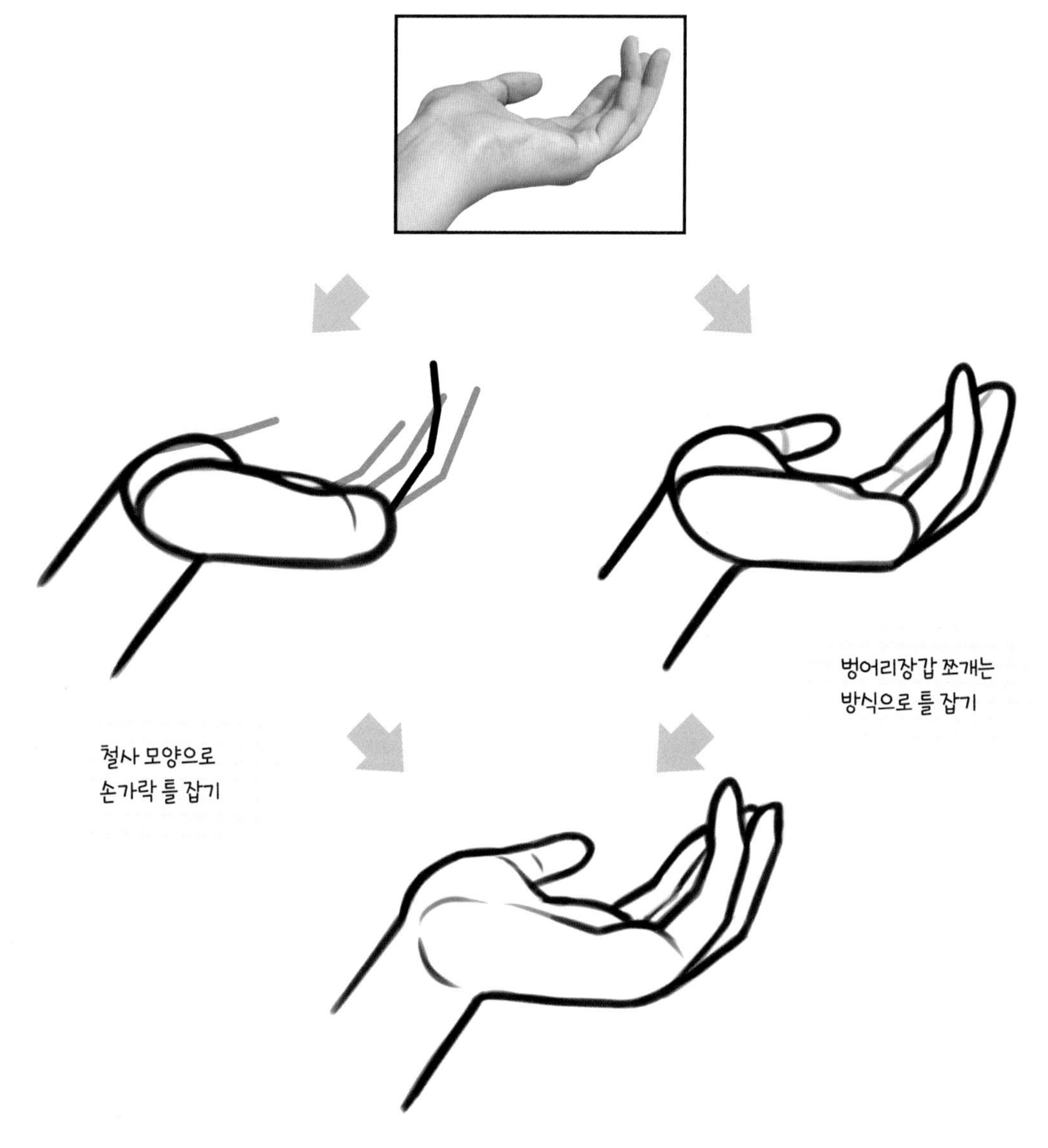

2 철사 모양으로 손가락 틀 잡기

네 손가락이 제각기 움직이는 포즈일수록 철사 모양으로 손가락 틀을 잡는 방식을 사용하며 그리기가 편합니다.

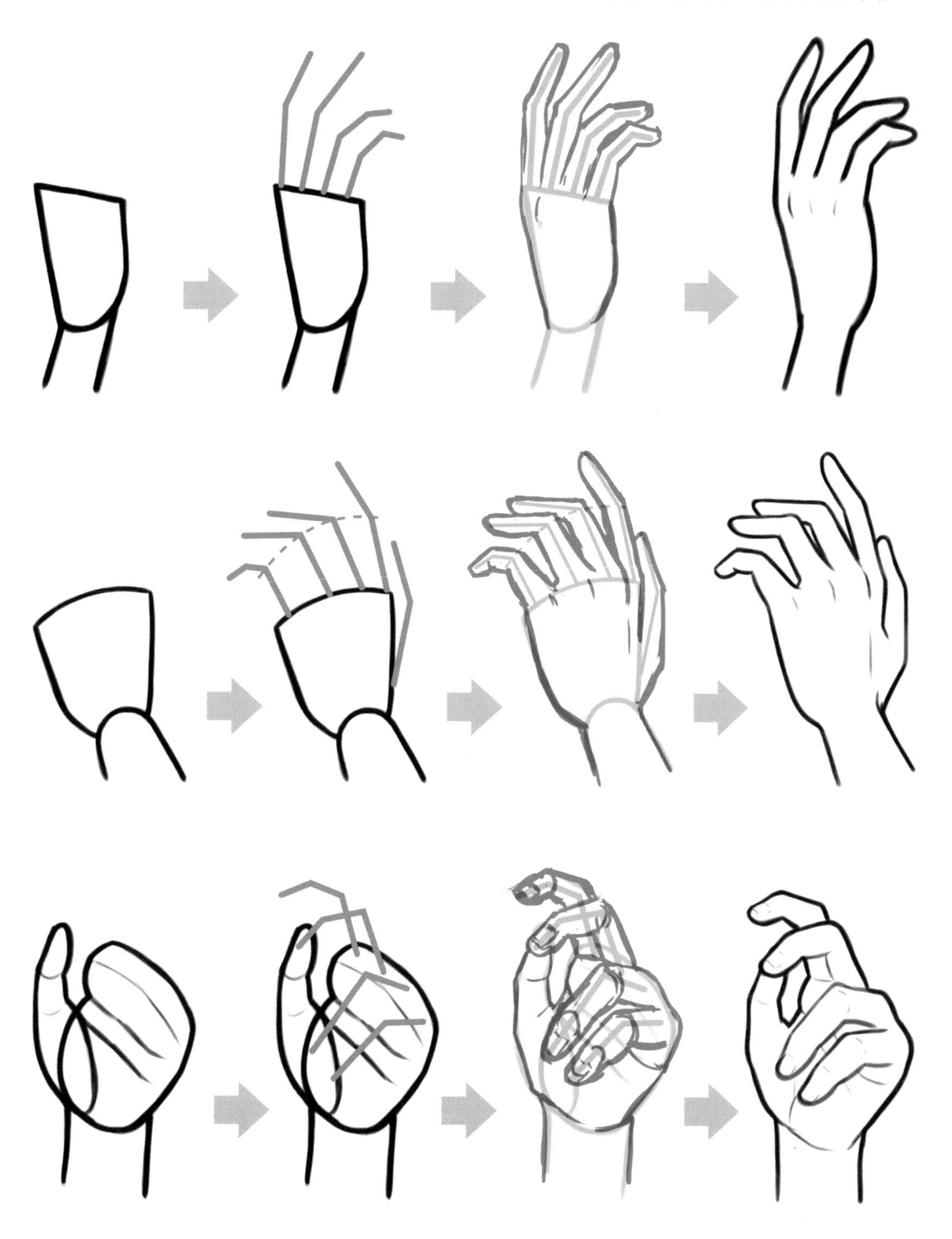

이때 손가락 관절을 세세히 모두 그리는 것이 아니라 적당히 생략하면서 그립니다. 예를 들어, 관절이 2개인 엄지를 제외하면 손가락 하나당 관절은 세 개씩입니다. 하지만 조금만 구부린 손가락의 경우 마치 관절이 2개인 것처럼 단순하게 그릴 수 있습니다.

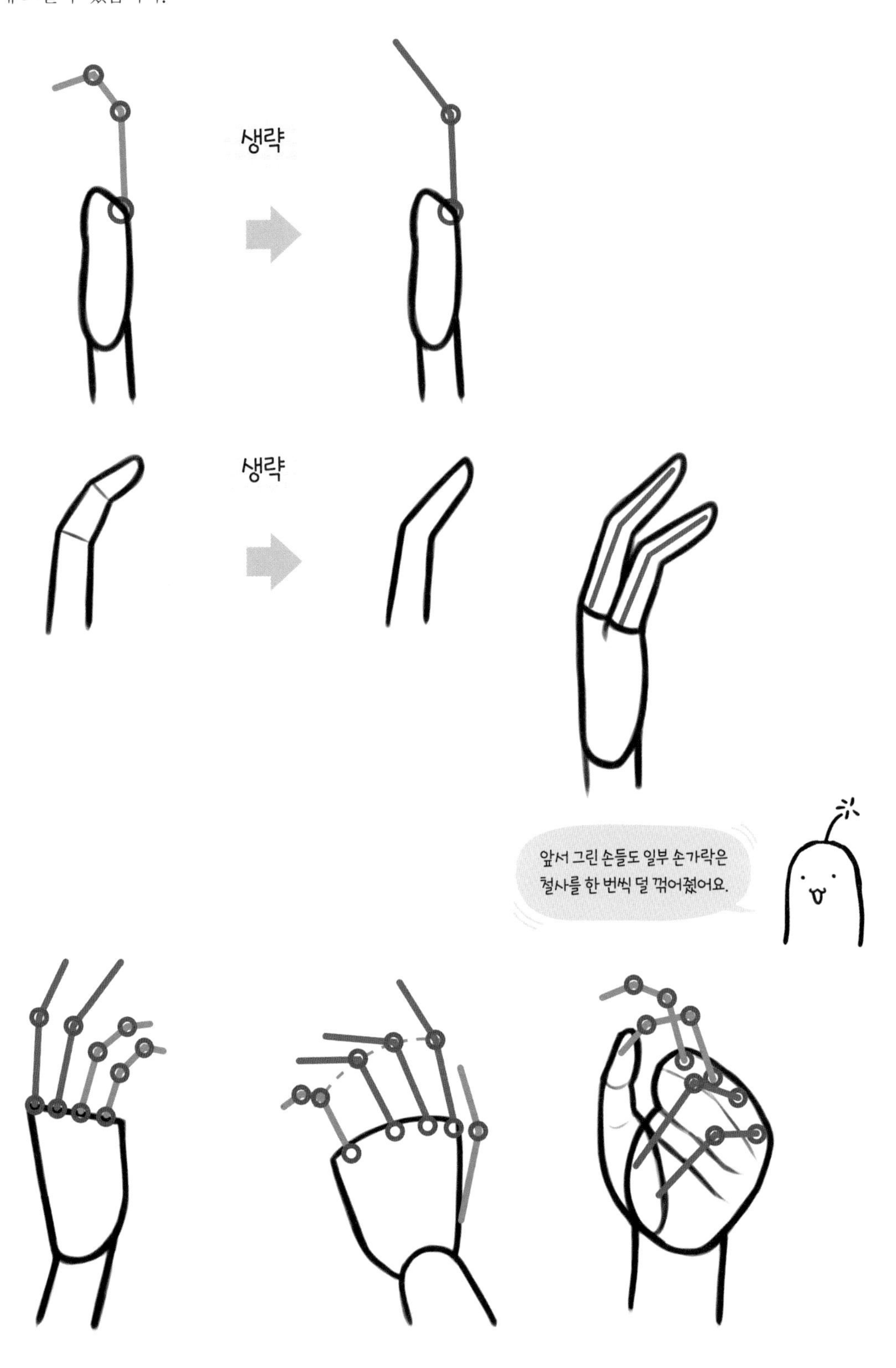

3 벙어리장갑에서 손가락을 떼 주는 형식으로 그리기

벙어리장갑 형식으로 큰 틀을 잡고 손가락들을 하나씩 떼어내는 느낌으로 그립니다. 손가락들이 '살짝'만 떨어져 있을 때 편합니다.

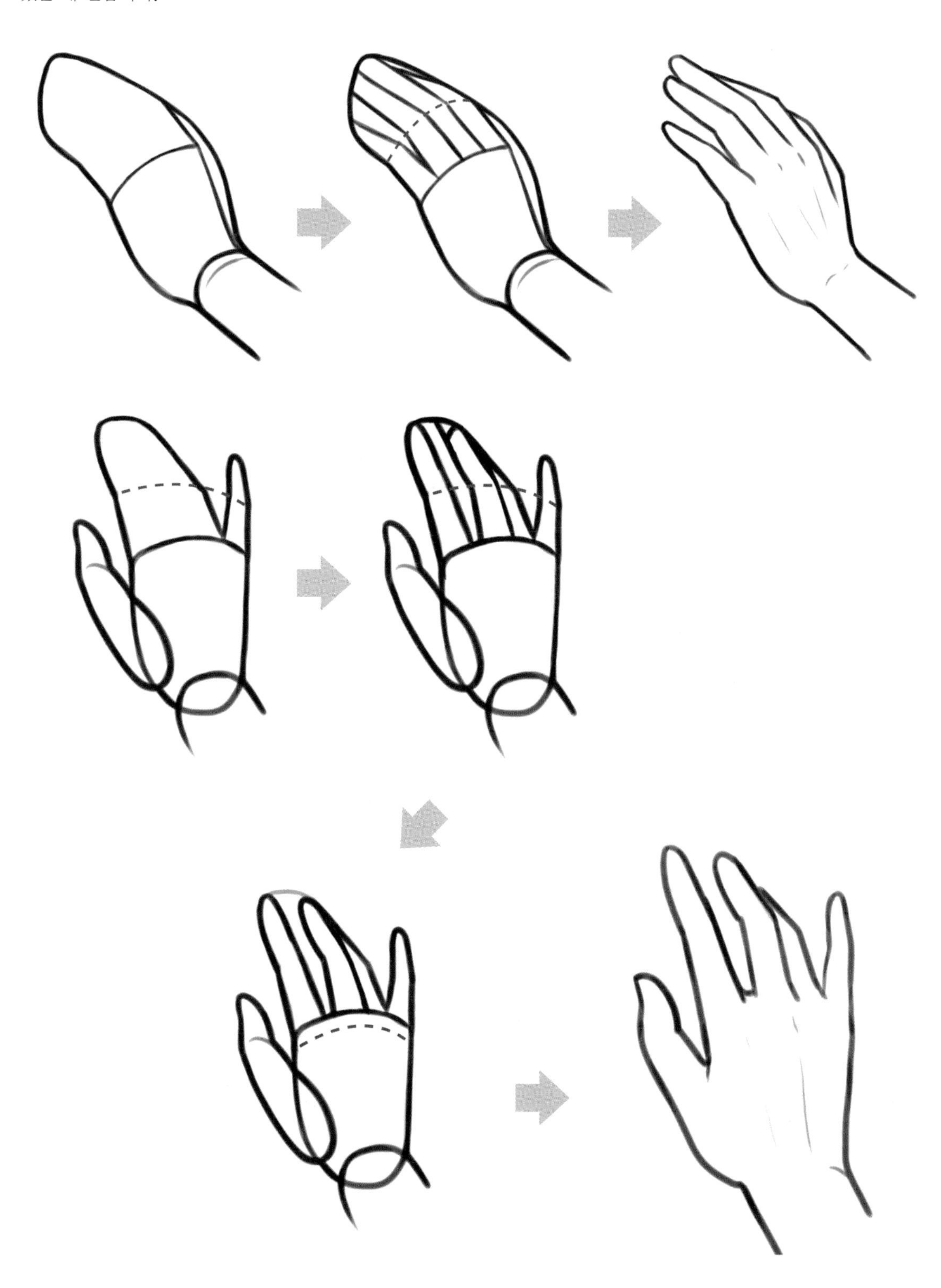

4 손가락이 독립되는 순서

엄지를 제외한 네 손가락 중에 좀 더 쉽게 다른 손가락과 따로 움직이는 손가락이 있고, 그렇지 않은 손가락이 있습니다. 다음과 같은 벙어리장갑 상태에서 가장 흔하게 따로 움직이는 것은 검지입니다.

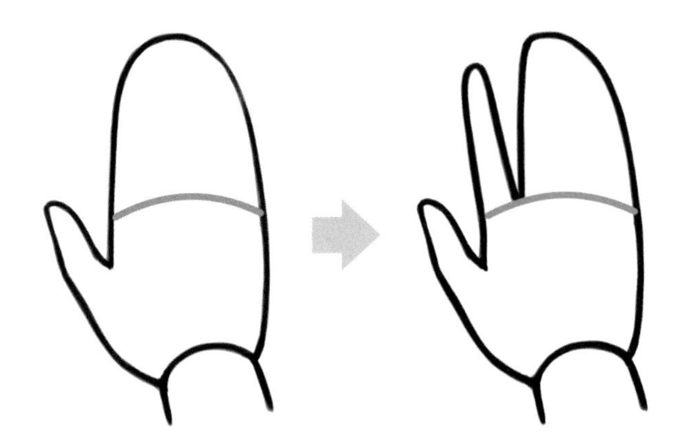

그다음으로 자주 따로 움직이는 것은 새끼손가락입니다.

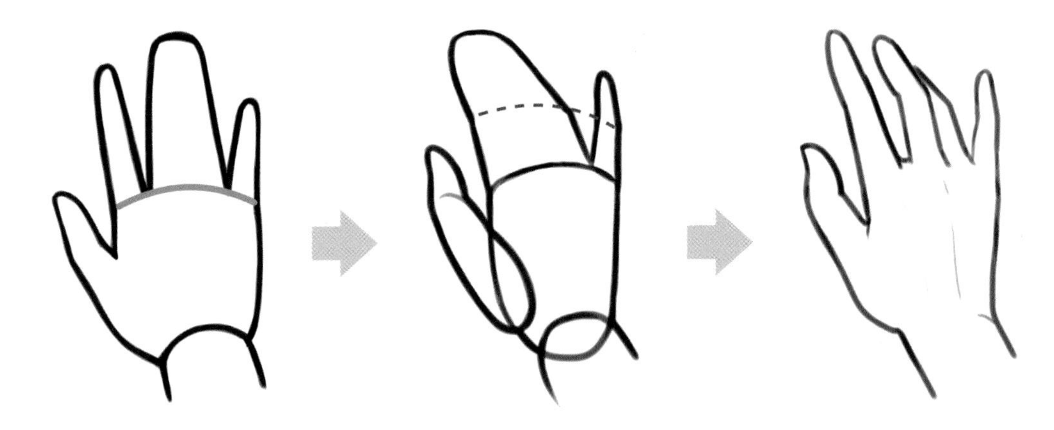

중지와 약지는 가장 나중에 갈라집니다. 특히 약지는 중지나 새끼손가락을 따라 다니기 때문에 혼자 움직이기가 거의 어렵습니다.

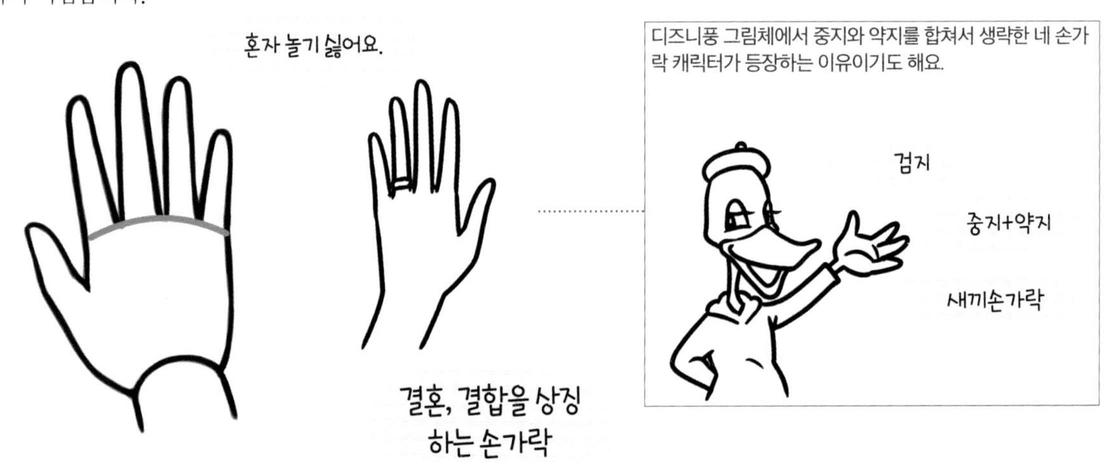

5 손가락 생략해서 그리기

앞서 보여드린 손가락이 독립되는 순서를 알아두면 손의 러프를 그리거나, 손가락을 생략해서 간단하게 그릴 때 도움이 됩니다. 클로즈업 컷의 손은 손가락 생략이 어렵지만, 반신, 전신 컷은 손에 시선이 많이 가지 않기 때문에 손가락 다섯 개를 다 묘사하지 않아도 크게 어색하지 않고, 오히려 더 편하고 자연스럽게 그릴 수도 있습니다.

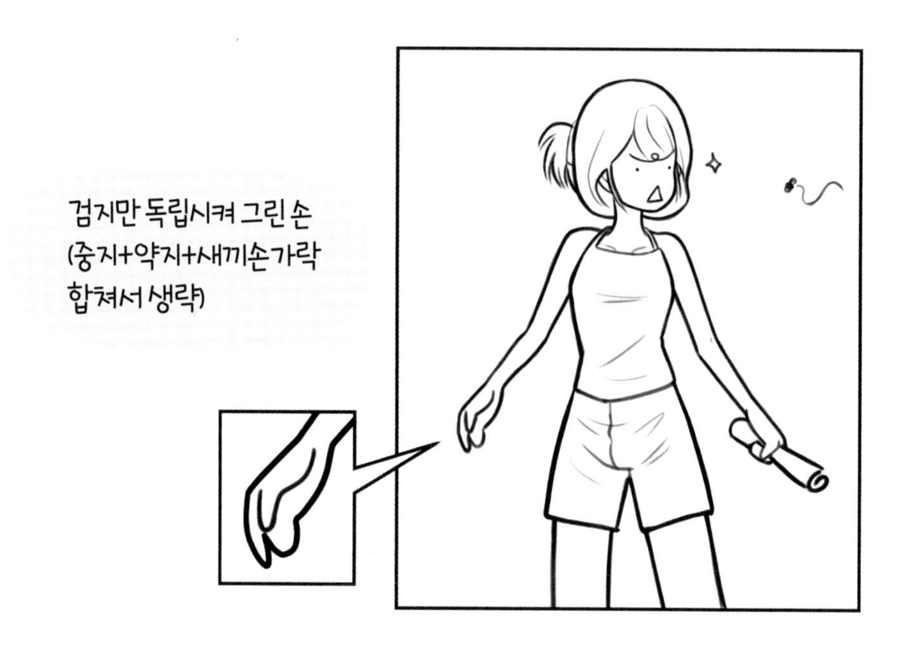

STEP 05

손의 표정을 통해 감정 전달하기

1 손 표정 살펴보기

2파트의 1장에서 설명했듯이 손을 클로즈업하는 것만으로도 상황이나 감정을 표현할 수 있고, 이는 소설에 비유하면 간접화법에 해당합니다. 몇 가지 손의 표정을 더 보여드리겠습니다.

털썩

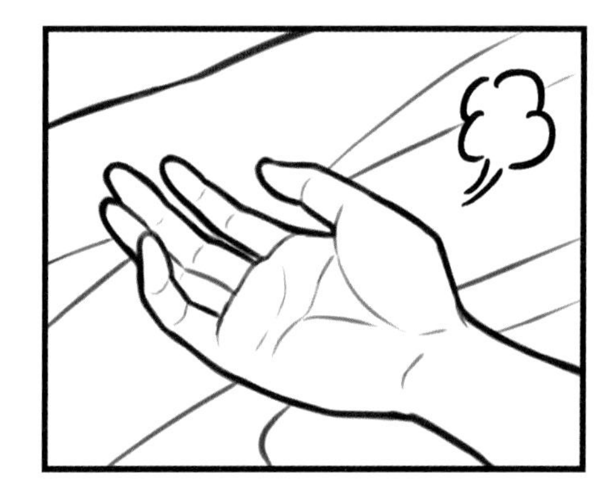

식사 중이야

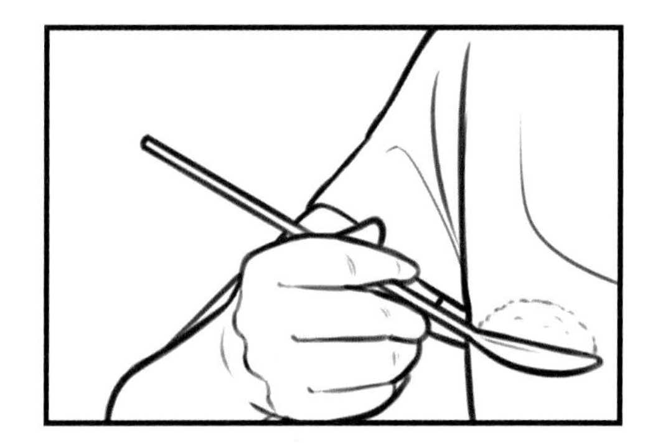

약속?

고민 중

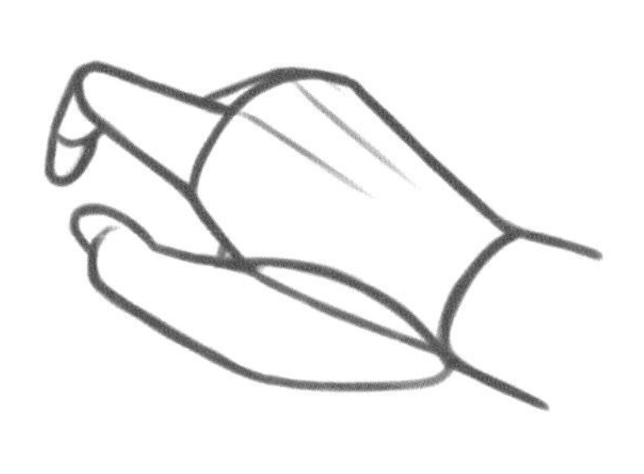

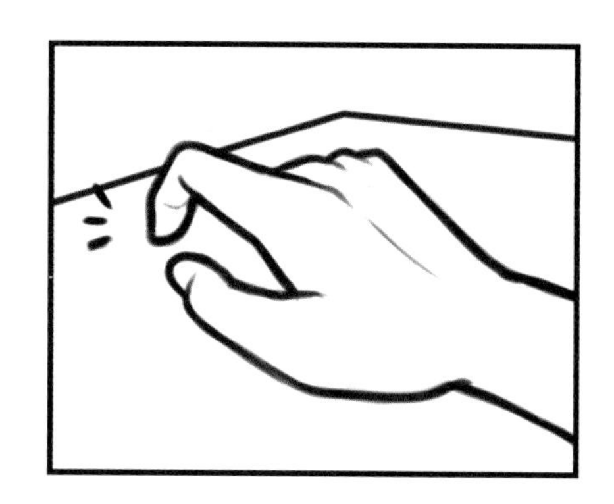

으득

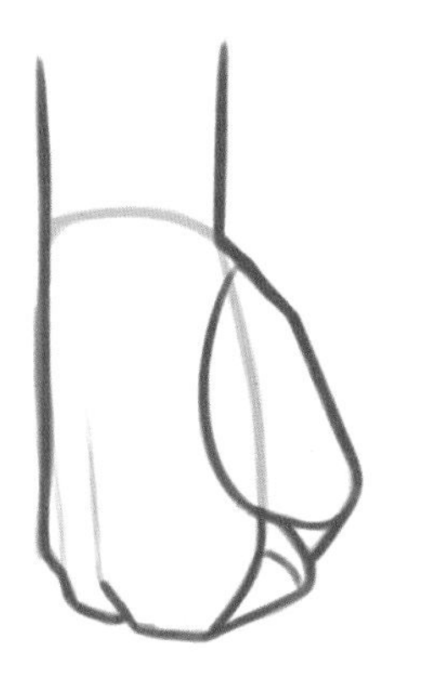

STEP 06

손에 개성을 부여하기

1 매끈한 느낌의 손

손도 얼굴처럼 사람마다 개성이 있습니다. 하지만 많은 얼굴을 기본 비율 위에서 그려낼 수 있듯이 손도 기본 틀로 포즈를 잡고 디테일을 묘사하는 과정에서 개성을 드러낼 수 있습니다. 매끈한 손이 기본 틀에서 가장 표현하기 쉽습니다.

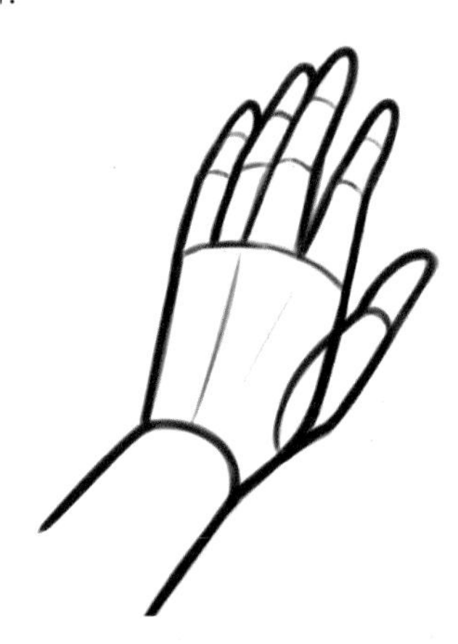

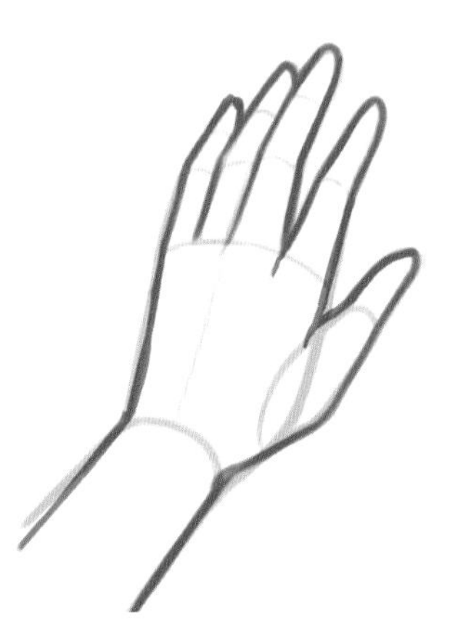

2 튼튼한 느낌의 손

기본 틀 위에서 손가락 두께는 두껍게, 그리고 관절 마디를 도드라지게 그립니다.

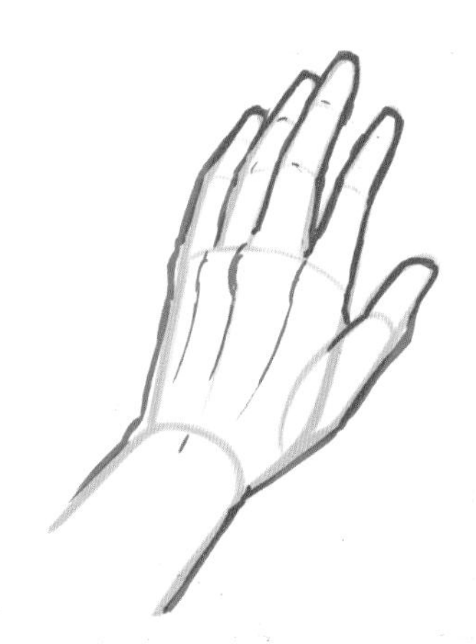

3 노화된 손

기본 틀 위에서 손가락 두께는 가늘게, 관절 마디는 도드라지게 그립니다.

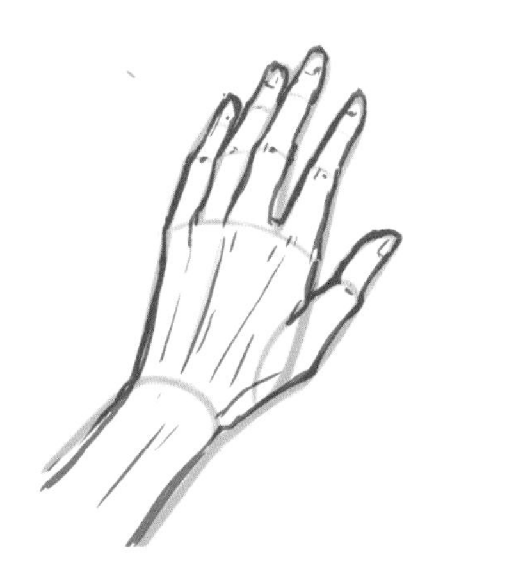

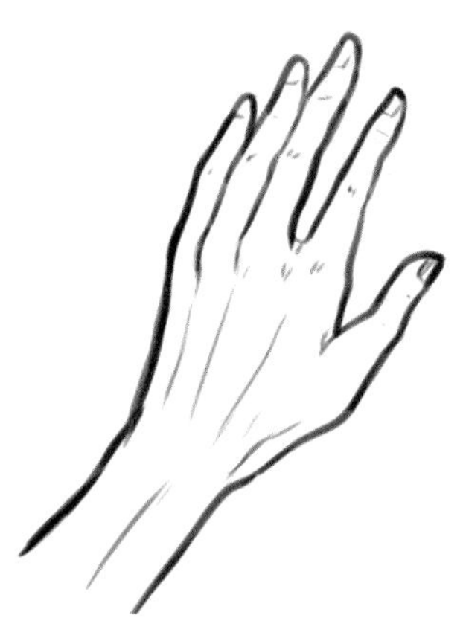

4 유아의 손

어른의 손과 비율이 거의 같습니다. 기본 틀 위에서 손가락을 포동포동하게, 관절 마디는 거의 보이지 않게 그립니다.

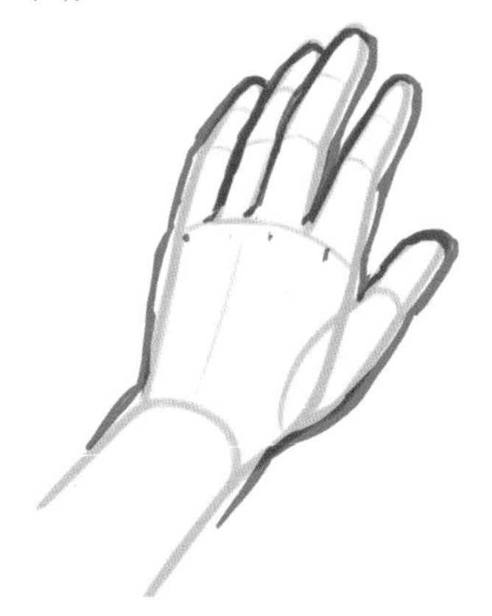

손의 개성도 사실 파고 들면 얼굴만큼이나 무궁무진할 수 있습니다. 하지만 일반적인 웹툰 그림체에서는 이 정도만 표현해도 무난한 거 같아요.

CHAPTER

13

발 그리기

발은 손과 유사한 해부학적 구조로 되어 있지만, 손만큼 다양하게 움직이지 않습니다. 덕분에 기본 틀도 훨씬 단순한 편입니다. 이번 장에서는 기본 틀을 토대로 발을 이런저런 각도에서 보여드리겠습니다.

STEP 01

발의 기본 틀 ❶

간단한 기본 틀

1 발은 움직임이 굳어있는 손

발은 자주 관찰을 하지 않는 부위이기 때문에 그리기 어렵게 느껴질 수 있습니다. 하지만 손과 대응해 모양새를 살펴보면 공통점이 있습니다.

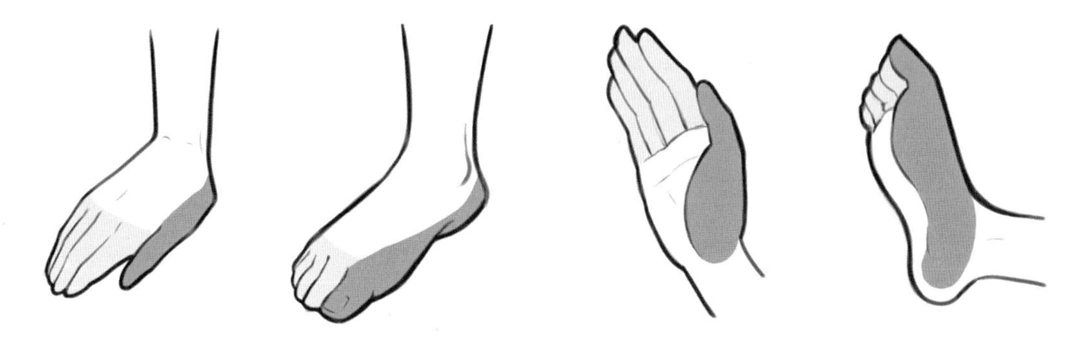

손에 비해 움직일 수 있는 범위가 좁기 때문에 간단한 덩어리, 즉 기본 틀로도 많은 모습을 커버할 수 있습니다.

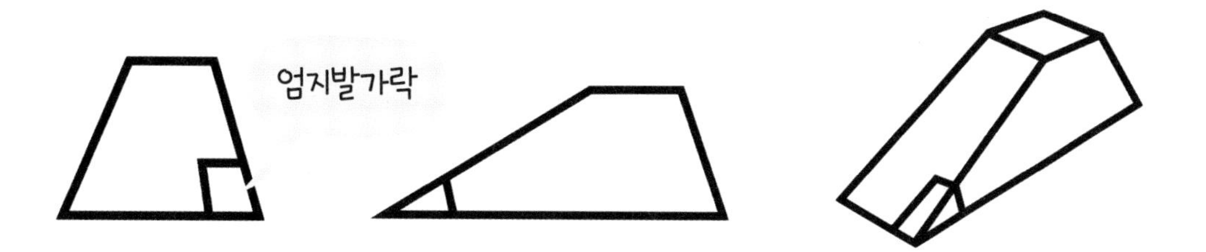

2 옆에서 본 발의 모습

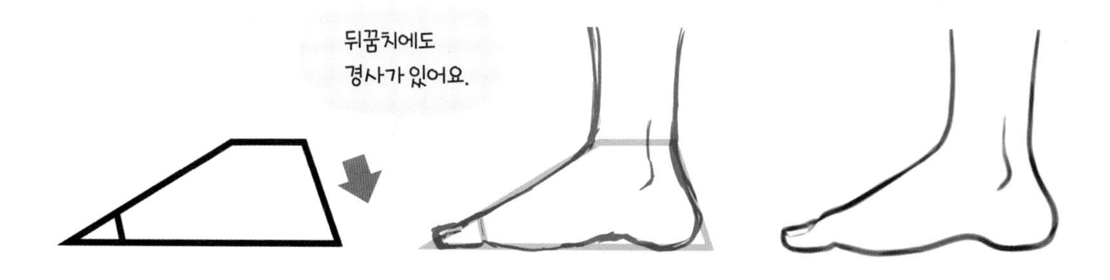

3 앞에서 본 모습

엄지 쪽보다

새끼발가락 쪽
경사가 완만합니다.

4 뒤에서 본 모습

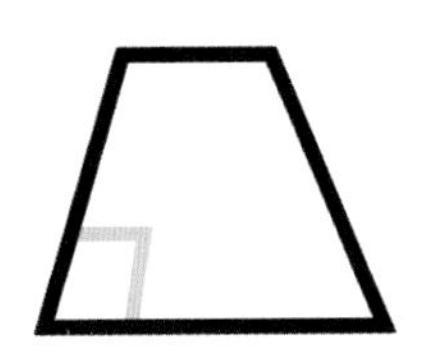

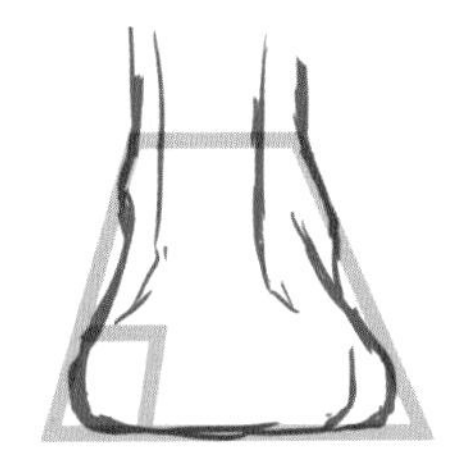

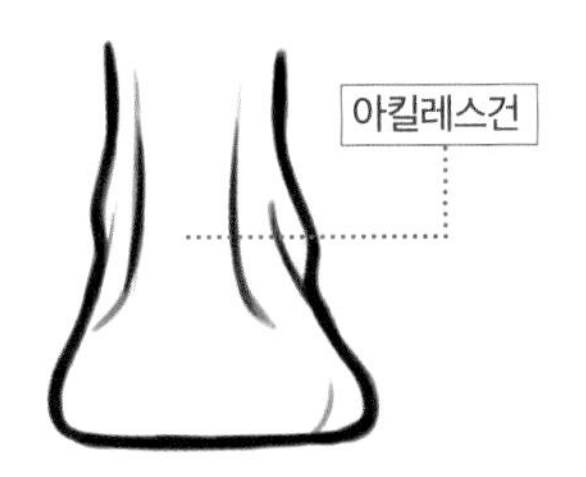

5 위에서 본 모습(발등)

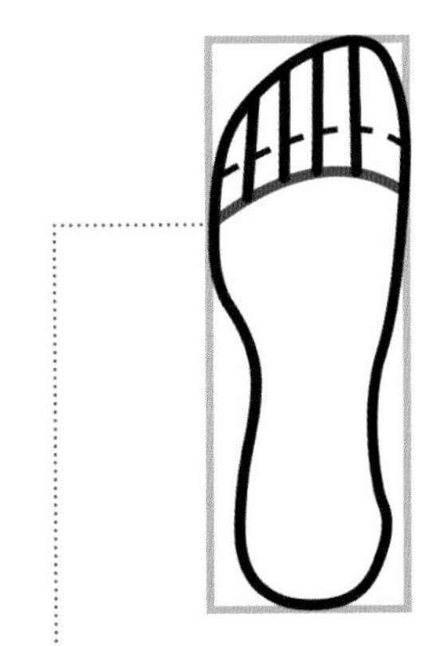

발가락 관절라인입니다.
손의 이 관절과 대응해요.

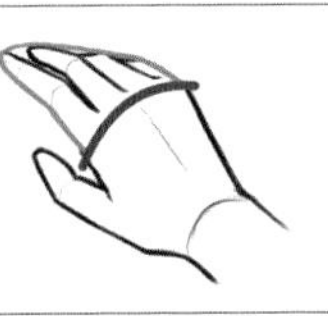

6 아래에서 본 모습(발바닥)

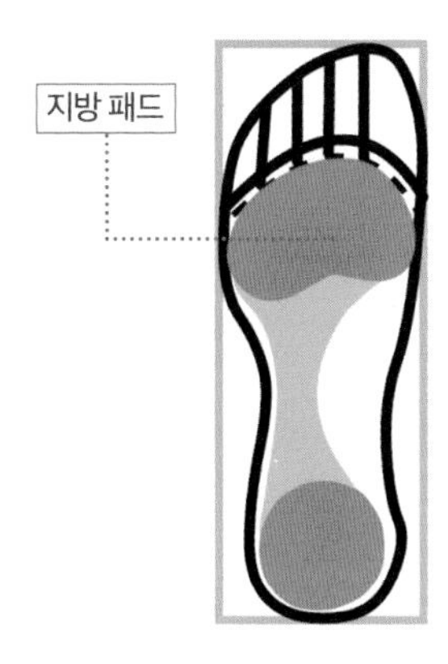

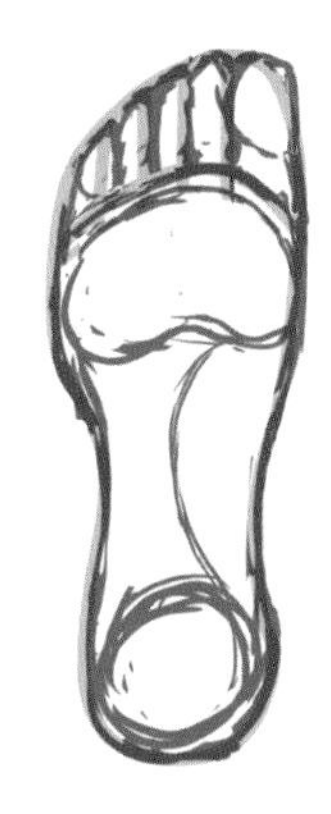

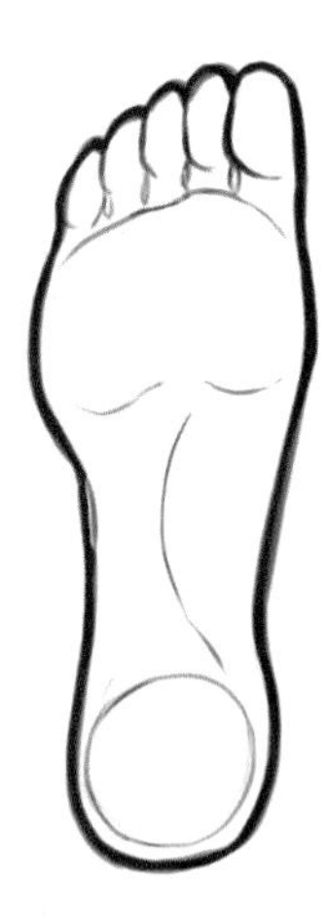

7 대각선으로 본 모습

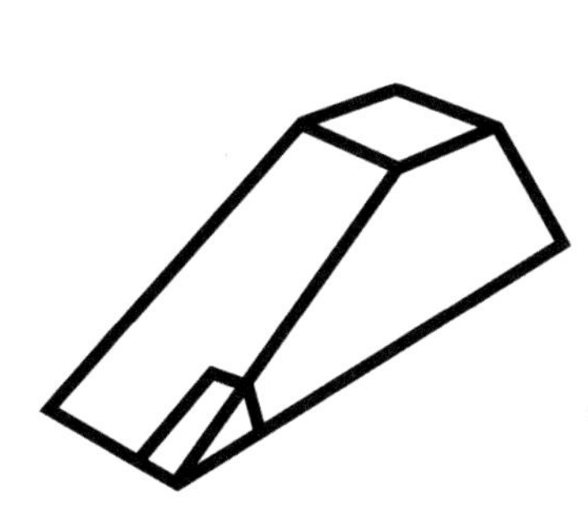

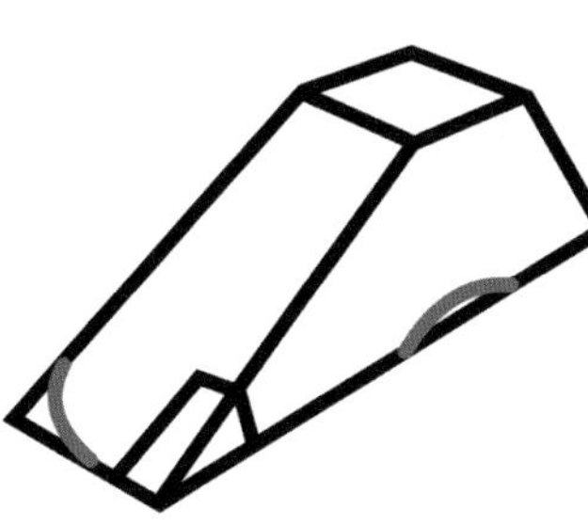

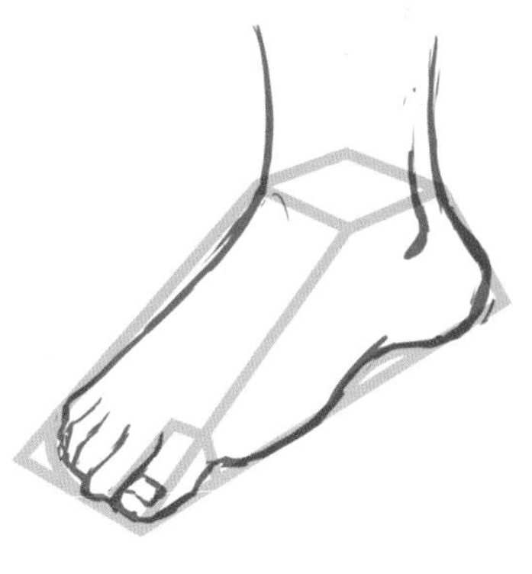

이처럼 사다리꼴 모양의 박스 기본 틀만 가지고도 많은 발의 모습이 커버되요.

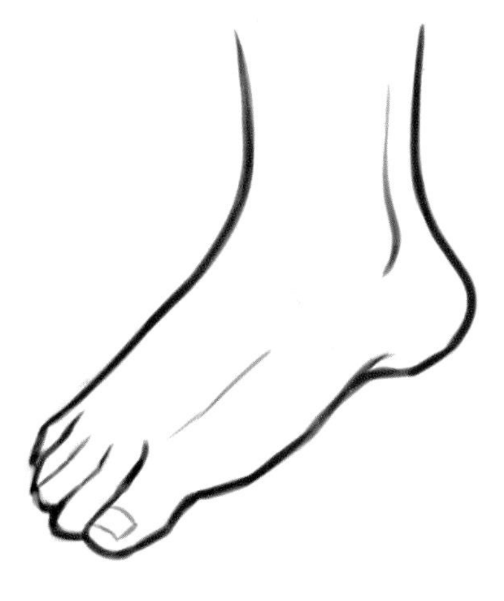

STEP 02

발의 기본 틀 ❷

세세하게 나눈 발의 기본 틀

1 발가락을 움직이거나 발꿈치를 든 발

발가락을 움직이거나 땅을 딛지 않아 볼록한 발뒤꿈치가 잘 보이는 발의 경우, 앞서 보여드린 기본 틀에서 조금 더 덩어리를 나눠 그리면 더 자연스럽게 형태를 잡을 수 있습니다.

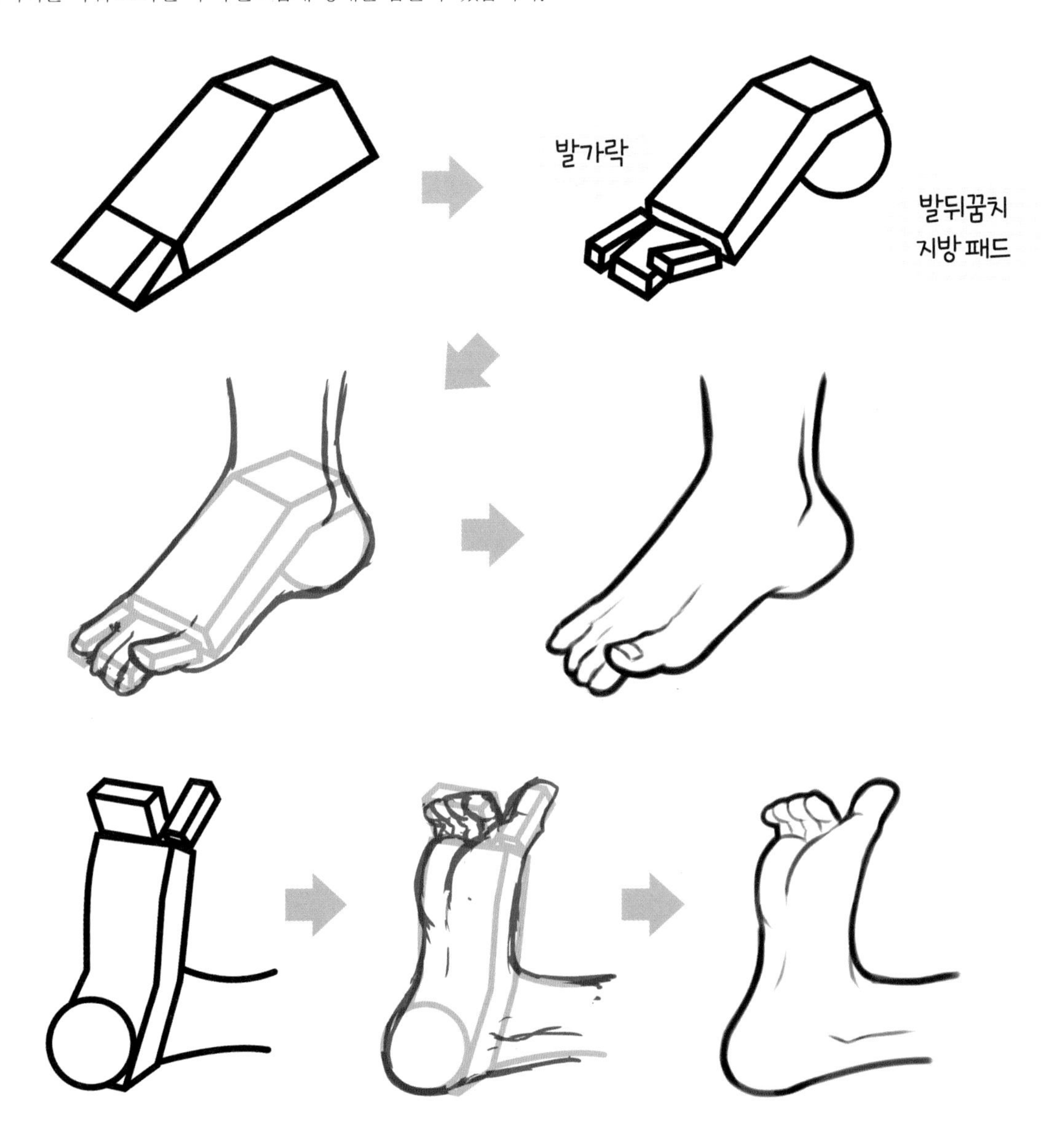

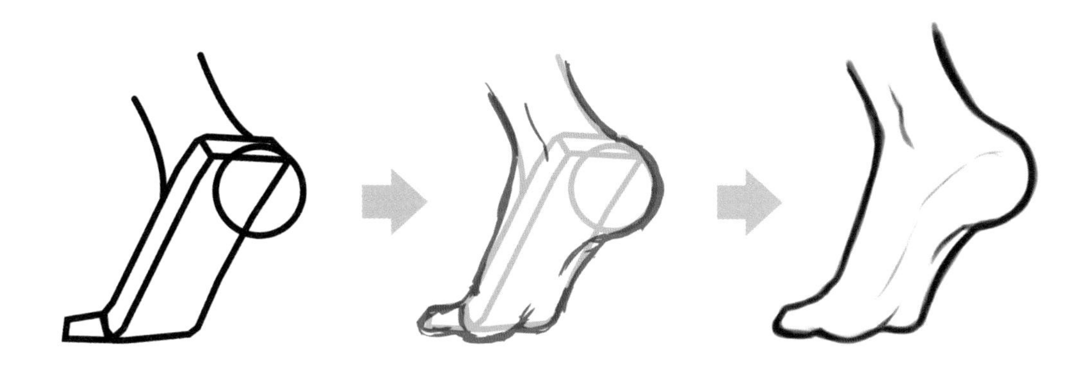

2 각도가 애매한 발

살짝 비틀어진 각도 등, 앞에서 보여드린 기본 틀만으로는 잘 안 그려지는 발을 그릴 때도 덩어리를 좀 더 나눠서 보면 더 편하게 그릴 수 있습니다.

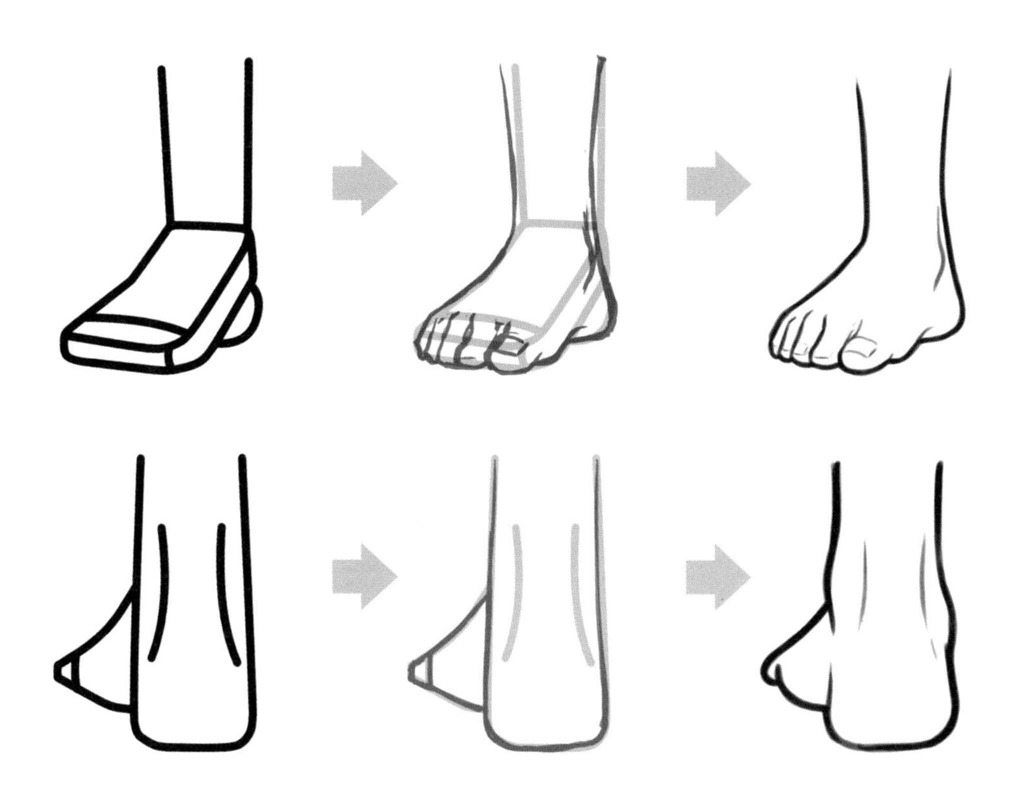

3 뒤로 젖힌 발, 웅크린 발

최대한 뒤로 젖힌 자세나 최대한 웅크린 자세 등 발 자체의 움직임을 그릴 때에도 기본 틀을 좀 더 나누는 게 효과적입니다. 특히 이렇게 발 자체가 움직일 경우엔 발가락 뼈와 관절라인의 위치를 알아두는 게 매우 도움이 됩니다.

뒤로 젖힌 발

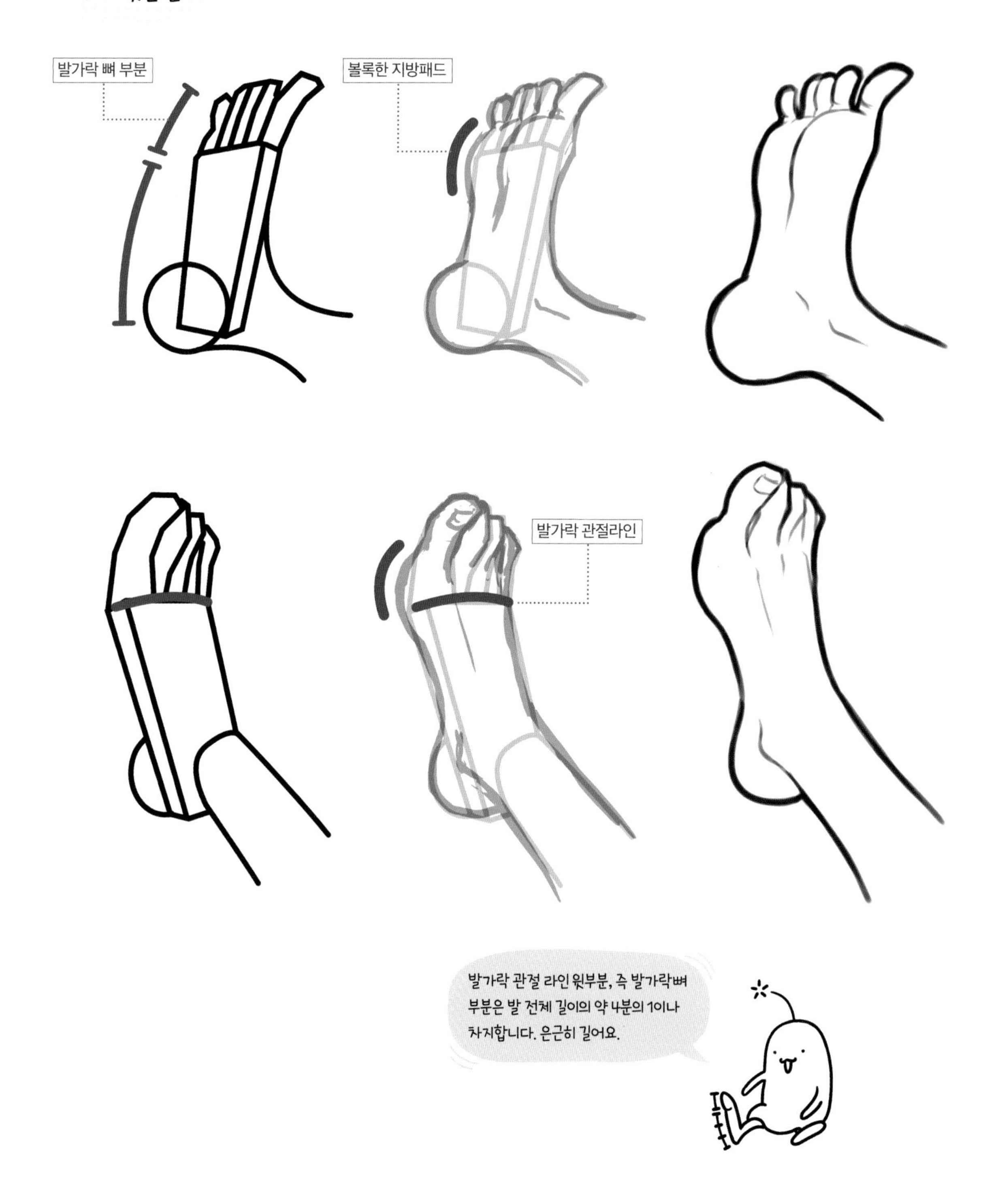

웅크린 발

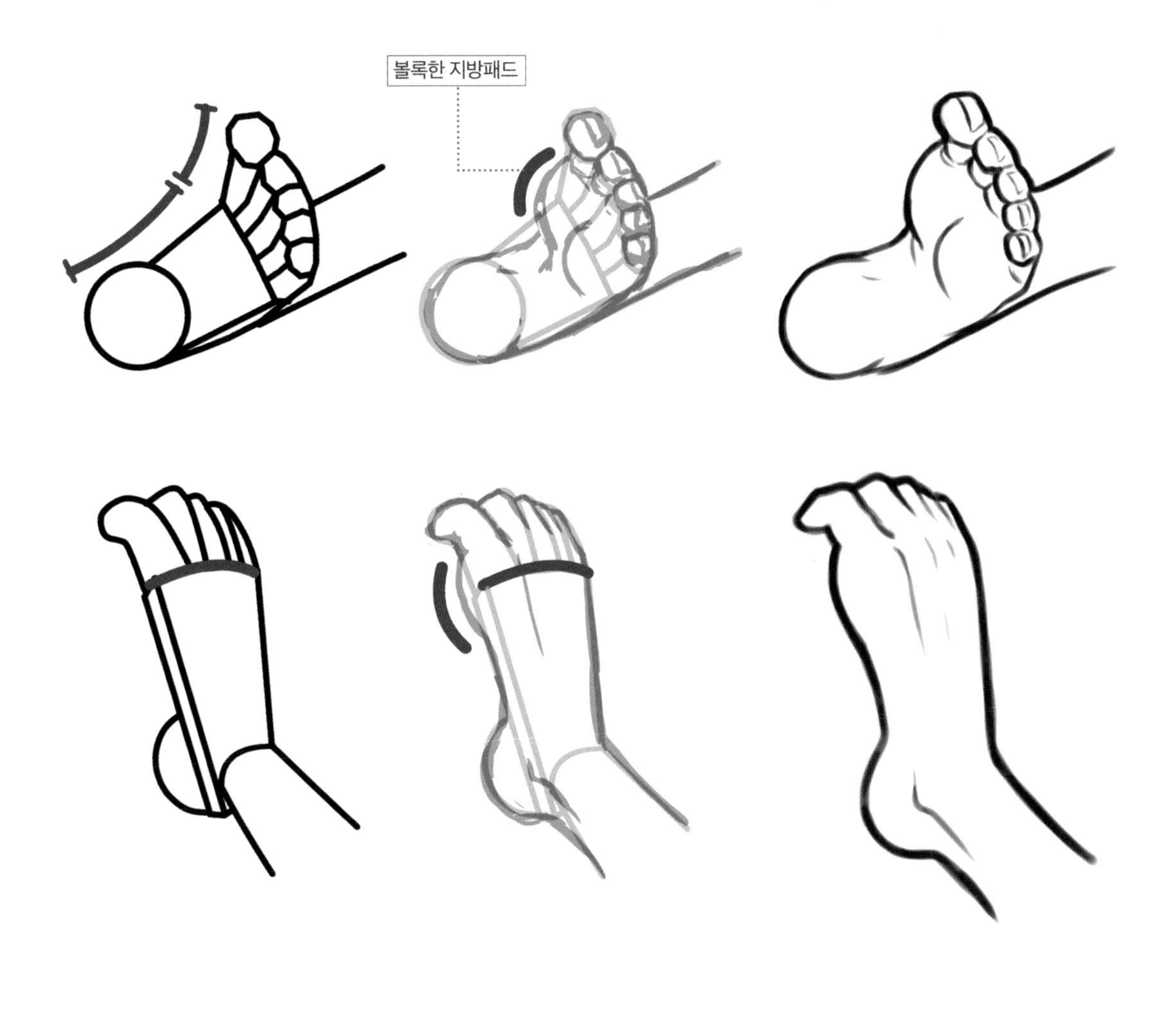

발을 아무리 뒤로 젖히거나 웅크리려 해도 발가락 뼈만 움직이기 때문에 모양 변화에 한계가 있습니다.

STEP 03

실제 원고에 등장하는 발의 상황

1 전신 컷과 발의 전체적인 비율

발 자체가 주요 묘사 포인트가 아니기 때문에 가장 간단한 기본 틀 정도로도 어색하지 않게 그릴 수 있습니다. 양말이나 신발에 가려지는 경우 발가락을 묘사할 필요도 없습니다.

다만, 몸 전체와 비교해 발이 어느 정도 비율인지는 알아두는 것이 중요합니다. 실제 발 길이는 팔꿈치부터 손목까지의 길이와 거의 같습니다.

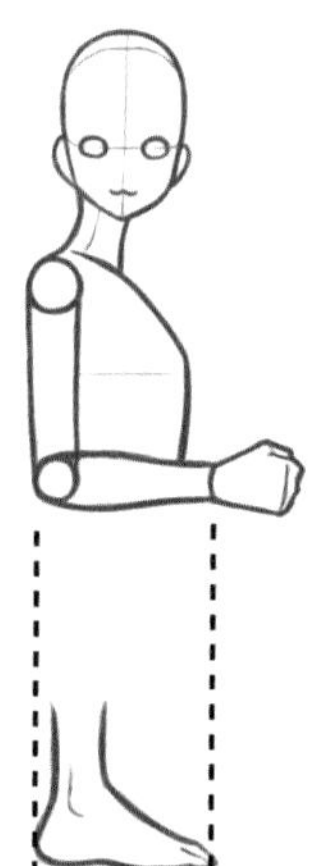

그림체에 따라 발 크기를 일부러 더 크거나 작게 그릴 수 있어요.

2 클로즈업 컷에서의 발의 표현

2파트의 1장에서도 설명했듯이 발만 클로즈업해서 보여주는 것만으로도 감정 및 동세, 즉 이야기의 흐름을 전달할 수 있습니다. 발 자체의 움직임 및 전진, 멈춤, 후퇴 등의 동작으로 다음 이야기가 어떻게 전개되는지 짐작할 수 있기 때문입니다.

꼼지락 꼼지락(기지개)

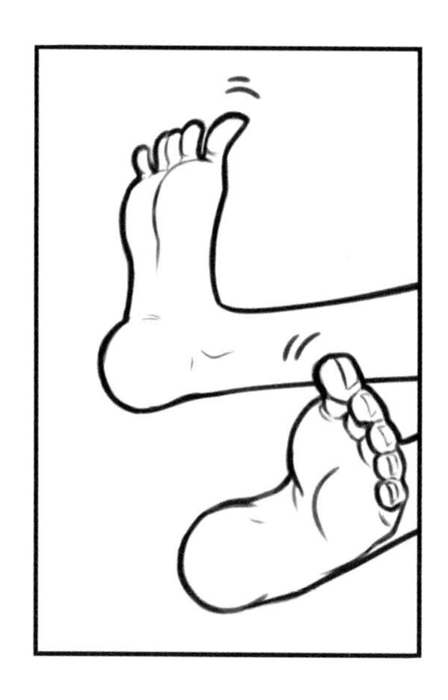

스타트

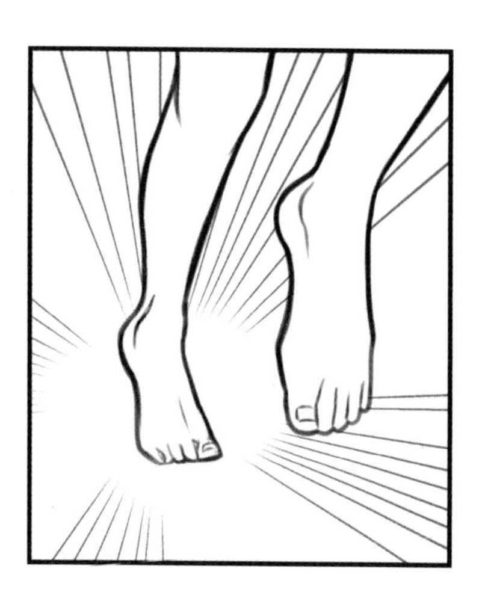

멈칫

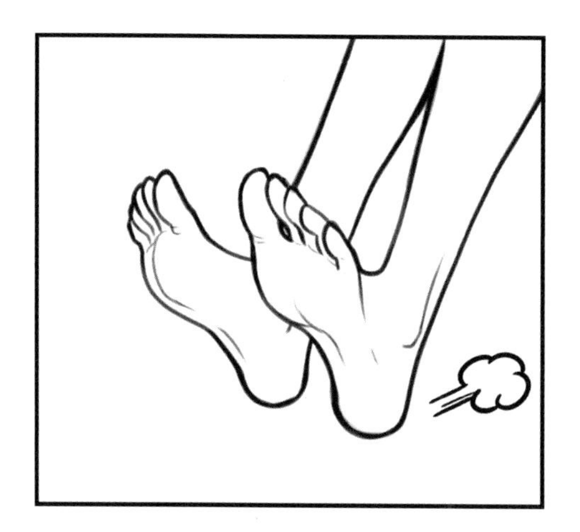

삐질

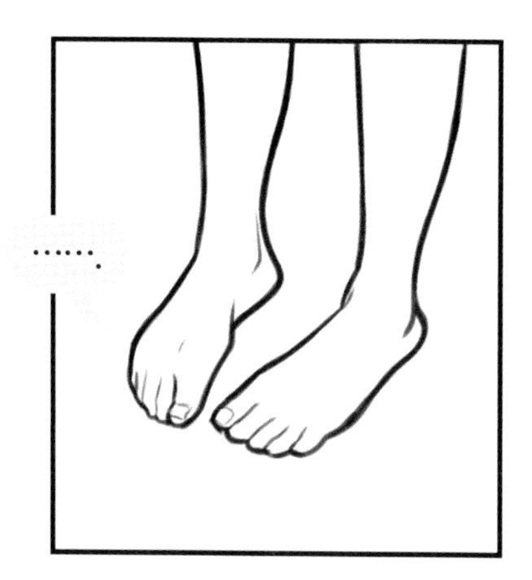

얼굴에 개성을 부여하는 기타 수단들

얼굴의 개성을 나타내는 수염, 문신, 흉터, 점 그리고 붙박이 장신구를 그리는 방법을 알아봅니다.

1. 수염

수염이 나는 영역은 대략 다음과 같습니다. 수염은 전부, 혹은 일부만 기르거나 다듬어서 여러 모양을 연출할 수 있습니다. 사진이나 그림 등 자료들을 관찰해보세요.

다만, 수염이 나는 영역이나 밀도는 개인차가 있습니다. 백인이나 흑인은 수염이 빽빽하게 나는 편이고, 아시아인의 수염은 듬성듬성한 편입니다.

2. 문신, 흉터, 점

흉터나 문신, 점 등 쉽게 없어지지 않는 묘사 포인트 역시 개성 부여의 수단이 됩니다.

3. 붙박이 장신구

탈부착이 가능한 장신구나 보조 도구도 극 중에서 거의 벗거나 빼지 않으면 개성 부여의 수단으로 볼 수 있습니다.

PART

03

근거리 컷을 위한 전신 그리기

Part 3은 근거리 컷 드로잉을 위해 꼭 필요한 몸 전체를 그리는 방법에 대해 설명합니다. 절대 법칙은 아니지만, 개인적으로 '가장 편하게 이런저런 동작을 표현할 수 있는' 방법을 보여드리고자 합니다. 본인 캐릭터의 몸 그리기에 도움이 되었으면 좋겠습니다.

CHAPTER 01

웹툰 퀄리티를 높여주는 근거리 컷

근거리 컷이 가지는 효과와 웹툰에서 차지하는 비중을 알아보고 근거리 컷을 활용하는 방법을 살펴보겠습니다.

STEP 01

근거리 컷 이해하기

1 근거리 컷의 범위

카메라와 등장인물의 거리가 클로즈업 컷보다는 멀지만, 표정이 보일 정도로 가까운 컷들을 근거리 컷이라고 할 수 있습니다. 반신 컷이 대표적인 예이며 클로즈업, 반신, 전신이 뒤섞인 군상 컷도 근거리 컷에 해당합니다.

근거리 컷은 컷 하나에 많은 정보가 담깁니다. 인물의 표정뿐 아니라 행동도 보이고, 배경으로 공간도 동시에 설명돼요. 이것이 웹툰에서는 큰 강점이 됩니다.

STEP 02

근거리 컷이 웹툰 퀄리티를 높여주는 이유

1 출판만화와 웹툰의 컷 연출 차이

양 페이지에 걸쳐 다닥다닥 칸이 붙어있는 출판만화와 달리 웹툰은 대부분 스크롤 호흡을 노리기 때문에 칸 하나 하나가 띄엄띄엄 떨어져 있습니다.

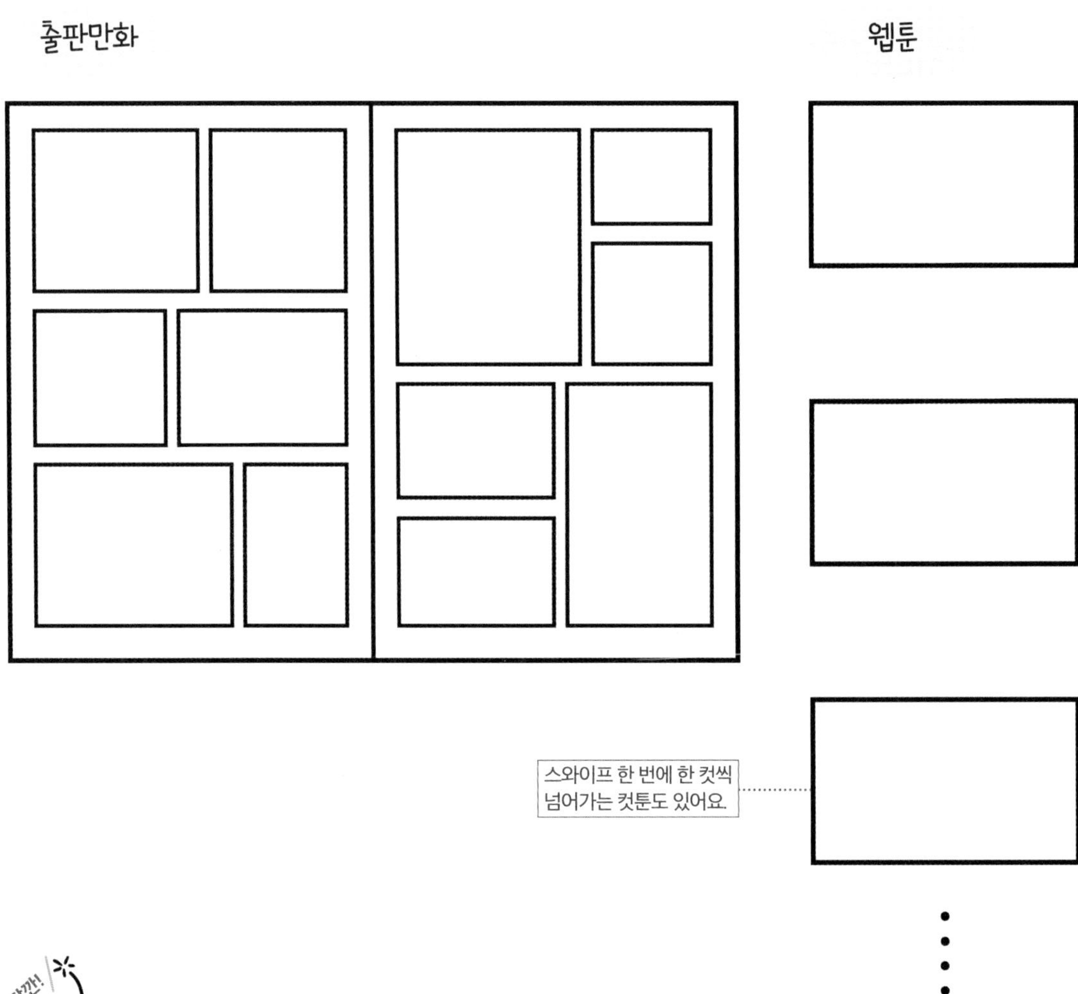

스와이프란 스마트폰에서 화면을 옆으로 넘기는 동작을 말해요.

2 출판만화 컷을 웹툰 스크롤로 옮길 경우

출판만화에서 사용하는 것과 같은 클로즈업 컷을 그대로 웹툰에 사용하면 한눈에 들어오는 정보가 훨씬 적어 뭔가 늘어지거나 허전한 느낌을 줄 수 있습니다.

출판만화

웹툰 스크롤

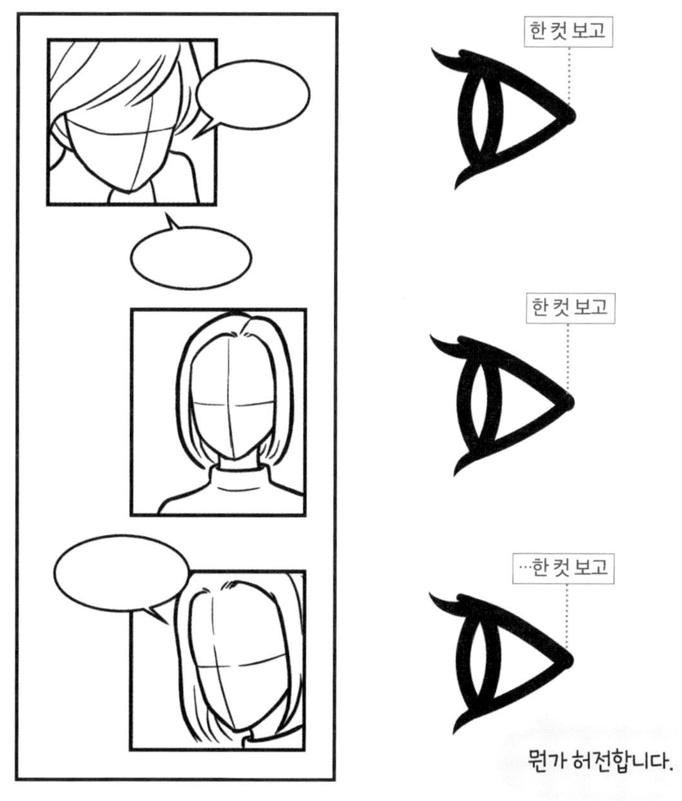

3 웹툰 스크롤에서 근거리컷 비중을 높일 경우

반면, 배경이 어우러진 근거리 컷은 마치 영화의 한 장면을 캡처해 놓은 것 같은 퀄리티를 가집니다. 때문에 한 컷, 한 컷이 떨어져 있어도 비어있어 보인다거나 허전한 느낌이 들지 않습니다. 그러다 보니 웹툰은 자연스럽게 근거리 컷 비중이 높아지게 됩니다.

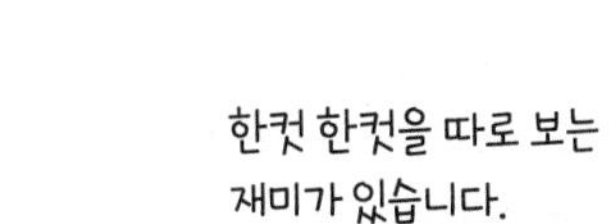

보통 영화 장면을 캡처하는 느낌으로 연출하게 됩니다. 출판만화라면 클로즈업으로 연출할 컷도 웹툰에서는 근거리 컷으로 표현하는 경우가 많아요.

웹툰은 특히 스케치업 등, 3d 배경을 많이 활용하기 때문에 배경을 일일이 그리지 않아도 되어서, 근거리 컷 사용이 한결 편합니다.

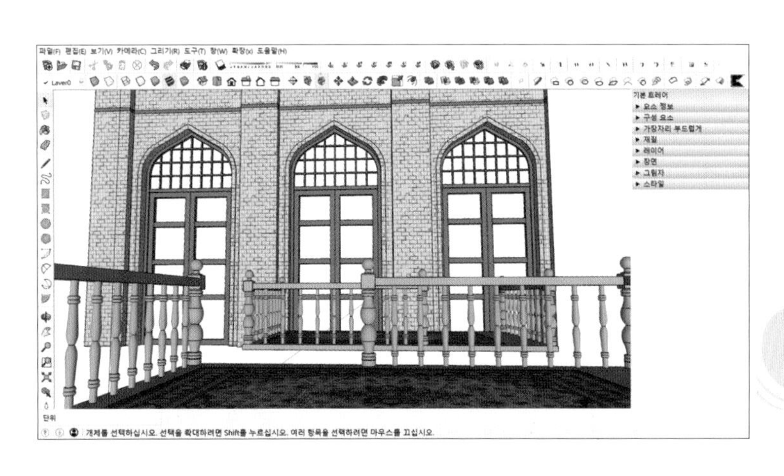

배경에 대해서는 4파트에서 자세히 설명드릴게요.

STEP 03

근거리 컷을 잘 활용하려면

1 근거리 컷과 인체 그리기

근거리 컷은 배경도 중요하지만 몸이 반신, 때로는 전신이 들어가기도 합니다. 따라서 몸을 잘 그릴수록 원하는 컷을 연출하는 데 도움이 됩니다. 3파트에서는 인체 그리는 법을 다룹니다. 절대 법칙은 아니지만 개인적으로 '가장 편하게 이런저런 동작을 표현할 수 있는' 요령이 있고 그것을 보여드리고자 합니다.

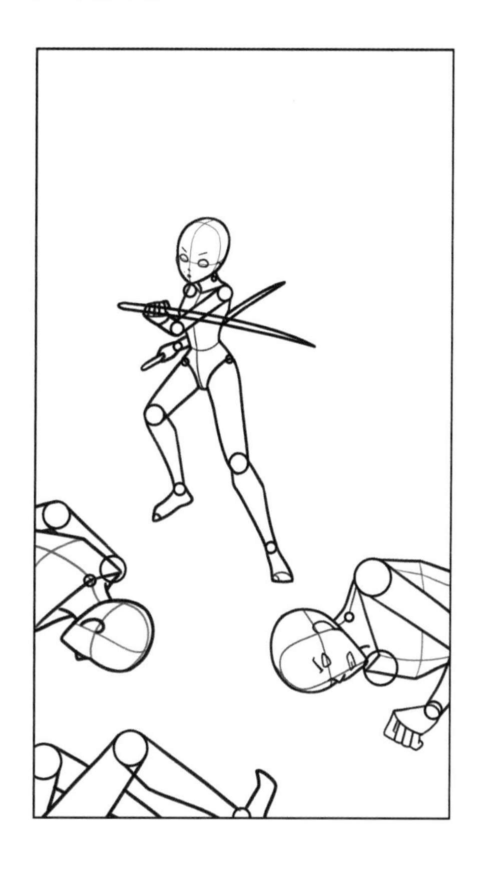

본인 캐릭터의 몸 그리기에
도움이 되었으면 좋겠어요.

CHAPTER

02

몸의 기본 비율과 포즈 만들기

그리기 심화 편에 들어가기 위한 개요를 설명합니다. 기본 틀과 관절 포인트를 활용해 캐릭터의 신체 비율, 즉 '등신'을 안정감 있게 그려내고, 캐릭터를 좀 더 편하게 그릴 수 있는 방법을 보여드리겠습니다.

STEP 01

몸의 기본 비율

1 몸의 기본 비율 : 관절 포인트의 높이

관절 포인트란 신체의 각 부위를 움직이게 하는 관절의 위치를 의미합니다. 겉보기에는 다른 체형을 가진 캐릭터라도 관절 포인트 간의 거리는 엇비슷합니다. 다음 네 명의 캐릭터를 예로 들어보겠습니다.

키, 성별, 체격, 피부색도 나름 제각각입니다. 하지만 모든 디테일을 제거하고 몸의 기본 틀만 남겨 놓습니다.

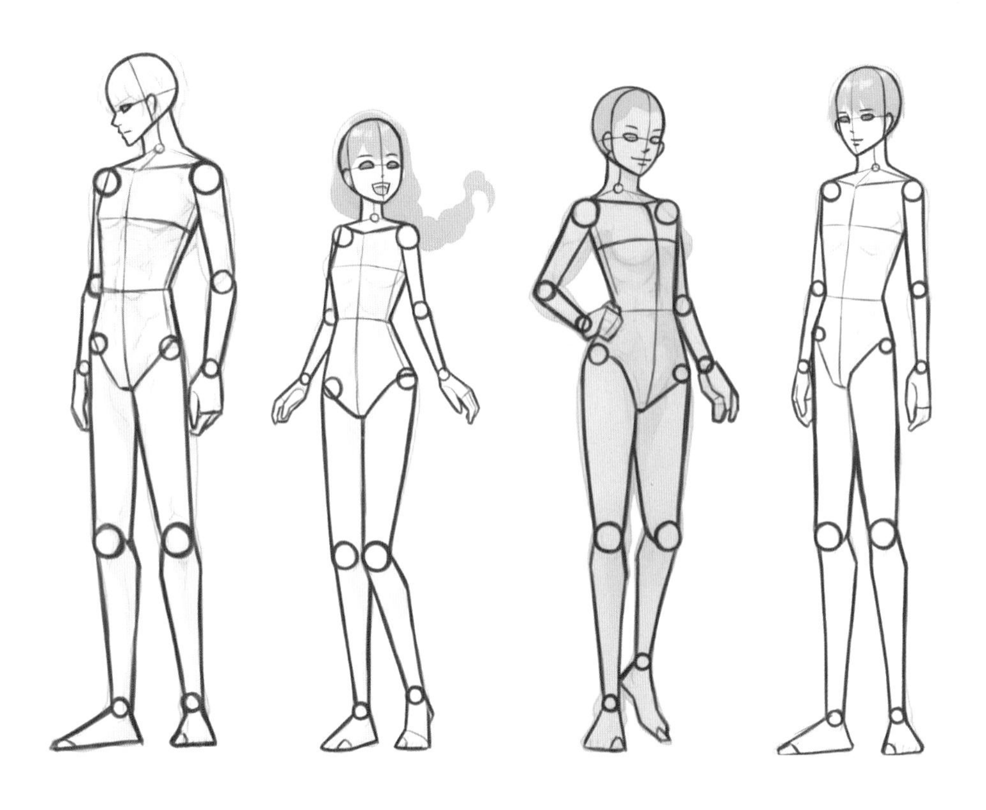

키를 똑같이 맞춰봅니다. 모든 캐릭터의 관절 포인트가 사실상 동일한 높이에 있다는 것을 알 수 있습니다.

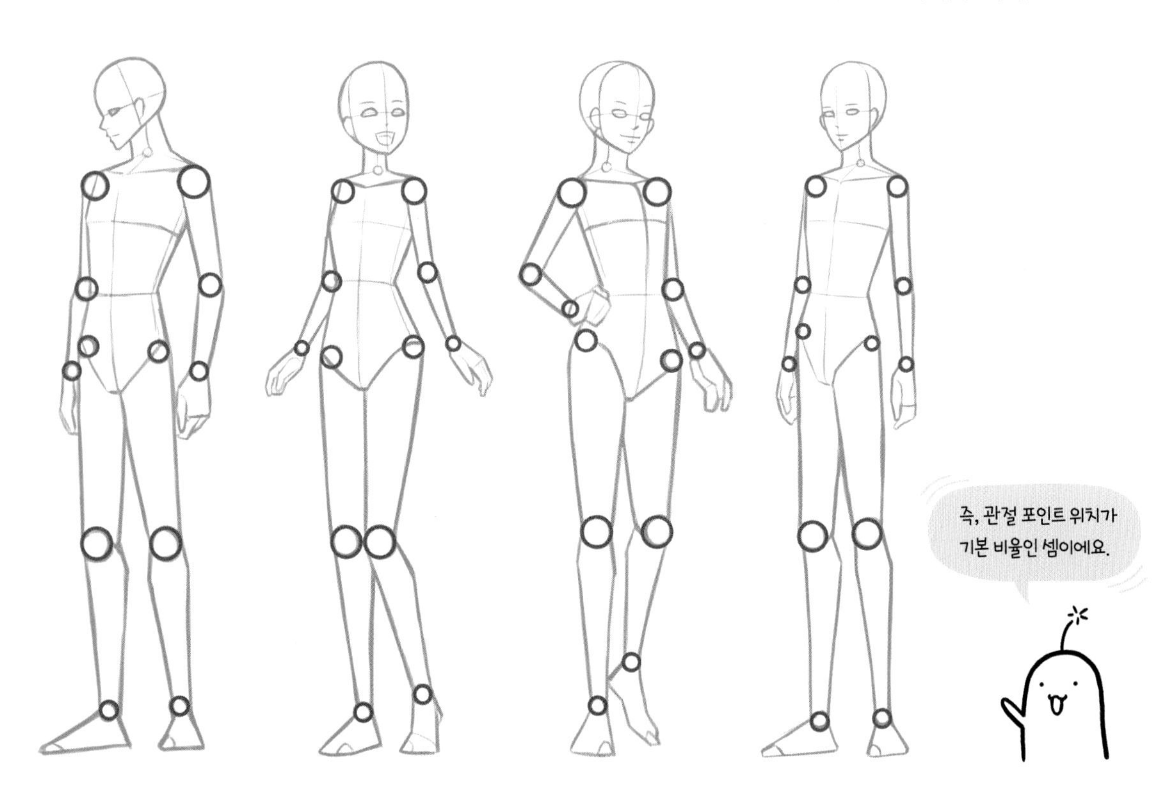

2 관절 포인트를 기준으로 8등신 미형 캐릭터 그리기

캐릭터의 몸 전체를 그릴 때 대략 다음과 같은 순서로 관절 포인트 높이를 염두에 두어 그립니다. 8등신 캐릭터 기준입니다.

머리 길이에서 3분의 1 정도 더 내려간 곳에 목뼈 관절을 그리고, 캐릭터 체형에 따라 어깨너비와 빗장뼈의 위치를 결정합니다. 어깨관절은 대략 팔 굵기에 맞춰 크기를 결정합니다. 여기까지는 2파트의 11장에서 보여드린 것과 같습니다.

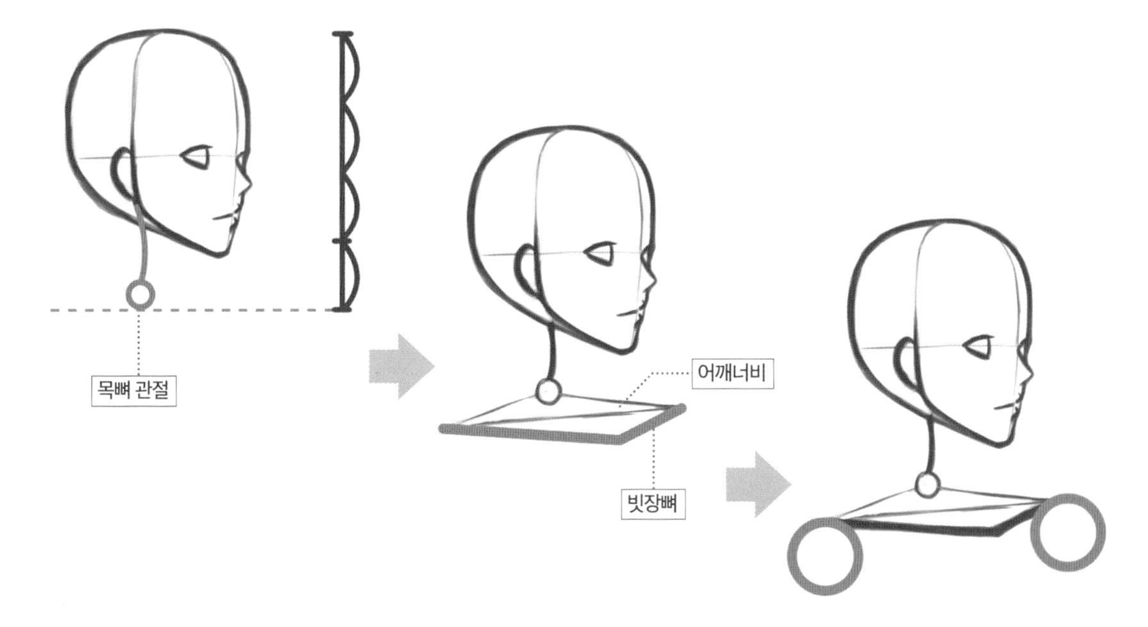

다시 머리부터 머리 길이 3배 정도 아래로 내려가면 거기까지가 몸통입니다. 정확히는 '사타구니'까지의 길이가 됩니다. 허리는 몸통의 절반, 혹은 조금 더 아래가 되며 허리 높이는 성별마다 다릅니다.

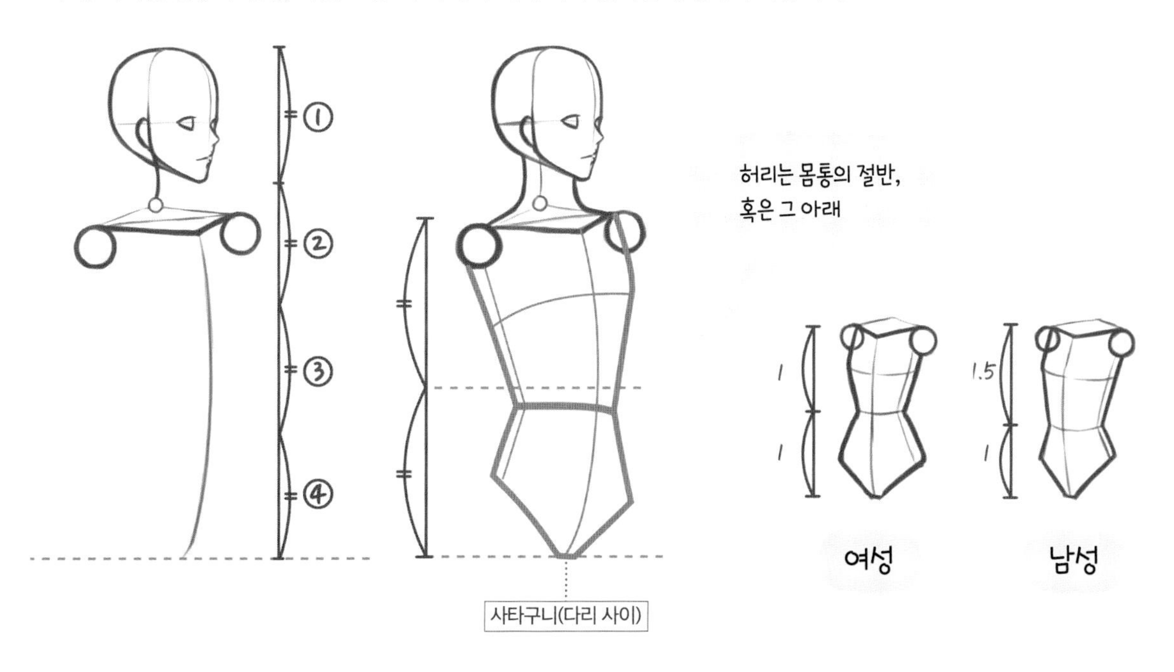

그다음 머리+몸통까지의 길이만큼 한 번 더 내려가면 발을 딛고 선 바닥, 즉 다리와 발의 길이가 됩니다. 골반 관절(고관절)은 사타구니보다 살짝 위에, 무릎 관절은 골반 관절의 중간 높이쯤 있습니다.

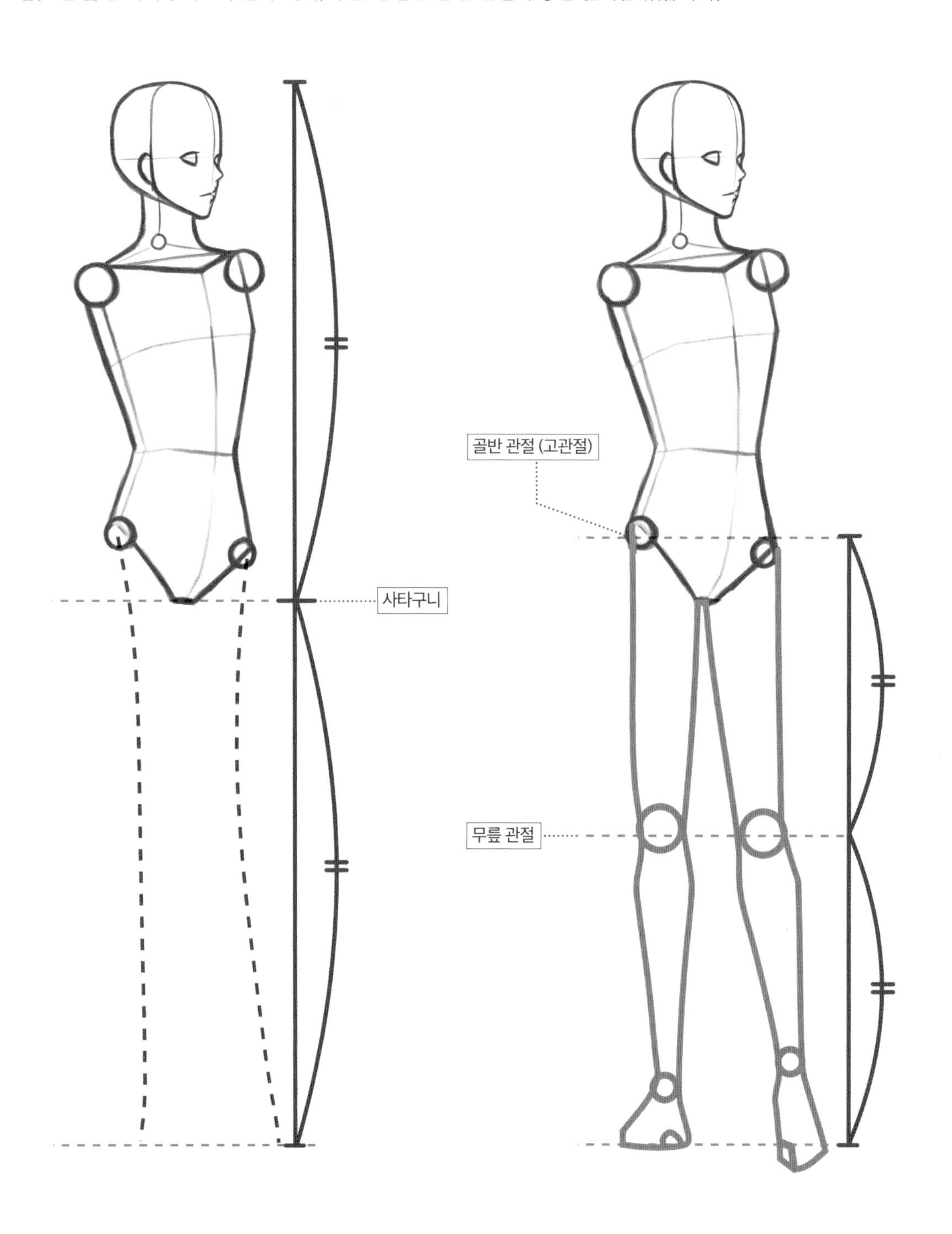

다음은 팔 길이를 알아봅니다. 팔꿈치 높이는 대략 허리 높이와 같습니다. 그리고 손목 관절은 골반 관절보다는 아래, 사타구니보다는 살짝 위에 있습니다.

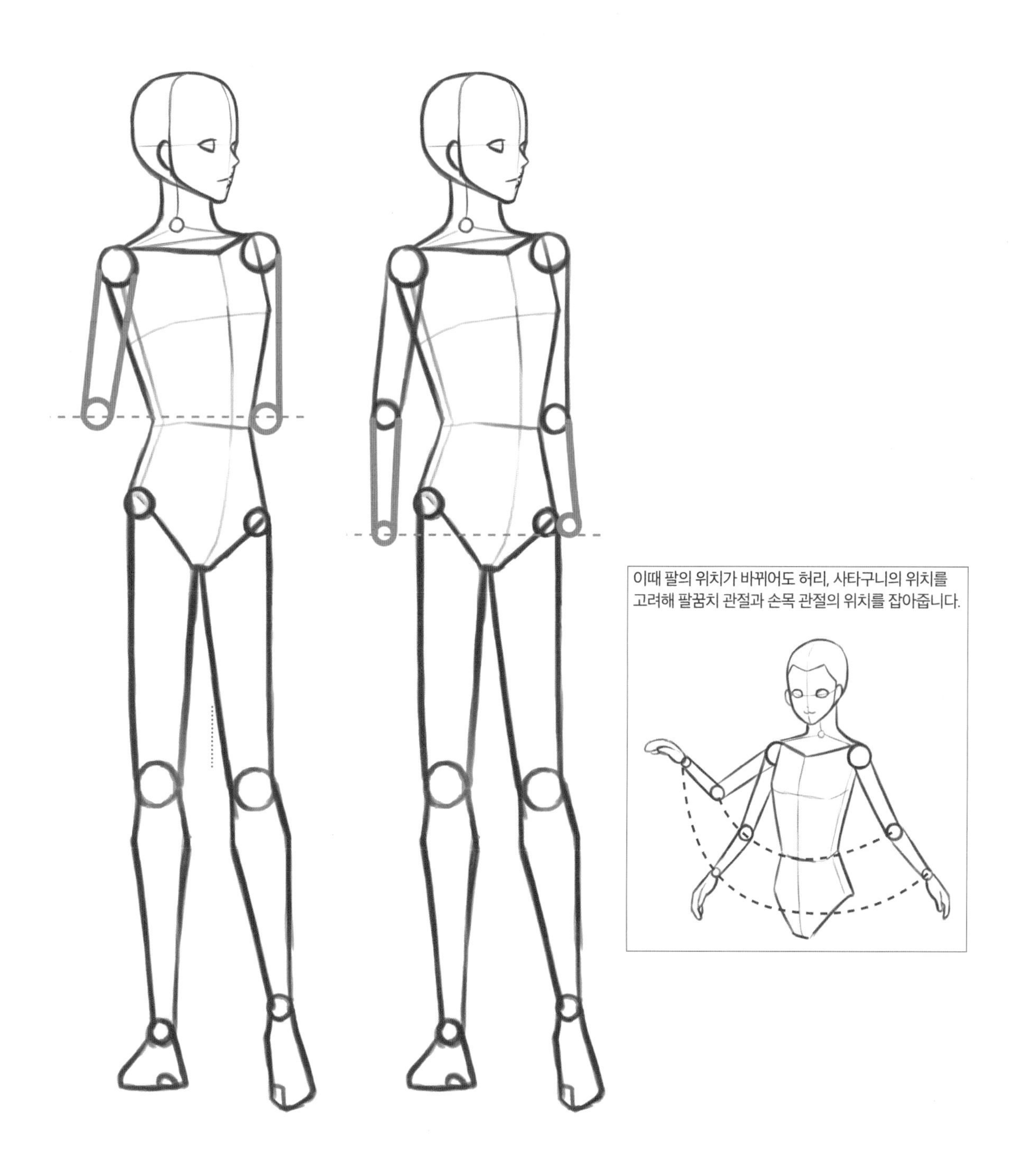

손의 길이는 턱부터 헤어라인까지의 얼굴 길이와 일치하게 그리면 무난합니다.

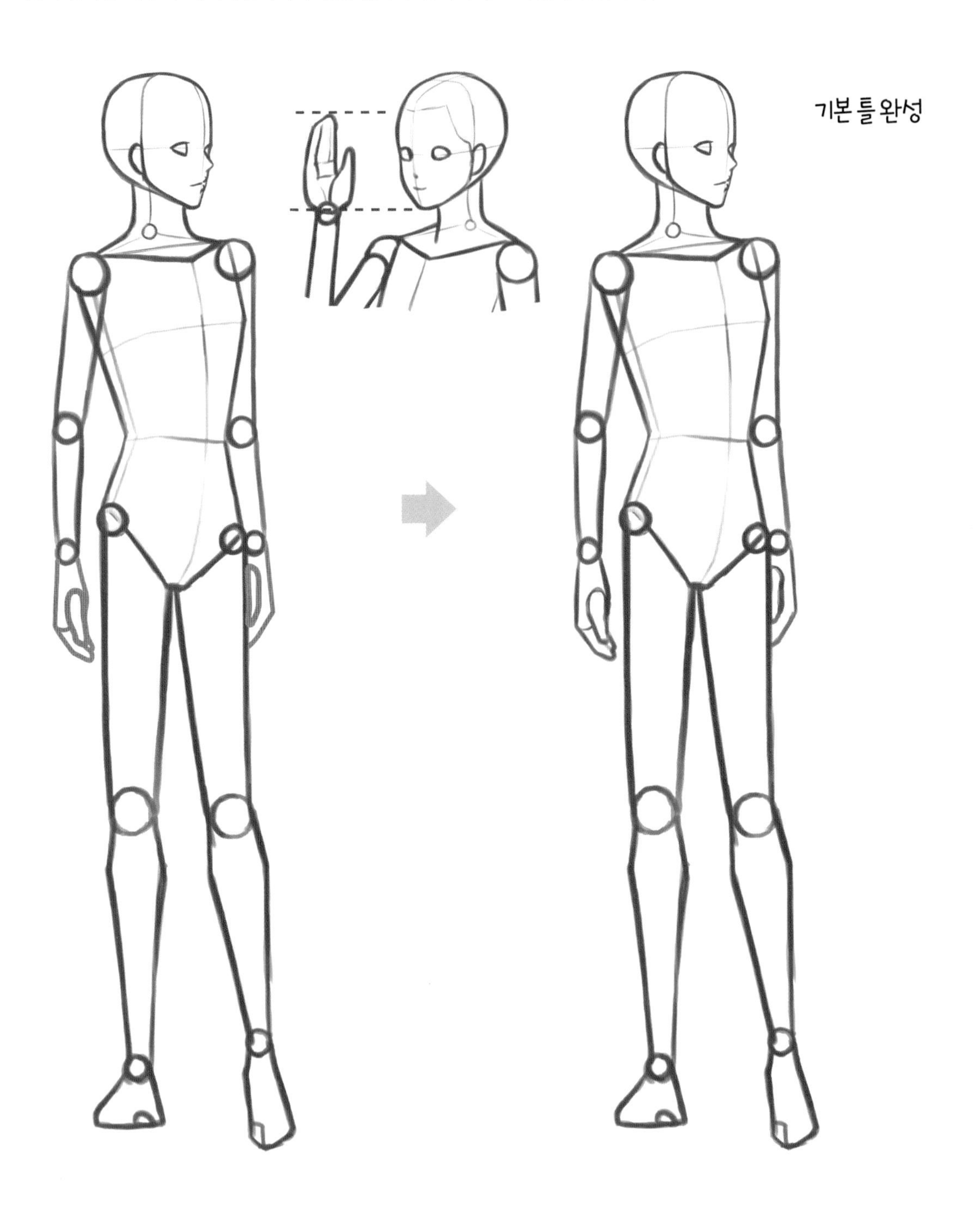

옷을 입히고 얼굴, 머리카락의 디테일을 묘사하여 완성합니다. 이렇게 기본 틀을 통해 비율과 자세를 잡은 다음 디테일을 묘사하면 인체를 보다 탄탄하고 안정되게 그릴 수 있습니다.

얼굴과 머리카락은 2파트를,
옷과 신발 묘사는 3파트의 6장을
참고해 주세요.

STEP 02

비례를 바꿔보기

1 8등신이 아닌 캐릭터 그리기

앞서 보여드린 비율은 8등신으로 극화, 혹은 반 극화체의 미형 캐릭터에 어울리는 비율입니다. 여기서는 등신을 살짝 바꿔보겠습니다. 더 어리거나, 귀여운, 가냘픈 느낌으로 그리고 싶으면 머리만 크게 그리고, 더 건장하고 훤칠한 느낌으로 그리고 싶으면 머리만 작게 그리면 됩니다.

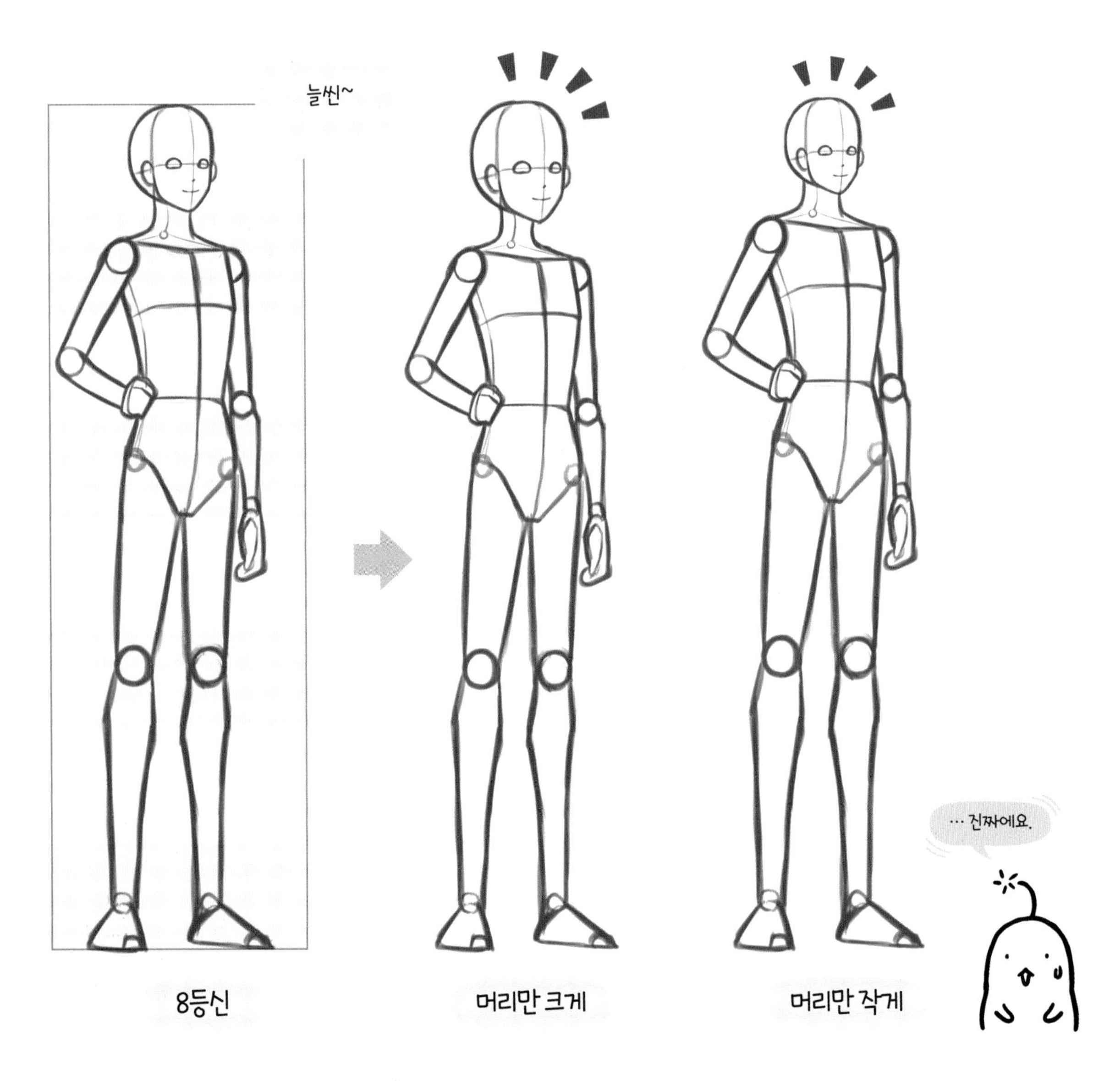

2 머리와 몸의 비율 변화 : 가냘프거나 귀여운 느낌으로 그릴 때

8등신의 머리, 몸통, 다리의 비율을 1:3:4를 기준으로 삼았을 때 머리를 몸통의 1/3보다 크게, 나머지 팔다리는 몸통에 맞춰서 8등신과 같은 비율로 그립니다.

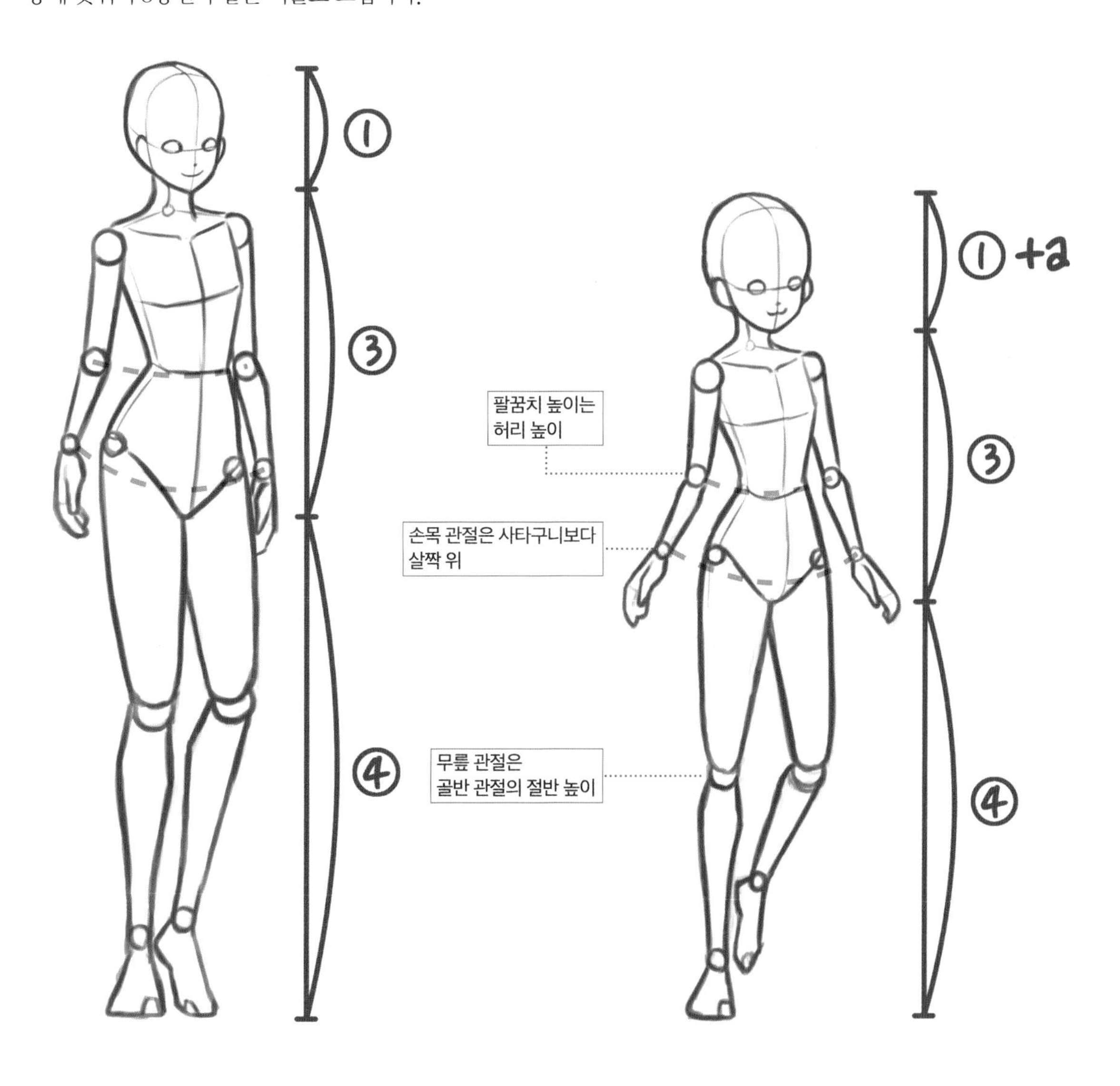

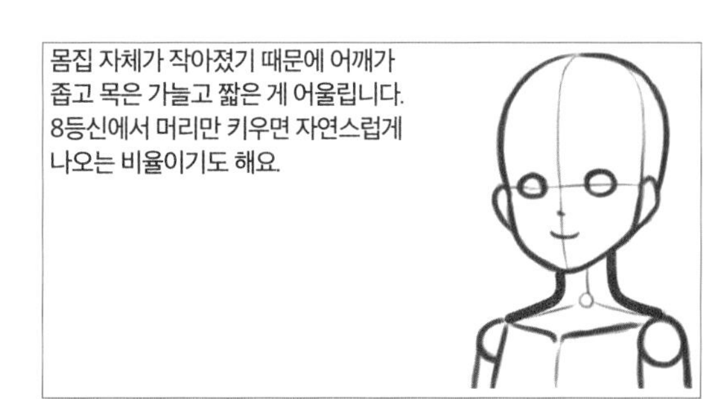

3 머리와 몸의 비율 변화 : 건장하거나 훤칠한 느낌으로 그릴 때

반대로 더 건장하거나 훤칠한 느낌으로 그리고 싶으면 몸통을 머리의 3배보다 크게 그리고, 팔다리의 비율은 몸통에 맞추면 됩니다.

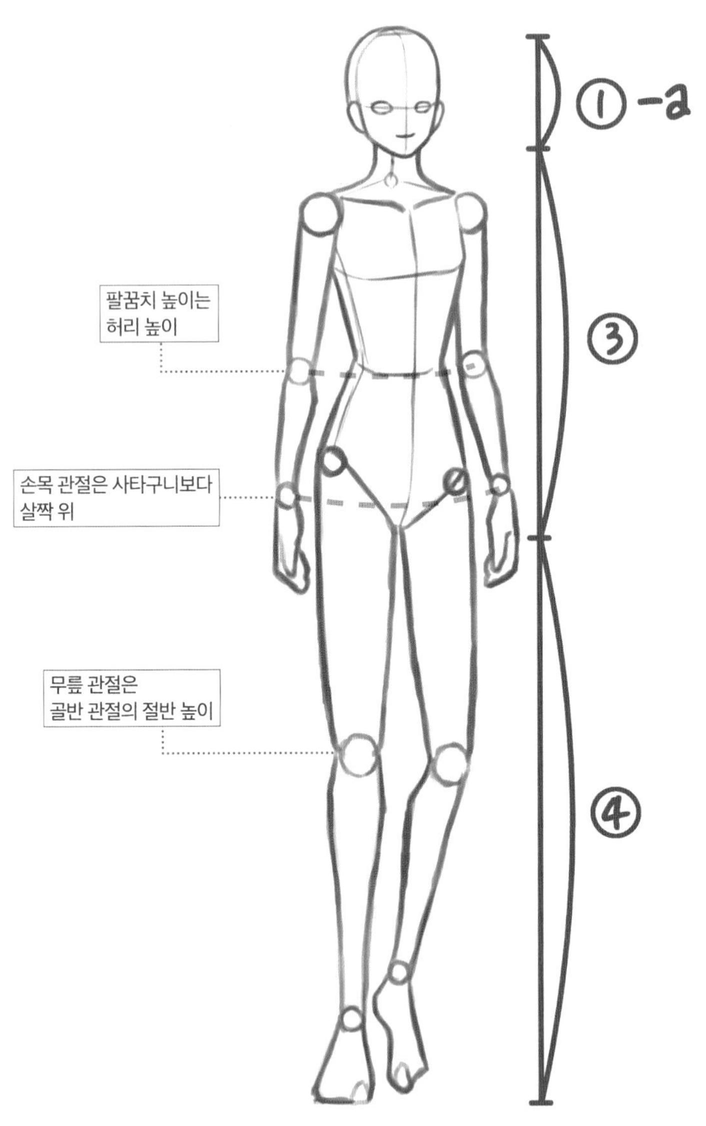

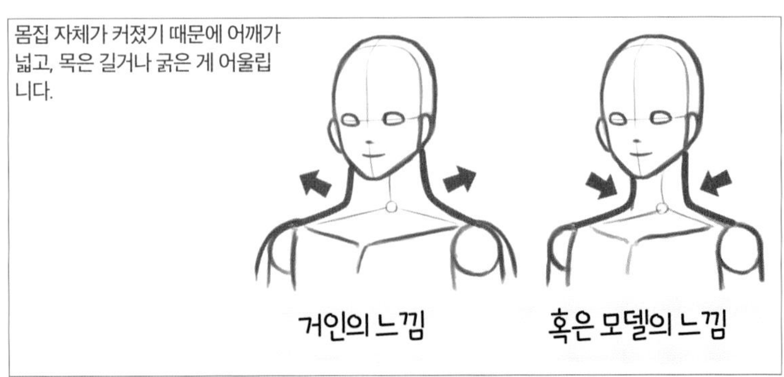

귀여운 캐릭터와 실제 아기의 비례 차이

귀여운 캐릭터와 실제 아기 모두 몸집과 비교해 머리가 큽니다. 다만, 귀여운 느낌을 주기 위해 머리 크기를 키운 캐릭터의 경우 몸의 비율은 어른 비율과 똑같고, 실제 아기의 경우 몸통이 차지하는 비중이 크기 때문에 상대적으로 팔다리는 짧고, 통통합니다.

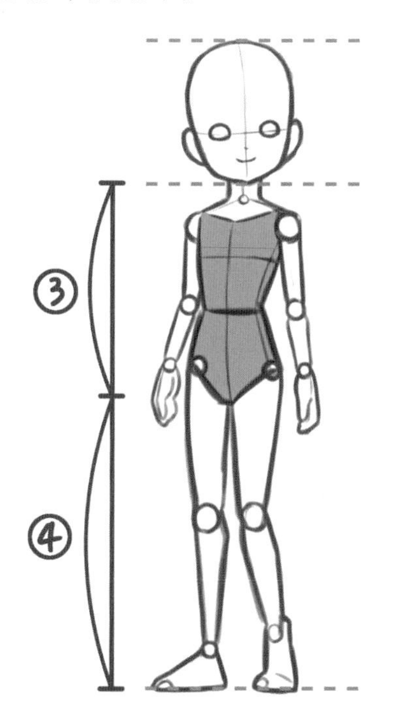

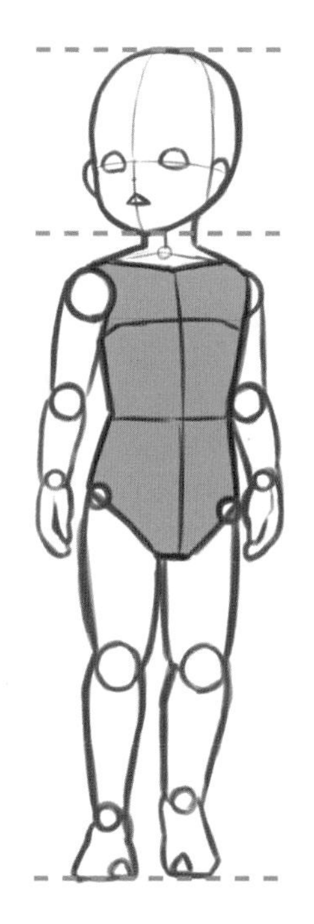

실제 아기 쪽이
몸통이 더 커요.

5 아기 비율 : 영·유아의 인체 비례

갓 태어난, 돌 전후 아기의 실제 비율을 그려보겠습니다. '아기 비율'은 성장기 아이 캐릭터를 그리는 출발선, 기준점이 될 수 있습니다.

아기를 그릴 때는 4등신이 무난합니다. 몸통과 다리의 비율이 거의 1:1 수준이거나 몸통이 더 큽니다.

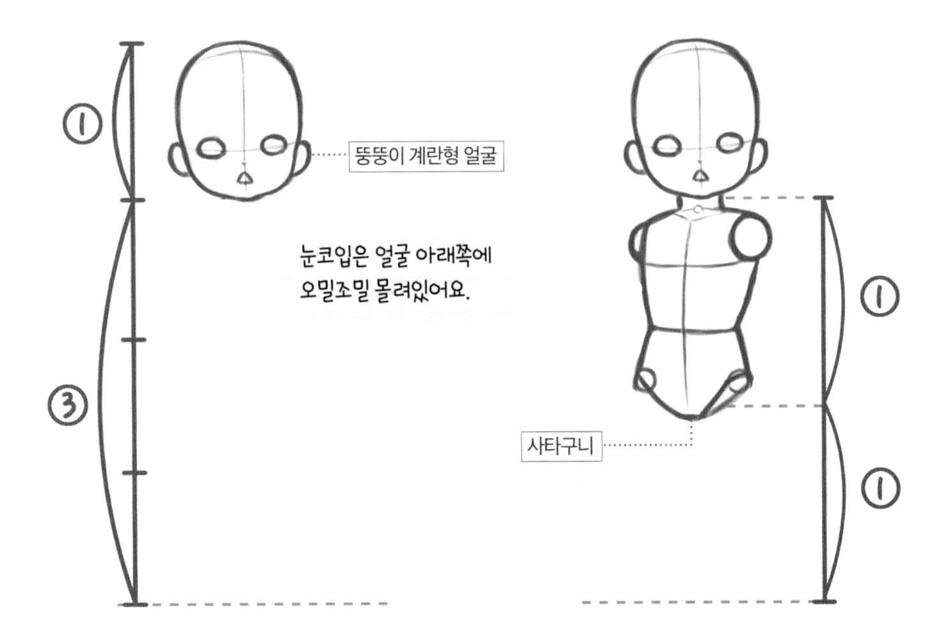

성인과 마찬가지로 골반 관절 높이의 절반에 무릎 관절이 옵니다. 다만 성인보다 더 짧고 통통한 느낌입니다. 팔 역시 다리 느낌에 맞춰 짧고 뭉툭하게 그립니다.

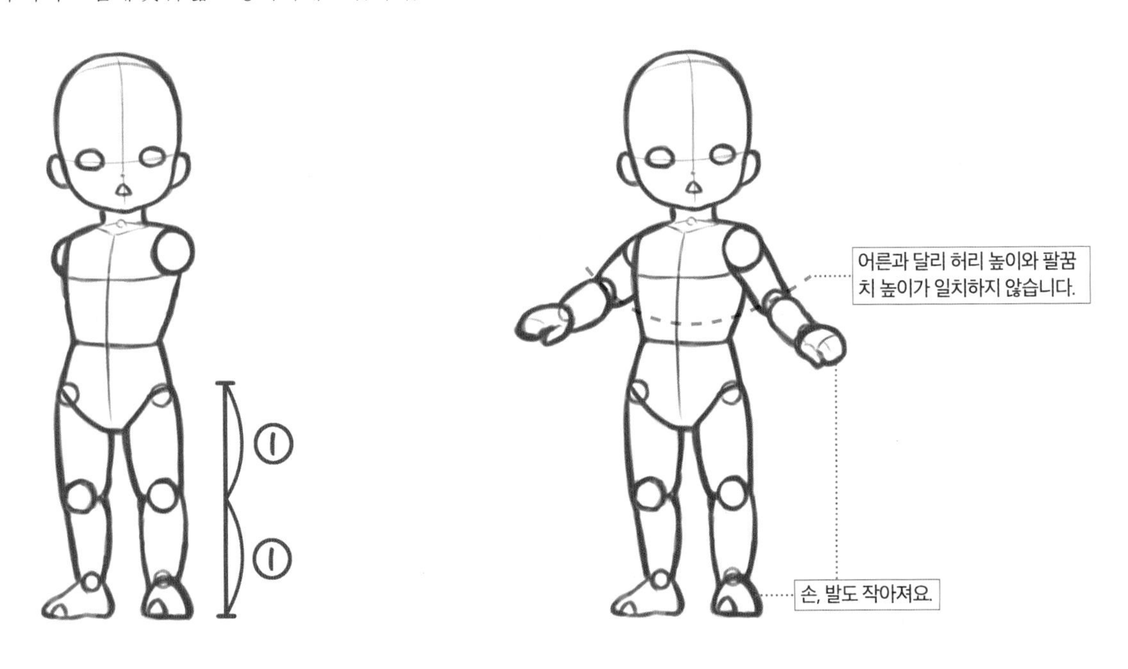

6 연령대에 따른 머리와 몸의 비율 변화

4등신 아기 비율의 영·유아, 8등신 미형 비율의 성인, 이 둘을 기준으로 어린이, 청소년, 혹은 좀 더 머리가 크거나 왜소한 체격의 어른은 그 사이 어디쯤엔가 있습니다. 아이들의 키는 평균 키 통계를 참조해서 설정한 비율입니다.

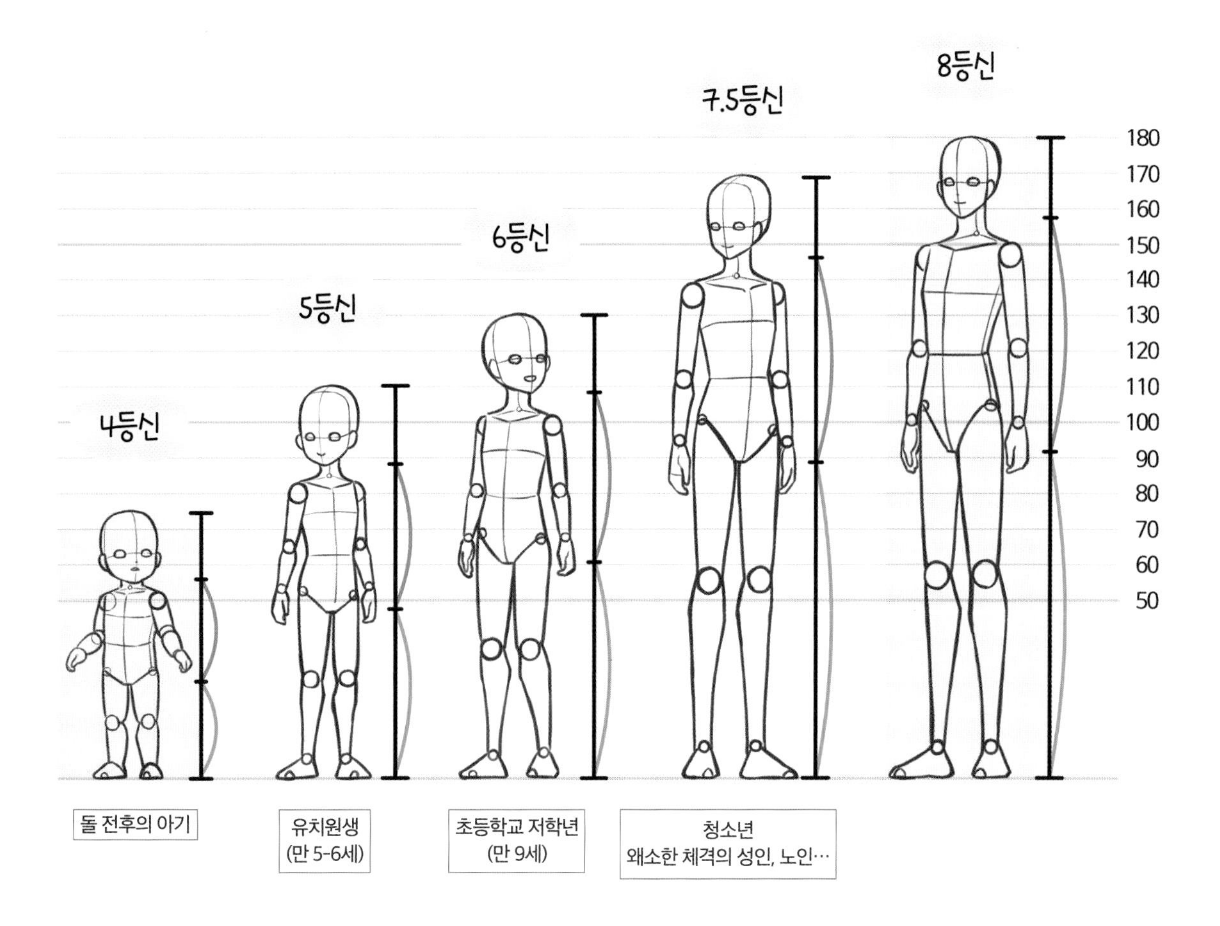

어느 연령대이건, 몇 등신이건 좀 더 늘씬하고 어른스러운 느낌을 주고 싶으면 몸통과 다리의 비율을 8등신 미형 비율(3:4)에 가깝게 설정하고, 좀 더 아이 같은 느낌, 팔다리가 짧은 느낌을 주고 싶으면 몸통과 다리의 비율을 아기 비율(1:1)에 가깝게 그리면 자연스럽습니다.

STEP 03

기본 틀과 관절 포인트로 포즈 그리기

자료 보고 그리기

1 자료를 참고해 그리는 방법

몸을 그릴 때 기본 틀(인체 도형)과 관절 포인트를 사용하면 캐릭터의 비율을 안정적으로 그리는 데에 도움을 줄 뿐만 아니라 '포즈'를 잡기에도 편합니다. 실제 사진 등을 참고해서 포즈를 그릴 때도 자료를 훨씬 '유연'하게 활용할 수 있습니다. 옷 주름이나 팔뚝 굵기, 이런 디테일한 외형보다는 관절 포인트가 어디 있는지 눈여겨보고 그것을 기본 틀과 조합해가는 방식으로 그리게 됩니다.

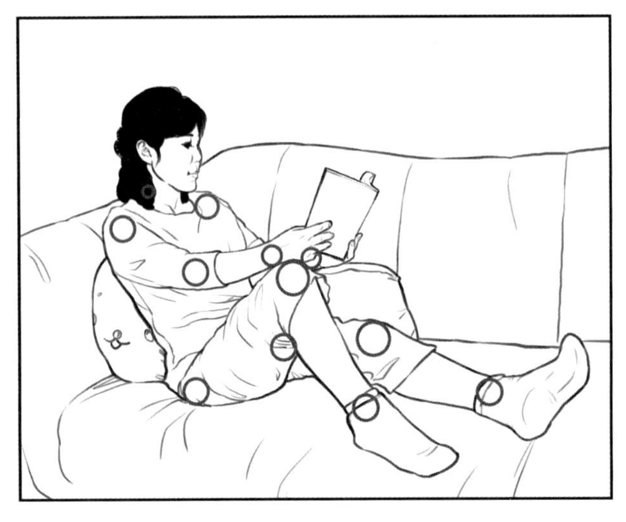

이런 식으로 하면 모델과 체형이 다른 캐릭터도 얼마든지 그릴 수 있습니다.

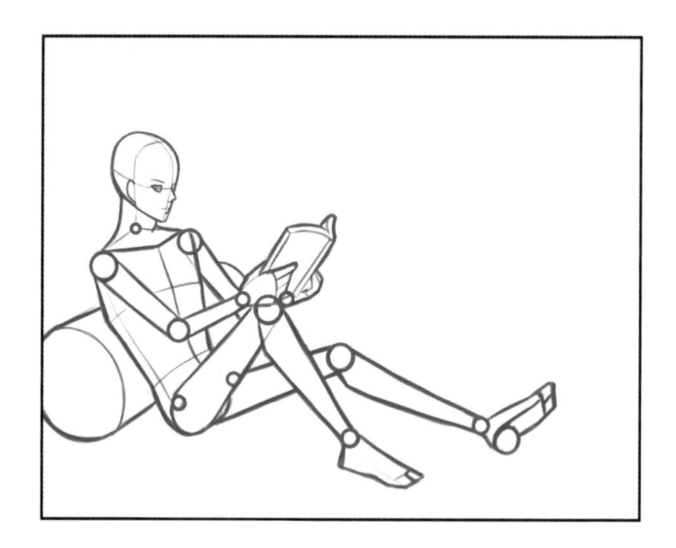

2 자료를 응용해 그린 포즈 ❶

인터넷에서 원하는 포즈를 검색해(예 : 달아나는 포즈/man running away) 찾은 이미지 자료를 참고해 그린 예시입니다.

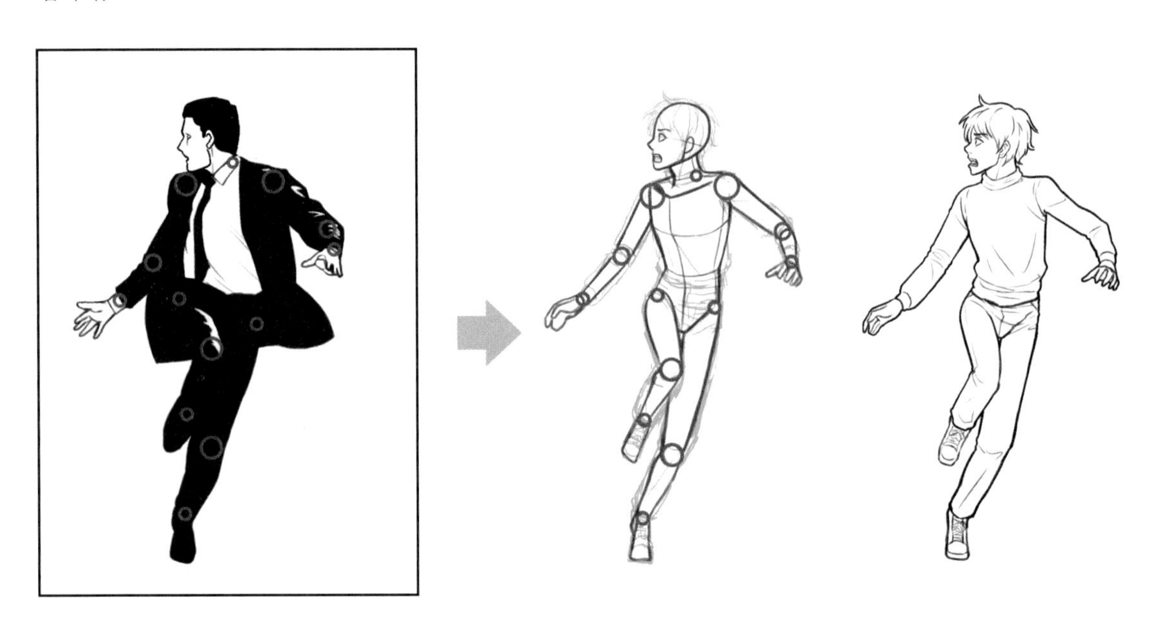

3 자료를 응용해 그린 포즈 ❷

실제 사진뿐 아니라 다른 사람의 그림도 자료로 사용할 수 있습니다. 관절 포인트 중심으로 참고하면 자신의 그림체와 비슷하지 않은 그림도 얼마든지 자료가 될 수 있습니다.

STEP 04

기본 틀과 관절 포인트로 포즈 그리기

상상해서 그리기

1 포즈를 상상해서 그리는 방법 ❶ : 상반신

기본 틀(인체도형)과 관절 포인트를 사용해 포즈를 잡으면 무엇보다도 상상만으로 포즈를 그려나가는 데 큰 도움이 됩니다. 상반신을 그릴 때는 머리 → 몸통 → 팔의 순서로 포즈를 만들어 갑니다.

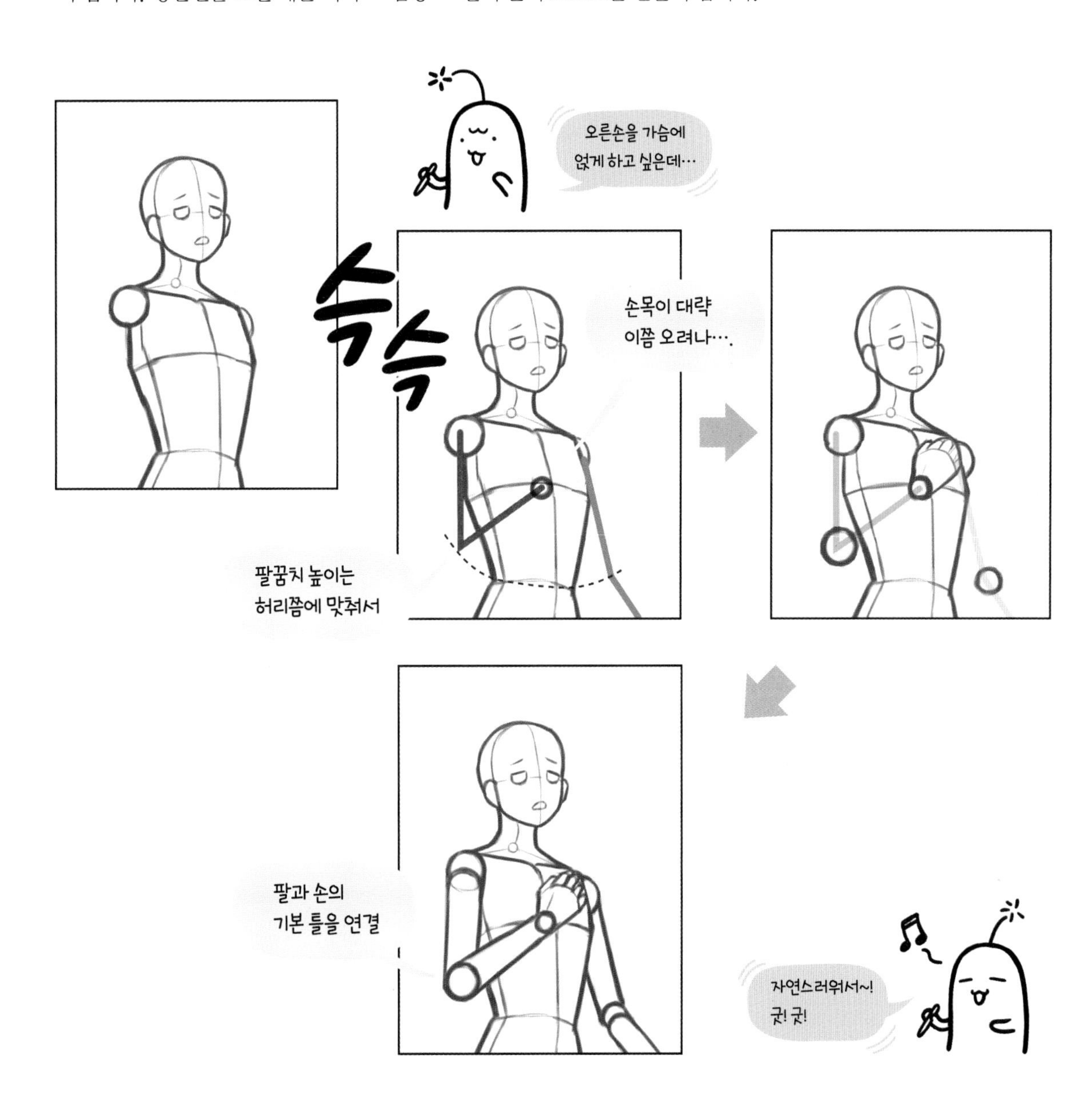

2 포즈를 상상해서 그리는 방법 ❷ : 전신

전신을 그릴 때는 머리 → 몸통 → 다리 → 팔의 순서로 포즈를 만들어 갑니다. 절대적인 순서는 아니지만, 이 순서대로 그리면 실수를 줄일 수 있습니다.

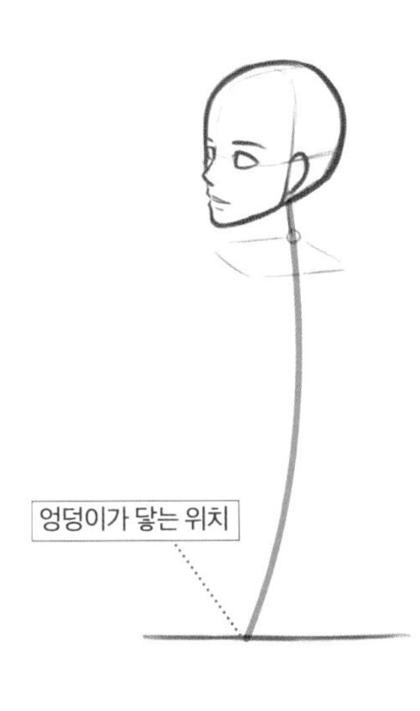

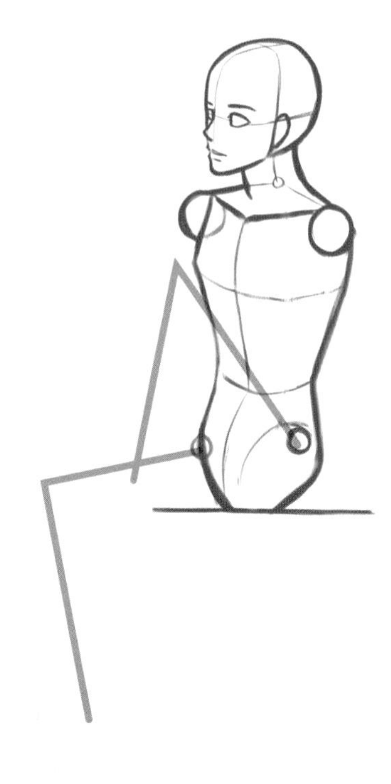

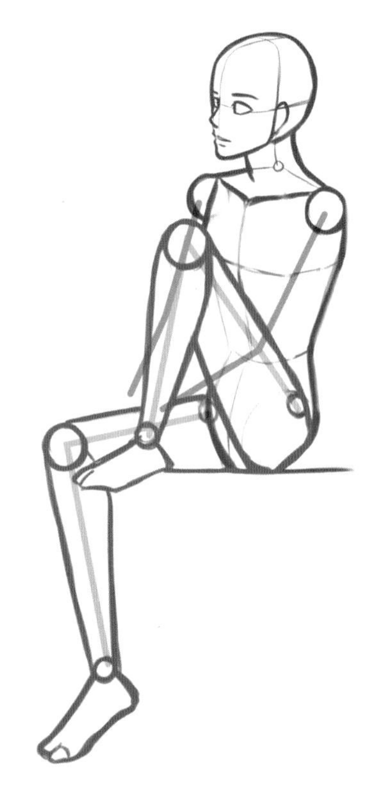

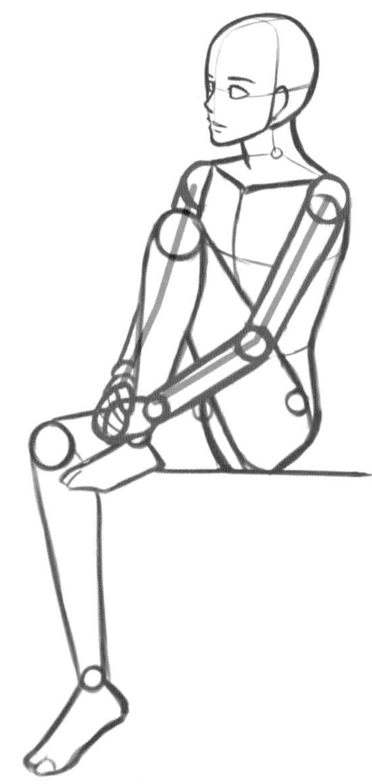

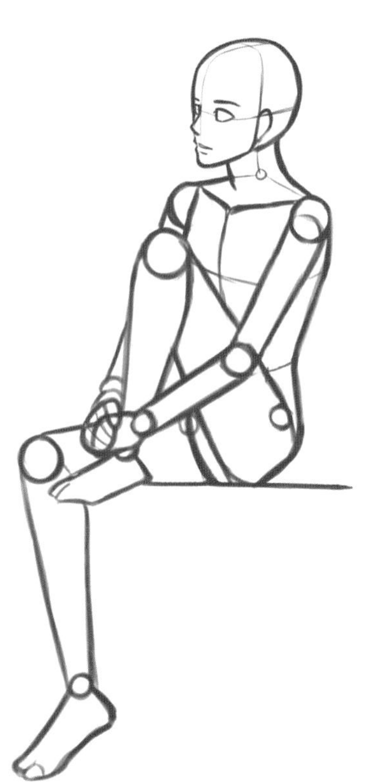

3 몸통 기본 틀은 포즈 만들기의 중심축

상반신만 그리건, 전신만 그리건 몸통 기본 틀은 포즈 만들기의 중심축이라고 할 수 있습니다. 몸통의 포즈만 제대로 잡아놓으면 팔다리 변형만으로 여러 포즈가 가능해집니다.

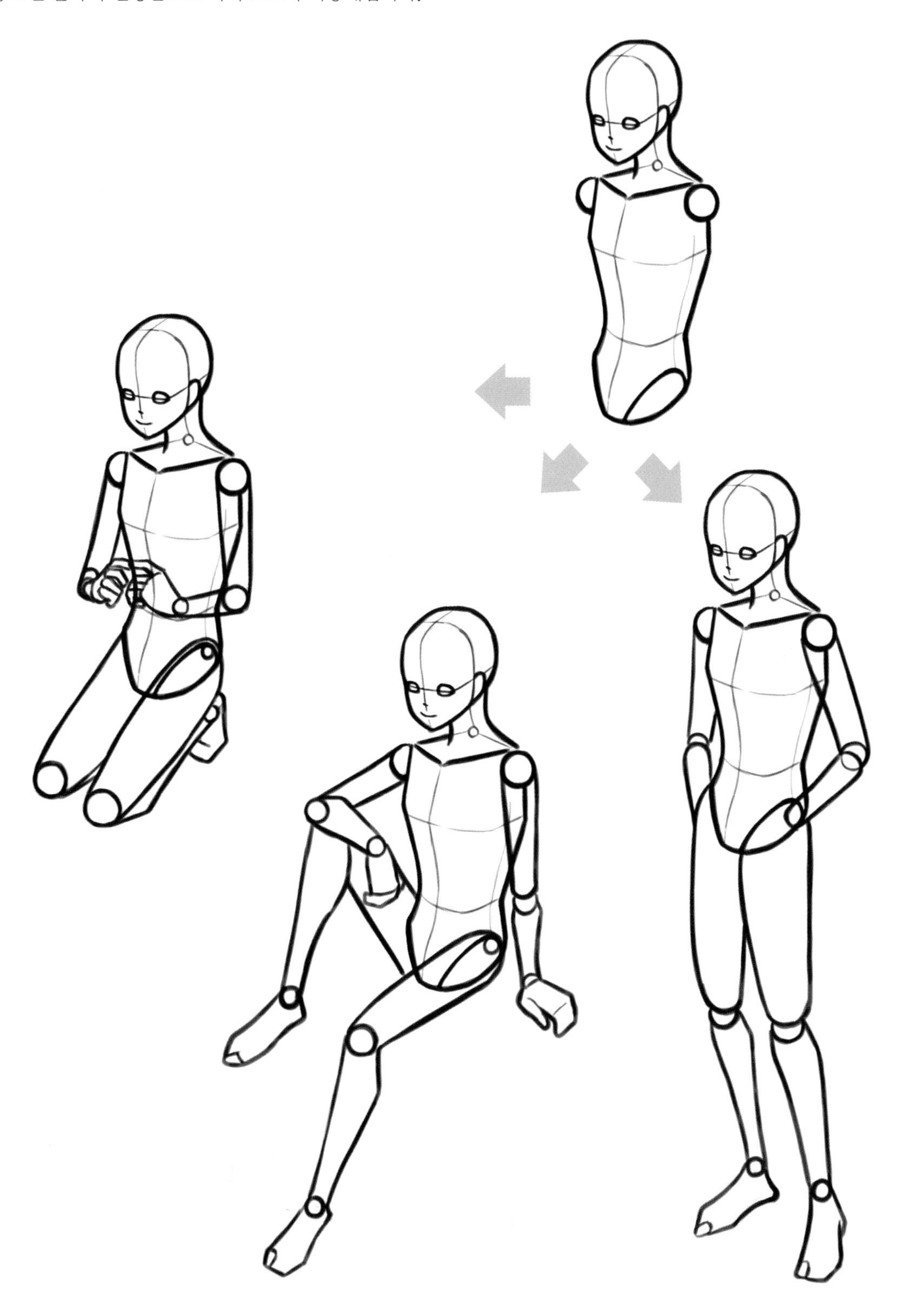

4 상상해서 그리는 포즈 예시 ❶ : 서서 걸어감

서서 걸어가는 포즈를 표현할 때는 콘트라포스토(Contraposto) 기법을 사용합니다. 콘트라포스토란 한쪽 발에 체중을 실어(짝다리) 좌우 대칭을 깬 포즈로 인체를 보다 매력적으로 표현할 수 있습니다. 서서 걸어가는 동작을 콘트라포스토로 그리면 어깨와 골반의 엇박자가 나타납니다.

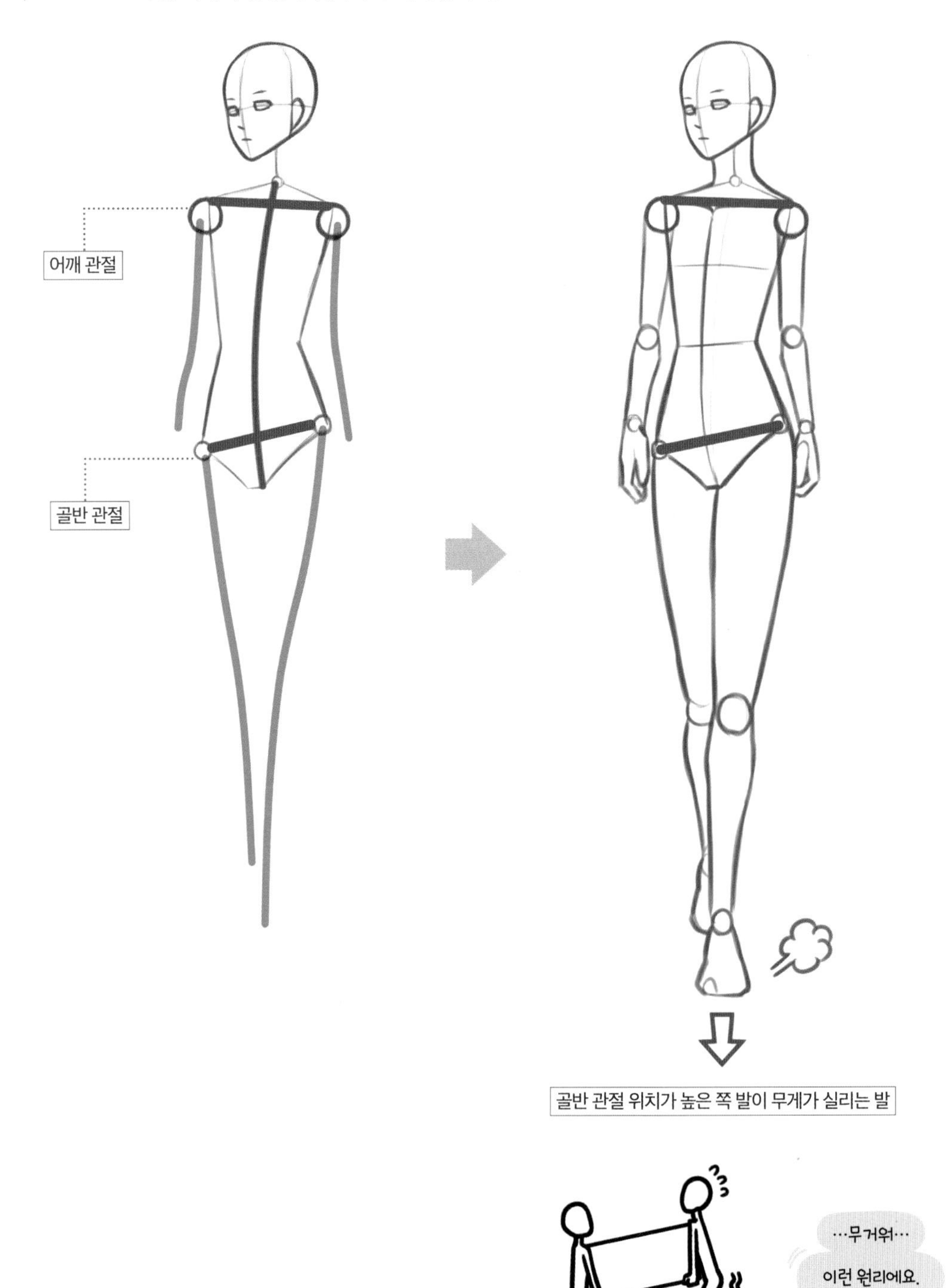

5 상상해서 그리는 포즈 예시 ❷ : 서 있음

서 있는 자세에서도 콘트라포스트를 표현할 수 있습니다. 단, 의도적으로 자세를 잡아야 나타납니다. 그냥 서 있는 것보다는 자연스러워 보이고 아름다운 포즈가 나타납니다.

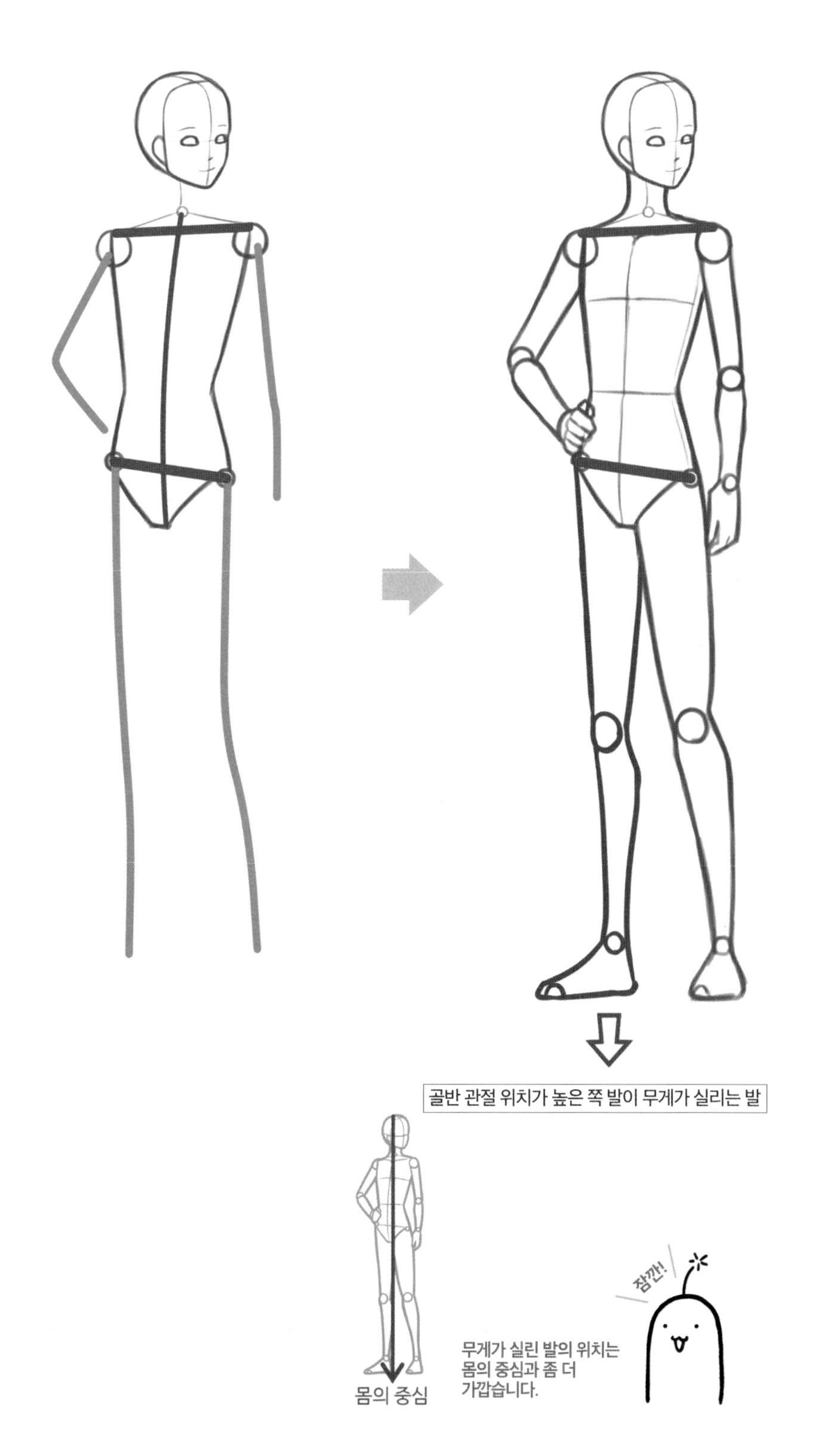

상상해서 그리는 포즈 예시 ❸ : 걸터 앉음

허리를 바로 펴고 앉으면 몸통의 모양이 서 있을 때와 똑같습니다.

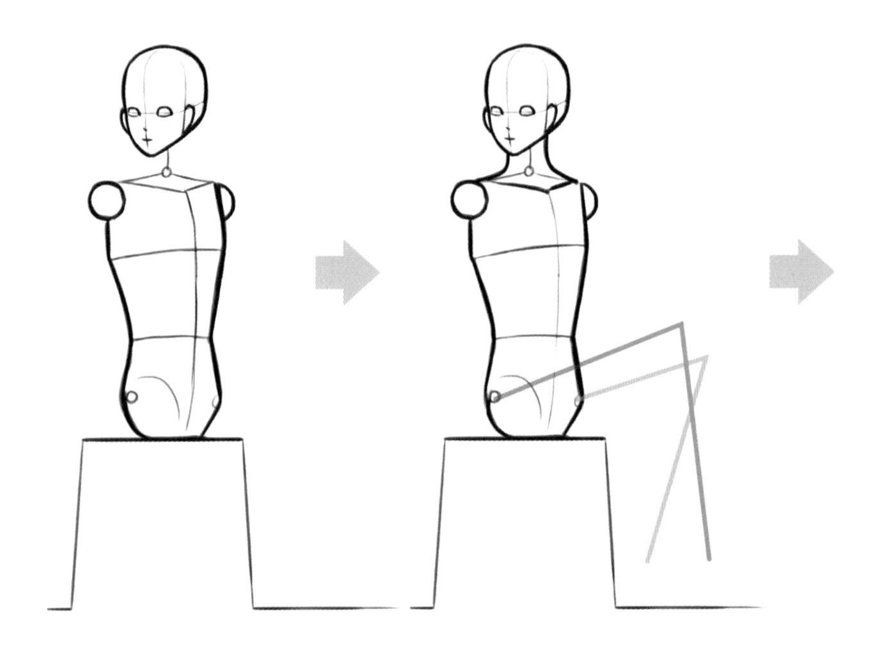

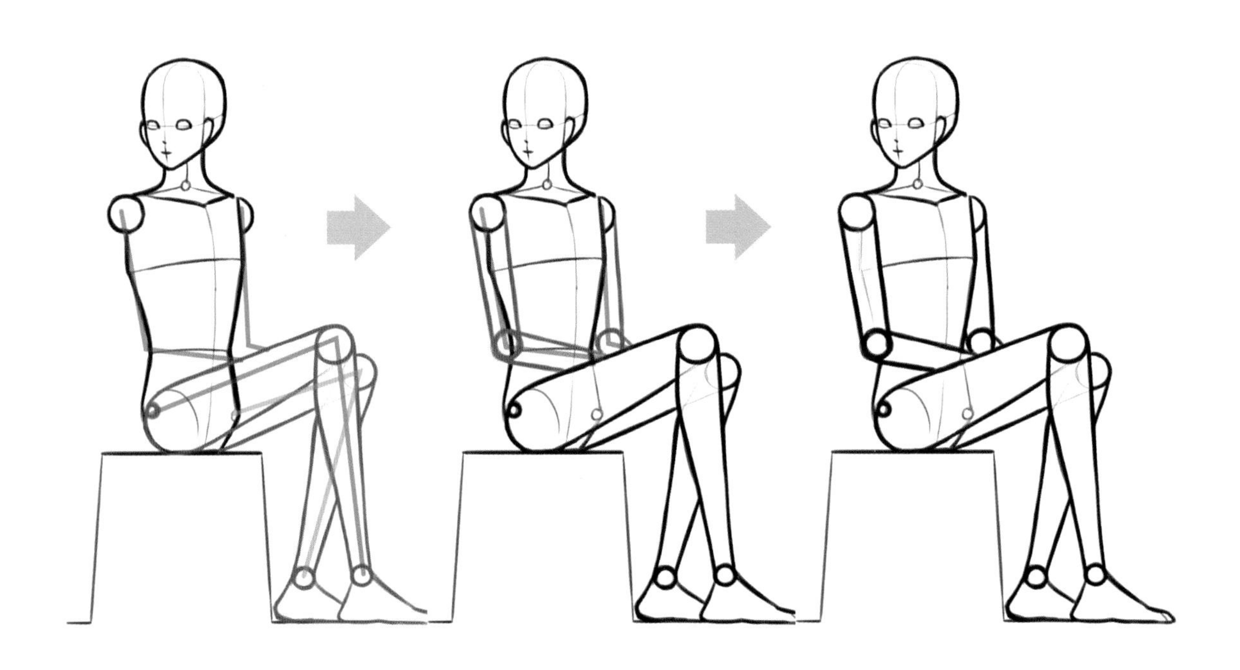

7 상상해서 그리는 포즈 예시 ❹ : 쭈그려 앉음

관절이 겹쳐지는 모습은 처음에는 상상만으로 그리기 어렵습니다. 실제 모델이나 사진, 그림 등의 자료를 보며 눈과 손에 익혀보세요.

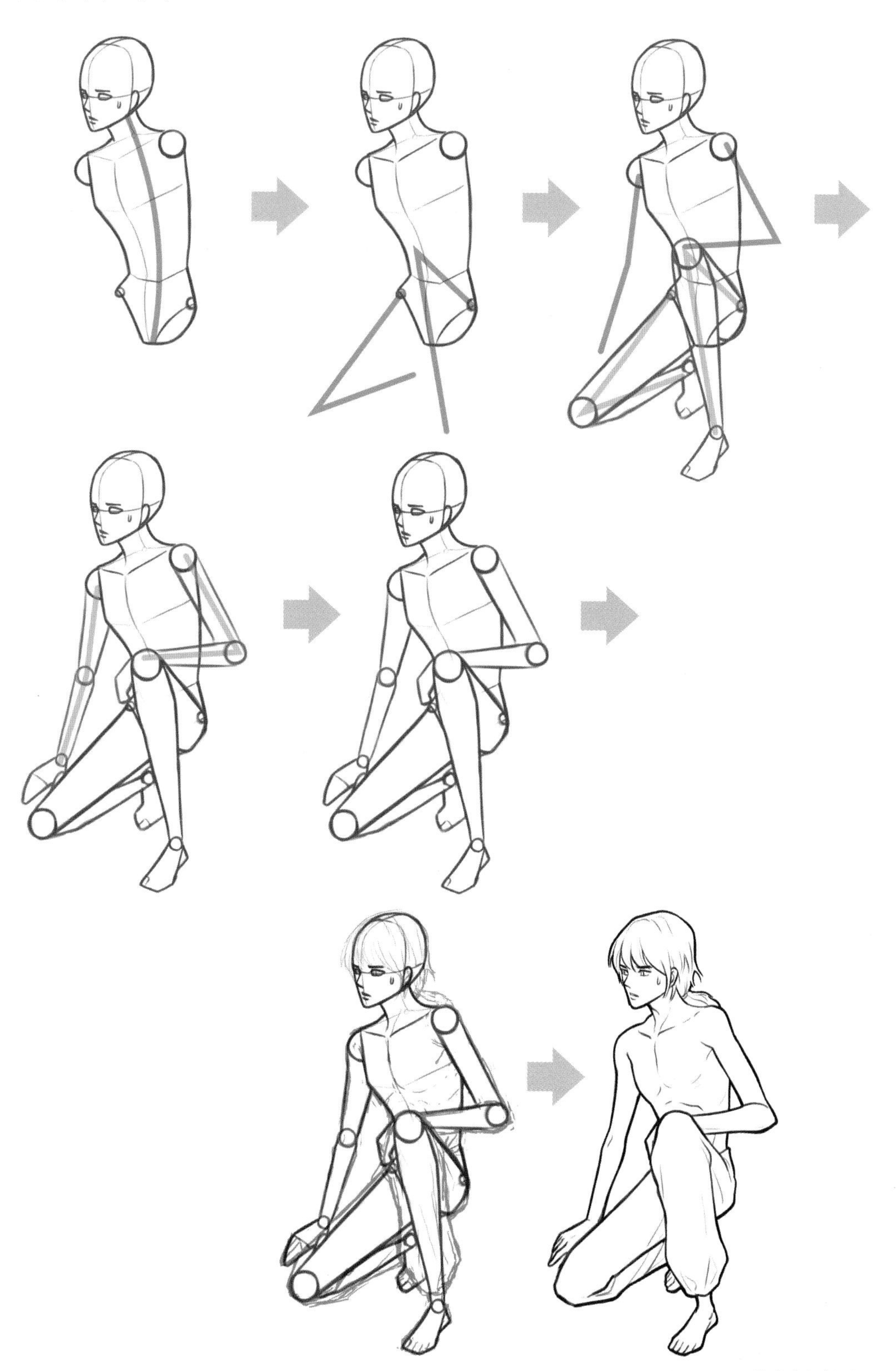

8 상상해서 그리는 포즈 예시 ❺ : 엎드림

엎드린 몸통은 마치 짓눌려 납작해진 장구처럼 생겼습니다.

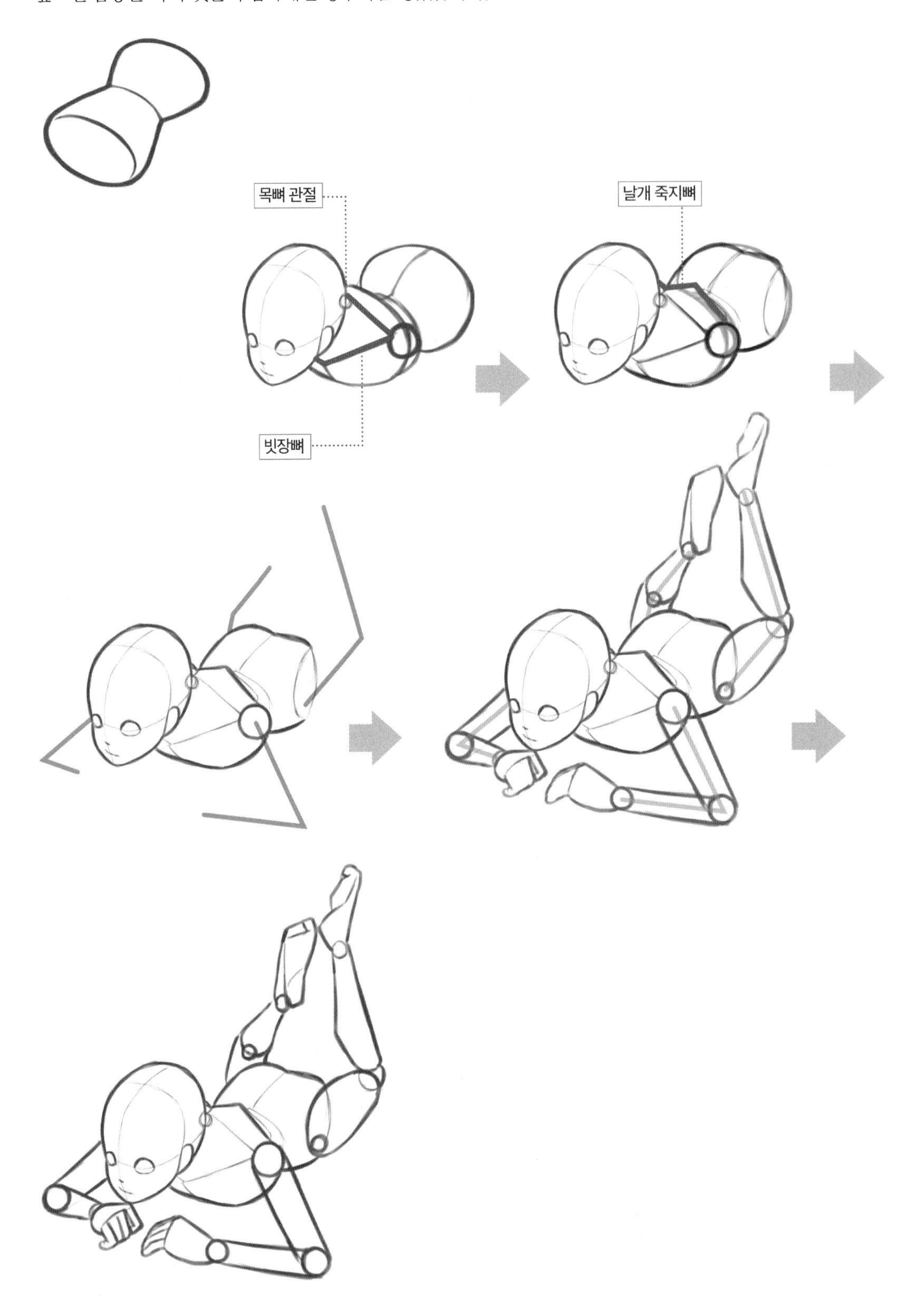

9 상상해서 그리는 포즈 예시 ❻ : 뒹굴뒹굴

눕거나 엎드린 포즈는 자주 그려보지 않으면 낯설 수 있습니다. 몸통의 자세부터 잡아보세요.

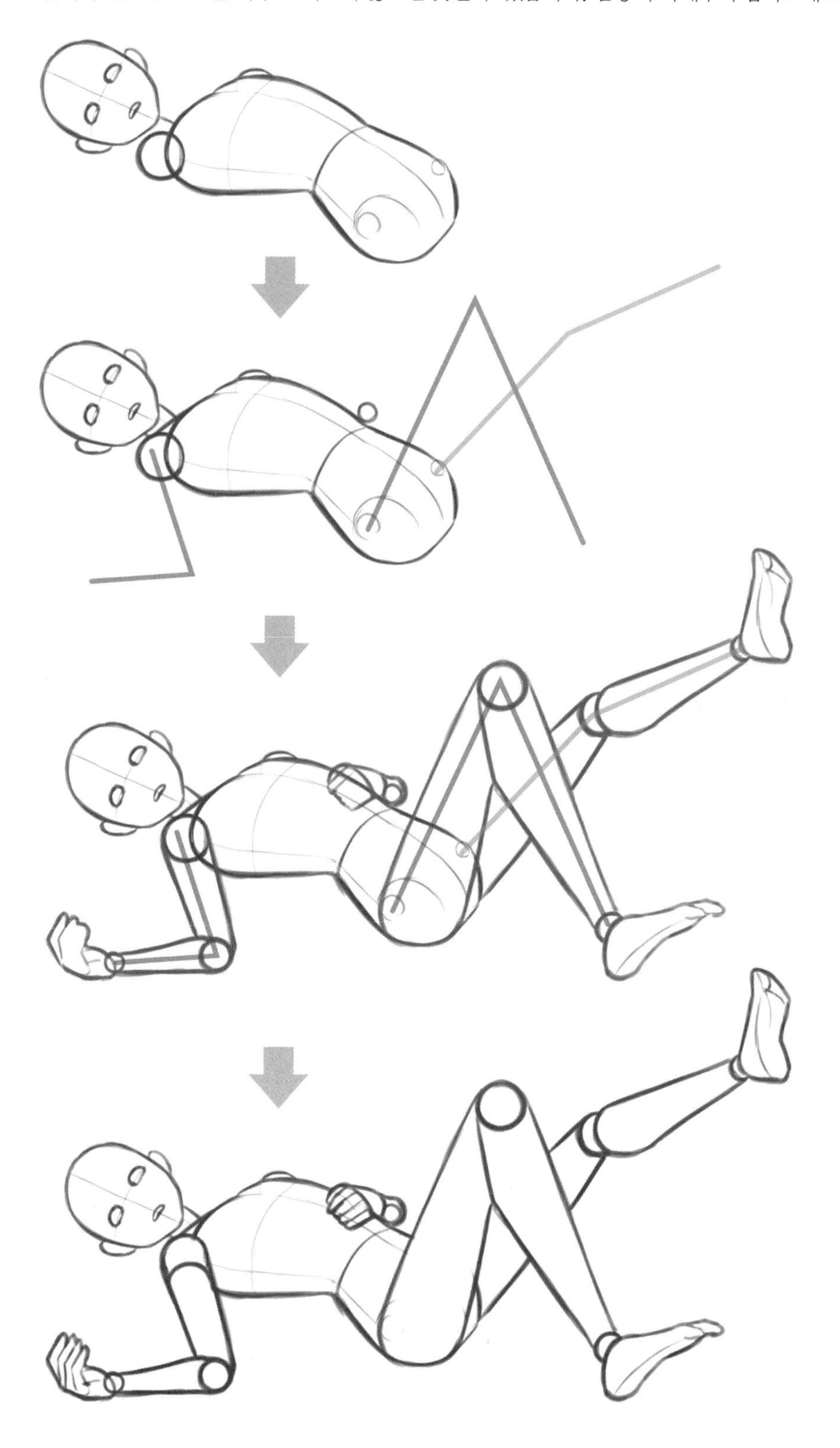

STEP 05

몸 그리기 심화 편을 위한 간단한 소개

1 기본 틀이 중요한 그림체

Part3의 3장부터 5장까지는 몸통, 팔, 다리의 기본 틀을 하나하나 살펴보고 그 위에 디테일을 묘사하는 방법까지 설명할 것입니다. 그에 앞서 기본 틀에 대해 조금만 더 언급하겠습니다. 기본 틀은 평면적인 그림체보다 입체적인 그림체에서 더 중요합니다. 평면적인 그림체의 경우 관절 포인트에 선을 연결하는 방식으로도 몸을 쉽게 그릴 수 있지만, 입체적인 그림체의 경우 기본 틀이 어떻게 생긴 덩어리인지 좀 더 자세히 이해하는 게 필요합니다.

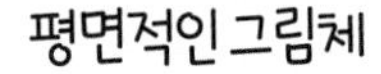

입체적인 그림체

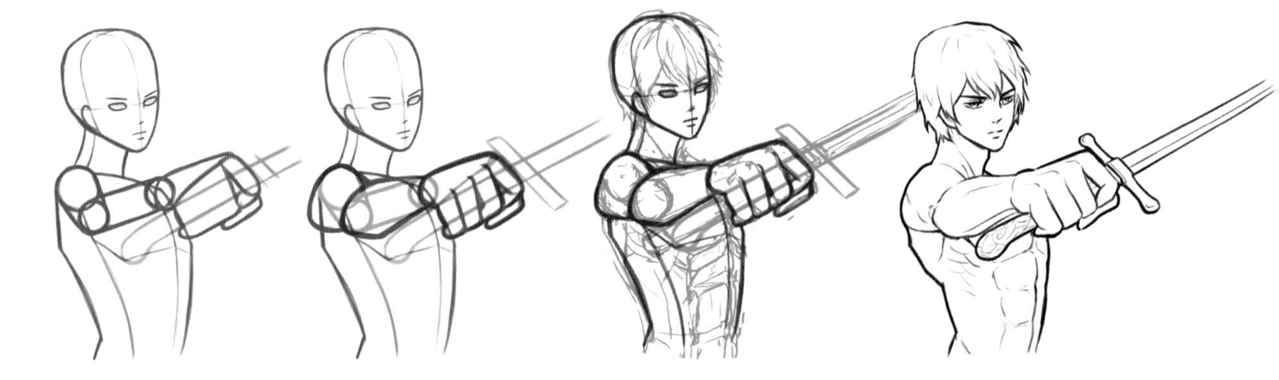

2 팔다리 기본 틀

팔다리 기본 틀은 원통에 가깝습니다. 팔의 경우 원통에 근육 찰흙을 덧붙이는 느낌으로 디테일 묘사를 하고, 다리는 애초부터 위가 좀 굵은 원통에서 출발합니다.

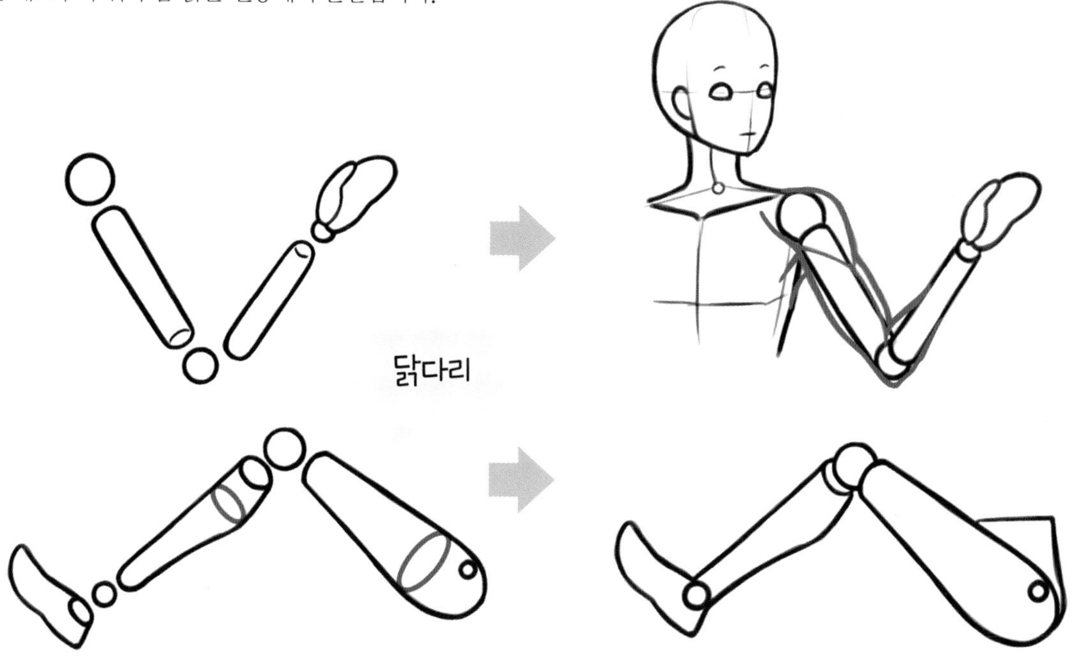

3 몸통 기본 틀

여자건 남자건 몸통 기본 틀은 원피스 수영복 모양으로 생각하면 편합니다. 처음에는 모래시계처럼 그리다가 원피스 수영복 모양으로 다듬습니다. 여성의 경우 골반이 크기 때문에 몸통에서 허리 아래가 차지하는 비중이 높고, 남성의 경우 골반이 작기 때문에 몸통에서 허리 아래가 차지하는 비중이 낮습니다.

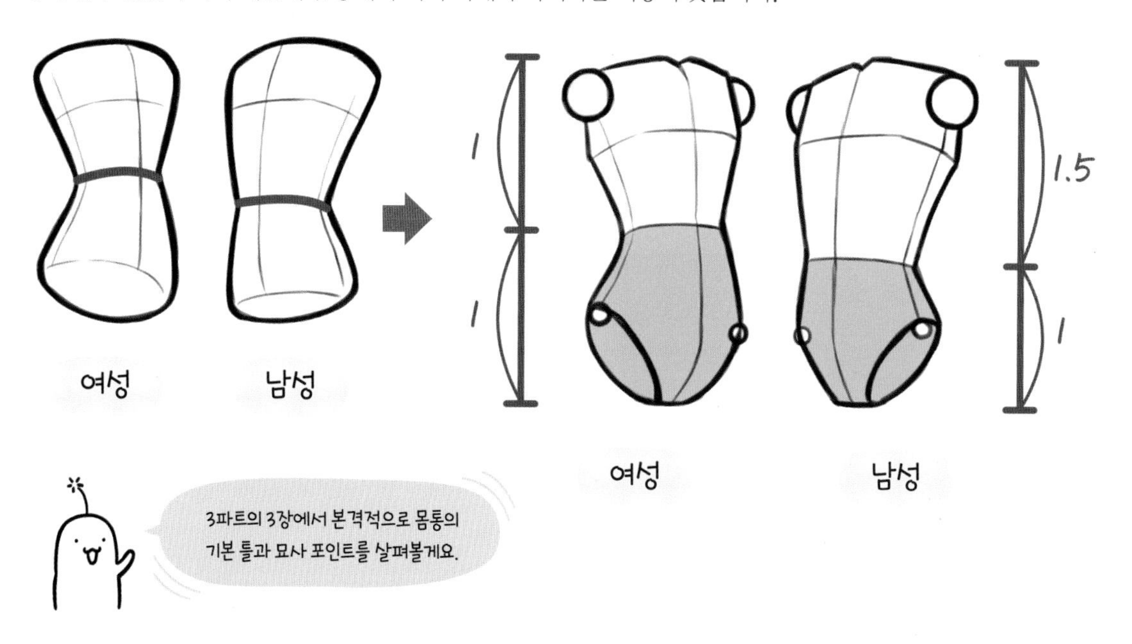

CHAPTER

03

몸 그리기 심화 ❶ - 몸통

이번 장에서는 몸의 기본 틀을 좀 더 자세히 살펴보고, 더 나아가 옷으로 가려지지 않은 몸통을 묘사하는 방법을 알아보겠습니다. 해부학이 필요한 단계이지만, 해부학은 깊이 파고들면 복잡하고 어렵습니다. 여기서는 묘사에 자주 쓰는 해부학적 포인트들만 짚고 넘어가고, 해부학을 더 깊이 공부하는 방법은 좀 더 뒤에서 다루도록 하겠습니다.

STEP 01

몸통의 기본 틀을 여러 각도로 살펴보기

1 앞에서 본 모습

모래시계가 변형된 것 같은 모습입니다. 여성 쪽이 골반이 크기 때문에 차렷 자세로 팔을 늘어뜨려도 자연스럽게 살짝 꺾입니다.

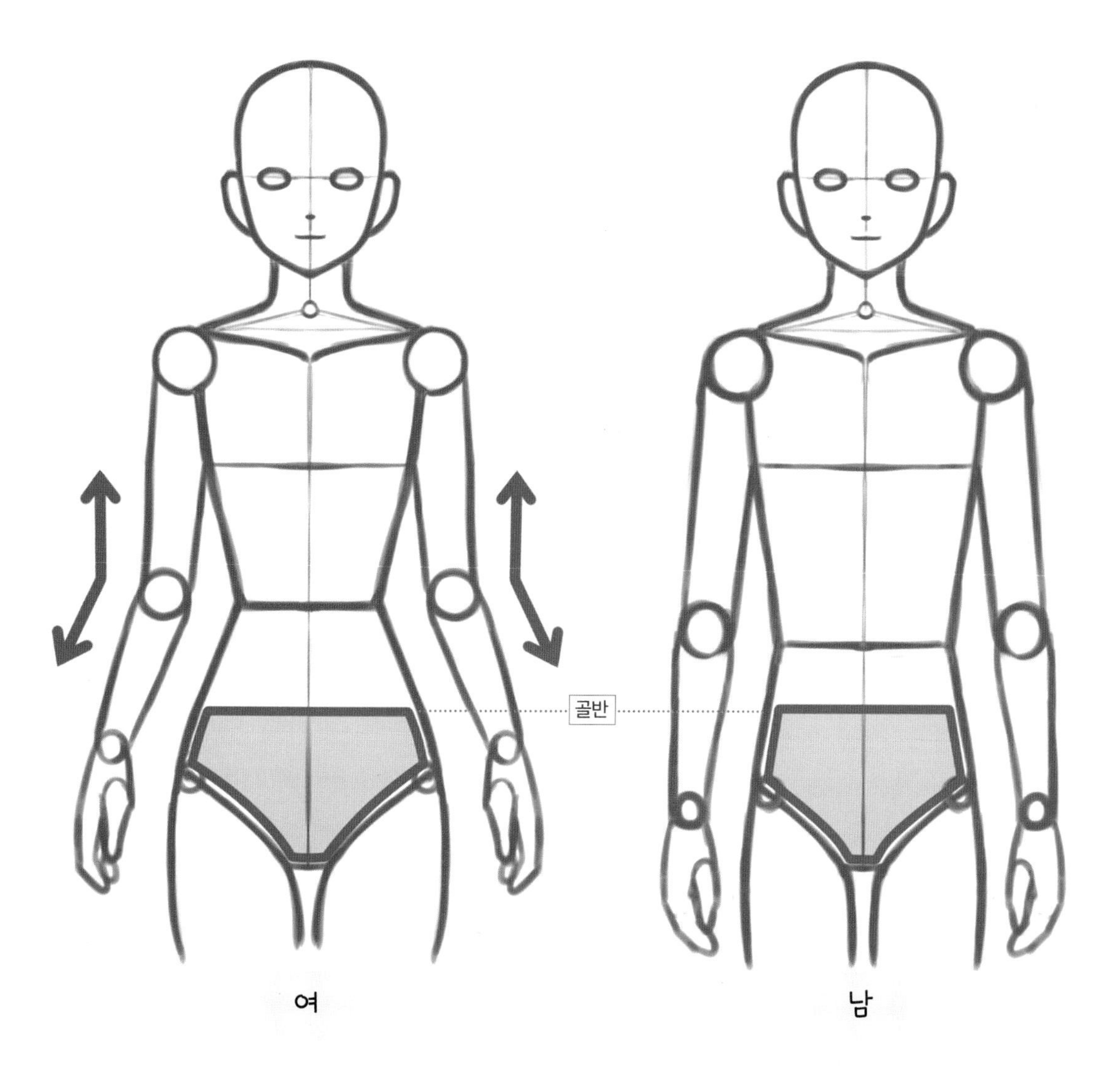

2 옆에서 본 모습

단순한 모래시계 모양보다는 조금 더 복잡합니다. 갈비뼈 때문에 가슴팍은 여자건 남자건 앞뒤로 살짝 경사져 있습니다. 그리고 여성의 골반이 더 크고 앞으로 기울어져 있어 허리 뒤쪽이 움푹 꺾이게 됩니다.

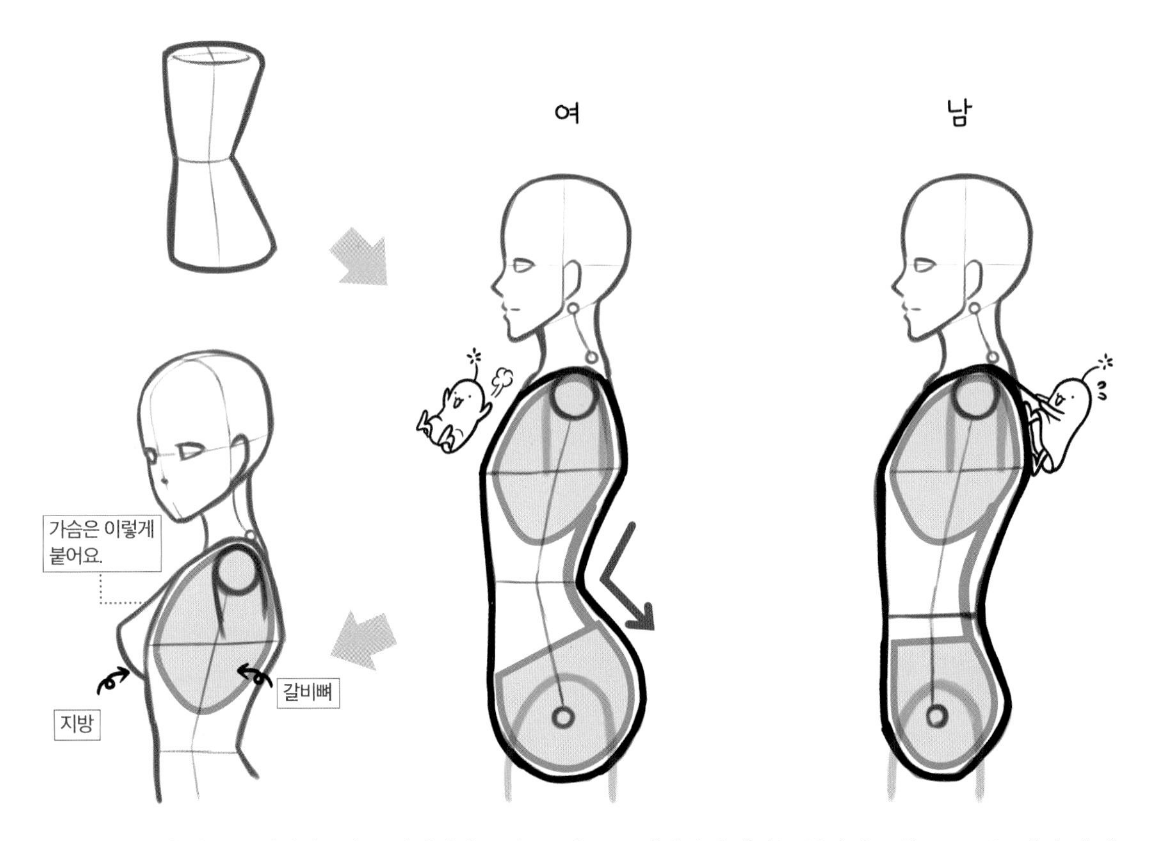

옆모습을 그릴 때는 모래시계보다는 갈비뼈와 골반, 그리고 그 사이를 움직이는 등뼈의 조합으로 보는 편이 더 낫습니다.

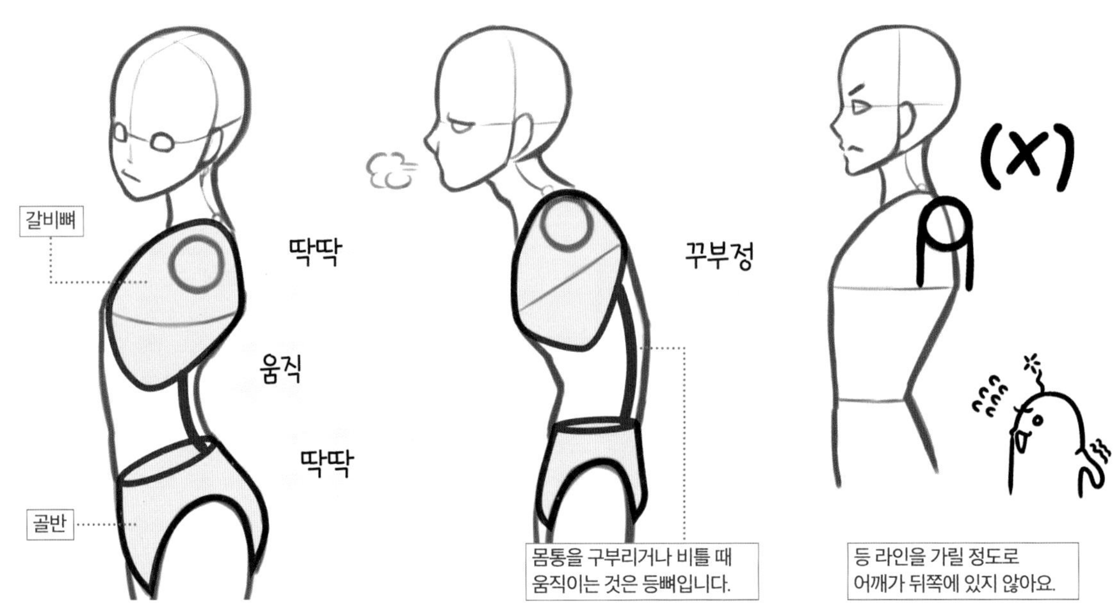

3 뒤에서 본 모습

엉덩이 윤곽 때문에 사타구니 쪽 라인이 좀 더 둥글게 완만해지는 것을 제외하면 실루엣은 앞모습과 거의 똑같습니다.

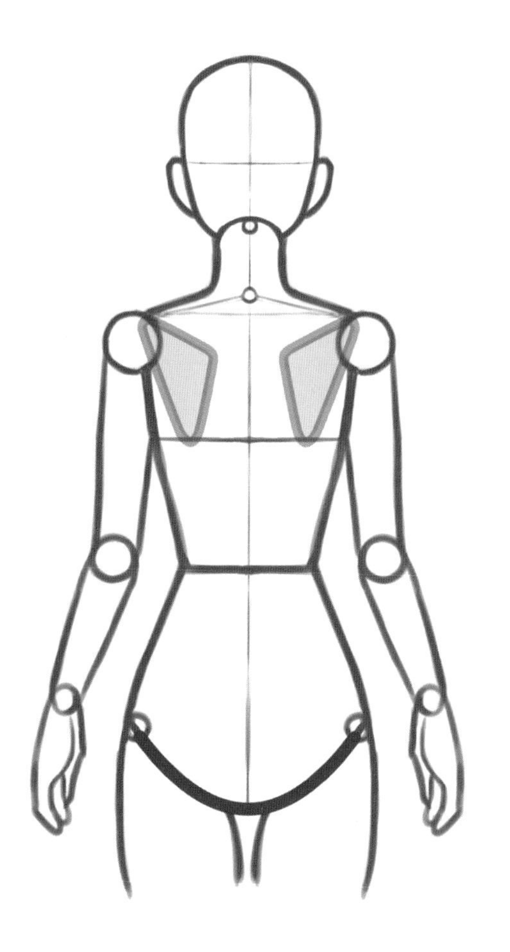

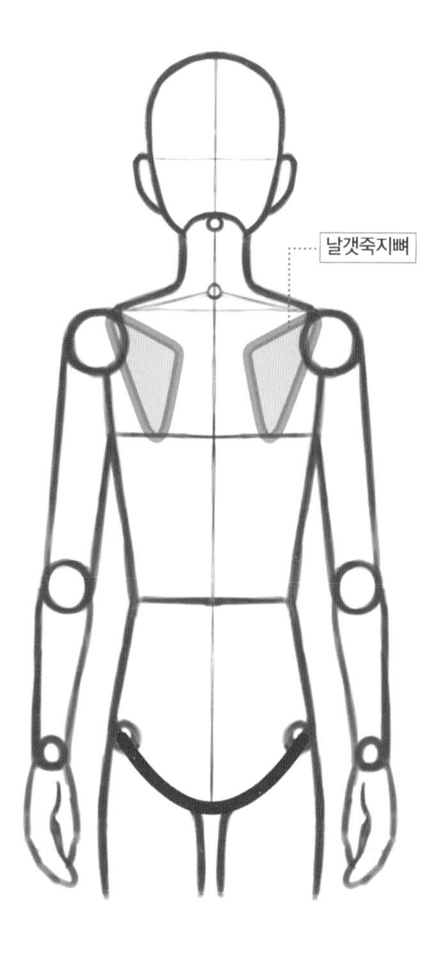

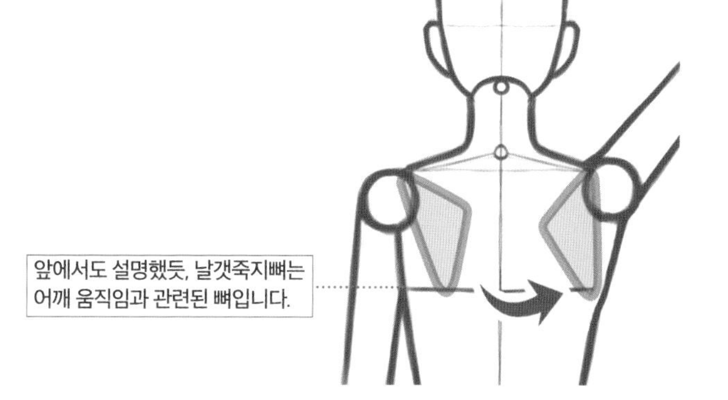

앞모습에 가까운 반 옆모습(30도)

몸통 기본 틀을 좀 더 다양한 각도의 입체적인 모습으로 보여드리겠습니다.

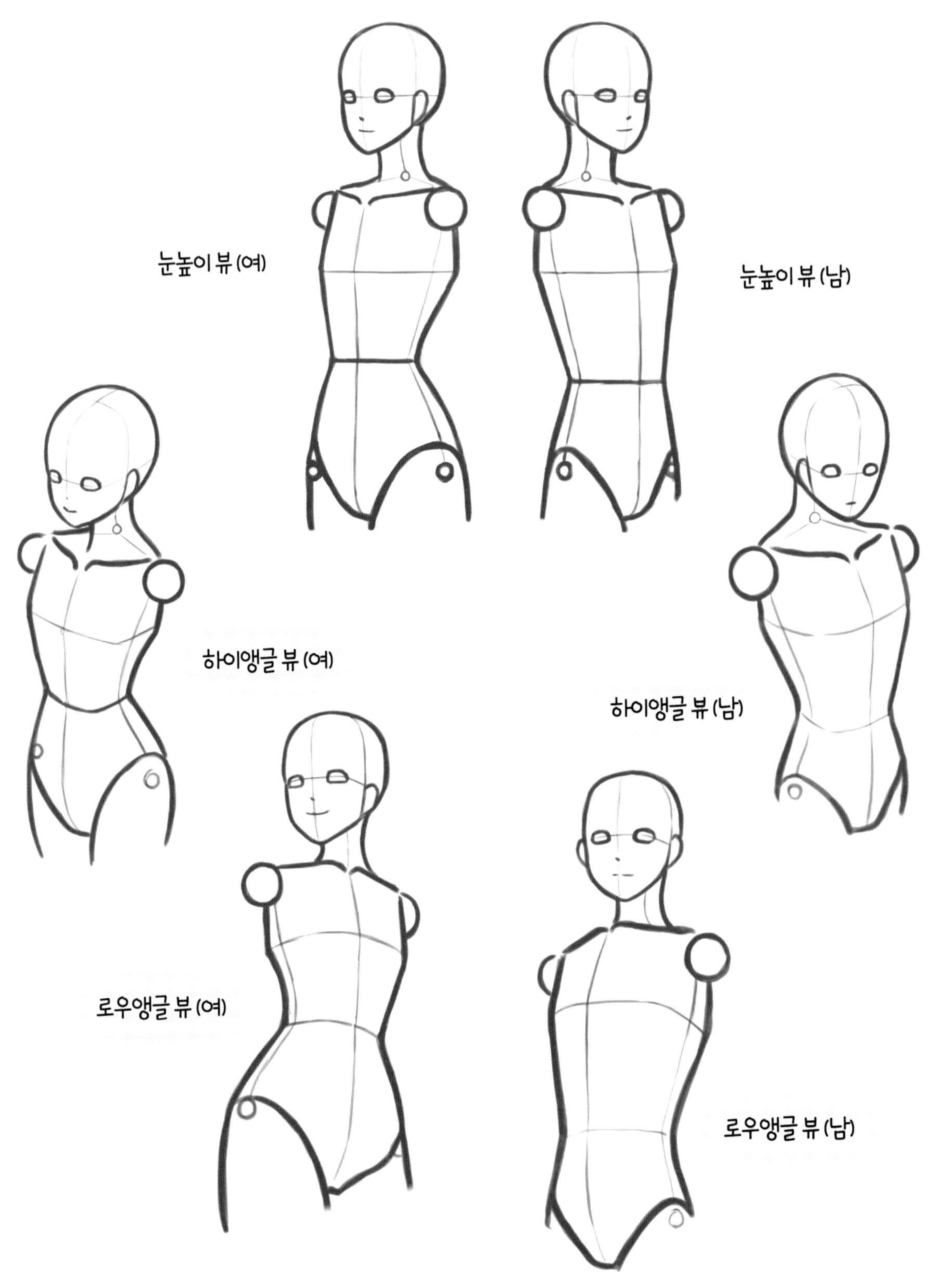

5 옆모습에 가까운 반 옆모습(60도)

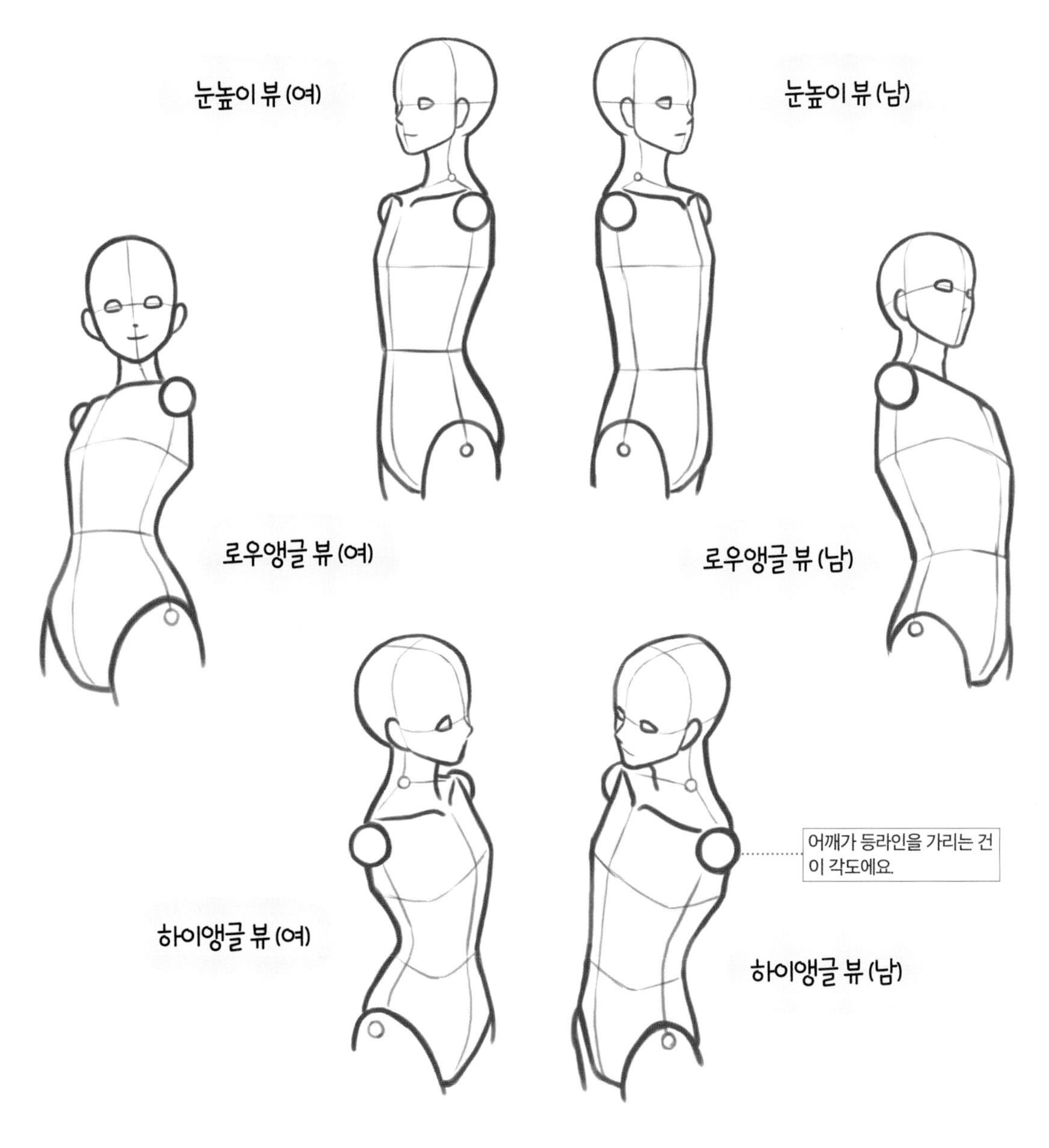

여성의 가슴은 기본 틀에 포함되지 않습니다. 지방 패드로서 갈비뼈와 근육 위에 덧붙여지기 때문에 우선 자세를 잡고 나중에 그립니다.

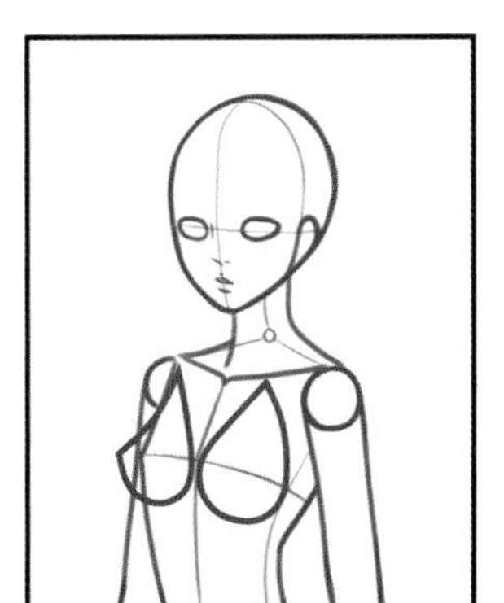

옆모습에 가까운 반 뒷모습(120도)

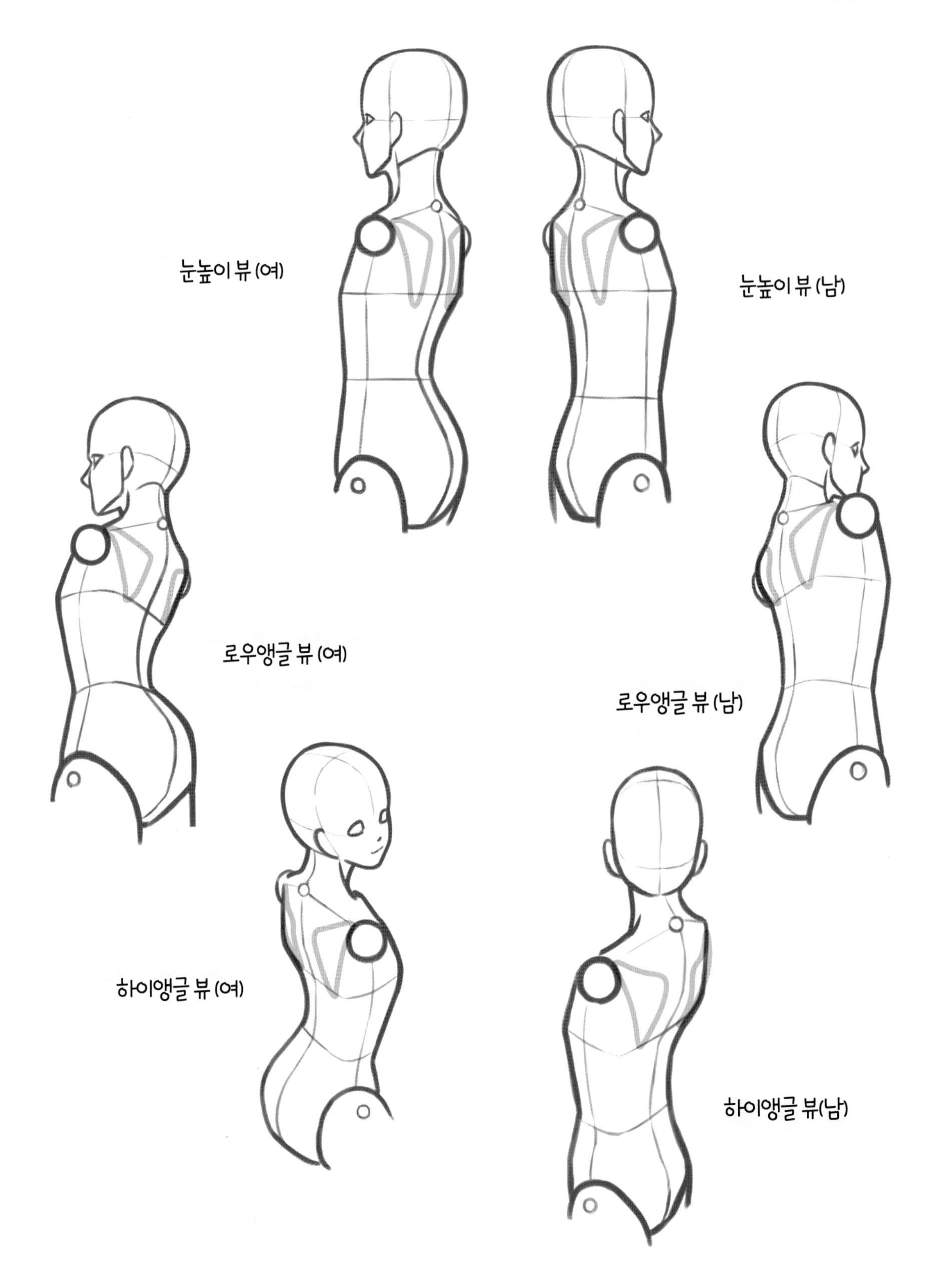

뒷모습에 가까운 반 뒷모습(150도)

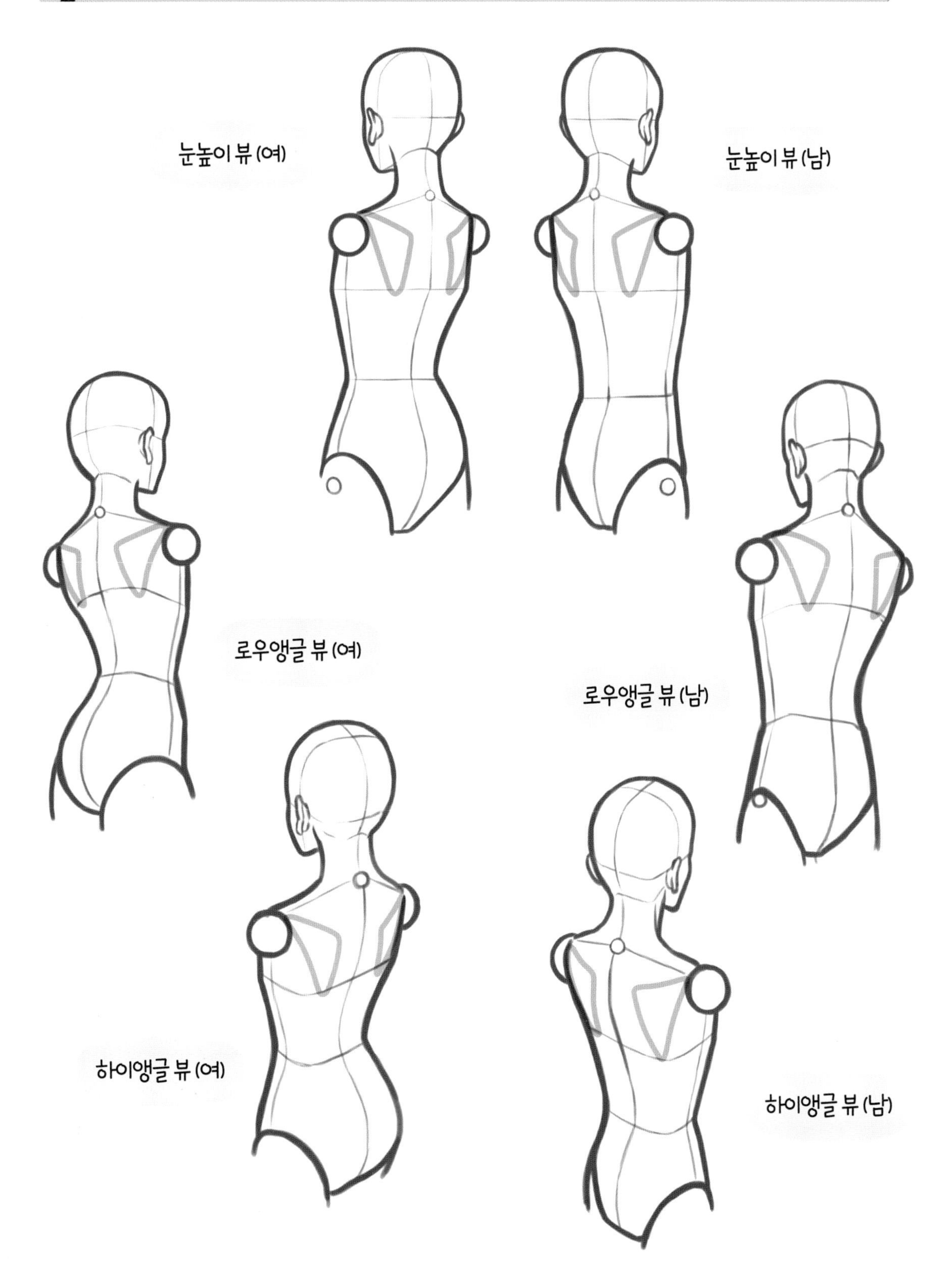

STEP 02

몸통의 기본 틀을 움직여 보기

1 등뼈가 움직이는 범위

몸통 기본 틀 자체의 형태를 움직이는 것은 등뼈의 중간 부분입니다. 다만 목뼈와 마찬가지로 움직일 수 있는 범위에는 한계가 있습니다.

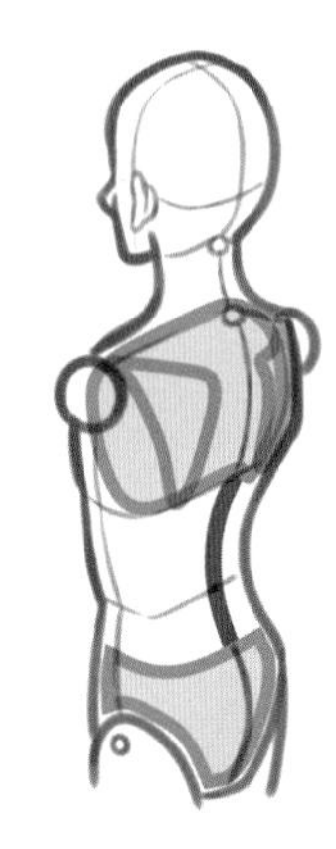

몸통을 앞으로 숙이는 것은 90도 정도가 한계입니다. 접히는 자세는 허리가 아닌 골반 관절이 움직여서 나오는 것입니다.

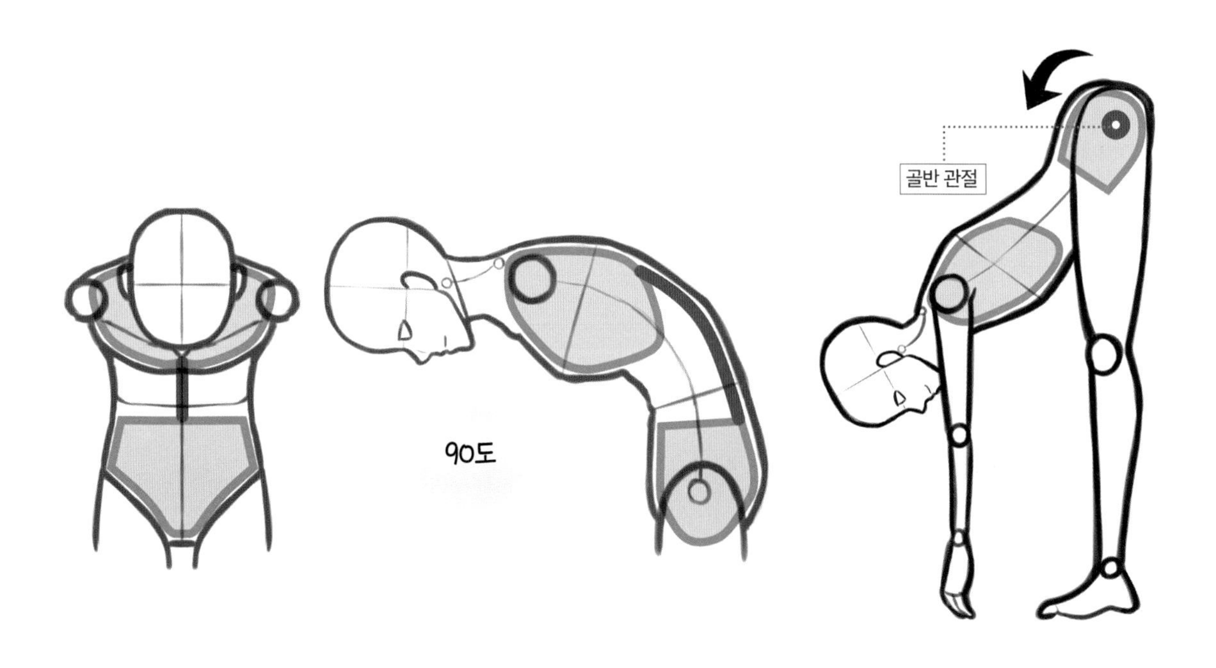

뒤로 젖히는 것은 45도 정도가 한계이고, 옆으로 기울이는 것은 30도 정도, 좌우로 비트는 것은 60도 정도가 한계입니다.

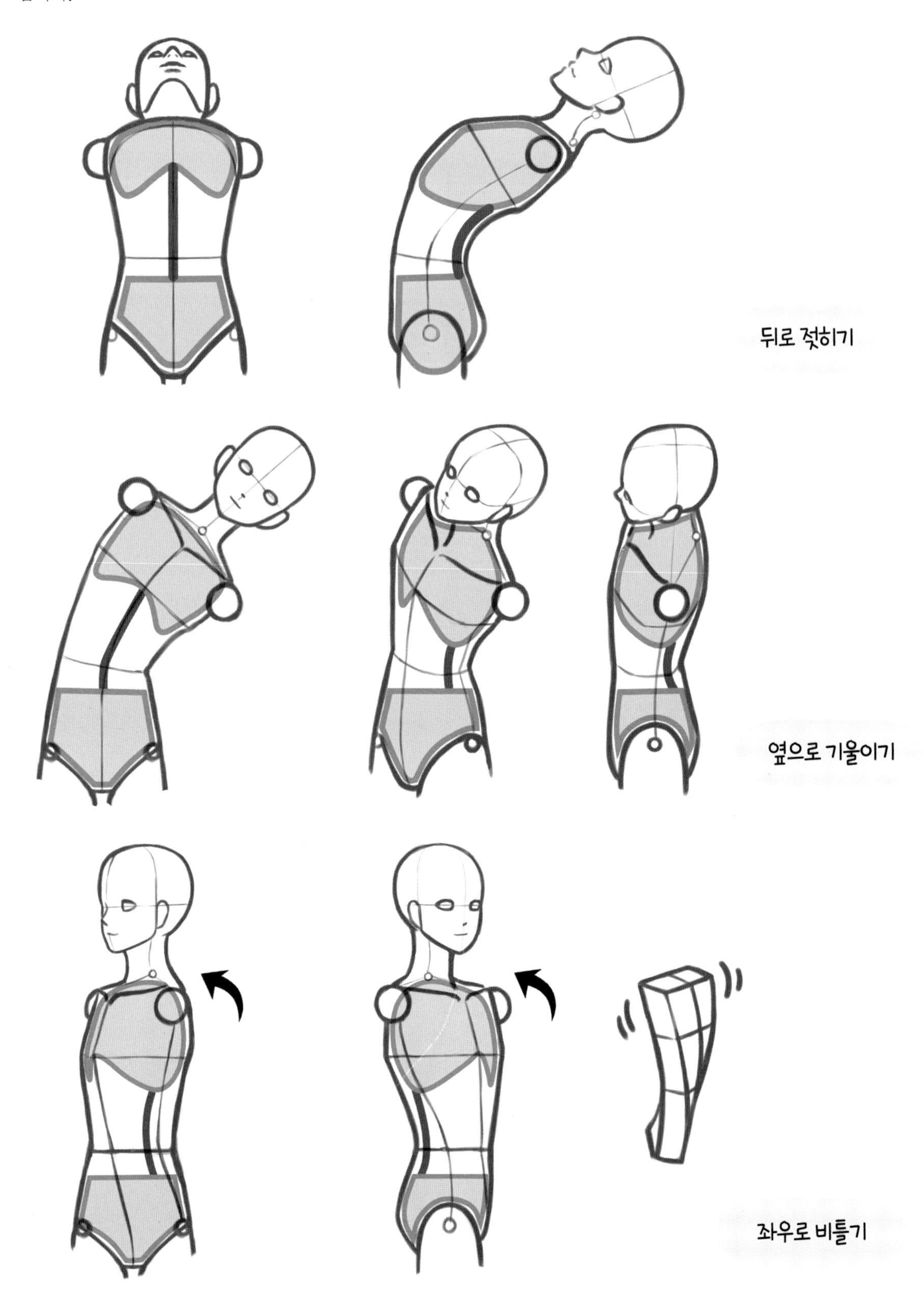

2 몸을 뒤틀어 뒤돌아보는 자세

골반을 기준으로 갈비뼈, 얼굴을 각각 60도씩 오른쪽으로 돌리는 방법으로 그렸습니다. 사실 유연성에 따라 개인 차가 있는 만큼 이 정도 느낌으로 돌아가면 '무난'하다는 것을 눈으로 참고해 주세요.

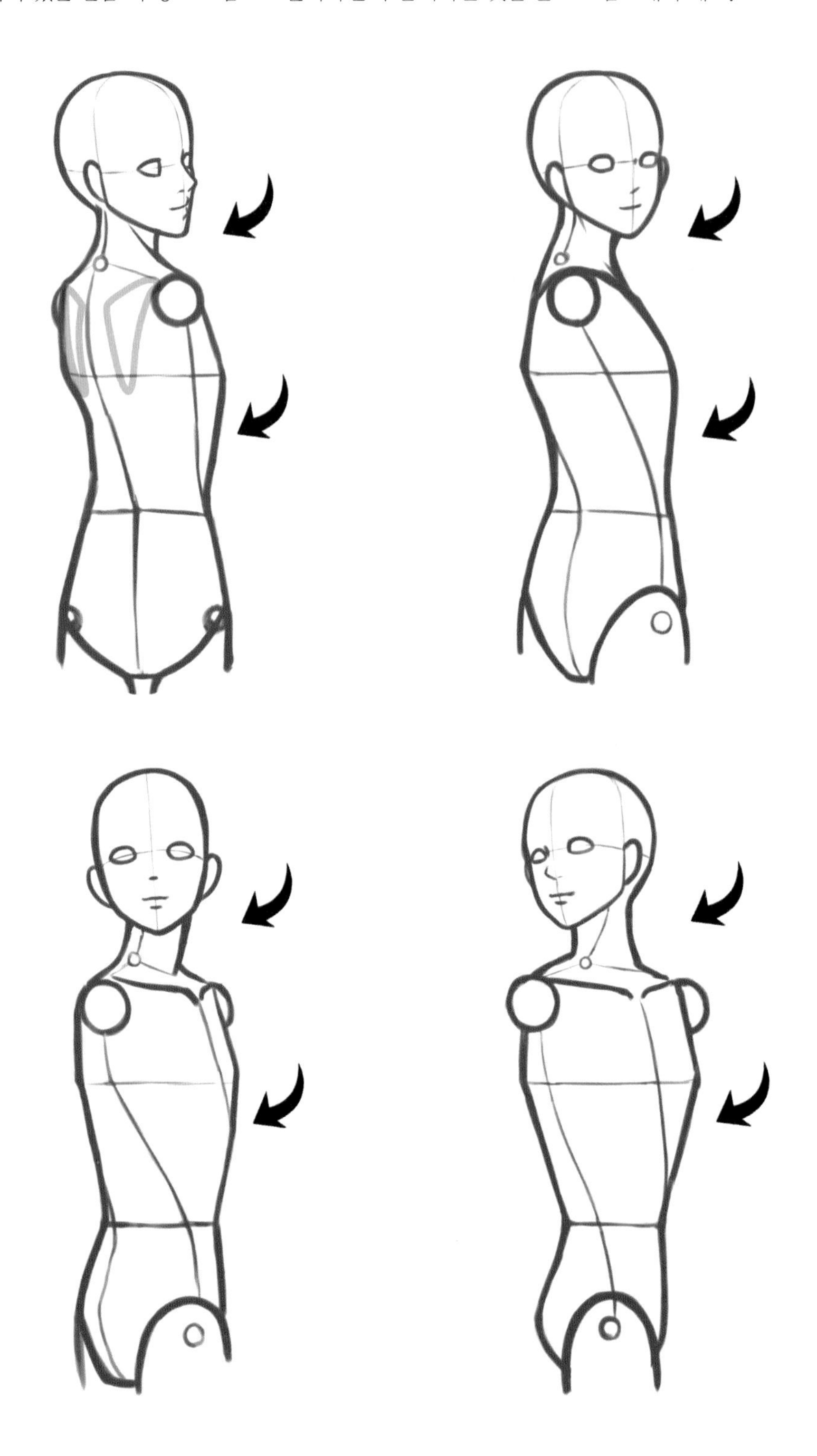

STEP 03

몸통 디테일 묘사 : 남성

1 남성 몸통의 해부학적 구조 : 뼈

이제부터 몸통의 기본 틀에 디테일을 얹는 방법을 설명하겠습니다. 남성 쪽이 구조가 조금 더 쉬우니 먼저 언급하겠습니다. 실제 뼈를 무턱대고 관찰하면 그림 그릴 때 어떤 부위가 중요한지 알 수 없기 때문에 간략화해서 어떤 체형의 캐릭터건 겉으로 쉽게 드러나는 묘사 포인트를 골라서 색칠해 봤습니다.

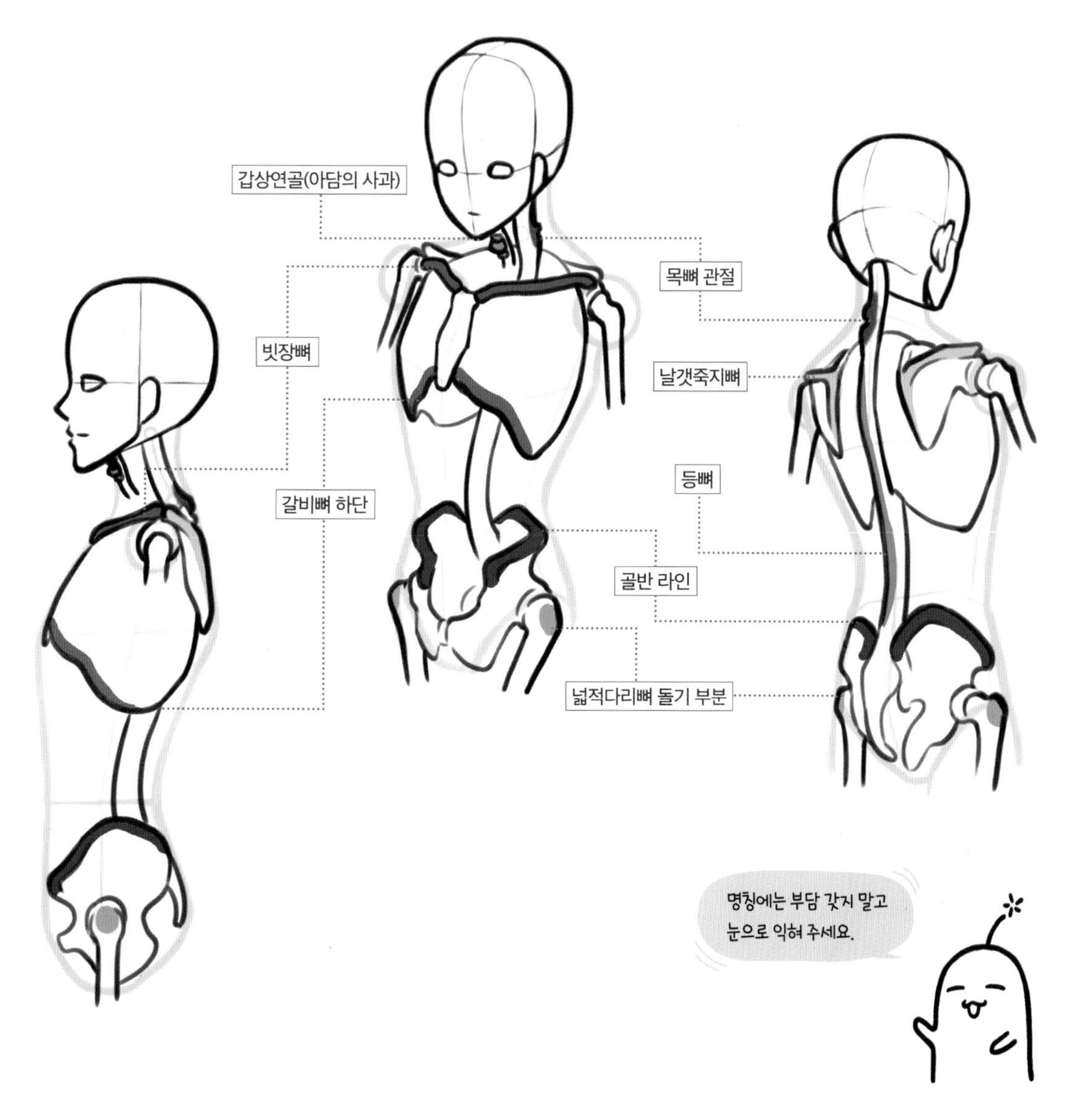

2 남성 몸통의 해부학적 포인트 : 근육

몸통의 주요 근육은 다음과 같습니다. 명칭에는 부담 갖지 말고, 어떤 식으로 붙어있는지만 눈에 익혀 주세요.

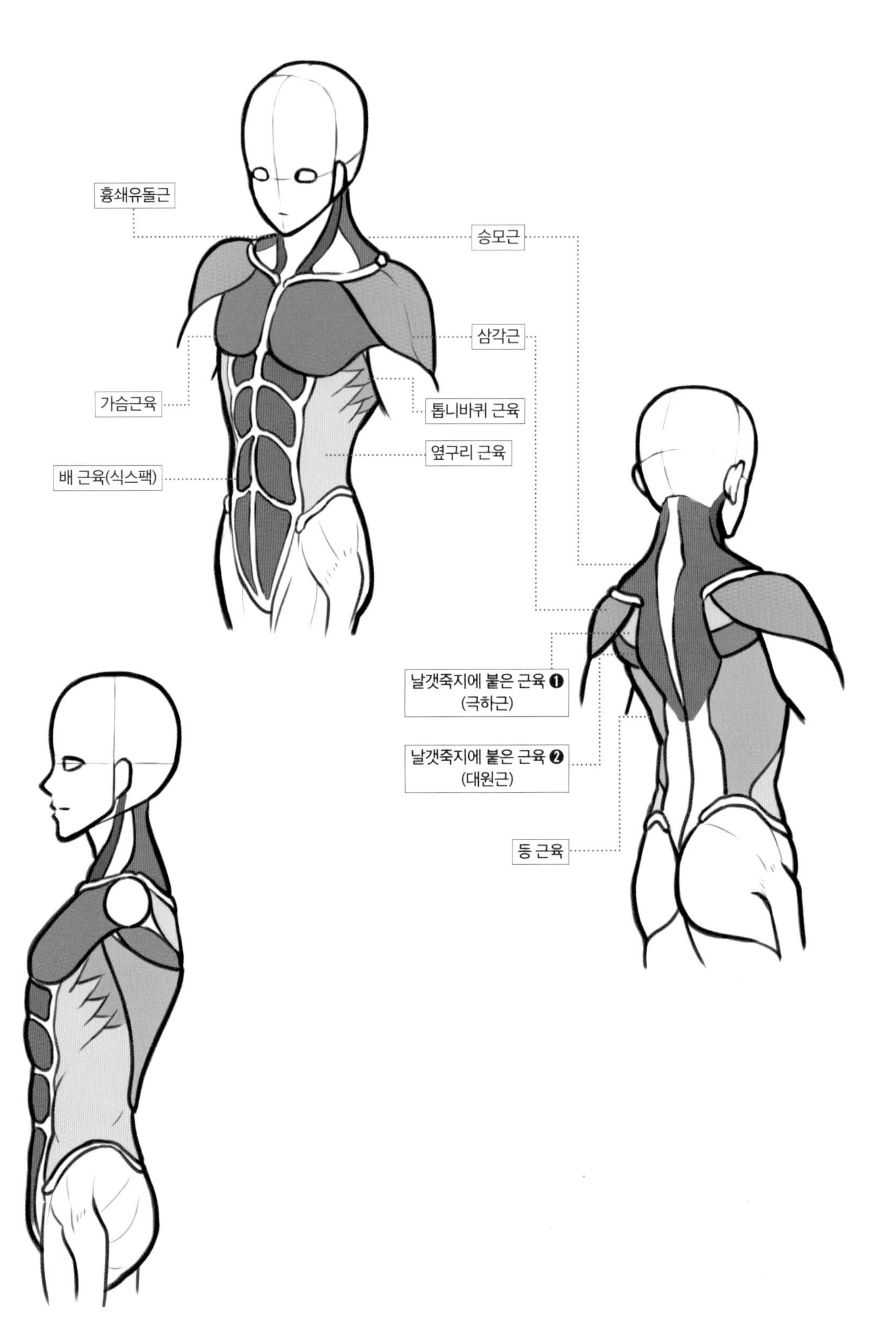

3 묘사를 위해 근육에서 눈여겨 볼 점

배 근육

배 근육은 식스팩이라 불리지만 사실 8칸으로 되어 있습니다. 배꼽을 중심으로 위로 3칸, 아래로 길게 1칸이 있습니다. 맨 위의 칸은 가슴근육에 반쯤 가려집니다.

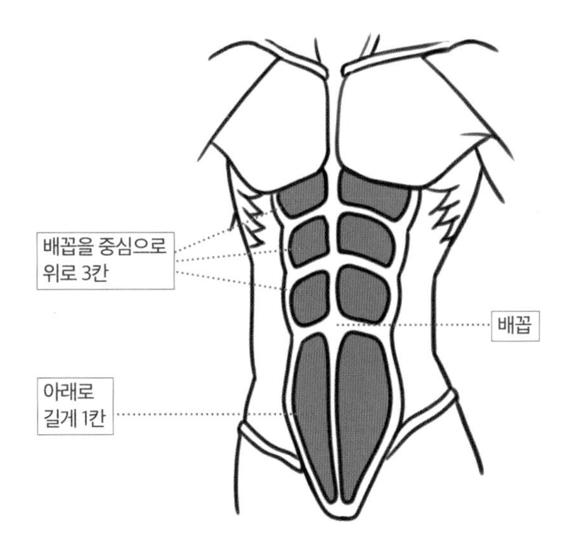

배 근육이 갈라지는 라인은 일직선보다 아래로 휘어지게 부드럽게 그리는 것이 자연스럽습니다.

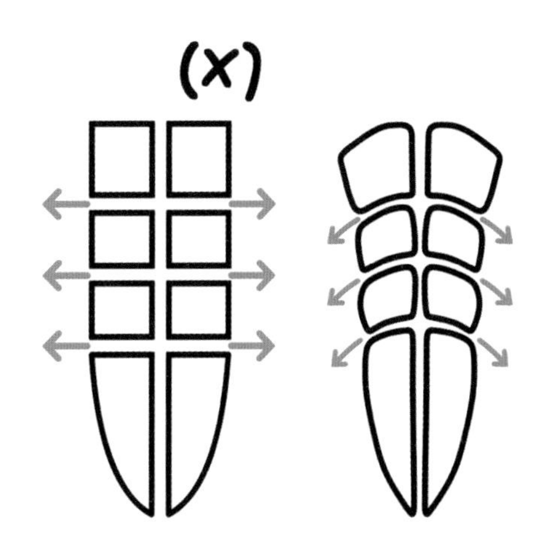

가슴 근육

가슴 근육의 끝은 팔뼈와 연결되어 있기 때문에 팔을 들어 올리면 모양이 변합니다.

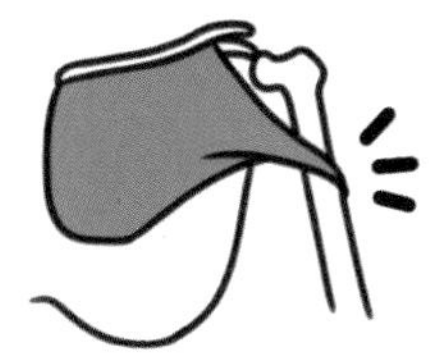

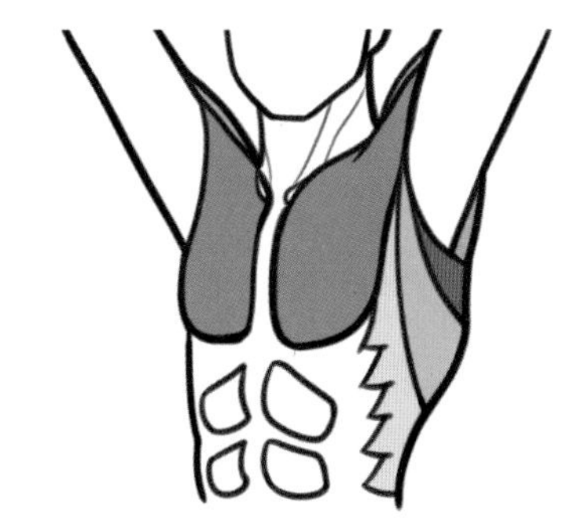

날갯죽지뼈

날갯죽지뼈에 붙은 근육들과 삼각근도 팔과 연결되어 있기 때문에 팔을 들어 올리면 모양이 변합니다.

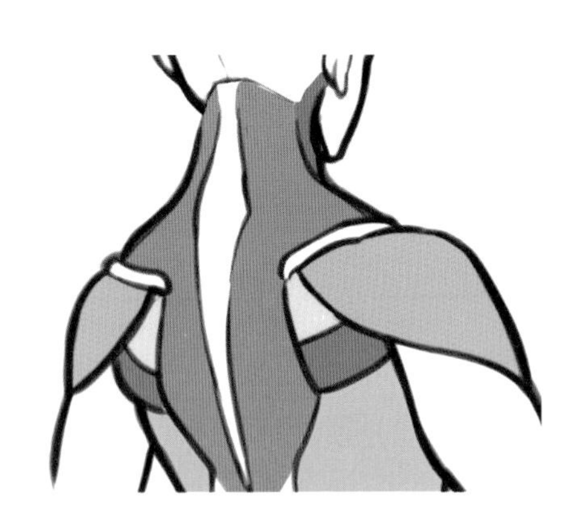

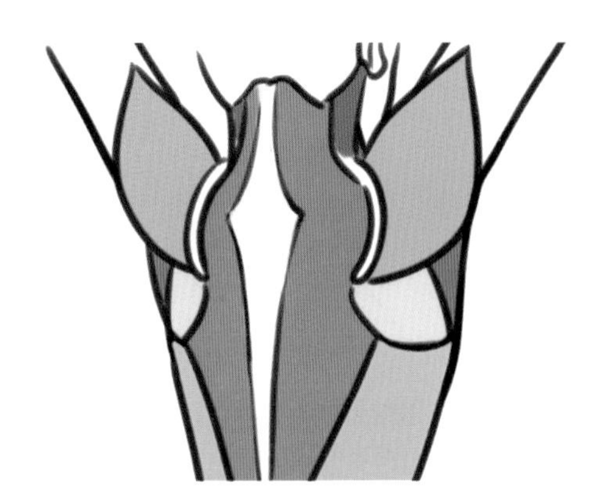

톱니바퀴 근육

톱니바퀴 근육은 갈비뼈처럼 생겼지만, 갈비뼈와 다릅니다. 톱니바퀴 근육은 근육이 발달한 체형의 겨드랑이 밑에서 보이고, 갈비뼈는 마른 체형의 가슴팍 쪽에서 보입니다.

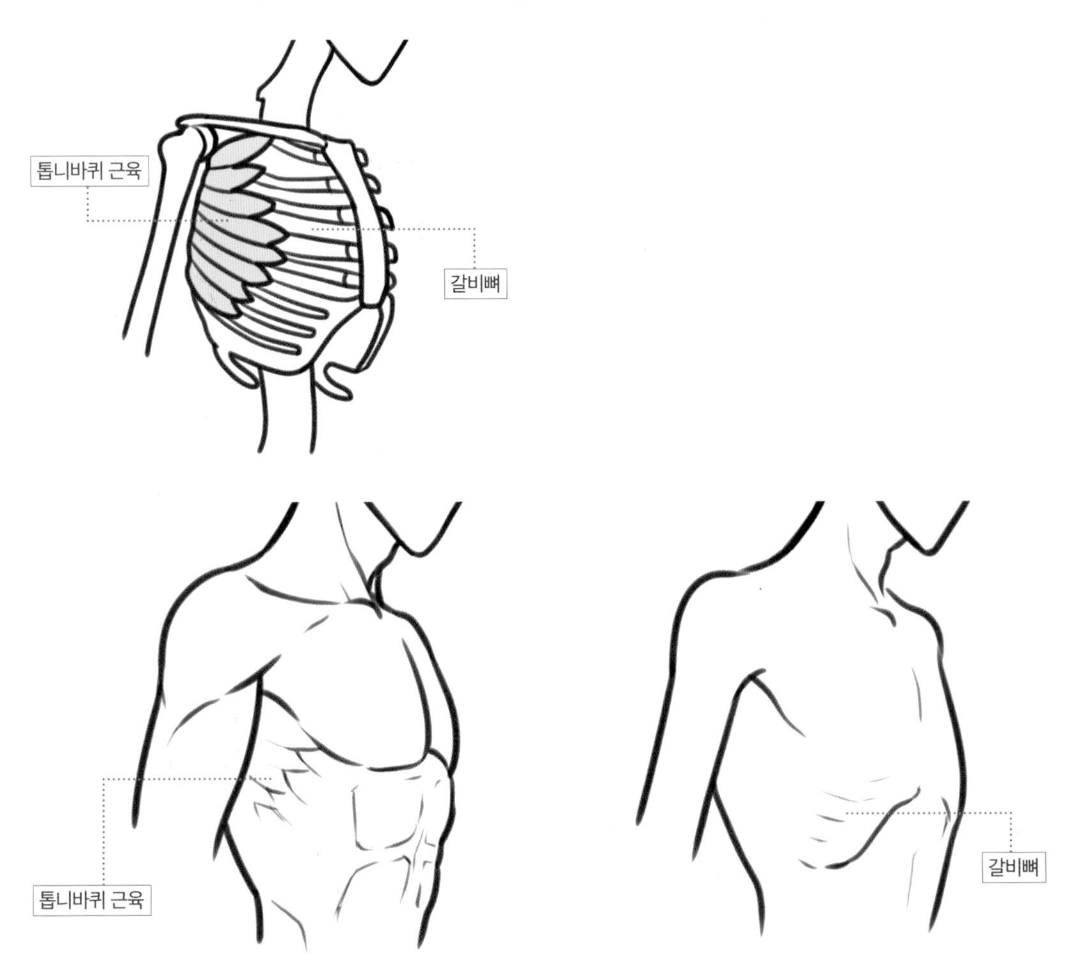

4 가냘픈 체격의 남성 그리기

미형 캐릭터의 범주에서 근육이 발달하지 않은 가냘픈 체격의 남성을 그려보았습니다. 뼈의 묘사 포인트들이 도드라집니다.

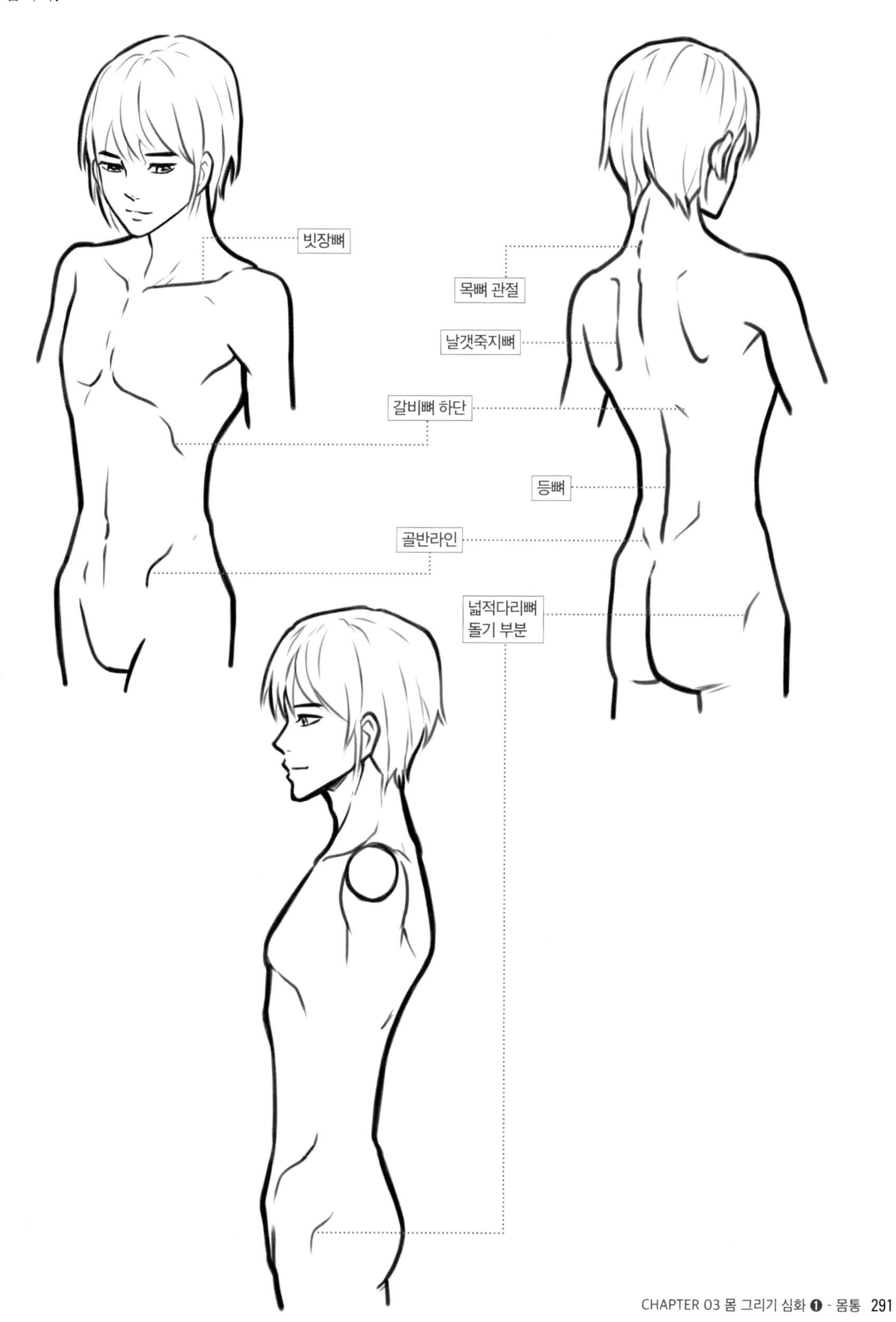

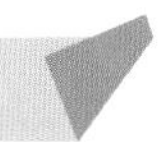

5 탄탄한 체격의 남성 그리기

미형 캐릭터의 범주에서 근육이 발달한 탄탄한 체격의 남성을 그려보았습니다. 주요 근육들의 경계가 그대로 묘사 포인트가 됩니다.

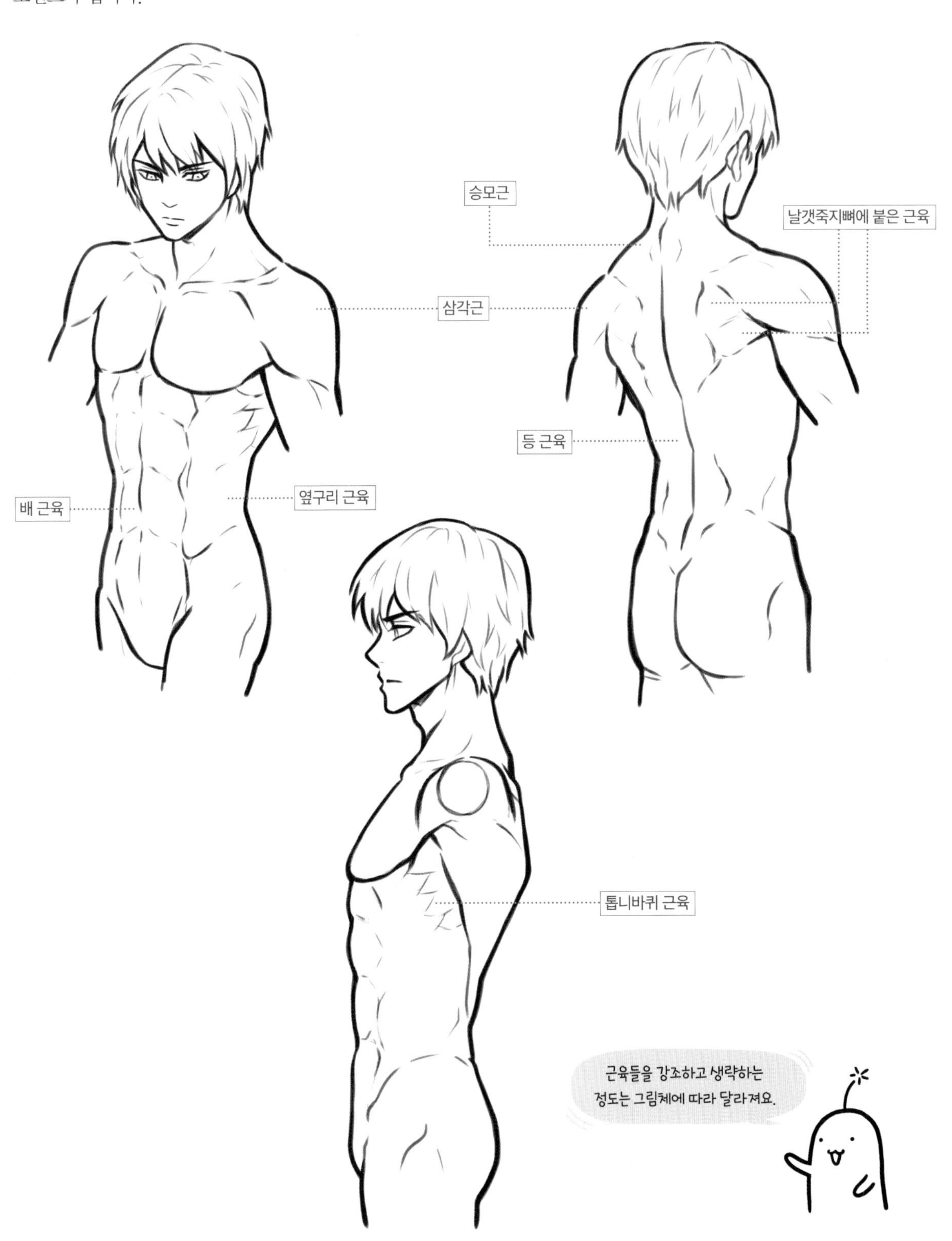

STEP 04

몸통 디테일 묘사 : 여성

1 여성 몸통의 해부학적 구조 : 뼈

묘사 포인트는 남성과 같습니다. 단, 골반이 남성보다 크고, 갈비뼈 하단이 남성보다 좁은 편입니다.

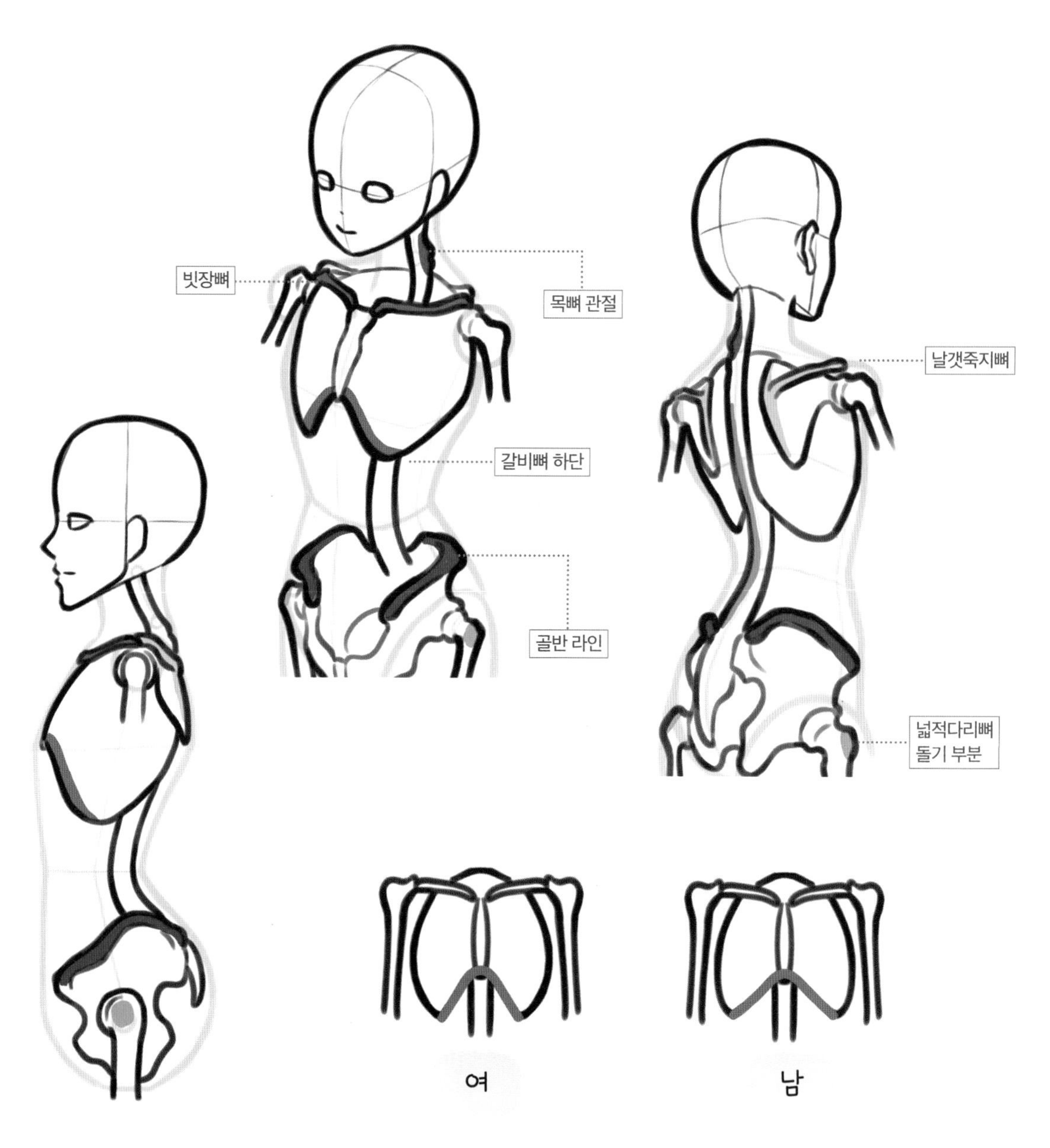

2 여성 몸통의 해부학적 포인트 : 근육과 지방

근육구조는 남성과 같습니다. 하지만 미형 캐릭터의 경우 가슴을 포함한 지방이 묘사 포인트가 됩니다. 지방은 가슴, 복부, 엉덩이 쪽에 집중되어 발달합니다.

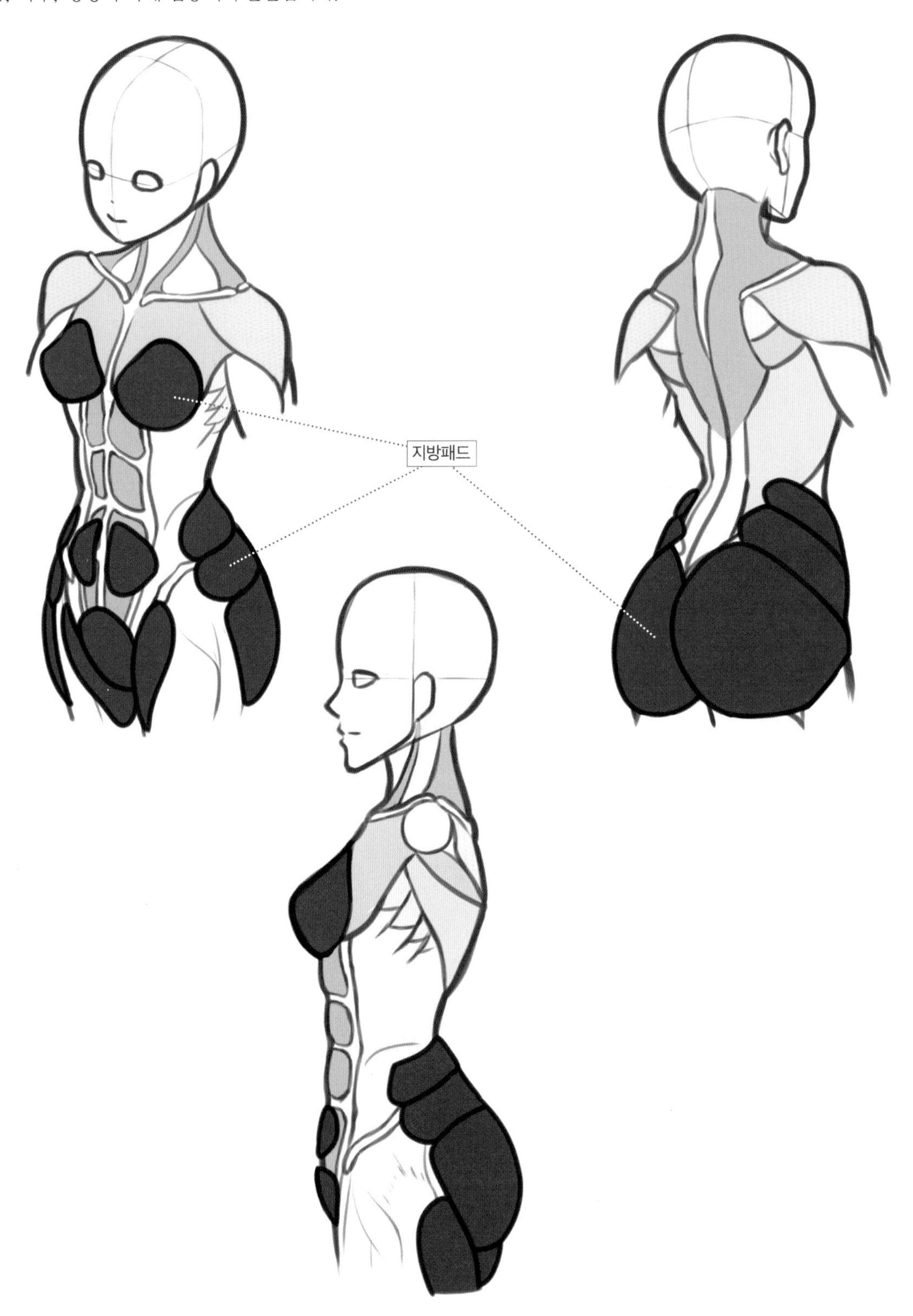

3 가슴 형태 자세히 살펴보기

여자의 가슴도 지방 덩어리의 일종입니다. 마치 물풍선처럼 자체 부피가 있고, 중력과 압력의 영향을 받기 때문에 포즈에 따라 모양이 조금씩 변합니다. 똑바로 서 있을 경우 중력의 영향으로 아래로 쳐집니다.

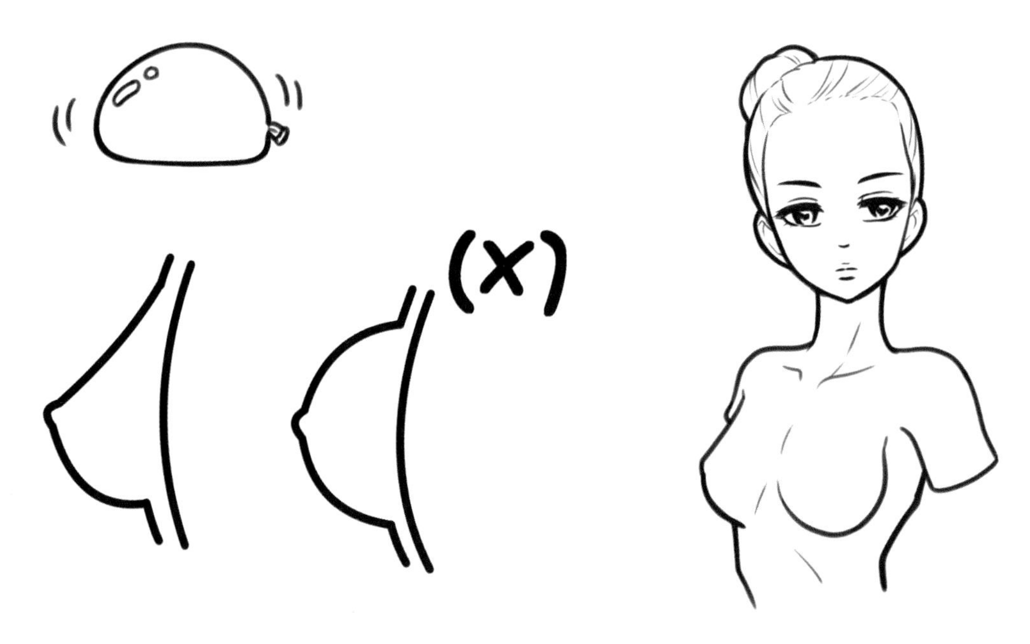

같은 부피의 가슴이라도 엎드리거나 양팔로 모으면 부풀어 보이고, 눕거나 팔을 위로 뻗으면 더 평평해 보입니다.

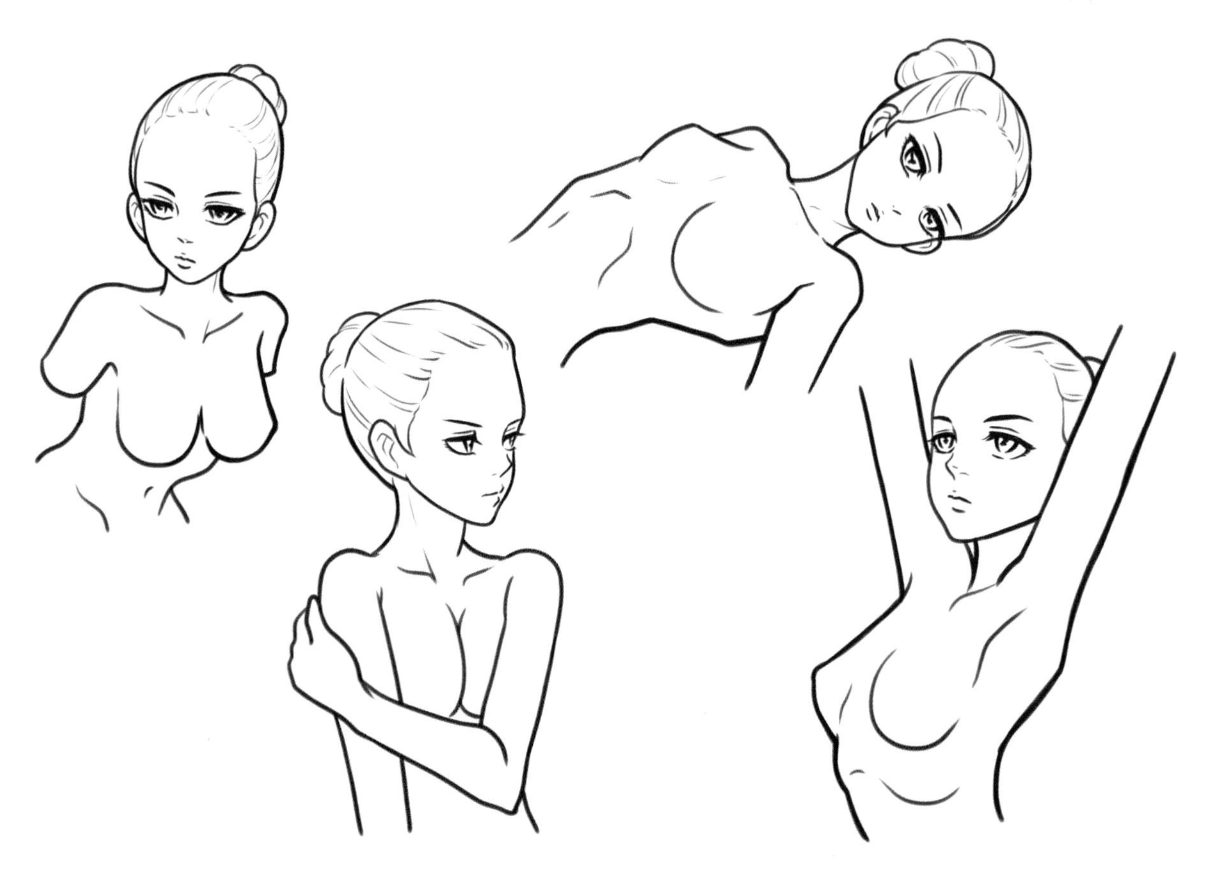

가냘픈 체격의 여성 그리기

뼈의 묘사 포인트가 강조됩니다. 하지만 미형 캐릭터의 경우 가슴과 엉덩이 쪽 뼈마디는 지방으로 가려지고 부드러운 곡선이 나타납니다.

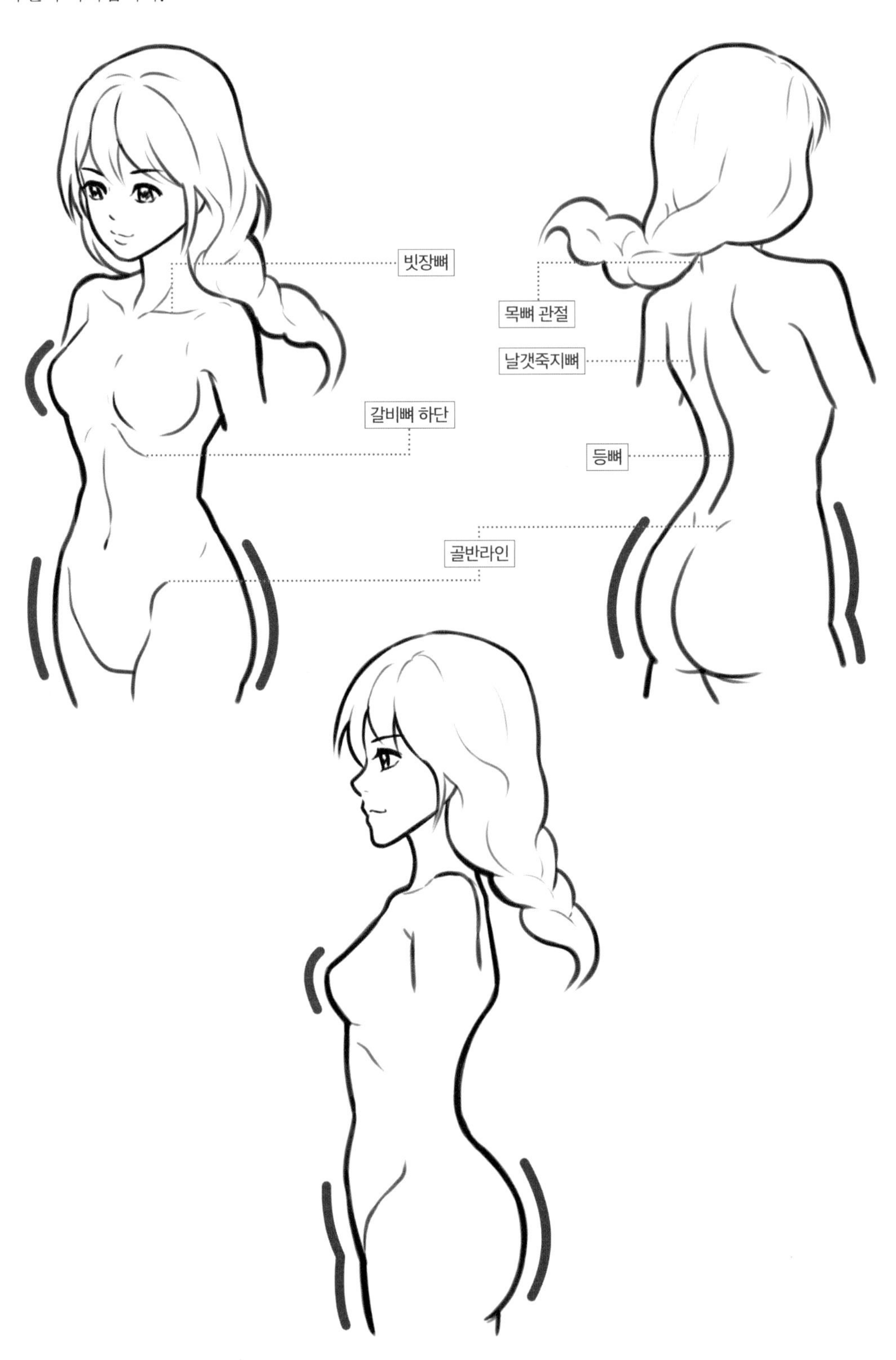

5 탄탄한 체격의 여성 그리기

근육 간의 경계가 그대로 묘사 포인트가 됩니다. 하지만 미형 캐릭터의 경우 가슴과 엉덩이 쪽 근육은 지방으로 가려지고 부드러운 곡선이 나타납니다.

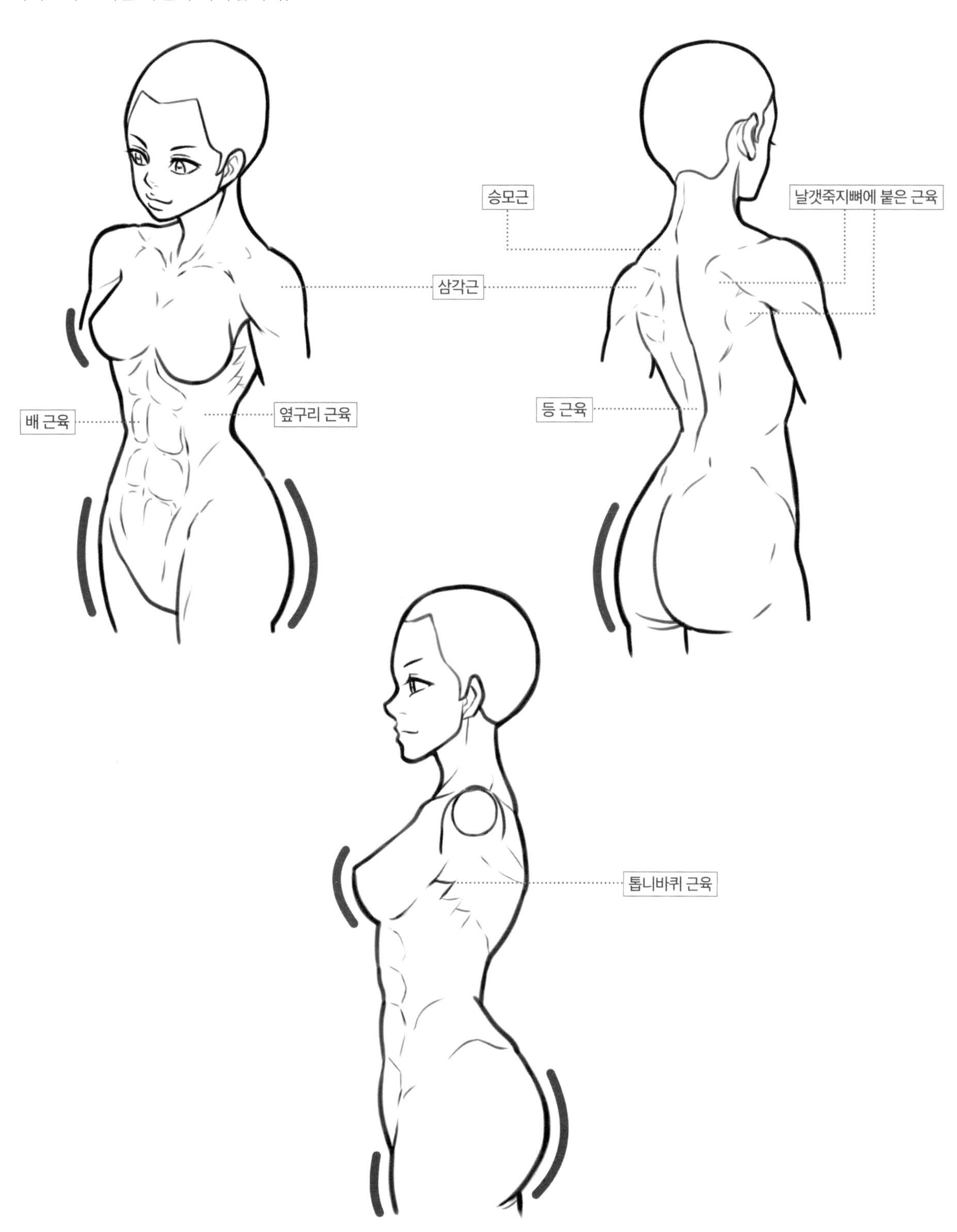

다양한 체형의 몸통 묘사

1 살찐 체형

푸른색으로 표시한 부분은 지방이 잘 붙지 않는 부분이고, 붉은색으로 표시한 부분이 지방이 잘 붙는 곳입니다. 가슴, 옆구리, 하복부, 엉덩이 등을 중심으로 몸이 부풀고, 몸의 곡선은 부드럽게 나타납니다.

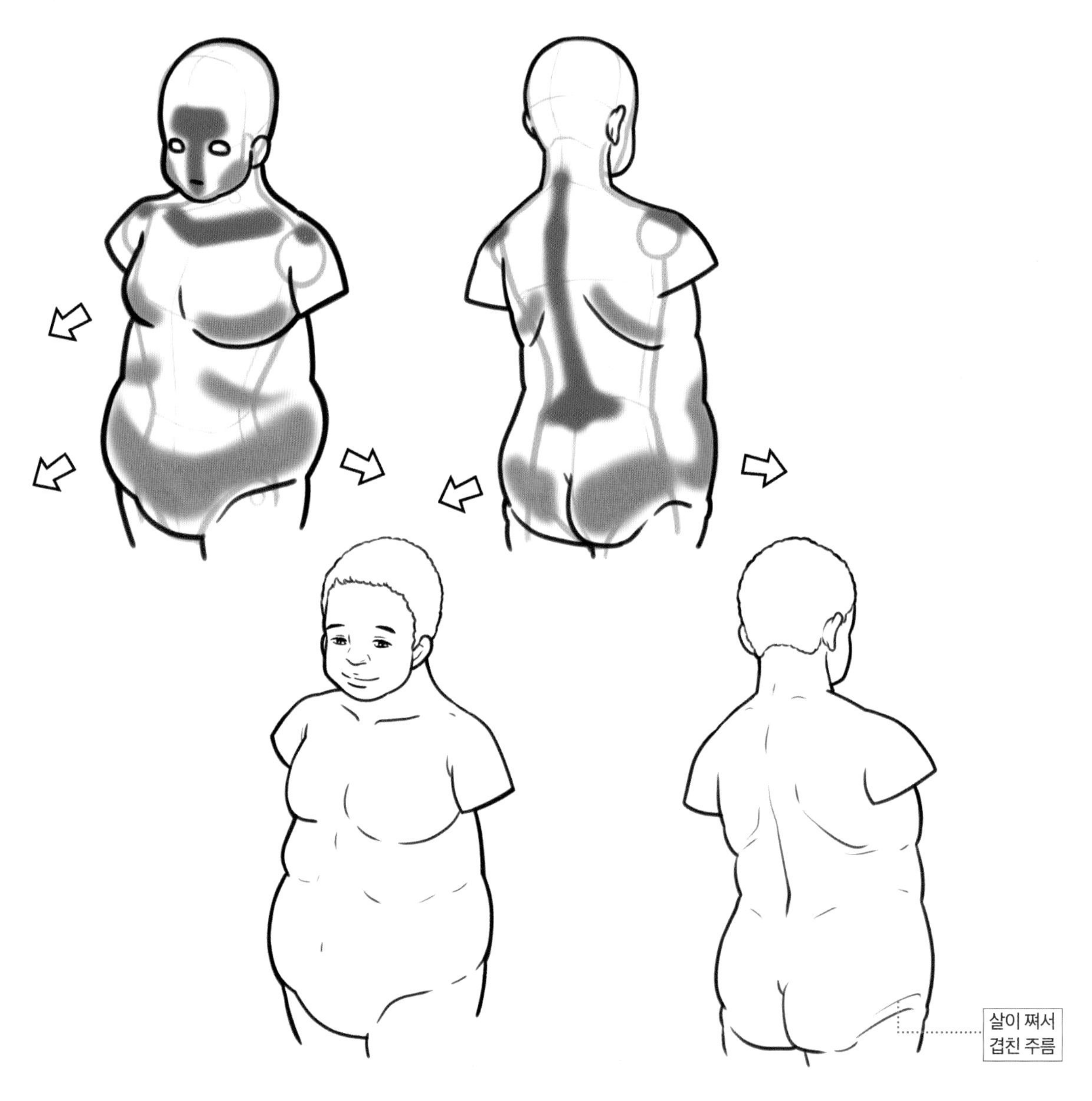

2 깡마른 체형

깡마른 체형은 뼈의 구조, 특히 갈비뼈의 구조를 '조금' 더 잘 알면 도움이 됩니다. 뼈 위에 그대로 피부를 덮는 느낌으로 그립니다.

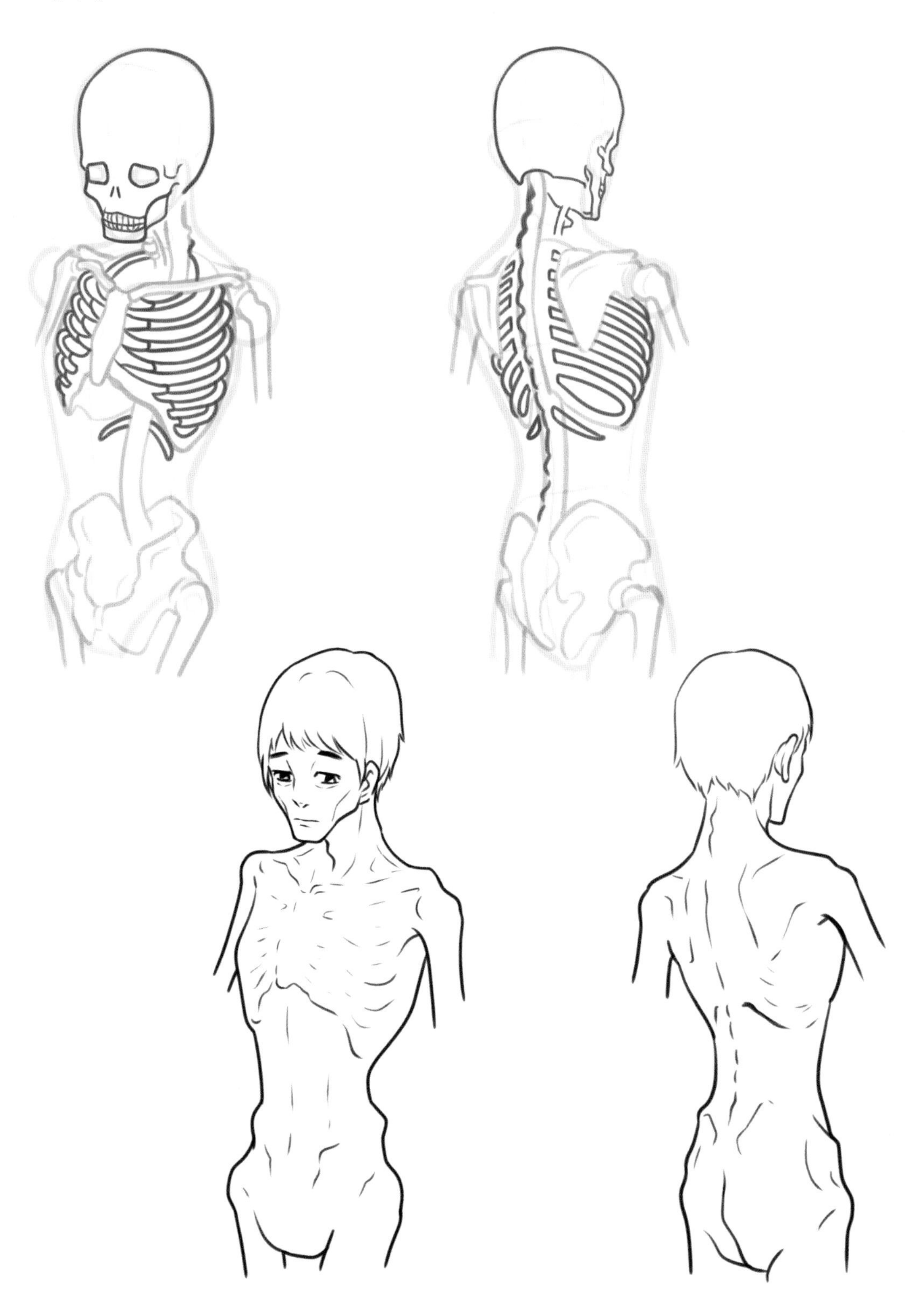

3 노화

기본 틀의 자세가 조금 구부정하게 변합니다.

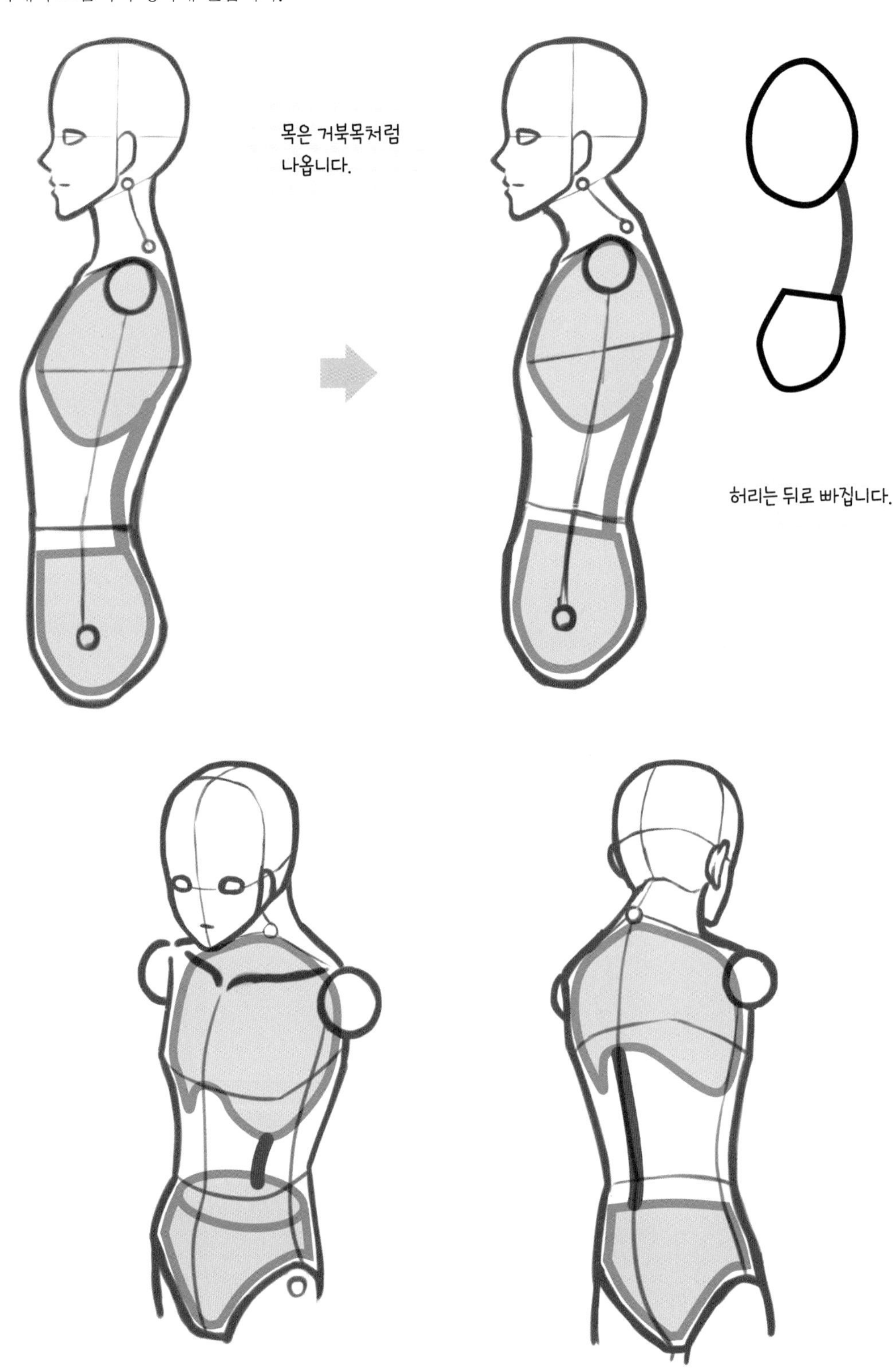

지방이 잘 붙는 부위를 중심으로 살이 처지고 늘어집니다.

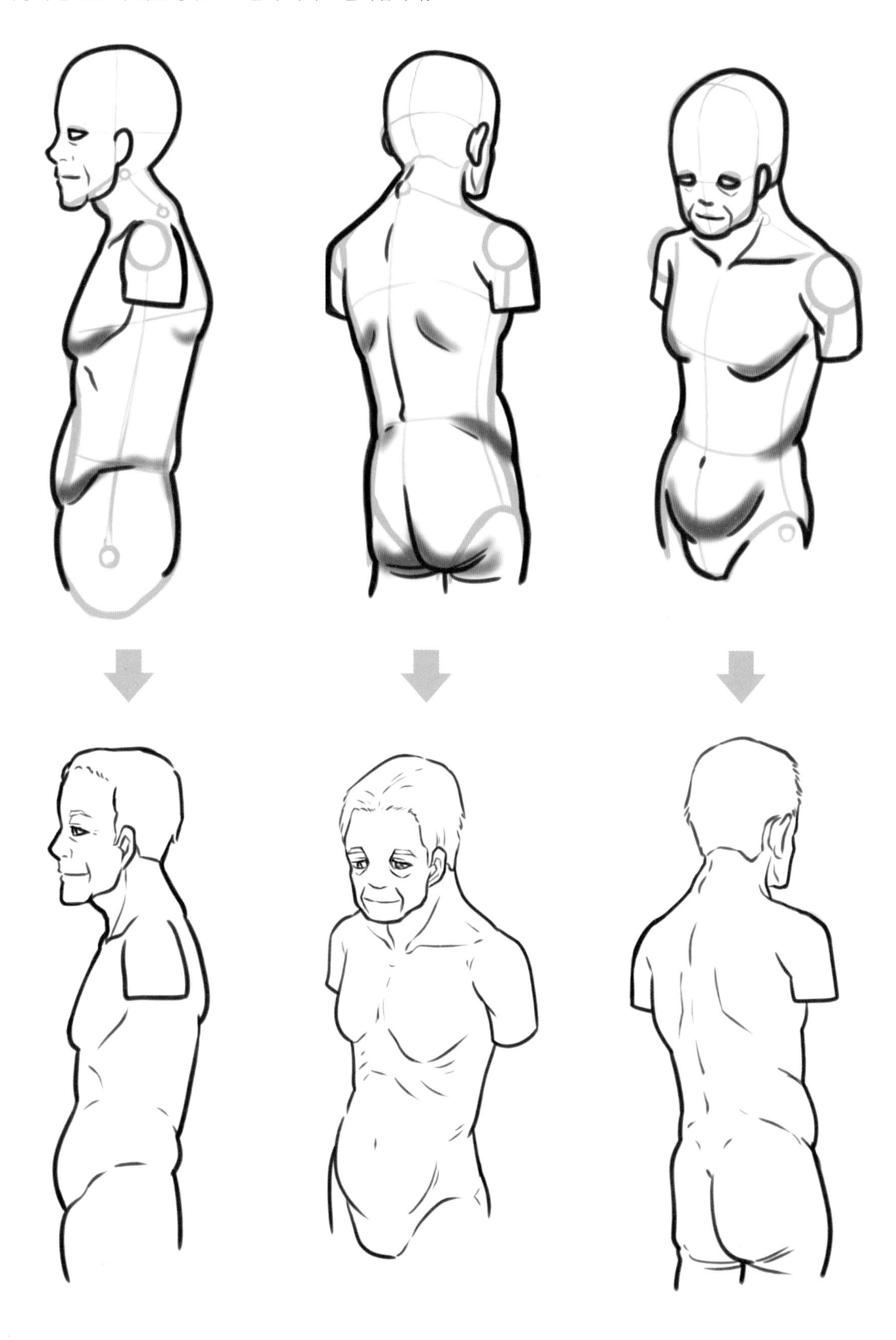

4 아동

앞 장의 아기 비율에서 봤듯이 성장기 아이들은 머리와 몸통의 비율을 다르게 그리는 게 중요합니다. 성인보다 머리를 크게 그립니다.

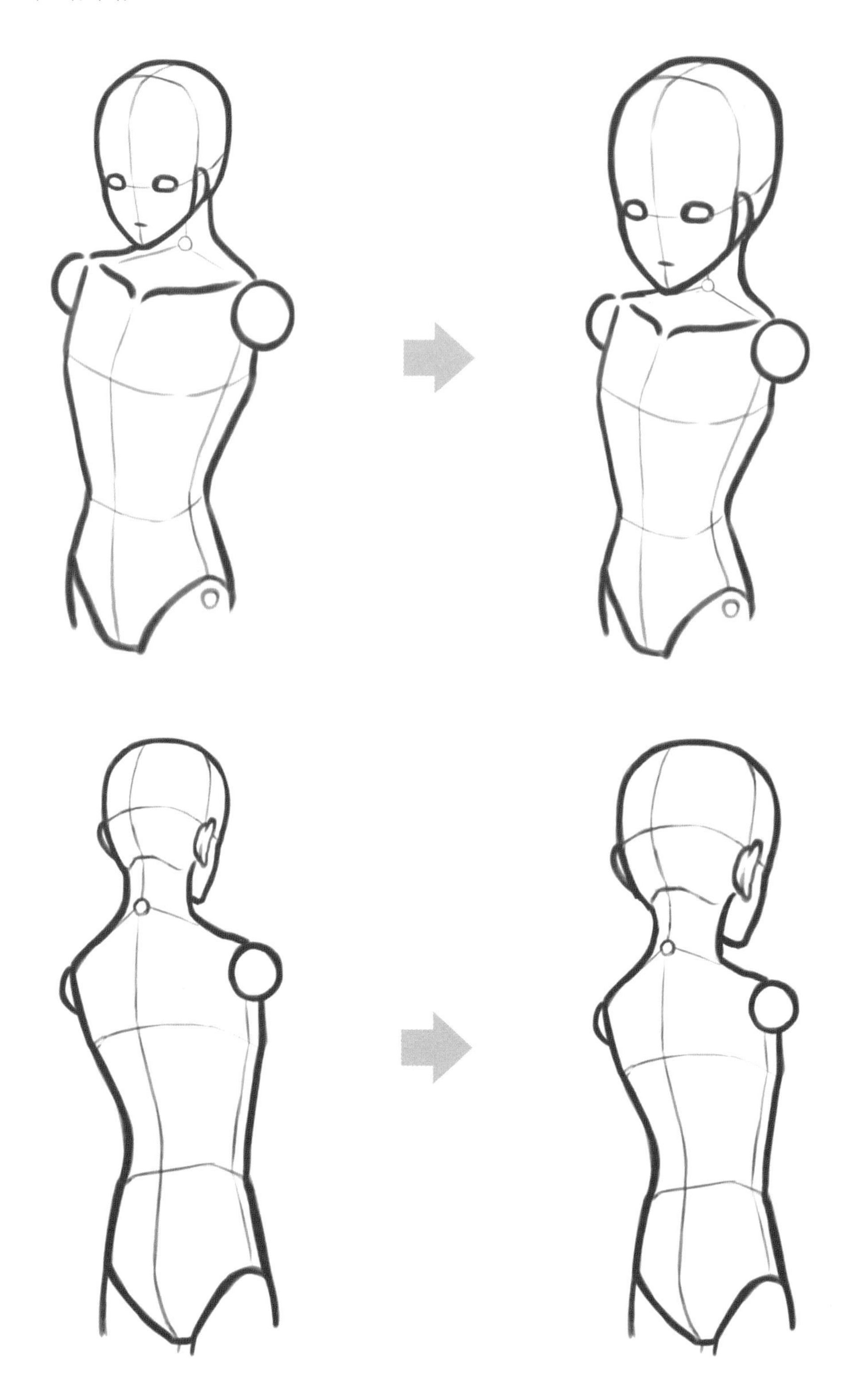

눈코입이 아래쪽에 내려가고, 볼을 오동통하게 그립니다. 그리고 갈비뼈가 작아 몸통이 꼭 가래떡 같은 원통이 됩니다. 근육도 뼈도 발달하지 않아 부드럽고 단순한 라인으로 그립니다.

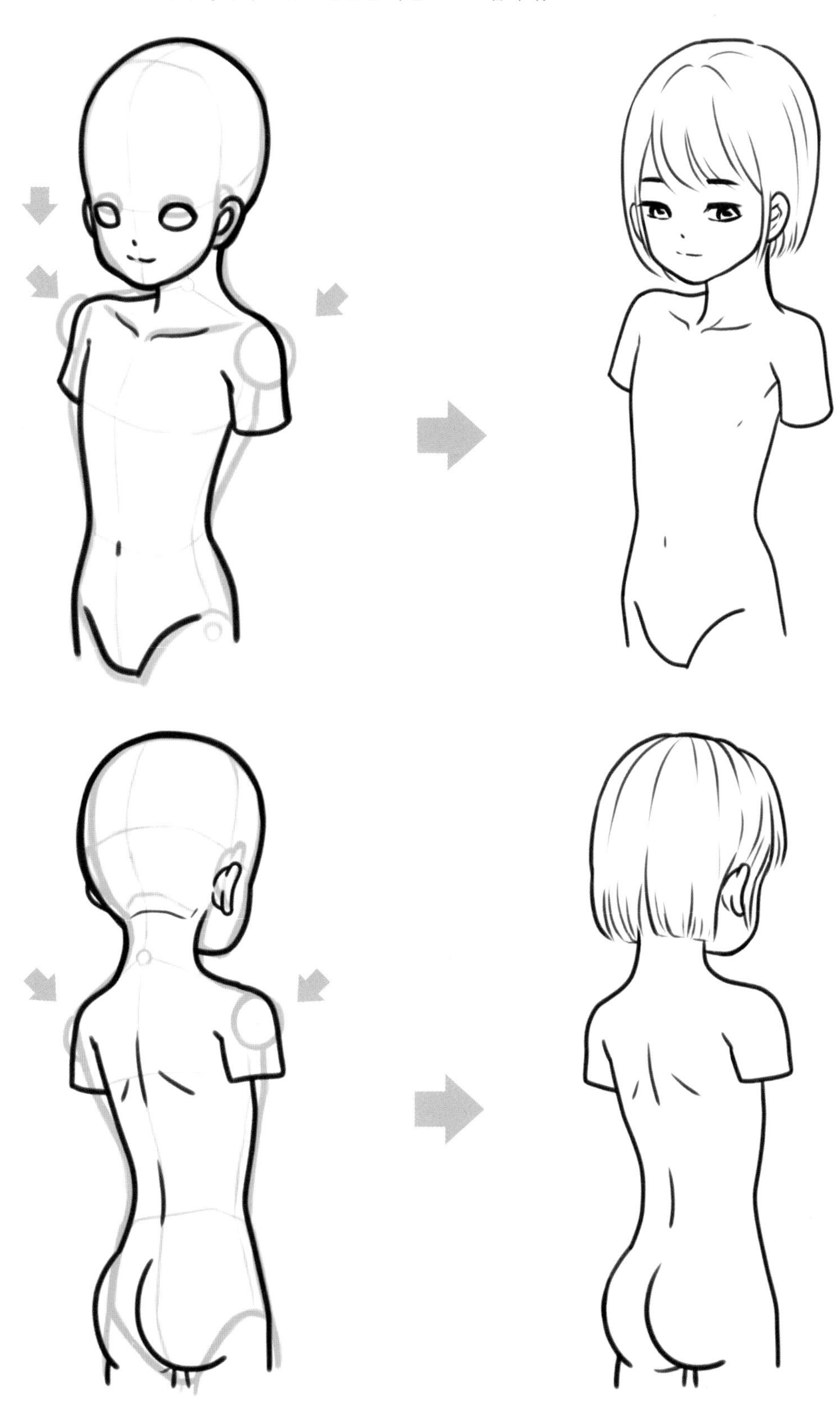

CHAPTER

04

몸 그리기 심화 ❷ - 팔

팔의 기본 실루엣과 이를 만들어주는 해부학적 구조의 기초를 알아봅니다.
팔은 기본 틀은 간단하지만, 근육의 꼬임과 움직임이 신체에서 가장 복잡한 부위 중 하나이므로, 더 깊이 알고 싶을 때 내공을 늘릴 수 있는 팁도 함께 제시합니다.

STEP 01

기본적인 팔 그리기

1 팔의 기본 틀과 팔의 실루엣

포즈를 잡을 때 사용하는 팔의 기본 틀은 관절 포인트 사이를 원통으로 이어붙인 비교적 간단한 형태입니다.

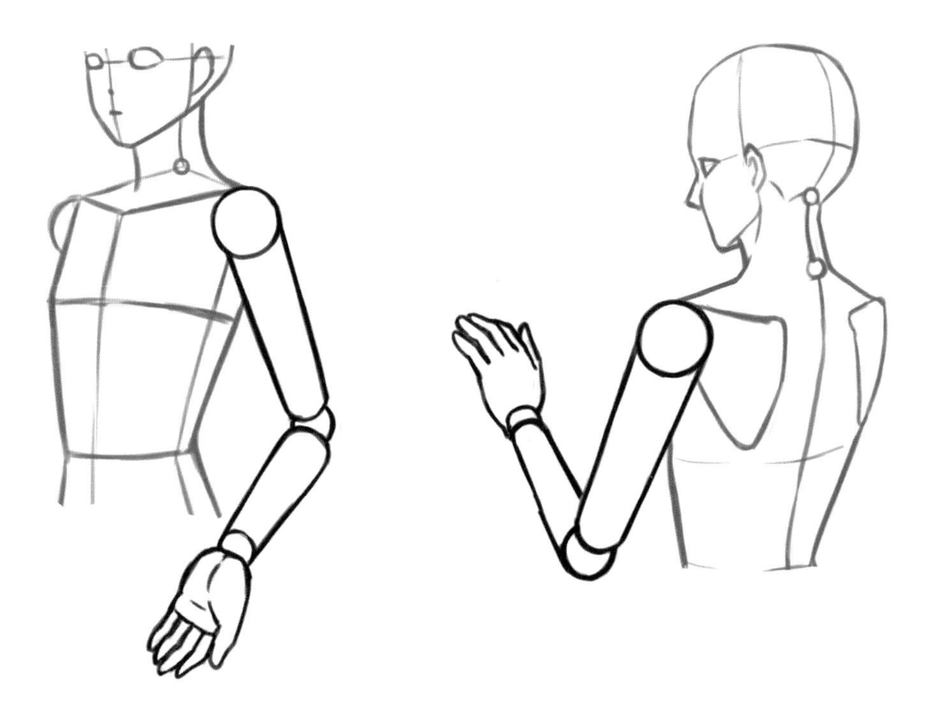

팔의 실루엣은 기본 틀보다 좀 더 두껍습니다. 기본 틀을 찰흙처럼 덧붙이는 방식으로 팔 근육이 둘러싸여서 최종 실루엣이 만들어지기 때문입니다. 근육이 발달한 캐릭터일수록 찰흙이 두툼해져 두꺼운 팔이 그려집니다.

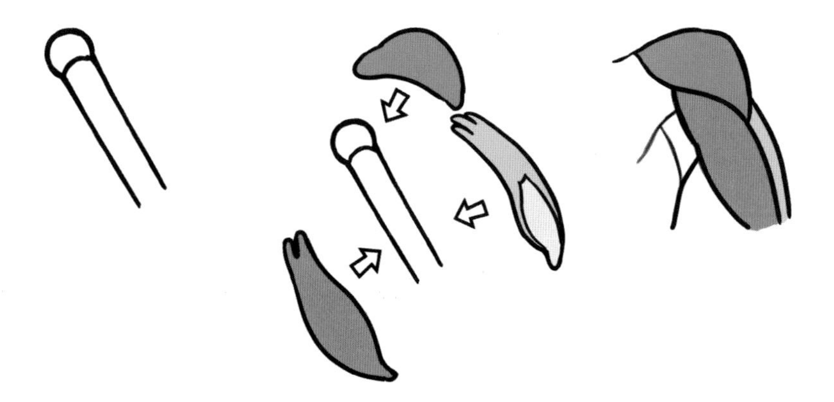

2 팔의 실루엣 살펴보기

근육이 크게 발달하지 않은 팔이라면 기본 틀 위에 라인만 덧대는 방법만 알아도 실루엣을 자연스럽게 표현할 수 있습니다.

편 팔 ❶

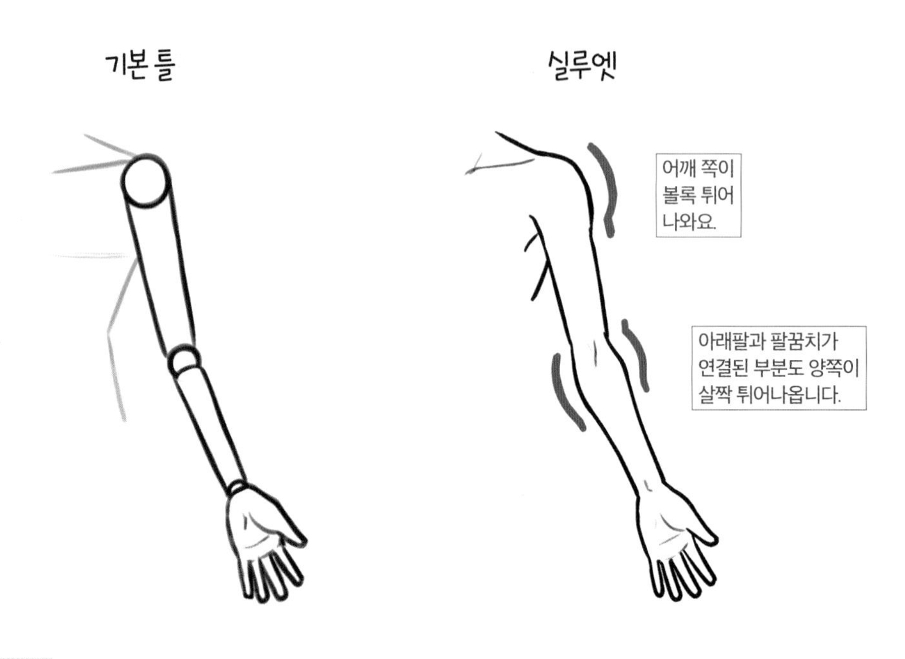

편 팔 ❷

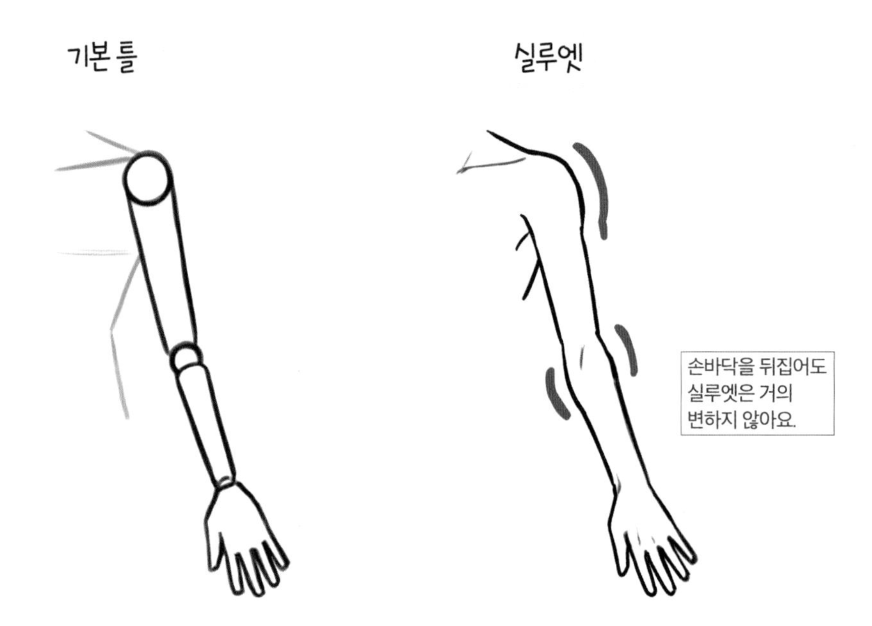

굽힌 팔 ❶

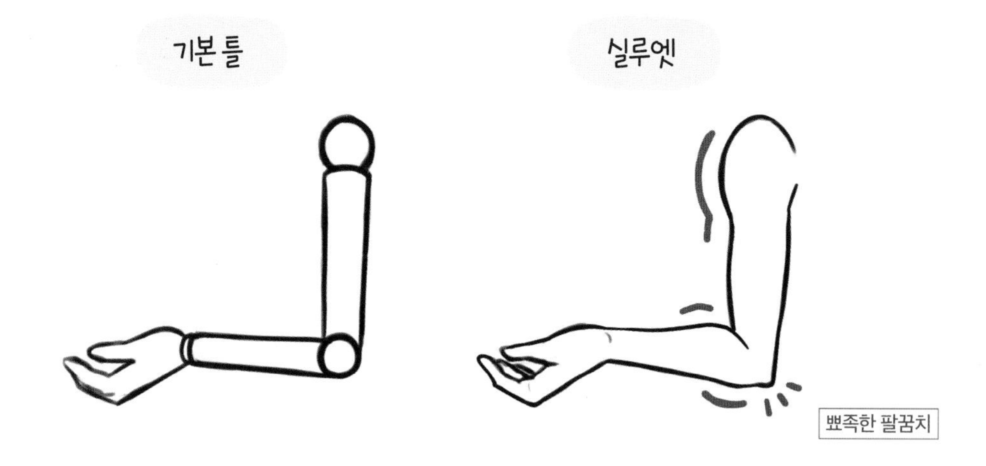

굽힌 팔 ❷

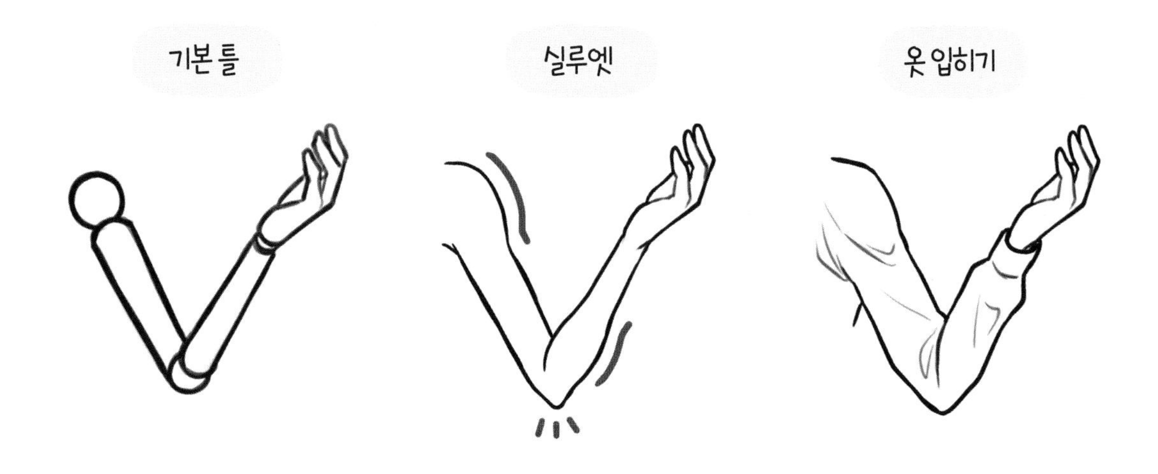

보다시피 어떤 포즈를 취해도 팔의 실루엣, 즉 튀어나오고 강조해야 할 부위는 큰 변화가 없습니다. 옷을 입으면 그나마도 다 가려집니다. 그러므로 근육이 크게 발달한 팔을 그리는 것이 아닌 이상, 팔의 해부학적 구조를 잘 몰라도 팔 그리는 데에는 전혀 문제가 없습니다.

STEP 02

근육이 붙은 팔 그리기

팔의 해부학적 구조가 어려운 이유

팔은 인체에서 가장 자유롭게 움직이는 부위 중 하나입니다. 그만큼 붙어 있는 근육이 많고, 근육의 위치 변화가 다이내믹하다는 의미입니다. 다음 그림들을 보면 손목을 살짝 돌렸을 뿐인데 열 개도 넘는 근육 위치가 변하기도 하고, 팔을 들어 올렸을 뿐인데 초록색 어깨 근육(삼각근)이 순식간에 등 쪽으로 이동하기도 합니다. 이런 부분들을 처음부터 너무 깊이 파고들다 보면 자칫 그림에 대한 흥미를 잃을 수도 있답니다.

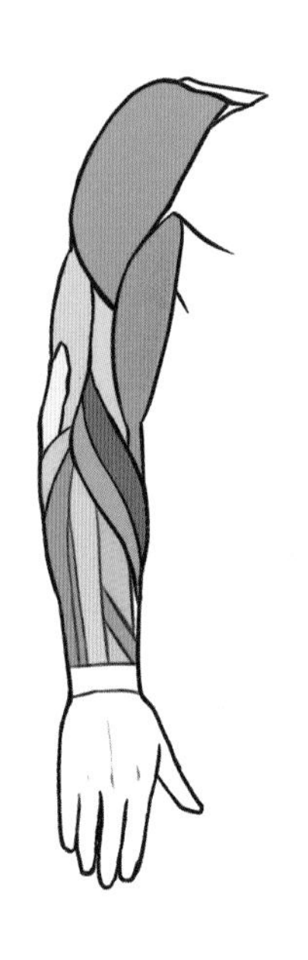

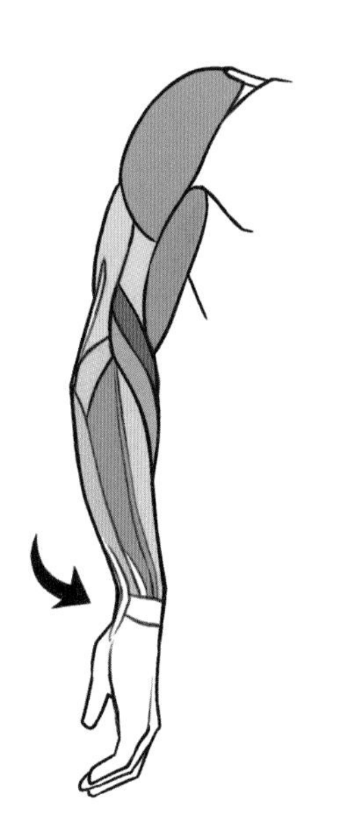

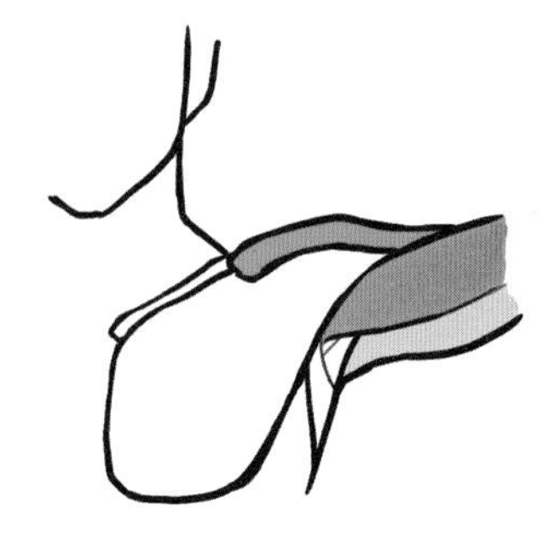

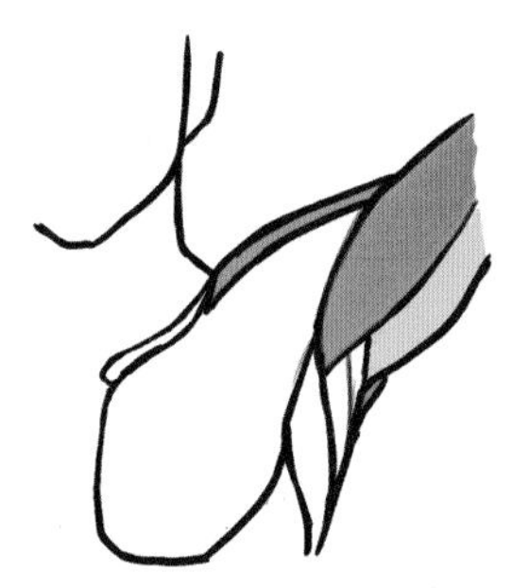

다음 그림은 제가 학생 때 맨 처음 해부학 수업을 들으면서 했던 필기입니다. 지금 봐도 무슨 말인지 모르겠고 더 헷갈립니다. 이런 식의 설명을 가능한 피하고, 팔의 실루엣과 디테일에 영향을 주는 주요 근육 위주로 짚어보겠습니다.

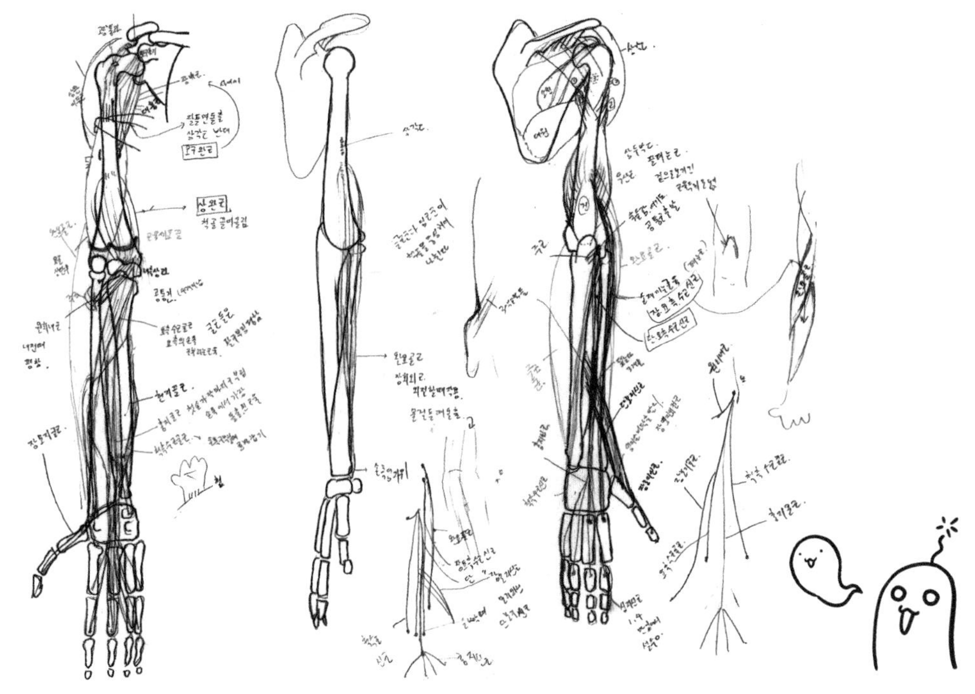

2 팔의 주요 해부학적 구조

팔의 기본 틀을 둘러싼 주요 근육은 대략 다음과 같습니다. 명칭을 외우기보다는 색칠된 부위들을 눈여겨봐 주세요.

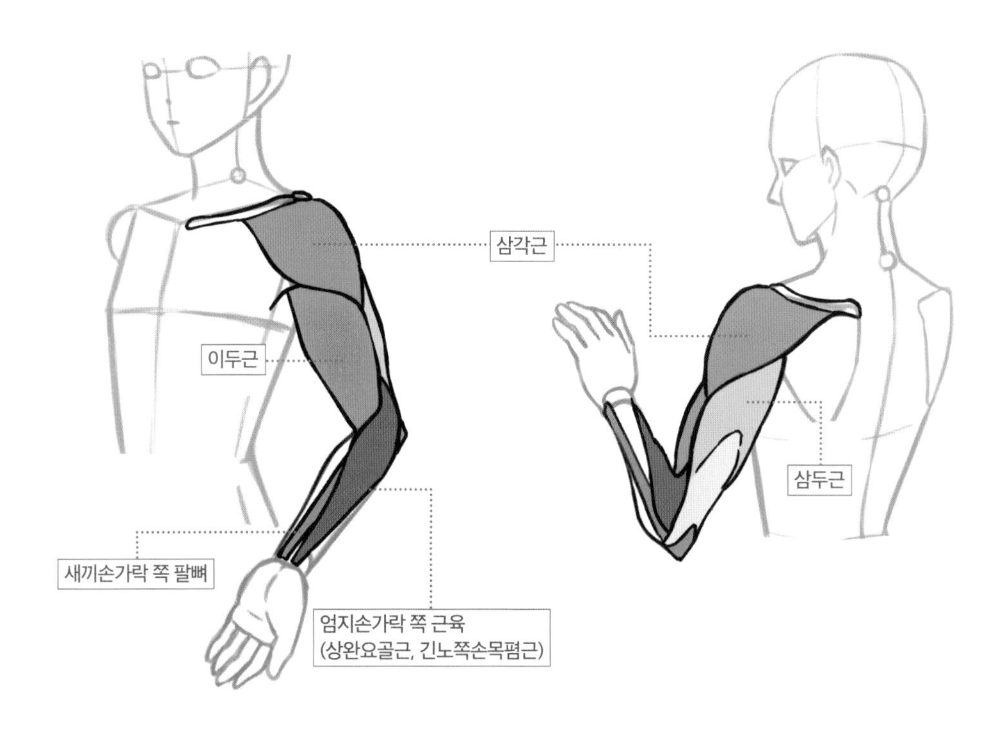

채색된 근육들 정도만 알아도 웹툰에서의 묘사는 충분합니다. 나머지 근육들은 사실 개수만 많을 뿐 대부분 손가락을 움직이는 데 쓰는 근육입니다. 그러므로 아무리 체격이 좋은 사람도 피부 바깥으로 드러나기 어렵습니다.

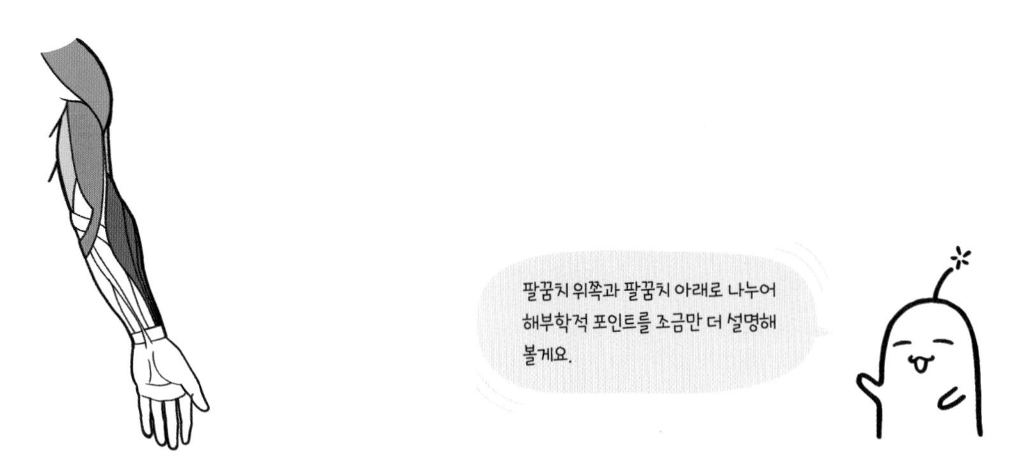

3 팔꿈치 위쪽의 해부학적 구조와 묘사 포인트

팔꿈치 위쪽은 삼각근, 이두근, 삼두근, 세 가지 근육이 해부학적 묘사 포인트가 됩니다. 발달하면 어깨가 넓어지는 삼각근은 빗장뼈+날갯죽지뼈+팔뼈에 걸쳐 어깨를 덮고 있습니다.

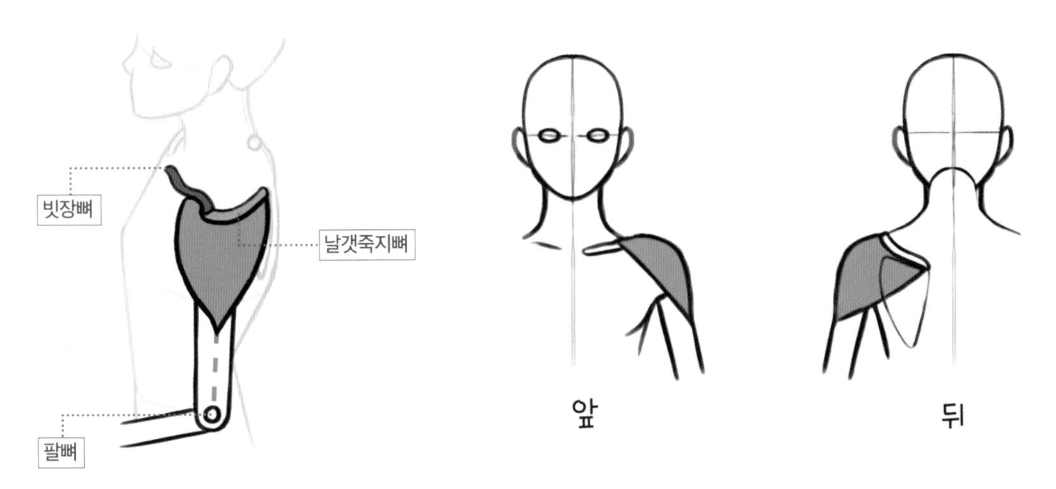

몸통 앞(가슴) 쪽으로는 이두근, 몸통 뒤(등) 쪽으로는 삼두근이 붙어 있습니다.

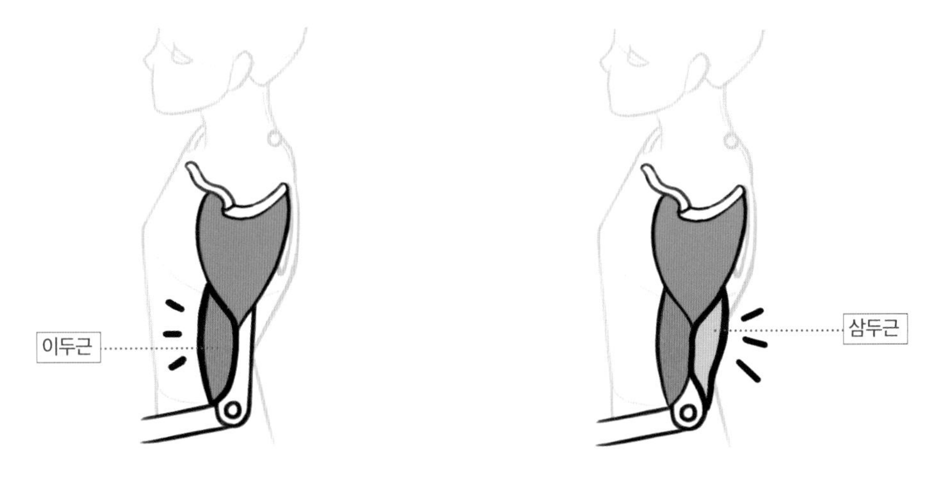

이두근은 팔을 굽힐 때 두꺼워집니다.

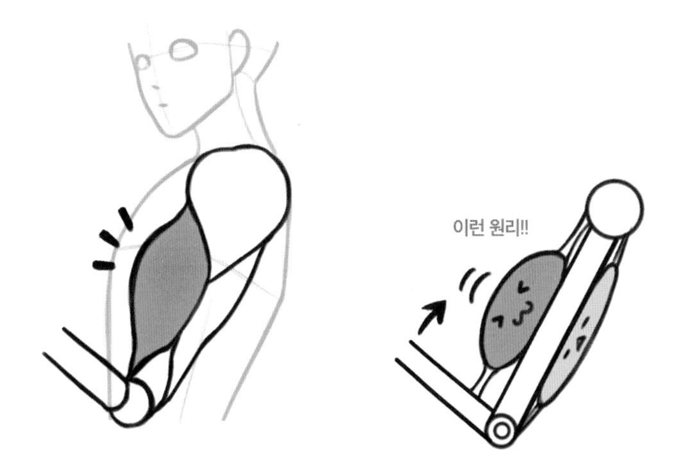

삼두근은 팔을 펼 때 도톰해집니다. 그리고 특유의 모양새 때문에 등 쪽에서 본 팔 모양에 묘사 포인트를 만들어줍니다.

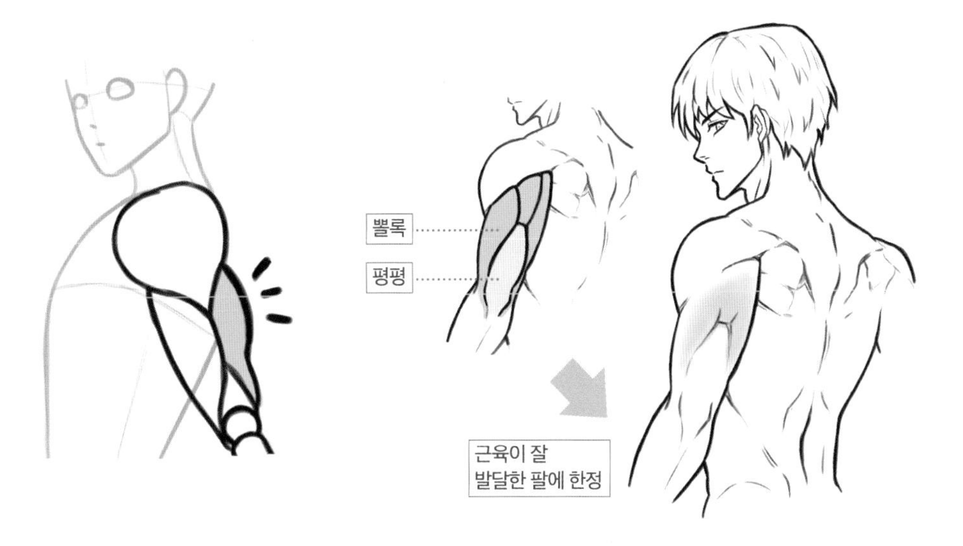

팔꿈치 위쪽 근육은 이 세 가지만 봐도 대부분의 묘사를 할 수 있습니다.

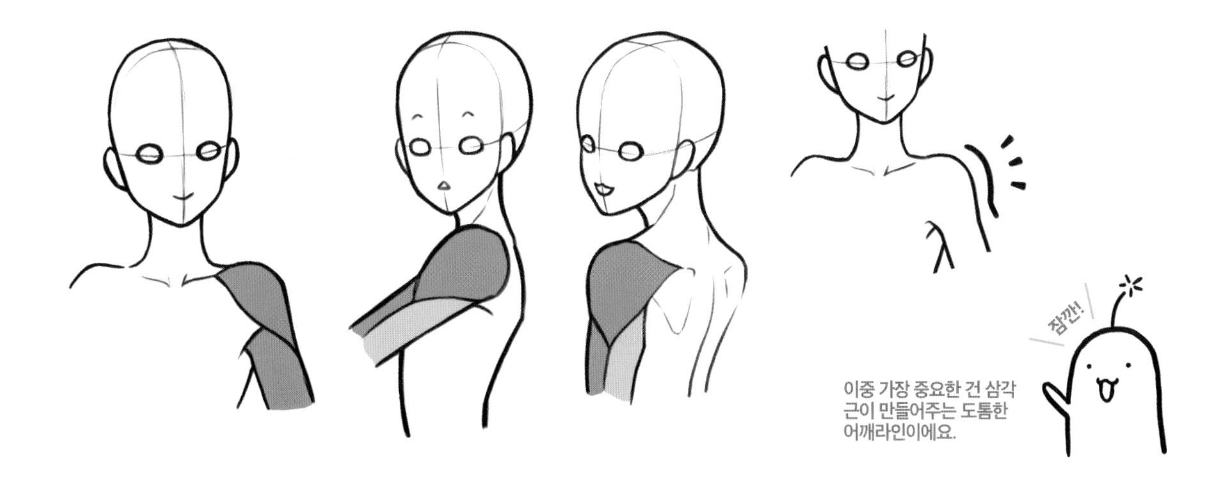

4 팔꿈치 아래쪽 근육의 해부학적 구조와 묘사 포인트

팔 아래쪽의 경우에는 ❶ 새끼손가락 쪽 팔뼈와 ❷ 엄지손가락 쪽 근육, 두 가지가 묘사 포인트입니다.

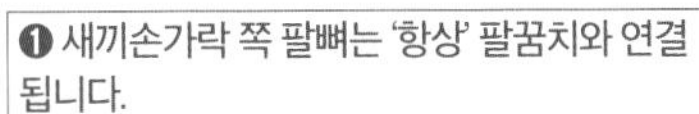

❶ 새끼손가락 쪽 팔뼈는 '항상' 팔꿈치와 연결됩니다.

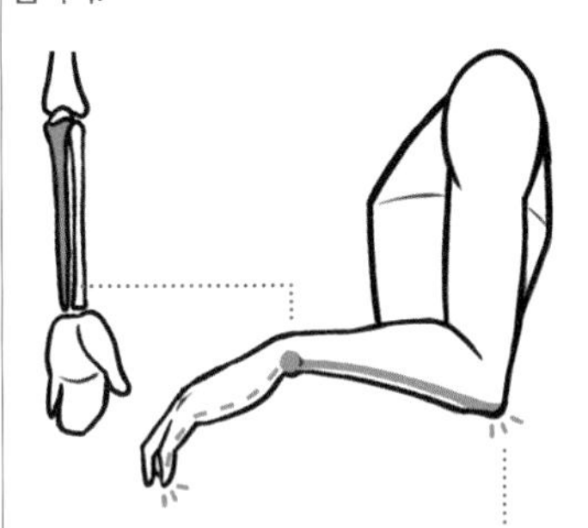

살이나 근육에 가려지지 않는 뼈라 어느 체형에서건 딱딱하게 만져집니다. 실제로 자신의 팔을 만져보세요.

팔꿈치를 뾰족하게 만들어요.

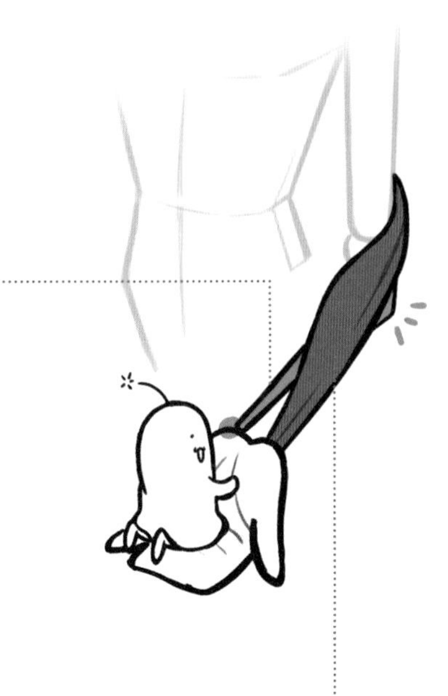

❷ 엄지손가락 쪽 근육은 '항상' 몸통 바깥쪽과 연결되어 있습니다.

이두근과 삼두근 사이에서 나와요.

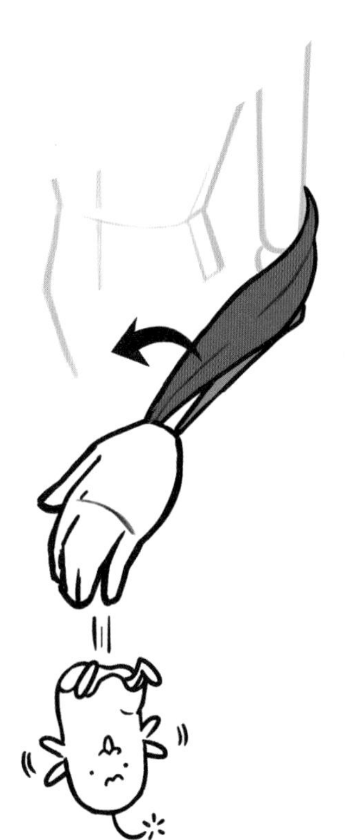

그래서 손바닥을 위로 두고 있을 때는 둘이 나란히 있지만, 손바닥을 뒤집으 면 이런 식으로 꼬임이 나타납니다.

이런 구조를 알아두면 팔꿈치 아래쪽 팔을 묘사할 때 '약간은 더' 도움이 됩니다.

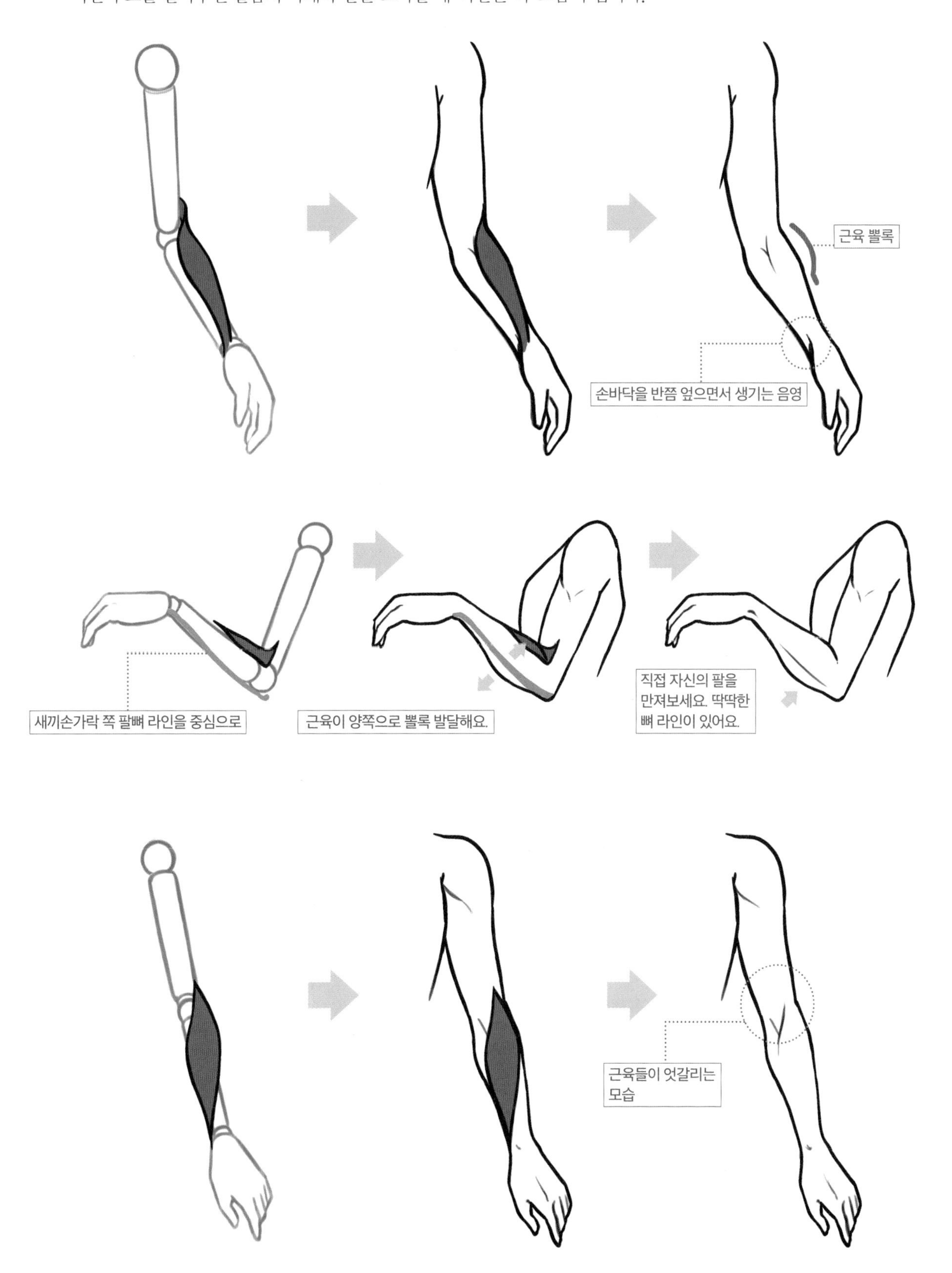

5 위 팔과 아래팔을 연결하기

위팔과 아래팔은 근육 구조가 엇갈려 연결되어 있습니다. 삼각근(초록색)의 끝은 이두근(주황색)과 삼두근(노란색) 사이를 파고들고, 엄지손가락 쪽 근육(보라색)은 이두근과 삼두근 사이에서 출발합니다. 이렇게 근육들이 엇갈려 있기 때문에 팔을 자유롭게 회전할 수 있습니다.

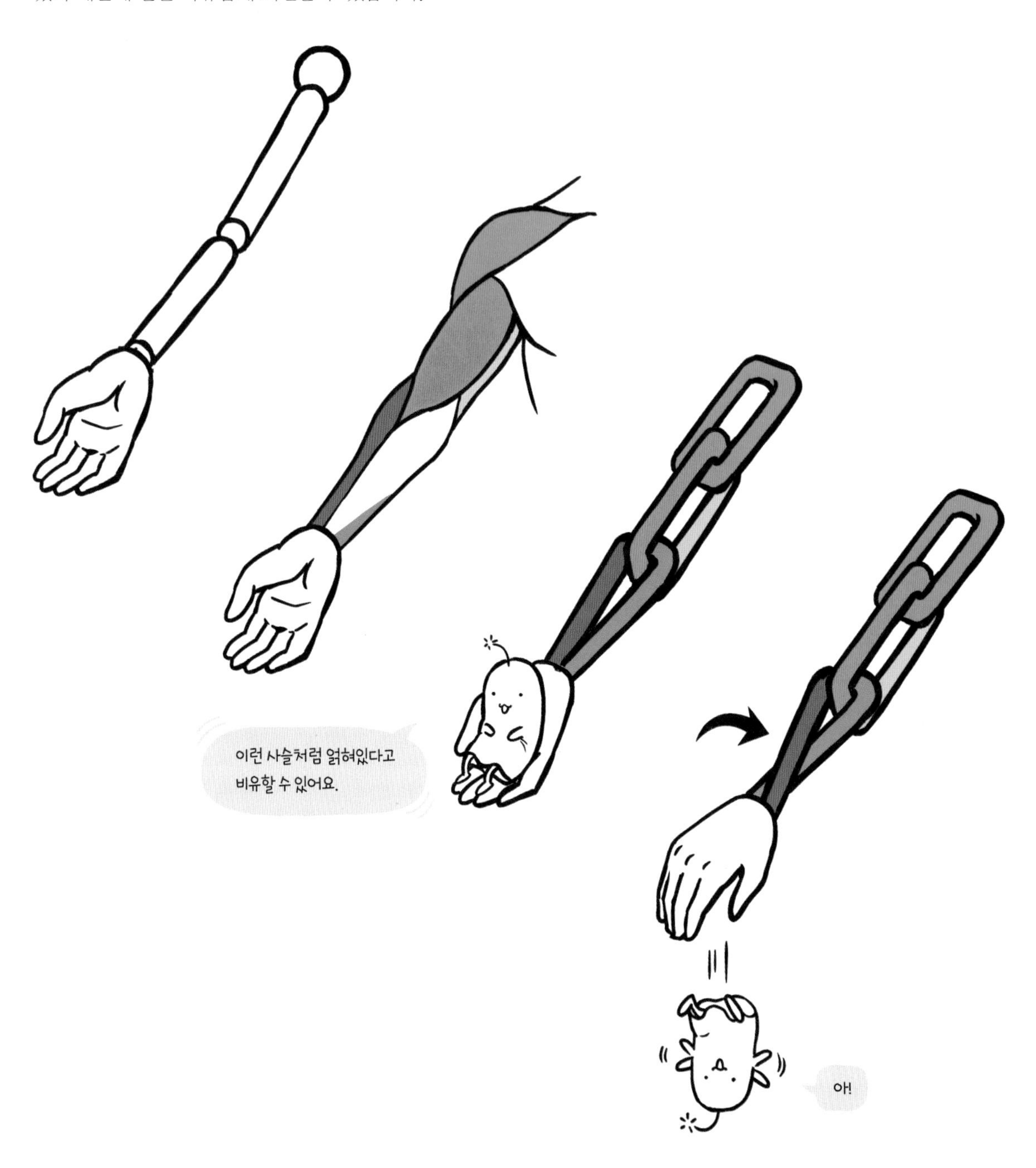

팔의 포즈에 따라 위팔과 아래팔의 근육이 얽히는 모습을 몇 가지 예를 들어 보겠습니다.

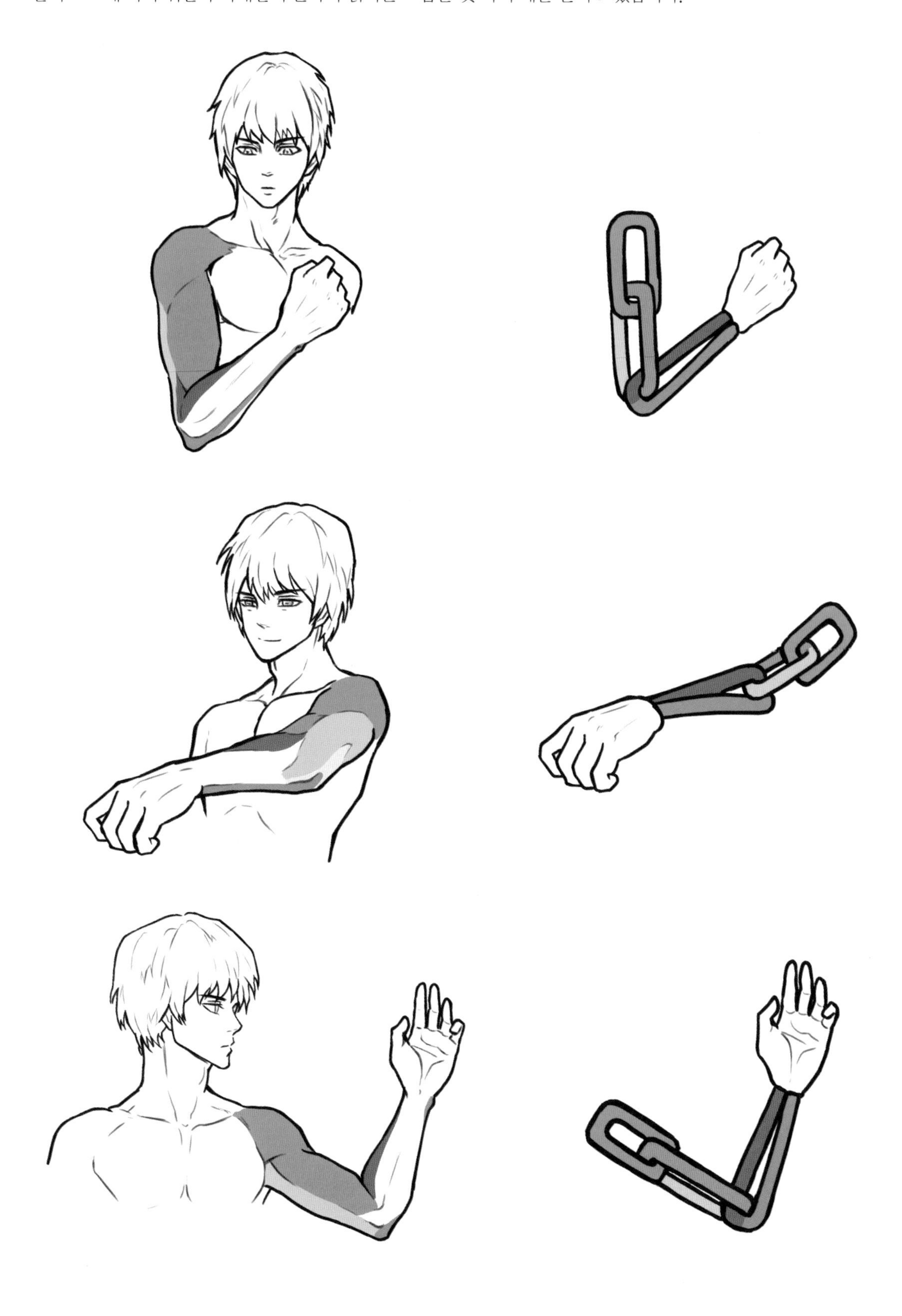

6 팔 그리는 내공 늘리는 방법

지금까지 보여드린 팔의 해부학은 일부에 해당합니다. 만약 헐벗은 근육질의 사람들이 우르르 나오는 장르를 그릴 경우, 앞에서 보여드린 내용을 기초로 좀 더 다양한 각도로 팔의 해부학적 구조를 연구할 필요가 있습니다.

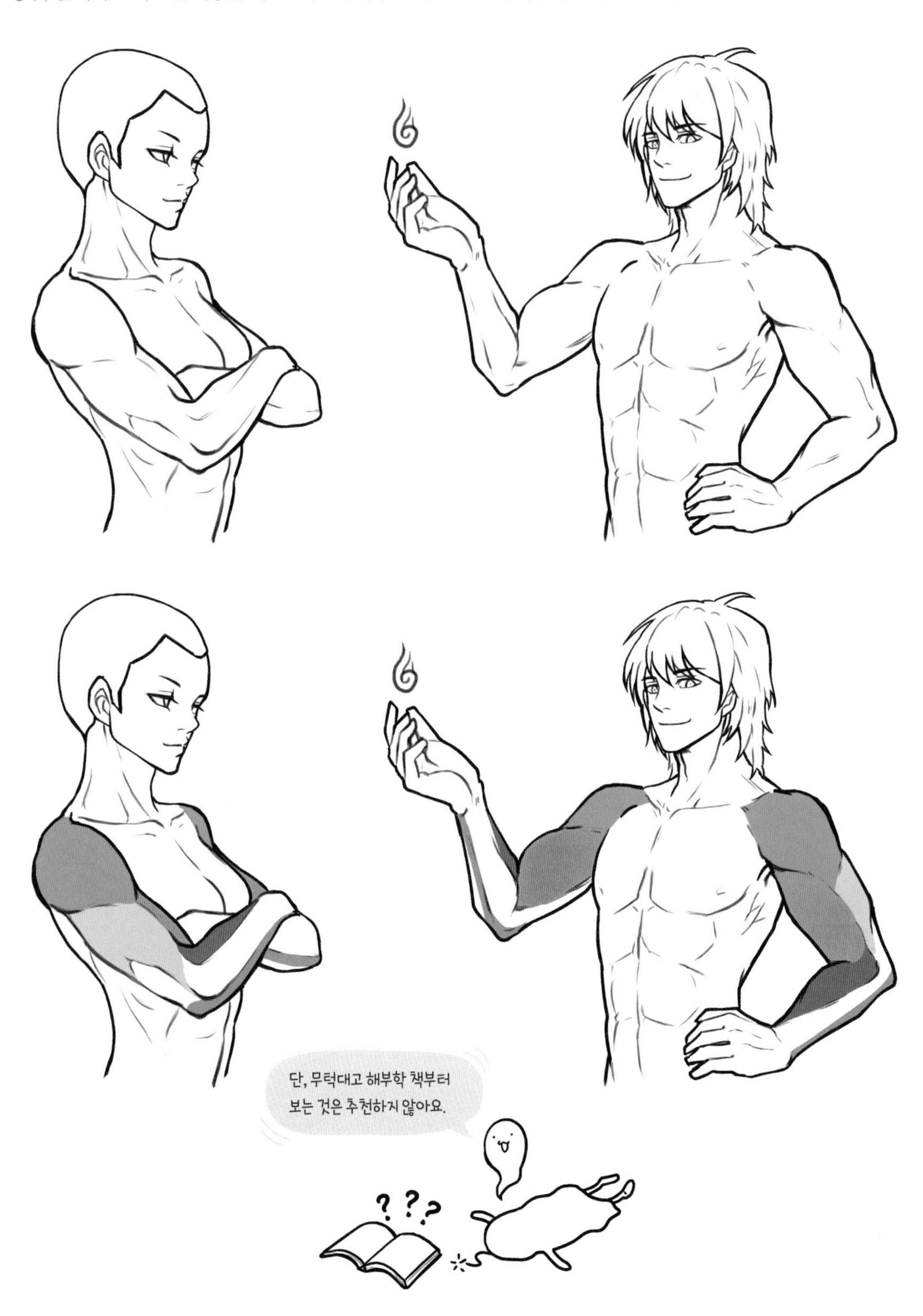

먼저, 사진이나 3D 인형 등의 자료들을 보고 그때그때 맞는 포즈를 그려보세요.

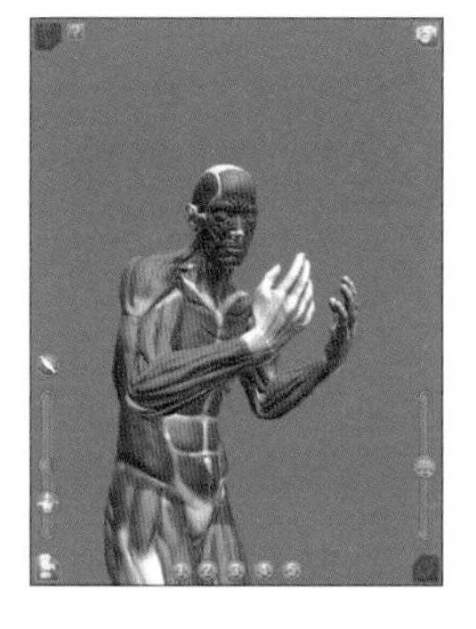

왼쪽은 ArtPose라는 3D 근육 인형 애플리케이션이에요. 성별을 선택하고, 포즈를 만들고 카메라 각도도 마음대로 조정할 수 있습니다. 타블릿 PC나 핸드폰에 다운 받아 사용할 수 있어요.

근육의 위치가 어느 정도 눈과 손에 익었다 싶을 때 해부학 책을 보고 '아, 이게 이 근육이었구나, 연결 부위가 이렇구나'라고 확인해 보는 것이 개인적으로는 가장 효과적인 방법이었습니다.

예술가용, 만화가용 해부학 교재들

Artpose를 비롯한 3D 인형 애플리케이션에 대한 좀 더 자세한 이야기는 3파트 끝의 Special Tip에서 할게요.

CHAPTER

05

다리 그리기 심화

이번 장에서는 기본 틀을 통해 다리의 실루엣과 그림을 그릴 때 눈여겨 봐야 할 묘사 포인트를 설명하겠습니다. 대부분의 다리 묘사에는 해부학적 지식까지는 필요하지 않습니다. 다만, 근육이 잘 발달한 다리를 그릴 경우를 위해 다리의 해부학적 구조를 간단히 살펴보겠습니다.

다리 그림의 포인트는 비율과 실루엣

STEP 01

1 몸과 다리의 비율

다리를 그릴 때는 복잡한 해부학 구조보다 비율을 안정적으로 유지해 주는 것이 중요합니다. 8등신 미형 캐릭터를 그릴 때 상체와 다리의 비율은 사타구니를 기준으로 1대 1 비율을 유지하고, 무릎은 다리의 중간 높이에 있다는 것을 염두에 두고 그립니다.

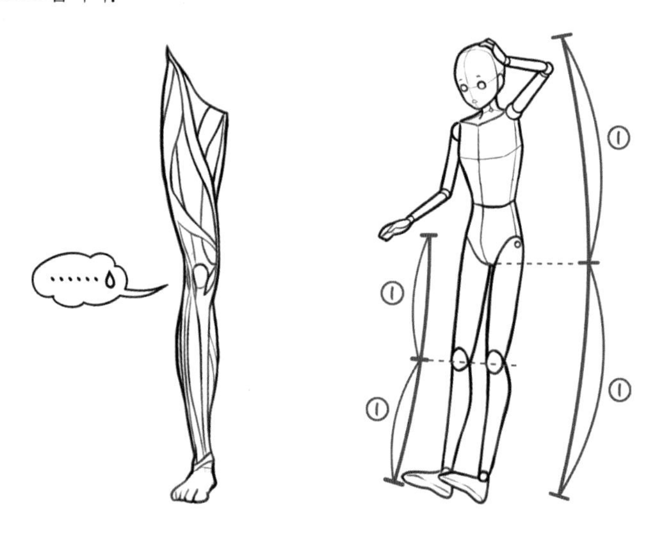

2 다리의 기본 틀과 실루엣

다리의 기본 틀은 실제 다리의 실루엣과 닮았습니다. 무릎 관절로 연결된 두 개의 원통은 위쪽, 즉 허벅지와 종아리 쪽이 굵고 아래로 내려오면서 가늘어집니다.

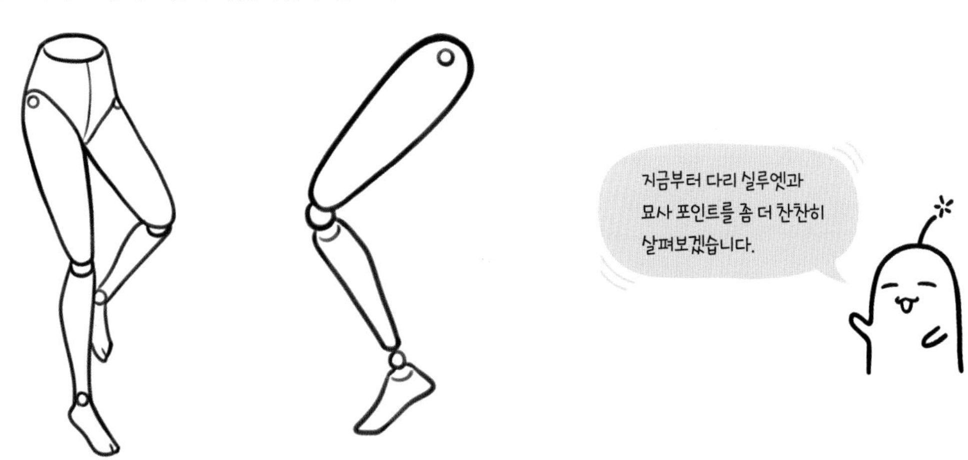

STEP 02

다리 실루엣을 여러 각도로 살펴보기

1 앞에서 본 모습

다리는 기본 틀부터 허벅지와 종아리를 굵게 그립니다. 다리 실루엣을 보면 성별과 무관하게 안쪽보다 바깥쪽의 볼륨 포인트(가장 튀어나오게 그려야 할 부분)가 높습니다. 바깥쪽보다 안쪽의 볼륨 포인트가 높으면 다리 실루엣이 약간 부자연스러워 보입니다.

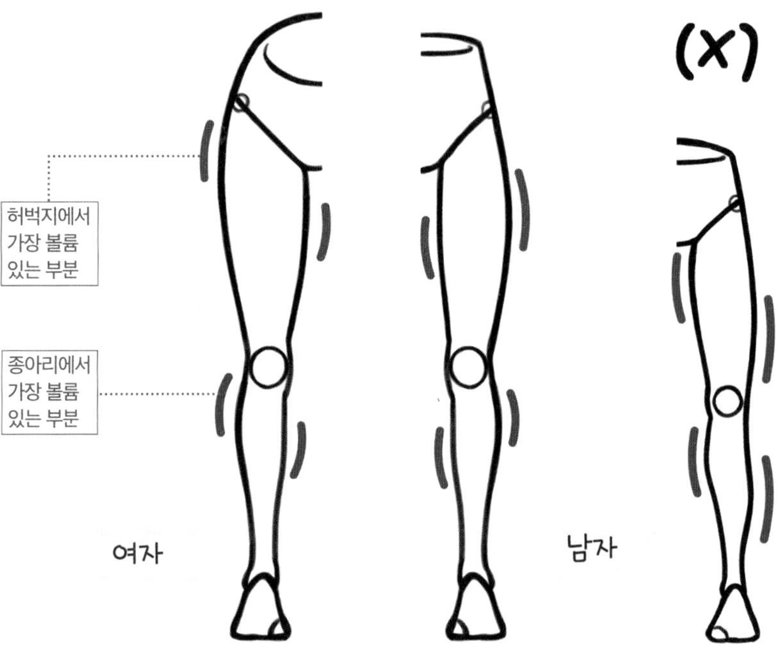

양쪽 다리를 함께 그려 볼륨 포인트을 연결하면 V자형이 됩니다.

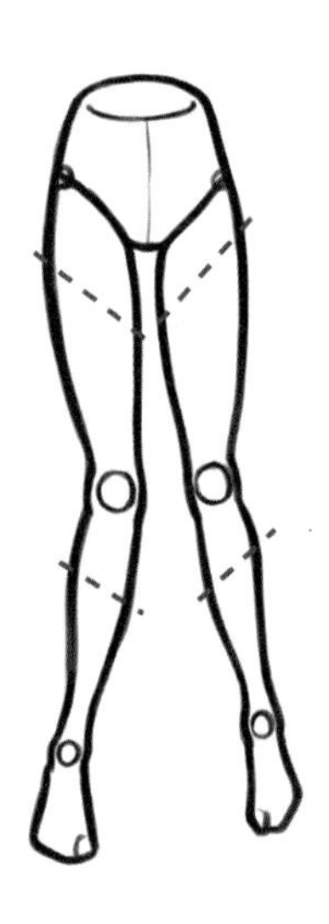

2 앞에서 본 다리의 추가 묘사 포인트

사타구니에서 다리 사이의 간격이 벌어집니다.

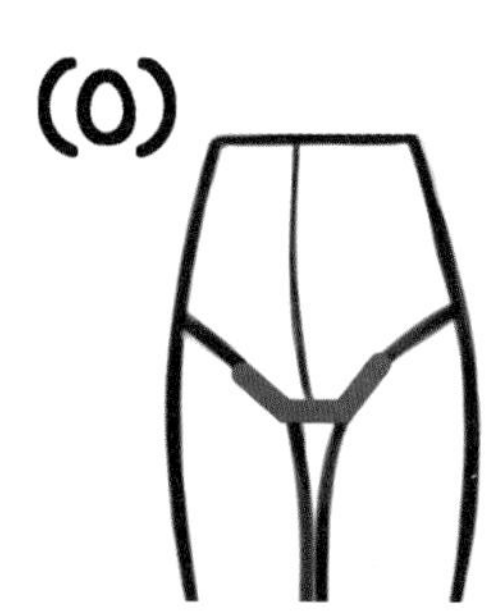

무릎의 실루엣은 안쪽과 바깥쪽이 다릅니다. 무릎의 디테일은 대략 다음과 같이 묘사하면 됩니다.

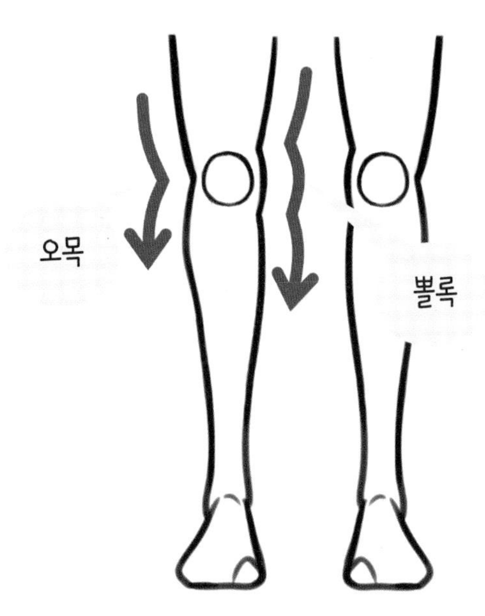

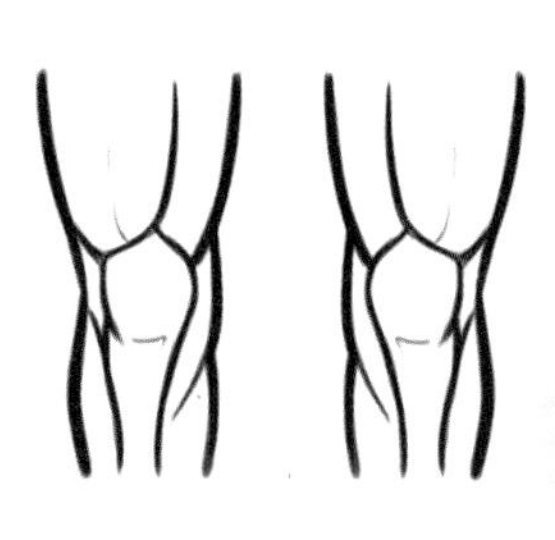

해부학적 구조

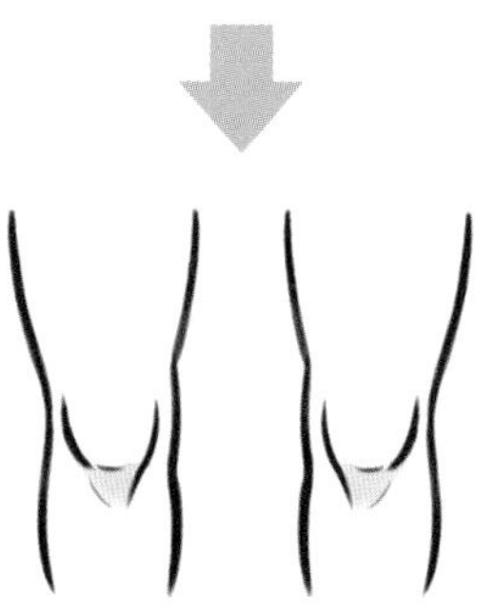

골반의 크기 차이 때문에 여자의 넓적다리가 더 두꺼운 편이고, 볼륨감을 강조하는 위치도 더 높은 편입니다.

여자

남자

3 옆에서 본 모습

허벅지는 앞이 더 볼록하고 종아리는 뒤가 더 볼록합니다. 옆에서 본 다리는 골반 크기와 모양의 차이 때문에 실루엣에 성별 차이가 생깁니다.

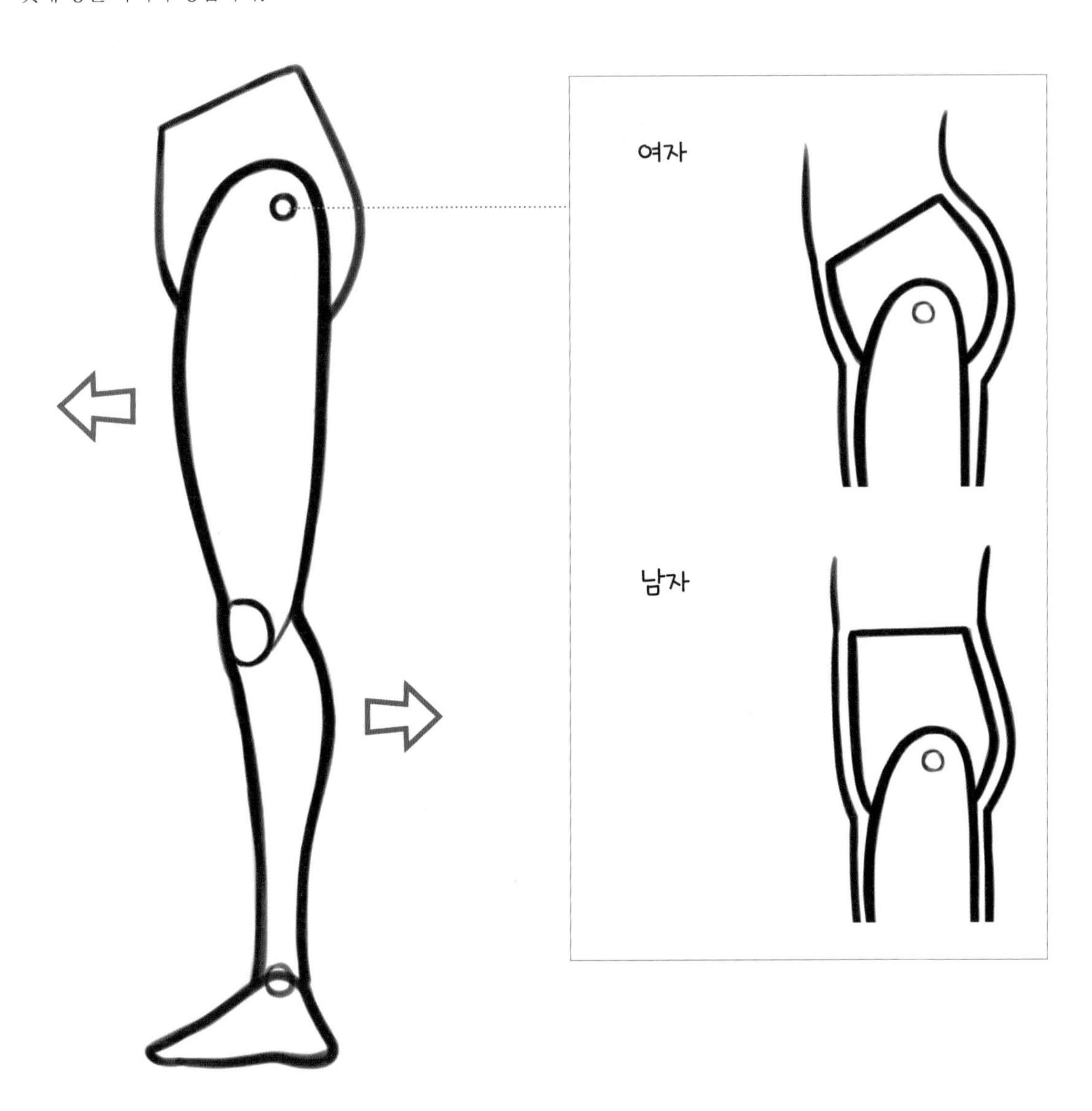

4 뒤에서 본 모습

다리 뒤쪽의 주요 묘사 포인트는 오금과 아켈레스건입니다. 엉덩이 때문에 사타구니 쪽 윤곽이 둥글게 내려온다는 점을 제외하면 기본 실루엣은 앞모습과 거의 똑같습니다.

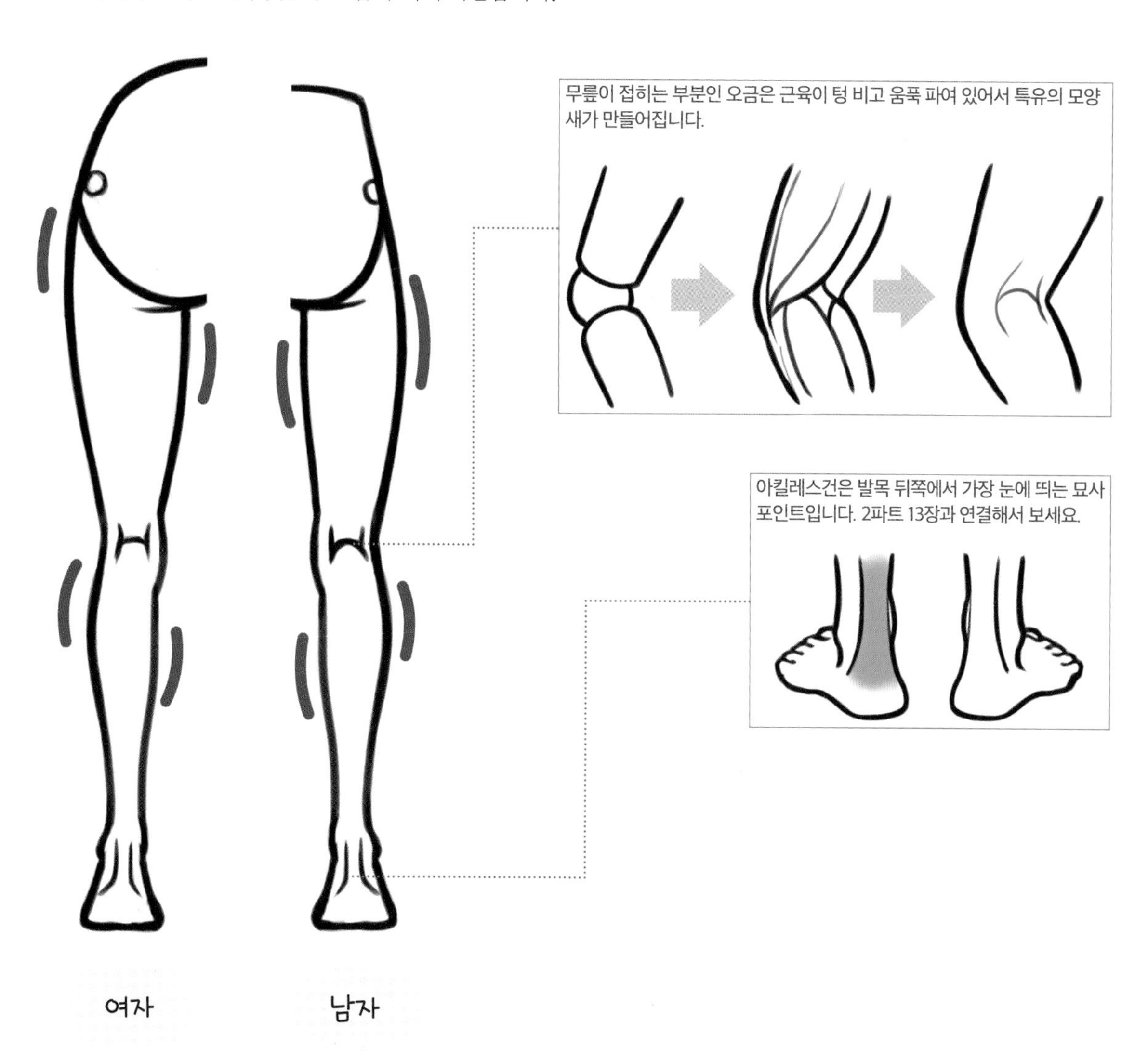

STEP 03

포즈 변화와 다리의 근육 구조

1 포즈 변화에 따른 실루엣 변화

앞서 보여드린 다리의 실루엣은 무릎을 꿇거나 웅크리는 등 다리를 접는 동작을 해도 크게 변하지 않습니다. 몇 가지 자세들을 보여드리겠습니다. 튀어나오고 들어간 부분이 어디인지 주목해주세요.

무릎 꿇고 웅크린 자세

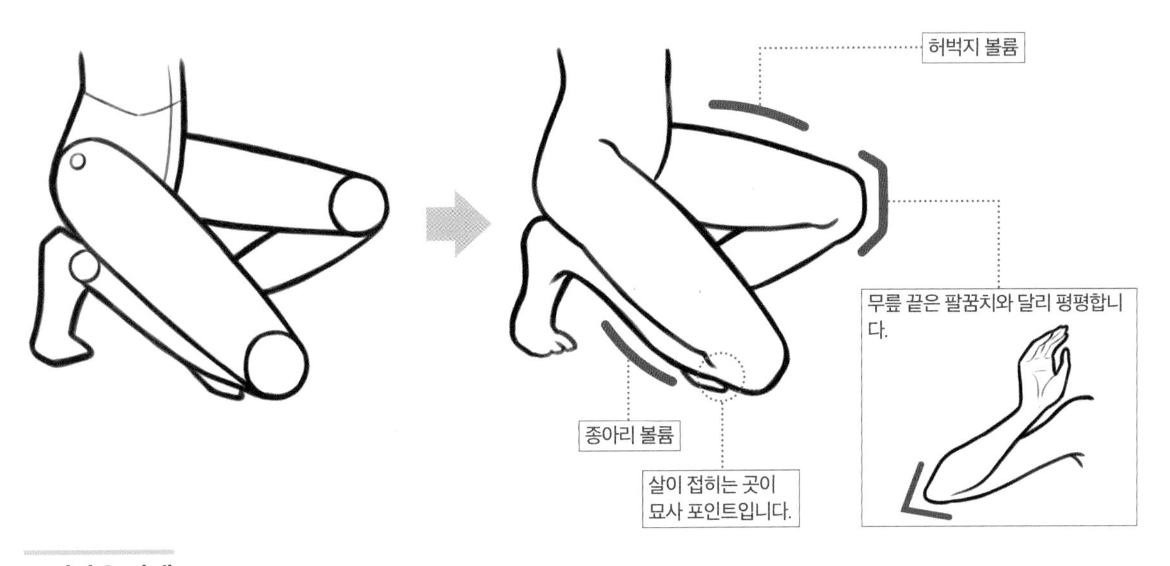

주저앉은 자세

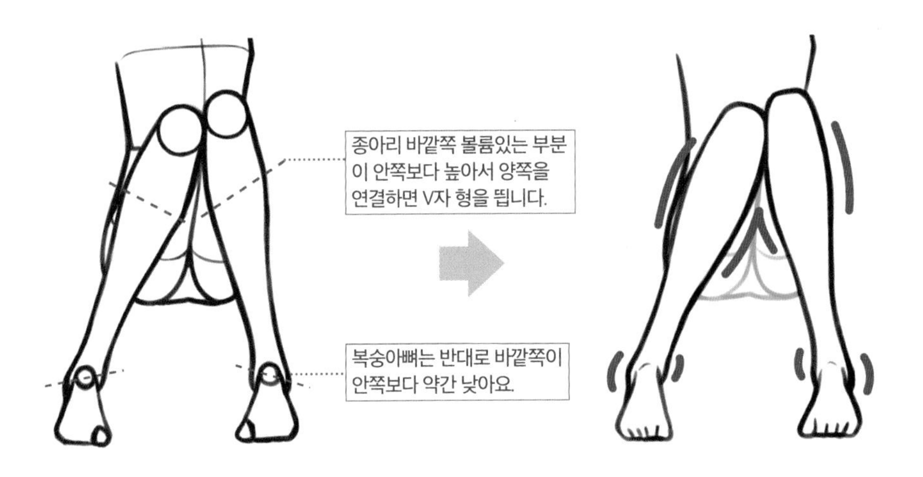

한쪽 다리를 든 뒷모습

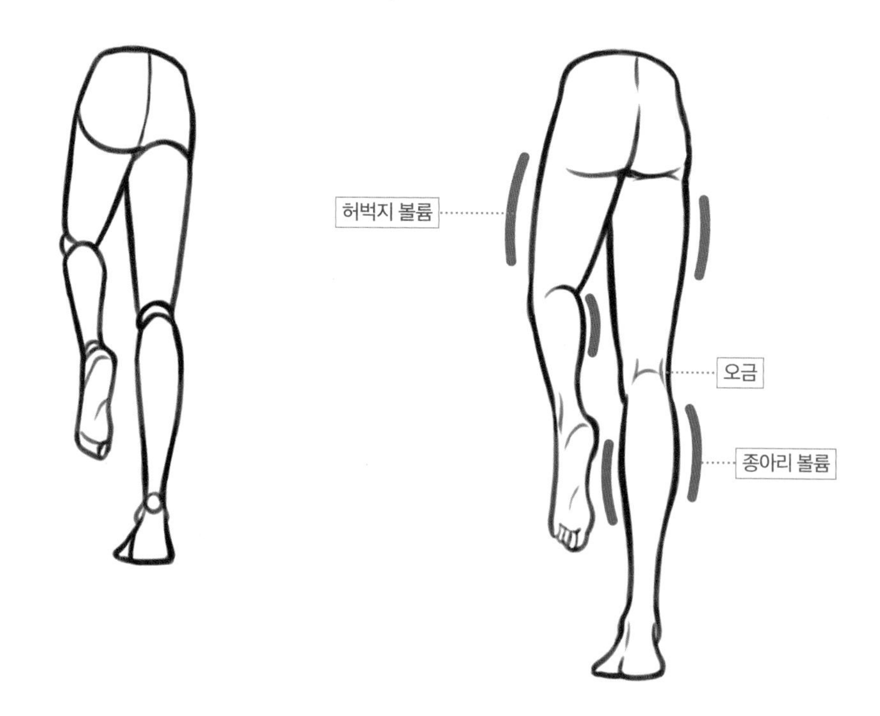

한쪽 다리를 든 앞모습

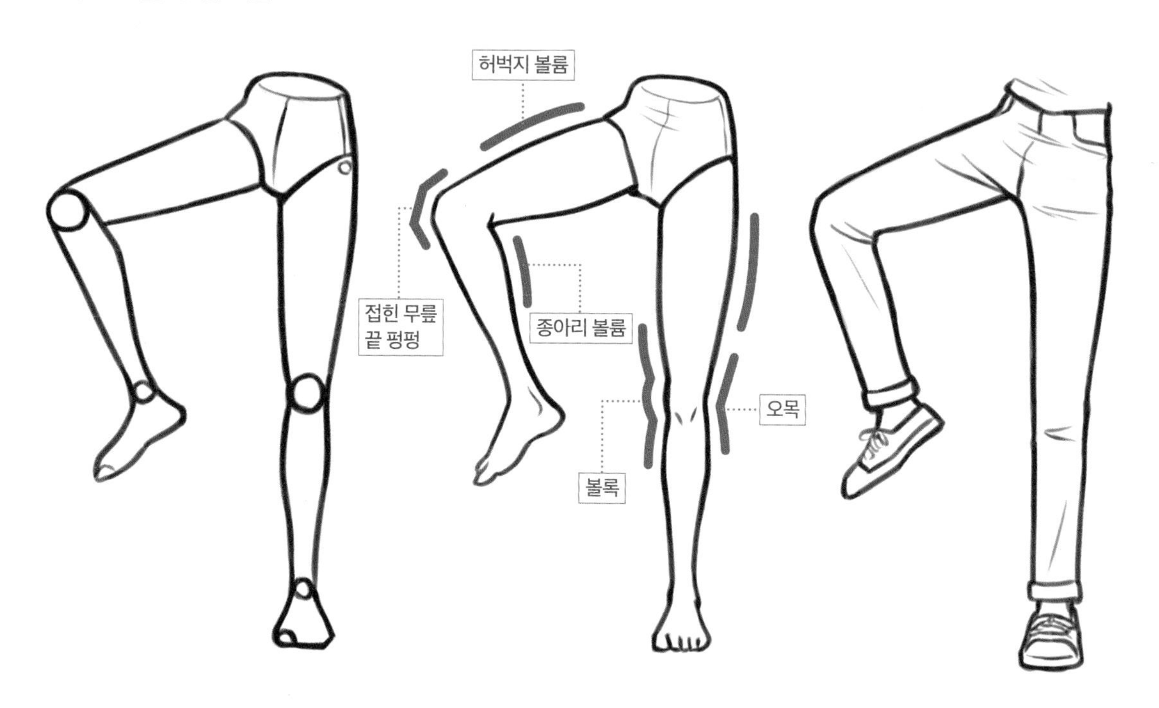

어떤 포즈를 취해도 다리에서 튀어나오고 강조해야 할 부위는 큰 변화가 없습니다. 바지를 입으면 그나마도 다 가려지므로 근육이 크게 발달한 다리를 그리지 않는 한, 다리의 해부학적 구조를 잘 몰라도 문제는 없습니다.

2 다리의 해부학적 구조와 근육이 발달한 다리

근육이 발달한 캐릭터가 반바지 이상의 노출을 보일 때는 다리의 해부학적 구조를 알아두면 좋습니다. 다리는 팔 못지 않게 해부학적 구조가 복잡해 보이지만, 포즈를 바꾼다 해도 팔처럼 근육이나 뼈가 다이내믹하게 움직이지 않습니다. 묘사 포인트가 될만한 커다란 근육과 뼈, 인대들의 위치만 색깔로 구분해서 보세요.

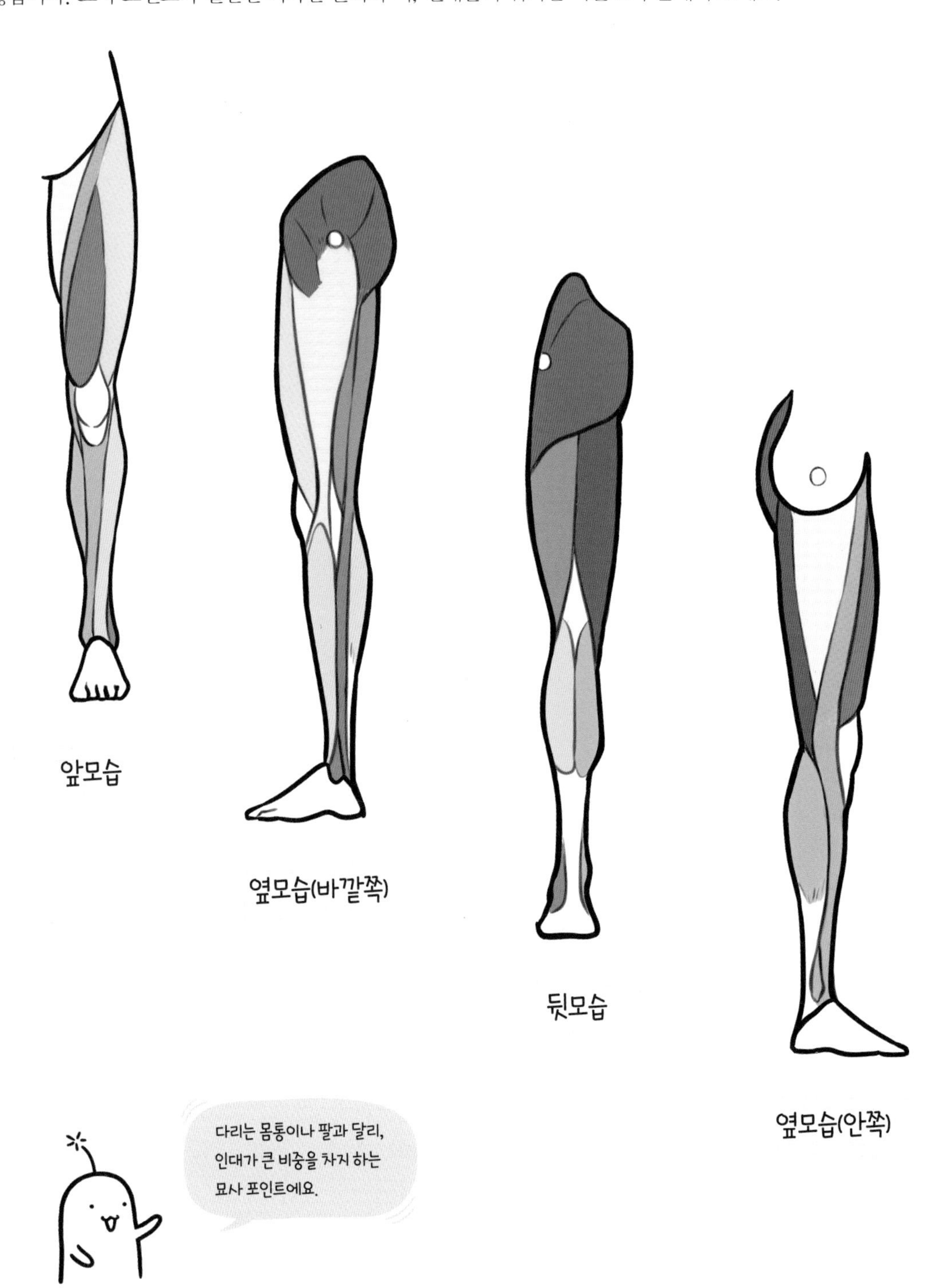

3 근육이 발달한 다리의 포즈 예시

다리는 서로 다른 근육의 경계뿐 아니라 복숭아뼈, 무릎 같은 돌출된 뼈와 무릎인대 아킬레스건 같은 인대가 주요 묘사 포인트가 되는 경우가 많습니다. 몇 가지 자세를 예로 들어보겠습니다.

서 있는 다리의 반 옆모습

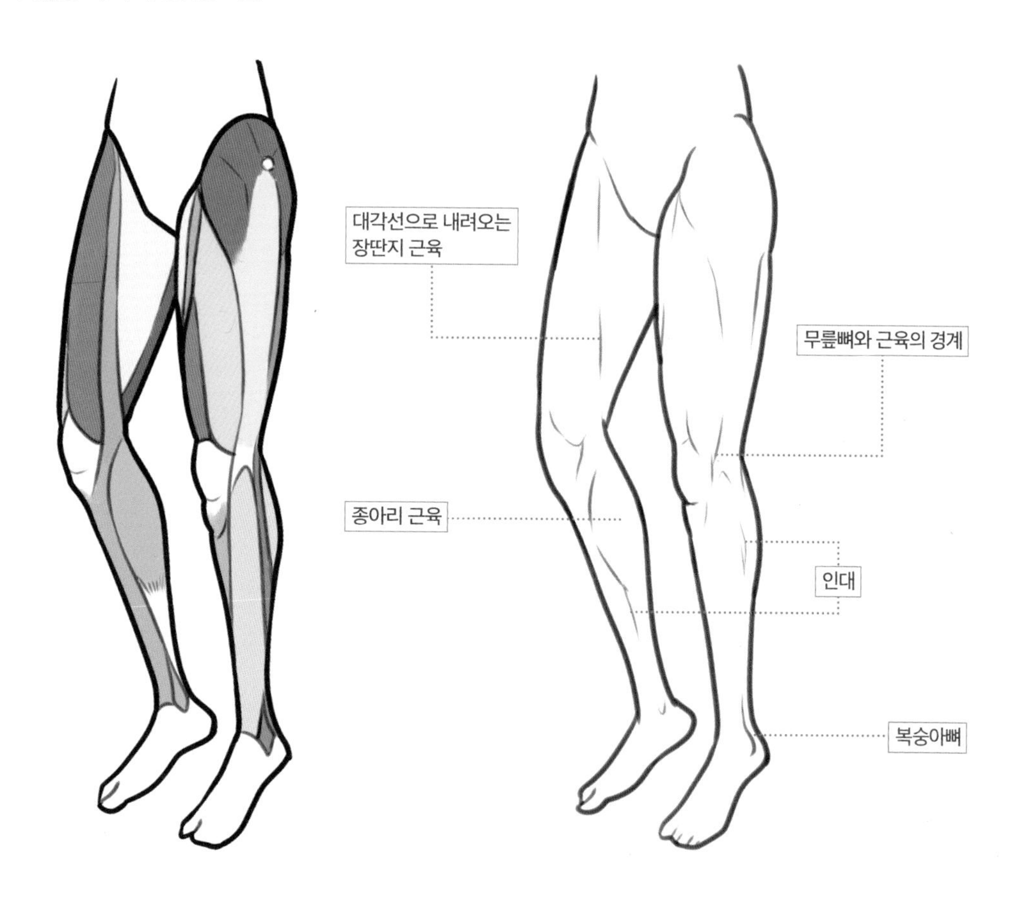

한쪽 무릎을 꿇은 자세

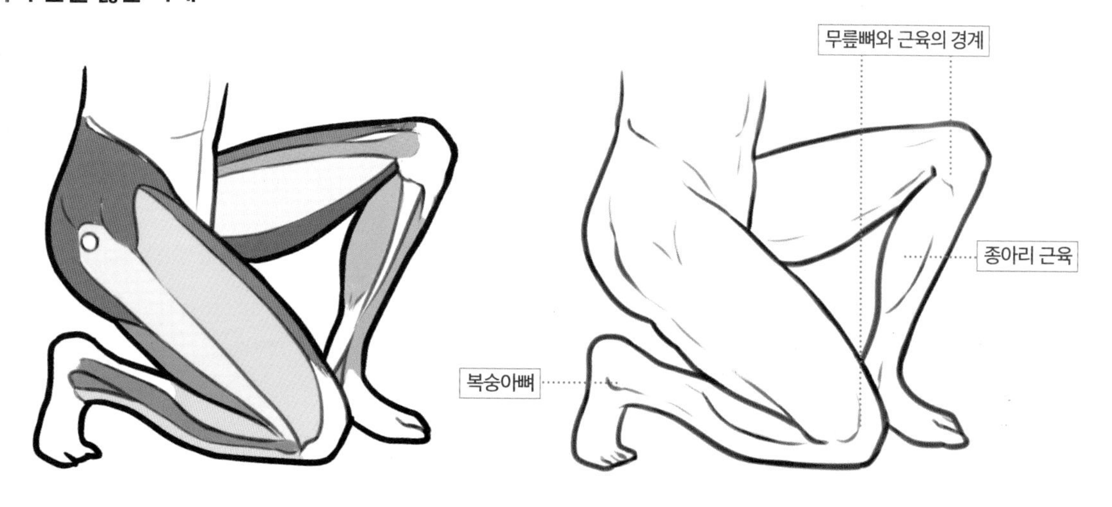

서 있는 다리의 반 뒷모습

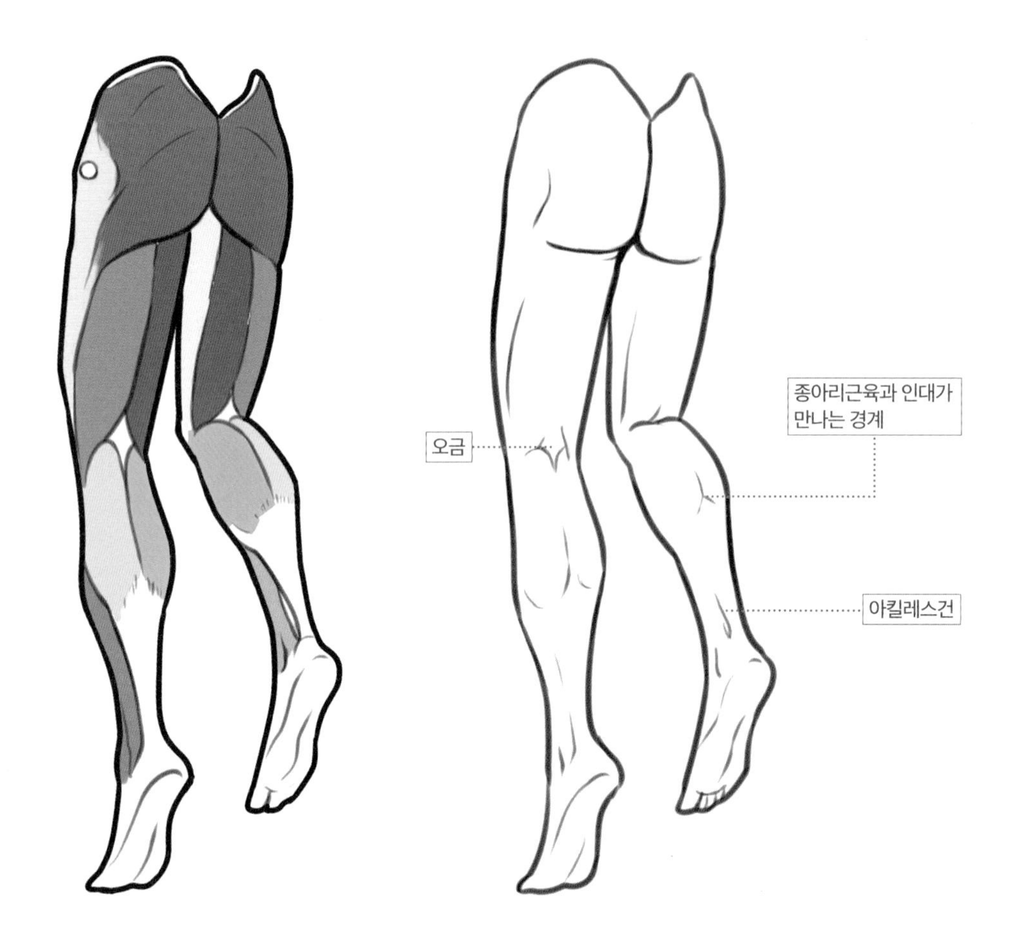

한쪽 무릎을 세우고 앉은 자세

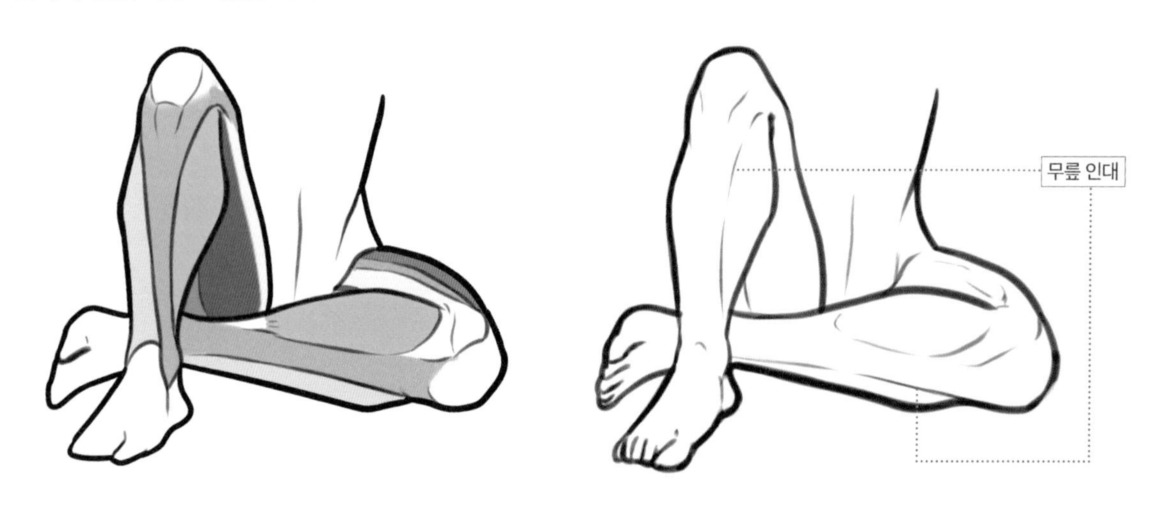

좀 더 다양한 각도로 다리의 해부학적 구조를 관찰하고 싶다면, 3파트의 Special Tip에서 소개한 3D 모델 애플리케이션과 해부학 교재를 활용해 보세요. 관련 내용은 3파트 마지막 팁박스에서 한 번 더 소개하겠습니다.

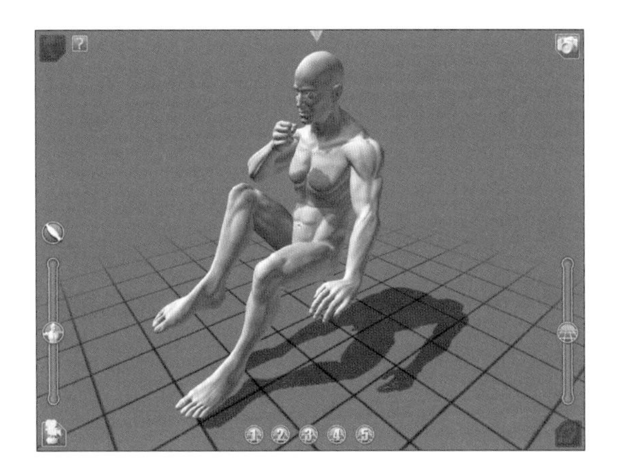

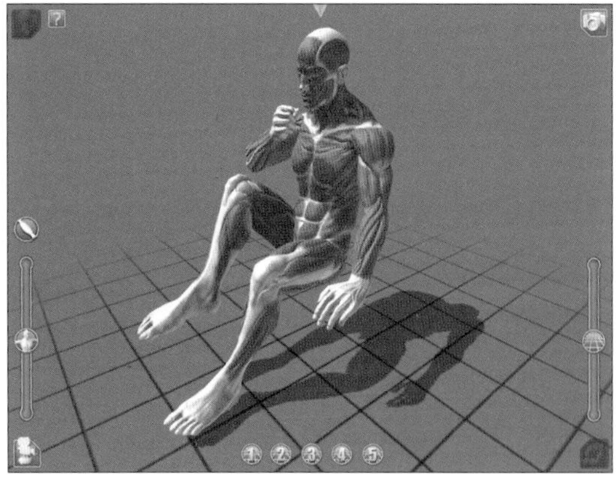

CHAPTER

06

캐릭터에 옷 입히고 신발 신기기

이번 장에서는 어떤 장르의 복장에서나 통용할 수 있는 옷의 재질에 따른 구김, 즉 옷 주름에 대해 설명하겠습니다. 더불어 신발 그리는 방법도 간단하게 보여드리겠습니다.

STEP 01

옷 그리기의 기초

1 옷 그리기에 접근하는 방법

캐릭터의 복장은 장르에 따라 달라지기 때문에 구체적인 복장 디자인을 소개하면 양이 방대해지므로 이 책에서는 다루지 않습니다. 다만, 어떤 복장을 그리건 옷의 재질에 따라 발생하는 구김(주름)은 통용될 수 있습니다. 여기서는 구김(주름)을 중심으로 설명하겠습니다.

2 옷 주름의 종류

옷 주름은 대략 다음과 같은 7가지 이유로 생겨납니다.

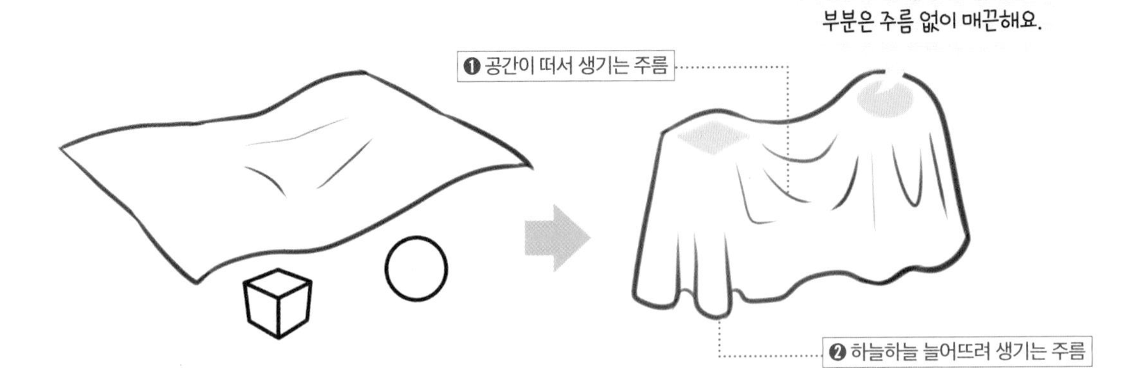

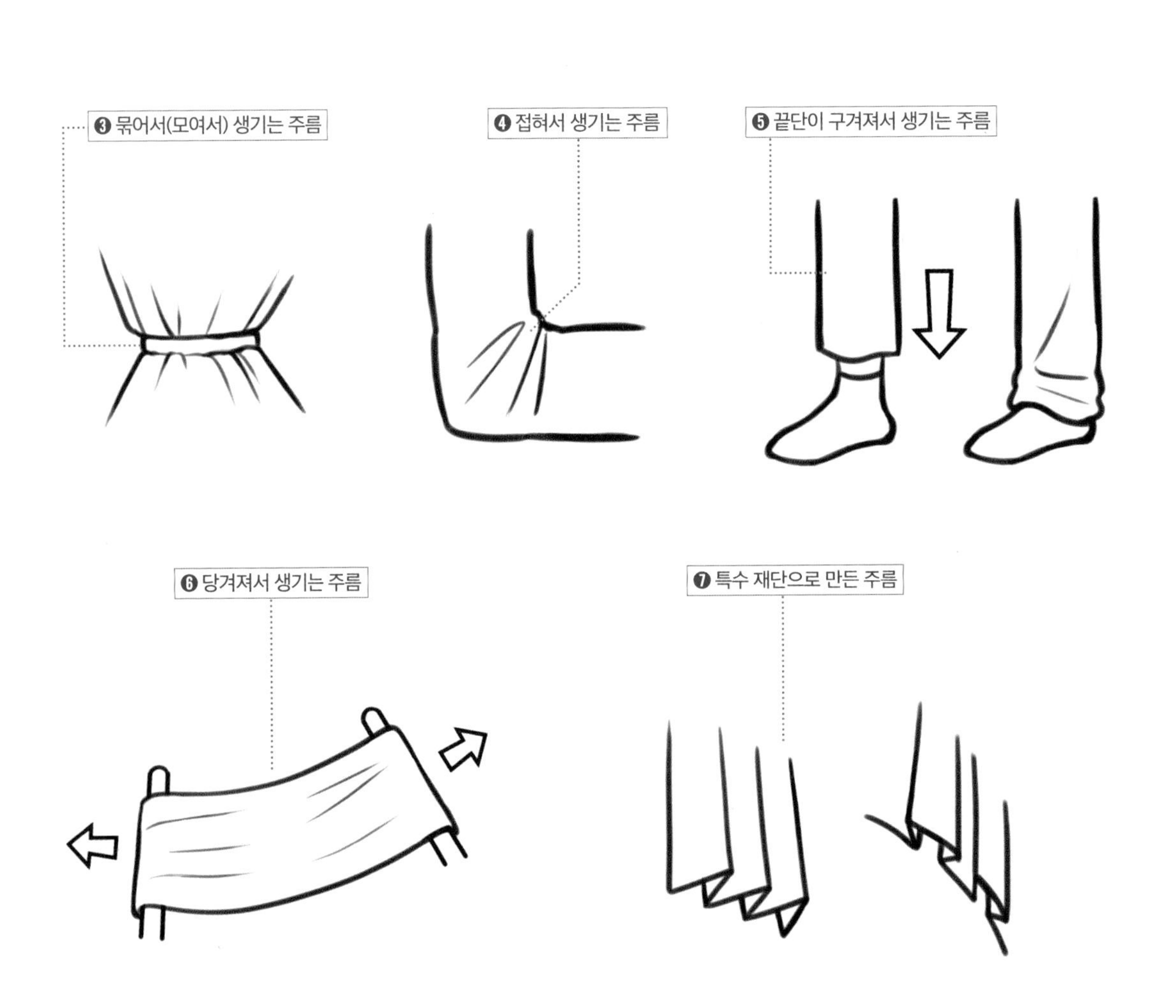

STEP 02

간단한 구조의 옷에서 나타나는 주름

1 짧은 원통형 천을 두를 때

여기 헐벗은 캐릭터가 하나 있습니다. 가장 단순한 형태로 하체에 천을 둘러 옷을 입혀 보겠습니다.

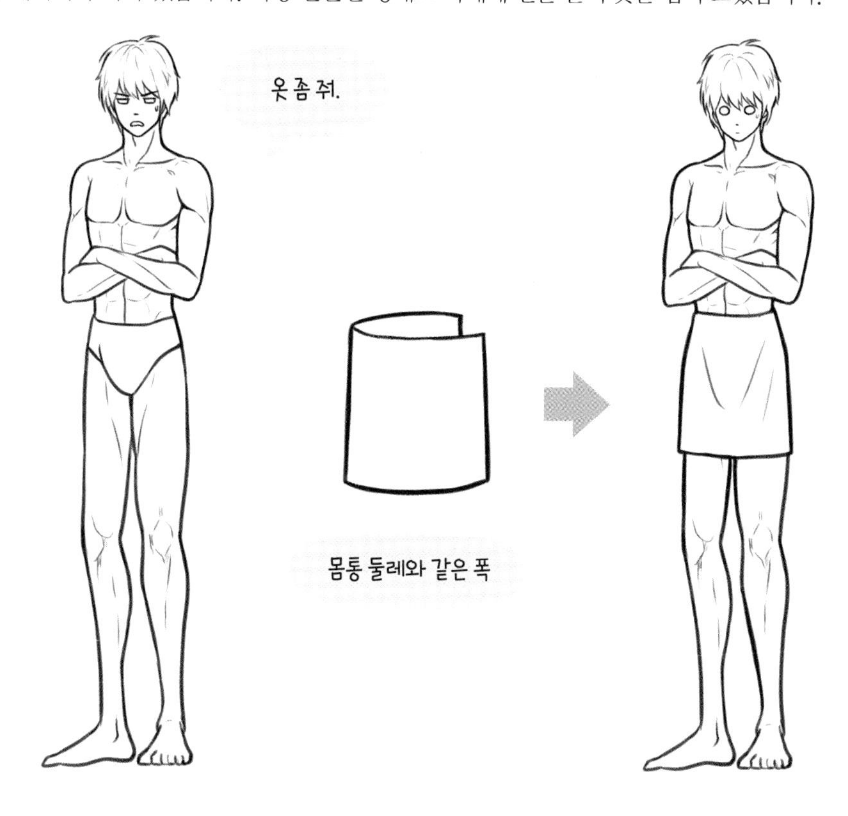

제단과 주름이 상대적으로 단순하게 나타납니다. 옷이 몸에 밀착되면 주름이 많이 생기지 않습니다. 통이 좁은 미니스커트, 고대 이집트의 로인클로스 등이 해당됩니다.

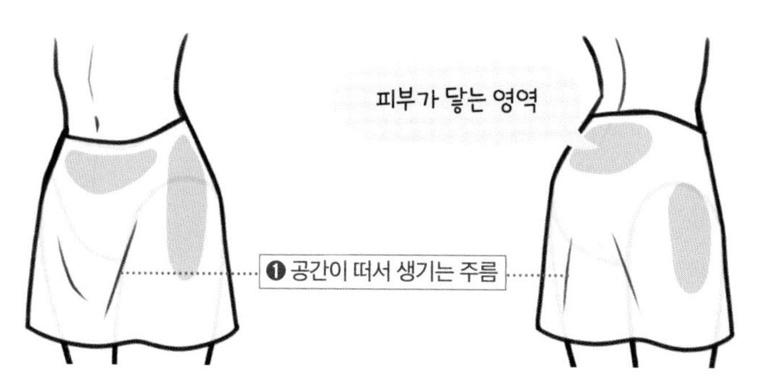

2 긴 원통형 천을 두를 때

이번에는 좀 더 넉넉하고 통이 넓은 천을 둘러보겠습니다. 긴 스커트에 해당합니다. 허리에 천을 고정하기 위해 조여 주는 부분과 늘어뜨린 부분에 주름이 생깁니다.

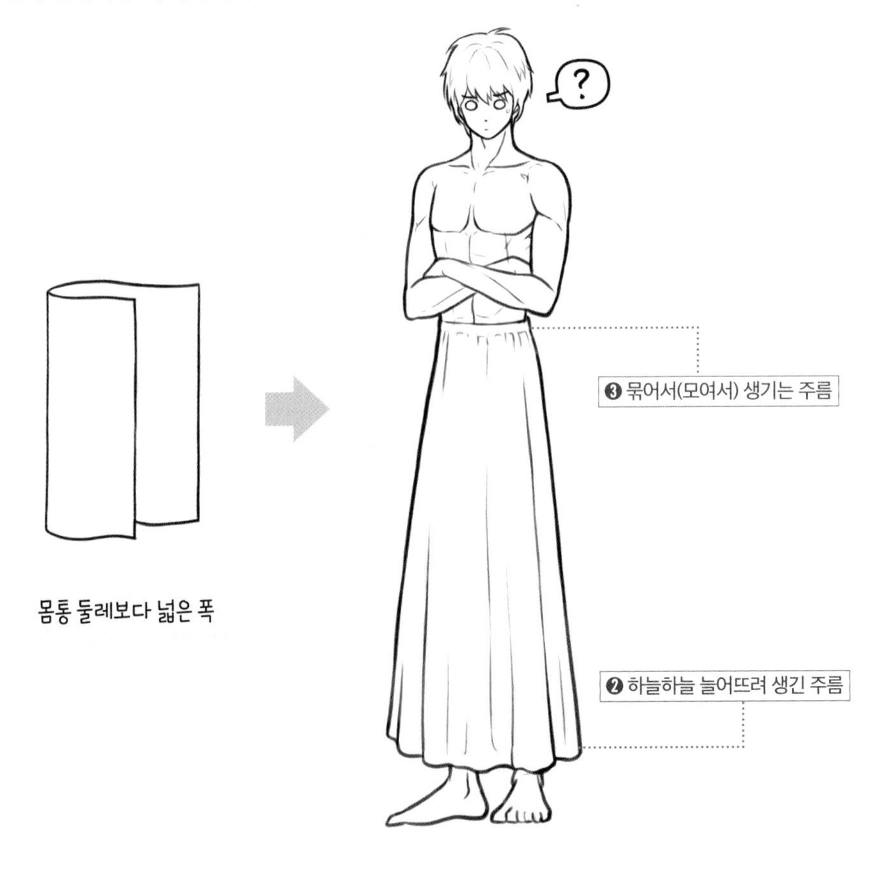

천 밑단이 넉넉하면 하늘하늘 늘어뜨린 주름이 발생합니다. 밑단의 모양부터 그리고, 그것에 맞춰 주름을 아래에서 위로 올려가는 순서로 그립니다.

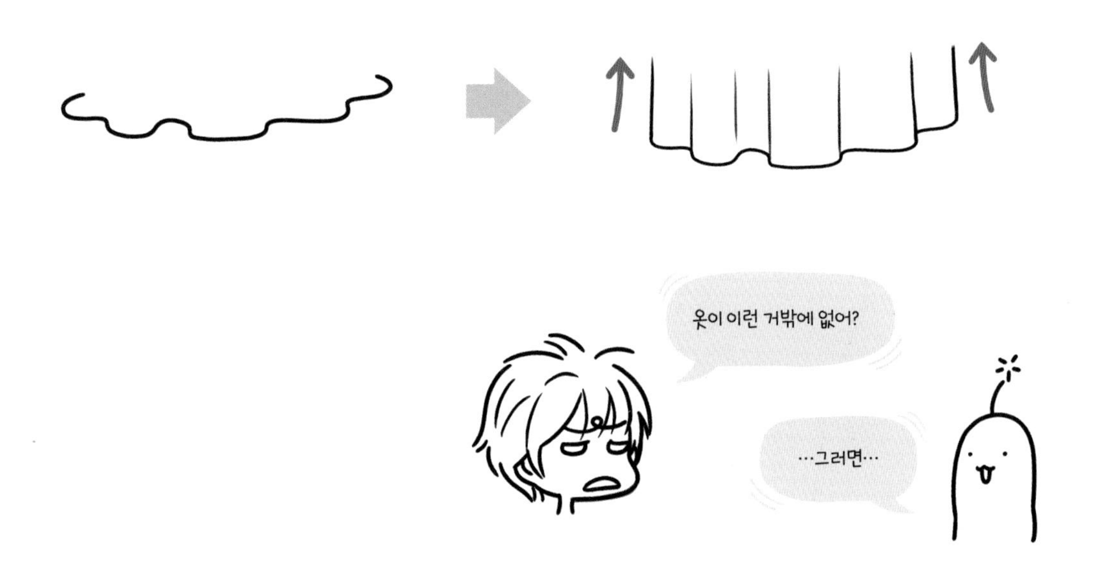

3 천으로 몸을 덮을 때

이번에는 천으로 상체를 덮어보겠습니다. 망토, 케이프, 튜닉 등의 복장에 해당되며, 천이 상체와 밀착되지 않기 때문에 빈공간과 남는 천이 많이 생기고 다양한 주름이 발생합니다.

또, 동작이 조금만 바뀌어도 다른 힘이 작용해 천 주름이 달라집니다. 그래서 주름이 생기는 원리를 이해하고 천 뒤에 숨은 몸의 덩어리를 생각하며 그리는 것이 중요합니다.

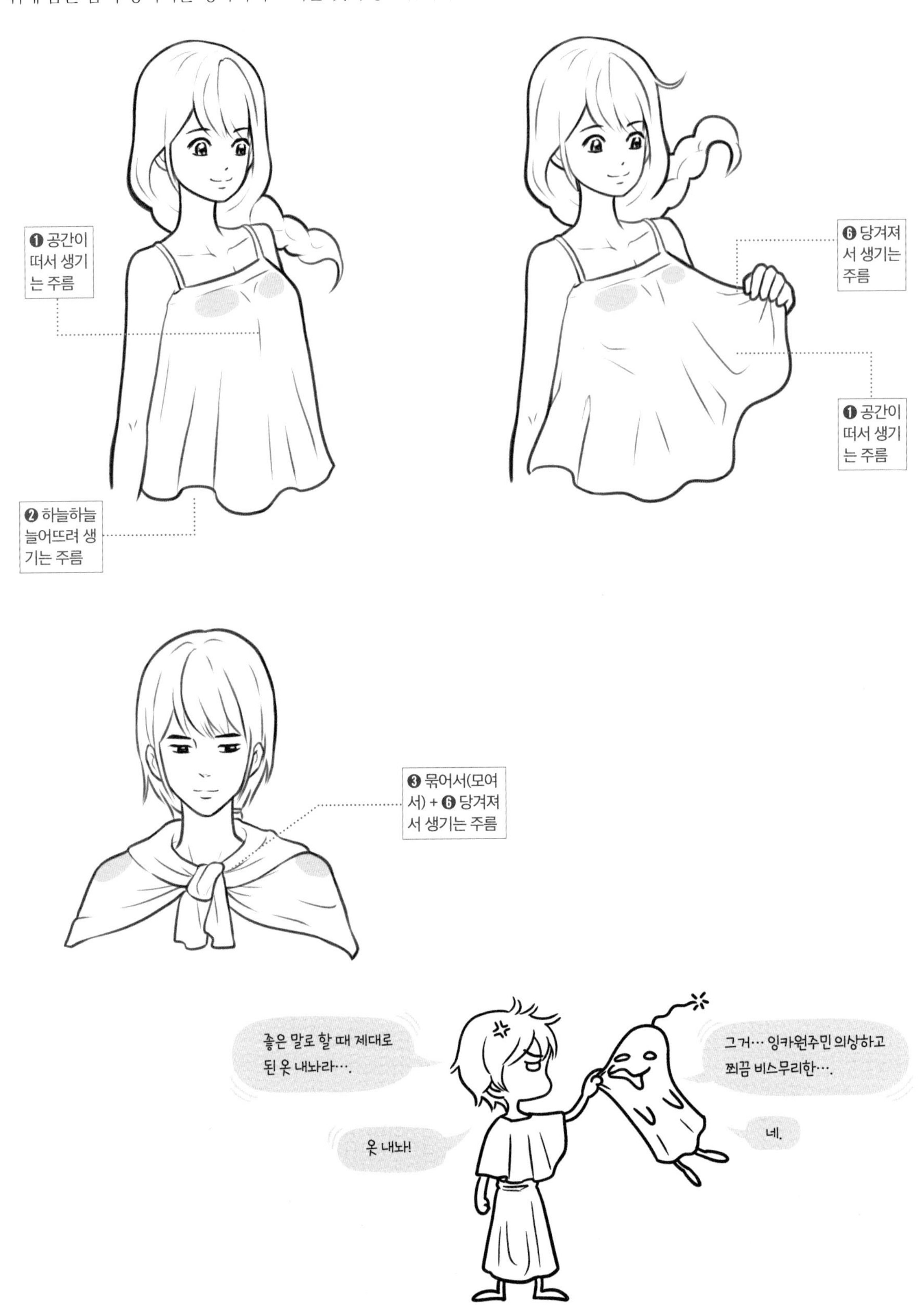

STEP 03

재단된 옷에서 나타나는 주름과 신발

1 재단된 옷의 특징

지금부터는 좀 더 정교하게 재단된 옷을 입혀보겠습니다. 몸에 맞도록 천을 잘라 이어붙인 옷들은 그냥 천을 두르거나 덮은 것만큼 주름이 확확 변하지 않기 때문에 오히려 옷 주름의 유형을 익히기 편합니다.

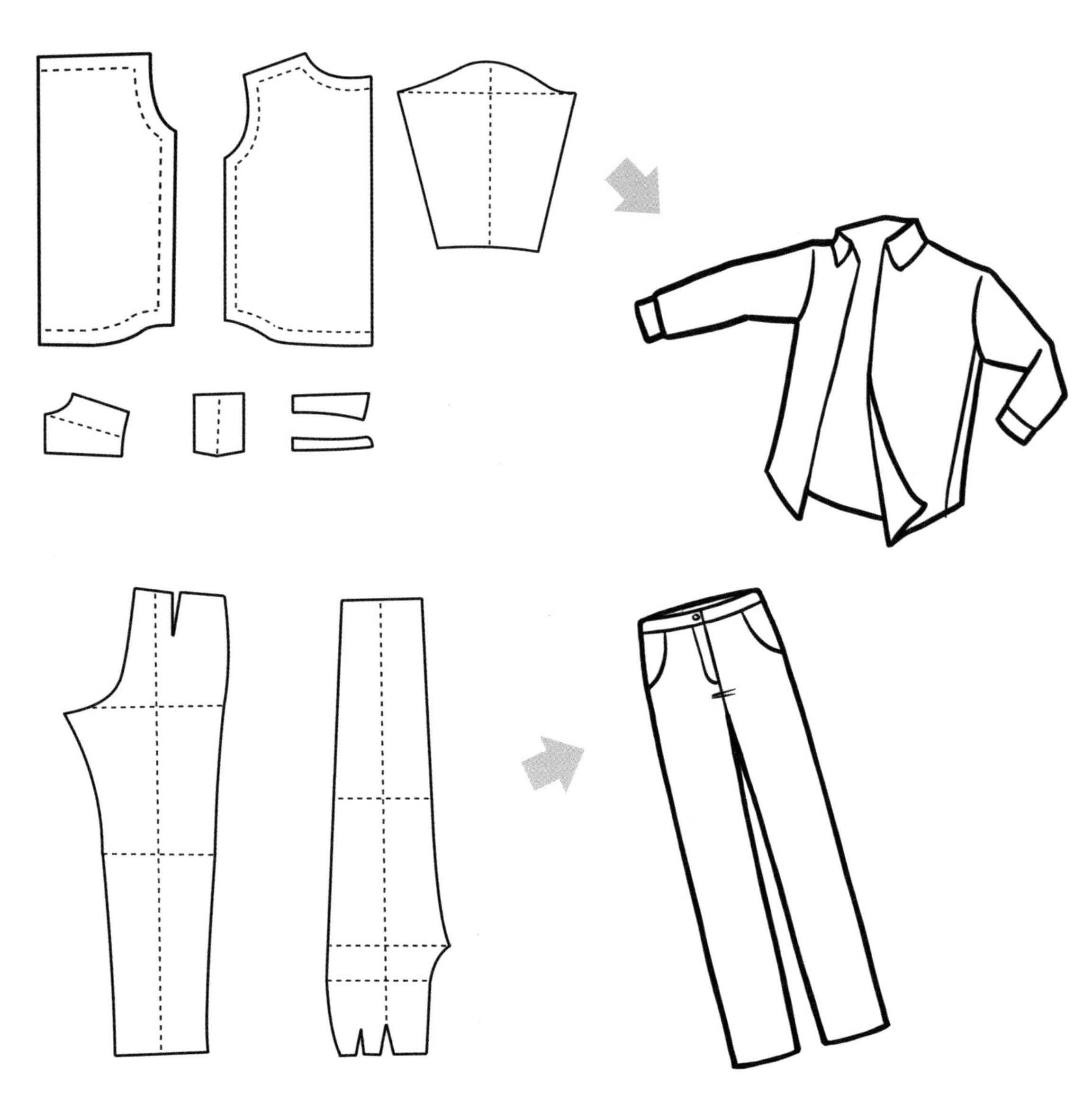

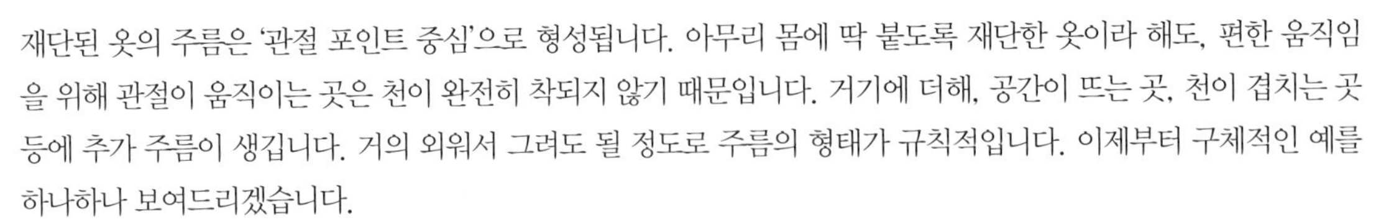

2 재단된 옷에서 주름이 잘 생기는 곳

재단된 옷의 주름은 '관절 포인트 중심'으로 형성됩니다. 아무리 몸에 딱 붙도록 재단한 옷이라 해도, 편한 움직임을 위해 관절이 움직이는 곳은 천이 완전히 착되지 않기 때문입니다. 거기에 더해, 공간이 뜨는 곳, 천이 겹치는 곳 등에 추가 주름이 생깁니다. 거의 외워서 그려도 될 정도로 주름의 형태가 규칙적입니다. 이제부터 구체적인 예를 하나하나 보여드리겠습니다.

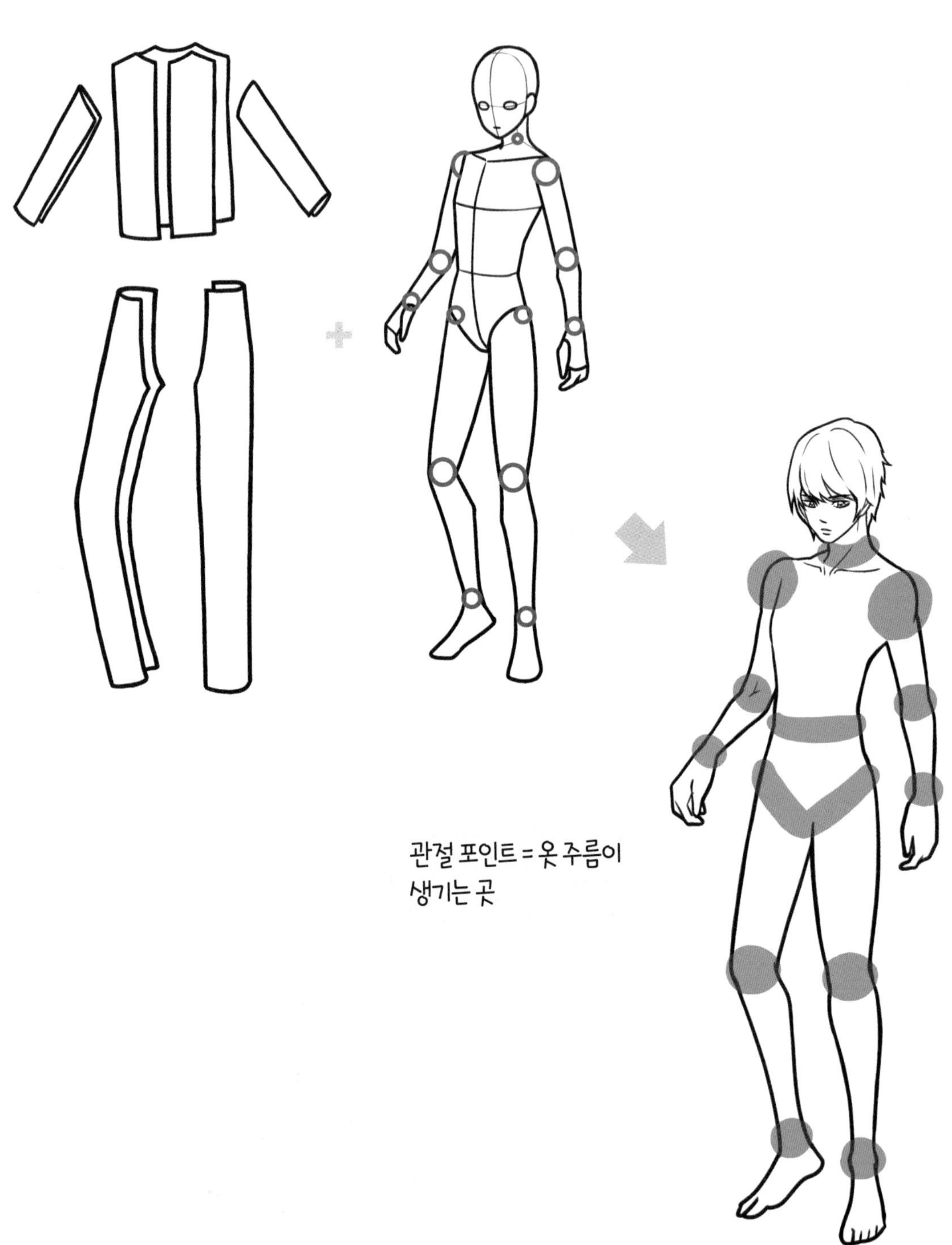

3 반소매와 반바지 + 슬리퍼 형태의 신발

재단한 옷이 몸통을 감싸며 생기는 기본 주름을 관찰할 수 있습니다.

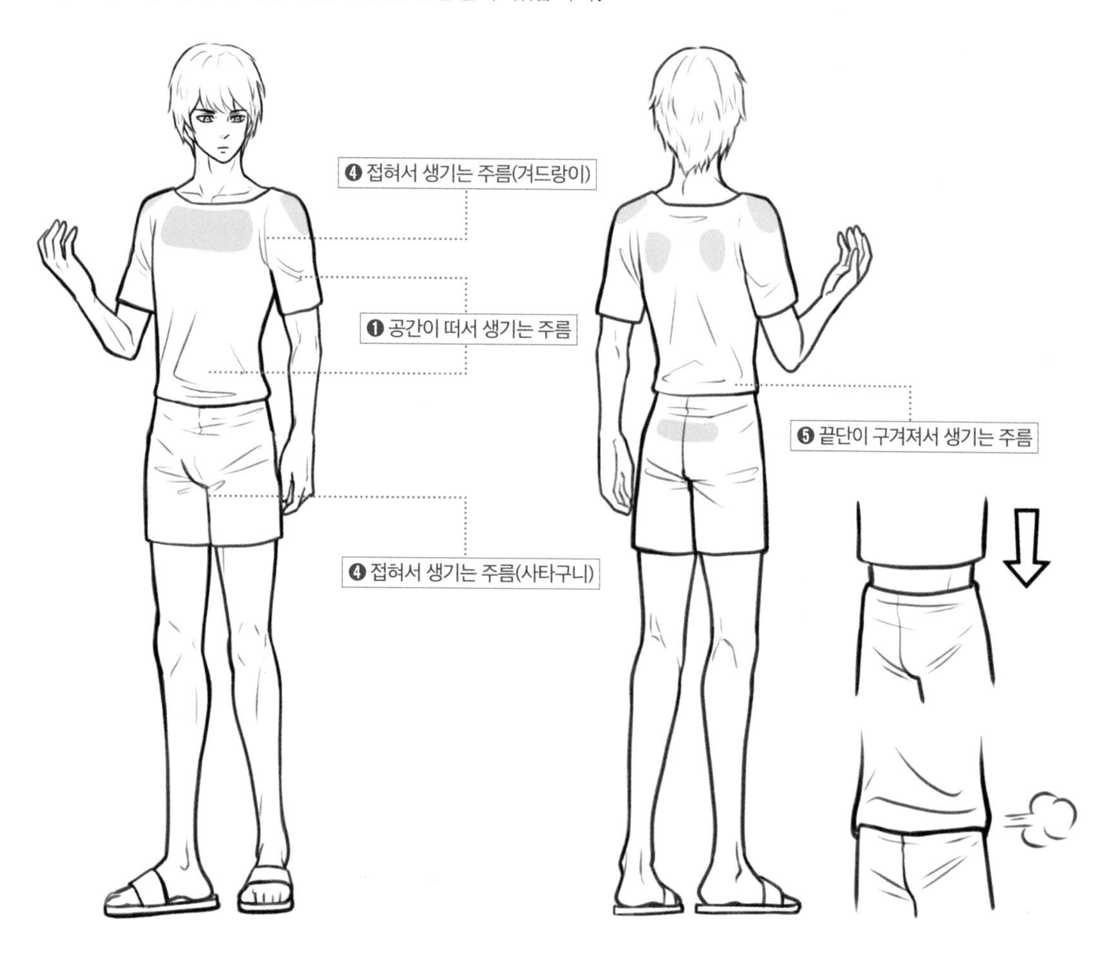

슬리퍼처럼 발가락이 노출되는 신발은 맨발 위에 덧그리는 느낌으로 그리는 것이 도움이 됩니다. 발을 고정하는 끈 부분과 밑창이 기본 묘사 포인트입니다.

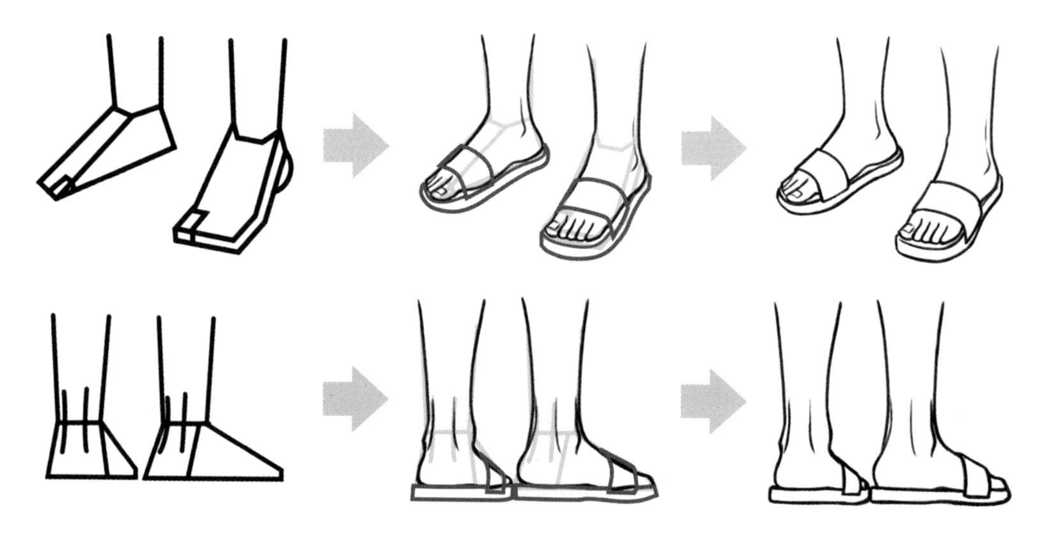

긴소매와 긴 바지 ❶ + 스니커즈형 신발

팔꿈치와 무릎관절이 옷에 가려지며 그곳에 추가로 주름이 생깁니다.

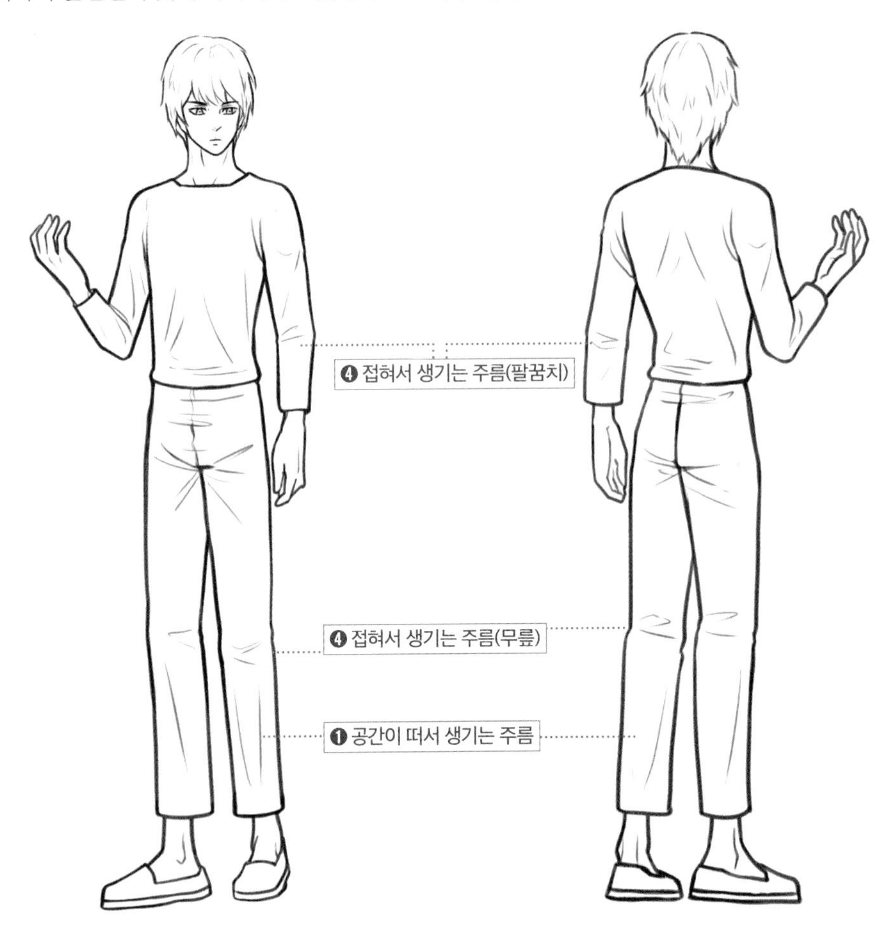

스니커즈형 신발이 가장 쉽고 단순한 형태입니다. 발가락을 가리는 부분, 뒤꿈치를 감싸는 부분, 밑창, 크게 세 부분으로 나뉘어 관찰할 수 있습니다.

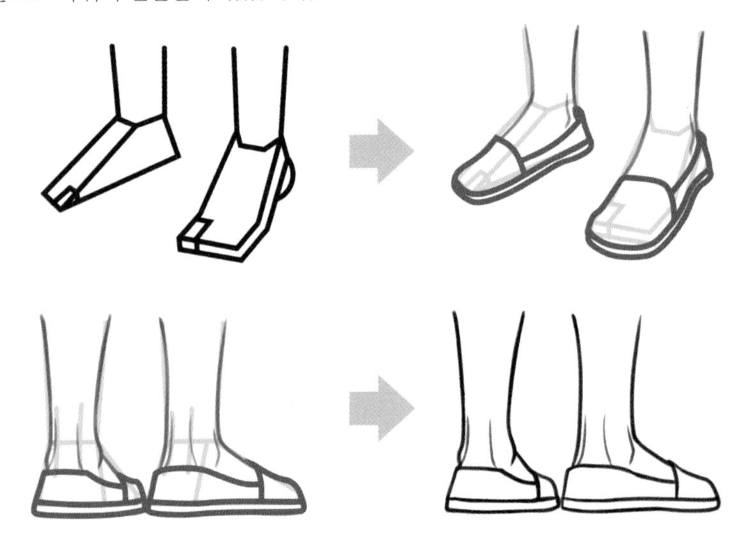

5 긴소매와 긴 바지 ❷ + 운동화형 신발

소매 끝과 바짓단 끝을 조금 더 길게 해서 끝에 생길 수 있는 주름을 추가로 표현해 봤습니다.

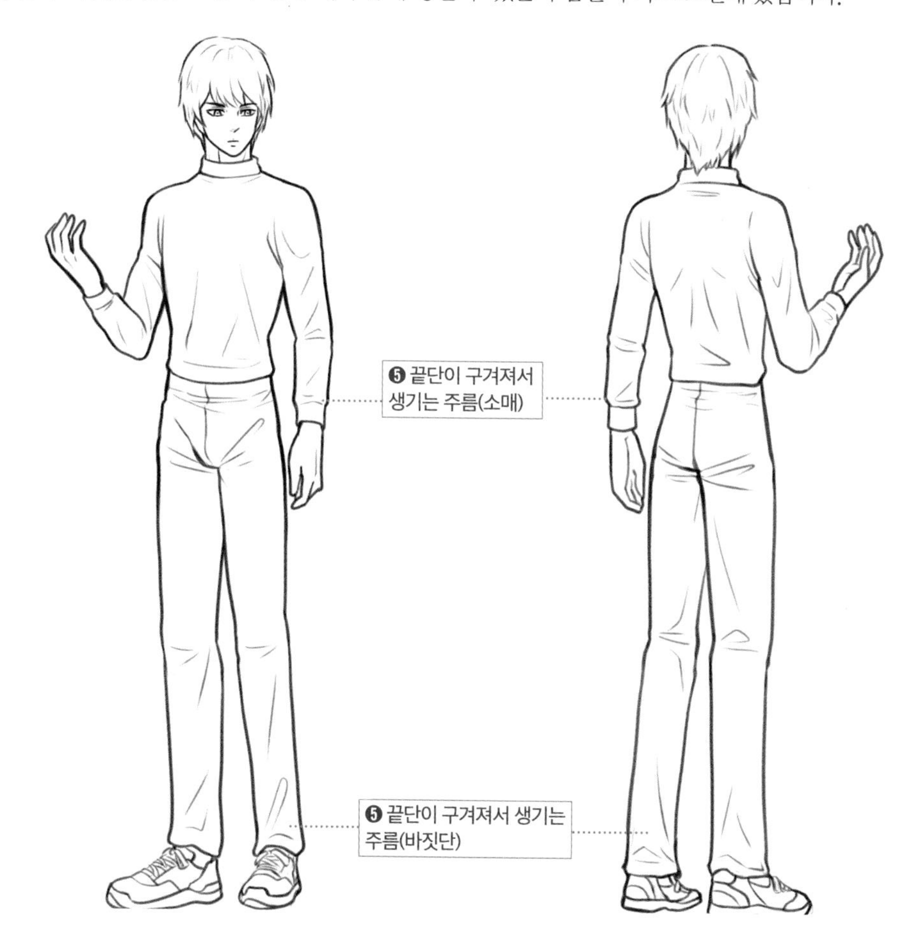

운동화는 발에 편하게 디자인된 신발이기 때문에 직선 부분이 거의 없고 모양이 복잡한 편입니다. 꼭 실제 사진 자료들을 참고해 보세요.

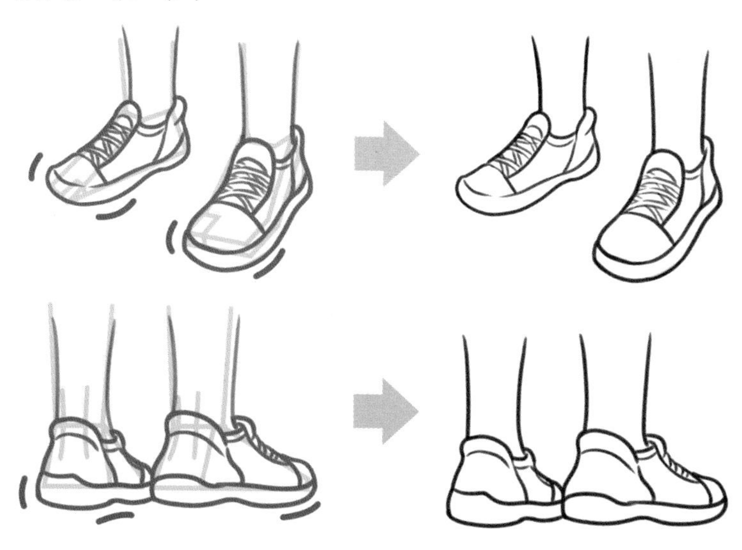

6 두툼한 재질의 옷 + 장화형 신발

주름의 모양은 비슷하지만 나타나는 정도가 현저하게 줄어듭니다.

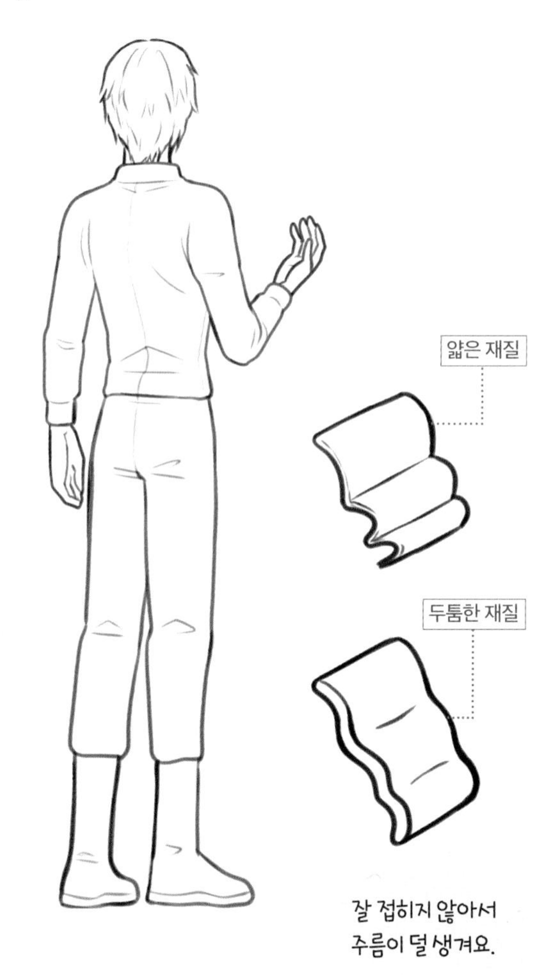

신발은 목 위로 올라오는 장화와 어울립니다.

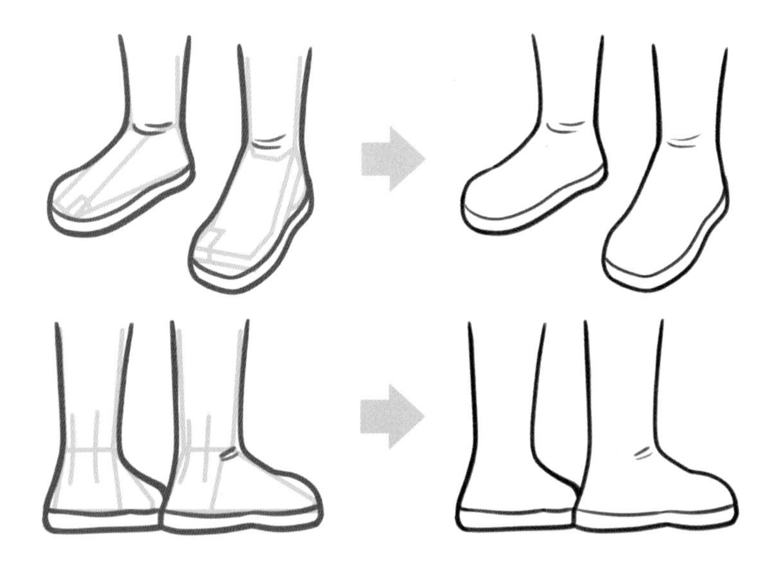

7 뻣뻣한 질감의 옷 + 정장 구두

평범한 천보다 주름이 직선적으로 나오게 됩니다. 셔츠 칼라의 경우 목둘레에 원통을 먼저 그리고 다듬어 주는 방법으로 그립니다.

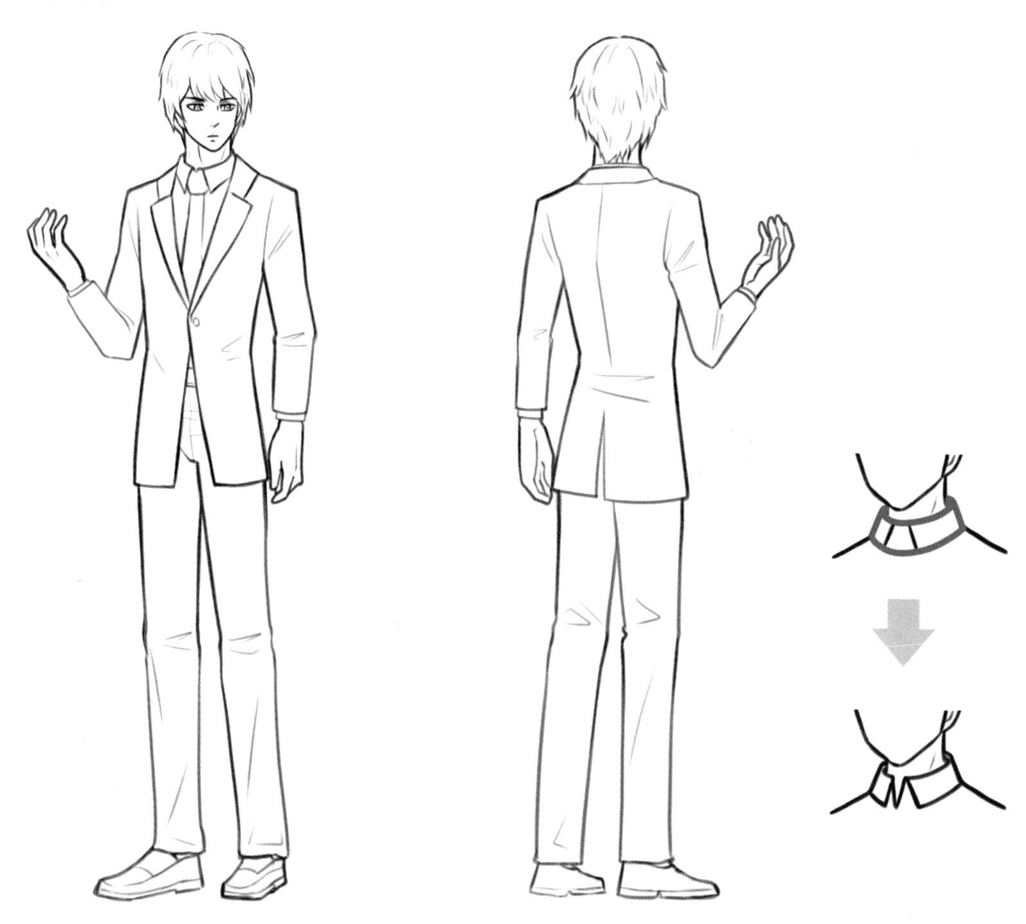

정장 구두는 각지고 딱딱하며 직선적인 느낌입니다.

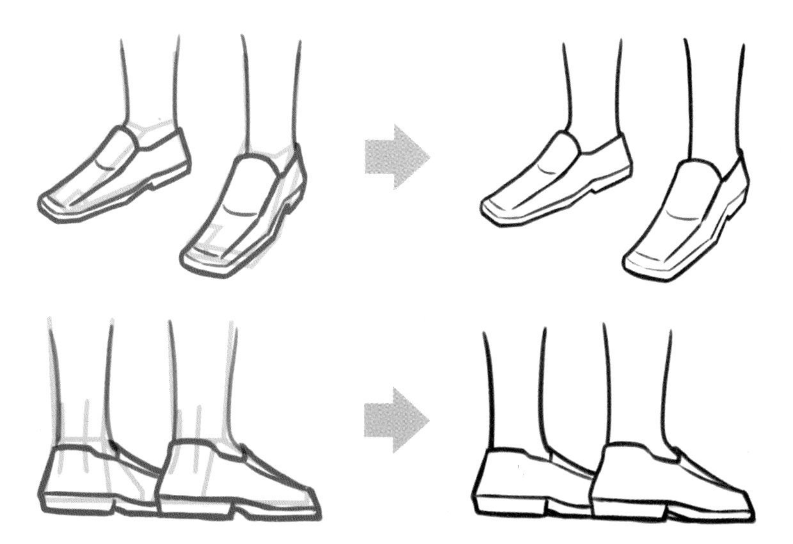

8 소매통이 헐렁한 옷 + 전통 신발

동아시아 한자 문화권 및 서아시아 이슬람 문화권 전통 복장에서 쓰이는 재단 방식입니다. 소매와 바짓단의 천이 넉넉해지고, 몸과 밀착되지 않기 때문에 다시금 붕 뜨고 자세에 따라 변하는 주름들이 생깁니다.

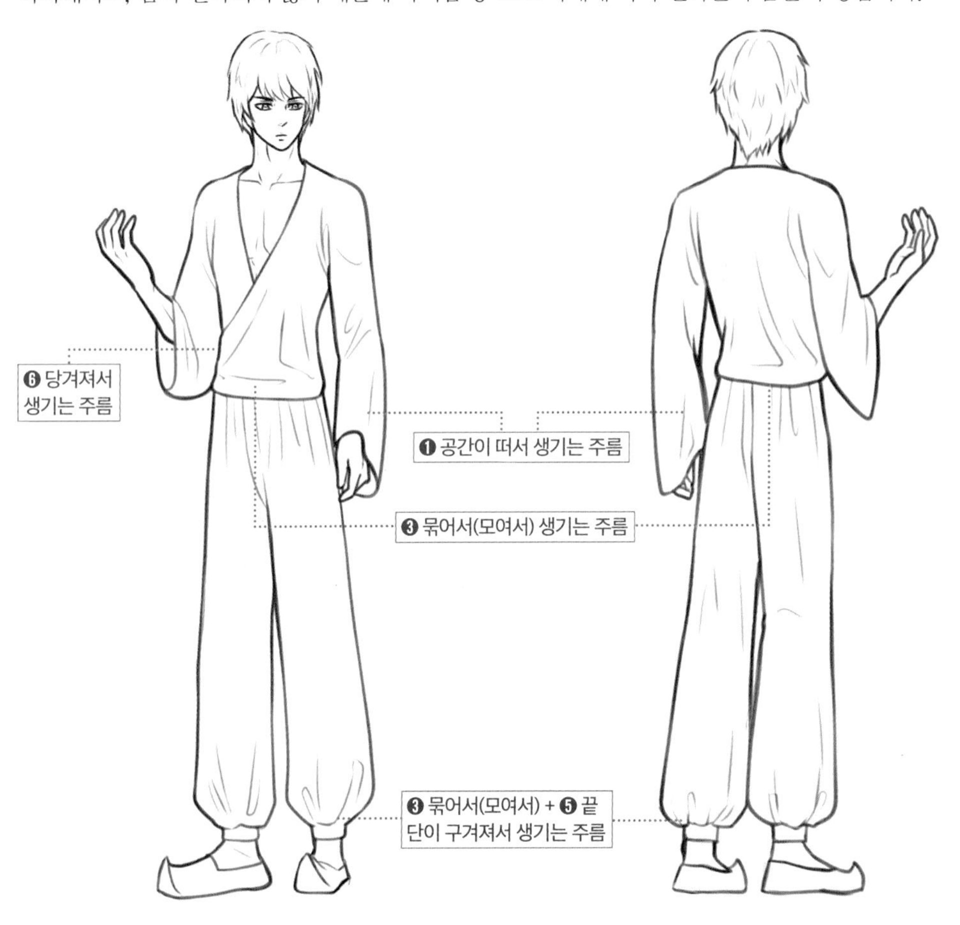

전통화는 단화(스니커즈)와 같은 기본 틀에 코끝이 뾰족하고 올라간 경우가 많습니다. 올라가는 정도는 다릅니다.

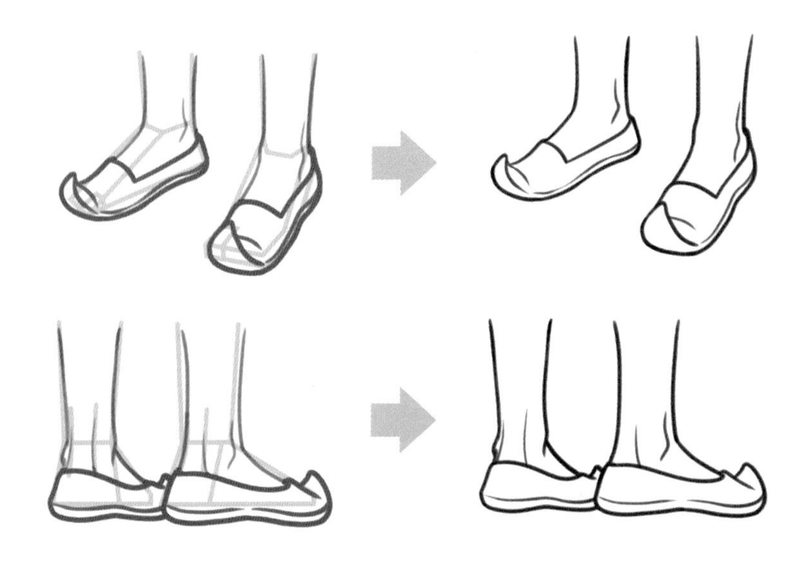

9 재단으로 만든 주름이 들어간 옷 + 하이힐

유럽, 북미의 전통 복장, 그리고 장식적인 복장에서 주로 등장합니다. 실제 사진뿐 아니라, 만화로도 표현하는 방식이 잘 발달해 있기 때문에 참고하면 크게 도움이 됩니다. 하늘하늘 늘어뜨린 주름을 그릴 때처럼 가장자리를 먼저 그리고, 그것에 맞춰 주름을 완성해 가면 섬세하게 그릴 수 있습니다.

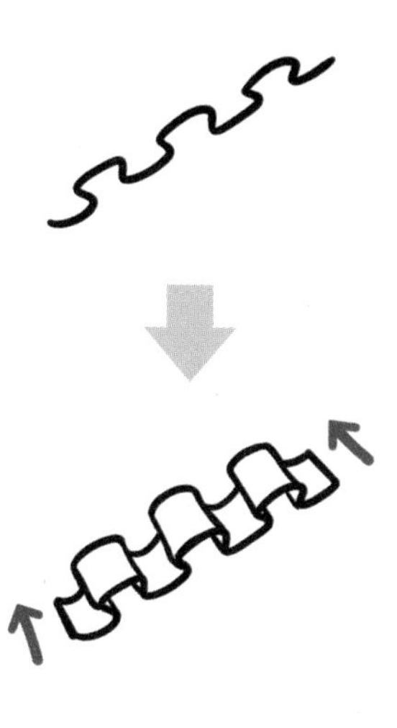

하이힐을 그릴 때는 발의 기본 틀이 까치발 자세로 바뀌게 됩니다.

SPECIAL TIP

몸 그리는 내공 늘리기

지금까지 몸의 묘사 포인트를 설명하고, 해부학적 지식을 틈틈이 보여드렸습니다. 하지만 앞에서도 말했듯이 무작정 해부학 교재를 보는 건 추천하지 않습니다. 너무 어렵고, 복잡하고, 자칫하면 그림에 대한 흥미를 잃을 수 있습니다. 그보다는 다음 세 가지 방법으로 몸을 그려보면서 해부학책은 마치 사전을 찾아보듯 참고하는 편이 개인적으로는 훨씬 효과적이었습니다.

1. 사진이나 그림 자료를 참고하기

3파트의 2장에서 보여드린 방법입니다. 자기 그림, 즉 기본 틀 위에 '정보를 끌어오는' 방식으로 그려보세요.

포즈를 참고하고 싶을 때는 관절 포인트를 정보로 끌어옵니다.

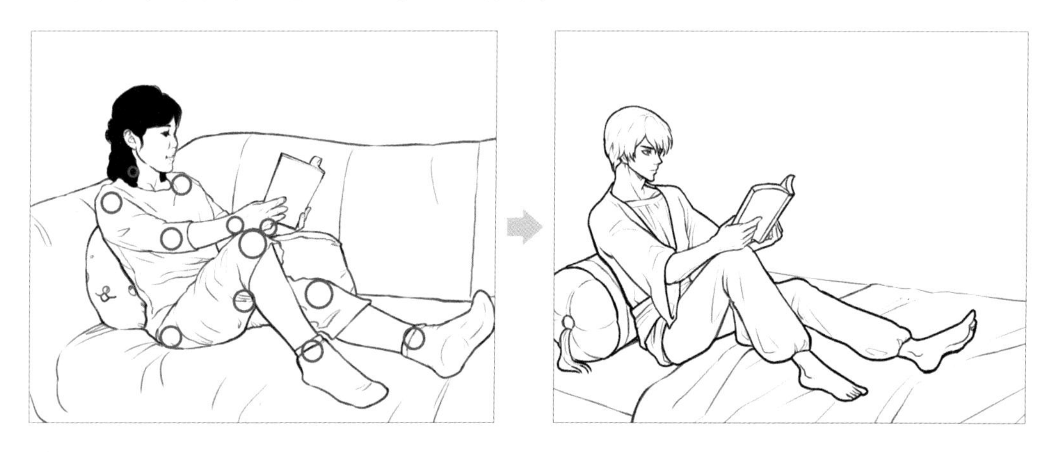

근육을 참고하고 싶을 때는 몸에 드러난 근육의 생김새를 정보로 끌어옵니다.

2. 크로키

모델을 직접 보고 '제한된 시간' 동안 몸을 따라 그리는 것입니다. 직접 보고 그리면 사진과는 또 느낌이 다릅니다. 시간은 30초, 1분, 5분, 10분 등의 단위로 제한합니다. 처음에는 완성하기 어렵지만 계속 그리다 보면 자연스럽게 손이 빨라집니다.

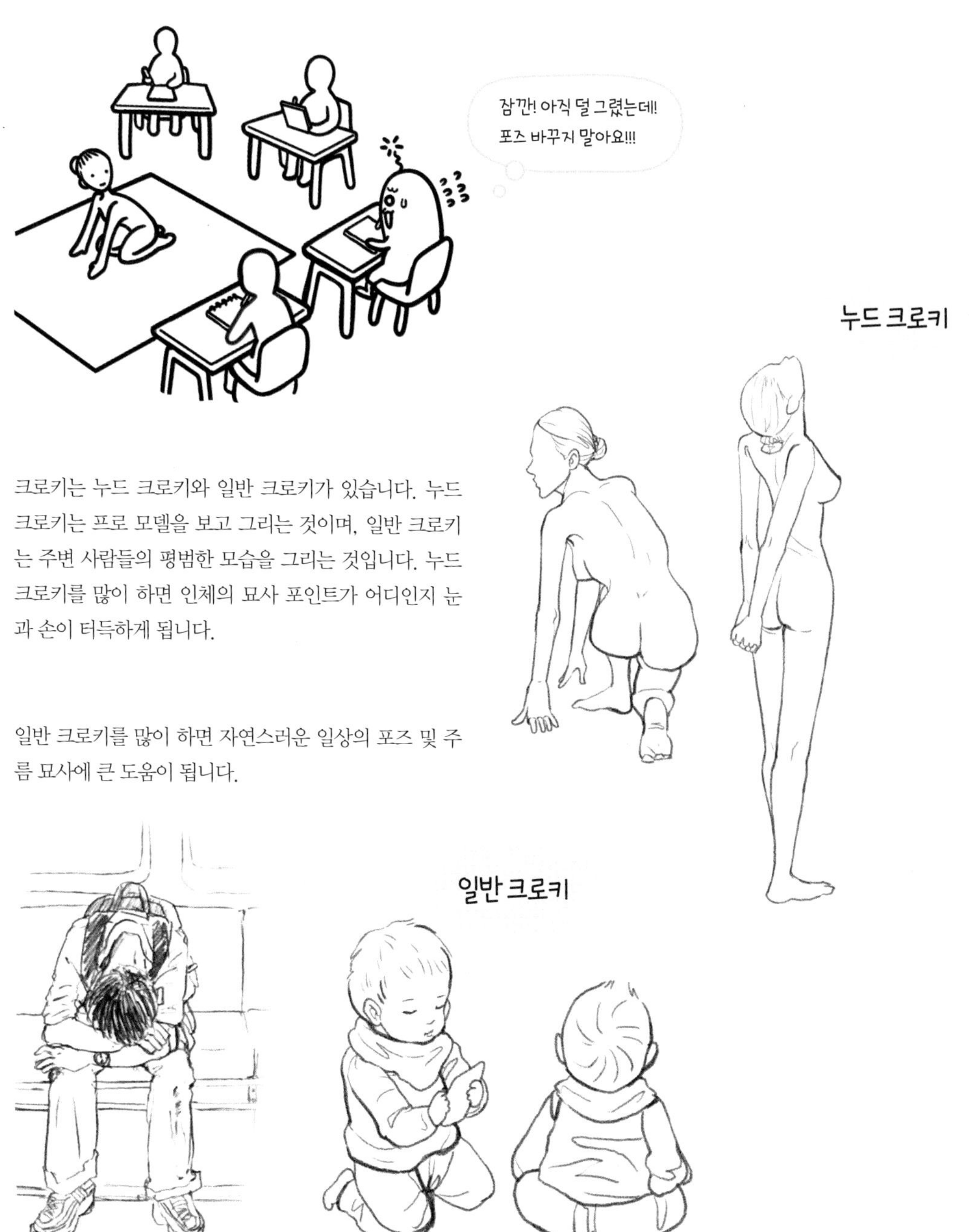

크로키는 누드 크로키와 일반 크로키가 있습니다. 누드 크로키는 프로 모델을 보고 그리는 것이며, 일반 크로키는 주변 사람들의 평범한 모습을 그리는 것입니다. 누드 크로키를 많이 하면 인체의 묘사 포인트가 어디인지 눈과 손이 터득하게 됩니다.

일반 크로키를 많이 하면 자연스러운 일상의 포즈 및 주름 묘사에 큰 도움이 됩니다.

크로키는 웹툰 드로잉과 잘 어울리는 내공 키우는 방법입니다. 짧은 시간 동안 '선'으로 여러 장을 그려보는 데다가 그 과정에서 실제 인체의 '자연스러운' 포즈가 무엇인지 알게 되기 때문입니다.

3. 3D 인형

크로키 모델이 만들 수 없고, 사진 자료로도 찾기 어려운 포즈 및 카메라 앵글로 그리고 싶을 때 매우 도움이 됩니다. 조작법을 익히면 포즈도, 카메라 앵글도 마음대로 만들고 조정할 수 있습니다.

컴퓨터 프로그램으로는 클립 스튜디오에 내장된 3D 인형이 대표적입니다. 클립 스튜디오 사용자라면 별도의 프로그램 설치 없이 포즈를 만들거나, 주어진 포즈를 불러와 사용할 수 있습니다. 그림체에 따라 체형 조정도 가능합니다.

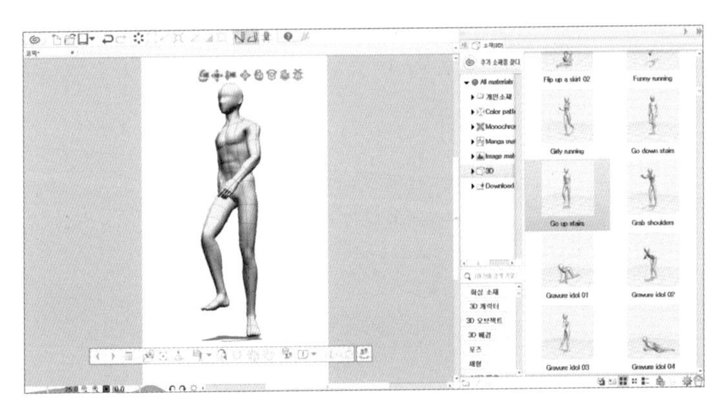

안드로이드, IOS 애플리케이션으로도 많은 프로그램이 있습니다. 그중 7장에서 보여드린 것은 ArtPose라는 프로그램입니다. 개인적으로 근육을 자유롭게 관찰할 수 있기 때문에 애용합니다.

컴퓨터 검색창에서 안드로이드나 IOS는 애플리케이션 스토어에서 '3D pose' 같은 검색어로 찾을 수 있습니다. 프로그램마다 각각의 개성과 장점이 있어 자신에게 맞는 것을 찾아 쓰면 됩니다.

Magic Poser

다양한 포즈를 참고할 수 있어요.

Easy Poser

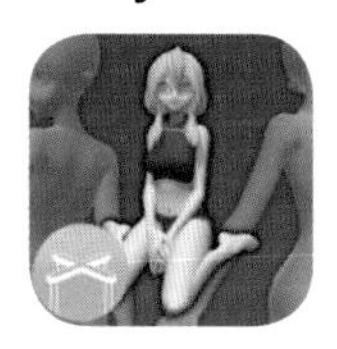

여러 그림체를 소화할 수 있어요.

Art Model

체형을 섬세하게 조절할 수 있고, 극화에 어울려요.

이외에도 여러 3D 인형 프로그램들이 있어요.

4. 가장 좋은 몸 그리기 연습 방법

앞에서 설명한 세 가지 몸 그리기 내공 늘리는 법은 어느 것이 가장 효과적이라고 말하기는 어렵습니다. 각각 장단점이 있기 때문에 다양하게 활용해 봅니다.

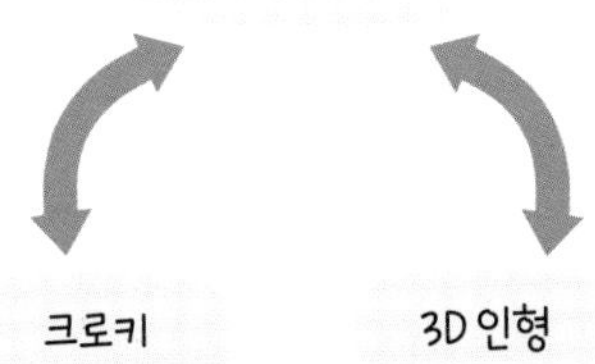

그러면서 필요할 때마다 해부학 교재를 찾아보면 훨씬 내공이 빨리 느실 거에요.

PART 04

원경 컷을 위한 배경 그리기

원경 컷의 연출 효과에 대한 간단한 설명과 함께 원경 컷을 그리는 데 꼭 필요한 배경 그리는 방법을 집중적으로 다루어 보겠습니다.

CHAPTER

01

공간과 상황을 설명해 주는 원경 컷

원경 컷의 범위와 일반적인 용도, 그리고 특수한 연출 효과에 대해서 간단히 짚어보겠습니다.

원경 컷 이해하기

STEP 01

1 원경 컷의 범위

원경 컷이란 배경이 주가 되고 인물은 배경의 일부로 녹아드는 컷을 의미합니다.

배경만 있을 수도 있고 인물이 나타난다고 해도 동작과 행동까지는 보이지만 표정은 잘 보이지 않아요.

STEP 02

원경 컷의 일반적인 연출 효과

1 상황 설명

원경 컷은 카메라가 등장인물과 멀리 떨어져 있는 만큼 독자들도 등장인물과 거리감을 느끼게 됩니다. 이 경우 독자들은 등장인물에 대한 공감보다는 '관찰'을 하게 됩니다.

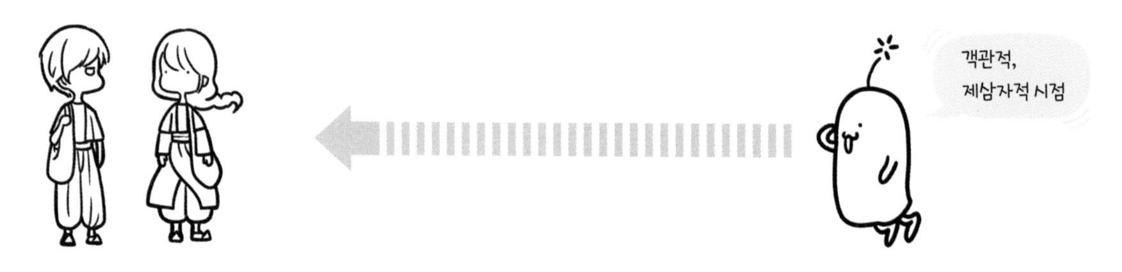

그래서 감정적인 무언가를 전달하는 기능보다는 '상황 설명' 즉, 등장인물들이 어떤 공간 상황에 있는지 이해시키는 기능을 합니다. 원경 컷이 한 컷 나오면 이후 뒤에 배경이 꼭 보이지 않아도 독자들은 등장인물이 있는 공간을 머릿속으로 상상하면서 이야기를 따라가게 됩니다.

2 원경 컷이 차지하는 비중

원경 컷은 장면이 바뀔 때 공간이 바뀌었다는 것을 보여주기 위해 한 두 컷 등장하는 정도로, 다른 것들보다 드물게 사용됩니다. 다른 컷을 그릴 때보다 손이 많이 가서 그리기도 불편할 뿐더러 등장인물의 감정을 전달하는 힘은 별로 없기 때문입니다.

웹툰에서는 근거리 컷을 많이 사용하여 매번 공간이 설명되기 때문에 이조차 불필요할 수도 있습니다.

STEP 03

원경 컷의 특수한 연출 효과

1 코믹한 정서 표현

원경 컷은 배경 공간 소개로 그치는 게 일반적이지만, 예외도 있습니다. 그 중의 하나가 코믹한 정서 표현입니다. 등장인물은 나름 심각한 상황인데 카메라가 멀찍하게 뒤로 가 버릴 경우, 등장인물의 심각한 감정에서 이입이 확 빠져나가 버리기 때문에 마음이 가벼워지고, 심지어 코믹해 보일 수도 있습니다.

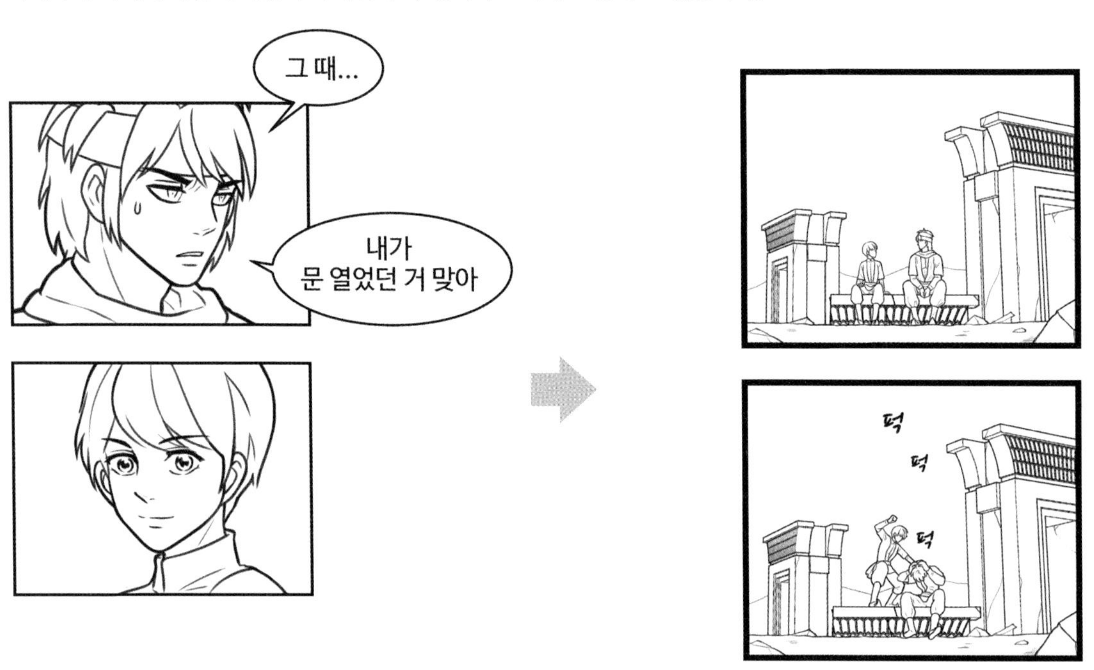

등장인물은 '나름' 진지하지만, 상황 전체는 웃기거나 가볍게 하고 싶을 때 사용할 수 있습니다.

2 고독한 정서 표현

앞에서 본 코믹한 정서는 등장인물의 감정과 독자의 감정 간의 불일치 효과를 노린 것입니다. 반면, 고독하고 쓸쓸한 정서를 원경 컷으로 표현할 경우 등장인물이 느끼는 외로운 감정이 독자들에게 한결 잘 전달됩니다.

독자가 등장인물을 '거리를 두고' 바라보게 된다는 것은 그만큼 등장인물은 '소외된 것'이나 다름없기 때문에 고독감이나 쓸쓸함이 강조되는 거예요.

앞에서 설명한 두 가지 예를 제외하면 원경 컷은 등장인물의 감정, 정서를 거의 전달하지 않습니다. 따라서 단순히 공간을 설명하거나 혹은 등장인물의 감정을 대놓고 표현하지 않고 '절제해서 전달하고 싶을 때' 사용합니다.
이제부터 원경컷 그리는 데 꼭 필요한 배경 그리는 방법을 집중적으로 다루어 보겠습니다.

CHAPTER

02

인공 배경 그리기

투시 원근법을 이해하고, 인공 배경을 손으로 그리는 방법에 대해 중점적으로 설명합니다.

STEP 01

인공 배경과 투시 원근법

1 인공 배경이란

인공적이라는 것은 말 그대로 풀이하자면 '사람 손을 거쳤다'는 것을 의미하지만, 그림에서 인공물, 혹은 인공 배경이란 '규칙적인', '나란한' 부분이 있어서 투시 원근법을 적용할 수 있는 배경을 의미합니다. 즉 인공 배경, 혹은 인공물(소품 포함)은 '나란한', '반복되는' 모양새와 배열을 가진 것을 의미합니다.

육면체 건물

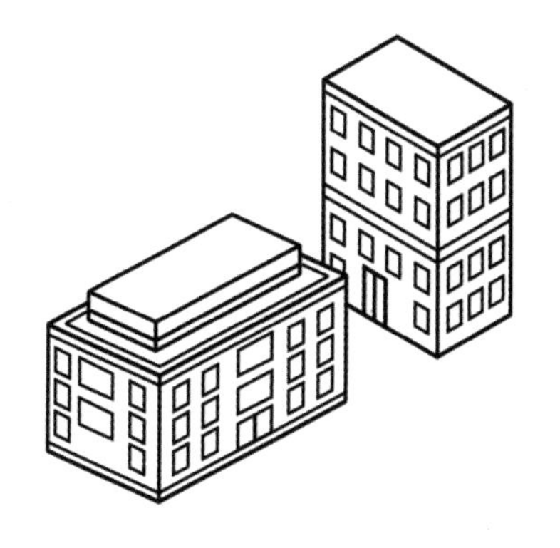

똑같은 간격으로 나란히 선 원기둥

직선형, 바둑판식 도로

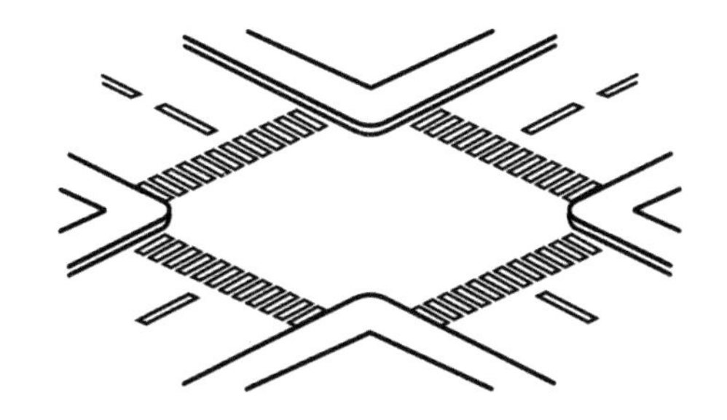

가로수

가로수도 '나란히 반복'되기 때문에 하나하나는 자연물이지만 인공 배경으로 분류할 수 있어요.

2 그림체와 투시 원근법

평면적인 그림체에서는 인공 배경 묘사 방법이나 자연 배경 묘사 방법이 큰 차이가 없습니다.

하지만 입체적인 그림체에서 인공 배경, 혹은 인공물(소품)을 잘 그리기 위해서는 투시 원근법에 대한 이해가 필요합니다. 요즘 웹툰은 3D를 이용해 배경을 넣는 경우가 많지만, 투시 원근법의 기초를 알아두면 정말 큰 도움이 됩니다. 콘티를 짤 때도 유용하고, 어떨 때는 3D를 만들거나 찾아 헤맬 시간에 차라리 손으로 그리는 게 빠를 때도 있습니다.

STEP 02

투시 원근법의 기본

투시 원근법의 핵심

투시 원근법이라고 하면 퍼스자, 소실점… 뭔가 단어만 들어도 복잡해 보이고 머리가 아파오는 분들도 있을 겁니다. 하지만 투시 원근법이란 똑같은 크기의 물체라도 앞에 있는 것은 '크게', 뒤에 있는 것은 '작게' 그린다는 의미로 생각하고 접근하면 쉽습니다.

둘 사이를 가상의 선으로 연결할 경우 실제로는 평행한 선인데도 두 선이 모여드는 것처럼 그립니다.

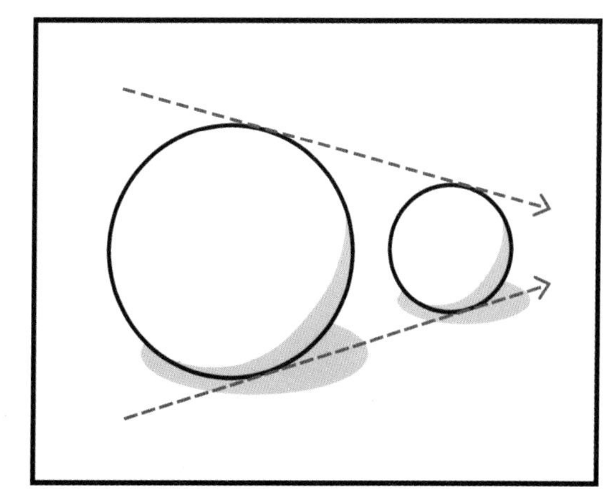

2 투시 원근법의 핵심을 적용한 그리기 방법

실제 인공물 소품이나 배경을 손으로 그릴 때는 소실점이 어디 있느냐는 중요한 문제가 아닙니다. 그보다는 '나란히' 있는 것들이 눈앞에서 멀어질 때 나란한 선, 혹은 나란한 것들을 이은 가상의 선들이, 눈앞에서 멀어질수록 모이거나 최소한 평행하게 그려야 합니다.

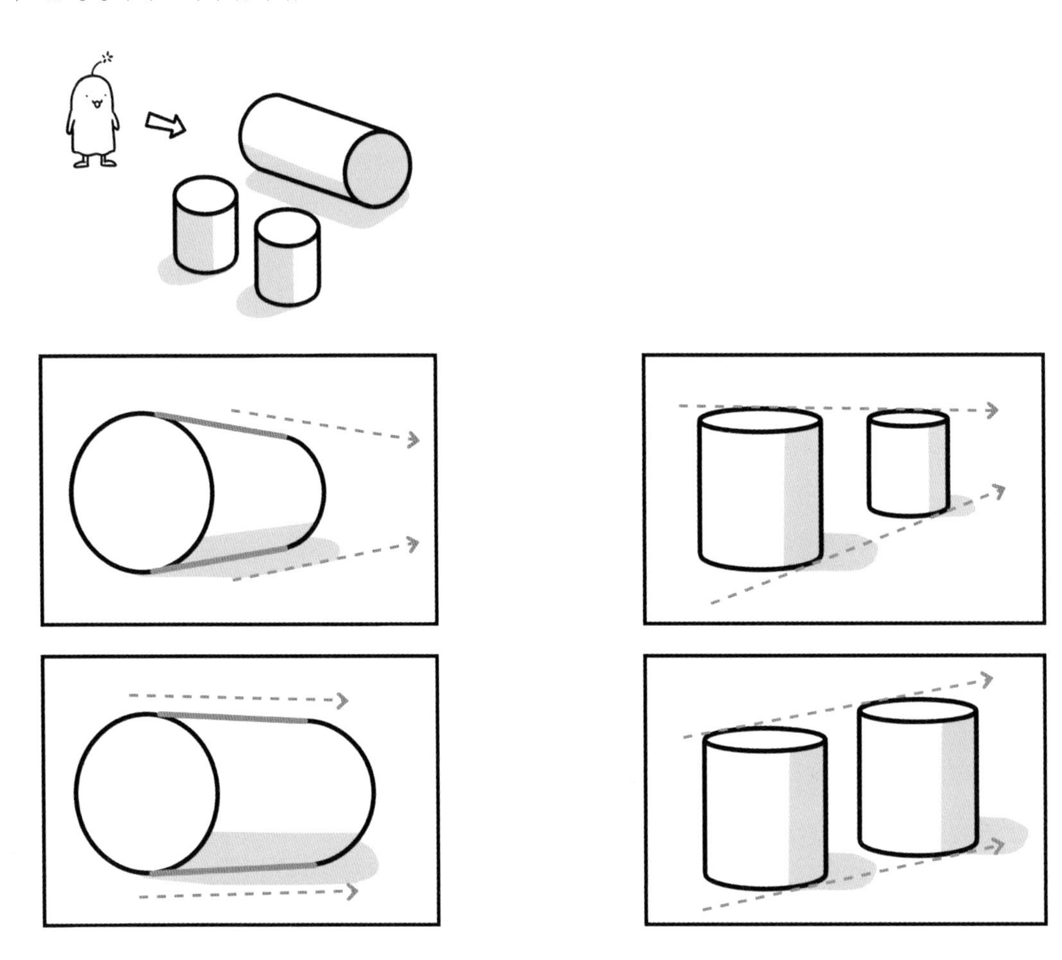

최소한 간격이 벌어지지만 않게 그리면 투시 원근법을 적용했다고 볼 수 있습니다.

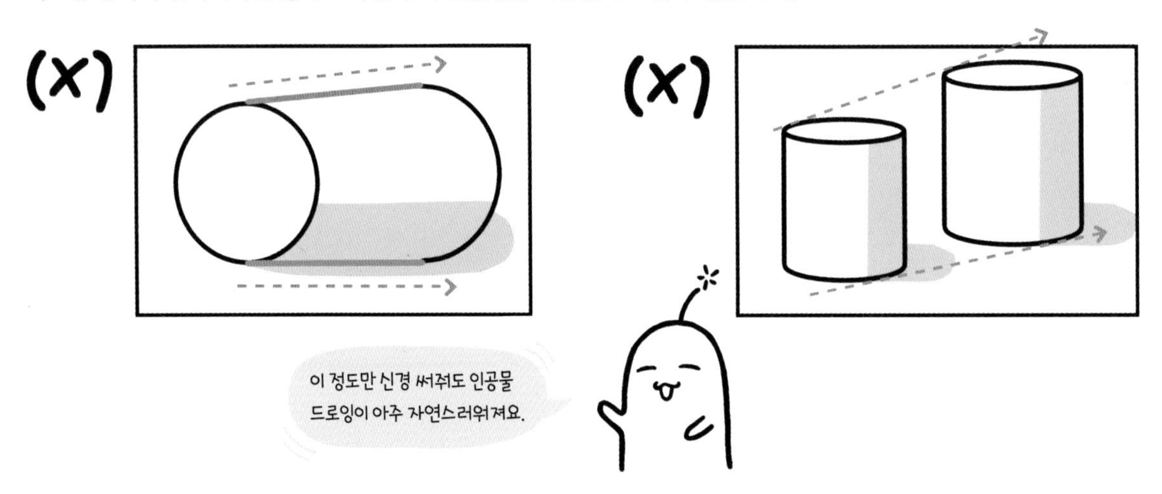

STEP 03

소실점 쉽게 이해하기

1 1점, 2점, 3점 투시, 그리고 소실점

중고등학교 때 한번쯤 복도, 건물 등의 사진을 놓고 소실점을 찾던 경험이 있을 것입니다. 그 방법보다 더 간단하게 이해하는 방법이 있습니다. 정육면체를 하나 그려보겠습니다. 본래 정육면체의 한 면, 한 면은 정사각형이기 때문에 모서리끼리 평행하고, 실제로는 절대 만나지 않습니다.

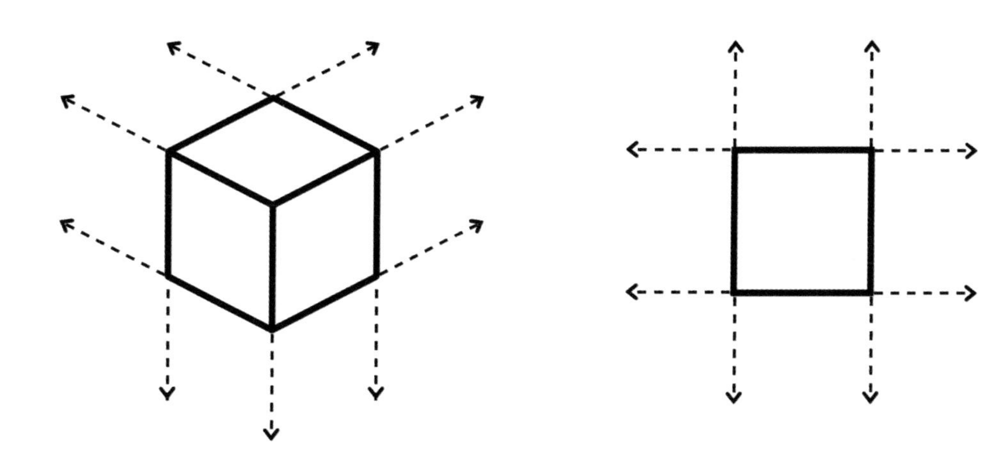

이 평행한 모서리들이 한 방향으로만 만날 것처럼 좁아지면 1점 투시입니다.

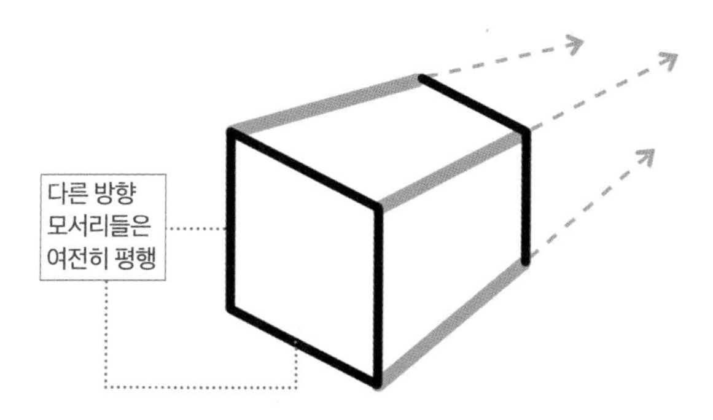

두 방향으로 만날 것처럼 좁아지면 그게 2점 투시입니다.

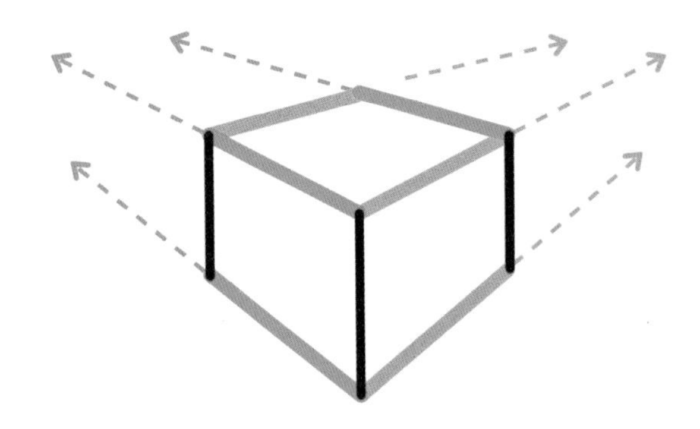

세 방향으로 만날 것처럼 좁아지면 그게 3점 투시입니다.

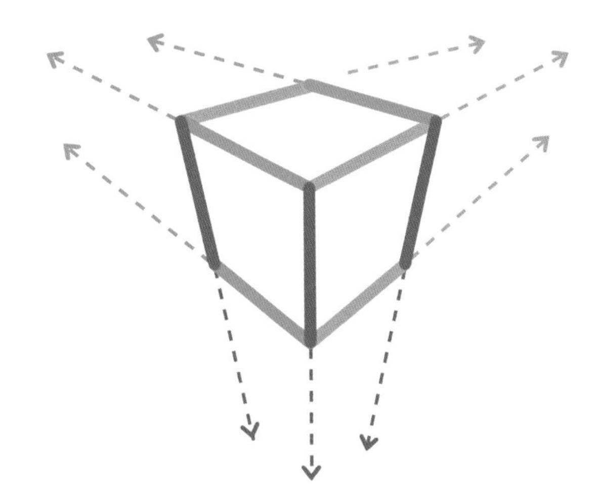

그리고 이렇게 모인 평행선들이 만나는 그 어딘가를 '소실점'이라고 부르며, 소실점의 개수대로 1점, 2점, 3점이라고 부르게 된 것입니다.

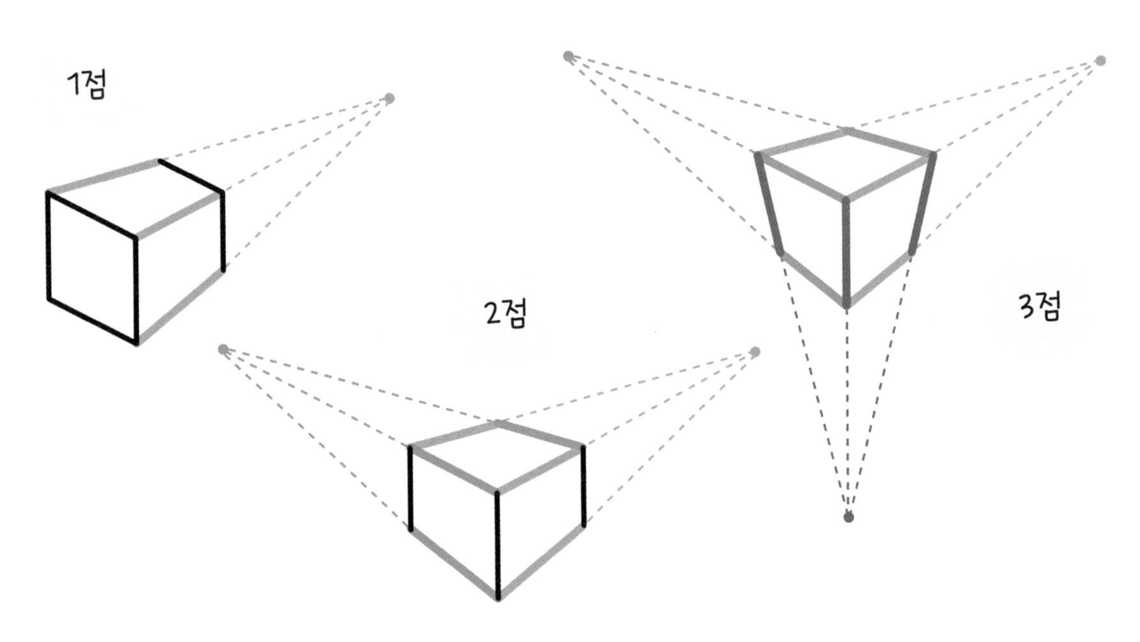

2 1점, 2점, 3점 투시를 쓰는 타이밍

앞에서 본 정육면체의 경우, 가장 자연스럽게 그린 것처럼 보이는 건 3점 투시입니다. 그렇다면 1점 투시, 2점 투시, 3점 투시를 언제 쓰면 '자연스러워'지는지 살펴보겠습니다.

카메라, 즉 시선이 공간이나 물체의 '면'과 마주 보면 1점 투시가 자연스럽습니다.

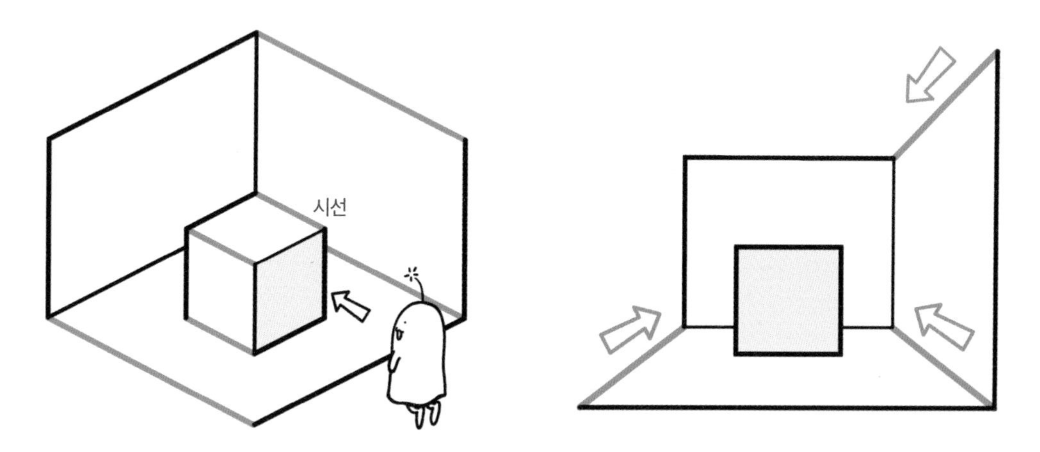

카메라, 즉 시선이 공간이나 물체의 '선'과 마주 보면 2점 투시가 자연스럽습니다.

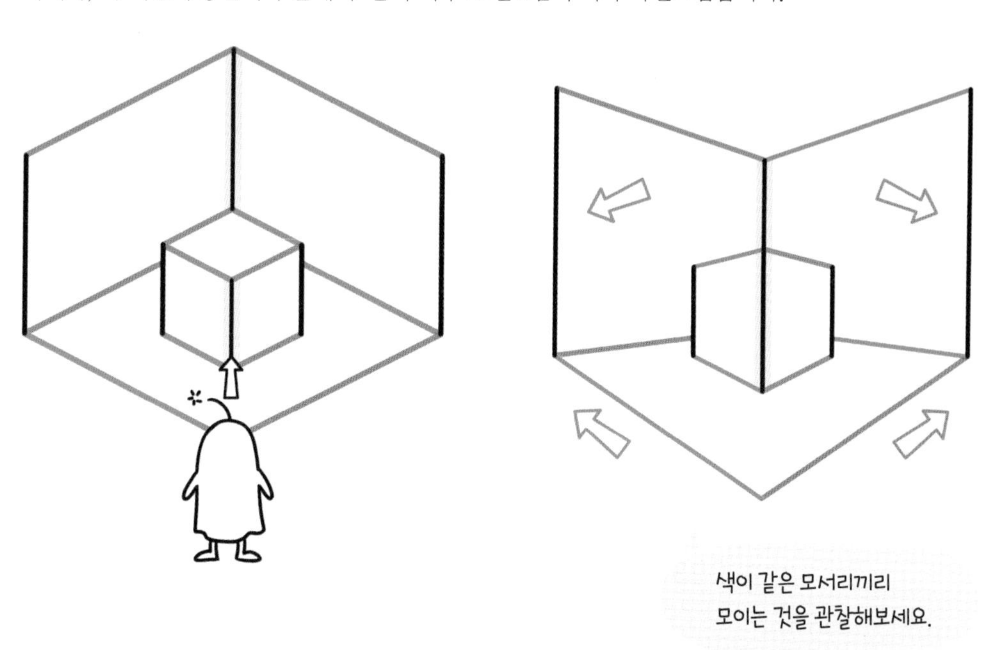

카메라, 즉 시선이 공간이나 물체의 '점' 즉, 귀퉁이와 마주 보면 3점 투시가 자연스럽습니다.

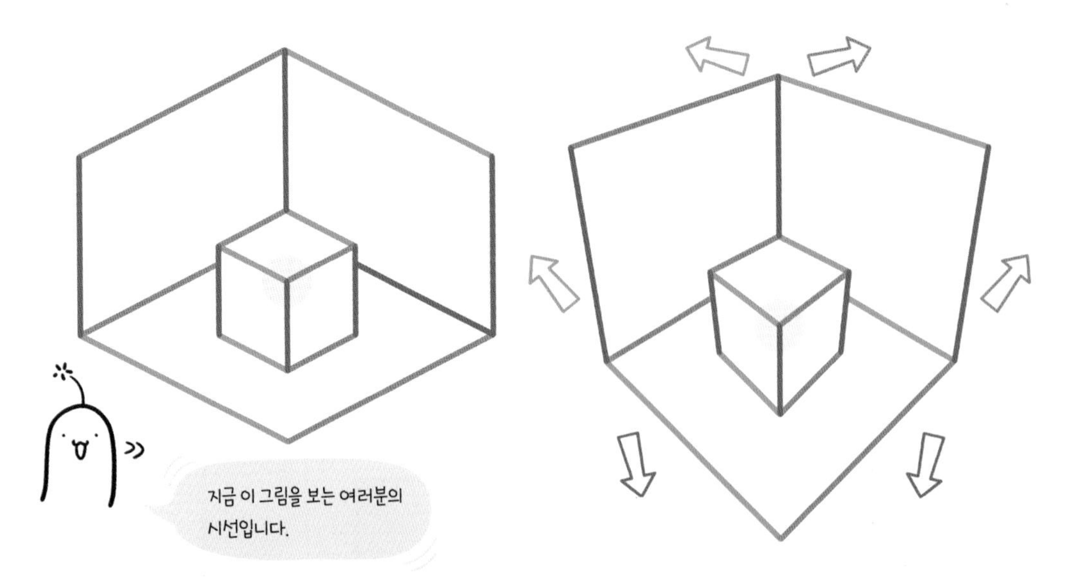

3 각도를 조금만 틀어도 달라지는 소실점

소실점의 중요한 특징입니다. 소실점은 오직 '나란한' 것들 사이에만 적용됩니다. 조금만 '평행'하지 않은 물체가 화면에 있으면 그것은 또 자신만의 투시와 소실점이 생겨버립니다.

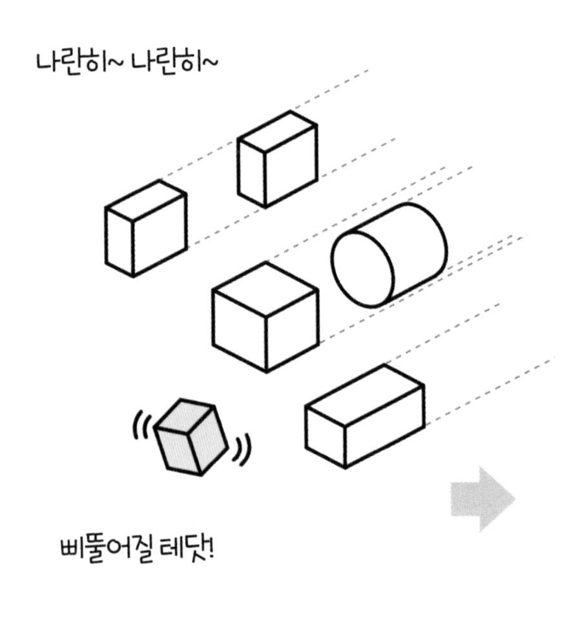

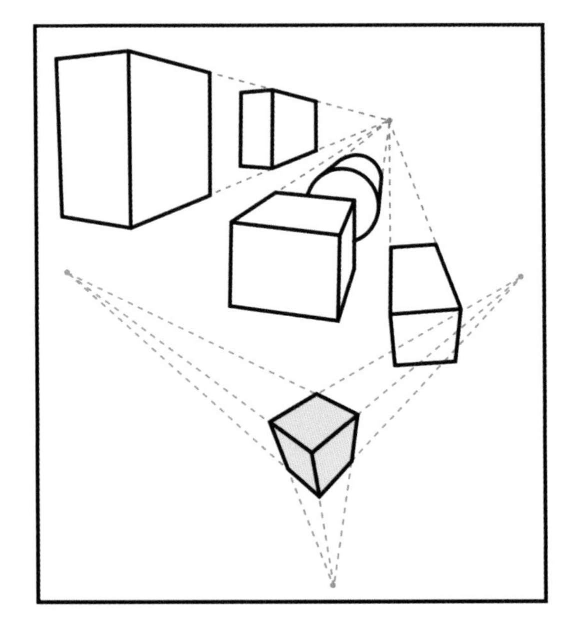

STEP 04

인공 배경 그리는 내공 키우기

1 손으로 투시 원근법 연습하기

실제 배경을 엄청 잘 그리는 만화가분께서 소개해 주신 방법입니다. 투시 원근법을 눈과 손으로 익히는 내공 쌓기 연습입니다.

먼저, 정육면체를 하나 그립니다. 정확하지 않거나 직선이 아니어도 상관없으니 자를 대지 말고 그려보세요. 단, 3점 투시를 적용해 나란히 있는 모서리는 '모이게' 그립니다.

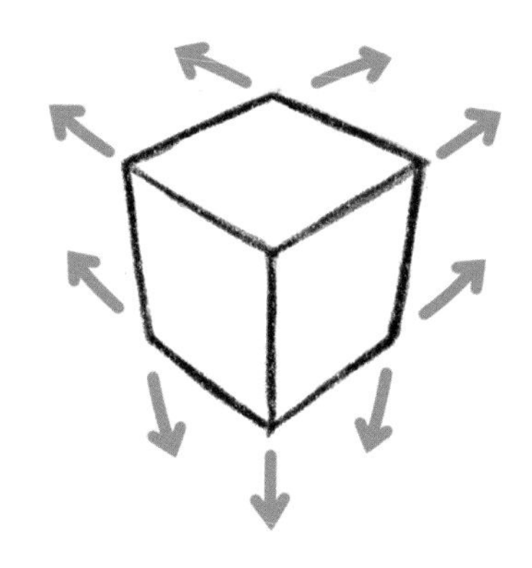

아무 방향으로나 모서리의 모이는 방향을 따라 가이드 선을 긋고 소실점을 찾습니다. 가이드선 역시 꼭 직선이 아니어도 상관없습니다. 그리고 가이드 선에 맞춰 첫 번째 정육면체 바로 뒤에 정육면체를 하나 더 그려봅니다.

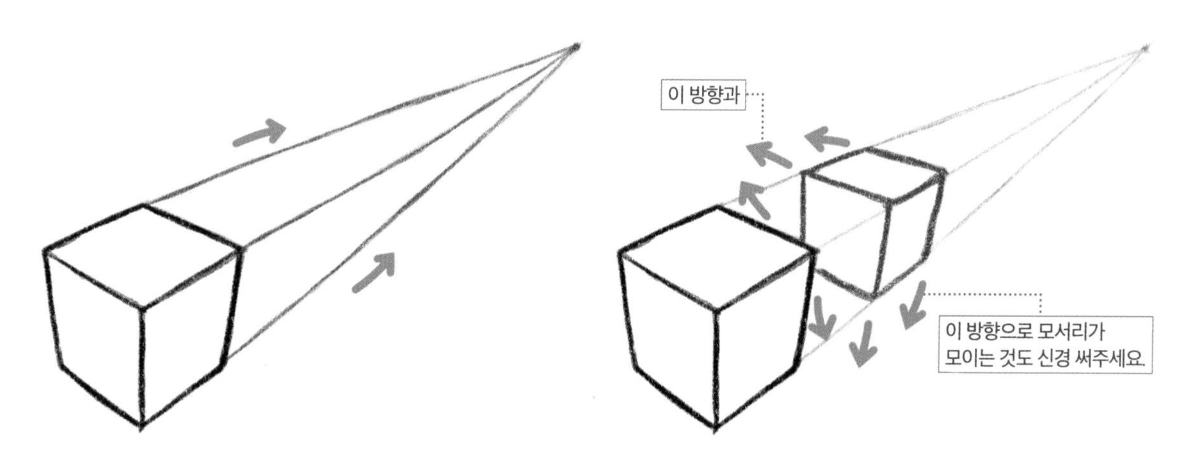

이번에는 다른 방향 모서리로도 가이드 선을 뻗어 소실점을 찾습니다. 또 그 가이드 선에 맞춰 정육면체를 그려봅니다.

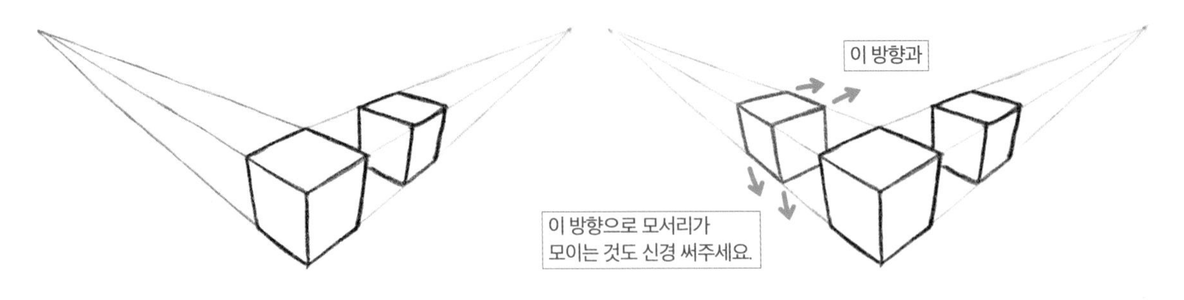

이번에는 소실점을 기준으로 새로운 가이드 선을 뻗어서 그립니다. 또 다른 정육면체를 덧그려봅니다. 역시 평행한 모서리끼리는 모이도록 신경 써 줍니다.

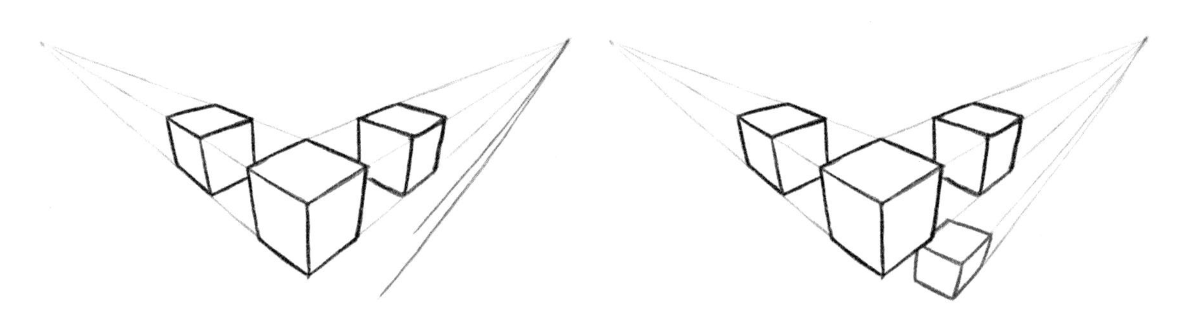

이번에는 위, 아래 방향 모서리로도 소실점을 찾아 정육면체를 그려봅니다.

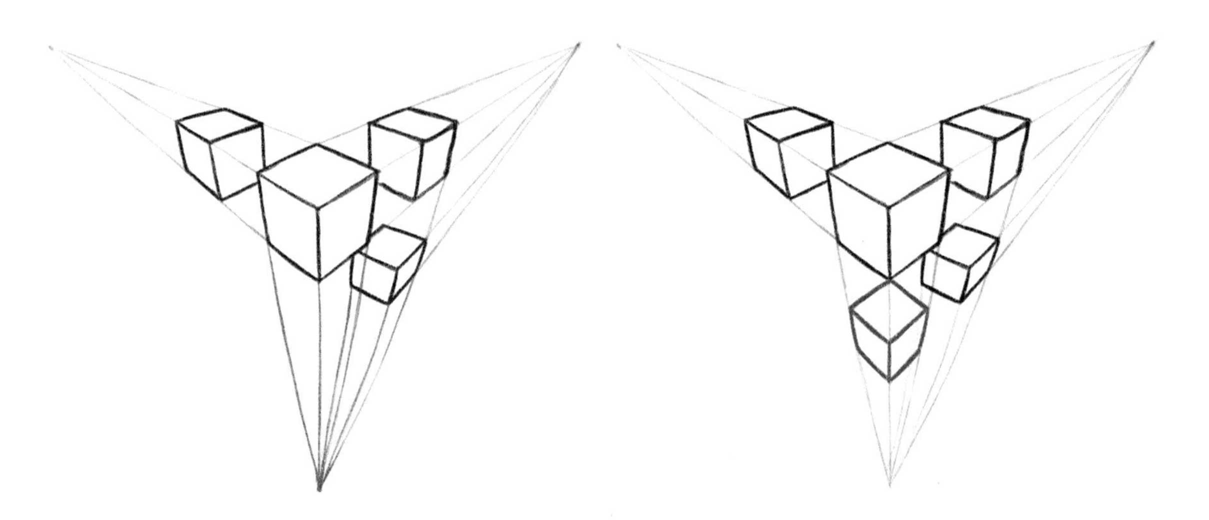

이런 식으로 3점 투시에 맞춰 정육면체들을 덧그리는 연습을 하면 나중에는 퍼스자나 보조선의 도움없이도 습관처럼 투시원근법을 지키며 배경이나 소품을 그릴 수 있습니다.

2 소실점은 3개가 다가 아니다?

일반적인 시야에서 소실점은 3개까지 나올 수 있습니다. 아래 그림의 경우, 소실점 3개를 연결하는 채색된 영역 내에서 그려지는 정육면체는 모두 소실점 3개를 기준으로 그립니다.

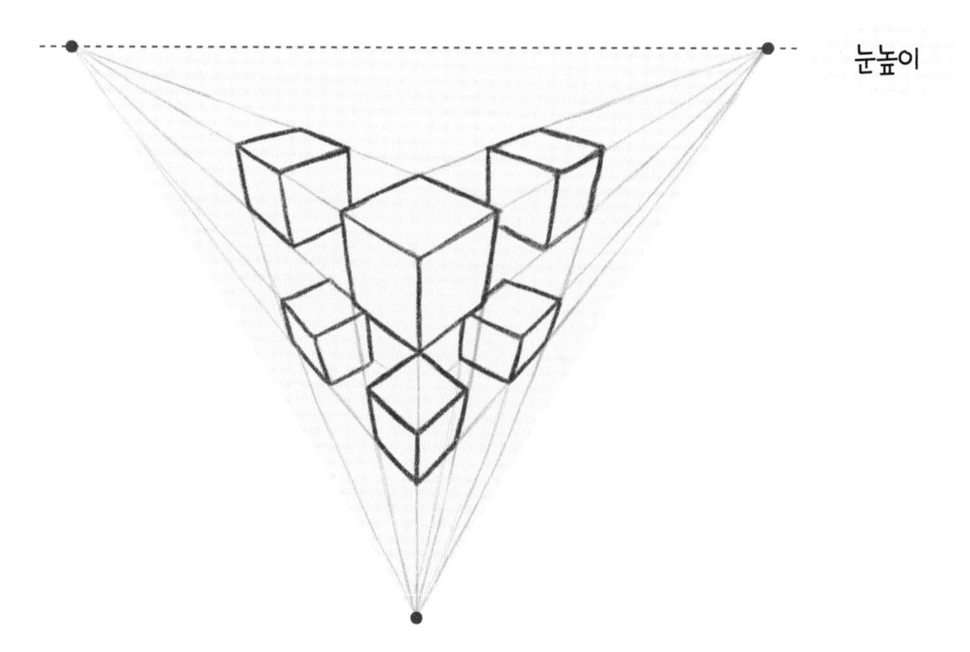

이번에는 눈높이 위쪽에 정육면체를 하나 그려보겠습니다.

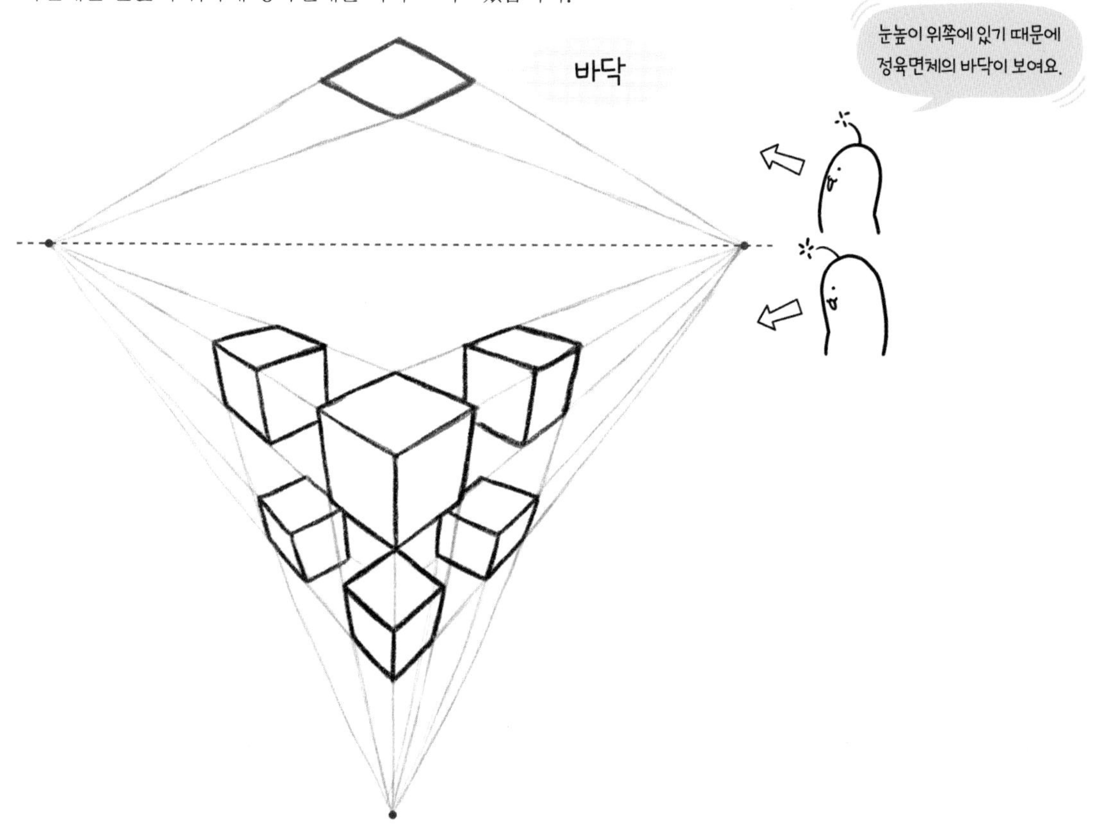

나머지 모서리를 그릴 때, 모서리가 올라갈수록 시선에서 멀어지기 때문에 모서리가 위로 모이게 그리는 게 자연스럽습니다.

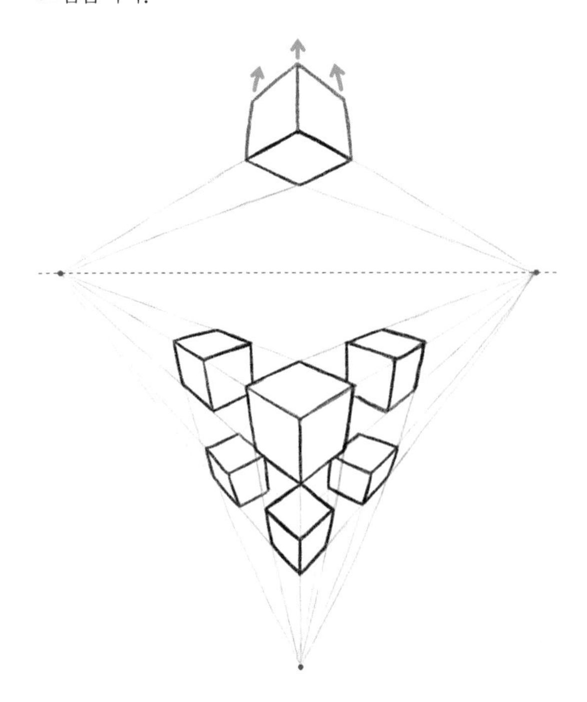

이 모서리 끝을 연결하면 소실점이 하나 더 나옵니다. 즉 소실점이 4개가 됩니다.

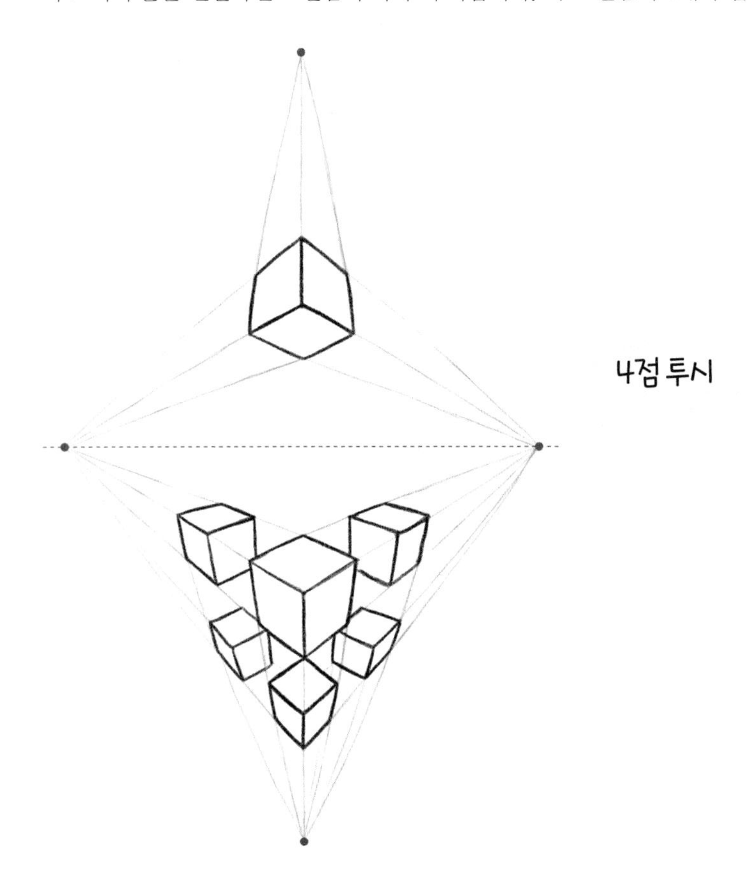

4점 투시

이 4점 투시 그림에서 눈높이와 똑같은 곳의 정육면체는 2점 투시로 그리면 자연스럽습니다.

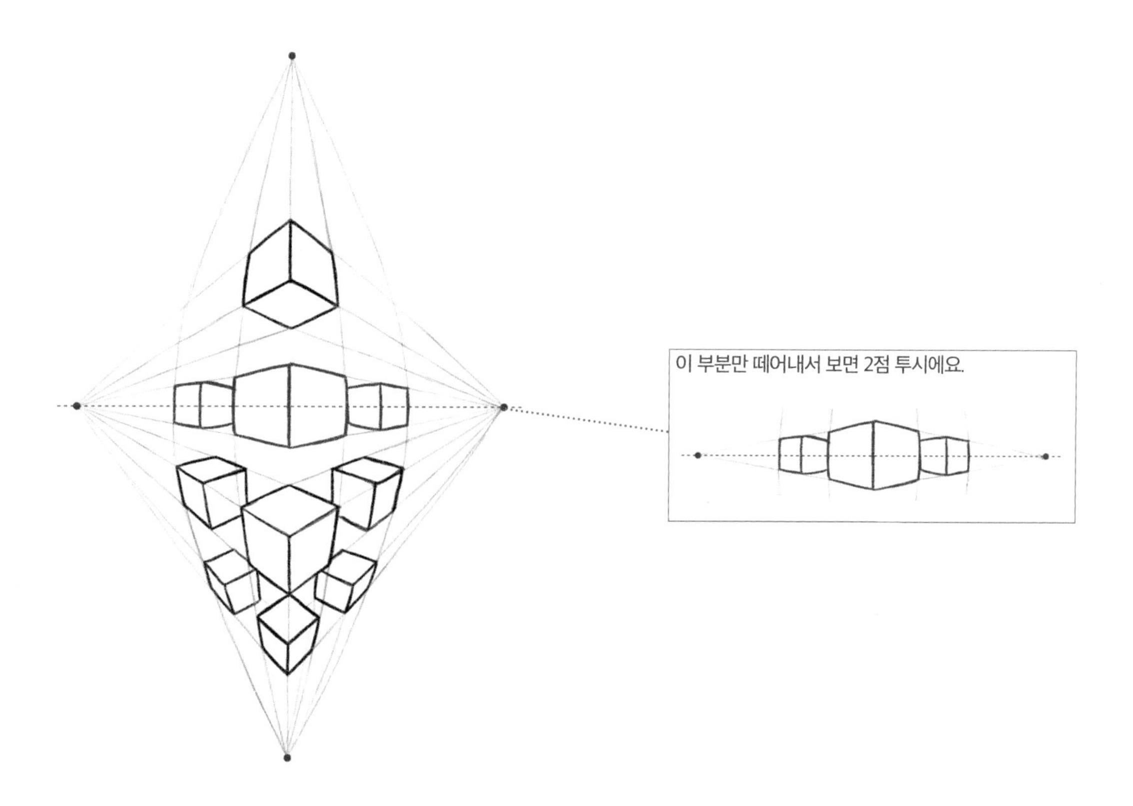

눈높이 위쪽도 아래와 마찬가지로 소실점 3개 영역 안에서 정육면체를 그릴 수 있습니다.

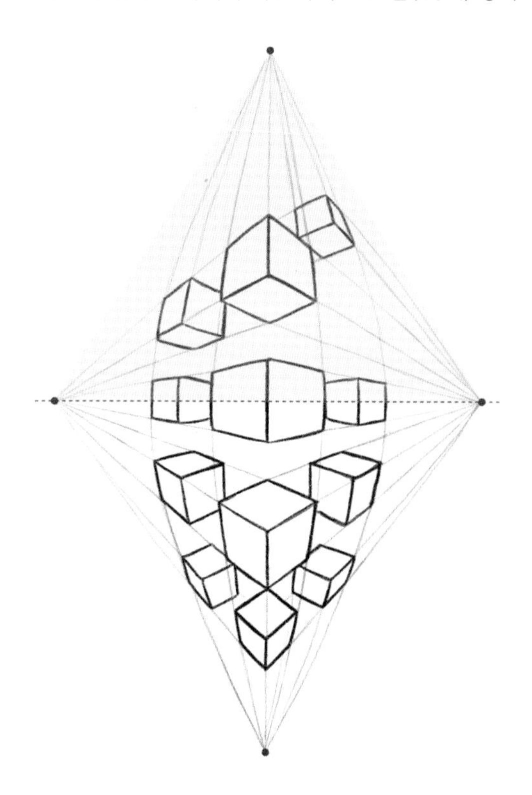

이렇게 소실점이 4개 이상이 될 경우는 일반적인 시선에서 '한눈에 들어오지 않는 것'을 한 장면에 그려 넣을 수 있습니다.

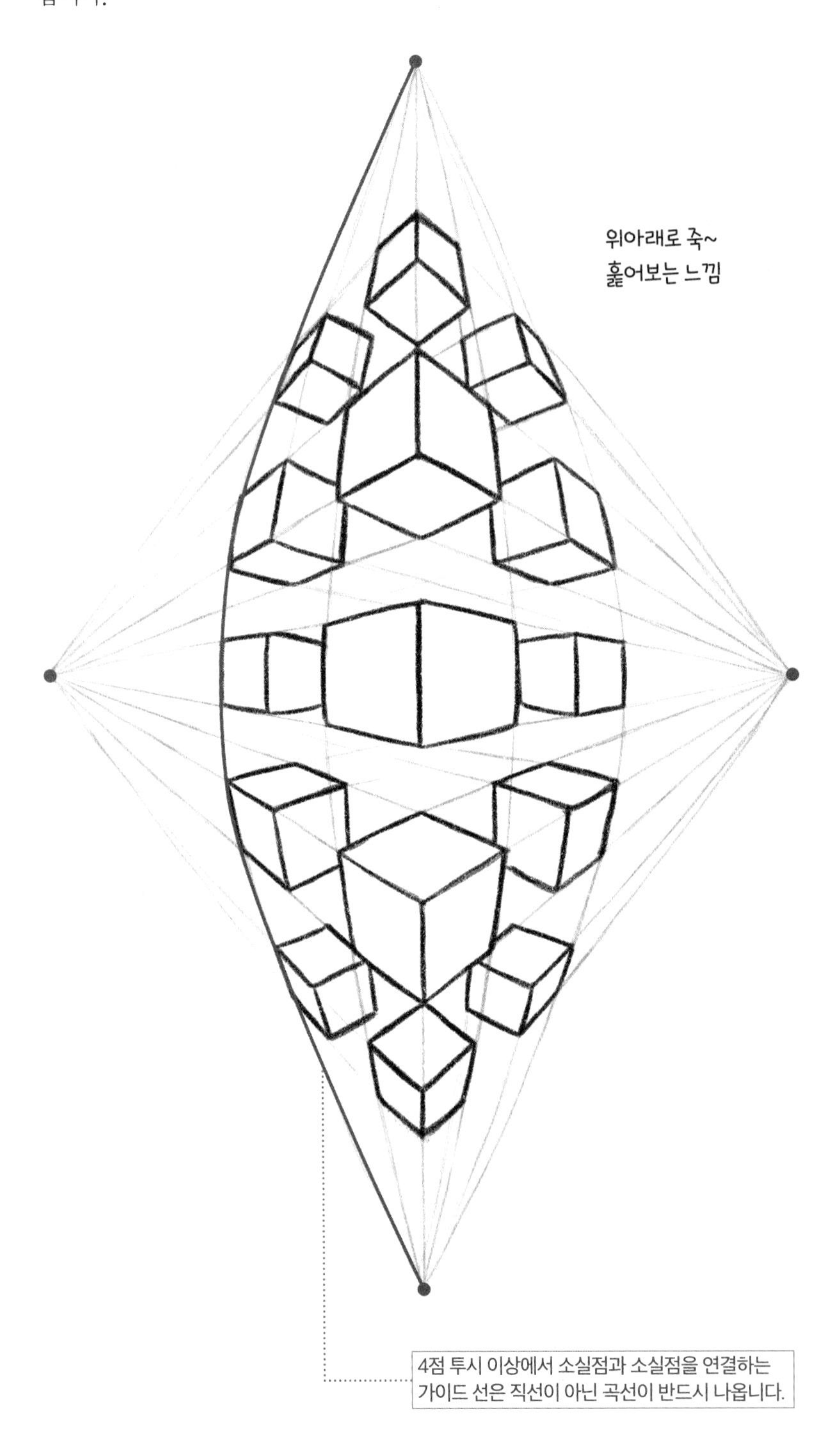

3 소실점은 무한대가 될 수도 있다?

아까 그렸던 것들을 복사해 이어 붙여봤습니다. 소실점이 7개가 되었습니다.

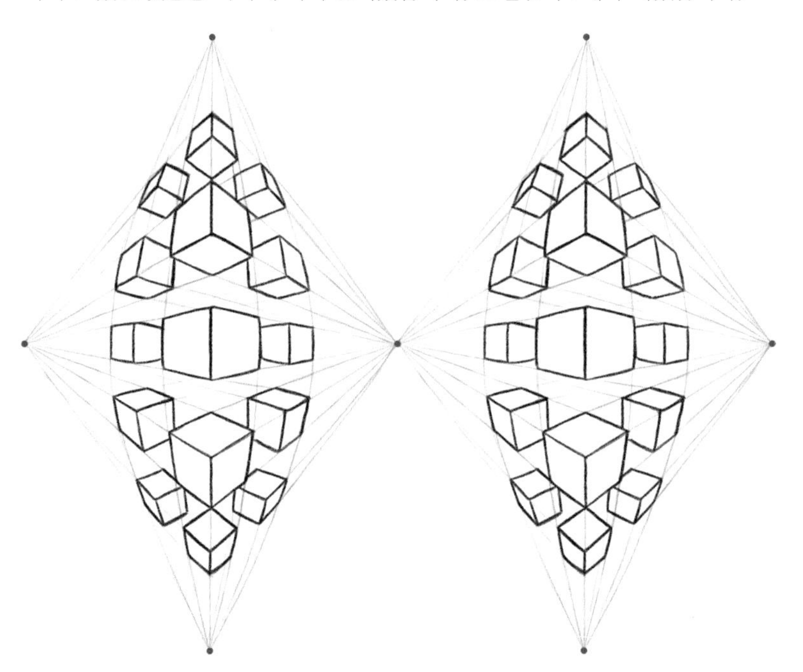

가로로 늘어선 소실점끼리 곡선으로 잇고, 그것에 맞춰 위아래 소실점과 육면체들을 그려 봤습니다. 이번에는 소실점이 9개가 되었습니다. 이 그림을 가로로 쭉 반복해 계속 붙여나가면 소실점이 무한대인 그림도 만들 수 있습니다.

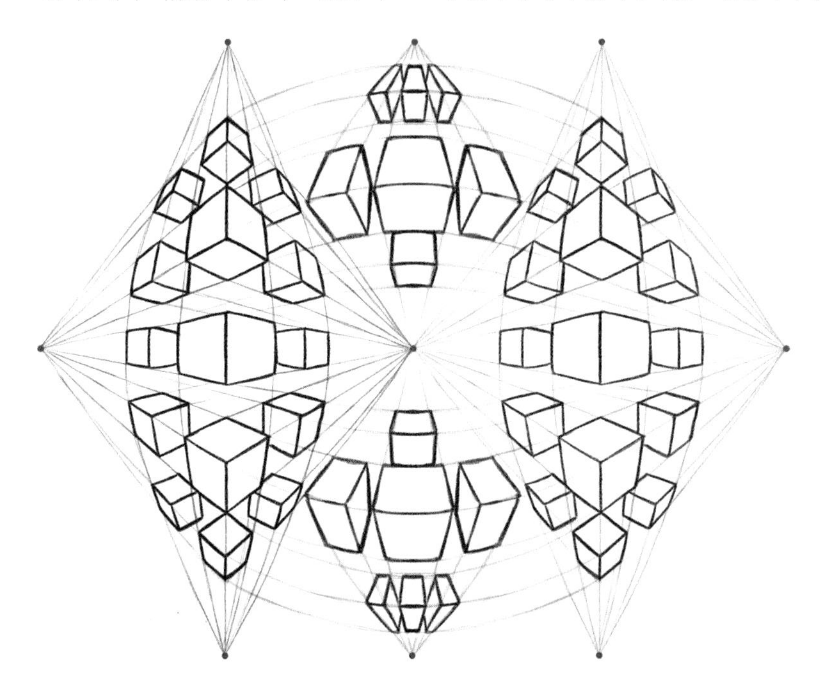

소실점은 애초에 실존하는 절대 법칙이기보다는 그림을 그럴싸하게 그리기 위한 눈속임에 가까워요. 그래서 이런 장난스런 연습도 할 수 있어요.

4 4점 이상의 투시가 사용되는 실제 예

4점 투시 이상은 제한된 공간에 넓은 시야를 몰아넣는 독특한 느낌을 연출할 수 있어 일러스트에서 종종 쓰입니다. 실생활에서 만날 수 있는 4점 이상의 투시 두 가지를 소개하겠습니다.

상황 1 볼록렌즈, 어안렌즈 뷰

볼록렌즈 뷰 또는 어안렌즈 뷰라고 부르며 5점 투시입니다. 오른쪽 그림과 같이 4분의 1만 잘라서 보면 3점 투시가 됩니다. 볼록 거울을 봤을 때와 유사한 상이 나타납니다.

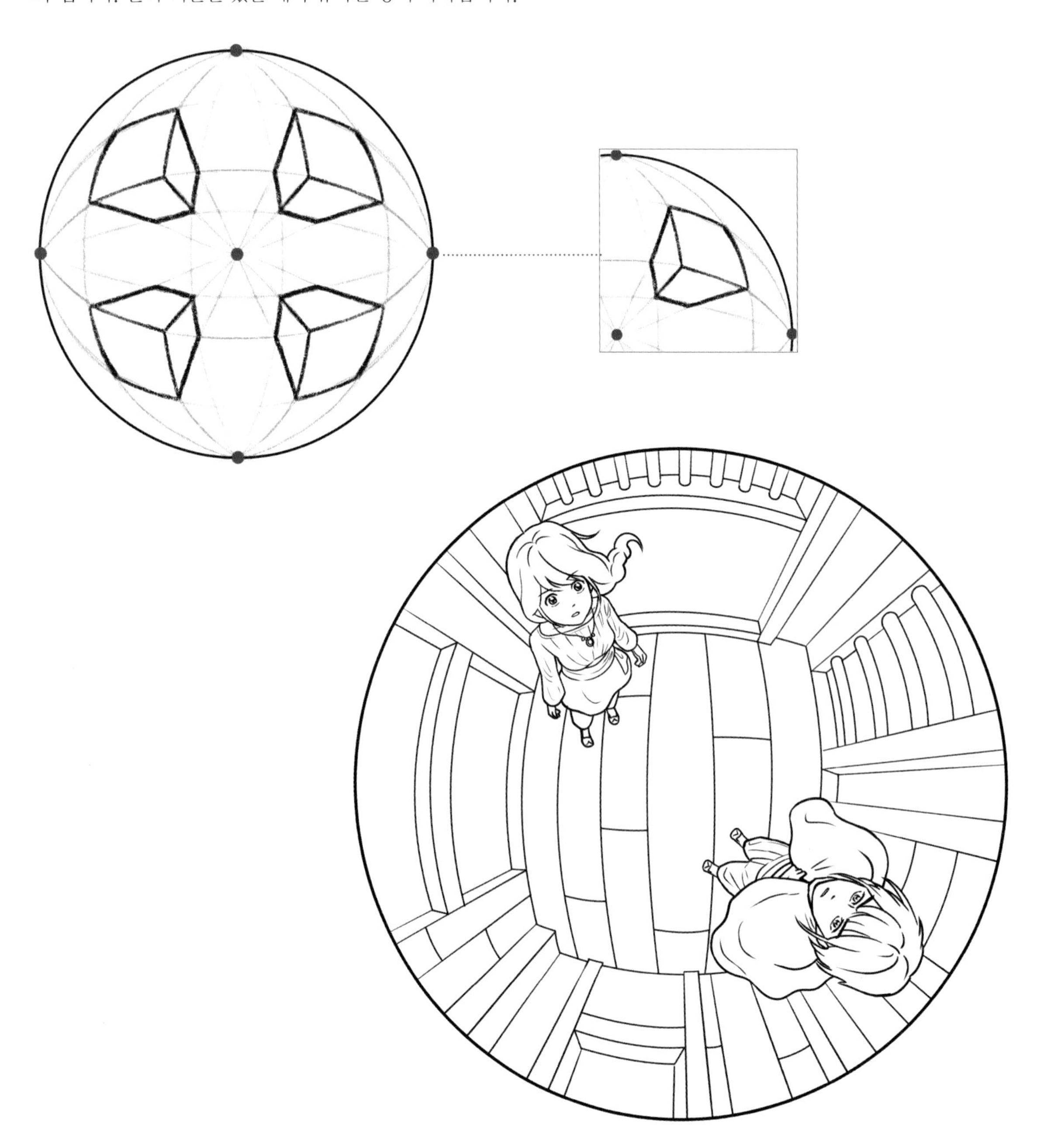

상황 2 360도 VR 뷰

360도 VR 뷰, 혹은 파노라마 뷰라고 부릅니다. 상하 방향 투시를 포기하는 대신에 가로축은 좀 더 긴밀하게 소실점을 연결한 것으로, 소실점이 가로로 무한대 나올 수 있습니다. 오른쪽 그림처럼 잘라서 보면 2점 투시가 됩니다. VR 파노라마에 쓰이는 이미지입니다.

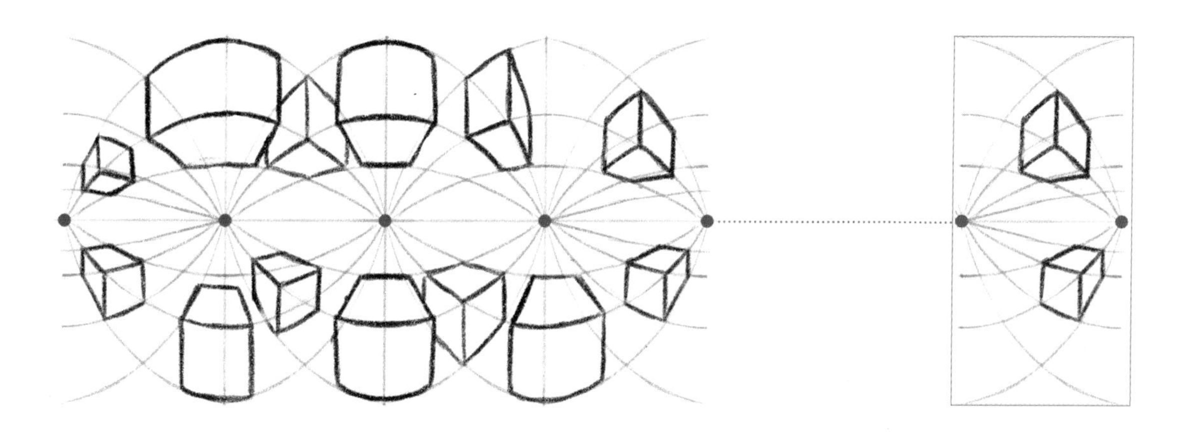

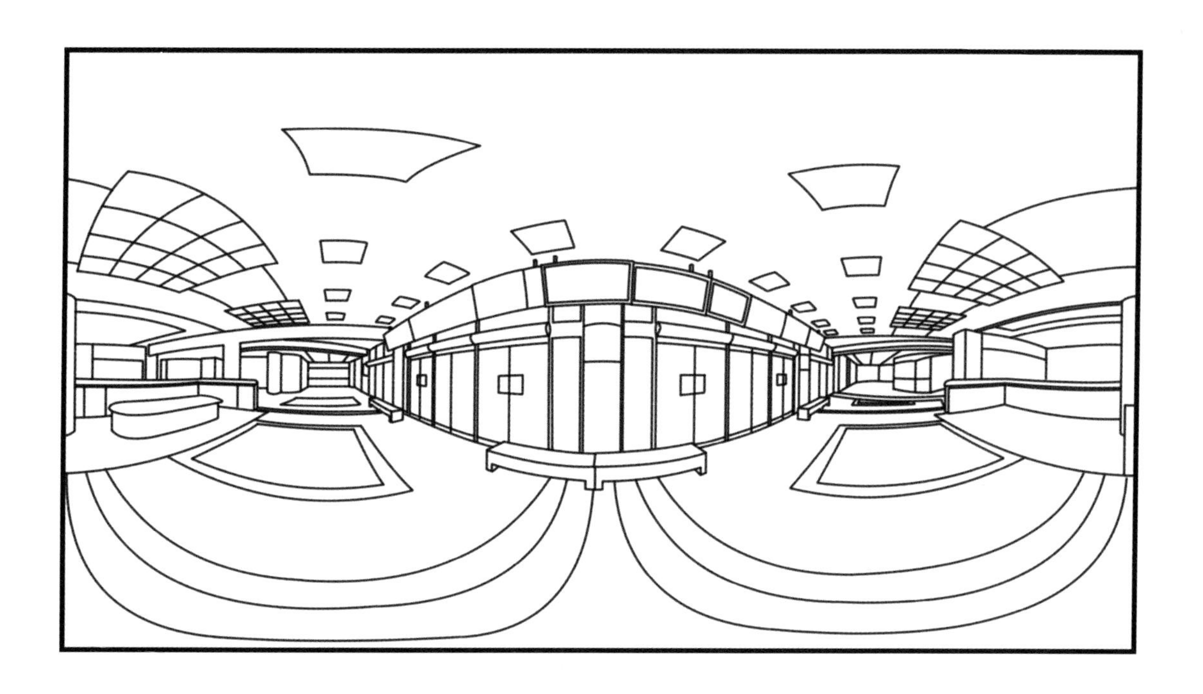

STEP 05

인공 배경을 그리는 세 가지 방식

1 직접 그리기

앞에서 정육면체 그리기 연습을 할 때처럼 퍼스자와 같은 보조도구 없이 눈짐작만으로 그리는 방식입니다. 정확하지는 않지만 보들보들하고 편안한 감성을 줍니다.

손 그림 느낌의 그림체와도 어울리고, 아이디어 스케치할 때도 좋고, 앞에서 설명한 4점 이상의 소실점을 적용할 수 있는 유일한 방법입니다. 단, 정교한 디테일까지 그리려면 시간이 오래 걸리기 때문에 간결한 그림체에 한해 웹툰 배경으로 추천하는 방법입니다.

2 클립 스튜디오의 투시자로 그리기

아날로그 시절, 투시원근법을 이용해 만화 배경을 정교하게 그리려는 분들은 다음과 같은 방식으로 작업했습니다.

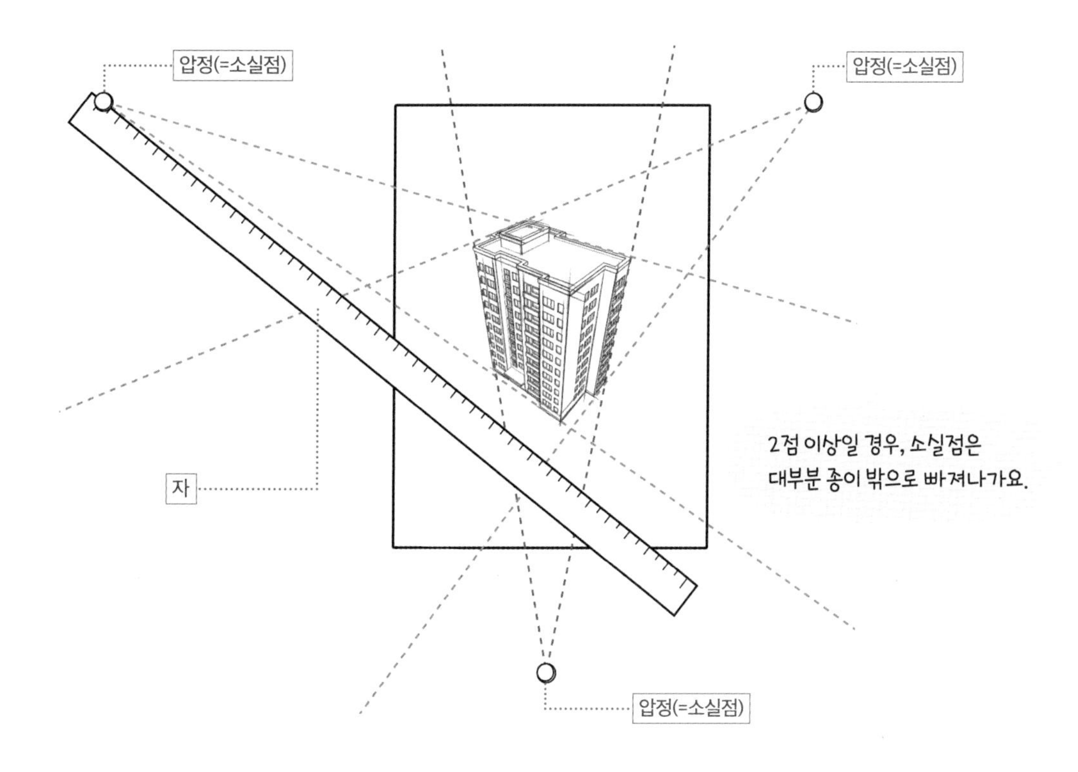

클립 스튜디오의 투시자 역시 자를 대고 소실점에 맞춰 그리는 원리를 그대로 프로그램에 옮겨온 것입니다.

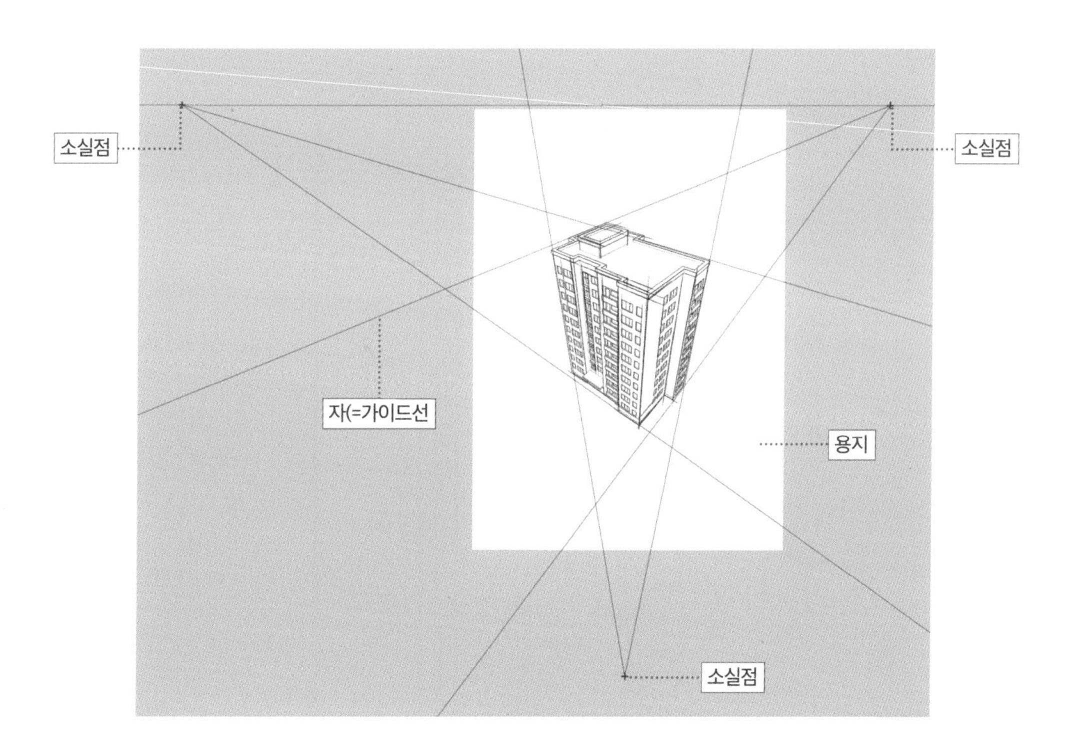

약간의 조정 방식을 익혀야 하지만 익숙해지면 상당히 편리합니다.

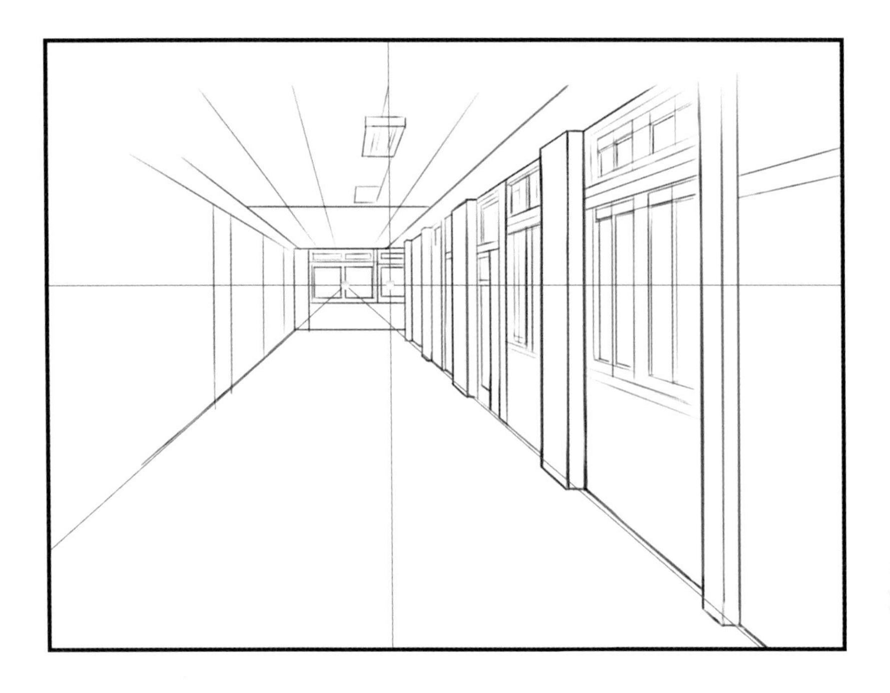

다만, 조금이라도 각도가 틀어지는 물체가 있으면 '또' 퍼스자를 맞춰줘야 하는 번거로움이 있기 때문에 손 그림이나 다른 방법을 병행해서 사용하는 것이 좋습니다.

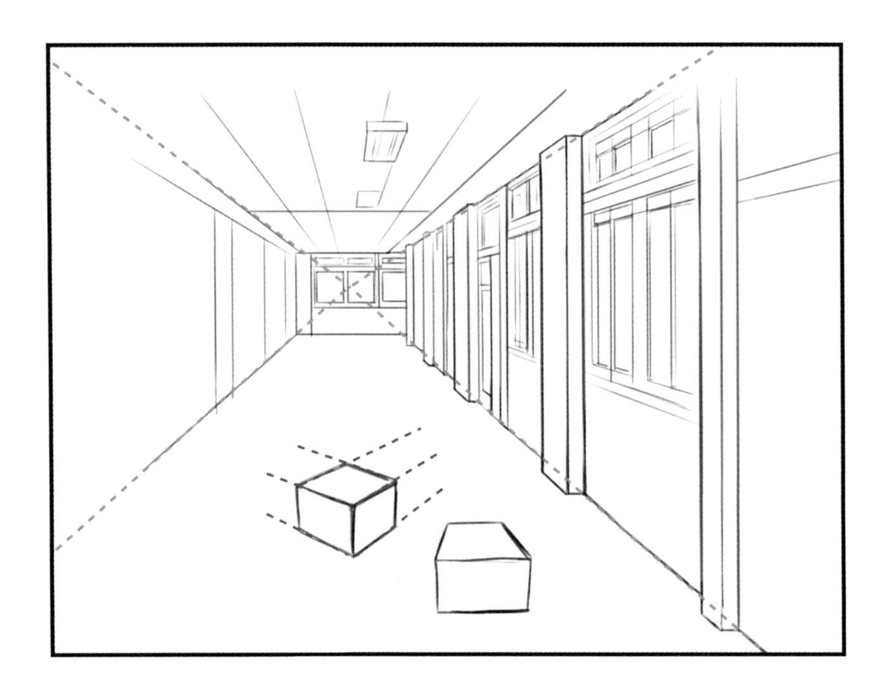

3 3D 모델 활용하기

3D 모델은 한 번 만드는 데 시간이 오래 걸리지만, 한 번 만들어 놓으면 카메라 각도를 돌려가며 계속 쓸 수 있다는 장점이 있습니다.

클립 스튜디오에 자체 내장된 3D 모델도 있고, 스케치업을 통해 원하는 3D 모델을 직접 만들거나 구매할 수도 있습니다. 3D 모델을 인공 배경으로 사용하는 방법은 5파트의 Special Tip에서 다루겠습니다.

클립 스튜디오

스케치업

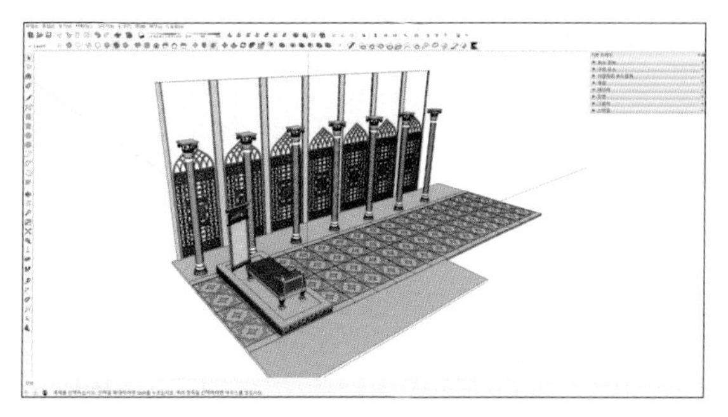

CHAPTER

03

자연 배경 그리기

이번 장은 자연 배경 그리는 방법입니다. 자연 배경은 인공 배경과 달리 투시 원근법을 이용하기가 어려워 가까이 있는 것은 선명하게, 멀리 있는 것은 흐리게 그리는 공기 원근법을 사용합니다.

자연 배경 이해하기

STEP 01

1 자연 배경이란

규칙적으로 배열된 것이 없어서 투시 원근법을 적용하기 어렵고, 특히 소실점을 찾을 수 없는 배경을 자연 배경이라고 합니다.

사람 손이 닿은 '인공물'이라 해도 배열이 나란하거나 규칙적이지 않으면 자연 배경에 포함됩니다.

나란히 있는 게
없어요, 없어….

2 자연 배경을 그리는 원리

투시 원근법과 소실점을 적용할 수 없는 대신, 자연 배경은 다른 방법으로 공간감을 표현합니다. 멀리 있는 것과 가까이 있는 것을 구분하여 가까이 있는 것은 선명하게, 멀리 있는 것은 흐리게 그리는 공기 원근법을 사용합니다. 먼 것과 가까이 있는 것을 구분하기 위해 무대 장치를 생각해 주세요. 묘사할 것들 하나하나가 마치 무대 장치 위의 종이 그림들처럼 '겹겹이' 겹쳐 있다고 생각해 보세요.

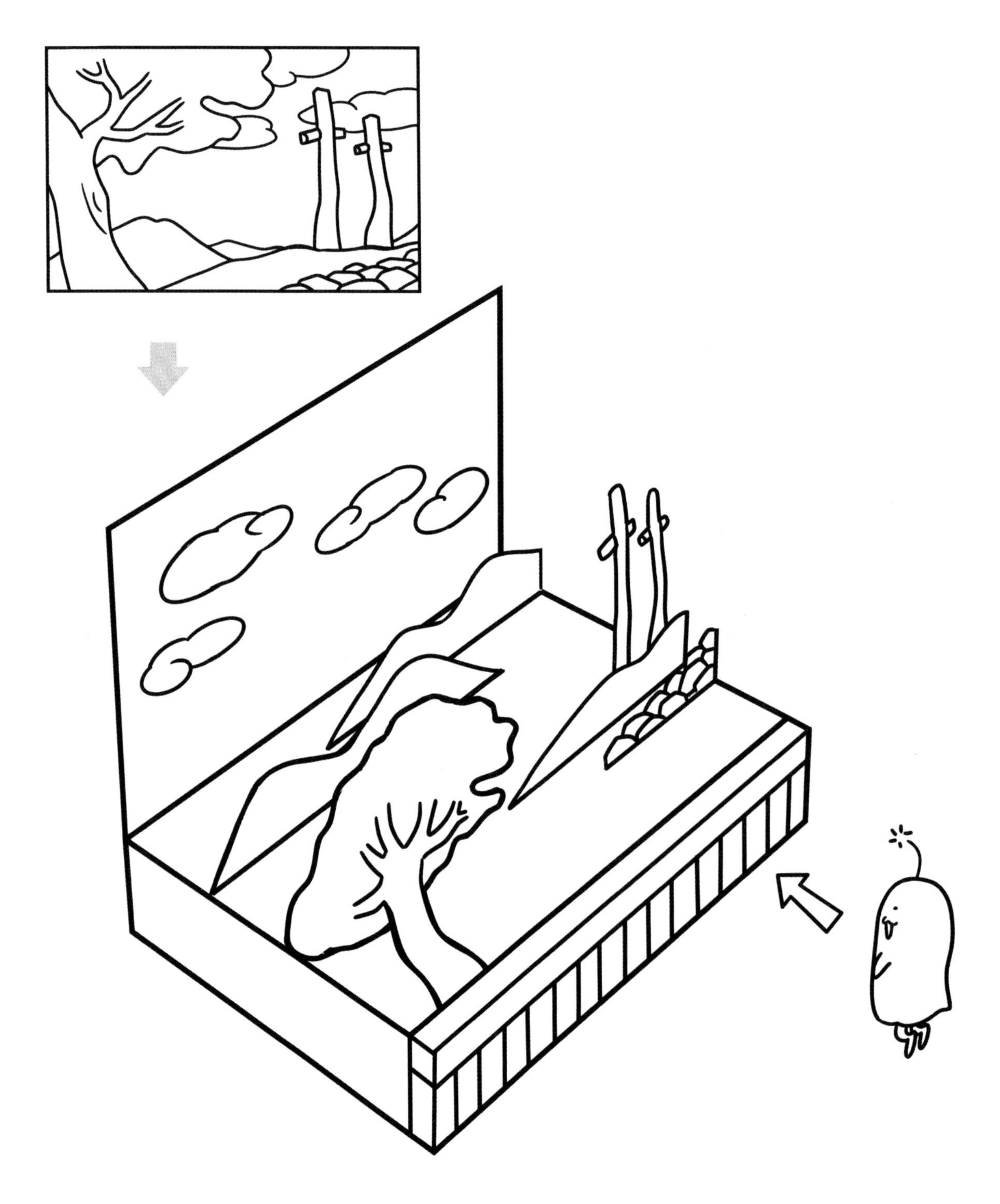

그리고 멀리 있는 것일수록 채도가 낮거나 흐리게 그리고, 가까이 있는 것일수록 채도가 높거나 선명하게 그리며 디테일 묘사도 자세하게 합니다.

예를 들어보겠습니다. 멀리 있는 산은 흐리게 그리고 가까이 있는 산은 선명하게, 묘사도 좀 더 구체적으로 해 줍니다. 둘을 겹쳐놓으면, 크기는 별 차이 없지만, 가까이 있는 산이 더 앞으로 튀어나와 보입니다. 공기 원근법이 적용된 것입니다.

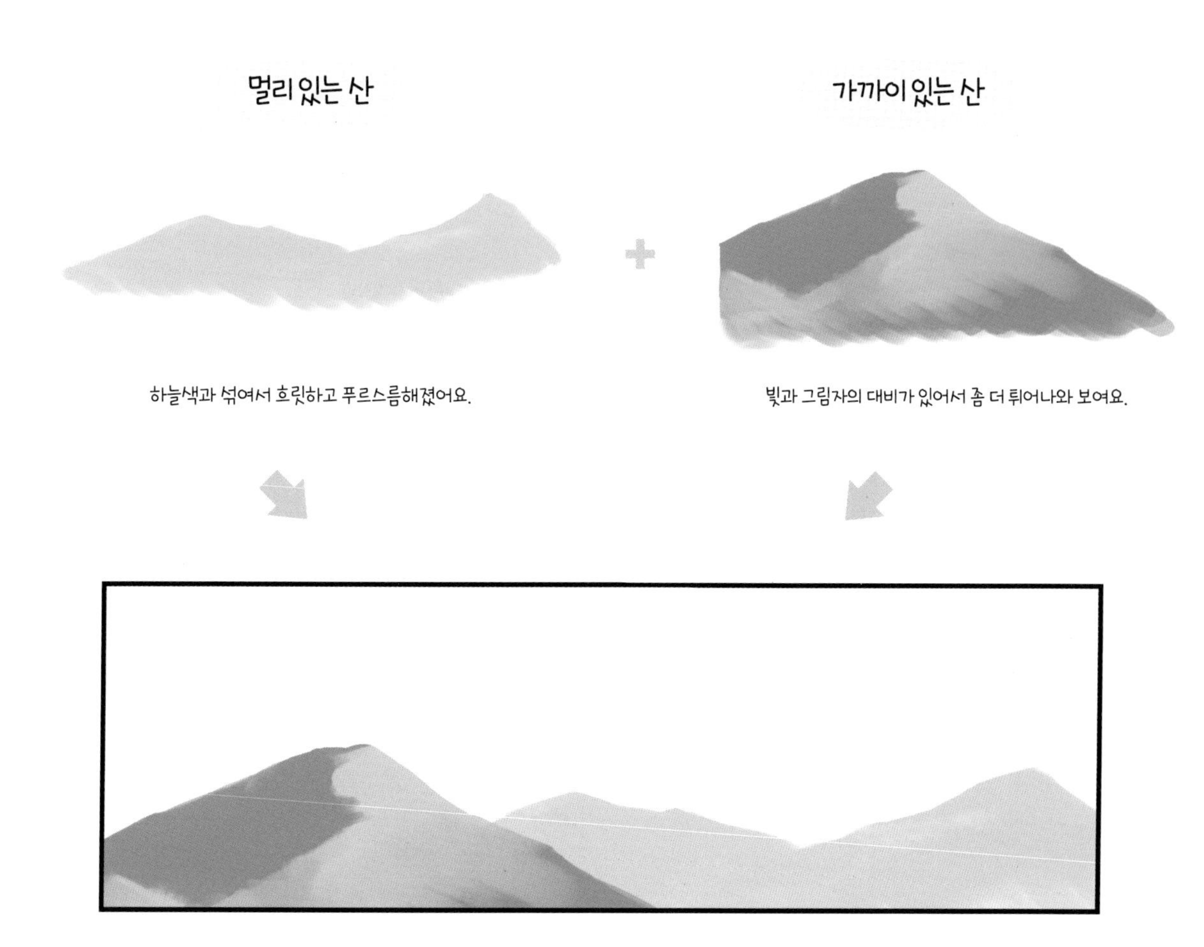

보시다시피 공기 원근법에서는 '채색 방법'이 큰 비중을 차지합니다. 단, 웹툰을 그리며 마커나 아날로그 물감으로 채색하는 경우는 드문 만큼 이번 장은 드로잉 프로그램으로 디지털 채색을 한다는 전제하에 설명했습니다. 그러므로 당장 따라할 수 없는 부분이 있어도 너무 부담은 갖지 마세요. 제가 사용한 프로그램은 클립 스튜디오이지만, 1파트의 2장에서 소개해 드렸던 드로잉 프로그램 중 어떤 것을 사용해도 괜찮습니다.

STEP 02

자연 배경의 기초

1 자연물을 펜 선으로 묘사하기

공기 원근법을 적용할 경우, 가까운 거리의 자연물일수록 선명하고 자세하게 묘사합니다. 펜 선 묘사는 자연물을 선명하게 그리는 가장 좋은 방법입니다. 다음은 대표적인 자연물 몇 가지를 선으로 그리는 방법입니다.

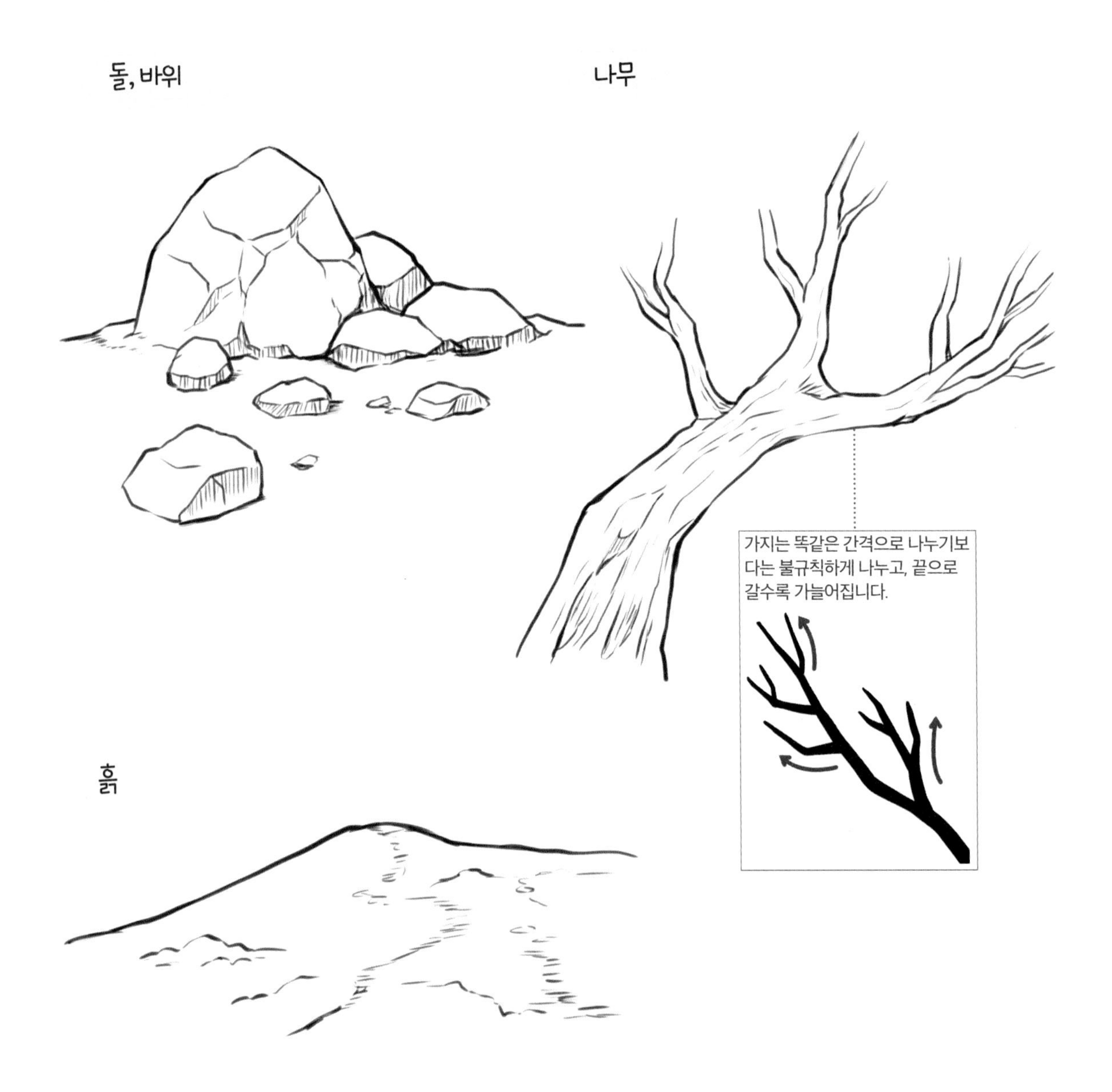

풀은 먼 거리에 있는 풀을 묘사할 때와 가까운 거리의 풀을 묘사할 때 간략화 방식이 많이 다릅니다.

풀(먼 거리)

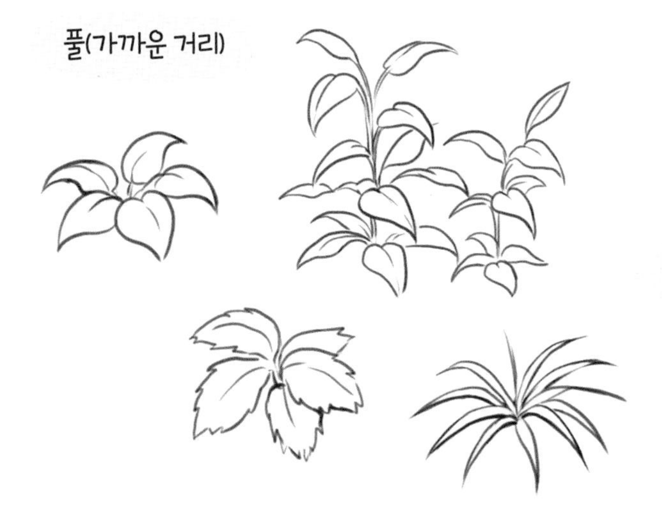

이파리들의 모양이 방향마다
달라지는 것을 관찰해 보세요.

자연물을 선으로 처음 그리는 경우, 사진 자료를 보면 오히려 헷갈릴 수 있습니다. 너무 복잡해서 어디를 강조하고 생략해야 하는지 막막합니다. 이럴 때는 마음에 드는 '그림'을 따라 그리는 것이 도움이 됩니다. 자연물을 '어떻게' 그럴싸하게 간략화하는지에 대한 노하우는 이미 수많은 풍경 화가들이 패턴을 만들어 놓았습니다. 만화도 좋고, 펜화도 좋고, 연필화도 좋습니다. 이후 내공이 쌓이면 직접 사진도 참고해 보세요.

2 디지털 도구로 묘사하는 자연 ❶ : 기본 브러시

웹툰에서 자연 배경을 그릴 때는 디지털 드로잉의 도움을 많이 받습니다. 자연 묘사에 가장 폭넓게 사용할 수 있는 것은 기본 브러시입니다. 포토샵, 클립 스튜디오 같은 모든 드로잉 프로그램에 기본으로 배치되어 있습니다. 또한 취향에 따라 크기, 농도조절이 자유롭습니다. 이것을 이용해 자연물의 기본 밑색을 깔기도 하고, 마치 유화나 수채화처럼 가볍게 묘사를 하기도 합니다.

제가 즐겨 쓰는 브러시의 기본 느낌이에요.

하늘 밑바탕의 경우 그라데이션 툴을 쓰는 것이 편합니다. 그라데이션 툴 역시 모든 작화 프로그램에서 찾을 수 있습니다.

3 디지털 도구로 묘사하는 자연 ❷ : 특수 브러시

디지털 프로그램에서 자연 배경을 그릴 때의 큰 장점으로, 프로그램에 기본적으로 설치된 브러시 혹은 직접 만든 특수 브러시를 사용할 수 있습니다. 인공 배경이 3D를 활용해 시간을 단축한다면, 자연 배경은 특수 브러시를 활용해 시간도 절약하고 퀄리티도 높일 수 있습니다. 브러시로 툭툭 두어 번 터치하는 것만으로도 다음 그림들과 같은 효과를 나타낼 수 있습니다.

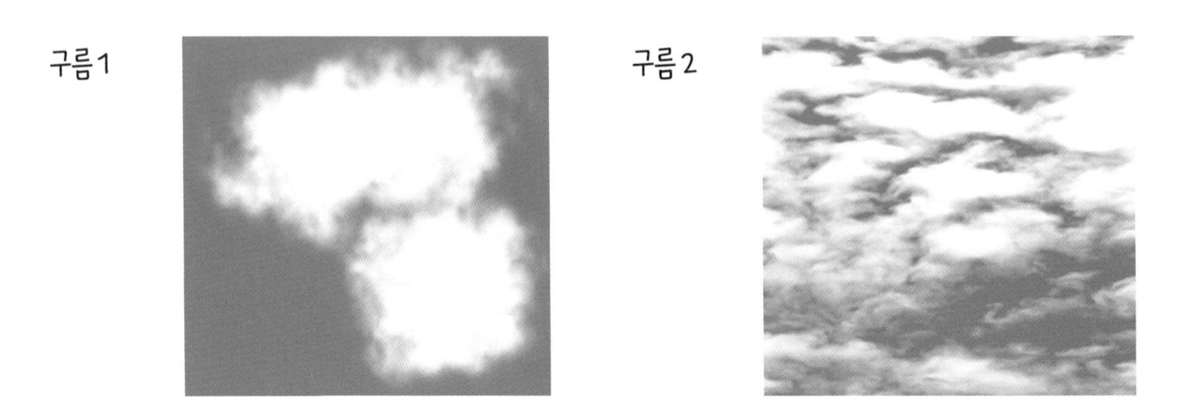

이러한 특수 브러시 기능은 포토샵 등 다른 드로잉 프로그램에도 있지만, 사실 클립 스튜디오 프로그램이 가장 강력합니다. 클립 스튜디오에 내장된 소재 가게(Clip Studio Assets-소재 찾기)에는 무료 혹은 유료로 사용할 수 있는 자연 배경용 특수 브러시와 패턴이 수천 가지 있습니다. 제가 보여드린 것은 개인적으로 자주 쓰는 것들의 일부이며, 마음에 드는 브러시가 없으면 직접 만들 수도 있습니다.

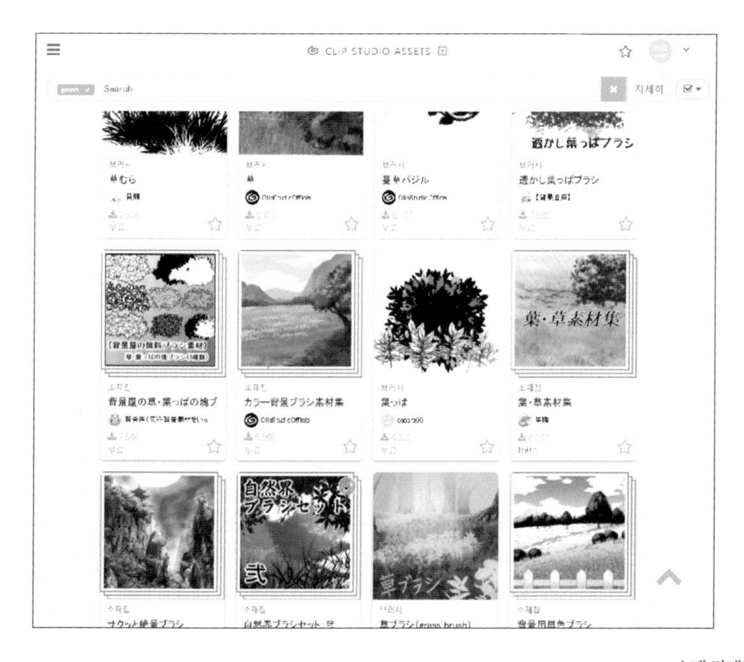

소재 가게에서 풀(grass)이라는 검색어로 최근 검색해 본 결과에요. 가게에 갈 때마다 새로운 브러시가 생겨요!

STEP 03

자연 배경 그리기

1 스케치

펜 드로잉과 디지털 브러시를 섞어서 북유럽 피오르드 계곡을 그려보겠습니다. 자연물 선 묘사가 익숙할수록 스케치가 쉬워집니다.

화면 분할이 중요합니다. 붙어있는 면적이 균일하지 않을수록 세련된 느낌을 줍니다.

풍경 사진 잘 찍는 원리와 유사해요.

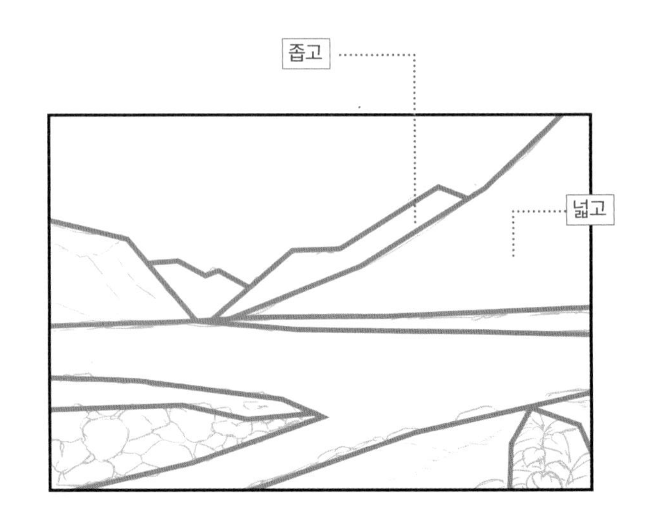

2 펜 선 묘사

펜 선 묘사 단계부터 공기 원근법을 적용합니다. 즉, 가까운 물가는 비교적 굵고 진한 펜 선으로 묘사하고, 먼 곳의 언덕과 산은 상대적으로 가늘고 흐린 펜 선으로 묘사합니다. 사실 펜 선은 개인 취향이고, 그림 스타일에 따라 거리를 신경쓰지 않고 묘사해도 무방합니다.

스케치 레이어 투명도 낮춤

스케치 레이어 가림

레이어는 투명하게 겹쳐진 용지를 의미합니다. 클립 스튜디오나 포토샵 등 드로잉 프로그램의 기본 기능입니다. 스케치, 펜 선, 채색 등을 각각의 레이어에 나눠서 하면 훨씬 깔끔하게 그릴 수 있고, 수정도 간편하며 디지털 특수효과를 적용하기도 쉽습니다.

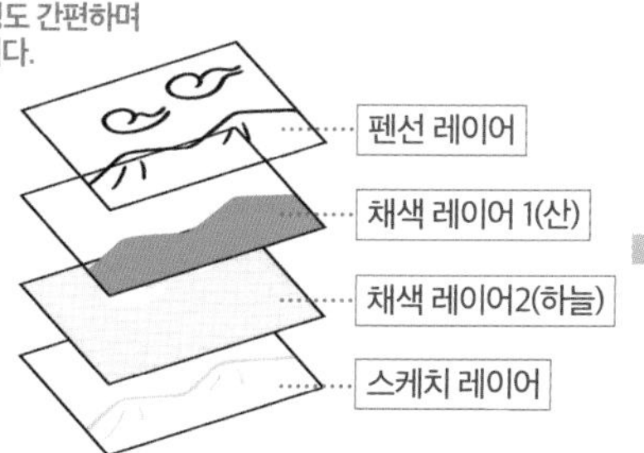

3 밑색 배색

펜 선을 토대로 밑색을 깔았습니다. 하늘은 그라데이션 툴을 적용해 채웠고, 나머지 배경 배색에 공기 원근법을 적용했습니다. 일단, 산 풀, 물, 바위를 각각의 색상으로 칠한 뒤 가까이 있는 것과 멀리 있는 것들을 밝기와 채도 조절을 통해 구분했습니다. 가까이 있는 것은 더 선명하게, 주변과 대비되게 해서 앞으로 튀어나오게 만들고, 멀리 있는 것은 더 흐리거나 탁하게, 주변에 녹아들게 해서 원근감을 부여했습니다.

자연 배경은 이러한 기본 배색을 어떻게 하는가가 중요합니다. 지나치게 다양한 색상을 사용하지 말고 같은 색 계열에서 밝기와 채도 조절로 사물을 나누는 편이 자연 배경을 자연스럽고 부드럽게 만들어줍니다.

4 일반 브러시로 산, 풀, 바위 묘사하기

일반 브러시를 이용해 산과 풀, 바위 등을 추가적으로 묘사해 봅니다. 밑색을 어둡게 깔았기 때문에, 밝은 부분을 덧칠하는 식으로 디테일을 올렸습니다. 묘사를 가급적 간단하게 하기 위해 밑색 하나당 덧칠은 한 가지 색으로 제한했습니다.

덧칠 배색 역시 공기 원근법을 따릅니다. 멀리 있는 물체일수록, 밑색과 덧칠색의 대비가 없어 희미하게, 멀리 떨어져 있게 하고, 가까이 있는 물체일수록 덧칠하는 색과 밑색을 선명하게 대비시켜 앞으로 튀어나오는 느낌을 줍니다.

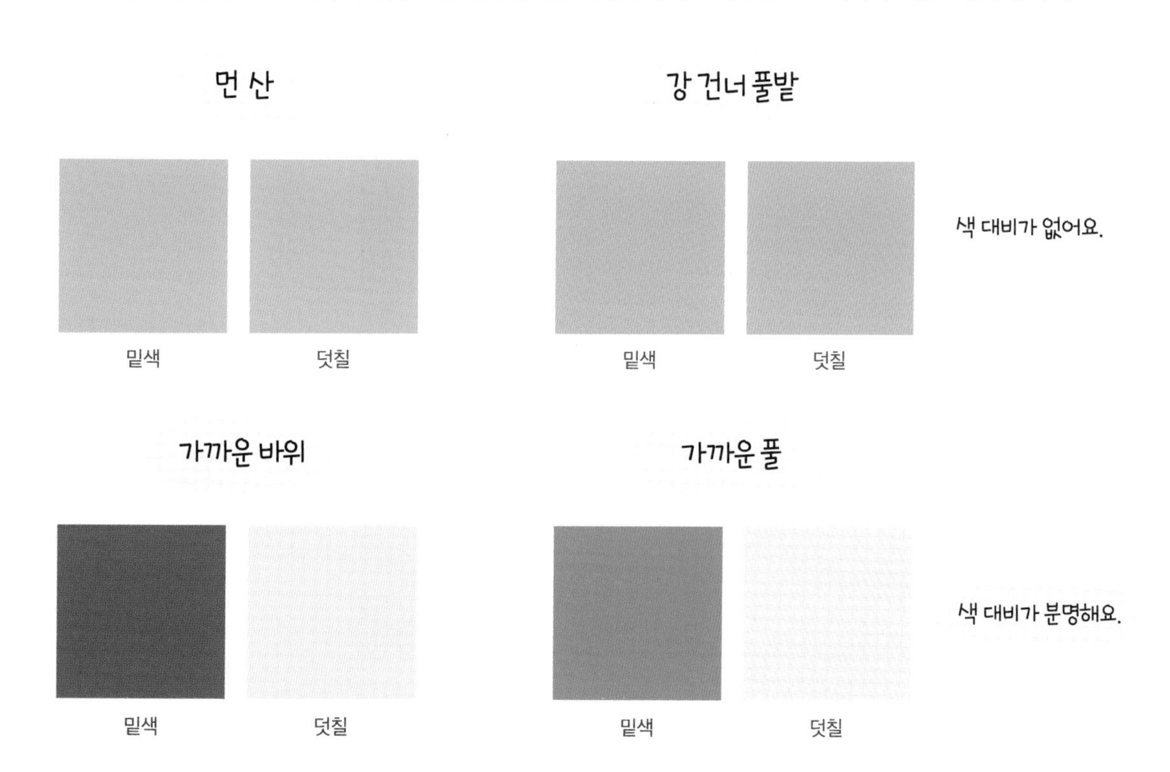

5 특수 브러시로 하늘과 물 묘사하기

일반 브러시는 수채화나 유화 같은 느낌을 줘서 배경 퀄리티를 올려주지만, 묘사에 시간이 걸리는 편입니다. 때문에 하늘의 구름과 물 수면은 특수 브러시로 묘사했습니다. 각각 특수 브러시로 두어 번 클릭하면 완성됩니다.

6 특수 브러시 묘사 보정

특수 브러시는 기계적으로 사용하기 때문에, 배경과 조화가 되지 않거나 어색할 수 있습니다. 이 경우 살짝 보정을 해 줄 수 있습니다. 물을 보정해 보겠습니다. 일반 브러시를 이용해 수면 가장자리를 자연스럽게 만들고, 더 나아가 수면에 비친 그림자도 만들어 보겠습니다.

수면 레이어 가림

일반 브러시로, 비치는 사물과 같은 색을 옅게 덧칠해 물의 밑색 위에 그림자를 만들었습니다.

일반 브러시로 흰색을 덧칠해 물 가장자리를 부드럽게 만들었습니다.

보정이 끝난 뒤, 특수 브러시로 묘사한 수면 레이어를 다시 보이게 하면 이런 느낌으로 조화가 됩니다.

수면 레이어 켬

7 빛 효과 넣기와 완성

끝으로 햇살이 비치는 효과를 넣어 보겠습니다. 모든 드로잉 프로그램에는 빛 효과를 내는 특수 레이어(오버레이, 더하기, 발광 닷지 등)가 있습니다. 특수 레이어를 생성하고, 그 위에 오렌지 계열 색으로 비스듬하게 빛줄기만 그려도 아래와 같은 빛 효과를 낼 수 있습니다.

완성

자연 배경을 그리며 사용할 수 있는 기법들을 최대한 활용하다 보니 상당히 손이 많이 가고, 퀄리티가 높은 배경이 완성되었습니다. 이보다 일반 브러쉬 묘사를 덜 하거나 디테일, 빛 효과를 무시하는 등, 좀 더 단순하게 묘사해도 웹툰 배경으로는 충분히 사용할 수 있습니다. 단, 이보다 단순한 스타일로 그릴 때도 공기 원근법과 배색의 기본 방법은 꼭 기억하는 것이 좋습니다.

만화적 배경과 효과음

인공 배경, 그리고 자연 배경과 같은 일반적인 배경 외에도 단순한 선, 도형, 문자, 색채 등을 통해 동작, 감정, 소리 등을 매우 효과적으로 표현할 수 있다는 것이 만화(웹툰)의 강점입니다. 어떤 표현들이 있는지 살펴보겠습니다.

1. 효과선과 도형

효과선, 도형 등을 사용해 동작, 감정을 표현해주는 것은 전통 출판만화에서부터 내려온 방식입니다. 다만 웹툰은 대부분 '컬러'로 마무리되기 때문에, 도형이나 효과 선에도 어느 정도 색을 입히는 것이 일반적입니다. 몇 가지 예를 보여드리겠습니다.

출판만화 **웹툰화**

달려

헤롱헤롱

침울

2. 효과선과 일반 배경 겹쳐 그리기

일반 배경과 만화적 배경을 겹쳐 쓸 수도 있습니다. 특히 움직임이나 집중을 표현하는 효과선의 경우, 일반 배경과 겹쳐 그릴 수 있으며, 극화에서 많이 이용됩니다. 다만, 복잡하고 산만한 느낌을 줄 수도 있기 때문에 웹툰은 클립 스튜디오나 포토샵 등 드로잉 프로그램의 필터 효과로 대체하기도 합니다.

일반 배경 + 만화적 배경(집중선)

일반 배경 + 필터 효과

3. 배색

출판만화와 달리 웹툰은 배경에 드리운 배색만으로도 정서를 전달할 수 있습니다. 예컨대 '설레임'과 같은 정서를 배경에 표현하고 싶을 때, 전통 출판만화는 뒤에 부드러운 느낌을 주는 무늬나 도형을 깔아서 효과를 내지만, 웹툰은 배경을 연분홍으로 바꾸는 것으로도 표현할 수 있습니다.

웹툰화

이런 배색 연출은 색이 가진 직관적인 감성에 기반합니다. 예를 들어, 밝고 긍정적인 정서나 분위기를 표현할 때는 오렌지 계열의 난색이 어울리고, 어둡고 부정적인 정서나 분위기를 표현할 때는 남색 계열의 어두운 한색이 어울립니다. 또한, 불안감이나 혼란 등의 감정을 표현할 때는 탁한 자주색, 적색 등이 어울립니다.

이런 배색 효과는 만화적 배경을 컬러화시킬 때도 응용하기 좋습니다.

기쁨 → 오렌지색 침울 → 남색 혼란 → 탁한 자주색

4. 효과음

효과음은 '글자'이기보다는 '그림'의 일부로 디자인하면 훨씬 극을 효과적으로 전달할 수 있습니다. 물론 효과음을 말풍선 속 글자처럼 표현해도 상황은 충분히 전달됩니다.

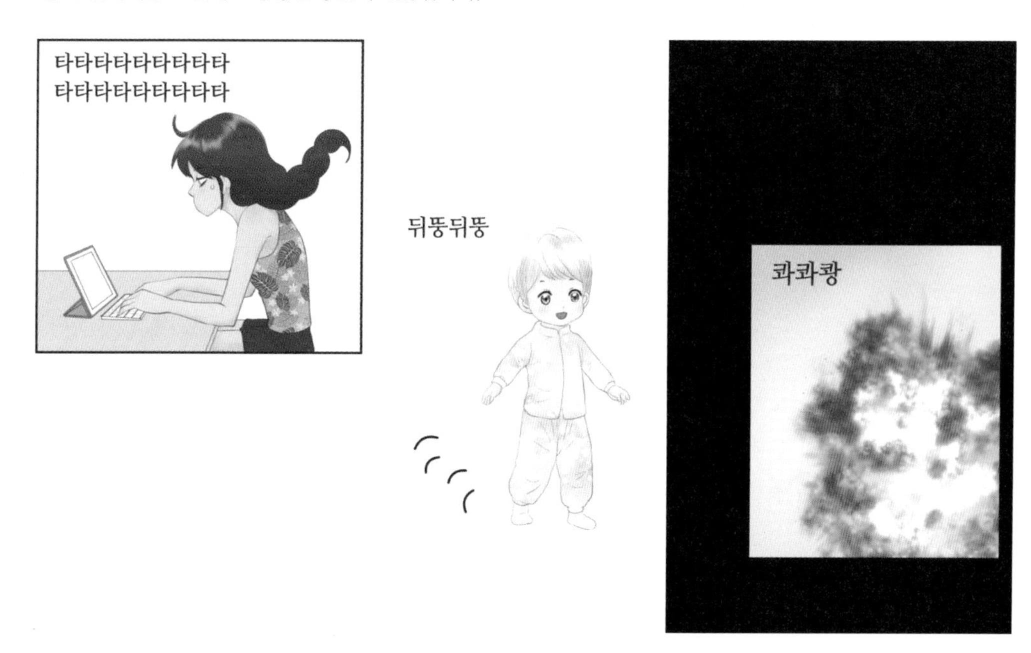

하지만 소리나 몸짓에 어울리게 글자를 디자인하면 극을 훨씬 효과적으로 전달할 수 있습니다.

키보드 두들기는 동작(소리)
: 규칙적이고 반복적인 배열,
딱딱한 글씨

아기가 걷는 동작 : 비뚤배뚤한
배열, 부드러운 모양새, 작은 글씨

크고 시끄러운 폭발음 : 불규칙적
이고 모난 모양새, 커다란 글자

PART

05

실전 웹툰 그리기

웹툰 기획과 투고에 필요한 캐릭터 시트의 제작 방법을 알아보고,
시나리오부터 완성까지 어떤 과정을 거쳐 원고가 만들어지는지 살펴봅니다.

CHAPTER 01 캐릭터 시트 만들기

CHAPTER 02 원고 그리기 실연

SPECIAL TIP 스케치업으로 만든 배경과 소품을 원고에 넣기

CHAPTER

01

캐릭터 시트 만들기

여기서는 웹툰 기획 단계 및 공모전 등 작품 투고에서 요긴하게 사용되는
캐릭터 시트를 만드는 방법에 대해 알아봅니다.

STEP 01 캐릭터 시트 이해하기

1 캐릭터 시트란?

주요 등장인물을 한번에 파악할 수 있도록 외모 및 설정을 정리해 놓은 파일입니다. 캐릭터에 대한 간단한 소개와 함께 등장인물의 전신상, 두상 등 비주얼을 한눈에 알 수 있게 구성되어 있습니다.

2 캐릭터 시트의 용도

공모전이나 투고 때 웹툰 담당 PD님이 캐릭터를 이해하기 위해 웹툰 작가에게 요구하는 것입니다. 하지만 작가 본인에게도 매우 유용합니다. 캐릭터 시트에 정리해 놓은 정보를 보면서 이야기를 풀어나갈 때 캐릭터의 성격이 흔들리지 않도록 하고, 더 나아가 자신도 영감을 얻을 수 있습니다.

단, 독자들에게 공개하는 것은 어려울 수 있습니다. 아직 공개 안 한 설정, 스포 등이 들어가 있는 경우가 있기 때문입니다.

3 잘 만든 캐릭터 시트란?

캐릭터 시트에 '정답'으로 정해진 형식은 없습니다. 다만, '흥미롭고 매력있게', 캐릭터를 '임팩트 있게 이해시키는' 방향으로 만드는 것이 좋습니다. 캐릭터 시트는 캐릭터에 대한 광고 혹은 캐릭터의 자기 PR이라고도 할 수 있습니다.

STEP 02

캐릭터 시트 구성 요소

1 전신 이미지

자연스럽게 캐릭터가 서 있는 앞모습(반 옆모습)이 기본적으로 들어갑니다. 캐릭터의 키, 체형을 비롯한 전체적인 이미지, 그리고 복장을 알 수 있습니다.

캐릭터 시트에 들어가는 전신을 그릴 때 가장 중요한 것은 자세와 실루엣입니다. 캐릭터 시트는 작가가 설정한 캐릭터에 대한 정보를 담습니다. 하지만 키, 비율 등을 설정에 맞춰 정확하게 그리려 애쓰다보면 아무래도 실루엣이 경직됩니다. 약간 부정확해도 좋으니, 자연스러운 자세와 실루엣의 흐름을 신경쓰는 게 더 좋습니다.

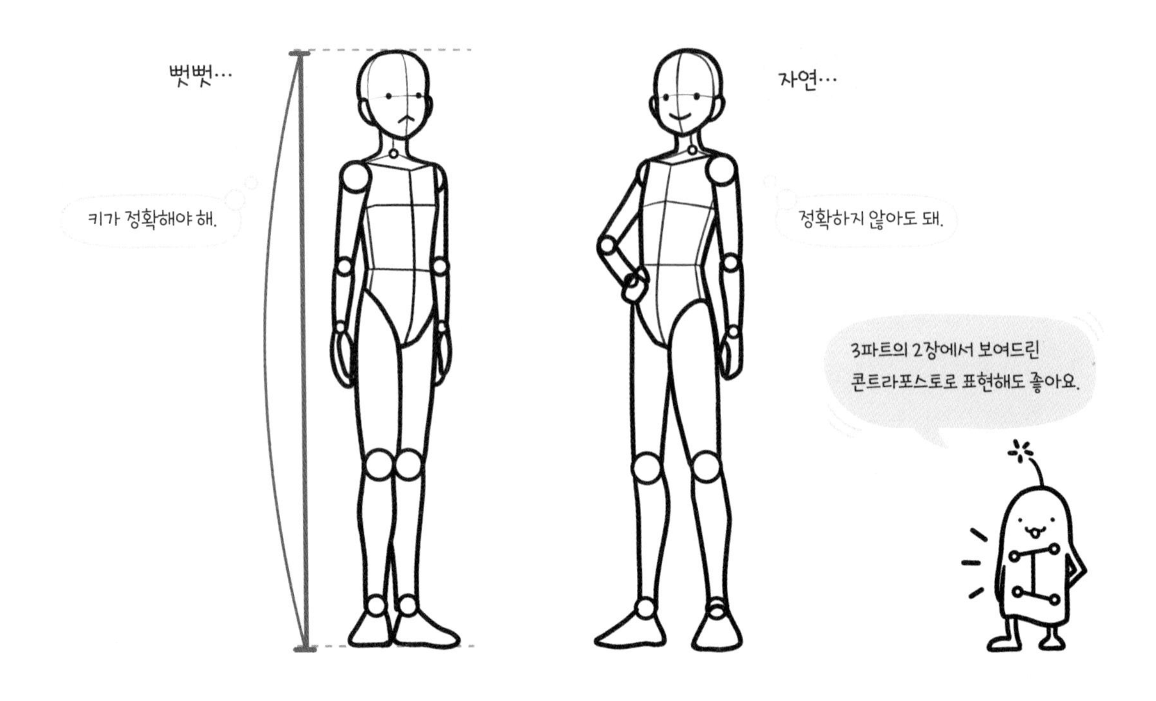

그리고 반드시 서 있는 앞모습만 들어가리란 법도 없습니다. 앞모습을 보여주며 뒷모습을 함께 보여줄 수도 있고, 심지어 앉거나 누워있는 모습을 보여줘도 괜찮습니다.

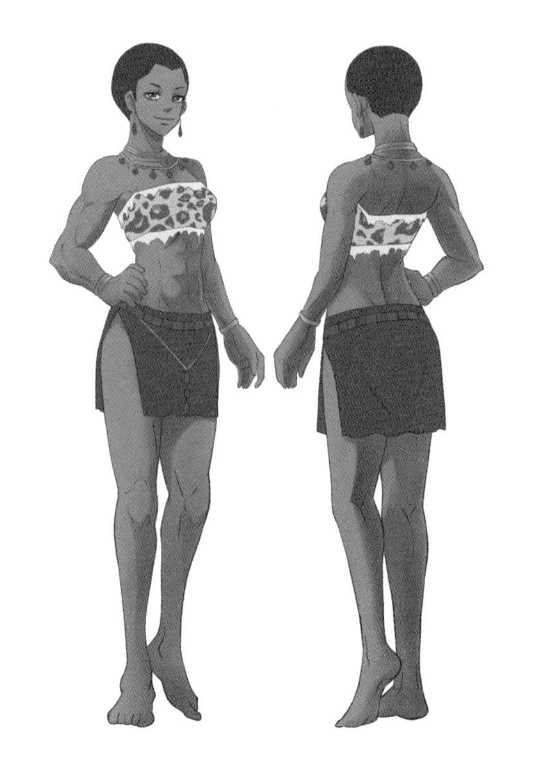

캐릭터 시트에 들어가는 전신 이미지는 서 있는 포즈가 대부분이에요. 하지만 캐릭터 성격을 떠 올렸을 때, '어울리는 포즈가 있다면' 그게 가장 좋은 포즈이기 때문에, 꼭 서 있을 필요는 없습니다.

2 클로즈업 이미지 ❶ : 다각도

얼굴의 특징만 보여주는 클로즈업 이미지 역시 캐릭터 시트에 꼭 들어갑니다. 앞모습뿐 아니라 옆모습, 뒷모습 등을 다각도로 보여줄 수 있습니다. 2파트 2장과 7장 등에서 보여드렸던 다각도로 연습한 캐릭터 두상을 여기서 그대 로 활용할 수 있습니다. 대체로 목과 어깨까지 그려주는 편이 자연스럽습니다.

3 클로즈업 이미지 ❷ : 표정

표정이 드러난 클로즈업 이미지는 캐릭터 시트에 특히 거의 빠지지 않고 사용됩니다. 캐릭터의 성격을 한눈에 엿볼 수 있기 때문입니다. 2파트 10장에서 보여드린 얼굴 표정 연습을 그대로 캐릭터 시트에 활용할 수 있습니다.

4 반신 이미지

반신 이미지는 반드시 들어가지는 않지만, 잘 활용하면 캐릭터 시트를 매력있게 만드는 데 도움을 줍니다. 표정뿐만 아니라 간단한 몸동작, 소품까지 동원해 캐릭터의 일상적인 모습을 보여줄 수 있기 때문입니다.

5 캐릭터 설명(캐릭터 배경 설정)

캐릭터 시트는 이미지가 중심이기 때문에 캐릭터에 대한 설명은 간단한 소개 정도로 압축됩니다. 하지만 그 간단한 소개를 위한 '참고자료', 즉 캐릭터의 성격, 행동, 습관, 인간관계, 과거사, 앞으로의 운명 등의 '설정'은, 자세하게 준비해 놓을수록, 캐릭터가 입체적으로 변하고, 이야기를 원활하게 이끌어가는 데 큰 도움이 됩니다. 기본적으로 별도의 문서 파일로 만들어 두는 것이 좋습니다.

다음은 제가 만든 등장인물 설정의 예시들입니다. 실제 연재 중인 스토리의 캐릭터이기 때문에 스포일러가 되는 대부분의 내용은 빼고, 또 표라는 틀에 맞춰 요약 정리했다는 점을 참고해 주세요. 실제 캐릭터 설정은 딱히 정해진 틀이 없고, 줄로 풀어쓰는 게 대체로 더 편합니다. 연재 중에도 내용을 넣거나 빼는 등 자잘한 수정이 잦기 때문입니다.

이름	나시드(아르나시드 하산페르즈 마시 히르사 이자드메흐르 소우시얀트)
성별	남자
신분	하늘성 미즈라의 왕
나이	만 15세(한국 나이 17세)

- 저주에 걸려 인간 모습을 잃어버리고 하늘성에서 지상으로 추락
- 지상에서 기피 대상 최하층민인 '타마티'소녀, 슈리아와 만나며 비로소 저주가 풀림. 이후 그녀에게 의지

살아온 행보	특기
• 소년 왕-성군이라 칭송받는 아버지의 뒤를 이어 12세에 즉위 • 본인은 훌륭한 왕이 되고자 하나, 성급하고 화 잘 내며 과중한 책무로 만성 스트레스 상태 • 백성들에게는 '선왕의 총명함과 자비심을 물려받은, 아름다운 소년 왕 아르나시드'라고 숭배받음 • 귀족들과는 갈등-선왕 때부터 기득권을 빼앗겨 온 귀족들과 격돌	• 싸움(근위병들과의 무술 대련이 유일한 취미) +자동 치유능력 보유 • 까칠하게 성질부리기(그렇게 안 생겨서 나름 예민함) • 잠 안 자기(+잠 설치기) • 슈리아 과보호하기

인상과 행동거지	외모에 대한 추가 설명
• 군인 같은 느낌. 표정 변화가 별로 없음. 단 싸움 전 냉소가 살벌 • 쌍욕부터 고급용어까지 어휘 스펙트럼이 넓음 • 평소 말투는 말이 짧고 명령조 • 엄숙하고 책임감 강하지만 어딘가 허당. 특히 지상에 떨어진 후, 스타일 구길 일만 생김	• 키 183cm • 20대 중반이라 해도 먹히는 노안 (일곱 살 연상인 슈리아 앞에서, 자기가 더 연상이라고 나이를 뻥튀기했고, 슈리아는 속음) • 마하스티-마흐람 계 혼혈(= 인도-이란계 백인 혼혈) • 은발에 보라색 눈(왕족의 특성)

극 중 운명을 한마디로 요약하자면 : 책임(+져야 할 책임이 너무 크구나)

이름	슈리아(슈리아 아자데도크트)
성별	여자
신분	타마티(기피 대상 최하층민)
나이	만 22세(한국 나이 23세)

- '타마티' 즉, 마법을 없애버리는 힘을 타고남 → 저주받은 존재로 취급됨
- 밀림에 숨어서 성장. 자신을 보호해주는 마을을 벗어날 수 없음
- 하늘에서 떨어진 소년 왕에게 걸린 저주를 풀고, 이후 그와 얽혀서 모험 시작

살아온 행보	특기
• 타마티로 태어나는 바람에 갓난아이 때 가족들에게 살해당할 뻔함 • 어머니의 보호로 목숨을 건진 후, 타마티들이 모여 사는 밀림 마을에 숨어들어 평생 그곳에서 성장 • 똑똑하고 호기심도 많고 바깥세상에 대해 동경이 있었으나, 성장 후에는 그냥 망상으로 치부 • 마을이 파괴되고 사람들 다수가 끌려 가자, 그들을 구해오기 위해 나시드와 함께 세상 밖으로	• 활쏘기(그나마 잘 쓰는 무기) • 마을 장서관에서 책 읽다가 멍때리기(망상질) • 누가 업어가도 모를 정도로 잘 자기 • 중력 무시하고 머리 꼬랑지 움직이기

인상과 행동거지	외모에 대한 추가 설명
• 강아지상 • 또랑또랑하고 활발한 밀림 소녀 • 표정이 풍부하고 솔직함 • 분명하고 맑은 톤의 목소리, 조리 있고 은근 박식한 말투	• 키 166cm • 10대 초중반으로 보이는 동안(자기보다 어릴 거라고 짐작하던 나시드가 멘붕) • 마고 - 한 계(= 북방계 동아시아인) • 어깨 문신(타마티임을 표시하는 낙인)

극 중 운명을 한마디로 요약하자면 : 용감한 희생자(+ 무리하지 말아줘 이번엔)

이름	아스완
성별	남자
신분	해방 노예
나이	만 27세(한국 나이 28세)

- 라즈단의 열쇠 수호자(=학자)
- 한때, 노예로 떨어졌다가 자유민 신분을 되찾음 (몇 가지 제약은 생겼지만)
- 소년 왕과는 초면부터 악연에, 어쩌다 모험을 같이하면서도 서로 으르렁 댐

살아온 행보	특기
• 본명은 아스완 터헤르페르즈(해방 노예라서 뒷 이름은 법적으로 사용 못 함) • 열쇠 수호자가 되는 게 꿈이었으나, 11세에 집안이 망하고, 노예가 되어 사막 너머로 팔려감 • 불과 몇 달 만에 해방되어 고향인 옛 수도로 돌아왔으나, 다른 가족들은 영영 찾지 못함 • 이후 열쇠 수호자가 되어 라즈단(학문의 전당)에 소속 학자이자 역사 교수로 생계유지	• 강의하며 여학생 홀리기(← 남성 동료들의 분노에 찬 증언) • 여자 사람 기분 파악하기(눈치 백 단) • 공동 작업실에서 만들고 싶은 거 멋대로 만들기 • 술만 처먹으면 왕과 신앙을 까대며 동료들 긴장시키기(평소엔 얌전한 인간이…)

인상과 행동거지	외모에 대한 추가 설명
• 유약하지만 학구적인 느낌 • 상냥하고 매너 있는 훈남. 예의 바르고 지적인 말투. 낮고 부드러운 목소리 톤 • 노예 시절 겪은 일은 절대 말하지 않음 • 왕족에 대한 묘한 적개심	• 키 181cm • 밀가루 뒤집어쓴 것 같은 하얗고 창백한 얼굴(잠들어 있는데 슈리야가 죽었다고 착각함) • 한 방 맞으면 뼈 나갈 거 같은 가녀린 체격(슈리야에게 팔씨름으로 지는 저질 근력) • 마고 - 한 계(동아시아계) 혼혈

극 중 운명을 한마디로 요약하자면 : 네 열정은 정말로 네 것?

이름	카라(카라 나크메도크트)
성별	여자
신분	없음 (호적에 등록되지 않음)
나이	만 20세 (한국 나이 21세)

- 괴력을 지닌 밀림 전사
- 마을이 파괴되고 바깥세상으로 끌려 나온 후, 동네 친구 슈리야와 재회하며 모험 시작

살아온 행보	특기
• 밀림 마을의 우두머리 후계자(←가모장적 원시 부족 + 외지출신 타마티들이 결합해 세운 마을) • 태어날 때부터 괴력 보유. 자신의 힘을 자랑스럽게 여기며 성장 • 마을 젊은이들의 리더. 전사로서, 여성으로서 능력과 매력을 인정받음 • 밀림이 삶의 전부. 바깥세상은 안 궁금 → 강제로 끌려 나오기 전까지는	• 슈리야 놀려먹기(비리비리해서 남자들에게 인기가 없다고) • 거대 괴물 맨손으로 때려잡기 • 문어발식 연애 • 복잡하게 생각 안하기

인상과 행동거지	외모에 대한 추가 설명
• 원시적인 전사, 여유로운 위엄 • 어휘는 단순하지만 단호한 말투 • 톤이 낮고 울림이 좋은 목소리 • 바깥세상 사람들을 식겁하게 하는 사고방식과 행동(정작 본인은 개의치 않음)	• 키 176cm • 코미얀 - 상고계(= 수단계 흑인) • 엄청난 근육질, 균형 잡힌 몸매. 시원시원한 미모

극 중 운명을 한마디로 요약하자면 : 다른 눈

캐릭터 배경 설정을 풍부하게 만들기 위해서는 등장인물을 다각도로 관찰하는 과정이 필요합니다. 그러기 위해서는 캐릭터에게 이것저것 질문을 던져보는 것이 큰 도움이 됩니다. 어떤 질문을 던져도 상관없습니다. 앞서 보여드린 설명들 외에도 다음과 같은 질문을 해 볼 수 있습니다.

- 부모님은 어떤 분?
- 형제 있어?
- 어렸을 때 가장 (행복한/힘든) 일이 뭐였어?
- 가장 숨기고 싶은 비밀은 뭐야?
- 이상형은?
- 친한 친구는 누구야?
- 목소리 톤은 어때?
- 독특한 습관 같은 거 있어?
- 네 꿈이 뭐야?
- 무엇이 너를 가장 힘들게 해?

……

STEP 03

실전 캐릭터 시트 만들기

앞에서 보여드린 구성 요소들을 종합하여 실제 캐릭터 시트를 만들어 보겠습니다. 캐릭터 설명은 표 형식으로 정리해 보았습니다.

1 매력적인 캐릭터 시트의 중요성

지금까지, 캐릭터 시트에 들어갈 수 있는 것들을 하나하나 보여드렸습니다. 하지만 실제 캐릭터 시트에는 앞서 보여 드린 이미지와 내용을 모두 넣을 수 없습니다. 많은 것을 장황하게 보여주기보다는, 필요한 것만 임팩트 있게 보여주며 캐릭터를 어필하는 것이 좋습니다. 경험이 부족한 작가에게는 캐릭터 시트 작성이 은근히 까다로울 수 있습니다.

하지만 캐릭터 시트를 '임팩트 있게, 매력적으로' 완성해 보는 것은 작가 본인에게도 매우 유용한 작업입니다. 캐릭터 시트를 중심으로 중요한 아이디어와 그렇지 않은 아이디어가 정리되고, 스토리의 중심을 잃지 않게 되며, 더 나아가 어디가 부족한지 객관적으로 파악하며 아이디어를 확장할 수 있습니다.

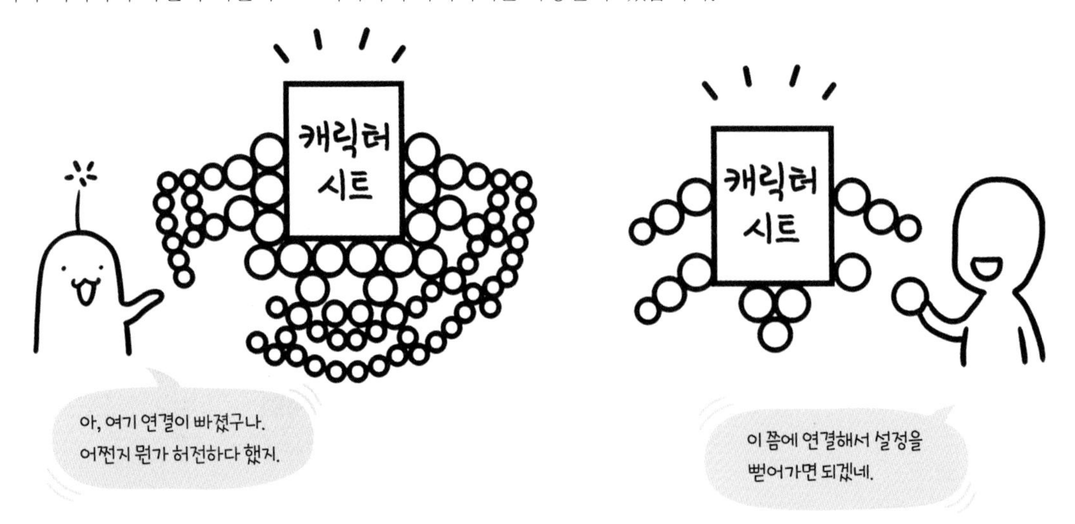

2 캐릭터 예시 ❶ : 주연 캐릭터

스토리의 중심인 주연 캐릭터의 경우, 캐릭터 시트 한 장을 통째로 차지할 수 있습니다. 캐릭터 설명은 자잘한 설정을 늘어 놓는 대신, 스토리의 분위기와 재미를 맛볼 수 있는 핵심적인 내용만 소개했습니다. 이미지도 키와 체형을 알 수 있는 전신 이미지에 추가해, 캐릭터의 성격을 엿볼 수 있는 가장 대표적인 표정만 넣었습니다. 캐릭터 시트의 여백은 비워둬도 괜찮지만 캐릭터와 관련있는 배경 이미지를 깔아주면 분위기가 확 달라집니다.

나시드(아르나시드)

하늘성 미즈라의 소년 왕.
마법은 신의 축복, 마법을 없애는 힘이
악의 힘이라고 여겨지는 세상의 신성한 군주다.
신하의 저주에 걸려 인간 모습을 잃고
지상에 추락하는 데, 저주를 풀어 준 건
마법을 없애는 힘 때문에 박해받는
최하층민 '타마티' 소녀 슈리야였다..!

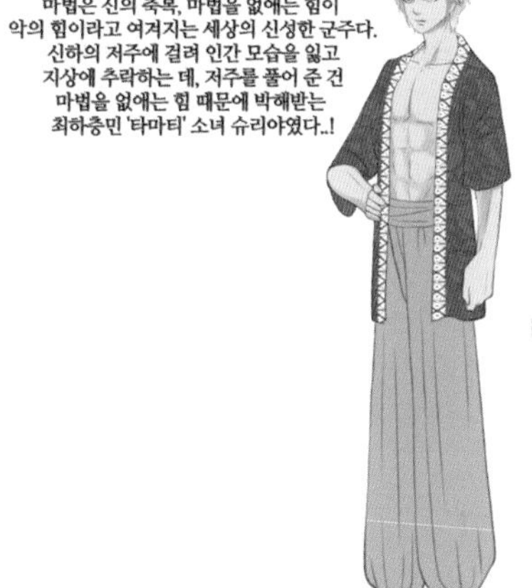

나시드(아르나시드)

하늘성 미즈라의 소년 왕.
마법은 신의 축복, 마법을 없애는 힘이
악의 힘이라고 여겨지는 세상의 신성한 군주다.
신하의 저주에 걸려 인간 모습을 잃고
지상에 추락하는 데, 저주를 풀어 준 건
마법을 없애는 힘 때문에 박해받는
최하층민 '타마티' 소녀 슈리야였다..!

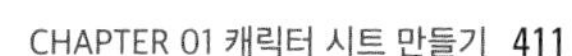

3 캐릭터 시트 예시 ❷ : 주연 캐릭터

이 캐릭터는 표정이 풍부하고 다양한 편이지만, 캐릭터 시트의 이미지 배치는 '잘 보이도록', ' 조화롭게' 하는 게 핵심이기 때문에, 역시 최소한의 표정만 넣었습니다. 캐릭터의 고향인 밀림의 사진 이미지를 흐리게 필터링해서 배경 레이어로 깔았습니다.

4 캐릭터 시트 예시 ❸ : 조연 캐릭터

스토리의 주요 흐름에서 상대적으로 차지하는 비중이 적은 조연 캐릭터는 두 명 이상 한 장에 몰아넣어 소개할 수 있습니다. 대표 이미지 하나만 보여주고, 캐릭터 설명도 스토리의 주요 흐름, 혹은 주연 캐릭터와 연관지어 간결하게 했습니다. 배경은 깔끔하게 생략하거나, 여러 캐릭터에 무난하게 적용되는 테마 이미지 정도로 깔아줍니다(페르시아 모티브 판타지이기 때문에 관련 무늬를 테두리에 살짝 넣었습니다).

캐릭터 시트는 '많이' 보여주는 것보다
'흥미롭고 임팩트 있게' 보여주는 게
좋다는 걸 잊지 마세요!

CHAPTER

02

원고 그리기 실연

시나리오부터 완성까지, 실제 어떤 과정을 거쳐 원고가 만들어지는지 보여드립니다. 100% 디지털 작업이며, 작화 프로그램은 클립 스튜디오, 3D 프로그램은 스케치업 프로 버전을 기준으로 설명합니다.

STEP 01

시나리오 불러오기

1 시나리오 예시 ❶

시나리오는 글 작업의 최종단계이며, 줄거리를 토대로 실제 장면을 회차 별로 만든 것입니다. 투고나 공모전용으로 작성할 수도 있지만, 대부분 작가 자신이 '혼자' 보는 용도이기 때문에 형식은 자유롭습니다.

시나리오 작성의 가장 간단한 형태는 다음과 같습니다. 원고에 옮겨 붙인 후 말풍선만 더해줘도 될 정도로, 대사와 효과음만 나열한 것입니다. 구체적인 상황은 작가 '본인'만 떠올릴 수 있습니다. 개인적으로는 원고 작업 들어가기 전에 즉석에서 시나리오를 쓰면 거의 다음과 같은 형식이 됩니다.

> 꼼짝 마!
>
> 휙
>
> 움직이지 마! 그대로 있어! 한 발짝이라도 움직이면… 쏘겠어!
>
> ……

문서 파일(hwp, txt, doc 등…)에 작성해요.

머릿속 장면이 따끈따끈 생생하다면 대사 외에는 '굳이' 글로 나타낼 필요가 없어요.

2 시나리오 예시 ❷

조금 더 친절한 시나리오입니다. 말풍선으로 들어갈 '대사'와 그림(동작 묘사)으로 표현될 '나레이션' 두 부분으로 나뉩니다. 가장 일반적이고 무난한 형식이며, 대사와 나레이션을 헷갈리지 않게 구분만 해 주면 됩니다. 예를 들어, 아래처럼 나레이션에만 괄호를 치는 방법으로 대사와 나레이션을 구분해 줄 수도 있습니다.

> 꼼짝 마!
>
> (아르나시드, 휙 돌아본다. 슈리야, 활을 겨누고 노려본다)
>
> 움직이지 마! 그대로 있어! 한 발짝이라도 움직이면… 쏘겠어!
>
> … …
>
> (아르나시드, 조금 놀라서 말 없이 그녀를 마주본다.)

나레이션은 원고에 직접 드러나지 않기 때문에 '잘 쓴 글'일 필요가 없어요.

혹은 대사에 따옴표를 치는 형식으로 대사와 나레이션을 구분해 줄 수도 있습니다.

"꼼짝 마!"
아르나시드, 획 돌아본다. 슈리야, 활을 겨누고 노려본다.
"움직이지 마! 그대로 있어! 한 발짝이라도 움직이면… 쏘겠어!"
"……"
아르나시드, 조금 놀라서 말 없이 그녀를 마주본다.

아니면 대사를 하는 사람이 누구인지를 앞에 써 주는 방식으로도 구분해 줄 수도 있습니다.

슈리야 : 꼼짝 마!

아르나시드, 획 돌아본다. 슈리야, 활을 겨누고 노려본다.

슈리야 : 움직이지 마! 그대로 있어! 한 발짝이라도 움직이면… 쏘겠어!
아르나시드 : ……

아르나시드, 조금 놀라서 말없이 그녀를 마주본다.

3 시나리오 예시 ❸

최대한 자세하게 쓴 시나리오입니다. 저는 당장 원고로 넘어가지 않고, 미리미리 써서 묵혀두는 시나리오는 이렇게 작성합니다. 나레이션에서 등장인물의 행동뿐 아니라 시선, 심리상태에 대한 묘사도 세세하게 기록해 놓습니다. 거기에 설정이나 체크사항 등 부연 설명까지 메모나 각주 형식으로 달아둡니다.

슈리야 : 꼼짝 마!

아르나시드는 흠칫 놀라며 획 돌아보았다. 입구에 드리운 그늘, '그 소녀'였다. 그렇게 부지런히 잘도 도망 다니다가 언제 챙겨 들고 온 건지 활까지 팽팽하게 당긴 상태였다.

슈리야 : (노려보며) 움직이지 마! 그대로 있어! 한 발짝이라도 움직이면… 쏘겠어!
아르나시드 : ……

아르나시드는 놀란 얼굴로, 그녀를 바라보았다.
자신에게 팽팽하게 겨눠진 화살촉이 상당히 날카롭고 위협적이어서… 그런 이유는 아니었다. (소녀에게는 미안하지만.) 어쩌면 좀 더 긴장해야 할는지도 몰랐다.
하지만 솔직히… 긴장감이 생기지 않았다.

[메모:2] USER 2019-06-07 17:35
겉으로 보이는 표정 변화는 거의 없음

[메모:1] USER 2019-06-07 17:35
활 모양만큼은 그럴싸했다. (밀림에서 흔히 쓰는 둥근 대나무 활이 아니라 자마스탄 사냥꾼들도 사용하는 상당히 사거리가 좋고 탄성이 있는 활.)다만 화살촉은 돌로 만들어진 듯 울퉁불퉁했다.

위의 예는 장르가 판타지이다 보니, 자체 설정을 부연설명하는 경우가 많아요.

쓰는 데 시간도 걸리고 가독성도 좀 떨어지지만, 시간이 오래 지난 후에도 세부적인 감정선과 디테일한 설정까지 입체적으로 되살아난다는 장점이 있습니다. 이 외에도 다른 형식이 있을 수 있습니다. 형식에 구애받지 말고 본인 취향대로 작성하면 됩니다.

STEP 02

콘티 작성하기

1 컷의 구도와 앵글, 배경 계획하기

콘티는 그림을 어떻게 그릴지 메모하듯 계획하는 것입니다. 컷의 구도와 앵글이 어떻게 되는지, 배경은 어디에 들어가는지 '본인만 알아볼 수 있는 수준'으로 그리면 충분합니다. 콘티는 어디에 작성해도 상관없습니다. 공책에 그려도 되고, 타블릿 PC의 노트 필기 프로그램에 그려도 됩니다. 시나리오의 대사들을 그대로 콘티용지에 옮기며, 컷 연출 계획을 짜 갑니다.

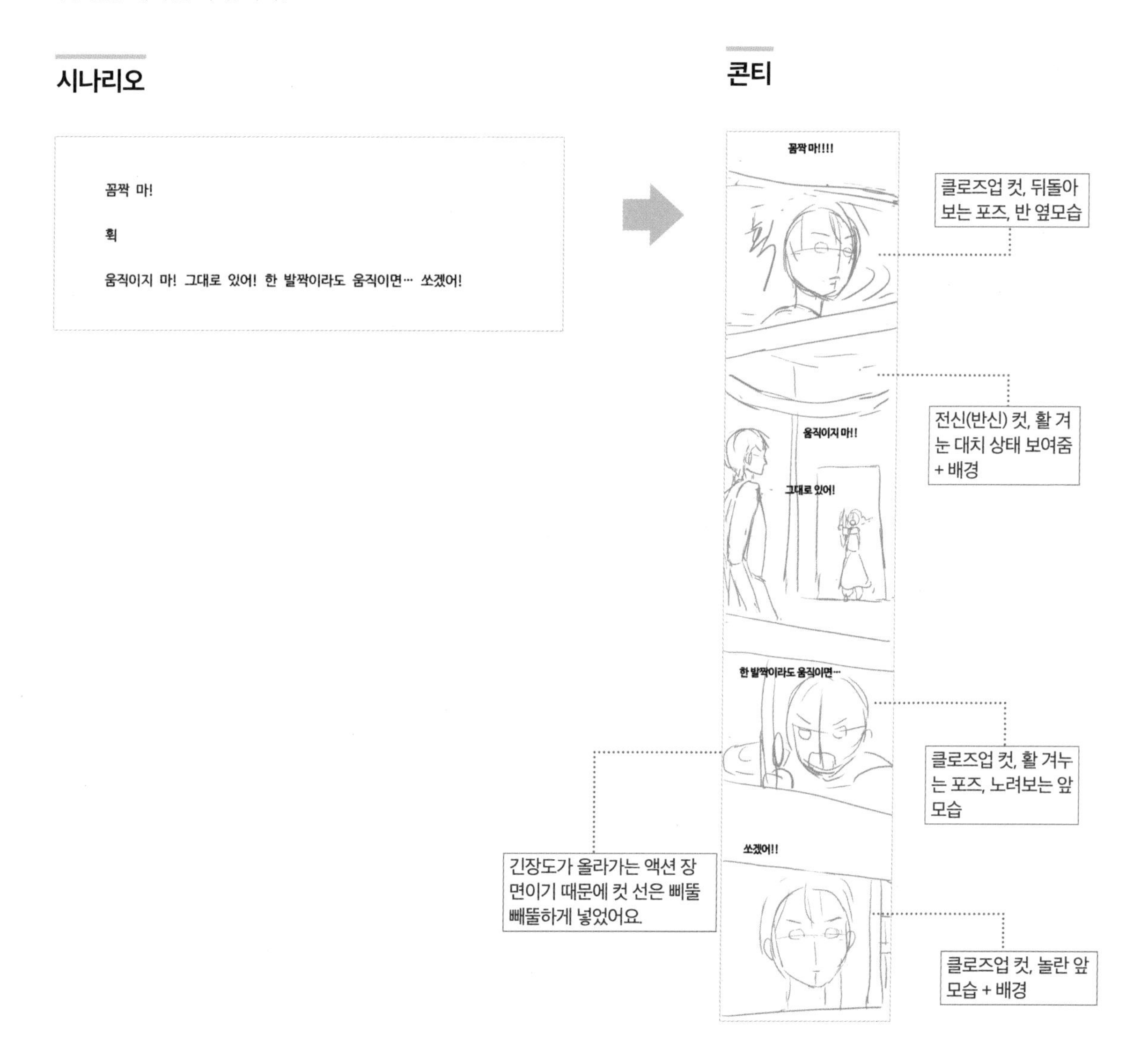

스케치 준비하기

1 용지 생성과 콘티 불러오기

클립 스튜디오에서 세로로 길쭉한 원고 용지를 만든 뒤, 콘티를 불러와 레이어로 붙이고 원고 용지에 알맞게 크기를 조정합니다. 이 과정을 건너뛰고 처음부터 원고 용지에 콘티를 그려도 상관없습니다.
원고 용지 크기는 개인 취향입니다. 단, 공모전에서 요구하는 규격보다는 최소 1.5배는 크게 만들어주는 게 여러모로 좋습니다. 섬세한 펜 선을 강조하는 그림 스타일의 경우, 6배는 크게 만들기도 합니다. 저는 약 3~4배 정도 크게 만들었습니다.

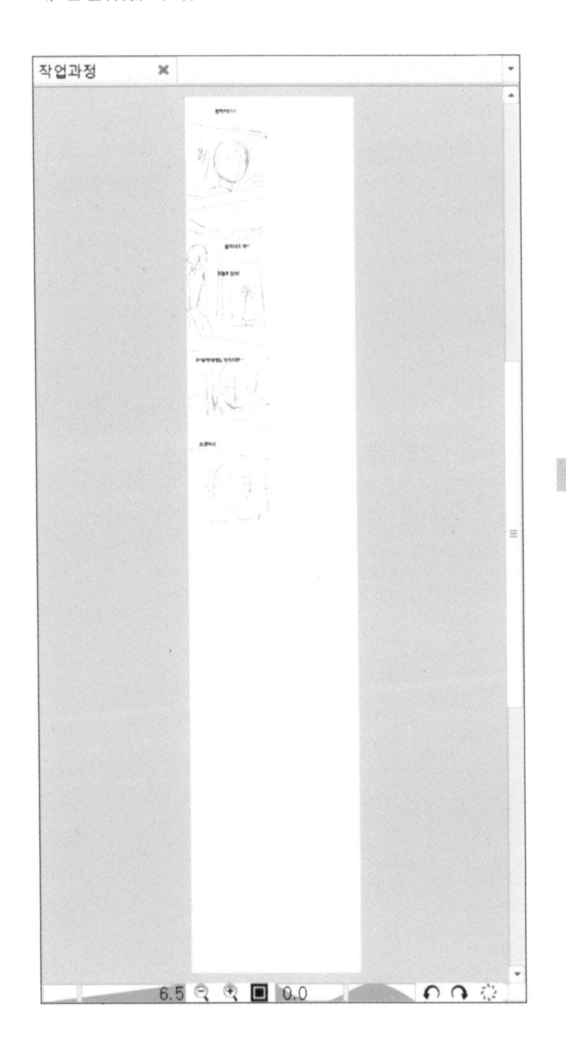

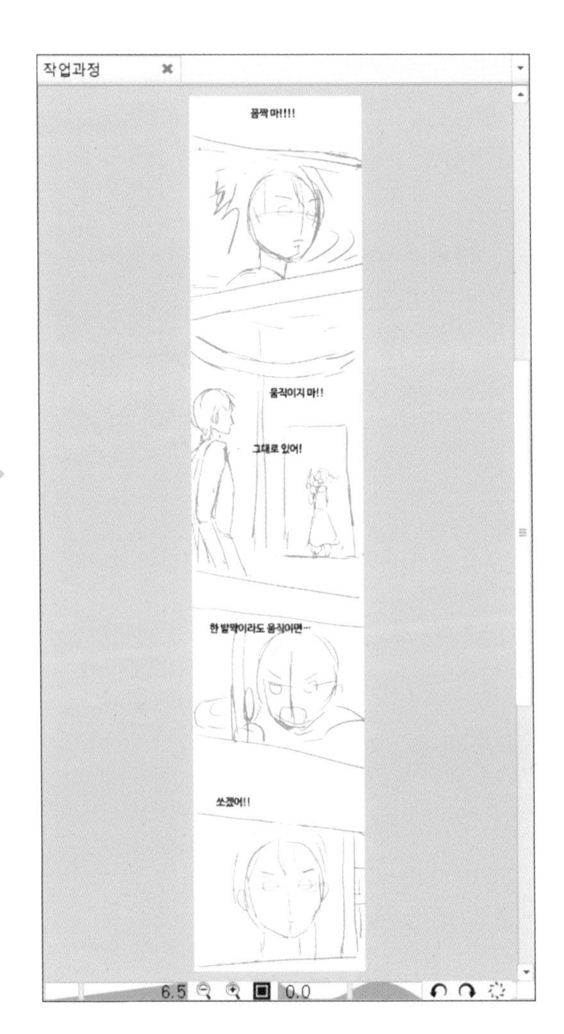

2 컷 그리기와 말풍선 디자인

컷 작성 도구를 기능을 이용해 칸의 선을 정리하고, 말풍선 도구와 텍스트 도구를 이용해 말풍선과 효과음부터 디자인해 줍니다. 사실, 말풍선이나 효과음은 그림을 다 그린 뒤에 디자인해 줘도 상관없지만, 저는 이 편이 감정 몰입이 잘 되어서 스케치가 편했습니다.

잠깐!

작업과정을 잘 보여 드리기 위해 원고를
반으로 쪼개서 보여드리겠습니다.
실제로는 위아래로 길쭉한 한 장이에요.

STEP 04

스케치하기

1 러프 스케치

콘티를 바탕으로 러프 스케치에 들어갑니다. 2파트에서 보여드렸듯 얼굴은 기본 비율로 표정의 큰 느낌을 결정하고 머리카락의 큰 흐름도 잡습니다. 3파트에서 보여드렸듯 신체는 기본 틀을 이용해 포즈부터 잡습니다. 물론 자주 그려 익숙해진 표정이나 포즈의 경우, 기본 비율이나 기본 틀을 건너뛰고 바로 스케치를 완성할 수도 있습니다. 러프 스케치는 어디까지나 중간과정입니다.

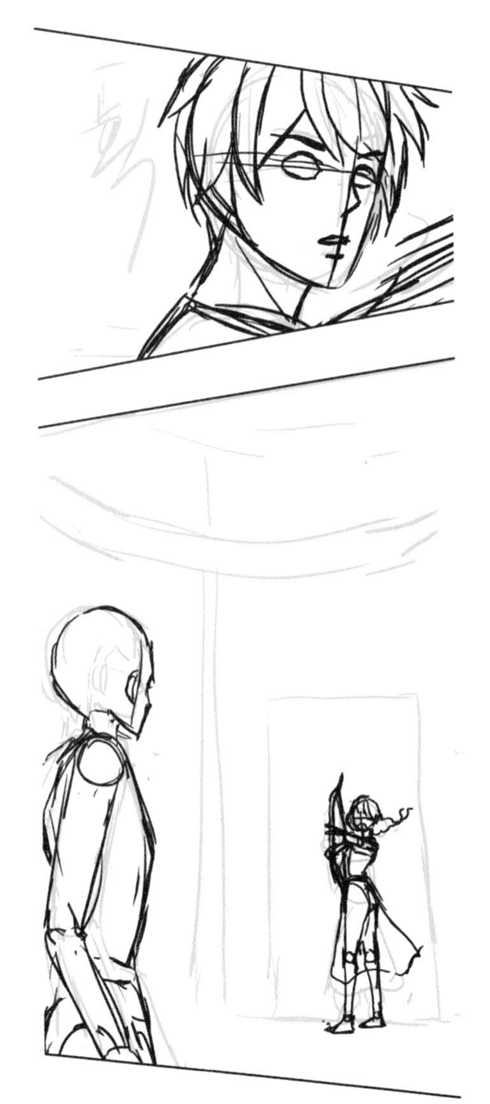

말풍선, 효과음 레이어 끔

2 디테일 스케치

러프 스케치를 기반으로 디테일을 완성해 갑니다. 디테일 스케치가 꼼꼼할수록 나중에 펜 터치가 쉬워집니다. 얼굴은 눈 코 입의 디테일을 넣고 개성을 부여하고 표정을 완성합니다. 머리카락의 세부 흐름도 잡습니다. 몸 역시 기본 틀 위에 옷과 근육 등의 실루엣을 덧붙이며 완성해 갑니다. 단, 활을 겨눈 소녀의 경우, 활을 먼저 3D로 붙인 뒤 그것에 맞춰 디테일을 완성할 계획이라 스케치를 미완성으로 남겨뒀습니다.

3 3D 배경을 넣어 스케치 조정하기

스케치 디테일을 완성하기 전, 3D 배경과 소품을 원고에 넣었습니다. 이로서 배경과 소품만큼은 펜 선+밑색 채색을 마친 셈입니다. 다만, 그 과정에서 배경과 어울리도록 소녀의 전신 이미지를 좀 더 크게 수정해야 했습니다(3D 배경과 소품을 원고에 넣는 방법은 뒤에서 별도로 설명하겠습니다).

배경에 맞춰 크게 키움

4 스케치 완성

3D 소품(활)에 어울리게 손가락을 묘사하고, 활을 겨눈 포즈와 디테일도 다듬어 스케치를 완성합니다. 활을 쥔 손과 손가락의 모습은 처음에는 자료를 보고 그렸습니다. 하지만 손의 기본 틀에 익숙해지면 외워서도 그릴 수 있습니다.

펜 터치하기와 채색 준비하기

STEP 05

1 펜 터치

스케치가 꼼꼼할수록 펜 터치(선정리)는 쉽게 할 수 있습니다. 펜 선을 쓰는 방식은 작가마다 다르고, 저는 전체적으로 가늘게 쓰는 편입니다. 섬세하고 부드러운 느낌을 좋아하기 때문입니다. 타블릿이나 드로잉 프로그램의 필압 조절을 통해 자신이 원하는 펜선 느낌을 선택할 수 있습니다.

2 색 영역 지정

드로잉 프로그램의 마스크라는 기능을 활용해 색을 칠할 영역을 지정해 줍니다. 인물을 채색할 때 초록색 바깥으로는 색이 삐져나가지 않게 설정하는 것입니다. 저는 펜 선이 많이 가는데다 흐리기 때문에, 이 과정을 거쳐야 비로소 채색을 원활하게 할 수 있습니다. 만약 펜 선을 평균 수준으로 굵고 선명하게 쓸 경우 프로그램이 색이 나눠질 영역을 쉽게 인식하기 때문에 이 단계를 건너뛰고 바로 채색으로 들어가도 무방합니다.

STEP 06

인물 채색하기

1 밑색 깔기

1차 채색이라고도 합니다. 명암 묘사 전에 색 영역부터 나눠주는 것입니다. 단순 작업이기 때문에 빠르고 깔끔하게 하는 게 핵심입니다. 채우기 도구나 커다란 브러시를 이용해 피부, 머리카락, 무늬 없는 옷, 무늬(패턴)가 들어가 는 옷과 소품 레이어 등을 따로 나눠서 칠합니다. 아래에 깔리는 레이어일수록 위의 레이어가 덮어주기 때문에 자기 색 영역 밖으로 삐져나가게 마구 칠해줘도 상관없습니다.

머리카락 채색 레이어로 덮음

2 일반 브러시 채색

2차 채색이라고도 부릅니다. 4파트 2장에서 자연 배경을 묘사할 때 사용한 것과 같은 일반 브러쉬로 눈빛, 얼굴윤곽 등의 디테일을 살려줍니다. 2차 채색 역시 가급적 단순하게 합니다. 채색에 공을 들여 양감을 살리는 것은 시간이 오래 걸리기 때문입니다. 또 개인적으로 장르 특성상 복장, 소품 등에 복잡하고 강한 무늬를 많이 쓰기 때문에 2차 채색에 많은 비중을 두지 않습니다.

3 특수 브러시 묘사와 패턴 입히기

4파트 2장의 자연 배경과 마찬가지로, 특수 브러시와 무늬 패턴을 이용해 반복되는 옷 무늬, 소품의 무늬를 묘사합니다. 단, 특수 브러시나 무늬 패턴은 기계적으로 적용되기 때문에 투명도, 색 등을 잘 맞춰서 그림에 자연스럽게 녹아들게 하는 게 관건입니다. 특수 브러시를 이용한 묘사까지 끝나면 인물 묘사는 마무리됩니다.

배경 보충

STEP 07

1 3D 배경 보정

3D 배경은 원고를 빠르게 채워줄 수 있지만, 때로 손그림과 조화가 잘 안 된다는 단점이 있습니다. 이럴 경우 보정이 필요합니다. 설정상 두 사람이 대치하는 장소의 벽은 두께가 있는 짚더미입니다. 소녀가 서 있는 입구 부분을 일반 브러시로 수정해, 두께감과 짚더미 느낌을 줬습니다. 또, 기둥 부분에도 나뭇결 느낌의 패턴을 씌우고, 펜터치를 통해 벽에도 짚더미 느낌을 줌으로서, 3D 배경을 보다 자연스럽게 만들었습니다.

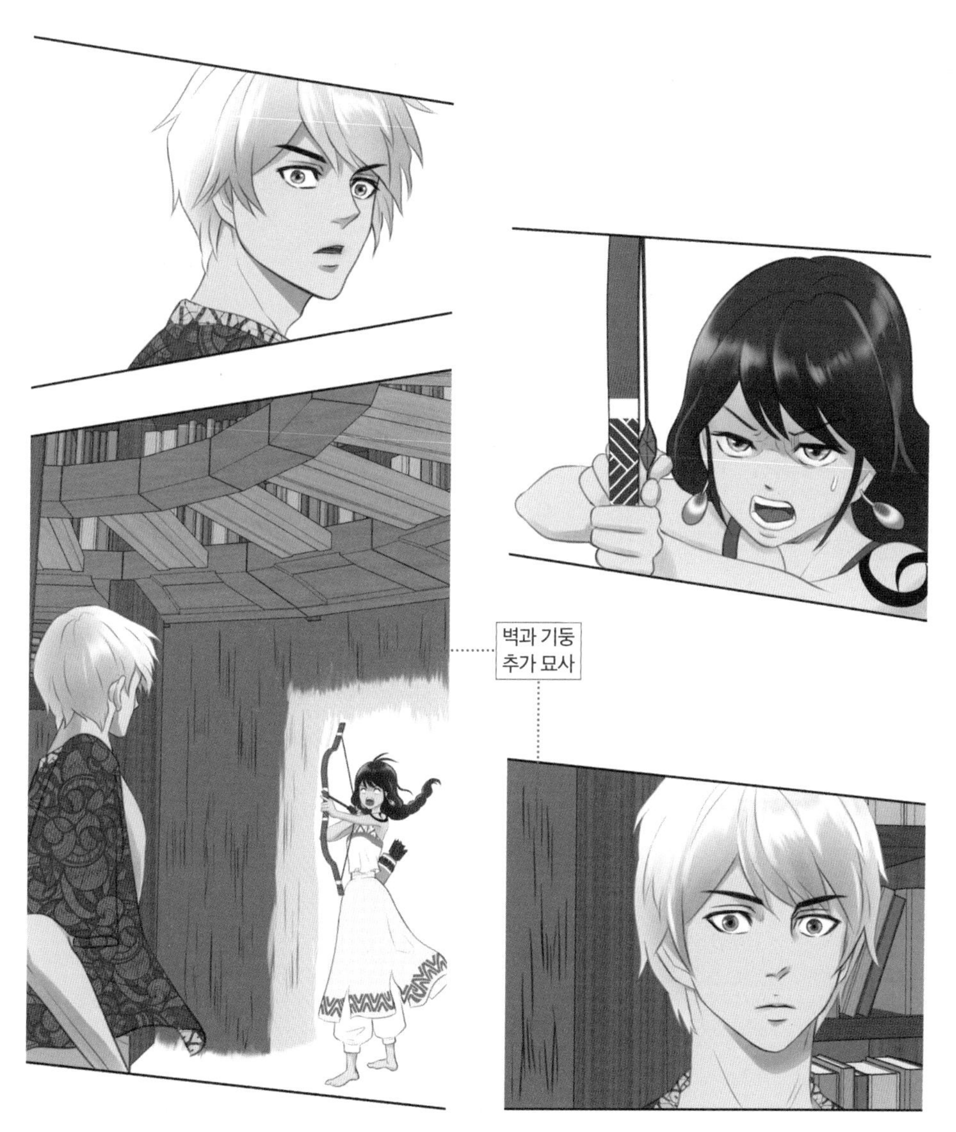

2 기타 배경 묘사

큰 비중을 차지한 3D 배경 외 나머지 배경들도 채워 넣습니다. 첫 번째 컷은 만화적 배경입니다. 휙 돌아보는 동작을 효과선 느낌의 브러시로 표현했습니다. 두 번째 전신 컷은 바닥에 흙이 깔립니다. 펜터치를 통해 흙 느낌을 내고, 일반 브러시로 흙을 채색했습니다. 단, 입구 쪽에서 들어오는 빛을 고려해 문 가장자리와 바깥은 하얗게 남겨 두었습니다.

사실 여기까지 그려도 웹툰 원고로서 퀄리티는 충분해요.

STEP 08

빛 효과 추가와 완성

1 그림자 추가

조금 더 퀄리티에 욕심을 내기 위해 빛과 그림자 효과를 넣어보겠습니다. 일단 그림자입니다. 설정상 두 등장인물은 빛이 잘 들어오지 않는 어둑한 공간에서 대치 중입니다. 빛 방향에 맞춰 어두운 영역에 그림자를 칠해줍니다. '곱하기' 기능이 있는 특수 레이어를 생성해 남보라색 계열의 색으로 그림자를 덧칠하면, 밑색보다 살짝 어두운 그림자 색이 자연스럽게 입혀집니다.

2 빛 추가

외부에서 틈새로 들어오는 빛, 화살촉 금속의 반사광, 역광 등을 표현해줍니다. 4파트 2장의 자연 배경 그리기에서 설명한 것처럼 빛 효과를 내는 특수 레이어에 오렌지 계열 색으로 묘사해 주면 쉽게 빛을 표현할 수 있습니다.

빛 효과는 주로 판타지 장르에서 적극적으로 쓰는 거 같아요.

3 완성

작업 중 가려뒀던 효과선, 말풍선을 보이게 하면 원고가 완성됩니다. '획'이라는 효과음만 조금 더 손 보았습니다. 채색된 분위기에 맞춰 효과음을 테두리 형식으로 바꾼 뒤, 돌아보는 동작에 어울리는 필터 효과를 넣었습니다.

스케치업으로 만든 배경과 소품을 원고에 넣기

앞의 원고 실연에서 보여드린 3D 배경과 활은 모두 스케치업으로 제작한 것입니다. 스케치업으로 만든 3D를 웹툰 원고로 옮기는 방법은 크게 두 가지가 있습니다. 하나는 3D 모델을 2D 이미지로 캡처해 원고에 옮기는 것이고, 다른 하나는 3D 모델을 직접 원고로 옮기는 것입니다. 이하의 설명은 스케치업의 기본 사용법을 알고, 드로잉 프로그램에도 어느 정도 익숙하다는 전제 하에 진행됩니다. 때문에 당장 따라할 수 없는 부분이 있어도 너무 부담 갖지는 마세요.

1. 3D 배경을 2D 이미지로 출력하기

배경의 경우, 2D 이미지로 출력해 원고에 붙이는 방법을 사용했습니다. 컴퓨터 성능 부담이 적을 뿐더러 클립 스튜디오뿐 아니라, 포토샵, 사이 등 다른 작화 프로그램에서도 쓸 수 있는 방법입니다. 또, 스케치업도 make(무료) 버전이면 충분하기 때문에 실제로 더 널리, 일반적으로 사용되는 3D 배경 활용법입니다.

스케치업으로 만들어둔 배경 모델을 엽니다. 책의 탑(장서관)입니다. 두 등장인물은 현재 이 탑 내부에서 대치중입니다. 내부를 오픈하고 카메라를 이 동시켜, 장면과 어울리는 각도를 찾아줍니다.

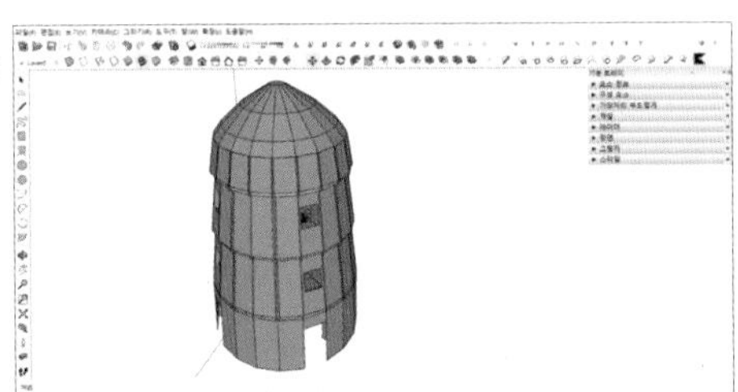

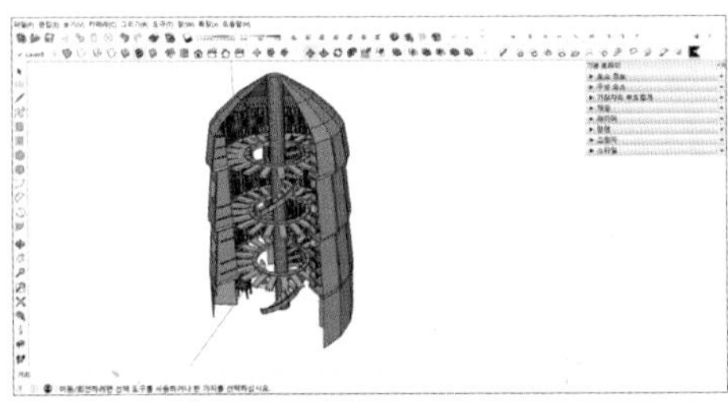

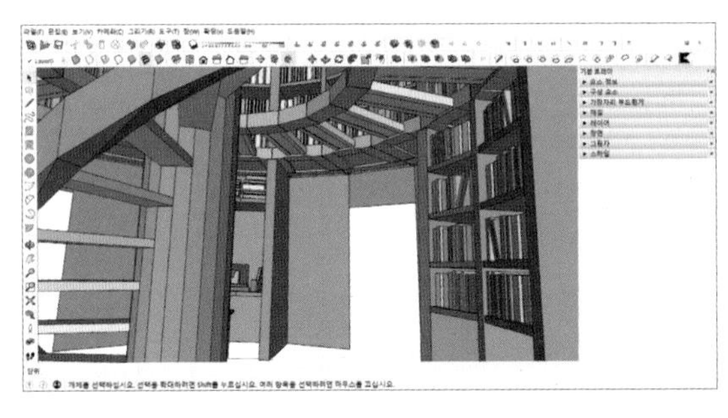

어울리는 각도를 결정했지만, 스케치업 특유의 딱딱한 음영이 원고 분위기와 어울리지 않습니다. 때문에 장면을 조정해 음영을 없애고, 선과 색을 각각 별도의 PNG 이미지 파일로 분리해 출력할 것입니다.

선만 출력하기 위해서는 〈보기→ 면스타일→ 은선 모드〉로 장면(카메라)에 선만 보이도록 조정한 뒤 〈파일→ 내보내기→ 2D그래픽(파일 형식 : PNG)〉을 통해 PNG 파일로 내보냅니다.

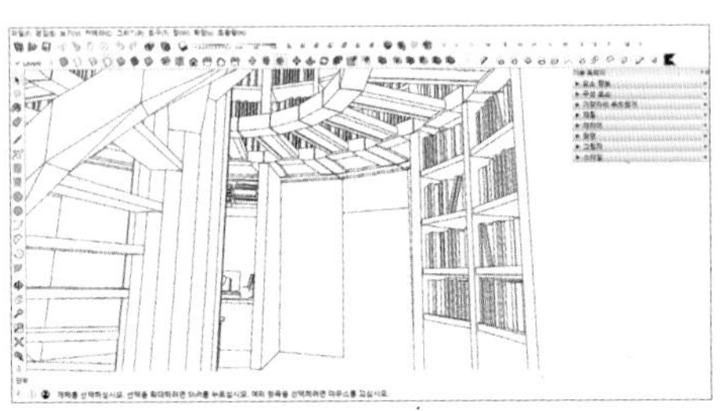

PNG 파일

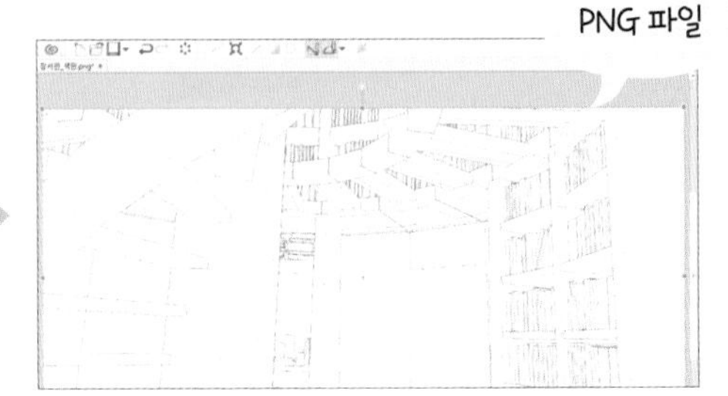

밑색만 출력하기 위해서는 〈보기→ 가장자리 스타일→ 가장자리 Off〉로 선을 가리고, 〈보기→ 면스타일→ 텍스처 모드(그림자 효과On, 밝음0, 어두움100)〉로 음영을 가린 뒤, 선과 마찬가지로 〈파일→ 내보내기→ 2D그래픽(파일 형식 : PNG)〉 과정을 거처 PNG 파일로 내보냅니다.

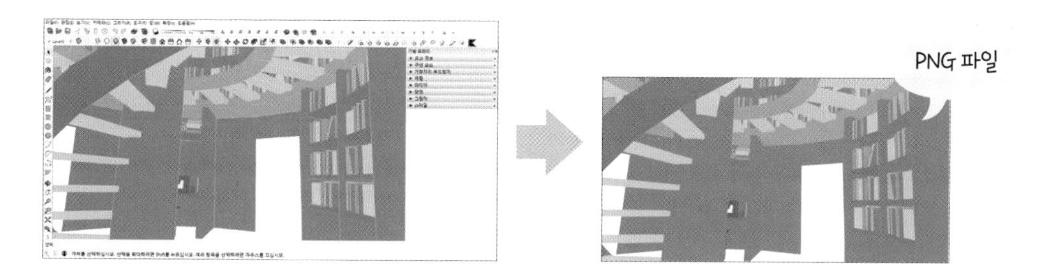

선과 색을 분리해서 별도의 이미지로 출력하는 것은 원고에서 보정을 쉽게 하기 위해서입니다. 또한, PNG 이미지로 출력하는 것은 여백을 가능한 투명하게 만들어 자연스럽게 선 레이어와 채색 레이어로 활용하기 위해서입니다.

2. 출력한 2D 이미지를 원고 배경 레이어로 만들기

클립 스튜디오를 실행해 PNG 파일 두 장을 밑색 레이어와 펜 선 레이어로 만드는 작업을 해 보겠습니다. 〈파일→ 열기〉를 통해 앞서 출력한 PNG 파일 중 밑색 파일을 엽니다. 그리고 〈파일→ 가져오기→ 화상(나머지 PNG 선 파일 선택)〉을 통해, PNG 선 파일을 그 위에 얹습니다. 두 PNG 이미지가 레이어 두 장으로 정확하게 포개집니다. 하지만, 선 레이어가 투명하지 않아서 아래와 같은 상황이 되어 버립니다.

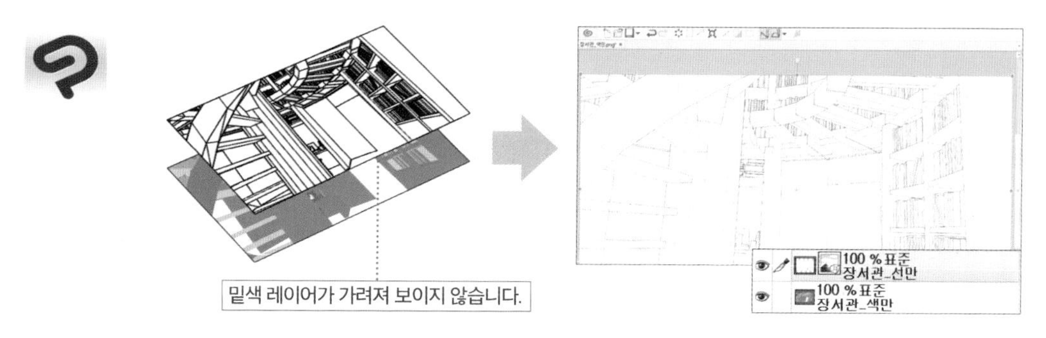

클립 스튜디오에는 이런 문제를 해결하는 강력한 방법이 있습니다. 일단 〈레이어→ 레스터화〉로 선 레이어를 평범한 레이어로 만든 뒤, 〈편집→ 휘도를 투명도로 변환〉을 실행하면 선 레이어의 흰 바탕이 제거되고 선만 남습니다. 포토샵은 선 레이어에 마스크를 생성한 후 〈이미지→ 이미지 적용(혼합옵션 : 차이)〉를 통해 흰색을 날린 뒤 마스크를 레이어에 적용함으로서 같은 효과를 낼 수 있습니다(종이에 그린 낙서를 스캔해 펜선 레이어로 만들 때도 응용할 수 있는 꿀팁입니다).

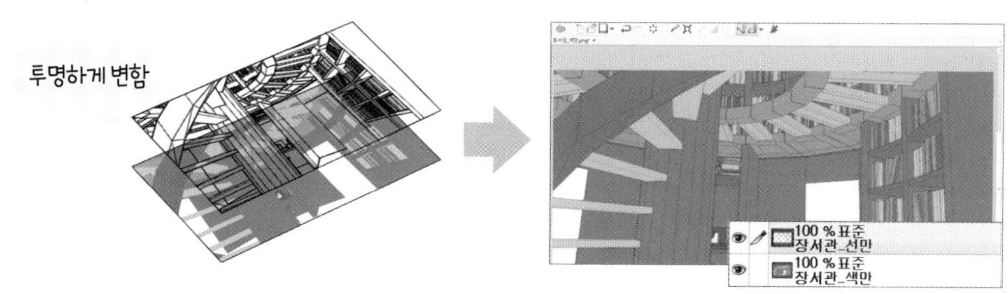

SPECIAL TIP

이제, 완성된 펜 선 레이어와 밑색 레이어를 함께 선택해 원고에 붙이고, 크기와 위치를 조정합니다. 배경만큼은 펜 터치와 1차 채색이 동시에 끝난 셈입니다. 다만 배경을 옮겨 붙이며 스케치와 조화가 되지 않을 수도 있습니다. 스케치의 인물 크기를 적당히 조정해 배경과 조화를 이뤄지게 합니다.

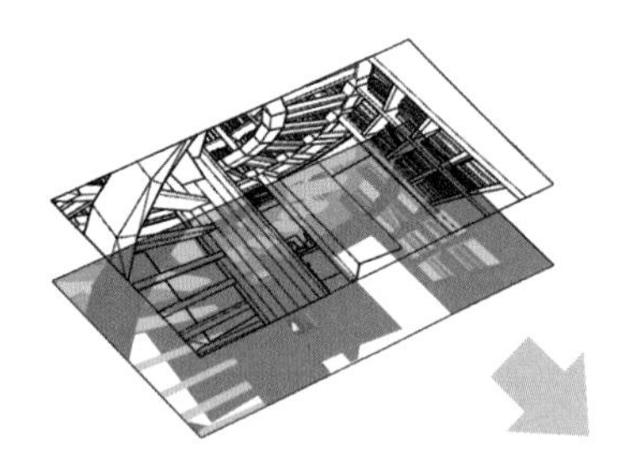

3. 소품을 3D 데이터로 원고에 불러오기

소품인 활은 3D로 원고에 불러오겠습니다. 2D 이미지로 불러오는 것보다 여러 면에서 더 간편합니다. 하지만 클립 스튜디오에서만 가능하고, 스케치업도 PRO(유료) 버전이 있어야 쓸 수 있습니다. 또, 배경처럼 크고 복잡한 모델을 3D 데이터로 원고에 부르면 처리 용량 부담으로 컴퓨터가 한참을 버벅거리는 등 여러 가지 한계가 있습니다.

스케치업으로 만들어 둔 소품(활)을 엽니다. 활을 겨눈 포즈에 쓸 것이기 때문에 활 시위가 당겨진 것을 선택합니다. 〈파일→ 내보내기→ 3D 모델(옵션 : 현재 선택만 내보내기, 파일 형식:FBX)〉을 통해 3D 활을 FBX 형식의 모델로 출력합니다. FBX로 출력할 경우, 스케치업에서 칠해 둔 3D 소품의 색이 클립 스튜디오에서도 살아난다는 장점이 있습니다(단, 텍스처(무늬)는 살려주지 않습니다).

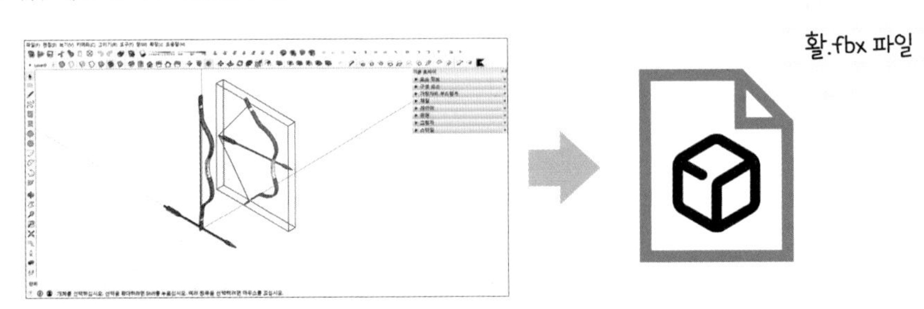

클립 스튜디오를 실행해 작업중인 원고를 엽니다. 〈파일→ 가져오기→ 3D 데이터〉를 통해 출력해 둔 활 FBX 파일을 원고에 불러옵니다. 이렇게 한 번 불러온 3D 데이터는 클립 스튜디오 소재로 등록해 놓고 필요할 때마다 꺼내 쓸 수도 있습니다. 활의 크기와 각도를 조정해 캐릭터와 어울리게 배치합니다.

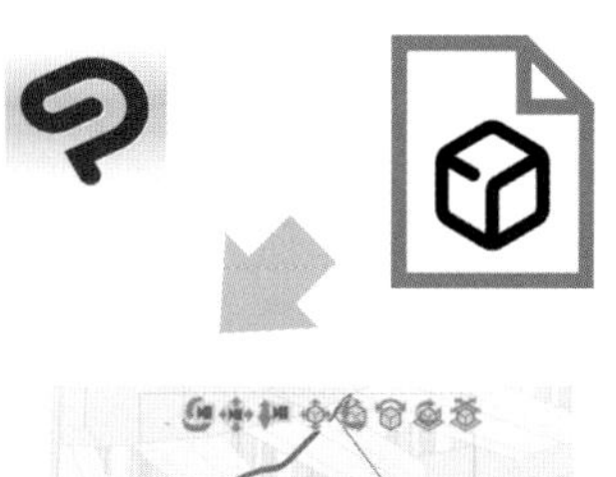

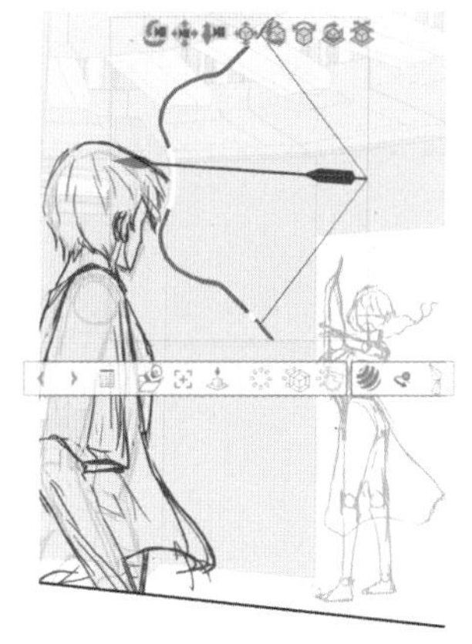

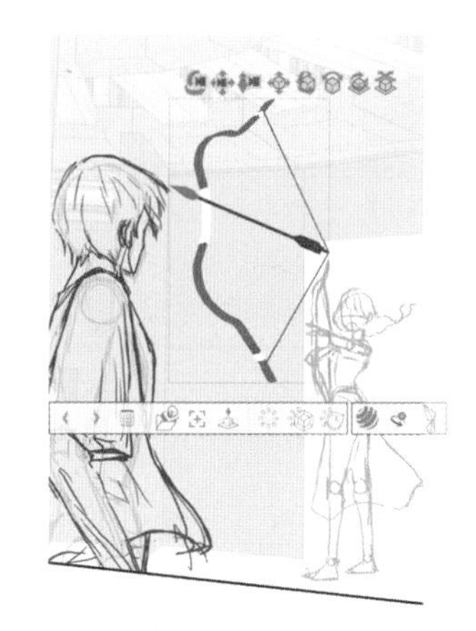

4. 원고에 불러온 3D 데이터에 펜 선 입히기

원고에 불러온 3D 데이터는 밑색만 표현될 뿐 펜 선이 없습니다. 그런데 클립 스튜디오에는, 3D 데이터의 펜 선을 자동으로 만들어주는 기능이 들어 있습니다. 3D 활 레이어를 대상으로 〈레이어→ 레이어의 LT 변환〉을 실행하면, 3D 활의 윤곽선과 밑바탕이 들어있는 폴더가 형성됩니다. 이중 밑바탕은 필요 없으니 삭제해 줍니다. 윤곽선 레이어를 펜 선으로 활용하고, 기존의 3D 활 레이어를 레스터화해서 (3D 성격을 없애고 평범한 이미지 레이어로 바꿔서) 밑색 레이어로 활용합니다. 이로서 소품도 펜 선과 1차 채색을 모두 마친 셈이 됩니다.

ㄱ

ㄴ

ㄷ

ㄹ

ㅁ

ㅂ

ㅅ

찾아보기

머릿속 상상력을 웹툰으로 표현하는 방법! 결코 어렵지 않습니다.

입문자의 고민을 해결해 줄 길벗의 '웹툰 기본서' 시리즈

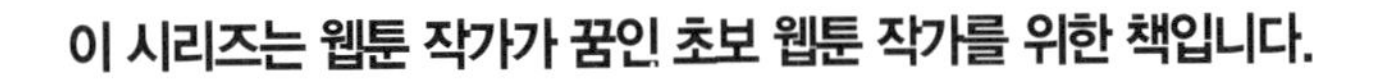

이 시리즈는 웹툰 작가가 꿈인 초보 웹툰 작가를 위한 책입니다.

웹툰 작가가 직접 알려주고!

무작정 따라 하기만 하면 되는!

웹툰 기획 · 드로잉 · 제작 노하우!

웹툰을 구상하는 단계부터 기획하고 캐릭터를 설정하는 단계, 스토리 구성, 콘티 작성, 실제 원고를 작업한 후 출품과 작품 활동 내용까지! 웹툰 입문자가 알아야할 모든 내용이 여기 있습니다.

최이지 지음
304쪽 | 20,000원

로웰씨·시안·시니 지음
308쪽 | 23,000원

로웰씨·시안 지음
472쪽 | 26,000원

성윤수 지음
440쪽 | 25,000원